机械工程前沿著作系列 HEP MEF

HEP Series in Mechanical Engineering Frontiers

机器人科学与技术丛书

机构学与机器人学的几何基础与旋量代数

JIGOUXUE YU JIQIRENXUE DE JIHE JICHU YU XUANLIANG DAISHU

Geometrical Foundations and Screw Algebra for Mechanisms and Robotics

戴建生 著

高等教育出版社·北京

内容简介

本书起始于直线几何与线性代数，自然过渡到旋量代数与有限位移旋量，紧密联系李群、李代数、对偶数、Hamilton 四元数、Clifford 对偶四元数等现代数学基础，首次全面、深入地阐述旋量代数在向量空间与射影几何理论下的演变与推理，提出旋量代数与李代数、四元数代数以及有限位移旋量与李群之间的关联理论，展现出旋量理论与经典数学以及现代数学的内在关联，总结提炼出许多论证严密、意义明确的引理、定理与推论，由此阐述第一篇“几何基础、旋量代数与李群、李代数”，给出机构学与机器人学的几何基础与数学理论。

在第二篇“旋量系理论及机构约束与自由运动”中，运用集合论与线性代数等经典数学推导并揭示旋量系、旋量多重集及其阶数与基数的本质内涵，提出并阐述旋量系关联关系理论、零空间构造理论、旋量系分解理论及旋量系对偶理论。通过演绎旋量系这四大基本理论在过约束机构、抓持与并联机构约束分析、机构活动度等机构学与机器人学基础理论问题中的推理与应用，提出并系统地建立了完整的旋量系理论，进而奠定机构与机器人约束与自由运动的理论基础。

在第三篇“旋量代数与几何基础的机构学与机器人学应用”中，运用旋量代数与旋量系理论研究 Sarrus 机构、Hoberman 机构、Schatz 机构、Watt 机构等经典机构以及变胞并联机构、闭环支链并联机构等新型机构及其在机器人中的应用，提出并联机构四大基本旋量系、活动度扩展准则、抓持扩展矩阵、弹性系数融合矩阵、多指灵巧手“变胞活动手掌”等能够解决机构学与机器人学中实际问题的一系列新概念与新理论，完整地演绎旋量代数与旋量系理论在机构学与机器人学中的应用。

本书全面系统地阐述旋量代数及其几何基础，演绎其推理运算。该书层次清晰，推理严谨，循序渐进，引人入胜，含有许多准确、严密的定义、引理、定理、推论、注释、脚注、证明以及详尽的公式推导过程，适合作为旋量理论、机构学、机器人学、制造系统与自动化、精密仪器、计算机科学及图形学等相关专业的研究生教材或高年级本科生教材，也可作为相关科研人员的参考用书。

《机器人科学与技术》丛书编委会

献给我的祖父母、大姑母、父母亲和夫人丛建青、儿子戴明博

与本书同时发行

Dai, J. S. (2019) *Screw Algebra and Kinematic Approaches for Mechanisms and Robotics*, Springer, London.

对本书的引用可采用下面形式

Dai, J. S. (2014) *Geometrical Foundations and Screw Algebra for Mechanisms and Robotics*, Higher Education Press, Beijing, also *Screw Algebra and Kinematic Approaches for Mechanisms and Robotics*, Springer, London.

序 言

戴建生教授在机构学方面的研究工作非常广泛, 具有坚实的数学功底与宽广的专业知识, 在机构学和机器人学等领域的造诣很深。他系统深入地探索了旋量代数与旋量系理论, 取得了丰硕的研究成果。从 1989 年起的近三十年里, 戴教授在国际期刊上连续发表了关于机构三瞬心定理的向量研究; 关于旋量抓持矩阵扩展算法、有限位移旋量、变胞机构拓扑与活动度演变、旋量系关联关系理论、旋量系零空间构造理论、并联机构旋量系理论等方面的研究; 深入研究了理论运动学两百余年的发展史, 提出了有限位移旋量与李群的关联理论。上述相关内容在本书中都有所反映。戴建生教授将数学与机构学研究紧密结合, 三十年如一日, 潜心研究, 锐意进取, 开拓创新, 逐步形成了特色鲜明的机器人机构、并联机构、过约束机构、变胞机构等机构学理论。

这本专著凝聚了戴教授三十年的心血, 描绘出作者三十年来的研究历程, 总结提炼出许多深奥的定理, 展现出广阔的应用前景, 适于作为科研人员与研究生学习几何基础、旋量理论、李群与李代数机器人学以及机构学的参考教材。本书层次清晰, 推理严谨, 循序渐进, 引人入胜, 有助于提升研究人员的学术水平和理论高度。

我和戴建生教授认识多年, 很高兴接受他的邀请, 为本书作序。他在一年以前邀请我作序的时候, 初稿已经完成。时至今日, 这本著作又经历了多次修改与完善。从字里行间以及严谨的推理中可以看出, 这是一本经过细心推敲与缜密推导的论著。我希望这本论著的出版能够为我国机构学与机器人学领域的发展起到推动作用, 为实现我国 “机器人强国之梦” 做出贡献。

熊有伦

中国科学院院士

华中科技大学教授

2013 年春

前言

当今世界，科学与技术成为提高综合国力的关键支撑，机构学与机器人学成为装备制造、能源开发、航空航天等领域不可或缺的重要组成部分。机构以简洁抽象的形式、广博深邃的原理描述了机器运动部件的几何关系与运动规律，展现了机器人的运动机理与操作过程，成为装备与机器人的基本骨架与执行部分。在机构与机器人的研究中，旋量理论成为主要工具，几何分析成为重要手段，为机构与机器人设计、开发与应用做出了重要的贡献。可以说，国民经济和科学技术离不开机构学与机器人学，机构学与机器人学离不开几何学和旋量代数。

几何学与代数学有着密不可分的联系，从《周髀算经》中的“勾股各自乘，并而开方除之”到古希腊的“毕达哥拉斯定理”，从欧几里得的《几何原本》到东汉前期的《九章算术》，几何自古以来就同以算术形式呈现的代数有着共同的渊源和密切的联系。这种关联在 19 世纪各个数学分支快速发展中得到了有效的验证，在旋量代数中得到了完美的展现。

旋量代数研究直线在空间的旋转和平移，通过属于五维射影李代数 $se(3)$ 的瞬时旋量研究刚体在空间的运动，并于 20 世纪 90 年代开始结合属于六维特殊欧几里得群 $SE(3)$ 的有限位移旋量研究刚体的空间位姿。旋量理论研究可以追溯到 1763 年意大利数学家 Giulio Mozzi 提出的刚体瞬时运动轴、1806 年法国数学家及物理学家 Louis Poinsot 提出的合力中心轴定理以及 1830 年法国数学家 Michel Floréal Chasles 提出的刚体位移理论。

旋量理论研究在 19 世纪进入了鼎盛时期。1830 年，Chasles 首次将力与运动分离，提出空间任意运动均可表示为绕一轴的旋转和沿该轴的平移。Chasles 的研究为今天的有限位移旋量以及旋量矩阵研究奠定了基础。旋量理论研究在 19 世纪 60 年代取得了许多重大突破，初步形成了旋量理论体系。在这一时期，英国数学家、皇家科学院院士 Arthur Cayley 建立了空间直线的六维坐标，德国数学家、波恩大学数学与物理学教授 Julius Plücker 建立了 Plücker 坐标。Cayley 和 Plücker 的研究系统地总结了过去两个世纪几何学的研究成果并建立了这些成果与当时代数研究的紧密联系。这一时期旋量理论研究的重大突破是 Plücker 的博士毕业生 Christian Felix Klein (1868 年获得博士学位) 与剑桥大学天文学家、几何学教授 Robert Stawell Ball

爵士于 1871 年分别独立提出了互易旋量的概念, 这一研究建立了旋量系的内部关联, 完善了旋量理论体系。Klein 的后续研究将旋量理论研究推进到射影空间, 将旋距为零的旋量即线矢量由三维空间中的直线映射为五维射影空间中超二次曲面上的点, 这种五维射影空间的超二次曲面也称为 Klein 二次曲面。

19 世纪下半叶, 欧洲经历了第二次工业革命, 经济飞速发展, 数学领域研究不断推进。在这一大环境下, 几何学与代数学的研究出现了几次重大突破。其中具有代表性的是剑桥大学天文学家和几何学家、英国皇家科学院院士、都柏林皇家科学院应用数学与机构学教授 Robert Stawell Ball 爵士对旋量理论所作的系统研究。其间, Ball 于 1870 年至 1874 年发表了数篇研究旋量理论的文章, 并于 1876 年发表了旋量研究的论著, 使旋量理论研究达到了巅峰。

与此同时, 伦敦大学数学家和力学家、英国皇家科学院院士 Clifford 继其在 1873 年提出对偶四元数后, 又于 1882 年系统地研究了旋量同向量、四元数及对偶四元数的关系, 总结出了著名的 "旋量表格", 揭示了旋量与四元数代数 (后来称为 "Clifford 代数") 的关联。对于这将近半个世纪的研究, Ball[1] 在世纪之交的 1900 年出版了旋量理论专著, 作了系统的表述和总结, 从而奠定了旋量理论的数学基础。

此后不久, 由于 Felix Klein 提出了五维射影空间的超二次曲面, 德国数学家 Eduard Study 发明了对偶角, 旋量理论研究得以进一步发展。

综上所述, 旋量理论研究在 19 世纪下半叶和 20 世纪之初达到了高峰。旋量的美妙体现在它的几何特性及其与许多数学分支的耦合和交叉, 体现在它的几何内涵以及与代数的有机融合。

旋量代数与李群、李代数的有机结合在 19 世纪中叶李代数未成形前已经初露端倪。19 世纪下半叶, 对旋量研究有突出贡献的德国数学家 Felix Klein 继其于 1871 年提出互易旋量后, 于 1872 年分类与挖掘了射影几何与群论的几何特性及其与许多几何分支的关联, 提出了著名的 Erlangen 纲领[2], 从而同挪威数学家 Marius Sophus Lie 一起奠定了李群和李代数的基础。Klein 在研究李群和李代数的同时对互易旋量以及超二次曲面做了大量研究[3], 因此他具有通晓旋量代数与李群、李代数理论的优势, 进而将李群研究合理地扩展到了旋量的几何研究领域。这些理论的关联也可从 Clifford 的研究中得到启示, 在其研究中, 瞬时旋量被视为李代数的一部分。

[1] Ball, R. S. (1900)*A treatise on the theory of screws*, Cambridge University Press, Cambridge.

[2] Klein,F. (1872)Vergleichende Betrachtungen über neuere geometrische Forschungen, *Mathematische Annalen*, **43** (1893), pp. 63100, also: *Gesammelte Abh.* **1**,Springer (1921), pp. 460-497; English translation by Haskell, M.: A comparative review of recent researches in geometry, *Bulletin of the American Mathematical Society*, 1892-1893, **2** (10): 215-249, http://arxiv.org/abs/0807.3161.

[3] Klein, F. (1908)*Elementarmathematik vom höheren Standpunkte aus, Teil I: Arithmetik, Algebra, Analysis; Teil II, Geometrie*, B. G. Teubner, Leipzig; English translation: *Elementary Mathematics from an Advanced Standpoint: Geometry*, Dover (2004), NY.

在经历了两次世界大战后, 旋量理论研究开始复苏。1947 年, 美国 MD Anderson 杰出数学家 Brand[4] 系统地研究了旋量的运算, 出版了向量和张量分析专著。该书第二章为矩量 (泛旋量) 代数, 提出了旋量的运算规则。这些研究从 20 世纪 60 年代起得到了机构学研究者的重视。首先苏联的机构学专家 Dimentberg[5] 发表了相关的研究论文, 随后澳大利亚莫纳什大学机构学教授 Kenneth Hunt[6] 于 1978 年出版了机构运动几何学专著, 荷兰数学家 Oene Bottema 和斯坦福大学机构学教授 Bernard Roth[7] 于 1979 年出版了理论运动学专著, 加利福尼亚大学欧文分校机构学教授 Michael McCarthy[8] 于 1990 年出版了介绍理论运动学著作, 佛罗里达大学机构学教授 Joseph Duffy[9] 于 1996 年出版了关于旋量平面机理与应用专著。Hunt 的专著首次从机构学家的角度全面地审视和分析了旋量, 系统地提出了旋量系并阐述了其应用。Bottema 和 Roth 的专著展示了理论运动学的丰厚数学基础, 独到地将理论运动学与现代数学关联起来。McCarthy 的专著用简洁的语言介绍了与理论运动学相关的数学知识, 建立了四元数与机构学的紧密联系并以此进行了机构综合。Duffy 的专著将旋量几何与具体机构相关联, 从而展现了 Jacobian 矩阵及其逆矩阵的几何含义。自此以后, 在国际上有关旋量或理论运动学的专著只有 2004 年亚利桑那大学机构学教授 Joseph Davidson 与 Kenneth Hunt[10] 合著的旋量理论与机器人学一书。

21 世纪最初的十年, 随着机器人学研究热潮的兴起, 旋量越来越受到许多机器人学专家的青睐。国际上几乎三分之一以上研究机器人的文章采用了旋量方法, 许多研究机器人的书籍也经常用到旋量, 可以说, 旋量已成为机器人研究的重要工具。在国际数学界中, 旋量理论研究已经出现在许多李群、李代数、微分流形的专著中, 许多研究 Clifford 代数的文章也直接或间接地研究了旋量代数。总而言之, 旋量理论的研究在 21 世纪又出现了新的飞跃, 与李群、李代数的结合正在开始。

我对旋量理论的青睐始于对数学的钟爱。记得第一次感受到数学的美妙是在 1967 年至 1968 年年间。那时, 我无意间邂逅了父亲珍藏的 50 年代的旧皮发黄、晦涩难懂的因式分解书。书中有大量变量交错的题目, 要求逐渐找出相同变量, 提取公因式, 再重新组合。那些题目看似繁琐难解, 但最终的答案总能显示出优美与对称,

---

[4] Brand, L. (1947) *Vector and tensor analysis*, 7th printing (1958), John Wiley & Sons, Inc. New York.

[5] Dimentberg, F. M. (1965) *The screw calculus and its application to mechanics* (in Russian) Izdat. Nauka, Moscow, 1965, English Translation, Foreign Technology Division, U. S. Department of Commerce, (N. T. I. S), No. AD 680-993, WP-APB, Ohio.

[6] Hunt, K. H. (1978) *Kinematic geometry of mechanisms*, Clarendon Press, Oxford.

[7] Bottema, O. and Roth, B. (1979) *Theoretical kinematics*, North-Holland, Amsterdam.

[8] McCarthy, J. M.(1990) *An introduction to theoretical kinematics*, The MIT Press, London.

[9] Duffy, J. (1996) *Statics and kinematics with applications to robotics*, Cambridge University Press, New York.

[10] Davidson, J. K. and Hunt, K. H. (2004) *Robots and screw theory: Applications of kinematics and statics to robotics*, Oxford University Press, New York.

如同诗词的对仗，韵律的协畅。在 1969 年 (中学复课) 至 1972 年 (高中) 期间，我喜欢上了三角函数和解析几何，几何的对称与美妙将我引进了数学的殿堂。1978 年到 1984 年在上海交通大学进行本科和硕士研究生学习期间，我对定理推导的严谨性和解题过程的完美性感触颇深，对数学的理解和体会也提升到了一个新的境界。线性代数的完整理论，矩阵推算的内在关联以及几何演变的空间机理使我如痴如醉。

1989 年我来到英国 Salford 大学进行旋量理论研究，有几个月与熊有伦院士共处的时间。接续熊院士的工作，我用直线几何学和旋量理论解决抓持的无摩擦和有摩擦问题，并研读了熊院士推荐的 Rockafellar[11] 的凸集论，深有感触。在 20 世纪 90 年代初，英国 Salford 大学对旋量理论的研究十分活跃，它是英国乃至欧洲旋量理论研究的中心。由 John Sanger 教授和 David Kerr 博士牵头的机构学中心经常组织学术研讨会，并不断地有国际旋量理论专家来此访问。在这期间，我多次聆听 Joseph Duffy 教授的旋量理论讲座，参与开放大学 Joseph Rooney 博士的代数空间的研讨，听取 MIT Steven Dubowski 教授讲授机器人的旋量应用，与 Joseph Davidson 教授谈及有限位移旋量，同澳大利亚机构学专家 Jack Phillips 教授讨论位移旋量流形，向俄勒冈大学机构学专家 Gene Fichter 教授讲述旋量系关联关系。在这一学术思想极其活跃的时期，我经常接触旋量研究的前沿理论。记得 Duffy 教授在 1990 年发表其意义重大的编者按之前，特意将这篇关于机器人学中运动与力的文章传真至我当时所在的研究组。后来才知道，这篇编者按的原由是，Duffy 教授访问 Salford 大学期间，熊有伦教授提出了旋量 Jacobian 矩阵研究中的一个重要问题，即量纲问题。Duffy[12] 教授这篇文章向全球机构学和机器人学的研究者敲响了警钟，指出量纲在 Jacobian 矩阵中的重要性和不可忽略性。

这些前沿理论研究以及在抓持理论研究和机构设计中遇到的问题，将我带入经典论著的海洋，经常夜深人静时还在牛顿大楼津津有味地翻读着一些数学和旋量理论领域的经典著作，内容涵盖 20 世纪 20 年代 Woods[13] 的高等几何，40 年代 Brand[4] 的张量分析，50 年代 Maxwell[14] 的齐次空间，60 年代 Dimentburg[5] 的旋量演算，70 年代 Hunt[6] 的机构运动几何、Bottema 与 Roth[7] 的理论运动学以及 Strang[15] 的关于向量空间与正交子空间理论的线性代数，80 年代 Duffy[16] 的机构几何轨迹分析，90

[11] Rockafellar, R. T. (1970) *Convex analysis.* Princeton University Press, New Jersey.

[12] Duffy, J. (1990) The fallacy of modern hybrid control theory that is based on'orthogonal complements' of twist and wrench spaces. *J. Rob. Syst.*, **7** (2): 139-144.

[13] Woods, F. S. (1922) *Higher geometry, an introduction to advanced methods in analytic geometry*, Ginn and Company, New York.

[14] Maxwell, E. A. (1951) *General homogeneous coordinates in space of three dimensions*, Cambridge University Press, Cambridge.

[15] Strang, G. (1976) *Linear algebra and its applications*, Harcourt Brace Jovanovich Inc., Philadelphia.

[16] Duffy, J. (1980) *Analysis of mechanisms and robot manipulators*, John Wiley and Sons, New York.

年代 McCarthy[8] 的理论运动学简介以及 Murray、Li 和 Sastry[17] 的机器人操作数学基础。通过这些经典著作以及 60 年代、70 年代 Yang 与 Freudenstein[18]、Woo 与 Freudenstein[19] 发表的许多旋量文章, 我深深感受到, 旋量理论凭借其自身发展的严谨性、学科交融的跨越性以及在机构学与机器人学方面的实用性, 在一个三维实体空间和抽象的六维空间以及五维射影空间中迸发出无限的魅力, 令人寻味无穷。许多经典的机器人学理论, 诸如 20 世纪 80 年代 Paul[20] 的齐次变换与机械臂 RPY 旋转理论以及 Craig[21] 的机械臂姿态各种描述与变换理论, 为旋量代数提供了应用的领域与驰骋的疆野。作者由此写出了《旋量新研究及其在机器人抓持中应用》的博士论文[22]。

在旅英二十五年特别是十五年的国内交流中, 我难忘 1989 年与熊有伦院士在 Salford 大学用旋量理论研究机器人抓持以及 1998 年在华中科技大学及其后的多次讨论, 1999 年起与张启先院士在变胞机构领域的连续合作以及 2001 年启动的国家自然科学基金委的第一个变胞机构项目, 2000 年与黄真教授在英国剑桥纪念 Ball[1] 论著发表 100 周年学术研讨会上的研讨及其后续的讨论, 2004 年夏与邹慧君教授在重庆第十四届中国机构学会议期间以及其后对机构学发展的多次讨论与畅谈, 2005 年夏与杨廷力教授在北京航空航天大学纪念张启先院士诞辰 80 周年学术研讨会时的讨论、交流及其后续的多次讨论。此外, 我对 20 世纪 80 年代与 90 年代国内的划时代论著也深有感触。张启先[23] 院士 1984 年的《空间机构分析与综合》在国内首次提出旋量的概念, 并归纳与演示了许多机构的分析与综合。熊有伦院士[24] 1989 年的《精密测量数学方法》从精密测量角度为机器人抓持理论奠定了雄厚的理论基础。杨廷力[25] 教授 1996 年的《机械系统基本理论》以约束为基础建立了机构的结构学、运动学与动力学统一模型。黄真、孔令富与方跃法[26] 教授 1997 年的《并联机器人机构学理论及控制》奠定了并联机构的理论基础, 首次系统地应用旋量理论对并联机

---

[17] Murray, R. M., Li, Z. and Sastry, S. S. (1994) *A mathematical introduction to robotic manipulation*, CRC Press, New York.

[18] Yang, A. T. and Freudenstein, F. (1964) Application of dual-number quaternion algebra to the analysis of spatial mechanisms, *ASME J. Appl. Mech.*, **86** (2), 300-309.

[19] Woo, L. S. and Freudenstein, F. (1970) Application of line geometry to theoretical kinematics and the kinematic analysis of mechanical systems, *ASME J. Mechanisms*, **5**, 417-460.

[20] Paul, R. P. (1981) *Robot manipulators: Mathematics, programming and control*, MIT press, Cambridge, MA.

[21] Craig, J. J. (1986) *Introduction to robotics: Mechanics and control*, Addison-Wesley, Reading, MA.

[22] Dai, J. S. (1993) *Screw Image Space and Its Application to Robotic Grasping*, PhD Dissertation (uk.bl.ethos.386419), University of Salford, Manchester.

[23] 张启先 (1984) 空间机构的分析与综合: 上册, 机械工业出版社, 北京.

[24] 熊有伦 (1989) 精密测量的数学方法, 机械工业出版社, 北京.

[25] 杨廷力 (1996) 机械系统基本理论: 结构学、运动学、动力学, 机械工业出版社, 北京.

[26] 黄真, 孔令富, 方跃法 (1997) 并联机器人机构学理论及控制, 机械工业出版社, 北京.

构进行分析与性能研究。

本书作者在过去三十余年的研究中及近十五年与国内诸多大学教师与学生的交流中发现, 大家都在寻找一部完整、系统地研究旋量理论及其代数方法的教材或专著。本书基于作者二十五年在英国的研究成果, 以及在国内一些大学十五年的授课、讲座和交流的讲稿, 系统而深入地阐述机构学与机器人学的几何基础以及旋量理论的数学基础及其代数方法。全书从直线几何、射影几何与向量代数出发, 循序渐进、由浅入深地对旋量代数、李群与李代数、四元数及其关联论的相关概念、理论和公式进行仔细推敲、系统推导以及详尽论述, 旨在将复杂而高深的旋量理论清晰地展现在读者眼前, 并在此基础上将其升华为简洁、优美、实用的数学公式与推理, 从而回归到数学的内涵本质上。本书同时巧妙地应用经典数学理论, 展现这些经典理论与现代数学的内在联系, 深入浅出地引领读者到旋量代数及其与李群、李代数的关联研究的深处。

本书是基于射影几何、仿射几何及向量代数与矩阵内在特性研究旋量代数、李群与李代数、四元数代数、代数关联论以及旋量系理论的专著。本书基于旋量的几何内涵首次深入系统地阐述旋量代数的推理运算, 揭示旋量代数与李群、李代数的内在关联, 提出并建立涵盖旋量代数、李群与李代数、四元数代数的关联论以及贯通旋量代数与其在机构学、机器人学中应用的旋量系理论, 旨在满足国内学者与学生长期以来对详细介绍旋量代数及其几何内涵的教材和论著的需求。

本书第一章为绪论, 介绍旋量代数与李群、李代数的发展史及其相互关系。第二章至第五章为第一篇 "几何基础、旋量代数与李群、李代数"。其中第二章基于向量空间与射影空间讲述机构学与机器人学及旋量代数的几何基础, 介绍直线几何的点、线、面特性与其对偶规律, 详细揭示运动几何、射影几何与旋量代数的关联关系, 以及射线坐标与轴线坐标及其对偶性。第三章阐述旋量代数及其在李代数中的理论基础及几何内涵, 展示旋量代数的各种运算规则和方法以及李代数的表示与运算, 全面介绍与引进旋量、速度旋量与力旋量, 从几何本质和代数角度阐述旋量代数知识及其相关的射影李代数。

基于旋量代数及其几何内涵, 在第四章和第五章中将旋量代数推广到矩阵论及其与代数运算的关联关系和几何本质, 介绍刚体位移与 Rodrigues 参数以及与 Hamilton 四元数和 Clifford 对偶四元数的关联关系及有限位移旋量的几何内涵与数学基础; 展现经典数学与现代数学同旋量代数和刚体运动的内在联系与相互作用; 通过这些相关基础理论深入剖析旋量矩阵与有限位移旋量的内在关联及其相关的李群 $SO(3)$ 和 $SE(3)$。第五章阐述有限位移旋量与李群的内在关联, 讲述刚体位移中的 Chasles 运动, 从几何内涵揭示旋量矩阵的特性, 特别是其副部即对偶部特性, 并揭示基于矩阵分解的旋量矩阵迹与有限位移旋量的关系。通过阐述对应于旋量特征值的有限位移旋量，给出旋量矩阵的微分，引出有限位移旋量与李代数的关联关系。在第四、第五两章中，首次展现了旋量理论与经典数学和现代数学的代数关联论，并采用框图和年代表揭示出它们的内在联系和发展历史。

本书前五章起始于几何基础与线性代数，自然过渡到旋量代数与旋量矩阵，紧密联系李群和李代数，并将这些数学理论与刚体运动关联，提出旋量代数与李群、李代数的关联论，演示数学理论的几何内涵。在此基础上，本书开始第二篇“旋量系理论及机构约束与自由运动”，内容涵盖第六章至第十章。在第六章、第七章和第八章，本书系统地阐述了旋量系理论，尤其是旋量代数和旋量系理论在旋量矩阵以及向量空间中的应用和演变。

第六章通过互易特性和线性相关性的几何意义与物理含义阐述旋量系相关知识，探讨旋量特性、旋量组合以及旋量线性相关性，讲解机构运动学和静力学中的旋量系及其组合。第七章自然过渡到旋量系与其互易旋量系之间的关联关系，建立旋量系互易特性的代数模型，从而将集合论引入旋量理论，提出旋量系关联关系理论。在此基础上，该章讲解一阶旋量系、二阶旋量系和三阶旋量系以及高阶旋量系，并阐述它们的几何本质与物理含义。

第八章应用旋量矩阵探索旋量空间的算法和零空间，讲解旋量代数的子空间、子空间分析及其一维零空间和多维零空间的构造。在引入移位分块法与逐级扩展法后，给出求解互易旋量系的步骤和公式。该章进一步运用递归分块与逐级扩展的方法，总结出一套求取旋量系零空间的算法，将理论与公式应用到齐次线性方程组求解，提出齐次线性方程组的求解法则，给出相对于 Gauss-Seidel 消元法的精度与效率比较。这种求解法则比 Gauss-Seidel 消元法在精度上高一阶，在算法上可以减少运算次数，提高运算效率。

基于前八章对旋量代数及其几何内涵以及对旋量系理论的阐述和探讨，第九章介绍并阐述了旋量系的对偶性及其在串联机构、并联机构与抓持机理中的耦合关系，建立了三类典型机构与机器人系统的耦合表，并提出了机构系统四个基本旋量系，建立了四个子空间的关联关系，提出旋量系对偶定理。本章应用经典机构 Sarrus 机构与新机构 Hoberman 机构演示旋量系的对偶关系，提出 Kennedy-Aronhold 瞬心定理的向量形式，揭示其自反性与传递性，以此研究 Watt 六杆机构。

第十章基于旋量系及其对偶原理，提出并建立约束旋量系分解理论，主要阐述公共约束、冗余约束以及不同类型约束之间的相互作用，揭示约束旋量系的关联及其对机构自由运动的制约，研究空间机构的连接度、活动度与自由度，奠定活动度扩展准则的理论基础。本章同时对机构系统尤其是并联机构进行了旋量系分析，阐述各个约束旋量系与多重集之间的关系，由此研究冗余约束与公共约束对空间机构活动度的影响以及对过约束机构的影响。第十章是对本篇所述旋量系理论的综合运用，也充分展示空间机构的约束分布、旋量系的关联与分解及其对活动度与自由度的影响，奠定活动度与自由度分析的理论基础。

第十一章至第十四章为第三篇 "旋量代数与几何方法的机构学与机器人学应用"。本篇充分利用前两篇的旋量理论和数学内涵对机构学与机器人学中约束和刚度两大重要问题进行探讨，对并联机构与多指灵巧手进行研究。其中，第十一章研究约束旋量系与机构的可重构，起始于典型的 Schatz 机构，研究旋量系对机构构态的影响以及对机构分岔运动的影响，从而研究其对可重构机构的影响，引出变胞机构，阐述约束变化引起的变胞机理。

第十二章建立弹性系数融合矩阵，研究刚度矩阵和旋量矩阵的特征值与特征向量在机构与机器人中的应用。本章采用旋量代数研究刚度、柔度问题，从抓持刚度以及并联机构刚度开始讲述，继而讲述串并联机构、多环机构，乃至各向同性机构、折纸衍生机构以及欠驱动机构的刚度分析。

第十三章基于旋量系分解理论及其对机构约束与自由运动的影响推导与演示不同类型并联机构运动平台的公共约束与冗余约束以及活动度扩展准则在过约束机构与可重构机构中的应用。这一研究对并联机构的分析与综合、其运动学的分析及设计具有极大的价值。本章进一步分析可重构并联机构的活动度演变规律以及冗余驱动并联机构的约束特性、奇异性与灵巧度。

第十四章应用前述的旋量代数与旋量系理论研究多指灵巧手，采用旋量系与其互易旋量系的关联关系理论以及奇异值分解理论建立多指灵巧机械手与抓持物体集成模型的综合 Jacobian 矩阵。之后，采用奇异值分解法进行操作度分析，在揭示引入 "变胞手掌" 后的多指灵巧手运动机理的同时，从理论上证明将 "变胞活动手掌" 概念引入多指灵巧手的研究与应用的价值及其可行性。

本书前两篇共十章自成体系，它全面、系统、深入地研究旋量代数、李群与李代数、四元数代数、代数关联论、旋量系理论以及相关的向量代数与矩阵特性、射影几何与仿射几何等数学理论，揭示相关代数理论的几何内涵，为空间机构与机器人分析和设计提供雄厚的几何基础与充分的数学理论[27]。在此基础上，本书第十一章与第十二章研究空间机构运动机理及其刚度特性与力分析，第十三章与第十四章探讨并联机器人和多指灵巧机械手的旋量系分析及其活动度和操作度。

本书基于向量空间与矩阵理论以及射影几何与仿射几何理论，全面讲述机构学与机器人学的几何基础与旋量代数，内容涵盖代数、几何、机构学、机器人学、计算机科学、控制学及自动化科学等多个学科领域，尤其适用于数学、计算机科学、计算机图形学、自动化科学与机构学领域的基础研究和算法研究，为机构学与机器人

[27]戴建生 (2014) 旋量代数与李群、李代数，高等教育出版社，北京. 英文引用为 "Dai, J. S. (2014) *Srew algebra and Lie Groups and Lie Algebras*, Higher Education Press, Beijing. Also, Dai, J. S. (2019) *Screw algebra and kinematic approaches for mechanisms and robotics*, Springer, London."

学的理论与应用基础研究奠定了雄厚的几何与数学基础, 并为机器人学的数学建模、计算机仿真提供有力的工具。

本书适合上述领域的研究生、教师、科学研究人员以及工程研究人员阅读和参考。本书在数学基础知识方面仅涉及向量代数、线性代数、射影几何与有限群论基础, 因此也可供理工类本科二年级以上对机构学与机器人学的数学理论感兴趣的学生阅读和参考。

本书的著述经历了三年多的时间, 与作者的英文专著 *Screw Algebra and Kinematic Approaches for Mechanisms and Robotics*[28] 以及中文专著《旋量代数与李群、李代数》[26] 同时著述而成。作者感谢约翰 · 霍普金斯大学数学科学、计算机科学与机构学教授 Gregory Chirikjian 以及德国杜伊斯堡 – 埃森大学机构学博士 Andreas Müller 的逐章阅读与具体建议, 感谢加拿大拉瓦尔大学机构与机器人学教授 Clément Gosselin、意大利博洛尼亚大学教授 Vincenzo Parenti Castelli、斯坦福大学机构学教授 Bernard Roth、意大利理工学院先进机器人中心主任和教授 Darwin Caldwell 以及加利福尼亚大学欧文分校机构学教授 Michael McCarthy 的热情支持与极力推荐。

在本书的著述过程中, 作者感谢伦敦大学国王学院助理研究员张克涛博士对 10.10 节、10.11 节、11.2 节及 13.7 节的贡献, 阿联酋哈利法大学助理教授甘东明博士对 11.3 节、13.3 节及 13.4 节的贡献, 澳大利亚科廷大学助理教授崔磊博士对 10.12 节与 14.2 节 ∼ 14.6 节的贡献, 伦敦大学国王学院助理研究员魏国武博士对 14.7 节的贡献以及对全书插图的修订, 意大利理工学院助理研究员 Jody Salgia 博士对 13.8 节的贡献, 英国谢菲尔德大学研究助理秦云博士对 13.6 节的贡献, 燕山大学赵铁石教授对 12.8 节的贡献。

在本书逾三年的写作与修改过程中, 作者感谢天津大学现代机构学与机器人学中心博士生张新生对第二章至第五章的研读与校对、对第六章至第九章的检查与建议以及协助作者对全书所做的文字修饰, 博士生康熙和高志广对全书的建议与检查核对, 博士生马学思对本书中期检查核对的建议, 天津理工大学讲师王晓菲博士对第六章至第八章的研读与前期校对。感谢张克涛博士、魏国武博士、甘东明博士、崔磊博士以及天津大学讲师孙涛博士对第十一章至第十四章的研读与校对。感谢张克涛博士、秦云博士和博士生冯慧娟对参考文献、索引、符号表的整理与检查, 博士生邱晨对后记的整理, 博士生孙杰对部分公式与例题的验证。感谢中北大学机械工程与自动化学院李瑞琴教授对本书初稿的研读与文字修改, 北京邮电大学自动化学院廖启征教授对四元数、Clifford 代数概念的检查与讨论, 以及清华大学机械工程学院赵景山教授对本书的阅读与讨论。感谢参与本书讨论的许多已经毕业的和在

[28]Dai, J. S. (2019) *Screw algebra and kinematic approaches for mechanisms and robotics*, Springer, London.

读的博士生们, 这些有益的讨论与建议对作者对本书的反复修改与论证有着很大的帮助。

作者尤其感谢中国科学院院士、华中科技大学机械科学与工程学院熊有伦教授, 中国科学院数学与系统科学研究院高小山教授, 中国科学院数学机械化重点实验室李洪波教授, 南开大学数学科学学院邓少强教授, 大连理工大学数学科学学院侯中华教授, 福州大学数学与计算机科学学院离散数学研究中心常安教授、曾有栋教授, 以及东北大学机械工程与自动化学院李树军教授对本书的审阅和推荐。感谢上海交通大学邹慧君教授、燕山大学黄真教授、金陵石化公司与常州大学杨廷力教授、香港科技大学李泽湘教授对本书出版的支持与推荐。

最后, 作者感谢天津大学机构理论与装备设计教育部重点实验室对本书写作的支持, 感谢国家自然科学基金委项目 (51175366, 51135008) 与天津自然科学基金重点项目 (12JCZDJC27700) 对本书出版的支持, 感谢高等教育出版社刘占伟编辑对本书排版与修订所付出的辛勤劳动。

戴建生

2014 年春于北洋园

符　号　表

旋量与旋量系

$\boldsymbol{D}$	有限位移旋量
dim	旋量系的阶数
h	旋量的旋距
$\boldsymbol{l}_0$	线矢量矢矩
$\boldsymbol{M}$	矩量/泛旋量
$\boldsymbol{S}$	旋量
$\boldsymbol{s}$	旋量主部/旋量轴线向量
$\boldsymbol{s}_0$	旋量副部
$\boldsymbol{S}^r$	互易旋量
$\mathbb{S}_f$	输出杆件/运动平台运动旋量系
$\mathbb{S}^r$	输出杆件/运动平台约束旋量系
$\mathbb{S}_m$	机构运动旋量系
$\mathbb{S}^c$	机构约束旋量系/公共约束旋量系
$\mathbb{S}^r_c$	互补约束旋量系
$\mathbb{S}^r_v$	冗余约束旋量系
$\langle\mathbb{S}^r_c\rangle$	互补约束旋量多重集
$\langle\mathbb{S}^r_v\rangle$	冗余约束旋量多重集
$\boldsymbol{T}$	速度旋量
$\boldsymbol{W}$	力旋量
$\boldsymbol{\zeta}$	微小变形位移旋量

李群和李代数

$\mathrm{Ad}(g)$	李群伴随算子
$\boldsymbol{A}_s$	李代数 $so(3)$ 的伴随表示
$\mathrm{ad}(\boldsymbol{X})$	李代数伴随算子

$Aff(n)$	仿射群
$\boldsymbol{E}$	李代数 $se(3)$ 的标准 4×4 表示
ε	对偶单元
G	群
g	群的元素
$GL(n)$	一般线性群
$gl(n)$	一般线性群的李代数
$\boldsymbol{H}$	李群 $SE(3)$ 的标准 4×4 表示
$\boldsymbol{H}_s$	Hamilton 算子
$\boldsymbol{N}$	李群 $SE(3)$ 的 6×6 伴随表示
$O(n)$	正交群
$\boldsymbol{Q}$	李群 $SO(3)$ 的单位四元数表示
$\hat{\boldsymbol{Q}}$	李群 $SE(3)$ 的单位对偶四元数表示
$\boldsymbol{R}$	李群 $SO(3)$ 的伴随表示
$\boldsymbol{S}$	李代数 $se(3)$ 元素的向量形式
$\boldsymbol{s}$	李代数 $so(3)$ 元素的向量形式
$SA(n)$	特殊仿射群
$SE(3)$	特殊欧氏群 (刚体位移群)
$se(3)$	特殊欧氏群的李代数
$se^*(3)$	对偶李代数
$SL(n)$	特殊线性群
$SO(3)$	旋转位移群/特殊正交群
$so(3)$	特殊正交群的李代数
$SU(n)$	特殊酉群
$T(3)$	三维平移群
$t(3)$	三维平移群的李代数
$\boldsymbol{U}$	李代数 $se(3)$ 的 6×6 伴随表示
$\boldsymbol{V}$	李代数 $so(3)$ 的纯四元数表示

矩阵、集合与空间

$\boldsymbol{0}$	零矩阵/零向量
$\boldsymbol{A}_s$	3×3 反对称矩阵
$\mathrm{adj}\,\boldsymbol{J}$	矩阵 $\boldsymbol{J}$ 的伴随矩阵
$\boldsymbol{C}$	柔度矩阵

c	条件数
card( )	集合的基数
det$\boldsymbol{J}$	矩阵 $\boldsymbol{J}$ 的行列式
$\mathbb{E}$	欧氏空间
$\boldsymbol{H}$	齐次变换矩阵/点位移算子
$\boldsymbol{I}$	单位矩阵
$\boldsymbol{J}$	旋量矩阵/Jacobian 矩阵
$\boldsymbol{K}$	刚度矩阵
$\boldsymbol{N}$	有限位移旋量矩阵/李群 $SE(3)$ 伴随算子
$\mathbb{N}(\boldsymbol{J})$	矩阵 $\boldsymbol{J}$ 的零空间
$\mathbb{N}(\boldsymbol{J}^{\mathrm{T}})$	矩阵 $\boldsymbol{J}$ 的左零空间
$\mathbb{P}^n$	n 维射影空间
$\boldsymbol{R}$	行列式为 1 的正交矩阵/旋转矩阵/旋转位移算子
$\mathbb{R}^n$	n 维实向量空间
$\mathbb{R}(\boldsymbol{J})$	矩阵 $\boldsymbol{J}$ 的列空间
$\mathbb{R}(\boldsymbol{J}^{\mathrm{T}})$	矩阵 $\boldsymbol{J}$ 的行空间
rank $\boldsymbol{J}$	矩阵 $\boldsymbol{J}$ 的秩
tr$\boldsymbol{J}$	矩阵 $\boldsymbol{J}$ 的迹

运算符号

$\cup$	并
$\uplus$	多重集并
$\cap$	交
$\subset$	子集从属
$\in$	元素从属
$\to$	空间映射
$\mapsto$	元素映射
Δ	对偶算子
$\oplus$	直和
$\otimes$	张量积/直积
$\propto$	半直积
$\langle\cdot\rangle$	多重集
$\circ$	有限位移旋量的有序组合/李群的二元运算算子
$\Vert\cdot\Vert$	向量的范数

$\boldsymbol{S}_1 \times \boldsymbol{S}_2$	旋量叉积
$\boldsymbol{S}_1 \circ \boldsymbol{S}_2$	旋量互易积
$[\boldsymbol{X}_1, \boldsymbol{X}_2]$	李括号

运动副

C	圆柱副
E	平面副
H	螺旋副
P	移动副
R	转动副
rT	可重构虎克铰
S	球面副
U	虎克铰
vA	变轴线铰链副

注: 一般小写的黑斜体表示三维向量 (矢量), 大写的黑斜体表示矩阵, 但六维向量如旋量也采用大写黑斜体, 只是采用特定的符号如 $\boldsymbol{S}$、$\boldsymbol{T}$、$\boldsymbol{W}$。

目 录

第二篇 旋量系理论及机构约束与自由运动

第三篇 旋量代数与几何基础的机构学与机器人学应用

第一章 绪 论

机器人运动由连接其构件的系列铰链的连续运动引起, 而这些铰链轴线的运动可视为直线在三维空间中的连续运动。简单地说, 研究机器人自身运动以及所抓持刚体的位移, 其基本点是研究空间直线的运动以及直线运动生成的包络面及其引起的末端位姿变化的几何与代数描述。所以, 深厚的几何基础与数学理论是研究机构学与机器人学必不可少的条件。反过来, 机器人学的研究能够进一步揭示几何学与代数学之间的内在关联, 为开发高效的控制算法与人工智能提供理论依据。因此, 旋量代数和李群、李代数以其对空间直线运动及相关代数运算描述的几何直观性与代数抽象性而成为 21 世纪机构学与机器人学研究中最受欢迎的数学工具。

旋量理论[1]可以追溯到 18 世纪的 Mozzi 瞬时运动轴及 19 世纪初叶的 Poinsot 合力中心轴与 Chasles 位移轴。这些研究引出了 19 世纪中叶 Plücker、Klein 和 Ball 的研究。至 1876 年, Ball 完成了对这一理论的系统研究, 并进一步体现在其 1900 年的著作当中, 旋量理论得以建树。

旋量理论具有深奥的代数内涵, 体现为旋量代数。旋量代数可以追溯到 1882 年 Clifford 的工作、1924 年 von Mises 的旋量运算以及 1947 年 Brand 的矩量分析。19 世纪下半叶, 在恰逢第二次工业革命的欧洲大陆上, 数学的新学术地位开始确立, 各类学科蓬勃发展。代数学演化为几何代数等各种代数学分支, 微分算子、四元数、特征值、逻辑代数与方程组理论相融合, 数学开始向物理世界发展。在这一时期, **李群**和**李代数**开始面世, 并与旋量理论并行发展。这一时期旋量理论与李理论并行发展, 加之 Klein 同时对旋量理论与李理论研究做出贡献, 旋量代数与李群、李代数的内在关联开始彰显。鉴于其直观的几何描述与集成的代数形式, 作为李代数 $se(3)$

[1]国内也有采用螺旋理论的称法。旋量也被著名数学家 William Kingdon Clifford (1883) 和 Louis Brand (1947) 称为矩量 (Motor), 作为矩 (moment) 和矢量 (vector) 的合称。但在 Brand 的定义中, 矩量是泛旋量, 包含零矩量、纯矩量、线矢量与旋量。其中后两个量为正当矩量。

的子代数, 旋量代数已经被许多理论运动学家与机器人学家所应用。

本书首先介绍旋量代数的几何基础, 即直线几何、Plücker 坐标、射影几何与仿射几何等基本知识, 讲述旋量代数及其与李代数的关联, 揭示位移旋量与李群的内在联系与关联, 研究旋量矩阵及其李群 $SE(3)$ 的伴随表示。本书第二篇在揭示旋量系的特性以及它们的关联关系之后, 阐述旋量系零空间及其构造。这些对旋量代数及其数学基础的阐述自然地引出本书对旋量的几何本质及物理内涵的揭示, 即旋量对偶特性、力旋量与速度旋量的几何对应性及其同串联机构与并联机构的对偶关联。由此引出本书第三篇关于约束与运动以及刚度与柔度在机构与机器人设计与控制上的研究, 继而阐述研究机器人的几何方法及其在空间机构、过约束机构、并联机构以及多指灵巧手等领域的应用。

由此, 本书用代数形式阐述旋量理论及其几何基础, 揭示旋量代数与李群、李代数的关联关系, 提供机构与机器人研究的几何方法与代数方法的理论基础。

1.1 旋量代数与李代数

旋量是一个几何体, 一个具有旋距的线矢量。而**旋距**是旋量的一个系数, 与线矢量主部相乘后加在线矢量的副部, 表示旋量副部在主部上的投影。**瞬时旋量是射影李代数**元素, 并以六维向量表示。因此, **旋量代数**是描述上述几何体的**向量代数**, 也是李代数 $se(3)$ 的子代数。

直线几何是旋量和旋量代数的基础。作为**射影几何**的基础与核心部分之一, 直线研究可以追溯到公元 3 世纪希腊数学家 Pappus Alexandria 提出的连接两组点产生 **Pappus 六边形**的 **Pappus 理论**。这一理论构造了 Pappus 九点九线图形, 即其中任何一条线穿越三点, 任何一点是三条线的交点。Pappus 理论是射影几何的第一个定理。这一定理给出了无穷远处点即为两平行直线交点的概念, 由此引出了 16 世纪与 17 世纪德国数学家和天文学家 Kepler 与法国数学家和工程师 Desargues 提出的无穷远处直线概念, 即无穷远处直线为连接无穷远处点构成的线。

直线几何促进了旋量代数的诞生。犹如爱尔兰数学家、剑桥大学天文与几何学教授、英国皇家科学院院士 Robert Stawell Ball (1876) 爵士所指出的, 旋量理论的两大奠基石是 Poinsot (1806) 的合力理论和 Chasles (1830) 的位移理论。刚体位移理论可以追溯到意大利数学家 Giulio Mozzi (1763) 确立的用于描述刚体瞬时运动的瞬时旋量轴以及法国数学家 Michel Floréal Chasles (1830) 建立的用于描述刚体空间运动的 Chasles 运动理论。这一理论指出, 任何空间位移均可表示为绕空间轴线的旋转与沿该轴线的平移。对于刚体力分析, 法国数学家和物理学家 Louis Poinsot (1806) 建立了力中心轴理论。由此 Poinsot 和 Chasles 揭示了力学和运动学的几何本质, 奠定了旋量理论的两大理论基础。随着 19 世纪德国数学家、理论天文学家 August Ferdinand Möbius 创建齐次坐标, 剑桥大学数学家、英国皇家科学院院士 Arthur Cayley 和德国数学家、物理学家 Julius Plücker 分别创建相同的直线坐标, 旋量理论的研究得以提升, 并由此进入了一个繁荣昌盛的时期。

这一时期, Plücker 在建立直线坐标的同时, 研究了线丛理论, 提出了 "Dyname" 一词, 这就是被 Ball (1871) 称为 "旋量" 的几何量。在同一时期, 德国数学家 Christian Felix Klein (1869a, b) 在研究旋量理论的同时, 提出了两个线丛的共同不变量, 并与 Ball (1871) 分别同时提出了**互易旋量**的概念, 其积成为 Ball 在后来提出的两旋量互易的**虚系数**。在这一时期, Ball 发展了旋量理论, 并于 1876 年发表了旋量理论初始论著。第一部旋量理论的完整论著是 Ball 的划时代著作 ——《旋量理论论著》(Ball, 1900)。

这一划时代的论著奠定了旋量理论的基础。旋量代数初始称为矩量代数, 也称泛旋量代数, 在英格兰数学家、哲学家、英国皇家科学院院士 Clifford (1882) 的四元数运算中有所涉及, 而后由德国数学家 Richard von Mises (1924) 在他的矩量运算中揭示, 并由美国 MD Anderson 的杰出数学家 Brand (1947) 在他的矩量代数中进一步挖掘。俄罗斯教授 Dimentberg (1965) 对其进行了深入研究, 并将旋量代数总结为具有各种运算的代数学, 为以对偶向量表示的旋量的复数向量代数学。

正如现在所称, 旋量代数是更为拓广的代数, 是李代数的子代数。旋量代数与德国数学家 Klein 和挪威数学家 Marius Sophus Lie 在 19 世纪 70 年代的工作, Sophus Lie 在 19 世纪 80 年代的进一步研究以及德国数学家 Wilhelm Karl Joseph Killing 的工作是在同一时期发展的。在这之后, 法国数学家 Élie Cartan 发展了李代数的表示论, 俄罗斯数学家 Igor Dmitrievich Ado 在 1935 年的博士论文以及其后至 1947 年的研究中提出了 $n \times n$ 矩阵的李代数表示的 Ado 定理。von Mises 和 Brand 分别于 20 世纪 20 年代和 40 年代对旋量代数进行了大量研究。在之后李代数的蓬勃发展中, 旋量代数与李代数的关系逐渐被学者所认识, 尤其认识到, 旋量是射影李代数元素, **速度旋量**是李代数 $se(3)$ 的元素, 而**力旋量**是对偶李代数 $se^*(3)$ 的元素。

随着机构学和机器人学的发展, 旋量代数与李群、李代数逐渐被许多运动几何学及机构学研究者所应用。Baker (1978) 采用旋量代数研究过约束机构, Rico 和 Duffy (1996, 1998) 应用旋量代数研究串联机构, 其表述法与特殊欧几里得群 $SE(3)$ 的李代数 $se(3)$ 同构。Bergamasco (1997) 应用旋量代数进行机构综合, Ciblak 和 Lipkin (1998) 用旋量代数进行刚度分析。在 21 世纪初,Pennock 和 Meehan (2000) 回顾了旋量代数的发展, Frisoli 等 (2000) 与 Kong 和 Gosselin (2002) 展示了旋量代数在并联机构综合中的应用。在这一时期, Dai 和 Rees Jones (2001) 提出了旋量系关联关系理论, 揭示了旋量代数的零空间结构 (Dai 和 Rees Jones, 2002), Soltani (2005) 直接以旋量代数为数学工具研究空间机构学, Lee、Wang 和 Chirikjian (2007) 运用旋量代数研究串联机构与多肽链, Müller (2011) 运用旋量代数的运算消除非独立的约束。可见旋量代数及与其相关的李群和李代数正逐渐成为机构学与机器人学的主要工具。这引出了本书的第二章和第三章。

1.2 有限位移旋量[2]与李群

有限位移旋量也称位移旋量, 是李群 $SE(3)$ 的元素, 也是位移子群的向量表示, 涵盖**微小位移旋量**。有限位移旋量的研究最早可以追溯到 Chasles 运动 (Chasles, 1830)。在 Chasles 运动的描述中, 有限位移可以描述为绕轴的旋转与沿该轴的平移。这就给出了可微分的连续群, 称为**李群**。李群是数学三大基本领域 —— 代数学、几何学与分析学中前两者的交集。空间位移的旋量轴可以用矩阵描述, 进而构建刚体绕旋量轴线旋转与沿轴线平移的算子。该位移旋量轴也可以用四元数与对偶四元数描述, 以取代矩阵来表示刚体位移。

有限位移旋量起源于 Chasles (1830) 的研究, 经历了 19 世纪爱尔兰天文物理学家、数学家、美国科学院首位外籍院士 William Rowan Hamilton (1844a) 从事研究的黄金时代, 发展至采用 Euler-Rodrigues 四个参量来表述刚体位移方向的阶段。

这一参量表示法起始于法国数学家 Benjamin Olinde Rodrigues (1840) 发现的三个参数。这三个 Rodrigues 参数用来构建 Rodrigues 向量并建立 Rodrigues 平面与空间位移的 Rodrigues 公式。这一空间位移由有限螺旋运动 (Dai, 2006) 引起, 从而可通过两向量的张量积构建 Euler-Rodrigues 旋转公式。这就建立了李代数 $so(3)$ 向特殊正交群 $SO(3)$ 的指数映射, 这一映射可以通过对偶数延伸到 $se(3)$ 向 $SE(3)$ 的指数映射。Rodrigues 的研究 (Gray, 1980) 将运动与力分开考虑, Rodrigues 参数被 Cayley 用来建立反对称矩阵, 并导出了 Cayley 旋转矩阵公式 (Cayley, 1875; Altmann, 1986)。

Rodrigues 的研究发表在他的重要文章中 (Rodrigues, 1840)。除上述的三个参数外, Rodrigues 还采用赋予半角正弦值的旋转轴线姿态三维向量加之半角余弦值的方法提出了另外四个参数。虽然这四参数通常称为 Euler 参数, 但是应当全部归功于 Rodrigues (Altmann, 1989; Davidson 和 Hunt, 2004)。这就是这四个参数有时称为 Euler-Rodrigues 参数 (Cheng 和 Gupta, 1989) 的原因。Klein (1884) 指出, **Euler-Rodrigues 参数**是四元数的 Rodrigues 参数化 (Dai, 2006), 同 **Hamilton 四元数**等

[2] 由于 Clifford 始建立的位移旋量与单位四元数的关系中以及 Dimentberg 及其后学者对有限位移旋量的研究中都没有对微小进行限定, 而且所有的研究都称其为 finite displacement screw 或者 finite twist, 出于用词严谨性的考虑, 本书采用 “有限位移旋量” 一词。微小位移旋量强调有限位移旋量的微小位移, 从属于有限位移旋量。

效。基于这四个参数, Rodrigues 推导出涵盖两个有限旋转的合成公式 (Rodrigues, 1840), 并建立了旋转矩阵。这一向量形式的合成公式建立了四元数的乘积理论, 揭示了所有正交旋转的群特征以及李代数 $so(3)$ 向李群 $SO(3)$ 的指数映射的性质。这些正交群正是现在常用的特殊正交群 $SO(3)$。

尽管 Hamilton (1844b) 在他的四元数运算基础中应用了同样的公式, 但正如 Cayley (1843, 1845) 在构建连续旋转公式时指出的, Euler-Rodrigues 公式体现了四元数在旋转群中的巨大作用。多年后, Klein (1884) 强调了 Hamilton 和 Rodrigues 同一时期独立发现四元数的这一历史事实。

在 1873 年, 为了运算的简洁, Clifford 发明了双四元数即现在所指的**对偶四元数**。这已被成功地运用到运动学中 (McCarthy, 1990)。Clifford 采用算子 ε 将绕轴旋转变换为沿轴平移, 成功地创建了对偶四元数理论 (Clifford, 1873, 1882; Shoham, 1999), 并将其与线性代数关联以表示刚体的任意位移, 从而构造出刚体位移群, 也铺垫了有限位移旋量与 Clifford 代数对偶子代数的关系。

Clifford (1882) 系统地将旋量与四元数和对偶四元数以及刚体位移关联起来。在研究中, Clifford 建立了一个完整的表格, 将以线矢量表示的旋转轴以及旋量表示的矩量的几何特性与速度旋量、力旋量作了关联, 并进一步与四元数和对偶四元数联系起来。由此, 旋量理论可以用来描述刚体的有限螺旋运动。可见, 有限位移旋量与李群早在它们各自早期研究中就存在着紧密的内在关联。这可以进一步由 Klein 的研究生涯论证, 其在开创划时代的李群和李代数的 Erlangen 纲领研究的同时, 发现了旋量的互易性; 在研究旋量超二次曲面的同时, 与 Sophus Lie 共同发现了射影变换 (Klein, 1870; 1871) 中的连续交换群轨迹。这一时期的研究发展了 Sophus Lie 的有限与连续群理论, 并由 Sophus Lie 与德国数学家 Friedrich Engel (1888, 1890, 1893) 合作出版了三卷划时代的巨著。在这些研究中, 作为李群的一种表示, 有限位移旋量给出了全周期运动及连续流形。这引出了本书的第四章和第五章。

有限位移旋量的正式提出得益于 Dimentberg (1950, 1965, 1971) 及后来学者的研究。这一理论的提出是旋量理论由瞬时到非瞬时的飞跃, 进而与对偶四元数、李群相联系。没有这一步, 就没有旋量与对偶四元数及李群的关联。这也是旋量理论发展的必然结果。

1.3 螺旋位移理论和有限位移旋量的近代发展史

在第二次世界大战后, 尤其是 20 世纪 40 年代后期至 60 年代初期, 瞬时旋量和有限位移旋量的研究得到了复苏。在这一时期, Dimentberg (1947, 1948, 1950) 采用**对偶角**半角正切的旋量轴表示**有限螺旋位移**。Dimentberg (1950, 1965, 1971) 是首位采用"有限位移旋量"这一名称的学者。由此, 任意螺旋位移均可以由有限位移旋量表示, 类似于 Euler-Rodrigues 公式, 但以**对偶数**形式出现。刚体的螺旋运动可用旋转运动半角的对偶数形式表示为绕一个合成旋量轴的螺旋运动。该合成螺旋运动的旋量轴相当于相继绕两个旋量轴线的半角螺旋运动。这两个旋量与合成旋量轴正交并组成了旋转半角的对偶角。

在获取螺旋位移的过程中, Yang 和 Freudenstein (1964) 发展了有限位移旋量理论, 将对偶数的线矢量主部乘以四元数以组成对偶四元数的副部, 使该对偶四元数成为旋量算子, 其轴线用以完成螺旋位移。根据 Blaschke (1958) 的研究, 旋量算子为时间的函数, 连续的空间运动可以由此获得。Yuan 和 Freuderstein (1971) 给出了这一有限螺旋运动对应的坐标变换。Bottema (1973) 在其后又做了一列点和一列线的位移研究。一列点的位移由位移旋量轴线簇完成, 其轴线簇生成线束, 即抛物柱形面或双曲抛物面。一列线的位移也由位移旋转轴线簇完成, 但其轴线簇形成三阶的线汇。

两组有限位移组合的几何关系由 Rodrigues (1840) 提出, 法国数学家 George Henri Halphen (1882) 做了进一步研究, 并由 Roth (1967) 充实和完善。据此, 有限螺旋运动的合成可采用 Roth 给出的**旋量三角形**定理并由有序的两个有限位移构建。旋量三角形顶点位于三个旋量轴上, 三个旋量轴的相互公垂线为边长。这一方法相当于将螺旋位移分解为两条反射直线 (Bottema 与 Roth, 1979)。随后, Tsai 和 Roth (1973) 基于旋量的五个几何要素与有限位移旋量柱形面的特性研究了有限分离位置的旋量轴的几何特性, 并对上述理论作了进一步发展。该研究首次提出了有限位移旋量拟圆柱面, 对应于 Ball (1900) 提出的瞬时**拟圆柱面**。

为了表示有限位移旋量, Hunt (1987) 运用点 – 线 – 面的几何特性及刚体两任意位置的描述来定义有限位移旋量的轴线与旋距。Hunt 继而运用刚体在两位置上的有向平面与有向线段的两组比率, 得出五个必要条件来组建六个方程, 以确认有限位移旋量的齐次 Plücker 坐标。

除了直线坐标, 对偶矩阵也被用来研究螺旋位移。Pennock 和 Yang (1985) 采用对偶矩阵描述直线的坐标变换, 以此解决机器人的运动学逆解问题。McCarthy (1986) 揭示了对偶正交矩阵的特性, 以此建立串联机器人的封闭方程, 得出 Denavit-Hartenberg 的对偶数形式以及机器人 Jacobian 矩阵的对偶数形式。四元数与对偶四元数也被进一步运用到球面运动链以及空间开环与闭环运动链 (McCarthy, 1990; McCarthy 和 Soh, 2011)。有限位移旋量被应用到机构分析中。Young 与 Duffy (1986) 运用有限螺旋位移确定了机器人的极端位置。Angeles (1986) 基于刚体有限分离位置三个非线性点的二阶张量主值与方向, 提出算法以计算有限螺旋位移。Pohl 和 Lipkin (1990) 采用空间映射方法将机器人对偶角转换为实数, 使机器人完成所需的构态, 以达到所需工作空间范围内的位置。并引以证实, 旋量主部的映射可以用来使机械臂的操作末端的位置误差达到最小。

1.4 有限位移旋量与李群的关联

在有限位移旋量的发展过程中，有限位移旋量与李群的基本要素紧密相关。它们明确的关联可见于 Hervé 采用李群描述运动副与刚体位移的研究。且有限位移旋量的对偶正交矩阵形式可以表述为李群 $SE(3)$ 的六维表示。Selig 和 Rooney (1989) 表述了李群对五维映射空间中直线的作用。这一研究显示出这一李群作用限于 Klein 二次曲面，并将 Klein 二次曲面分为无穷远直线区域与有限位置直线区域。任意有限位置直线的同构组由绕该直线的旋转以及沿该直线的平移组成。这就导出了有限螺旋位移的李群表达式。

Samuel、McAree 和 Hunt (1991) 运用正交矩阵的不变量特性，将以对偶正交矩阵形式表述的位移与旋量的几何特征进行了关联。该研究表明旋量的几何特性与欧几里得群的矩阵表述对应，并给出了依据对偶正交矩阵表述的有限螺旋运动。Dai、Holland 和 Kerr (1995) 研究了串联机器人的有限位移旋量表述及其有序合成与分解运算组合，揭示了有限位移旋量的李群特性。由此，机器人末端的运动可以由有序的有限位移旋量运算所构成的合成有限位移旋量表示。这就给出了有限位移旋量的李群运算。Parkin (1990, 1992) 研究了有限位移旋量的表示以及与点 – 线表示的刚体的有限螺旋位移轴线间的相似构象。Huang (1995, 1997) 揭示了三阶运动链的有限位移旋量系及其有限位移旋量的拟圆柱面。

关于李群与刚体位移以及李代数与瞬时旋量的关联，Murray、Li 和 Sastry (1994) 给出了代数形式，Selig (2005) 明晰了这种关联，将李理论与 Clifford 代数带入到运动的研究，Dai (1995, 2012, 2015, 2019) 进一步将李理论与旋量代数和理论运动学做了有机的融合。

本书的第一篇旨在从本质上揭示这种关联，并明晰地展示了以伴随矩阵表示的有限位移旋量。该篇给出的用来表示有限螺旋运动的**有限位移旋量矩阵**可用于路径与轨迹规划。图 1.1 揭示了有限位移旋量与李群以及瞬时位移旋量与李代数的关联关系。

1.5 旋量系及其关联关系理论

所有旋量的集合可构成一个由一组线性独立旋量生成的**旋量系** $\mathbb{S}$，其阶数 n 可由旋量系的最大线性无关组确定。

对旋量系以及将其应用到理论运动学和动力学的研究可以追溯到 Ball (1876, 1900) 对瞬时拟圆柱面的研究，这一研究奠定了二阶旋量系分类的基础。Dimentberg

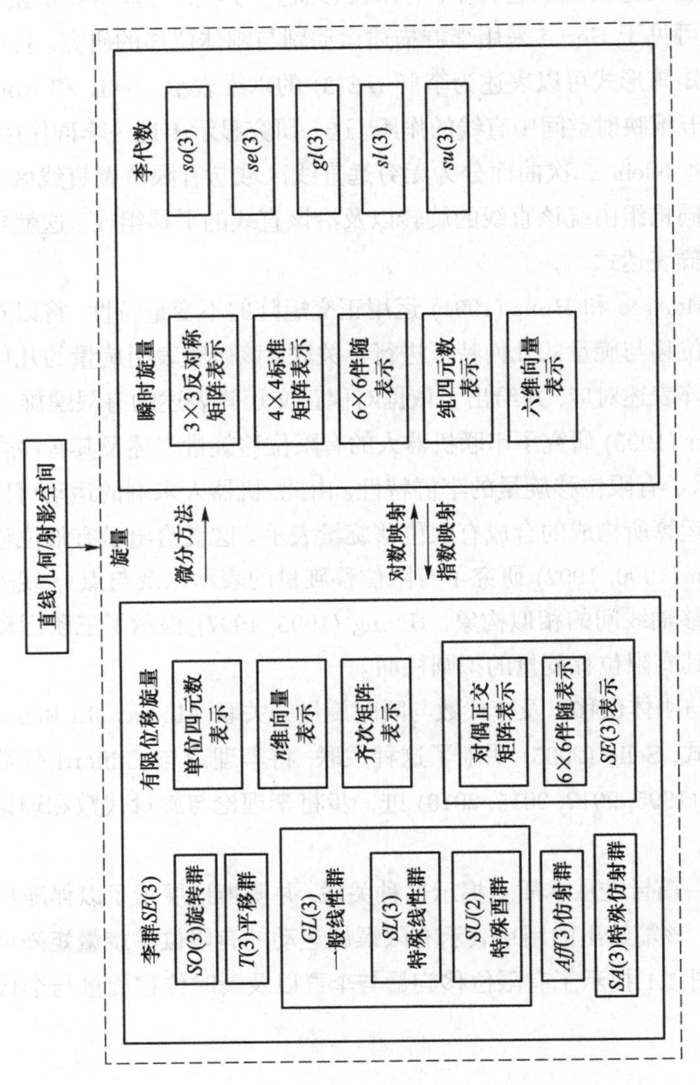

图 1.1 有限位移旋量、李群、瞬时旋量与李代数之间的内在关联关系

(1950, 1965) 研究了互易旋量系结构。Hunt (1967) 运用线丛将旋量系与空间机构以及活动度关联起来。在机构的约束研究中, Waldron (1966, 1967) 从约束的接触几何特性出发研究两旋量系的特殊关系。基于这些研究, Gibson 和 Hunt (1990) 采用射影几何方法提出了旋量系分类, Rico Martinez 和 Duffy (1992a, 1992b, 1992c) 采用正交空间与子空间理论研究了旋量系互易特性, 并给出了旋量系的分类。这些研究系统地给出了旋量系的表述。

旋量系的研究不可避免地引出了旋量系与其**互易旋量系**的关联关系。在研究机构旋量系的过程中, 旋量系与其互易旋量系的关联关系即为串联与并联机构中运动与力分析的关系。Dai 与 Rees Jones (2001) 首次采用集合论研究了这一关联关系, 并提出了判断旋量系与其互易旋量系关联关系的引理、定理与推论。这一关联关系理论由一阶、二阶、三阶及高阶旋量系与其互易旋量系的关系中推导而来, 并在互易旋量系导出之前就根据旋量系的几何特性预测出旋量系间的关联关系, 由此提出了从 n 阶旋量系导出其 $6-n$ 阶互易旋量系的直接判定法与余子式法。

这一方法采用旋量系与其互易旋量系的关联关系理论, 给出互易旋量系的零空间, 从而判断给定旋量系的互易旋量系。Dai 与 Rees Jones (2002, 2003) 的研究指出, 该零空间涵盖了机构与机械臂的运动与约束以及串并联的对偶性, 并提出了**移位分块**和**逐级增广**方法, 从而建立了旋量系的多维**零空间**[3]的构造理论。这些将在第六章、第七章与第八章中阐述, 其在运动几何学与机构学中的应用将在第九章论述机构旋量系的对偶性、第十章讲述旋量系的分解与阐述机构与机器人的运动与约束的过程中体现。

1.6 机构学与机器人学的几何与代数

刚体位移及其相关理论的研究建立了机构与机器人系统研究的基础, 有助于发明能够完成对称与连续运动的新机构。机构是具有固定杆件的连杆系。连杆系是用于传递运动和力的运动刚体系。当 19 世纪数学家们的注意力开始转向物理世界时, 机构以其可动的几何特征吸引了不少数学家, 触发了他们的灵感。数学家的参与又推动了运动几何学与机构学的发展, 产生了发掘连杆系丰富多彩特性的方法。典型的例子是法国数学家 Pierre Frédéric Sarrus (1853) 发明的 **Sarrus 连杆机构**。Sarrus 连杆机构是世界上第一个将旋转运动转换为准确的直线运动的连杆机构。该连杆机构由两组运动副构成, 每组运动副包括三个相互平行的旋转副。这是世界上最早的过约束空间连杆机构。

---

[3]零空间是矩阵的核 (kernel), 指方程组 $\boldsymbol{AX}=0$ 的解向量构成的空间, 也就是 $\boldsymbol{AX}=0$ 的解空间 (solution space)。这 n 个实数列向量 $\boldsymbol{X}$ 作为矩阵的核构成了欧几里得 n 维空间的线性空间, 称零空间 (null space)。

对机构的研究, 实质上是对运动的几何体的研究。在研究向量微积分以及画法几何学的过程中, 法国数学家 Raoul Bricard (1897) 对球体路径位移运动的特殊兴趣促使其发现了灵活多面体, 由此发明了六个可动的六杆过约束连杆机构, 包括三个可动的八面体连杆机构和三个分别对称于直线、对称于平面与具有三面体形状的连杆机构 (Bricard, 1927)。对机构及其相应的几何体对称性的探索使得连杆机构的研究更加引人入胜。剑桥大学数学讲师、英国皇家科学院院士 Geoffrey Bennett (1903) 在研究中提出了空间四连杆机构, 命名为斜等值线连杆机构, 即 **Bennett 连杆机构**, 该连杆机构的任一旋转轴均与相邻两连杆垂直。机构可动需要满足三个条件, 即相互对面的连杆长短一致, 相互对面的连杆两端的旋转轴夹角即连杆扭角互为相反数, 且连杆扭角的正弦值与轴线相邻两连杆的长度呈比例关系。

机器可抽象为由能够通过特定运动生成几何曲面的基本元素即运动副与连杆所构成的运动链。柏林技术大学教授 Franz Reuleaux 借助这些运动副的运动约束成功地描述了机器的约束。他注意到机构拓扑的重要性, 首次提出了一套严谨的机构拓扑描述符号。基于此, 他进行了机构综合, 发表了机器运动学专著 (Reuleaux, 1875)。Reuleaux 在运动副与运动链研究领域中作出的贡献使其被后人誉为 "运动学之父"。同一时期, 德国数学家与工程师 Siegfried Heinrich Aronlold (1872) 和英国皇家科学院院士、伦敦大学学院工程学讲席教授 Alexander B. W. Kennedy (1876) 提出了三刚体相对运动的三瞬心共线定理, 适用于直接或间接连接的三刚体。该定理反映出了刚体相对运动瞬心的内在固有特性, 是瞬时螺旋位移的纯转动特例。

瑞士雕塑家和几何学家 Paul Schatz (Heinz, 2008) 被**柏拉图正多面体**的美妙和对称性所吸引, 于 1929 年发现了具有丰富几何内涵的**可逆转立方体**。Schatz 进一步巧妙地将上述可逆转特性应用到工业搅拌机上, 并于 1942 年对该 Schatz 连杆机构的应用申请了专利, 取名为 Turbula (Schatz, 1942)。这一连杆机构是迄今为止唯一广泛应用于工业界的过约束连杆机构。

由于对机构存在浓厚的兴趣, Myard (1931) 创造性地将一对 Bennett 连杆机构连接起来, 并去除了连接两 Bennett 连杆机构的公共连杆, 从而将产生的一对邻接连杆固结, 发明了对称于平面的过约束五连杆机构。Goldberg (1943) 也采用同样的方法发明了一个过约束五连杆机构。在后续研究中, Altmann (1954) 提出了一个作为 Bricard 对称于直线连杆机构特例的六连杆机构; Waldron (1968) 用两个 Bennett 连杆机构构建出一个六杆过约束连杆机构, 使得任意两个具有单活动度的单环连杆机构可以在空间享用公共轴。

在有关连杆机构的研究中, 旋量代数作为理论与数学工具显示出了优越性, 典型的例子是 20 世纪 80 年代与 90 年代以旋量代数表示的 Gough-Stewart 并联平台支链, 以及应用旋量代数的 6-6R 并联机构 (Mohamed 和 Duffy, 1985) Jacobian 矩阵。同时, 互易旋量也被用来消去并联机构每一条支链上的被动铰链副, 以保留主动铰链副的关节变量, 生成并联机构的 Jacobian 矩阵。

机构是机器人的骨架, 也是其控制系统、视觉系统与智能系统的载体, 这一共识已经被广泛接受。同时, 机器人的主体结构形式多样, 包括串联或并联机构形式, 平面或空间机构形式, 或由这些机构组合而成的其他机构形式。

以机构学为基础与核心的机器人学研究是一种复杂的系统研究, 牵涉运动学的位置与姿态分析以及运动控制, 也包括可用作控制的约束分析以及用作精度调整的刚度和柔度分析。这就引出本书第十一章至第十四章的内容。第十一章着重于机构与机器人的约束与可重构, 第十二章着重于柔度与刚度, 第十三章与第十四章则分别着重于并联机构与多指灵巧机械手的旋量系与互易旋量系的关联关系。

1.7 机构与机器人的约束与柔度

在数学中, 约束是优化问题的前提条件。相应地, 机构学中的约束是运动的决定要素。机构约束一般通过以 Reuleaux 曲面表示的低副限定刚体的相对运动并以机构杆件和关节轴线的特定布置来实现。基于此, 刚体的接触与抓持分析自然成为研究机构与机器人约束问题的较为理想的模型。

刚体可由一组单向约束的点接触作为几何约束, 由此达到**形封闭**, 相当于夹具对工件的夹持。Reuleaux (1875) 在分析抓持装置对刚体的静态抓持能力时, 最早研究了形封闭问题。他的研究表明, 在无摩擦状态下, 三点约束可以阻止平面刚体的平移, 四点约束是构建二维形封闭的必要条件, 从而阻止刚体的任意运动。Somov (1900) 提出, 空间刚体的全约束需要七点约束。Lakshminarayana (1978) 的研究表明, 空间七点全约束可通过空间刚体六维运动证明, 当六点约束实施后, 第七点约束可使约束达到全封闭。与此同时, Hunt (1978) 用五条绷紧的线弹簧悬挂一个刚体, 以生成具有线丛中心轴旋距的一维螺旋运动。由此, 刚体实现全封闭的条件为: 采用另外一条绷紧的线弹簧来阻止上述螺旋运动, 并由第七条绷紧的线弹簧完成形封闭。形封闭的特性可见 Dai (1993) 和 Bicchi (1995) 的研究。

如上所述, 约束与运动相伴相生, 是生成特定运动的基本条件。约束可用对偶李代数 $se^*(3)$ 的元素即力旋量描述, 运动则可基于互易旋量系采用力旋量对偶形式即速度旋量表示, 其为李代数 $se(3)$ 的元素。在 Hunt 的研究中, 运动可用螺旋速度场的速度旋量表示。对于机构而言, 速度与运动的关系由德雷斯顿技术大学机械学教授 Martin Grübler (1917) 与德雷斯顿技术大学教授 Franz Karl Kutzbach (1929) 研究并揭示, 后来发展为广为接受的**活动度**[4]准则。活动度决定连杆机构所有构态在几何约束下的最少输入参数。正如 Hunt 所作的系统总结: 活动度是所有构件的自由运动受到铰链副约束后剩下的相互间相对活动度的数目。然而许多研究发现, 由于某些特殊类型约束的存在, Grübler-Kutzbach 准则在一些机构中并不适用。Waldron (1966) 和 Hunt (1967) 首先发现了该现象, 引入了**公共约束**概念, 并采用机构旋量系阶数提出了含有特定系数的活动度准则。在后续研究中, Davies (1983)、张启先 (1984) 以及 Huang 与 Li (2003) 将**冗余约束**引入活动度准则。Dai、Huang 和 Lipkin (2004, 2006) 将集合论与线性代数等数学理论与旋量代数结合, 通过研究过约束并联机构的活动度, 提出了活动度扩展准则。Gogu (2006) 从约束与自由运动的基本概念出发系统地研究了活动度问题, 他的研究将约束转换为失去独立性的关节变量以确定决定机构运动的独立变量个数。

对于机构与机器人, 约束与活动度决定运动, 刚度与柔度决定精度。而刚度又基于 **Hooke 定律**将力与位移关联起来, 每一个刚度元素均与由刚体位姿决定的势能有关。因此 Hooke 定律是研究用抓持力系进行刚体运动操作的基本原理。

用柔度矩阵研究柔度特性可以追溯到 Ball (1900) 的著作以及 von Mises (1924) 的研究。前者将柔度问题转化为特征值问题, 后者揭示刚度矩阵的**不变性**。Dimentberg (1965) 将刚体用六条类似线弹簧的弹性拉索在空中拉住, 每一条拉索可以用一个旋量描述。由此得到的六个旋量以构成矩阵, 该矩阵被 Dimentberg 描述为弹性 binor, 即**刚度矩阵**。此后 Whitney (1982) 用柔度进行了具有柔性底座的刚体部件准静态组装。

在刚度矩阵的分析中, Loncaric (1985) 采用李群方法选取了坐标系, 建立了标准矩阵, 并将柔顺系统远程中心概念推广到通用的线弹簧系统。从而, 柔顺装置的远程中心可以综合为简单线弹簧的组合。其中所有弹簧交于一点, 以至于组合而来的刚度矩阵发生奇异。上述综合过程成立的必要条件是分块刚度矩阵的非对角线子矩阵**迹**为零。

Patterson 和 Lipkin (1993) 揭示了机器人结构柔度与柔度矩阵的特性。Huang 和 Schimmels (2000) 作了柔度矩阵特征旋量分解。研究表明, 采用六条沿着特征旋量的螺旋弹簧可以构建**等效并联机构**, 按照特征旋量轴线的空间方位重新布置铰链副也可以构建**等效串联机构**。Huang 和 Shimmels (2002) 进一步揭示了上述两等效机构特征旋量分解的对偶性。Selig 和 Ding (2002a, b) 将空间刚度矩阵应用到梁与

[4]活动度 (mobility) 是确定机构构态的最少独立变量数。连接度 (connectivity) 是机构一连杆与另一连杆的相对活动度。自由度 (degree-of-freedom) 是机构某一连杆所需要的确定其相对于固定连杆 (固定坐标系) 的方位与姿态的独立变量。在机器人中, 自由度指的是末端操作器 (即串联机器人的操作端或并联机器人的平台) 相对于固定坐标系在机构约束下所需要的独立变量数。对于非冗余机器人, 自由度数等同于活动度数。这些将在第十章进行详尽阐述。

盘簧的研究中。Selig 和 Dai (2005) 分析了柔性并联装置的动态特性; Dai 和 Ding (2006, 2008) 将柔度矩阵特性应用到一种常用的工业装置上, 揭示了该装置与并联机构的相关性, 提出了柔度平台的特征方程以及对偶特性。上述内容引出探讨约束与自由运动以及柔度与刚度两大关系的第十章至第十二章的内容。这两大关系是机构与机器人功能与性能的核心要素。

1.8 本书概述

本书共由 14 章组成, 全面深入地阐述旋量代数及其几何基础与旋量系理论及其关联关系, 并将这些理论应用到运动几何学以及多种典型的机构与机器人中。

本书主体上分为三篇, 第一篇由第二章到第五章组成。这四章应用直线几何、射影几何与仿射几何讲述旋量代数、四元数代数、李群、李代数等数学理论, 以阐述旋量理论的基本体系与核心内涵, 揭示刚体位移的固有特性以及与有限位移旋量和李群的内在统一性。

第二篇由第六章至第十章组成。这一篇探讨旋量互易特性, 揭示旋量系与其互易旋量系的内在关联, 给出旋量系理论, 阐述其几何含义, 挖掘旋量系的一维及多维零空间特性。本篇同时给出互易旋量系的求解法则, 引出齐次线性方程的求解法则。本篇最后两章阐述旋量系对偶特性, 详尽论述旋量对约束与自由运动的影响, 揭示机构约束特性、活动度特性、刚度特性等的本质内涵。

本书第三篇包括第十一章至第十四章。该篇采用旋量代数与旋量系理论及其几何内涵揭示经典机构、可重构机构以及机器人的运动几何和固有属性。这一篇给出许多应用旋量代数的实例。为全面深刻地展示旋量代数在机构学与机器人学研究中的应用, 本篇还深入研究较为热门的可重构机构、可展机构、多指灵巧手以及其他工业用机构与机器人。

从第一章起, 本书讲述并回顾直线几何、射影几何、旋量代数、有限位移旋量、李群与李代数的内涵及其内在关联与历史发展, 初步阐述这些理论与运动几何学的联系。本书第一篇 “几何基础、旋量代数与李群李代数” 起始于第二章, 从旋量代数与射影几何的基础 —— 直线几何开始, 阐述点、线、面等基本几何元素的描述方法及其不变性特征, 从而奠定旋量代数与旋量系理论的基础。第三章从旋量的原始定义出发, 阐明旋量是代数形式的几何体, 阐述旋量代数的内涵与运算。旋量本质上是几何量, 是速度旋量与力旋量的几何载体, 该章以此阐述瞬时运动学、静力学与李代数及**李括号**之间的对应关系, 给出李代数的表示。基于旋量代数, 第四章运用 Chasles 运动与 Rodrigues 参数描述刚体运动, 进而揭示 Hamilton 四元数以及 Clifford 对偶四元数与刚体运动的关联关系, 从而给出群公理及典型的李群, 讲述旋量与有限位移旋量的各种表示方法以及与李群、李代数的各种表示方法的关联关系。这就自然地引出第五章。第五章给出基于李群 $SE(3)$ 的有限位移旋量矩阵，阐述有限位移旋量与李群作用的关系，揭示有限位移旋量矩阵的特性及其分块后非对角线子矩阵特性。**非对角线子矩阵**作为有限位移旋量矩阵的副部，即其对偶正交矩阵形式的对偶部，可以产生出新的**矩阵迹**。该章进一步求取有限位移旋量矩阵的特征旋量，从而得到有限位移旋量，并通过矩阵微分运算得到瞬时旋量，由此揭示李群作用的实质内涵。同时，该章阐述 Chasles 运动的分解及其与**指数映射**的内在关系。

本书第二篇阐述 "旋量系理论及机构约束与自由运动"。由第六章起引出旋量系的概念，阐述旋量互易性与线性相关性的几何与物理含义，揭示机构运动学与静力学中的旋量组合及其线性相关性。这就自然过渡到第七章的旋量系与互易旋量系关联理论，该章给出旋量互易性的代数模型，采用集合论建立旋量系与互易旋量系关联关系的通用定理，由此对一阶、二阶、三阶及高阶旋量系的几何特性及其与互易旋量系的关联关系进行统一分析。该章同时给出常见机构以及抓持模型的旋量系分析方法。第八章阐述旋量系一维与多维零空间结构，介绍求取互易旋量系的移位分块与逐级扩展法。该章进一步提出一种新的齐次线性方程组求解法则，并利用该法则求解常见的齐次线性方程组。这一求解法则与传统的 Gauss-Seidel 消元法相比，具有更高的精度和计算效率。

第九章阐述旋量理论在运动几何学中的演绎以及旋量系的对偶性，即速度旋量与力旋量的对偶关系以及串联、并联机构与抓持系统的对偶关系。这一对偶关系可由机构输出杆件与机构支链的运动与约束关系体现出来，尤其体现在经典的 Sarrus 连杆机构以及在可展机构的扩展 Sarrus 连杆机构中。该章最后给出 Arohold-Kennedy 定理的向量表达式以确定 Watt 六连杆机构的瞬心。第十章全面阐述约束与运动关联关系，提出**旋量系分解定理**，揭示公共约束旋量系、互补约束旋量系和冗余约束多重集的内涵与应用，讲述约束与运动旋量系、旋量多重集间的关联关系，奠定了**活动度扩展准则**的理论基础。该章进一步用闭合运动链以及包括过约束连杆机构在内的多种机构，全面展现约束旋量系分解的过程以及公共约束和冗余约束的分析方法及其对活动度的影响。在采用活动度扩展准则分析各种机构包括过约束并联机构后，该章研究典型的六杆过约束机构，提出六杆过约束机构**轴线约束方程**。

本书第三篇 "旋量代数与几何基础的机构学与机器人学应用" 以前两篇理论与数学内涵为基础，揭示机构与机器人的几何特性、运动机理与固有属性。第十一章从 **Schatz 连杆机构**运动旋量系出发，研究其零空间构成的约束旋量系，讲述约束旋量系变化对约束力旋量分布的影响，分析产生**分岔运动**的机理，阐述其产生的活动度变化。该章以讲述约束旋量系对机构拓扑构态以及约束变异的影响引出**变胞机构**，探讨旋量系变化对机构可重构的影响，提出活动度变化原理。这就自然地引出第十二章对刚度与柔度的旋量系研究。这一章采用刚度映射以及抓持的**弹性与几何兼容原理**来阐述柔度的各向同性, 揭示柔度矩阵分解特性、柔度特征旋量、位移特征旋量及其在工业装置机构与折纸衍生机构中的应用, 涵盖了抓持、串并联、多环以及欠驱动机构。

第十三章应用第九章阐述的旋量与旋量系的对偶性以及第十章阐述的约束与运动特征, 分析并联机构的活动度特征, 阐述并联机构的支链、平台与机构旋量系, 从而揭示机构四大旋量系的内在关联关系。在分析得出公共约束、冗余约束以及冗余活动度等影响因子后, 进而讲述机构活动度扩展准则以及输出杆件自由度扩展准则。第十四章建立包含 "变胞活动手掌" 的变胞灵巧机械手的互易旋量系, 展示基于互易旋量系和**奇异值分解**方法构建的多指灵巧手 **Jacobian 矩阵**。该章通过研究以球面变胞机构为可动手掌的新型变胞多指手运动机理、工作空间以及操作度, 全面地论证将 "变胞活动手掌" 引入多指灵巧手研究的合理性与必要性。

本书具有深厚的数学基础、宽广的背景知识、严谨的分析推导以及紧密的实际运用, 可作为致力于数学科学、理论运动学, 机构学、机器人学、计算机科学、控制理论以及自动化等领域研究的学者和学生的参考书或教材。

参考文献

Altmann, P. G. (1954) Communications to Grodzinski, P. and M'ewen, E, Link mechanisms in modern kinematics, *P. I. Mech. Eng.*, **168** (37): 889-896.

Altmann, S. L. (1986) *Rotations, Quaternions and Double Groups*, Clarendon Press, Oxford, England.

Altmann, S. L. (1989) Hamilton, Rodrigues, and the Quaternion Scandal, *Mathematics Magazine*, **62** (5): 291-308.

Angeles, J. (1986) Automatic computation of the screw parameters of rigid body motions, Part I: Finitely-separated positions, *ASME J. Dyn. Syst.*, **108** (1): 32-38.

Angeles, J. (2007) *Fundamentals of Robotic Mechanical Systems, Theory, Methods, and Algorithms*, 3rd ed, Springer, New York.

Aronhold, S. H. (1872) Outline of kinematic geometry, *Verein zur Befoerderung des Gewerbefleisses in Preussen*, **51**: 129-155.

Baker, J. E. (1978) An overconstrained 5-bar with a plane of quasi-symmetry, *Mech. Mach. Theory*, **13** (4): 467-473.

Baker, J. E. (1978) On the investigation of extrema in linkage analysis, using screw system algebra, *Mech. Mach. Theory*, **13** (3): 333-343.

Ball, R. S. (1871) The theory of screws: A geometrical study of the kinematics, equilibrium, and small oscillations of a rigid body, *Transactions of the Royal Irish Academy*, **25**: 157-218.

Ball, R. S. (1876) *Theory of Screws: A Study in the Dynamics of a Rigid Body*, Hodges, Foster, and Co., Dublin.

Ball, R. S. (1900) *A Treatise on the Theory of Screws*, Cambridge University Press, Cambridge.

Belinfante, J. G. F. and Kolman, B. (1972) *A Survey of Lie Groups and Lie Algebras: With Applications and Computational Methods*, SIAM, Phila., PA.

Bennett, G. T. (1903) A new mechanism, *Engineering*, **76**: 777-778.

Bergamasco, M. (1997) Force replication to the human operator: The development of arm and hand exoskeletons as haptic interfaces, *The 7th international symposium of robotics research*, Springer, London.

Bicchi, A. (1993) force distribution in multiple whole-limb manipulation, *Proc. IEEE Int. Conf. on Robotics and Automation.*

Bicchi, A. (1995) On the closure properties of robotic grasping. *Int. J. Robot. Res.*, **14** (4): 319-334.

Blaschke, W. (1958) Anwendung dualer Quaterernionen anf die Kinematik, *Annales Academiae Scientiarum Fennicae*, 1-13.

Blaschke, W. and Müller, H. R. (1956) *EbeneKinematik*, R. Oldenbourg, Munich.

Bottema, O. (1973) On a set of displacements in space, *J. Eeg. Ind.*, **95**: 451-454.

Bottema, O. and Roth, B. (1979) *Theoretical Kinematics*, North-Holland Series in Applied Mathematics and Mechanics, North-Holland, Amsterdam.

Brand, L. (1947) *Vector and Tensor Analysis*, Seventh printing (1958), John Wiley & Sons, New York.

Bricard, R. (1897) Mémoire sur la théorie de l'octaedre articulé, *Journal de mathématiques pures et appliquées, Liouville*, **3**: 113-148.

Bricard, R. (1927) Lecons de cinématique: Cinématique appliquée, *Gauthier-Villars*, **2**: 7-12.

Cartan, É. (1894) *Sur la structure des groupes de transformations finis et continus*, (Killing form) Thesis, Nony.

Cayley, A. (1843) On the motion of rotation of a solid body, *Cambridge Mathematics Journal*, **3**: 224-232.

Cayley, A. (1845) On certain results relating to quaternions, *Phil. Mag.*, **26** (171): 141-145.

Cayley, A. (1860) On a new analytical representation of curves in space, *Quarterly J. of Pure and Appl. Math*, **Ⅲ**: 225-236.

Cayley, A. (1875) On three-bar motion, *Proceedings of the London Mathematical Society*, **s1-7** (1): 136-166.

Ceccarelli, M. (2004) *Fundamentals of Mechanics of Robotic Manipulation*, Kluwer Academic Publishers, Dordrecht.

Chasles, M. (1830) Note sur le propriétés générales du systéme de deux corps semblables entr'eux et places d'une maniére quelconque dans l'espace; et sur le déplacement fini ou infiniment petis d'un corps solide libre. *Bull. Sci. Mach, Férussac*, **14**: 321-326.

Cheng, H. and Gupta, K. C. (1989) An historical note on finite rotations, *J. Appl. Mech.*, **56** (1): 139-145.

Chirikjian, G. S. (2011) *Stochastic Models, Information Theory, and Lie Groups, Volume 2: Analytic Methods and Modern Applications*, Birkhäuser, Boston.

Ciblak, N. and Lipkin, H. (1998) Synthesis of stiffness by springs, *ASME Design Technical Conference*, Sept. 13-16, Atlanta, GA, USA.

Clifford, W. K. (1873) Preliminary sketch of bi-quaternions, *Proc. London Math Society*, **4** (64/65): 381-395.

Clifford, W. K. (1882) *Mathematical Papers*, (ed R. Tuchker), Macmillan & Co., London.

Dai, J. S. (1993) *Screw Image Space and Its Application to Robotic Grasping*, PhD Dissertation (uk.bl.ethos.386419), University of Salford, Manchester.

Dai, J. S. (2006) A historical review of the theoretical development of rigid body displacements from Rodrigues parameters to the finite twist, *Mech. Mach. Theory*, **41** (1): 41-52.

Dai, J. S. (2012) Finite displacement screw operators with embedded Chasles' motion, *ASME, J. Mech. Rob.*, **4** (4): 041002.

Dai, J. S. (2015) Euler-Rodrigues formula variations, quaternion conjugation and intrinsic connections, *Mechanism and Machine Theory*, **92**: 134-144.

Dai, J. S. (2019) *Screw Algebra and Kinematics Approaches for Mechanisms and Robotics*, Springer, London.

Dai, J. S. and Ding, X. (2006) Compliance analysis of a three-legged rigidly-connected platform device, *ASME, J. Mech. Des.* **128** (4): 755-764.

Dai, J. S. and Rees Jones, J. (2001) Interrelationship between screw systems and corresponding reciprocal systems and applications, *Mech. Mach. Theory*, **36** (5): 633-651.

Dai, J. S. and Rees Jones, J. (2002) Null space construction using cofactors from a screw algebra context, *Proc Royal Society London A: Mathematical, Physical and Engineering Sciences*, **458** (2024): 1845-1866.

Dai, J. S. and Rees Jones, J. (2003) A linear algebraic procedure in obtaining reciprocal screw systems, *J. Robotic Syst.,* **20** (7): 401-412.

Dai, J. S. and Zhang, Q. X. (2000) Metamorphic mechanisms and their configuration models, *Chinese Journal of Mechanical Engineering*, **13** (3): 212-218.

Dai, J. S., Holland, N. and Kerr, D. R. (1995) Finite twist mapping and its application to planar serial manipulators with revolute Joints, *J. Mech. Eng. Sci.,* **209** (C3): 263-272.

Dai, J. S., Huang, Z. and Lipkin, H. (2004) Screw system analysis of parallel mechanisms and applications to constraint and mobility study, *Proc. of the 28th Biennial Mechanisms and Robotics Conference*, Sept. 28-Oct. 2, Salt Lake City, USA.

Dai, J. S., Huang, Z. and Lipkin, H. (2006) Mobility of overconstrained parallel mechanisms, *ASME, J. Mech. Des.* , **128** (1): 220-229.

Davidson, J. and Hunt, K. H. (2004) *Robots and Screw Theory, Applications of Kinematics and Statics to Robotics*, Oxford University Press, New York.

Davies, T. H. (1983) Mechanical networks- I, Ⅱ, and Ⅲ, *Mech. Mach. Theory*, **18** (2): 95-101, 103-106, 107-112.

Dedron, J. and Itard, J. (1959) *Mathématiques et Mathématiciens*, Magnard, Paris.

Denavit, J. and Hartenberg, R. S. (1955) A kinematic notation for lower-pair mechanisms based on matrices, *ASME, J. Appl. Mech.*, **22**: 215-221.

Di Gregorio, R. and Parenti-Castelli, V. (2002) Mobility analysis of the 3-UPU parallel mechanism assembled for a pure translational motion, *ASME, J. Mech. Des.*, **124** (2): 259-264.

Dimentberg, F. M. (1947) Konechnyye pe remeshcheniya prostranstvennogo chetyrekhzvennika stailindricheskimi parami isluchal pass3vnykh svyazey (Finite Displacements of a Three-Dimensional Four-Element Chain with Cylindrical Pairs, and Cases of Passive Couplings), *PMM*, **XI** (6): 10-19.

Dimentberg, F. M. (1948) A general method of investigation of finite displacements of three-dimensional mechanisms, and certain cases of passive couplings, *Trudi Semin. po. Teor. Mash. Mekh*, Akad. Nauk USSR, **5** (17): 5-39.

Dimentberg, F. M. (1950) *The Determination of the Positions of Spatial Mechanisms*, Izdat, Akad, Moscow, USSR.

Dimentberg, F. M. (1965) *The screw calculus and its application to mechanics* (in Russian), Izdat, Nauka, Moscow, 1965, English Translation, Foreign Technology Division, U. S. Department of Commerce, (N. T. I. S), No. AD 680993, WP-APB, Ohio, 1969.

Dimentberg, F. M. (1971) Method of screws in the applied mechanics, *Moscow I*, **971**: 264.

Dimentberg, F. M. and Kislitsyn, S. G. (1960) Application of screw calculus to the analysis of three-dimensional mechanisms, *Trudy II Vsesoyuznogo soveshchaniya po problemam dinamiki mashin*.

Ding, H. and Wu, J. H. (2007) Point-to-point motion control for a high-acceleration positioning table via cascaded learning schemes. *IEEE Transactions on Industrial Electronics*, **54** (5): 2735-2744.

Ding, H. and Xiong, C. H. (2006) Motion stages for electronic packaging: Design and control, *IEEE Robotics & Automation Magazine*, **13** (4): 51-61.

Ding, X. and Dai J. S. (2008) Characteristic equation-based dynamics analysis of vibratory bowl feeders with three spatial compliant legs, *IEEE T. Autom. Sci. Eng.*, **5** (1): 164-175.

Duffy, J. (1989) 机构和机械手分析, 廖启征, 刘新昇, 仇长浩, 等, 译, 北京邮电学院出版社, 北京.

Eves, H. (1972) *A Survey of Geometry*, Allyn and Bacon, Inc.

Freudenstein, F. (1954) An analytical approach to the design of four-link mechanisms, *Trans. ASME*, **76**: 483-492.

Frisoli, A., Checcacci, D., Salsedo, F., et al. (2000) Synthesis by screw algebra of translating in-parallel actuated mechanisms, *Advances in Robot Kinematics*, Springer, Netherland: 433-440.

Ghafoor, A., Dai, J. S. and Duffy, J. (2004) Stiffness modeling of the soft-finger contact in robotic grasping, *ASME, J. Mech. Des.*, **126** (4): 646-656.

Ghafoor, A., Dai, J. S. and Duffy, J. (2000) Fine motion control based on constraint criteria under pre-loading configurations, *J. Robot. Syst.*, **17** (4): 171-185.

Gibson, C. G. and Hunt, K. H. (1990) Geometry of screw systems, *Mech. Mach. Theory*, **25** (1): 1-27.

Gogu, G. (2006) Fully-isotropic hexapods, *Advances in Robot Kinematics*, **5**: 323-330.

Goldberg, M. (1943) New five-bar and six-bar linkages in three dimensions, *ASME*, **65** (1): 649-663.

Grübler, M. (1917) *Getriebelehre: Eine Theorie des Zwanglaufes und der ebenen Mechanismen*, Springer.

Gray, J. J. (1980) Olinde Rodrigues' paper of 1840 on transformation groups, *Archive for History of Exact Sciences*, **21** (4): 375-385.

Hall, A.S. (1987) *Notes on Mechanism Analysis*, Wavland Press, New York.

Halphen, M. (1882) Sur la théorie du déplacement, *Nouvelles Annales de Math.*, **3** (1): 296-299.

Hamilton, W. R. (1844a) On quaternions or on a new system of imaginaries in algebra (incl. Letter to Graves J. T., dated 17 October 1843), *Philosophical Magazine*, 3rd series, **25** (163): 10-13.

Hamilton, W. R. (1844b) On a new species of imaginary quantities connected with a theory of quaternions, *Proceeding of the Royal Irish Academy*, **2**: 424-434.

Hartenberg, R. S. and Denavit, J. (1964) *Kinematic Synthesis of Linkages*, McGraw-Hill, New York.

Heinz, A. (2008) Development of mathematical imagination of 3-dimensional polyhedra through history and inversions phenomena, *Jupiter*, **3**, Verlag am Goetheanum, Dornach/Switzerland.

Hervé, J. M. (1978) Analyze structurelle des mécanismes par groupe des déplacements, *Mech. Mach. Theory*, **13** (4): 437-450.

Hervé, J. M. (1999) The Lie group of rigid body displacements, a fundamental tool for mechanism design, *Mech. Mach. Theory*, **34** (5): 719-730.

Hervé, J. M. and Sparacino, F. (1991) Structural synthesis of parallel robots generating spatial translation, *5th Int. Conf. on Adv. Robotics*, **1**: 808-813.

Huang, C. (1995) On the finite screw system of the third order associated with a revolute-revolute chain, *ASME, J. Mech. Des.*, **116** (3): 875-883.

Huang, C. (1997) The cylindroid associated with finite motion of the Bennett mechanism, *ASME, J. Mech. Des.*, **119** (4): 521-524.

Huang, S. and Schimmels, J. M. (2000) The bounds and realization of spatial compliances achieved with simple serial elastic mechanisms, *IEEE Trans. Robot. Automat.*, **16** (1): 99-103.

Huang, S. and Schimmels, J. M. (2002) The duality in spatial stiffness and compliance as realized in parallel and serial elastic mechanisms, *ASME, J. Dyn. Syst.*, **124** (1): 76-84.

Huang, Z. and Li, Q. C. (2003) Type synthesis of symmetrical lower-mobility parallel mechanisms using constraint-synthesis method, *Int. J. Robot. Res.*, **22** (1): 59-79.

Hunt, K. (1978) *Kinematic Geometry of Mechanisms*, Clarendon Press, Oxford.

Hunt, K. H. (1967) Screw axes and mobility in spatial mechanisms via the linear complex, *J. Mechanisms*, **2** (3): 307-327.

Hunt, K. H., (1987) Manipulating a body through a finite screw displacement, *Proc 7th IFToMM World Congress*, Sevilla, Spain.

Husty, M. L. (1996) An algorithm for solving the direct kinematics of general Stewart-Gough platforms, *Mech. Mach. Theory*, **31** (4): 365-379.

Innocenti, C. and Parenti-Castelli V. (1991) Direct kinematics of the 6-4 fully parallel manipulator with position and orientation uncoupled, *European Robotics and Intelligent Systems Conference*, June 23-28, Corfu.

Kennedy, A. B. W. (1876) *Kinematics of Machinery*, Macmillan, Dover.

Klein, F. (1869a) Die allgemeine lineare transformation der linien-co-ordinaten, *Math. Ann.*, **II**: 366-371.

Klein, F. (1869b) Zur theorie der linien-cómplexe des ersten und zweiten grades, *Math. Ann.*, **II**: 198-226.

Klein, F. (1870) Zur theorie der Liniencomplexe des ersten und zweiten grades, *Mathematische Annalen*, **2** (2): 198-226.

Klein, F. (1871) Notiz betreffend den zusammenhang der linien-geometrie mit der mechanik starrer körper, *Math. Ann.*, **IV**: 403-415.

Klein, F. (1872) Vergleichende betrachtungen über neuere geometrische forschungen (A comparative review of recent researches in geometry), *Mathematische Annalen*, **43** (1893): 63-100 (Also: Gesammelte Abh. **1**, Springer, 1921, 460-497).

Klein, F. (1884) *Vorlesungen über das Ikosaeder und die Auflösung der Gleichungen vom fünften Grade*, Tubner, Leipzig. Translated as: *Lectures on the icosahedron and the solutions of equations of the fifth*, 2nd ed., (Translated by Morrice, G. G.), Ballantyne, Hanson Co., 1914; Dover Publications, New York, 1956.

Klein, F. and Lie, S. (1870) *Sur une certaine famille de courbes et de surfaces.*

Klein, F. and Lie, S. (1871) Ueber diejenigen ebenen curven, welche durch ein geschlossenes system von einfach unendlich vielen vertauschbaren linearen transformationen in sich übergehen, *Mathematische Annalen*, **4** (1): 50-84.

Kong, X. and Gosselin, C. M. (2002) Type synthesis of linear translational parallel manipulators, *Advances in Robot Kinematics*, 411-420.

Kutzbach, K. (1929) Mechanische leitungsverzweigung maschinenbau, *Der Betrieb*, **8**: 710-716.

Lakshminarayana, K. (1978) Mechanics of form closure, *ASME Paper 78-DET-32*, New York.

Lee, C. C. and Hervé, J. M. (2007) Cartesian parallel manipulators with pseudo-planar limbs, *ASME, J. Mech. Des.*, **129** (12): 1256-1264.

Lee, K., Wang, Y. and Chirikjian, G. S. (2007) O(n) mass matrix inversion for serial manipulators and polypeptide chains using Lie derivatives, *Robotica*, **25** (6): 739-750.

Lie, S. (1888) *Theorie der Transformation sgruppen I* (in German), Leipzig: B. G. Teubner. Written with the help of Engel, F.

Lie, S. (1890) *Theorie der Transformation sgruppen II* (in German), Leipzig: B. G. Teubner. Written with the help of Engel, F.

Lie, S. (1893) *Theorie der Transformationsgruppen III* (in German), Leipzig: B. G. Teubner. Written with the help of Engel, F.

Loncaric, J. (1985) *Geometrical Analysis of Compliant Mechanisms in Robotics*, PhD Dissertation, Harvard University.

Maxwell, E. A. (1951) *General Homogeneous Coordinates in Space of Three Dimensions*, Cambridge University Press, Cambridge.

McCarthy, J. M. (1986) Dual orthogonal matrices in manipulator kinematics, *Int. J. Robot. Res.*, **5** (2): 45-51.

McCarthy, J. M. (1990) *An Introduction to Theoretical Kinematics*, The MIT Press, London.

McCarthy, J. M. and Soh, G. S. (2011) *Geometric Design of Linkages*, 2nd ed, Springer, New York.

Merlet, J. P. (2000) *Parallel Robot*, Kluwer Academic Publishers, London.

Merlet, J. P. (2006) Jacobian, manipulability, condition number, and accuracy of parallel robots, *ASME, J. Mech. Des.*, **128** (1): 199-206.

Mohamed, M. G. and Duffy, J. (1985) A direct determination of the instantaneous kinematics of fully parallel robot manipulators, *ASME J. Mech. Transm.*, **107** (2): 226-229.

Mozzi, G. (1763) Discorso matematico sopra il rotamento momentaneo dei corpi, *Stamperia di Donato Campo*, Napoli.

Müller A. (2011) Semialgebraic regularization of kinematic loop constraints in multibody system models, *ASME, J. Comp. and Nonlinear Dyn.*, **6** (4): 041010.

Murray, R. M., Li, Z. and Sastry, S. S. (1994) *A Mathematical Introduction to Robotic Manipulation*, CRC Press, New York.

Myard, F. E. (1931) Contribution La Géométrie, *Societe mathématiques de France*, **59** (1): 183-210.

Owens, F. W. (1909) Review: The axioms of descriptive geometry by A. N. Whitehead, *Bull. Amer. Math. Soc.*, **15** (9): 465-466.

Parkin, I. A. (1990) Coordinate transformations of screws with applications to screw systems and finite twists, *Mech. Mach. Theory*, **25** (6): 689-699.

Parkin, I. A. (1992) A third conformation with the screw systems: Finite twist displacements of a directed line and point, *Mech. Mach. Theory*, **27** (2): 177-188.

Patterson, T. and Lipkin, H. (1993) A classification of robot compliance, *ASME, J. Mech. Des.*, **115** (3): 581-584.

Paul, B. (1979) *Kinematics and Dynamics of Planar Machinery*, Prentice-Hall, Englewood Cliffs.

Paul, R. P. (1981) *Robot Manipulators: Mathematics, Programming, and Control*, MIT Press, Boston.

Pennock G. R. and Meehan P. J. (2000) Geometric insight into the dynamics of a rigid body using the theory of screws, *Proceedings of A Symposium Commemorating the Legacy, Works, and Life of Sir Robert Stawell Ball Upon the 100th Anniversary of A Treatise on the Theory of Screws*.

Pennock, G. R. and Yang, A. T. (1985) Application of dual-number matrices to the inverse kinematics problem of robot manipulators, *ASME, J. Mech. Transm.*, **107** (2): 201-208.

Plücker, J. (1868—1869) *Neue Geometrie des Raumes: Gegründet auf die Betrachtung der geraden Linie als Raumelement*, Leipzig (Trübner, B. G. ed.), 1-374.

Pohl, E. D. and Lipkin, H. (1990) Kinematics of complex joint angles in robotics, *Proc 1990 IEEE International Conference on Robotics and Automation*, **1**: 86-91, Los Alamitos, CA.

Poinsot, L. (1806) Sur la composition des moments et la composition des aires, *Paris Journal de l'Ecole Polytechnique*, **6** (13): 182-205.

Reuleaux, F. (1875) *Theoetische Kinematik, Gundzüge einer Theorie des Maschinenwesens*, Title given in a collected works in *Berliner Verhandlungen*.

Rico Martínez, J. M. and Duffy, J. (1992a) Orthogonal spaces and screw systems, *Mech. Mach. Theory*, **27** (4): 451-458.

Rico Martínez, J. M. and Duffy, J. (1992b) Classification of screw systems—I: One-and two-systems, *Mech. Mach. Theory*, **27** (4): 459-470.

Rico Martínez, J. M. and Duffy, J. (1992c) Classification of screw systems—Ⅱ: Three-systems, *Mech. Mach. Theory*, **27** (4): 471-490.

Rico Martínez, J. M. and Duffy, J. (1996) An application of screw algebra to the acceleration analysis of serial chains, *Mech. Mach. Theory*, **31** (4): 445-457.

Rico Martínez, J. M., Gallegos, V. and Duffy, J. (1998) Screw polygons, finite screws, and biquaternions, *Proceedings of the 1998 ASME Design Engineering Technical Conference*, paper DETC98/MECH-5892, Sept., Atlanta, USA.

Rodrigues, O. (1840) Des lois géométriques qui régissent les déplacements d'un systéme solide dans l'espace, et de la variation des coordonnées provenant de ces déplacements considérés indépendamment des causes qui peuvent les produire, *Journal de Mathématiques*, **5**: 380-440.

Rooney, J. (2009) Aspects of Clifford algebra for screw theory, *Computational Kinematics: Proc. of 5th International Workshop on Computational Kinematics*, Kecskeméthy, A. and Müller, A. (eds.), Springer, Berlin Heidelberg, 191-200.

Roth, B. (1967) On the screw axes and other special lines associated with spatial displacements of a rigid body, *Journal of Engineering for Industry*, **89** (1): 102-110.

Samuel, A. E., McAree, R. R. and Hunt, K. H. (1991) Unifying screw geometry and matrix transformations, *Int. J. Robot. Res.*, **10** (5): 454-472.

Sarrus, P. T. (1853) Note sur la transformation des mouvements rectilignes alternatifs, *en mouvements circulaires, et reciproquement, Académie des Sciences*, **36**: 1036-1038.

Schatz, P. (1942) Mechanism producing wavering and rotating movements op receptacles, *U. S. Patent No. 2, 302, 804*.

Selig, J. M. (2005) *Geometric Fundamentals of Robotics*, Spriger, New York.

Selig, J. M. and Dai, J. S. (2005) Dynamics of vibratory bowl feeders, *Proceedings of the 2005 IEEE International Conference on Robotics and Automation*, Barcelona, Spain, April, 3288-3293.

Selig, J. M. and Ding, X. (2002a) Structure of the spatial stiffness matrix, *Int. J. Robot. Autom.*, **17** (1): 1-16.

Selig, J. M. and Ding, X. (2002b) Diagonal spatial stiffness matrices, *Int. J. Robot. Autom.*, **17** (2): 100-106.

Selig, J. M. and Rooney, J. (1989) Reuleaux pairs and surfaces that cannot be gripped, *Int. J. Robot. Res.*, **8** (5): 79-87.

Shoham, M. (1999) A note on Clifford's derivation of bi-quaternions, *10th World Congress on the Theory of Machines and Mechanisms*, IFToMM, Finland.

Soltani, F. (2005) *Kinematic Synthesis of Spatial Mechanisms Using Algebra of Exponential Rotation Matrices*, PhD Dissertation, Middle East Technical University.

Somov, P. (1900) Über Ge biete von Schraubenge schwindigkeiten eines starren Körpers bieverschiedener Zahl von Stützflächen, *Zeischriftfür Mathematic and Physik*, **45**: 245-306.

Strang, G. (1976) *Linear Algebra and Its Applications*, Harcourt Brace Jovanovich Inc., Philadelphia.

Su, H., Dietmaier, P. and McCarthy, J. M. (2003)Trajectory planning for constrained parallel manipulators, *ASME, J. Mech. Des.*, **125** (4): 709-716.

Su, H., Dorozhkin, D. V. and Vance, J. M. (2009) A screw theory approach for the conceptual design of flexible joints for compliant mechanisms, *ASME, J. Mech. Rob.*, **1** (4): 041009.

Tsai, L. W. (1999) *Robot Analysis: The Mechanics of Serial and Parallel Manipulators*, John Wiley & Sons, New York.

Tsai, L. W. and Roth, B. (1973) Incompletely specified displacements: Geometry and spatial linkage synthesis, *ASME, J. Eng. Ind.*, **95** (B): 603-611.

van der Waerden, B. L. (1950) *Science Awakening*, translated by Arnold Dresden, P., Noordhoff Ltd., Holland.

van der Waerden, B. L. (1983) *Geometry and Algebra in Ancient Civilizations*, Springer, New York.

van der Waerden, B. L. (1985) *A History of Algebra: From Al-Khwārizmi to Emmy Noether*, Springer-Verlag, Berlin and New York.

von Mises, R. (1924) Motorrechnung: Ein neues hilfsmittel in der mechanik, *Zeitschrift für Angewandte Mathematik und Mechanik*, **4** (2): 155-181. Trans: Baker, E. J., and Wolhart, K., *Motor Calculus: A New Theoretical Device for Mechanics*, (Graz, Austria: Institute for Mechanics, University of Technology, 1996).

Waldron, K. J. (1966) The constraint analysis of mechanisms, *J. Mechanisms*, **1** (2): 101-114.

Waldron, K. J. (1967) A family of overconstrained linkages, *J. Mechanisms*, **2** (2): 201-211.

Waldron, K. J. (1968) Hybrid overconstrained linkages, *J. Mechanisms*, **3** (2): 73-78.

Weyl, H. (1944) David Hilbert. 1862—1943, *Obituary Notices of Fellows of the Royal Society*, **4** (13): 547-553.

Whitehead, A. N. (1907) *The Axioms of Descriptive Geometry*, Cambridge Uni. Press.

Whitney, D. E. (1982) Quasistatic assembly of compliantly supported rigid parts, *ASME, J. Dyn. Syst.*, **104** (1): 65-77.

Wohlhart, K. (1994) Displacement analysis of the general spherical Stewart platform, *Mech. Mach. Theory*, **29** (4): 581-589.

Woods, F. S. (1922) *Higher Geometry: An Introduction to Advanced Methods in Analytic Geometry*, Ginn and Company, New York.

Xiong, C. H., Li, Y. F., Rong, Y. and Xiong, Y. L. (1999) On the dynamic stability of grasping, *Int. J. Robot. Res.*, **18** (9): 951-958.

Xiong, C., Ding, H. and Xiong, Y. (2007) *Fundamentals of Robotic Grasping and Fixturing*, World Scientific Publishing Co. Pte. Ltd., USA.

Yang, A. T. and Freudenstein, F. (1964) Application of dual-number quaternion algebra to the analysis of spatial mechanisms, *ASME, J. Appl. Mech.*, **86** (2): 300-309.

Yang, G., Chen, I. M., Lin, W. and Angeles, J. (2001) Singularity analysis of three-legged parallel robots based on passive-joint velocities, *IEEE Trans. Rob. Auto.*, **17** (4): 413-422.

Young L. and Duffy J. (1986) A theory for the articulation of planar robots, *ASME, J. Mech. Transm.*, **109** (1): 29-36.

Yuan, M. S. C. and Freudenstein, F. (1971) Kinematics analysis of spatial mechanisms by means of screw coordinates, Part I: Screw coordinates, *J. Eng. Ind.*, **93** (1): 61-66.

Zhang, Q. X. and Chen, N. X. (1985) On the minimum number of counterweights for multi-loop spatial linkages, *ASME, J. Mech. Des.*, **107** (4): 526-528.

Zhao, T. S., Dai, J. S. and Huang, Z. (2002) Geometric analysis of overconstrained parallel manipulators with three and four degrees of freedom, *JSME International Journal, Series C, Mechanical Systems, Machines Elements and Manufacturing*, **45** (3): 730-740.

Zhao, T. S., Dai, J. S. and Huang, Z. (2002) Geometric synthesis of spatial parallel manipulators with fewer than six degrees of freedom, *J. Mech. Eng. Sci.*, **216** (12): 1175-1185.

Zhu, X. Y. and Ding, H. (2006)Computation of force closure grasp: An iterative algorithm, *IEEE Transactions on Robotics*, **22** (1): 172-179.

Zhu, X. Y. and Ding, H. (2007)An efficient algorithm for grasp synthesis and fixture layout design in discrete domain, *IEEE Transactions on Robotics*, **23** (1): 157-163.

Zsombor-Murray, P. and Gfrerrer, A. (2009) 3R wrist positioning: A classical Problem and its geometric background, *Computational Kinematics: Proc. of 5th International Workshop on Computational Kinematics*, Kecskeméthy, A. and Müller, A. (eds.), 174-182.

曹惟庆 (2002) 连杆机构的分析与综合: 2 版, 科学出版社, 北京.

陈维桓 (2001) 微分流形初步, 高等教育出版社, 北京.

崔磊, 戴建生 (2011) 第 1 章: 欧洲机构学发展和研究状况, 邹慧君, 高峰, 现代机构学进展: 第 2 卷, 高等教育出版社, 北京.

戴建生 (2014) 旋量理论与李群、李代数, 高等教育出版社, 北京.

高峰, 杨加伦, 葛巧德 (2011) 并联机器人型综合的 G_F 集理论, 科学出版社, 北京.

黄真, 刘婧芳, 李艳文 (2011) 论机构自由度: 寻找了 150 年的自由度通用公式, 科学出版社, 北京.

黄真, 赵永生, 赵铁石 (2006) 高等空间机构学, 高等教育出版社, 北京.

克来格 (2006) 机器人学导论, 負超, 译, 机械工业出版社, 北京.

梁崇高, 陈海宗 (1993) 平面连杆机构的计算设计, 广东教育出版社, 广州.

宋伟刚 (2007) 机器人学：运动学、动力学与控制, 科学出版社, 北京.

熊有伦 (1989) 精密测量的数学方法, 中国计量出版社, 北京.

熊有伦 (1992) 机器人学, 机械工业出版社, 北京.

许以超 (2008) 线性代数与矩阵论, 高等教育出版社, 北京.

杨廷力 (2004) 机器人机构拓扑结构学, 机械工业出版社, 北京.

于靖军, 刘辛军, 丁希仑 (2014) 机器人机构学的数学基础, 2 版, 机械工业出版社, 北京.

张启先 (1962) 用解析法作空间机构的分析和设计 (俄文), 学位论文, 苏联列宁格勒多科性工学院.

张启先 (1984) 空间机构的分析与综合, 机械工业出版社, 北京.

赵景山, 冯之敬, 褚福磊 (2009) 机器人机构自由度分析理论, 科学出版社, 北京.

邹慧君, 高峰 (2011) 现代机构学进展: 第 2 卷, 高等教育出版社, 北京.

邹慧君, 张青 (2009) 广义机构设计与应用创新, 机械工业出版社, 北京.

邹慧君 (2008) 机构系统设计与应用创新, 机械工业出版社, 北京.

第一篇

几何基础、旋量代数与李群、李代数

第二章　直线几何

旋转运动的轴线、平移的方向线以及力的作用线均可表示为三维空间中的直线，即线矢量。在三维空间中运动的机器人末端杆件可以等同于以线矢量表示的直线，机器人的运动使这一条直线成为母线而绘出**直纹面**。因此，线矢量所代表的直线是描述运动和力的基本几何元素。因为旋量是具有旋距的线矢量，所以直线几何是旋量代数的基础，是李代数 $se(3)$ 的几何解释。

本章介绍直线几何与射影几何的基本原理，通过其表达式及数学公式研究直线几何的特性以及不变性，为后续章节的旋量代数和李代数奠定基础。

2.1　点、向量和直线的坐标

2.1.1　位置向量和姿态向量

如图 2.1 所示，从坐标系原点 O 到点 P 的**位置向量** $\boldsymbol{r}$ 通常以向量形式表示，并

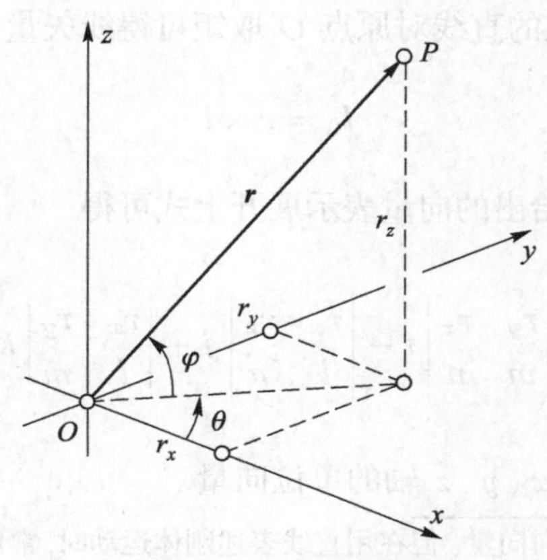

图 **2.1**　点的位置向量

采用列向量方式, 即

$$\boldsymbol{r}=(r_x,r_y,r_z)^{\mathrm{T}} \tag{2.1}$$

同理, **自由向量**可表示为

$$\boldsymbol{v}=(v_x,v_y,v_z)^{\mathrm{T}}$$

单位向量可写为

$$\boldsymbol{l}=(l,m,n)^{\mathrm{T}} \tag{2.2}$$

该向量称为姿态向量[1]或直线的轴线。图 2.2 中的向量 $\boldsymbol{l}$ 的方向可表示为

$$\varphi=\arcsin n \quad 和 \quad \theta=\arcsin\frac{m}{\sqrt{l^2+m^2}}=\arcsin\frac{m}{\sqrt{1-n^2}} \tag{2.3}$$

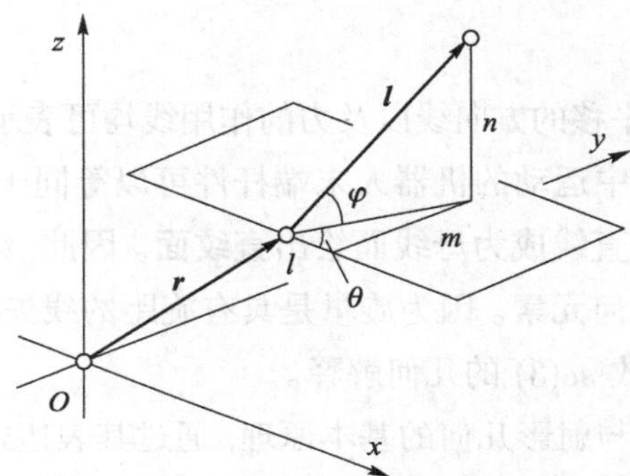

图 2.2 直线的位置向量和姿态向量

2.1.2 线矢量

向量 $\boldsymbol{l}$ 的方向可以由式 (2.3) 确定, 但其位置不确定, 即 $\boldsymbol{l}$ 为自由向量。如用位置向量 $\boldsymbol{r}$ 来确定向量 $\boldsymbol{l}$ 的位置, 则得到如图 2.2 的线矢量。

定义 2.1 向量所在的直线对原点 O 取矩可得线矢量的**矢矩**, 记为 $\boldsymbol{l}_0$, 即

$$\boldsymbol{l}_0=\boldsymbol{r}\times\boldsymbol{l} \tag{2.4}$$

根据式 (2.1) 和式 (2.2) 给出的向量表示展开上式可得

$$l_0=\begin{vmatrix}\boldsymbol{i}&\boldsymbol{j}&\boldsymbol{k}\\ r_x&r_y&r_z\\ l&m&n\end{vmatrix}=\begin{vmatrix}r_y&r_z\\ m&n\end{vmatrix}\boldsymbol{i}-\begin{vmatrix}r_x&r_z\\ l&n\end{vmatrix}\boldsymbol{j}+\begin{vmatrix}r_x&r_y\\ l&m\end{vmatrix}\boldsymbol{k}=p\boldsymbol{i}+q\boldsymbol{j}+r\boldsymbol{k} \tag{2.5}$$

式中, 向量 $\boldsymbol{i}$、$\boldsymbol{j}$、$\boldsymbol{k}$ 为沿 x、y、z 轴的单位向量。

[1]直线的姿态向量也称方向向量。但在用直线表述刚体运动时, 常用姿态向量, 为了与后面刚体运动描述一致, 与位置向量相对应, 此处采用姿态向量的说法。

定义 2.2 线矢量 $\boldsymbol{L}$ 为六维向量, 含**主部**与**副部**两部分, 也可称原部与对偶部。主部为线矢量的轴线 $\boldsymbol{l}$, 副部为该轴线相对原点的矢矩 $\boldsymbol{l}_0$。可写为

$$\boldsymbol{L} = \begin{pmatrix} \boldsymbol{l} \\ \boldsymbol{l}_0 \end{pmatrix} = \begin{pmatrix} \boldsymbol{l} \\ \boldsymbol{r} \times \boldsymbol{l} \end{pmatrix} = (l, m, n, p, q, r)^{\mathrm{T}} \tag{2.6}$$

注释 2.1 **线矢量**为依附在空间某一直线上的向量。

在线矢量中, 以下两个等式成立, 即

$$\|\boldsymbol{l}\| = 1 \tag{2.7}$$

与

$$\boldsymbol{l} \cdot \boldsymbol{l}_0 = \boldsymbol{l} \cdot (\boldsymbol{r} \times \boldsymbol{l}) = 0 \tag{2.8}$$

式 (2.8) 给出**标量三重积**[2], 并给出了直线的**二阶约束**。在射影几何中, 该二阶约束定义了五维射影空间的**超二次曲面**, 也称为 **Klein 二次曲面**。三维空间中的所有直线以及五维射影空间中的超二次曲面上的所有点均满足该二阶约束, 因此, 可通过该二阶约束将三维空间中的直线映射为 Klein 二次曲面上的点。同时, 式 (2.7) 表明姿态向量 $\boldsymbol{l}$ 为单位向量。由式 (2.7) 与式 (2.8) 可见, 虽然线矢量为六维向量, 但独立变量只有四个。这将在 2.7.1 节继续讨论。

2.1.3 Klein 型与 Klein 二次曲面

定义 2.3 设线矢量 $\boldsymbol{L}_1$、$\boldsymbol{L}_2$ 为六维向量空间 $\mathbb{R}^6$ 中的元素, $\boldsymbol{l}_1$、$\boldsymbol{l}_2$ 与 $\boldsymbol{l}_{10}$、$\boldsymbol{l}_{20}$ 分别表示两个线矢量的姿态向量和对坐标原点的矢矩, 则对于三维空间中的任意线矢量 $\boldsymbol{L}_1$、$\boldsymbol{L}_2$, **Klein 型**可表示为

$$Kl(\boldsymbol{L}_1, \boldsymbol{L}_2) = \boldsymbol{l}_1 \cdot \boldsymbol{l}_{20} + \boldsymbol{l}_2 \cdot \boldsymbol{l}_{10} \tag{2.9}$$

注释 2.2 在本章后面的 2.8 节论述中, 通过 Klein 型可定义两条直线的互矩。在第三章讲述的旋量代数中, 通过 Klein 型可定义两个旋量的互易积。可以证明,Klein 型和第三章给出的 Killing 型均为定义在六维向量空间 $\mathbb{R}^6$ 上的双线性型。

定义 2.4 对于三维空间中的任意线矢量 $\boldsymbol{L}$, 由式 (2.9) 可知, Klein 型对应的二次型为

$$Kl(\boldsymbol{L}, \boldsymbol{L}) = 2\boldsymbol{l} \cdot \boldsymbol{l}_0$$

由式 (2.8) 可以得出

$$Kl(\boldsymbol{L}, \boldsymbol{L}) = 0$$

[2]标量三重积也称混合积。

该式即为由 Klein 型的二次型定义的线矢量的**自互易特性**。同时, 可将上式视为五维射影空间中的二阶约束, 因此该式同时定义了**五维射影空间**中的**超二次曲面**, 又称为 **Klein 二次曲面** (Klein, 1878)。

定义 2.5 **超二次曲面**是 d 维射影空间的 $d-1$ 维超曲面, 可用来描述二次多项式零点的轨迹。

Klein 二次曲面对于一般的旋转和平移具有不变性。三维空间中的直线与五维射影空间中 Klein 二次曲面上的点均满足式 (2.8) 所示的二阶约束, 因此可将直线看作 Klein 二次曲面上的点 (Klein, 1878), 进而构成五维**射影空间**中的四维向量空间, 本章后续将对此进行更深入的阐述。对于线矢量的六个坐标, 式 (2.7) 和式 (2.8) 提供了两个约束, 因此只有四个坐标相互独立。换言之, 确定线矢量的方向需要两个参量, 确定其位置则需要另外两个参量。例如, 给出直线与通过原点的平面之间的夹角及直线与该平面的交点与原点之间的距离, 即可确定线矢量的位置。

关于射影几何及齐次坐标更为详细的阐述将在本章的 2.3 节给出。

2.2 直线的向量方程

直线在空间的位置可由轴线 $\boldsymbol{l}=(l,m,n)^{\mathrm{T}}$ 上任意点的位置向量 $\boldsymbol{r}_1$ 给定, 由此直线上任一点 P 都可表示为

$$\boldsymbol{p}=\boldsymbol{r}_1+\lambda\boldsymbol{l} \tag{2.10}$$

式中, λ 是任意实数。式 (2.10) 即可表示直线上的所有点。如图 2.3 所示, 姿态向量 $\boldsymbol{l}$ 也可采用以下形式表示为通过点 $\boldsymbol{r}$ 和 $\boldsymbol{r}_1$ 的直线, 即

$$\boldsymbol{l}=\lambda(\boldsymbol{r}-\boldsymbol{r}_1) \tag{2.11}$$

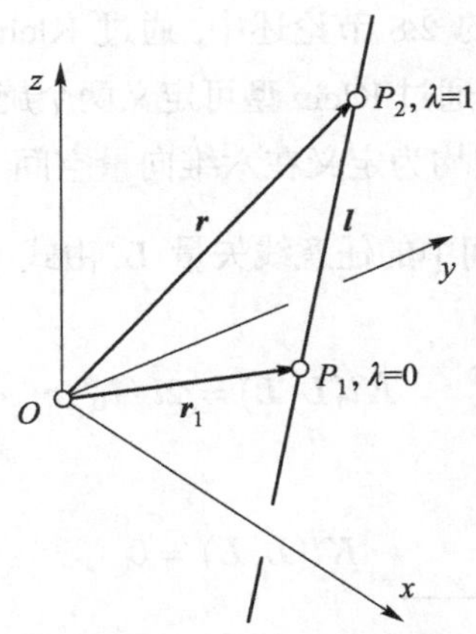

图 2.3 用两个位置向量描述的直线

如图 2.3, 由于 $\boldsymbol{r}-\boldsymbol{r}_1$ 与 $\boldsymbol{l}$ 平行, 所以

$$(\boldsymbol{r}-\boldsymbol{r}_1)\times\boldsymbol{l}=\boldsymbol{0}$$

变换上式得

$$\boldsymbol{r}\times\boldsymbol{l}=\boldsymbol{r}_1\times\boldsymbol{l}=\boldsymbol{l}_0 \tag{2.12}$$

式中, $\boldsymbol{l}_0$ 为直线相对原点 O 的矢矩。该式表明式 (2.4) 给出的线矢量矢矩的定义具有明确的几何意义, 同时向量 $\boldsymbol{l}$ 与 $\boldsymbol{l}_0$ 满足式 (2.8) 所示的二阶约束。

用垂直于直线的位置向量 $\boldsymbol{r}_0$ 替换位置向量 $\boldsymbol{r}$, 代入式 (2.12), 并在该式两边同时叉乘姿态向量 $\boldsymbol{l}$, 可得

$$\boldsymbol{l}\times(\boldsymbol{r}_0\times\boldsymbol{l})=\boldsymbol{l}\times\boldsymbol{l}_0$$

展开上式左边, 由**向量三重积**[3]得 $(\boldsymbol{l}\cdot\boldsymbol{l})\boldsymbol{r}_0-(\boldsymbol{l}\cdot\boldsymbol{r}_0)\boldsymbol{l}$, 并注意到 $\boldsymbol{l}$ 与 $\boldsymbol{r}_0$ 正交, 有 $\boldsymbol{l}\cdot\boldsymbol{r}_0=0$, 所以

$$\boldsymbol{r}_0=\frac{\boldsymbol{l}\times\boldsymbol{l}_0}{\boldsymbol{l}\cdot\boldsymbol{l}} \tag{2.13}$$

至此, 便得到垂直于直线的位置向量的坐标。

2.3 射影几何与齐次坐标

射影几何学研究在射影变换作用下保持不变的几何性质, 是几何学的一个重要学科分支, 也称**投影几何学**。射影几何是非度规形式的几何, 不基于尺度的概念。

公理 2.1 *在射影几何中 (Whitehead, 1907; Owens, 1909), 存在以下公理:*

(1) 任意一条直线上至少有三个不同点;

(2) 任意两个点 A 与 B 位于唯一一条直线 AB 上;

(3) 假定点 A、B 与点 C、D 不同, 若直线 AB 与 CD 相交, 则直线 AC 与 BD 相交。

在二维空间, 射影几何研究点与线的构形。在多维空间, 射影几何研究超平面和其他线性子空间的性质以及其对偶特性。

射影几何学起始于公元 3 世纪希腊数学家 Pappus Alexandria 提出的连接两组点产生 Pappus 六边形的 Pappus 理论。这一理论构造了 Pappus 九点九线图形。其中任意一条线穿越三点, 任何一点是三条线的交点。Pappus 理论是射影几何的第一个定理。这一定理给出了无穷远处点即为两平行直线交点的概念, 由此引出了 16 世纪与 17 世纪德国数学家和天文学家 Kepler 与法国数学家和工程师 Desargues 创建的概念。他们的概念引出了无穷远处直线为连接这些无穷远处点构成的线的命题。

[3]向量三重积也称为三重积。

这一发展使射影几何真正成为一个独立的学科。19 世纪初期, 经过法国数学家与工程师 Jean-Victor Poncelet 及其他人的努力, 使其完善为数学的一个分支。

射影几何里最基本的概念之一就是**交比**。在平面射影几何里, 把点和直线叫做互对偶元素, 把 "过一点作一直线" 和 "在一直线上取一点" 叫做对偶运算。在两个图形中, 如果它们都是由点和直线组成, 把其中一图形里的各元素改为它的互对偶元素, 各运算改为它的对偶运算, 就可获得另一个图形。这两个图形叫做互对偶图形。在空间射影几何中, 点和平面是互对偶元素, 直线是自对偶元素。由此, 在平面或空间射影几何中, 一个命题叙述关于点、直线和平面的位置, 若把各元素改为它的互对偶元素, 各运算改为它的对偶运算, 就可得到另一个命题, 这两个命题称为对偶命题。本章 2.9 节将详细讲述射影平面和四维空间的对偶性。

"齐次" 是指坐标系数独立于空间位置。1827 年德国数学家和理论天文学家 August Ferdinand Möbius 创建了 "**齐次坐标**", 从此射影几何学进入了**现代数学**之列。如图 2.4 所示, 一般可用**欧氏空间**[4] $z=1$ 处的投影面[5]阐明射影几何的基本思想。

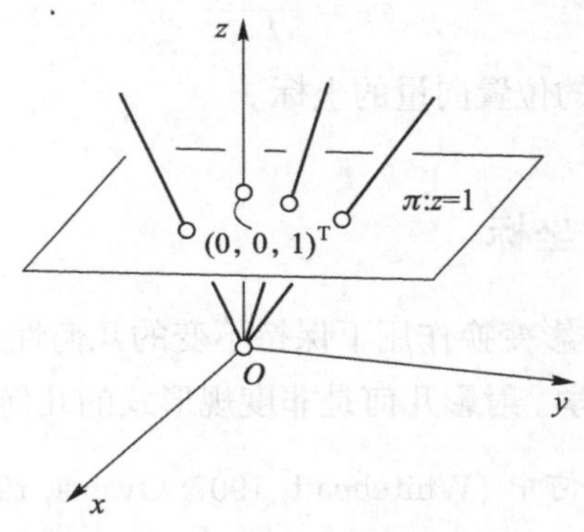

图 2.4 射影平面

定义 2.6 **齐次坐标**也称射影坐标, 是一组类似于欧氏空间笛卡儿坐标的射影空间坐标, 可用有限值表示包括无穷远点在内的所有点。

齐次坐标公式通常比笛卡儿坐标简单, 并具有对称性。在欧几里得三维空间中取方程为 $z=1$ 的平面 π, 所有起始于原点且不在 $x-y$ 平面内的直线都与平面 π 相交。对于任意一个 $z\neq 0$ 的向量 $(x,y,z)^{\mathrm{T}}$, 在平面 π 上都有唯一的点 $(x_p,y_p)^{\mathrm{T}}$ 与之对应。由此, 该向量的第三个坐标 z 只是模长比例因子, 且每一条以原点为起点的直线在射影平面 π 上都对应着点 $(x/z,y/z,1)^{\mathrm{T}}$。欧氏空间向量 $(x,y,z)^{\mathrm{T}}$ 在这**标准**

[4]欧氏几何学是研究平面或空间几何图形的一些不变性质的几何学。欧氏空间是满足可依据距离和角表达的具有特定联系的点、线、面所组成的集合, 并可通过一系列有序的平移和旋转把一个图形变换成另一个图形。欧氏空间是一个特别的度量空间, 当一个线性空间定义了内积运算之后它就成为了欧氏空间。

[5]该平面也称标准嵌入平面。

嵌入射影平面 $\pi: z=1$ 上, 成为点 $(x,y,1)^{\mathrm{T}}$。任意过原点且平行于 $z=1$ 处平面 π 的直线都可被射影为无穷远处的点, 表示为 $(x,y,0)^{\mathrm{T}}$, 这就构建了与三维空间中过原点的所有直线对应的二维射影表示。

空间中的点可以由齐次坐标的形式在三维射影空间 $\mathbb{P}^3$ 表示为 $(x,y,z,d)^{\mathrm{T}}$, 此处 d 为比例因子, 并可将其简化为单位 1, 表示射影空间中的一个缩放比值。如果直线不经过原点, 但过任意两点 $(x_1,y_1,z_1,d_1)^{\mathrm{T}}$ 和 $(x_2,y_2,z_2,d_2)^{\mathrm{T}}$, 则可表示为 $(x_1-x_2,y_1-y_2,z_1-z_2,d_1-d_2)^{\mathrm{T}}$, 这就形成了向量空间的四维子空间, 也是线矢量空间。

定义 2.7 n **维射影空间** $\mathbb{P}^n$ 是向量空间 $\mathbb{R}^{n+1}$ 中所有过原点 $\mathbf{0}=(0,\cdots,0)^{\mathrm{T}}$ 的直线的集合, 是基于等价关系的向量空间 $\mathbb{R}^{n+1}$ 空间的商空间, 即 $\mathbb{P}^n=(\mathbb{R}^{n+1}\backslash\{\mathbf{0}\})/(\mathbb{R}\backslash\{0\})$, 其等价关系为 $(x_0,\cdots,x_n)^{\mathrm{T}}=(\lambda y_0,\cdots,\lambda y_n)^{\mathrm{T}}$, 其中 $\lambda\in\mathbb{R}\backslash\{0\}$ 是任意非零常数。简言之, 射影空间是向量空间 $\mathbb{R}^{n+1}$ 除去源于原点的等价关系的商空间, 为代数簇, 是拓扑流形。射影空间也可视为加上无穷远点的欧氏空间。

注释 2.3 n 维射影空间中的任意点均可采用 $n+1$ 维齐次坐标也称射影坐标来表示。由此, 向量空间 $\mathbb{R}^{n+1}$ 的过原点非零向量可以作为 n 维射影空间中的点的齐次坐标。

2.4 平面方程与平面坐标

2.4.1 平面向量方程与平面坐标表示

如图 2.5 所示, 空间经过点 $\boldsymbol{r}_1=(x_1,y_1,z_1)^{\mathrm{T}}$、具有法向量 $\boldsymbol{n}=(A,B,C)^{\mathrm{T}}$ 的平面可表示为如下的向量形式:

$$(\boldsymbol{r}-\boldsymbol{r}_1)\cdot\boldsymbol{n}=0 \tag{2.14}$$

式中, 点 $\boldsymbol{r}=(x,y,z)^{\mathrm{T}}$ 为该平面上的任意一点。该方程可进一步表示为

$$\boldsymbol{r}\cdot\boldsymbol{n}+D=Ax+By+Cz+D=0 \tag{2.15}$$

式中

$$D=-\boldsymbol{r}_1\cdot\boldsymbol{n}=-Ax_1-By_1-Cz_1 \tag{2.16}$$

在满足 A、B 及 C 不全为零的条件下, 阵列 $(A,B,C,D)^{\mathrm{T}}$ 即为上述平面的齐次坐标。该平面到原点的距离可由过原点且与平面正交的向量 $\boldsymbol{r}_0$ 确定。鉴于 $\boldsymbol{r}_0$ 与 $\boldsymbol{n}$ 平行, 有

$$\boldsymbol{r}_0\times\boldsymbol{n}=\mathbf{0} \tag{2.17}$$

用正交向量 $\boldsymbol{r}_0$ 代替式 (2.14) 中的 $\boldsymbol{r}$, 类似式 (2.15), 可以得到

$$\boldsymbol{r}_0\cdot\boldsymbol{n}=-D \tag{2.18}$$

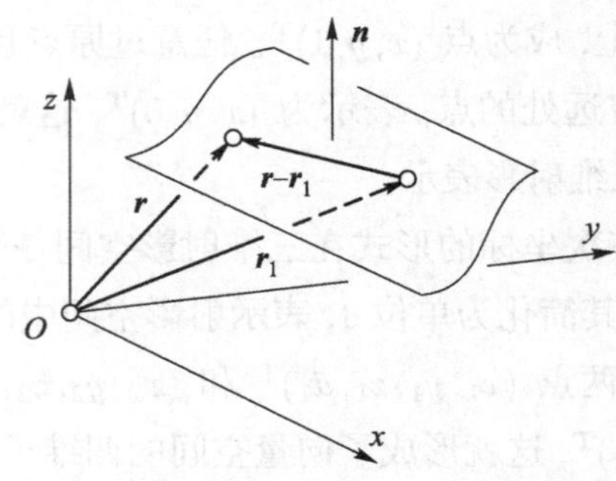

图 2.5　由空间中一点及法向量确定的平面

由此可见, D 表示该平面到参考系原点 O 的垂直距离。当 $D=0$ 时, 由式 (2.15), 得

$$Ax+By+Cz=0$$

此时, 该平面通过原点 O。由上式不难发现, 当 $A=B=0$ 时, 原平面表示平面 $x-y$, 齐次坐标为 $(0,0,C,0)^{\mathrm{T}}$。同理, 平面 $x-z$ 的齐次坐标为 $(0,B,0,0)^{\mathrm{T}}$, 平面 $y-z$ 的齐次坐标为 $(A,0,0,0)^{\mathrm{T}}$。

空间任意平面可用以齐次坐标 $(x_1,y_1,z_1,w_1)^{\mathrm{T}}$ 表示的空间点和具有四个参量的法向量 $(A,B,C,D)^{\mathrm{T}}$ 表示。

2.4.2　三点确定的平面坐标

向量方程 (2.14) 可变换为通过平面上不共线三点 $\boldsymbol{r}_1$、$\boldsymbol{r}_2$ 及 $\boldsymbol{r}_3$ 的形式, 其中任意两个向量的差, 比如 $\boldsymbol{r}_2-\boldsymbol{r}_1$ 和 $\boldsymbol{r}_3-\boldsymbol{r}_1$, 都在上述平面 π 内或与平面平行。所以, 可以得到平面法向量为 $\boldsymbol{n}=(\boldsymbol{r}_2-\boldsymbol{r}_1)\times(\boldsymbol{r}_3-\boldsymbol{r}_1)$, 进而式 (2.14) 可写为

$$(\boldsymbol{r}-\boldsymbol{r}_1)\cdot((\boldsymbol{r}_2-\boldsymbol{r}_1)\times(\boldsymbol{r}_3-\boldsymbol{r}_1))=0 \tag{2.19}$$

由此得到类似于式 (2.10) 的含有两个参数的平面方程为

$$\boldsymbol{p}=\boldsymbol{r}_1+\lambda_1(\boldsymbol{r}_2-\boldsymbol{r}_1)+\lambda_2(\boldsymbol{r}_3-\boldsymbol{r}_1) \tag{2.20}$$

$\boldsymbol{r}_1$、$\boldsymbol{r}_2$ 和 $\boldsymbol{r}_3$ 这三点可以构造下列矩阵:

$$\begin{bmatrix} x_1 & y_1 & z_1 & 1 \\ x_2 & y_2 & z_2 & 1 \\ x_3 & y_3 & z_3 & 1 \end{bmatrix}$$

上述矩阵给出下列平面的四个标量坐标, 为

$$A=\begin{vmatrix} y_1 & z_1 & 1 \\ y_2 & z_2 & 1 \\ y_3 & z_3 & 1 \end{vmatrix},\quad B=\begin{vmatrix} z_1 & x_1 & 1 \\ z_2 & x_2 & 1 \\ z_3 & x_3 & 1 \end{vmatrix}$$

$$C=\begin{vmatrix} x_1 & y_1 & 1 \\ x_2 & y_2 & 1 \\ x_3 & y_3 & 1 \end{vmatrix},\quad D=-\begin{vmatrix} x_1 & y_1 & z_1 \\ x_2 & y_2 & z_2 \\ x_3 & y_3 & z_3 \end{vmatrix} \tag{2.21}$$

不难得出结论, 经过三点 $\boldsymbol{r}_1$、$\boldsymbol{r}_2$、$\boldsymbol{r}_3$ 的平面可由上述四个行列式确定。这就给出了平面方程的矩阵形式, 即

$$\begin{bmatrix} x & y & z & 1 \\ x_1 & y_1 & z_1 & 1 \\ x_2 & y_2 & z_2 & 1 \\ x_3 & y_3 & z_3 & 1 \end{bmatrix}$$

该矩阵对应于

$$Ax+By+Cz+D=0$$

比例 $A:B:C:D$ 确定了无限延伸的平面的空间位姿, 其中, 参数 A、B、C 是平面方程矩阵形式的符号行列式, 其绝对值分别是以向量 $\boldsymbol{r}_1$、$\boldsymbol{r}_2$、$\boldsymbol{r}_3$ 的端点形成的三角形在相应的坐标平面内的投影面积的 2 倍, 标量 D 的绝对值则是由向量 $\boldsymbol{r}_1$、$\boldsymbol{r}_2$、$\boldsymbol{r}_3$ 的端点及原点构成的四面体体积的 6 倍。

2.5 两点确定的直线方程及其射线形式的 Plücker 坐标

三维空间中任意直线可以看作由两点连接而成。假设空间两点为 $\boldsymbol{r}_1=(x_1,y_1,z_1,1)^{\mathrm{T}}$ 和 $\boldsymbol{r}_2=(x_2,y_2,z_2,1)^{\mathrm{T}}$, 该两点的坐标确定一条直线, 可用直线的射线形式的 Plücker 坐标表示。

定理 2.1 直线的 **Plücker** 坐标可由 **Grassmann** 行列式 (Klein, 1939) 的六个 2×2 行列式即子行列式给定, 依次为 p_{01}、p_{02}、p_{03}、p_{23}、p_{31}、p_{12}, 这些坐标可由下列矩阵求得, 该矩阵为

$$\begin{bmatrix} 1 & x_1 & y_1 & z_1 \\ 1 & x_2 & y_2 & z_2 \end{bmatrix} \tag{2.22}$$

该矩阵可给出六个 Grassmann 子行列式, 以表示直线的 Plücker 坐标 (Plücker, 1865) l、m、n 及 p、q、r。

证明 已知空间两点 $\boldsymbol{r}_1=(x_1,y_1,z_1,w_1)^{\mathrm{T}}$ 和 $\boldsymbol{r}_2=(x_2,y_2,z_2,w_2)^{\mathrm{T}}$, 则直线的姿态向量可写为

$$\boldsymbol{l}=\boldsymbol{r}_2-\boldsymbol{r}_1 \tag{2.23}$$

由此, 可得到姿态向量 $(l,m,n)^{\mathrm{T}}$ 的三个标量坐标, 其中

$$l=\begin{vmatrix} w_1 & x_1 \\ w_2 & x_2 \end{vmatrix}=w_1x_2-w_2x_1=p_{01}$$

令比例因子 w_1 和 w_2 为 1, 上式变换为

$$l=\begin{vmatrix} 1 & x_1 \\ 1 & x_2 \end{vmatrix}=x_2-x_1=\|\boldsymbol{l}\|\cos\varphi\cos\theta=p_{01} \tag{2.24}$$

式中, φ 与 θ 的含义如图 2.6 所示。同理

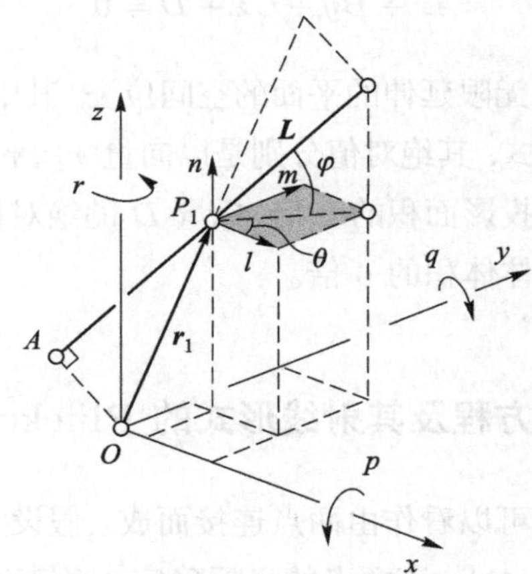

图 2.6 直线的 Plücker 坐标

$$m=\begin{vmatrix} 1 & y_1 \\ 1 & y_2 \end{vmatrix}=y_2-y_1=\|\boldsymbol{l}\|\cos\varphi\sin\theta=p_{02} \tag{2.25}$$

$$n=\begin{vmatrix} 1 & z_1 \\ 1 & z_2 \end{vmatrix}=z_2-z_1=\|\boldsymbol{l}\|\sin\varphi=p_{03} \tag{2.26}$$

坐标分量 l,m,n 是连接 $\boldsymbol{r}_1$ 到 $\boldsymbol{r}_2$ 的线段在坐标轴上的投影, 如图 2.6 所示。由此得

到直线的姿态向量 $(l, m, n)^{\mathrm{T}}$。该姿态向量对原点取矩得

$$\begin{aligned} p &= \|\boldsymbol{l}\| \sin\varphi y_2 - \|\boldsymbol{l}\| \cos\varphi \sin\theta z_2 = (z_2 - z_1)y_2 - (y_2 - y_1)z_2 \\ &= y_1 z_2 - y_2 z_1 = \begin{vmatrix} y_1 & z_1 \\ y_2 & z_2 \end{vmatrix} = p_{23} \end{aligned} \tag{2.27}$$

$$\begin{aligned} q &= \|\boldsymbol{l}\| \cos\varphi \cos\theta z_2 - \|\boldsymbol{l}\| \sin\varphi x_2 = (x_2 - x_1)z_2 - (z_2 - z_1)x_2 \\ &= x_2 z_1 - x_1 z_2 = \begin{vmatrix} z_1 & x_1 \\ z_2 & x_2 \end{vmatrix} = p_{31} \end{aligned} \tag{2.28}$$

$$\begin{aligned} r &= \|\boldsymbol{l}\| \cos\varphi \sin\theta x_2 - \|\boldsymbol{l}\| \cos\varphi \cos\theta y_2 = (y_2 - y_1)x_2 - (x_2 - x_1)y_2 \\ &= x_1 y_2 - x_2 y_1 = \begin{vmatrix} x_1 & y_1 \\ x_2 & y_2 \end{vmatrix} = p_{12} \end{aligned} \tag{2.29}$$

由此, 六个子行列式给出了空间直线的 Plücker 坐标。定理得证。

直线的 Plücker 坐标是一组六维齐次坐标, 可由式 (2.22) 从一条直线上的两个不同点的齐次坐标得出。这给出了**五维射影空间** $\mathbb{P}^5$ 的六个齐次坐标分量。由定义 2.7, 用任意非零标量与全部齐次坐标分量相乘, 都得到相同的点。因此, 三维空间的任一直线都确定了射影空间 $\mathbb{P}^5$ 中的唯一点, 这些点的集合即构成了式 (2.8) 定义的 Klein 二次曲面, 即五维射影空间的超二次曲面。该曲面给出了直线的四维向量空间。无穷远处的直线可视为由 $l = m = n = 0$ 所定义的二维射影平面上的点。

用六个坐标分量表示空间直线的概念由 Cayley (1860) 第一次提出。在该六维坐标中, p、q、r 是图 2.6 中三角形 OAP_1 在相应的坐标平面的投影面积的 2 倍。同时, 比例式 $l : m : n : p : q : r$ 中的五个比值对线段长度的任意变化和方向的改变具有不变性。图 2.6 说明了六个坐标分量的几何意义。因此, 直线方程可通过该直线上两点 $(x_1, y_1, z_1, d_1)^{\mathrm{T}}$ 和 $(x_2, y_2, z_2, d_2)^{\mathrm{T}}$ 的坐标给定, 用 $\pi = (A, B, C, D)^{\mathrm{T}}$ 表示平面的法向量, 即为未知数, 可得到直线方程, 为

$$\begin{bmatrix} x_1 & y_1 & z_1 & d_1 \\ x_2 & y_2 & z_2 & d_2 \end{bmatrix} \begin{pmatrix} A \\ B \\ C \\ D \end{pmatrix} = \begin{pmatrix} 0 \\ 0 \end{pmatrix} \tag{2.30}$$

定义 2.8 当直线的 Grassmann 行列式由两点确定时, 直线的 Plücker 坐标为**射线坐标**。当直线的 Grassmann 行列式由两平面确定时, 直线的 Plücker 坐标为**轴线坐标**。

轴线坐标的详细阐述由下一节给出。

2.6 两平面交线确定的直线方程及其轴线形式的 Plücker 坐标

三维空间中任意直线也可以看作由两平面相交而成, 可用两个线性方程构成的方程组表示。两个线性方程分别描述两个平面, 而直线由两个平面确定。由此, 确定一条直线, 需要给出两个描述平面的阵列, 即 $\pi_1 = (A_1, B_1, C_1, D_1)^{\mathrm{T}}$ 和 $\pi_2 = (A_2, B_2, C_2, D_2)^{\mathrm{T}}$。将直线上任意一点记为 $\boldsymbol{r} = (x, y, z, w)^{\mathrm{T}}$, 则两平面相交形成的直线可写为

$$\begin{bmatrix} A_1 & B_1 & C_1 & D_1 \\ A_2 & B_2 & C_2 & D_2 \end{bmatrix} \begin{pmatrix} x \\ y \\ z \\ w \end{pmatrix} = \begin{pmatrix} 0 \\ 0 \end{pmatrix} \tag{2.31}$$

鉴于平面 π_1 与 π_2 线性无关, 上式中 2×4 系数矩阵的秩为 2。以矩阵每两列为基本单元, 可构造出六个各不相同的 2×2 子式, 其对应行列式的值恰为线矢量 $\boldsymbol{L}$ 的 Plücker 直线坐标。如前所述, Plücker 坐标为齐次坐标。

这类 Plücker 坐标为轴线坐标, 标注为 L、M、N、P、Q 和 R, 由式 (2.31) 给出的 Grassmann 行列式顺序表示, 即

$$P = P_{01} = \begin{vmatrix} D_1 & A_1 \\ D_2 & A_2 \end{vmatrix}, \quad Q = P_{02} = \begin{vmatrix} D_1 & B_1 \\ D_2 & B_2 \end{vmatrix}, \quad R = P_{03} = \begin{vmatrix} D_1 & C_1 \\ D_2 & C_2 \end{vmatrix} \tag{2.32}$$

与

$$L = P_{23} = \begin{vmatrix} B_1 & C_1 \\ B_2 & C_2 \end{vmatrix}, \quad M = P_{31} = \begin{vmatrix} C_1 & A_1 \\ C_2 & A_2 \end{vmatrix}, \quad N = P_{12} = \begin{vmatrix} A_1 & B_1 \\ A_2 & B_2 \end{vmatrix} \tag{2.33}$$

对应于 2.5 节, 这给出了直线的轴线坐标, 其中 L、M、N 为主部, P、Q、R 为副部。可以证明上述六个坐标满足式 (2.8) 所示的二阶约束。综上所述, 一条直线的六个齐次坐标可以很好地用两个简化平面的交线表示, 这将在下节具体叙述。

2.7 射线坐标与轴线坐标的固有属性与对偶性

以上两节分别讨论了采用两类Plücker 坐标定义直线的原理。第一类将直线视为两空间点的连线, 这类 Plücker 坐标称为**射线坐标**; 第二类则将直线视为两平面的交线, 这类 Plücker 坐标称为**轴线坐标**。任意给定的直线均可由射线坐标或轴线坐标两种形式定义, 且这两种坐标具有相关性。下面将具体推导两者的关系。

2.7.1 直线坐标的参数关系

以 z 为中间参量, 一条直线的参数方程可以表示为下面两平面的交线

$$\pi_1 : x = rz - \rho \tag{2.34}$$

$$\pi_2 : y = sz - \lambda \tag{2.35}$$

式中, r 为平面 π_1 在 $x-z$ 平面上交线的斜率, ρ 为其交线在 x 轴上的截距; s 为平面 π_2 在 $y-z$ 平面上交线的斜率, λ 为其交线在 y 轴上的截距。两平面的空间位置关系如图 2.7 所示。

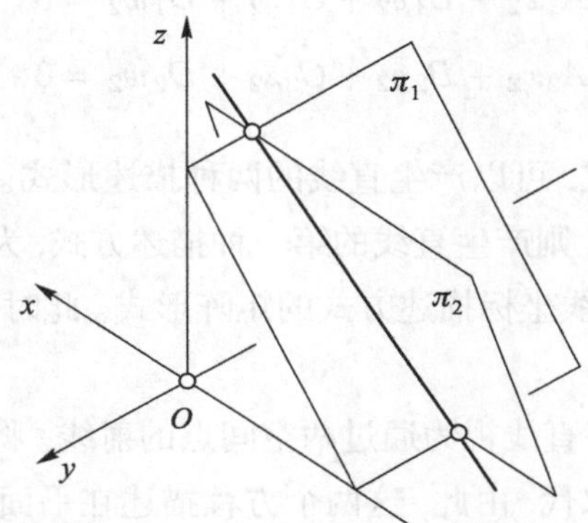

图 2.7 两平面相交形成的直线

四个数值 (r, s, ρ, λ) 能够唯一确定式 (2.34) 与式 (2.35) 所示平面 π_1 与 π_2 相交得到的直线, 也给出了直线轴线坐标的参数。合并两式得

$$ry - sx = r\lambda - \rho s = \varsigma \tag{2.36}$$

式 (2.36) 为四个参量的二阶关系表达式, 其中 ς 为直线的综合参数。

同时, 直线的射线坐标可以由直线上任意两不重合点的坐标 $\boldsymbol{r}_1 = (x_1, y_1, z_1)^{\mathrm{T}}$ 与 $\boldsymbol{r}_2 = (x_2, y_2, z_2)^{\mathrm{T}}$ 给出, 由式 (2.34) 与式 (2.35) 可推导出下列直线 **Plücker 坐标参数关系式**:

$$\begin{aligned} p:q:r:l:m:n &= (y_1z_2 - y_2z_1):(x_1z_2 - x_2z_1):(x_2y_1 - x_1y_2) \\ &\quad :(x_2 - x_1):(y_2 - y_1):(z_2 - z_1) \\ &= -\lambda:\rho:-\varsigma:r:s:1 \end{aligned} \tag{2.37}$$

2.7.2 直线表示形式的对偶性

对于一条连接两点 $\boldsymbol{r}_1$ 和 $\boldsymbol{r}_2$ 且位于平面 π_1 与 π_2 交线上的直线, 有下述四个关系式成立。当直线作为平面 $\pi_1 = (A_1, B_1, C_1, D_1)^{\mathrm{T}}$ 和 $\pi_2 = (A_2, B_2, C_2, D_2)^{\mathrm{T}}$ 的交线

且通过任意点 $\boldsymbol{r}=(x,y,z,w)^{\mathrm{T}}$ 时, 直线方程可表示为两平面交线, 即式 (2.31)。在此交线上, 取点 $\boldsymbol{r}_1=(x_1,y_1,z_1,w_1)^{\mathrm{T}}$ 时, 该点与两平面的关系式为

$$A_1x_1+B_1y_1+C_1z_1+D_1w_1=0 \tag{2.38}$$

$$A_2x_1+B_2y_1+C_2z_1+D_2w_1=0 \tag{2.39}$$

在直线方程式 (2.31) 中, 取不同于 $\boldsymbol{r}_1$ 的点 $\boldsymbol{r}_2=(x_2,y_2,z_2,w_2)^{\mathrm{T}}$ 可得到点 $\boldsymbol{r}_2=(x_2,y_2,z_2,w_2)^{\mathrm{T}}$ 与两平面 π_1 和 π_2 交线的关系式

$$A_1x_2+B_1y_2+C_1z_2+D_1w_2=0 \tag{2.40}$$

$$A_2x_2+B_2y_2+C_2z_2+D_2w_2=0 \tag{2.41}$$

借助以上四个关系式, 可以产生直线的两种描述形式。将式 (2.38) 与式 (2.39) 中的 $\boldsymbol{r}_1$ 由任意点 $\boldsymbol{r}$ 取代, 则产生直线的第一种描述方式, 为平面 π_1 与平面 π_2 的交线, 得出式 (2.31) 基于轴线坐标描述方式的矩阵形式。此时, 点坐标为直线上的任意点。

第二种描述形式是将直线视为通过两空间点的射线。将式 (2.38) 和式 (2.40) 中平面 π_1 用任意平面 π 取代, 由此, 这两个方程描述在平面 π 内通过点 $\boldsymbol{r}_1$ 和点 $\boldsymbol{r}_2$ 的连线。这也可以将式 (2.39) 和式 (2.41) 中的平面 π_2 由任意平面 π 取代, 由此该两方程描述平面 π 内通过点 $\boldsymbol{r}_1$ 和点 $\boldsymbol{r}_2$ 的连线。由此得出式 (2.30) 基于射线坐标描述方式的矩阵形式。此时, 平面坐标为通过直线上的任意平面。

由此, 对于同一直线, 上述四个方程给出了两种不同的数学表示形式, 下面将推导其关联关系及对偶性。

2.7.3 射线坐标与轴线坐标对偶定理

定理 2.2 线矢量的轴线坐标与射线坐标的主部与副部分别呈线性比例关系, 为

$$\frac{P_{01}}{p_{23}}=\frac{P_{02}}{p_{31}}=\frac{P_{03}}{p_{12}} \tag{2.42}$$

$$\frac{P_{23}}{p_{01}}=\frac{P_{31}}{p_{02}}=\frac{P_{12}}{p_{03}} \tag{2.43}$$

式中, P_{23}、P_{31} 和 P_{12} 为直线的轴线坐标主部; P_{01}、P_{02} 和 P_{03} 为直线的轴线坐标副部; p_{01}、p_{02} 和 p_{03} 为直线的射线坐标主部; p_{23}、p_{31} 和 p_{12} 为直线的射线坐标副部。

证明 对于式 (2.38) 与式 (2.39), 消去比例因子 w_1, 得

$$(A_1D_2-A_2D_1)x_1+(B_1D_2-B_2D_1)y_1+(C_1D_2-C_2D_1)z_1=0 \tag{2.44}$$

不难发现, 若等式两边同时乘以 -1, 上式的系数正是式 (2.32) 所示的轴线坐标 P_{01}、P_{02} 和 P_{03}, 因此上式可变换为

$$P_{01}x_1 + P_{02}y_1 + P_{03}z_1 = 0 \tag{2.45}$$

式中, 坐标分量 P_{01}、P_{02} 和 P_{03} 构成轴线坐标的副部。因此, 上式描述了直线的轴线坐标的副部与点 $\boldsymbol{r}_1 = (x_1, y_1, z_1, w_1)^{\mathrm{T}}$ 的线性关系。同理, 联立式 (2.40) 和式 (2.41), 并消去比例因子 w_2, 即得到

$$P_{01}x_2 + P_{02}y_2 + P_{03}z_2 = 0 \tag{2.46}$$

上式描述了直线的轴线坐标的副部与点 $\boldsymbol{r}_2 = (x_2, y_2, z_2, w_2)^{\mathrm{T}}$ 的线性关系。联立式 (2.45) 和式 (2.46) 并消去 P_{02}, 则有

$$P_{01}(x_1y_2 - x_2y_1) + P_{03}(y_2z_1 - y_1z_2) = 0 \tag{2.47}$$

上式包含了空间直线上任意两点 $\boldsymbol{r}_1$ 与 $\boldsymbol{r}_2$ 间的代数关系。实际上, 式 (2.47) 中由 $\boldsymbol{r}_1$ 和 $\boldsymbol{r}_2$ 的坐标构成的 P_{01} 与 P_{03} 的系数恰好为式 (2.27) 和式 (2.29) 所示的射线坐标 p_{23} 和 p_{12}, 因此得到

$$\frac{P_{01}}{P_{03}} = \frac{y_1z_2 - y_2z_1}{x_1y_2 - x_2y_1} = \frac{p_{23}}{p_{12}} \tag{2.48}$$

式中, p_{23} 与 p_{12} 是射线坐标副部的两个分量。

同理, (2.45) 乘以 x_2 减去 (2.46) 乘以 x_1, 得

$$P_{02}(x_2y_1 - x_1y_2) + P_{03}(x_2z_1 - x_1z_2) = 0 \tag{2.49}$$

类似式 (2.47), 式 (2.49) 也包含了空间直线上任意两点 $\boldsymbol{r}_1$ 与 $\boldsymbol{r}_2$ 间的代数关系, 根据式 (2.28) 和式 (2.29), 可在式 (2.49) 中引入直线的射线坐标 p_{31} 和 p_{12}, 即

$$\frac{P_{02}}{P_{03}} = \frac{x_2z_1 - x_1z_2}{x_1y_2 - x_2y_1} = \frac{p_{31}}{p_{12}} \tag{2.50}$$

综上, 由式 (2.48) 和式 (2.50), 即得式 (2.42)。至此, 直线的轴线坐标与射线坐标的副部之间的关系得以导出。定理第一部分得证。

通过类似的推导过程, 可以得到直线的轴线坐标与射线坐标的主部之间的关系。首先, 消去式 (2.38) 和式 (2.40) 中的比例因子 D_1, 得到平面 π_1 内通过已知两点的方程。将式 (2.33) 所示的轴线坐标主部代入, 可推导出射线坐标的主部与平面 π_1 间的线性关系。用同样的方法即可得到射线坐标的主部与平面 π_2 间的线性关系。接着, 将式 (2.33) 所示的轴线坐标代入, 即得式 (2.43)。定理第二部分得证。

2.7.4 射线坐标与轴线坐标对偶关系

同一直线的射线坐标与轴线坐标有下列关系:

$$\begin{pmatrix} p_{01} \\ p_{02} \\ p_{03} \\ p_{23} \\ p_{31} \\ p_{12} \end{pmatrix} = \begin{bmatrix} 0 & 0 & 0 & 1 & 0 & 0 \\ 0 & 0 & 0 & 0 & 1 & 0 \\ 0 & 0 & 0 & 0 & 0 & 1 \\ 1 & 0 & 0 & 0 & 0 & 0 \\ 0 & 1 & 0 & 0 & 0 & 0 \\ 0 & 0 & 1 & 0 & 0 & 0 \end{bmatrix} \begin{pmatrix} P_{01} \\ P_{02} \\ P_{03} \\ P_{23} \\ P_{31} \\ P_{12} \end{pmatrix} \tag{2.51}$$

可写为下列简略形式:

$$\boldsymbol{p} = \Delta \boldsymbol{P} \tag{2.52}$$

式中

$$\boldsymbol{p} = (p_{01}, p_{02}, p_{03}, p_{23}, p_{31}, p_{12})^{\mathrm{T}} \tag{2.53}$$

$$\boldsymbol{P} = (P_{01}, P_{02}, P_{03}, P_{23}, P_{31}, P_{12})^{\mathrm{T}} \tag{2.54}$$

同时

$$\Delta = \begin{bmatrix} \boldsymbol{0} & \boldsymbol{I} \\ \boldsymbol{I} & \boldsymbol{0} \end{bmatrix} \tag{2.55}$$

是**对偶算子**。由此, 对偶算子完成了射线坐标与轴线坐标的互换。根据矩阵 Δ 的运算性质, 式 (2.52) 又可写成

$$\boldsymbol{P} = \Delta \boldsymbol{p}$$

由上述分析及定理 2.2 可知, 射线坐标与轴线坐标具有对偶关系。

推论 2.1 直线的射线与轴线坐标可统一于下列代数关系式:

$$p_{01} : p_{02} : p_{03} : p_{23} : p_{31} : p_{12} = P_{23} : P_{31} : P_{12} : P_{01} : P_{02} : P_{03} \tag{2.56}$$

证明 由式 (2.43) 或式 (2.51), 得

$$p_{01} : p_{02} : p_{03} = P_{23} : P_{31} : P_{12} \tag{2.57}$$

进一步, 由式 (2.42) 或式 (2.51), 得

$$p_{23} : p_{31} : p_{12} = P_{01} : P_{02} : P_{03} \tag{2.58}$$

将式 (2.57) 除以式 (2.58), 有

$$\frac{p_{01} : p_{02} : p_{03}}{p_{23} : p_{31} : p_{12}} = \frac{P_{23} : P_{31} : P_{12}}{P_{01} : P_{02} : P_{03}}$$

由此可得

$$p_{01}:p_{02}:p_{03}:p_{23}:p_{31}:p_{12}=P_{23}:P_{31}:P_{12}:P_{01}:P_{02}:P_{03}$$

在以上推理证明中考虑直线为单位线矢量。推论得证。

2.8 互矩不变性及两直线的交点

在旋量代数中, 线矢量 $\boldsymbol{L}_1$ 可表示为 $(\boldsymbol{l}_1^{\mathrm{T}},\boldsymbol{l}_{10}^{\mathrm{T}})^{\mathrm{T}}=(\boldsymbol{l}_1^{\mathrm{T}},(\boldsymbol{r}_1\times\boldsymbol{l}_1)^{\mathrm{T}})^{\mathrm{T}}$。同理, 对于线矢量 $\boldsymbol{L}_2$, 有 $(\boldsymbol{l}_2^{\mathrm{T}},\boldsymbol{l}_{20}^{\mathrm{T}})^{\mathrm{T}}=(\boldsymbol{l}_2^{\mathrm{T}},(\boldsymbol{r}_2\times\boldsymbol{l}_2)^{\mathrm{T}})^{\mathrm{T}}$, 两者的空间位置关系如图 2.8 所示。

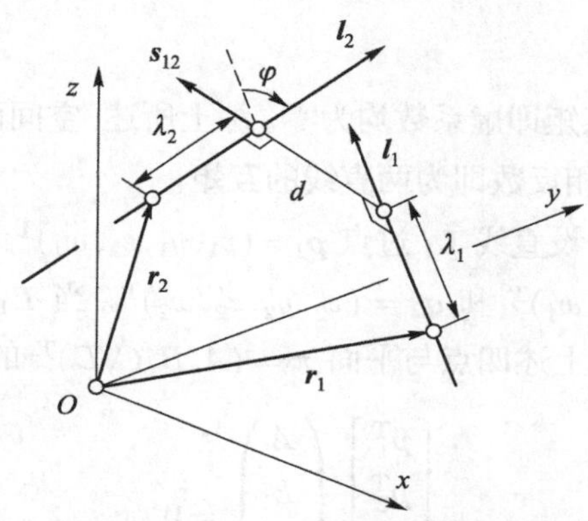

图 2.8　空间交错的两直线

定义 2.9　互矩为两线矢量的互易积, 也称**相互不变量**, 被 Ball 定义为**虚系数**。线矢量 $\boldsymbol{L}_1$ 与 $\boldsymbol{L}_2$ 的互矩可写为

$$\boldsymbol{L}_1\circ\boldsymbol{L}_2=\boldsymbol{l}_1\cdot\boldsymbol{l}_{20}+\boldsymbol{l}_2\cdot\boldsymbol{l}_{10}=\boldsymbol{l}_1\cdot(\boldsymbol{r}_2\times\boldsymbol{l}_2)+\boldsymbol{l}_2\cdot(\boldsymbol{r}_1\times\boldsymbol{l}_1)=((\boldsymbol{r}_2-\boldsymbol{r}_1)\times\boldsymbol{l}_2)\cdot\boldsymbol{l}_1 \tag{2.59}$$

定理 2.3　线矢量互矩为**不变量**。

证明　两线矢量不相交时, 用标量 d 及相应的单位向量 $\boldsymbol{s}_{12}$ 表示两线矢量公法线的距离和方向, φ 表示两线矢量的夹角。如图 2.8 所示, $\boldsymbol{r}_1$ 与 $\boldsymbol{r}_2$ 两点间的距离可表示为

$$\boldsymbol{r}_2-\boldsymbol{r}_1=\lambda_1\boldsymbol{l}_1+d\boldsymbol{s}_{12}-\lambda_2\boldsymbol{l}_2$$

由此, 式 (2.59) 所示的互矩可改写为

$$\begin{aligned}((\boldsymbol{r}_2-\boldsymbol{r}_1)\times\boldsymbol{l}_2)\cdot\boldsymbol{l}_1&=((\lambda_1\boldsymbol{l}_1+d\boldsymbol{s}_{12}-\lambda_2\boldsymbol{l}_2)\times\boldsymbol{l}_2)\cdot\boldsymbol{l}_1\\&=d(\boldsymbol{s}_{12}\times\boldsymbol{l}_2)\cdot\boldsymbol{l}_1=-d\boldsymbol{s}_{12}\cdot(\boldsymbol{l}_1\times\boldsymbol{l}_2)\\&=-d\boldsymbol{s}_{12}\cdot\boldsymbol{s}_{12}\sin\varphi\end{aligned} \tag{2.60}$$

注意到 $\boldsymbol{s}_{12}$ 为单位向量, 上式可写为

$$((\boldsymbol{r}_2-\boldsymbol{r}_1)\times\boldsymbol{l}_2)\cdot\boldsymbol{l}_1=-d\sin\varphi \tag{2.61}$$

因此, 式 (2.59) 中的互矩可表示为

$$\boldsymbol{l}_1\cdot\boldsymbol{l}_{20}+\boldsymbol{l}_2\cdot\boldsymbol{l}_{10}=-d\sin\varphi \tag{2.62}$$

由此不难得出, 线矢量的互矩与向量 $\boldsymbol{l}_1$ 和 $\boldsymbol{l}_2$ 的具体坐标无关, 只取决于二者的相互位姿, 是相互不变量。定理得证。

推论 2.2 当 $d=0$ 时, 两线矢量交于一点; 当 $\sin\varphi=0$ 时, 两者相交于无穷远处, 即平行。

以上两种情况下, 互矩即虚系数均为零。综上所述, 空间两直线间的最短距离与其夹角的正弦值之积的相反数即为两直线的**互矩**。

为研究两直线相交, 设直线 $\boldsymbol{L}_1$ 过点 $\boldsymbol{p}_1=(x_1,y_1,z_1,w_1)^{\mathrm{T}}$ 和 $\boldsymbol{p}_2=(x_2,y_2,z_2,w_2)^{\mathrm{T}}$, $\boldsymbol{L}_2$ 过点 $\boldsymbol{q}_1=(x_1',y_1',z_1',w_1')^{\mathrm{T}}$ 和 $\boldsymbol{q}_2=(x_2',y_2',z_2',w_2')^{\mathrm{T}}$。当 $\boldsymbol{L}_1$ 与 $\boldsymbol{L}_2$ 相交时, 该四点共面。将该平面记作 π, 上述四点与平面 $\pi=(A,B,C,D)^{\mathrm{T}}$ 的关系可表示为

$$\begin{bmatrix}\boldsymbol{p}_1^{\mathrm{T}}\\\boldsymbol{p}_2^{\mathrm{T}}\\\boldsymbol{q}_1^{\mathrm{T}}\\\boldsymbol{q}_2^{\mathrm{T}}\end{bmatrix}\begin{pmatrix}A\\B\\C\\D\end{pmatrix}=\boldsymbol{0} \tag{2.63}$$

由于该四点共面, 其坐标构成的系数矩阵是奇异的, 即行列式为零, 可写为

$$\begin{vmatrix}x_1&y_1&z_1&w_1\\x_2&y_2&z_2&w_2\\x_1'&y_1'&z_1'&w_1'\\x_2'&y_2'&z_2'&w_2'\end{vmatrix}=0 \tag{2.64}$$

对式 (2.64) 中的行列式按第一行作**拉普拉斯展开**, 并对得到的三阶余子式作进一步展开; 将比例因子 w_1、w_2、w_1'、w_2' 取为单位 1, 用式 (2.24) ~ 式 (2.29) 所示的直线 $\boldsymbol{L}_1$ 与 $\boldsymbol{L}_2$ 的射线坐标形式的 Plücker 坐标取代展开得到的 2 阶余子式, 可推导出下列两直线互矩的式子:

$$p_{01}q_{23}+p_{02}q_{31}+p_{03}q_{12}+p_{12}q_{03}+p_{31}q_{02}+p_{23}q_{01}=0 \tag{2.65}$$

式中, p_{ij} 表示直线 $\boldsymbol{L}_1$ 的射线形式的 Plücker 坐标; q_{ij} 表示直线 $\boldsymbol{L}_2$ 的射线形式的 Plücker 坐标。式 (2.65) 可简化为向量形式, 即

$$\boldsymbol{l}_1\cdot\boldsymbol{l}_{20}+\boldsymbol{l}_2\cdot\boldsymbol{l}_{10}=0 \tag{2.66}$$

此时, 有

$$L_1 = (l_1^{\mathrm{T}}, l_{10}^{\mathrm{T}})^{\mathrm{T}} = (p_{01}, p_{02}, p_{03}, p_{23}, p_{31}, p_{12})^{\mathrm{T}} \tag{2.67}$$

$$L_2 = (l_2^{\mathrm{T}}, l_{20}^{\mathrm{T}})^{\mathrm{T}} = (q_{01}, q_{02}, q_{03}, q_{23}, q_{31}, q_{12})^{\mathrm{T}} \tag{2.68}$$

若两直线重合, 即 $L_1 \equiv L_2$, 则式 (2.65) 可化简为

$$p_{01}p_{23} + p_{02}p_{31} + p_{03}p_{12} = 0$$

此即式 (2.8) 所示的直线的约束方程, 可给出二阶约束。

定理 2.4 *两直线相交的充分必要条件是互矩为零, 有*

$$L_1^{\mathrm{T}} \Delta L_2 = 0 \tag{2.69}$$

根据式 (2.62) 可以证明该定理。

2.9 射影平面与四维空间的对偶性

平面射影几何学中, 对偶性 (Bennett, 1925) 是点与直线在射影变换中保持的关联特性。这可用点与直线的相似性说明, 即两直线的交点与连接两点的直线具有相同的描述形式与方程。

如图 2.9 所示, 给定射影平面内的一条直线 L 和过原点并正交于 L 的直线 L', 则原点另一侧位于直线 L' 上的点 P 为与 L 具有对偶关系的点, 该点到原点的距离与 L 相对原点的距离成倒数关系。

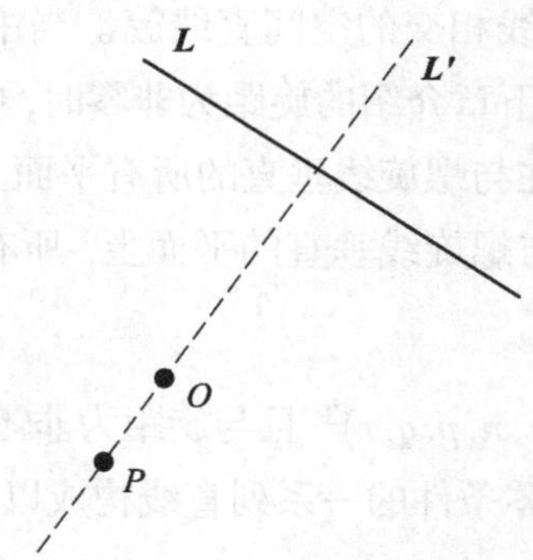

图 2.9 射影平面内直线与点的对偶性

在空间射影几何学中, 一般用齐次坐标 $(x, y, z, w)^{\mathrm{T}}$ 和 $(A, B, C, D)^{\mathrm{T}}$ 分别描述点与通过该点的平面, 两者具有如下关系:

$$Ax + By + Cz + Dw = 0 \tag{2.70}$$

有趣的是, 从点坐标与面坐标两个角度看, 此方程在形式上是对称的, 同时还具有点在平面上与平面通过该点双重含义。这也进一步描述了点与平面间的关联特性。由此, 三点决定一个平面的命题就与三个平面决定一点的命题是对偶的。更进一步, 直线是自对偶结构, 其意义在于: 一条直线上的点系和通过直线的平面系是对偶的。例如, 两点决定一条直线的命题与两平面决定一条直线的命题是对偶的。又如, 平面内两直线交于一点的命题与两直线通过一点即位于一个平面上的命题也是对偶的。因此, 如果给定平面的齐次坐标 $(A,B,C,D)^{\mathrm{T}}$ 为定值, 平面上点 $(x,y,z,w)^{\mathrm{T}}$ 的运动轨迹将始终限制在该平面内。反之, 如果给定一点的齐次坐标 $(x,y,z,w)^{\mathrm{T}}$ 为定值, 则 $(A,B,C,D)^{\mathrm{T}}$ 取不同的数值可以表示过该定点的全部平面。这样, 以直线为媒介, 平面与点也是三维空间中的互对偶元素。

定义 2.10 以 P 代表点簇, L 代表直线簇, 则射影平面 $C=(P,L,I)$ 通过关联结构 I 可以映射到其对偶平面 $C^{*}=(P,L,I^{*})$。由此, 点簇映射到直线簇, 而直线簇映射到点簇。点组成的平面与线组成的平面是一致的。此即平面对偶性。将之推广, 表征射影空间中几何元素间关联关系的特征即为**射影几何学对偶性**。

因此, 式 (2.70) 建立了点与平面间的基本关联关系, 并且点的坐标与平面的坐标的形式是对称的。借助于这种对偶性, 如果基于点的概念给出某几何学问题的解, 则可以方便地给出基于平面概念的等效解。

2.10 直线系

2.10.1 线丛

直线线丛为与一中心轴线相交的空间直线簇。当中心轴线的六维坐标不满足式 (2.8) 所示的二阶约束, 即下章介绍的旋距为非零时, 中心轴线同时给出了具有旋距并绕轴线的螺旋线。坐落在与螺旋线垂直的所有平面上且与螺旋线相交的所有直线构成线丛。由此, 在一个与螺旋线垂直的平面上, 所有从属于该线丛的直线构成线束。

定义 2.11 坐标为 $(l,m,n,p,q,r)^{\mathrm{T}}$ 且与旋距为非零的轴线 $\boldsymbol{L}=(a,b,c,d,e,f)^{\mathrm{T}}$ 满足式 (2.66) 所示的互矩为零条件的一系列直线构成以 $\boldsymbol{L}$ 为轴线的直线系, 称为**线丛**, 标注为 Γ 即

$$\Gamma \equiv dl+em+fn+ap+bq+cr \tag{2.71}$$

通过某一般点的直线簇均位于一个平面内; 反之, 在某一般平面内的直线簇均通过一定点。需要注意的是, 这里提到的直线簇仅是线丛中的一部分。

当线丛的轴线 $\boldsymbol{L}$ 为直线时, 可得到一种**特殊线丛**。所有与轴线 $\boldsymbol{L}$ 相交的直线均

属于该线丛。与式 (2.66) 类似, 此时式 (2.71) 成为该线丛轴线与所有直线的互矩公式。

线丛实质上为直线构成的三维子空间。在笛卡儿几何学中, 特殊线丛包括了所有与线丛轴相交的直线, 或者所有与线丛轴平行的直线。

2.10.2 线汇、线列

当特殊线丛 Γ_1 和 Γ_2 各自定义的轴线相交时, 所有与两条轴线相交的直线构成了直纹曲面, 即构成了直线线汇的二维空间。

定义 2.12 同时满足两个式 (2.71) 所示的方程的直线簇称为**线汇**, 可表示为

$$\Gamma_i \equiv d_i l + e_i m + f_i n + a_i p + b_i q + c_i r, \quad i = 1, 2 \tag{2.72}$$

式 (2.72) 定义了线汇的概念, 也可称作射线簇。根据式 (2.72) 不难发现, 线汇由两个线丛所共有。

特别的个例为, 当特殊线丛 Γ_1 和 Γ_2 各自定义的轴线相交时, 所有与两条轴线相交的直线构成了直纹曲面, 即构成了直线线汇的二维空间。

定义 2.13 同时满足三个式 (2.71) 所示的方程的直线簇称为**线列**。

线列表示的一系列直线可生成规则的二次直纹曲面。

参考文献

Bennett, A. A. (1925) Incidence and parallelism in biaffine geometry, *The Annals of Mathematics*, Second Series, **27** (2): 84-86.

Bruyninckx, H., De Schutter, J. and Dutre, S. (1993) The 'reciprocity' and 'consistency' based approaches to uncertainty identification for compliant motions, *IEEE International Conference on Robotics and Automation*, **1**: 349-354.

Cayley, A. (1860) On a new analytical representation of curves in space, *Quarterly J. of Pure and Appl. Math*, **3**: 225-236.

Dai, J. S. (1993) *Screw Image Space and Its Application to Robotic Grasping*, PhD Dissertation (uk.bl.ethos.386419), University of Salford, Manchester.

Dai, J. S. (2006) A historical review of the theoretical development of rigid body displacements from Rodrigues parameters to the finite twist, *Mech. Mach. Theory*, **41** (1): 41-52.

Dai, J. S. (2012) Finite displacement screw operators with embedded Chasles' motion, *ASME J. Mech. Robot.* **4** (4): 041002.

Dai, J. S. (2019) *Screw Algebra and Kinematic Approaches for Mechanisms and Robotics*, Springer, London.

Klein, F. (1878) *Ueber die Transformation Siebenter Ordnung der elliptischen Functionen*, Mathematische Annalen.

Klein, F. (1939) *Elementary Mathematics from an Advanced Standpoint: Geometry* (ER Hedrick and CA Noble, trans.), Macmillan, New York.

Maxwell, E. A. (1951) *General Homogeneous Coordinates in Space of Three Dimensions*, Cambridge University Press, Cambridge.

Owens, F. W. (1909) Review: The axioms of descriptive geometry by A. N. Whitehead, *Bull. Amer. Math. Soc.*, **15** (9): 465-466.

Plücker, J. (1865) On a new geometry of space, *Phil. Trans. Roy. Soc.*, **155**: 725-791.

Veblen, O. and Young, J. W. (1910) *Projective Geometry*, Blaisdell, New York.

Whitehead, A. N. (1907) *The Axioms of Descriptive Geometry*, Cambridge University Press.

Woo, L. and Freudenstein, F. (1970) Application of line geometry to theoretical kinematics and the kinematic analysis of mechanical systems, *J. Mechanisms*, **5** (3): 417-460.

Woods, F. S. (1922) *Higher Geometry:An Introduction to Advanced Methods in Analytic Geometry*, Ginn and Company, New York.

第三章 旋量代数

旋量是含旋距的线矢量, 为几何量, 也是李代数中通过原点的射线, 是射影李代数 $se(3)$ 的元素。旋量集合构成五维射影空间。**速度旋量**是附有速度幅值的旋量, 用以描述刚体关于旋量轴线的运动, 是李代数 $se(3)$ 的元素。速度旋量可表示为六维的李代数 $se(3)$ 的伴随表示, 与 $\mathbb{R}^6$ 同构。**力旋量**是附有力幅值的旋量, 是对偶李代数 $se^*(3)$ 的元素。与速度旋量构成互易关系的力旋量常表示为 $\mathbb{R}^6$ 中向量空间 $se^*(3)$ 的向量。旋量代数实质上是一门以向量代数理论为研究工具, 以上述几何体及特殊欧氏群 $SE(3)$ 的李代数的子代数为研究对象的数学分支。

在第二章直线几何的基础上, 本章将首先介绍旋量的概念以及旋量以六维向量和对偶向量形式进行的一系列运算规则。之后, 介绍基于 Mozzi 瞬轴的速度旋量和基于 Poinsot 中心轴的力旋量。本章还将进一步讨论旋量理论中瞬时运动学与静力学在数学形式上的对应性, 并介绍旋量的互易性。最后本章介绍李代数及其表示和李括号。

3.1 旋量

3.1.1 旋量的概念

带有旋距要素的线矢量即为**旋量**。如定义 2.4 所示, 线矢量的**自互矩**为零, 但旋量考虑旋距后其自互矩不再为零。因此线矢量 $\boldsymbol{L}$ 和旋距 h 相结合后即可得到旋量。旋量的六维向量形式为

$$\boldsymbol{S} = \begin{pmatrix} \boldsymbol{l} \\ \boldsymbol{r} \times \boldsymbol{l} + h\boldsymbol{l} \end{pmatrix} \tag{3.1}$$

式中, 旋距 h 为副部在主部的投影; $\boldsymbol{l}$ 为线矢量 $\boldsymbol{L}$ 的姿态向量, 如式 (2.2) 所示, 其方向可由式 (2.3) 确定; 向量 $\boldsymbol{r}$ 则为姿态向量 $\boldsymbol{l}$ 的如式 (2.1) 所示的位置向量, 如图 3.1

所示。姿态向量 $\boldsymbol{l}$ 也为旋量的轴线。

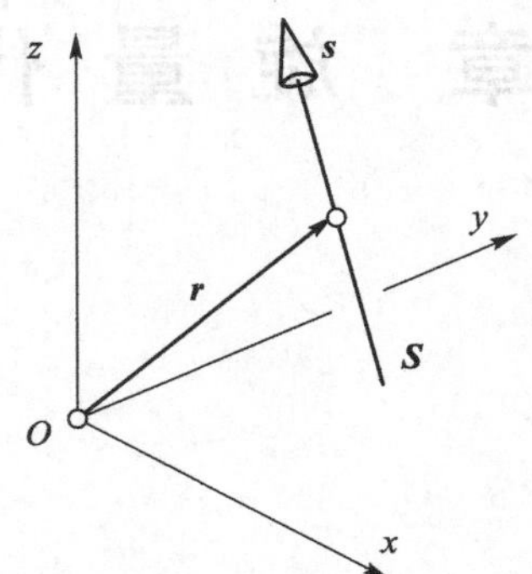

图 3.1 旋量轴线及其位置向量

定义 3.1 **旋量**是一个几何体, 可用由一对三维向量构成的六维向量表示, 写为

$$\begin{aligned}\boldsymbol{S}=\begin{pmatrix}\boldsymbol{s}\\\boldsymbol{s}_0\end{pmatrix}=\begin{pmatrix}\boldsymbol{s}\\\boldsymbol{r}\times\boldsymbol{s}+h\boldsymbol{s}\end{pmatrix}&=(s_x,s_y,s_z,s_{x0},s_{y0},s_{z0})^{\mathrm{T}}\\&=(l,m,n,p,q,r)^{\mathrm{T}}\end{aligned}\tag{3.2}$$

式中, $\boldsymbol{s}$ 是由式 (2.2) 的姿态向量 $\boldsymbol{l}$ 表示的**旋量轴线**。

采用射线坐标时, 表示旋量的第一个三维向量对应于研究空间刚体运动中的力、角位移与角速度, 第二个三维向量对应于空间刚体受到的力矩、线位移与线速度。旋量是 Plücker 坐标在空间定义的线矢量的延伸, 包括沿线矢量的向量, 该线矢量的矢矩以及旋距。简言之, 旋量是具有旋距的线矢量, 一般为单位线矢量在其副部加上旋距引起的分量。但也常考虑到带幅值的非单位旋量, 即为速度旋量与力旋量。

定义 3.2 旋量的代数形式包括两部分, 旋量的轴线向量 $\boldsymbol{s}=(s_x,s_y,s_z)^{\mathrm{T}}$ 为**主部**, 也称原部; 用于确定轴线位置与旋距的向量 $\boldsymbol{s}_0=(s_{x0},s_{y0},s_{z0})^{\mathrm{T}}$ 为**副部**, 也称对偶部。

3.1.2 旋量的参数

将旋量的主部与副部作**标量积**, 可得

$$\boldsymbol{s}\cdot\boldsymbol{s}_0=\boldsymbol{s}\cdot(\boldsymbol{r}\times\boldsymbol{s})+h\boldsymbol{s}\cdot\boldsymbol{s}\tag{3.3}$$

由此可推导出旋量的旋距表达式。

定义 3.3 **旋距**为旋量副部在主部上的投影与主部模长的比值, 表示为

$$h=\frac{\boldsymbol{s}\cdot\boldsymbol{s}_0}{\boldsymbol{s}\cdot\boldsymbol{s}}\tag{3.4}$$

当旋量为单位旋量时, 旋距是旋量副部在主部上的投影。它的物理意义是当刚体做螺旋运动时刚体沿轴线平移的直线距离。当刚体受到的力等效为合力时, 旋距是力偶的幅值与合力的幅值的比值。因而, 旋距为**不变量**。

注释 3.1 旋距为零的旋量为**线矢量**。

一个旋量具有五个独立参数, 其中四个从线矢量继承而来, 另外一个为式 (3.4) 给出的旋距。旋量是**五维射影空间**中的元素。若式 (3.3) 所示主部与副部的标量积为零, 即

$$\boldsymbol{s} \cdot \boldsymbol{s}_0 = 0 \tag{3.5}$$

如 2.1.3 节所述, 该式可由 **Klein 型**对应的二次型导出, 如定义 2.4 所示, 并定义了 **Klein 二次曲面**。此时, 旋量的旋距为零, 旋量由此退化为线矢量, 为 Klein 二次曲面上的点。除点积外, 旋量主部和副部也可以作**叉积运算**

$$\boldsymbol{s} \times \boldsymbol{s}_0 = \boldsymbol{s} \times (\boldsymbol{r} \times \boldsymbol{s}) \tag{3.6}$$

式中, 旋量轴线的位置向量 $\boldsymbol{r}$ 和轴线向量 $\boldsymbol{s}$ 的叉积等效于同旋量轴线垂直的位置向量 $\boldsymbol{r}_0$ 与 $\boldsymbol{s}$ 的叉积, 这种代换并不影响叉积运算结果。考虑向量三重积的特性, $\boldsymbol{s} \times (\boldsymbol{r}_0 \times \boldsymbol{s}) = (\boldsymbol{s} \cdot \boldsymbol{s})\boldsymbol{r}_0 - (\boldsymbol{s} \cdot \boldsymbol{r}_0)\boldsymbol{s}$, 上式可变换为

$$\boldsymbol{s} \times \boldsymbol{s}_0 = \boldsymbol{s} \times (\boldsymbol{r}_0 \times \boldsymbol{s}) = (\boldsymbol{s} \cdot \boldsymbol{s})\boldsymbol{r}_0$$

由此, 给出了与旋量轴线正交的位置向量的方程, 即

$$\boldsymbol{r}_0 = \frac{\boldsymbol{s} \times \boldsymbol{s}_0}{\boldsymbol{s} \cdot \boldsymbol{s}} \tag{3.7}$$

3.1.3 坐标变换法则与不变量

式 (3.2) 给定一旋量, 主部 $\boldsymbol{s}$ 与坐标原点无关, 副部 $\boldsymbol{s}_0$ 却随原点位置的变换而改变, 当原点位置由 O 变换为 P 时, 有

$$\boldsymbol{s}_p = (\boldsymbol{r}_{po} + \boldsymbol{r}) \times \boldsymbol{s} + h\boldsymbol{s} \tag{3.8}$$

式中, $\boldsymbol{s}_p$ 为变换后旋量的副部, $\boldsymbol{r}_{po}$ 为从 P 到 O 的位置向量, 如图 3.2 所示。

在式 (3.8) 中引入原副部向量 $\boldsymbol{s}_0$, 可进一步改写为

$$\boldsymbol{s}_p = \boldsymbol{s}_0 + \boldsymbol{r}_{po} \times \boldsymbol{s} \tag{3.9}$$

此式给出了旋量的**坐标变换法则**。将该式两边分别与主部向量 $\boldsymbol{s}$ 作标量积, 得

$$\boldsymbol{s} \cdot \boldsymbol{s}_p = \boldsymbol{s} \cdot \boldsymbol{s}_0 \tag{3.10}$$

不难发现, 式 (3.3) 所示的主部与副部的标量积与原点无关, 因此, 式 (3.4) 给出的旋距 h 是**不变量**。

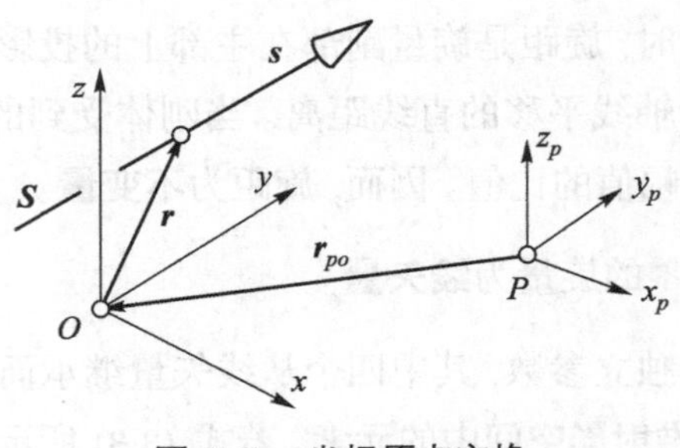

图 3.2 坐标原点变换

3.2 旋量运算

3.2.1 互易积与 Klein 型

互易旋量由Klein 于 1871 年首次提出, 同年, Ball 也独自提出这一概念。如式 (2.9) 与注释 2.2 所示, 两旋量的互易积可由 Klein 型表示, 为

$$Kl(\boldsymbol{S}_1,\boldsymbol{S}_2)=(\boldsymbol{s}_1^{\mathrm{T}},\boldsymbol{s}_{10}^{\mathrm{T}})\begin{bmatrix}\boldsymbol{0} & \boldsymbol{I}\\ \boldsymbol{I} & \boldsymbol{0}\end{bmatrix}\begin{pmatrix}\boldsymbol{s}_2\\ \boldsymbol{s}_{20}\end{pmatrix}=\boldsymbol{s}_1\cdot\boldsymbol{s}_{20}+\boldsymbol{s}_2\cdot\boldsymbol{s}_{10} \tag{3.11}$$

式中, 两旋量分别为 $\boldsymbol{S}_1=(\boldsymbol{s}_1^{\mathrm{T}},\boldsymbol{s}_{10}^{\mathrm{T}})^{\mathrm{T}}$ 和 $\boldsymbol{S}_2=(\boldsymbol{s}_2^{\mathrm{T}},\boldsymbol{s}_{20}^{\mathrm{T}})^{\mathrm{T}}$, **对偶算子** Δ 见式 (2.55)。

定义 3.4 两旋量互矩称为旋量的**互易积**, 也称旋量的标量积[1], 即

$$\boldsymbol{S}_1\circ\boldsymbol{S}_2=\boldsymbol{s}_1\cdot\boldsymbol{s}_{20}+\boldsymbol{s}_2\cdot\boldsymbol{s}_{10} \tag{3.12}$$

如定义 2.3 与注释 2.2 所述, 互易积与 2.8 节中式 (2.59) 给出的线矢量互矩可统一于 Klein 型中。旋量的互易性可详见 3.7 节以及第六章。

注释 3.2 互易积也称**相互不变量**, 被 Ball 称为**虚系数**。

定理 3.1 *互易积独立于坐标系, 具有不变性。*

证明 1 设坐标原点 O 在位置向量 $\boldsymbol{r}_{po}$ 作用下变换至 P 点, 如式 (3.9) 所示, 两旋量的副部都要作相应变换, 进而产生变换后新的副部为

$$\boldsymbol{s}_{1p}=\boldsymbol{s}_{10}+\boldsymbol{r}_{po}\times\boldsymbol{s}_1$$

与

$$\boldsymbol{s}_{2p}=\boldsymbol{s}_{20}+\boldsymbol{r}_{po}\times\boldsymbol{s}_2$$

将上式代入式 (3.12), 并运用**三重积偶排列特性**, 可推导出

$$\boldsymbol{S}_1\circ\boldsymbol{S}_2=\boldsymbol{s}_1\cdot\boldsymbol{s}_{2p}+\boldsymbol{s}_2\cdot\boldsymbol{s}_{1p}=\boldsymbol{s}_1\cdot(\boldsymbol{s}_{20}+\boldsymbol{r}_{po}\times\boldsymbol{s}_2)+\boldsymbol{s}_2\cdot(\boldsymbol{s}_{10}+\boldsymbol{r}_{po}\times\boldsymbol{s}_1)=\boldsymbol{s}_1\cdot\boldsymbol{s}_{20}+\boldsymbol{s}_2\cdot\boldsymbol{s}_{10} \tag{3.13}$$

[1]旋量互易积的结果最早被 Ball (1871) 称为虚系数, 互易积由 von Mises (1924) 定义为旋量标量积。

该式与式 (3.12) 相同。由此, 互易积独立于坐标系, 为不变量。定理得证。

该定理也可从如下另一角度证明。

证明 2 将旋量改写为含旋距参量的形式, 即 $\boldsymbol{S}_1 = (\boldsymbol{s}_1^{\mathrm{T}}, (\boldsymbol{r}_1 \times \boldsymbol{s}_1 + h_1\boldsymbol{s}_1)^{\mathrm{T}})^{\mathrm{T}}$ 和 $\boldsymbol{S}_2 = (\boldsymbol{s}_2^{\mathrm{T}}, (\boldsymbol{r}_2 \times \boldsymbol{s}_2 + h_2\boldsymbol{s}_2)^{\mathrm{T}})^{\mathrm{T}}$, 则式 (3.12) 变换为

$$\begin{aligned} \boldsymbol{S}_1 \circ \boldsymbol{S}_2 &= (h_1 + h_2)\boldsymbol{s}_1 \cdot \boldsymbol{s}_2 + \boldsymbol{s}_1 \cdot \boldsymbol{r}_2 \times \boldsymbol{s}_2 + \boldsymbol{s}_2 \cdot \boldsymbol{r}_1 \times \boldsymbol{s}_1 \\ &= (h_1 + h_2)\boldsymbol{s}_1 \cdot \boldsymbol{s}_2 - (\boldsymbol{r}_2 - \boldsymbol{r}_1) \cdot \boldsymbol{s}_1 \times \boldsymbol{s}_2 \end{aligned} \tag{3.14}$$

式中, h_1、h_2 分别为 $\boldsymbol{S}_1$、$\boldsymbol{S}_2$ 的旋距。

记向量 $\boldsymbol{s}_1$ 与 $\boldsymbol{s}_2$ 的公法线的姿态向量对应的单位向量为 $\boldsymbol{e}$, 如图 3.3 所示, 存在式 $\boldsymbol{s}_1 \cdot \boldsymbol{s}_2 = \cos\varphi$ 与 $\boldsymbol{s}_1 \times \boldsymbol{s}_2 = \boldsymbol{e}\sin\varphi$。同时, 将式 (2.62) 代入式 (3.14) 的第二项, 两旋量互易积可写为以下形式:

$$\boldsymbol{S}_1 \circ \boldsymbol{S}_2 = (h_1 + h_2)\cos\varphi - d\sin\varphi \tag{3.15}$$

式中, d 和φ 分别为两旋量轴线的距离和投影夹角。由此可见互易积独立于坐标系。定理得证。

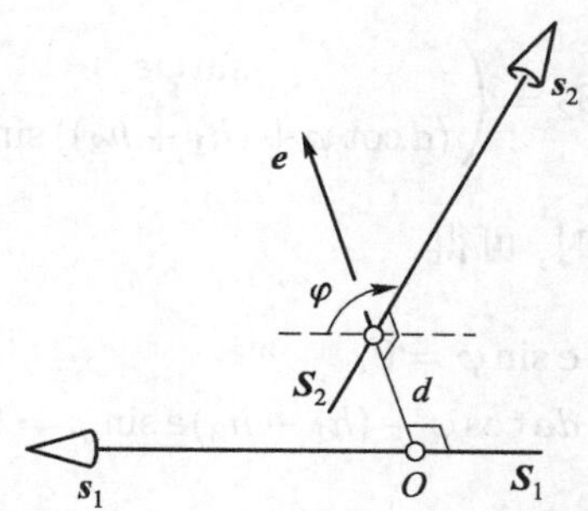

图 3.3 两旋量的相互位姿关系

式 (3.15) 由 Ball (1871) 在基于互易旋量系的理论研究中首先提出, 并命名为虚系数。

3.2.2 旋量叉积

两旋量 $\boldsymbol{S}_1$ 和 $\boldsymbol{S}_2$ 的叉积由旋量主部的叉积及其相应主、副部交叉的叉积得到的向量构成, 表示为

$$\boldsymbol{S}_1 \times \boldsymbol{S}_2 = \begin{pmatrix} \boldsymbol{s}_1 \times \boldsymbol{s}_2 \\ \boldsymbol{s}_1 \times \boldsymbol{s}_{20} + \boldsymbol{s}_{10} \times \boldsymbol{s}_2 \end{pmatrix} \tag{3.16}$$

定理 3.2 旋量叉积为零是两旋量**共轴**的充分必要条件。

证明 先证明充分性。如图 3.3 所示, $\boldsymbol{e}$ 表示两旋量轴线 $\boldsymbol{s}_1$ 和 $\boldsymbol{s}_2$ 的公法线对应的单位向量, 并且由 $\boldsymbol{s}_1$ 指向 $\boldsymbol{s}_2$。取旋量轴线 $\boldsymbol{s}_1$ 与 $\boldsymbol{e}$ 的交点为原点 O, 两旋量可写成以下形式:

$$\boldsymbol{S}_1 = \begin{pmatrix} \boldsymbol{s}_1 \\ h_1\boldsymbol{s}_1 \end{pmatrix}, \quad \boldsymbol{S}_2 = \begin{pmatrix} \boldsymbol{s}_2 \\ d\boldsymbol{e} \times \boldsymbol{s}_2 + h_2\boldsymbol{s}_2 \end{pmatrix} \tag{3.17}$$

因此, 式 (3.16) 所示旋量叉积的副部可写为

$$\boldsymbol{s}_1 \times \boldsymbol{s}_{20} + \boldsymbol{s}_{10} \times \boldsymbol{s}_2 = d\boldsymbol{s}_1 \times (\boldsymbol{e} \times \boldsymbol{s}_2) + (h_1 + h_2)\boldsymbol{s}_1 \times \boldsymbol{s}_2$$

考虑到 $\boldsymbol{s}_1$ 与 $\boldsymbol{e}$ 正交, $\boldsymbol{s}_1 \cdot \boldsymbol{e} = 0$, 又 $\boldsymbol{s}_1 \cdot \boldsymbol{s}_2 = \cos\varphi$ 且 $\boldsymbol{s}_1 \times \boldsymbol{s}_2 = \boldsymbol{e}\sin\varphi$, 应用**向量三重积**特性, 上式可变换为

$$\boldsymbol{s}_1 \times \boldsymbol{s}_{20} + \boldsymbol{s}_{10} \times \boldsymbol{s}_2 = (d\cos\varphi + (h_1 + h_2)\sin\varphi)\boldsymbol{e}$$

若 $\sin\varphi \neq 0$, 上式可写成

$$\boldsymbol{s}_1 \times \boldsymbol{s}_{20} + \boldsymbol{s}_{10} \times \boldsymbol{s}_2 = (d\cot\varphi + (h_1 + h_2))\boldsymbol{s}_1 \times \boldsymbol{s}_2 \tag{3.18}$$

由 $\boldsymbol{s}_1 \times \boldsymbol{s}_2 = \boldsymbol{e}\sin\varphi$ 及上述分析, 式 (3.16) 所示旋量叉积公式可简化为

$$\boldsymbol{S}_1 \times \boldsymbol{S}_2 = \begin{pmatrix} \sin\varphi\boldsymbol{e} \\ (d\cot\varphi + (h_1 + h_2))\sin\varphi\boldsymbol{e} \end{pmatrix}$$

由上式, 当两旋量叉积为零时, 可得

$$\begin{cases} \boldsymbol{e}\sin\varphi = 0 \\ d\boldsymbol{e}\cos\varphi + (h_1 + h_2)\boldsymbol{e}\sin\varphi = 0 \end{cases} \tag{3.19}$$

即

$$\begin{cases} \boldsymbol{e}\sin\varphi = 0 \\ d\boldsymbol{e}\cos\varphi = 0 \end{cases}$$

由上式易知 $\varphi = 0$ 或 π 且 $d = 0$, 从而两旋量共轴, 由此充分性得证。

必要性可以从两旋量共轴推导出。当两旋量共轴时, 两旋量轴线公垂线 $d = 0$ 且投影夹角 $\varphi = 0$ 或 π, 由此可知式 (3.19) 成立, 从而两旋量叉积为零。定理得证。

3.2.3 旋量微分

旋量微分是指旋量的主部和副部分别对时间取微分。其中, 旋量 $\boldsymbol{S} = (\boldsymbol{s}^{\mathrm{T}}, \boldsymbol{s}_0^{\mathrm{T}})^{\mathrm{T}}$ 的主部仅与时间 t 有关, 而旋量 $\boldsymbol{S} = (\boldsymbol{s}^{\mathrm{T}}, \boldsymbol{s}_0^{\mathrm{T}})^{\mathrm{T}}$ 的副部不仅与时间 t 有关, 也取决于在时间 t 内该旋量相对固定坐标系的位移。

令旋量 $\boldsymbol{S}$ 的副部对时间取微分。假设在已知的 Δt 时间内, 位置向量 $\boldsymbol{r}$ 从 A 点处的 $\boldsymbol{r}_o$ 运动至 B 点处的 $\boldsymbol{r}_{o'}$, 则有

$$\begin{aligned}\frac{\Delta \boldsymbol{s}_0}{\Delta t} &= \frac{\boldsymbol{s}_0(t+\Delta t)-\boldsymbol{s}_0(t)}{\Delta t} \\ &= \frac{\boldsymbol{s}_{0'}(t+\Delta t)+(\boldsymbol{r}_{o'}-\boldsymbol{r}_o)\times\boldsymbol{s}(t+\Delta t)-\boldsymbol{s}_0(t)}{\Delta t} \\ &= \frac{\boldsymbol{s}_{0'}(t+\Delta t)-\boldsymbol{s}_0(t)}{\Delta t}+\frac{\boldsymbol{r}_{o'}-\boldsymbol{r}_o}{\Delta t}\times\boldsymbol{s}(t+\Delta t)\end{aligned} \tag{3.20}$$

令 Δt 趋近于无穷小量 $\mathrm{d}t$, 可推导出

$$\lim_{\Delta t\to 0}\frac{\Delta \boldsymbol{s}_0}{\Delta t}=\frac{\mathrm{d}\boldsymbol{s}_0}{\mathrm{d}t}+\frac{\mathrm{d}\boldsymbol{r}_o}{\mathrm{d}t}\times\boldsymbol{s} \tag{3.21}$$

由此, 可给出旋量微分的定义式

$$\frac{\mathrm{d}\boldsymbol{S}}{\mathrm{d}t}=\begin{pmatrix}\dfrac{\mathrm{d}\boldsymbol{s}}{\mathrm{d}t} \\ \dfrac{\mathrm{d}\boldsymbol{s}_0}{\mathrm{d}t}+\dfrac{\mathrm{d}\boldsymbol{r}_o}{\mathrm{d}t}\times\boldsymbol{s}\end{pmatrix} \tag{3.22}$$

3.2.4 Killing 型

当两旋量旋距均为零时, 旋量退化为线矢量, 式 (3.15) 所示的旋量互易积转化为式 (2.62) 所示的线矢量互矩。当两旋量轴线交于一点或无穷远处时, 其互易积为零。由此可得到判定两直线位置关系及其夹角余弦值 (Karger 和 Novak, 1985) 的 Killing 型。

定义 3.5 Killing 型是李代数的内积, 为不变量, 也是对称双线性型, 即

$$\begin{aligned}K(\boldsymbol{S}_1,\boldsymbol{S}_2) &= \mathrm{tr}(\mathrm{ad}(\boldsymbol{S}_1)\mathrm{ad}(\boldsymbol{S}_2))=\mathrm{tr}\left(\begin{bmatrix}[\boldsymbol{s}_1\times] & \boldsymbol{0} \\ [\boldsymbol{s}_{10}\times] & [\boldsymbol{s}_1\times]\end{bmatrix}\begin{bmatrix}[\boldsymbol{s}_2\times] & \boldsymbol{0} \\ [\boldsymbol{s}_{20}\times] & [\boldsymbol{s}_2\times]\end{bmatrix}\right) \\ &= \mathrm{tr}\left(\begin{bmatrix}[\boldsymbol{s}_1\times][\boldsymbol{s}_2\times] & \boldsymbol{0} \\ [\boldsymbol{s}_{10}\times][\boldsymbol{s}_2\times]+[\boldsymbol{s}_1\times][\boldsymbol{s}_{20}\times] & [\boldsymbol{s}_1\times][\boldsymbol{s}_2\times]\end{bmatrix}\right) \\ &= -4(s_{1x}s_{2x}+s_{1y}s_{2y}+s_{1z}s_{2z})\end{aligned} \tag{3.23}$$

式中, 矩阵的**迹** tr( ) 为矩阵主对角线元素之和, ad( ) 为**李代数元素的伴随表示**, 具体定义将在 3.9 节给出。Killing 型和式 (3.11) 给出的 Klein型是李代数 $se(3)$ 仅有的两种具有不变性的**对称双线性型**。

注释 3.3 Killing 型的对称性由 $\mathrm{tr}(\boldsymbol{AB})=\mathrm{tr}(\boldsymbol{BA})$ 得出。

推论 3.1 两旋量Killing 型为零的充分必要条件是两旋量轴线垂直。

3.3 旋量与旋量运算的对偶数表示

3.3.1 对偶数、对偶向量与矩量

对偶数由 Clifford 在构造 Clifford 算子 ω 时首次提出(Clifford,1873)。该算子为现在人们熟知的**对偶单元** ε, 满足 $\varepsilon^2=0$。对偶数的一般形式为 $v+\varepsilon v'$, 其中 v 和 v' 为实数, 分别为对偶数的主部和副部, 也可称为原部和对偶部。

定义 3.6 主部为空间两直线或旋量轴线的投影夹角 φ, 副部为两直线或旋量轴线的垂直距离, 这一特殊的对偶数也称为**对偶角**。

如图 3.3 所示, 两旋量 $\boldsymbol{S}_1$ 和 $\boldsymbol{S}_2$ 的对偶角为

$$\Phi=\varphi+\varepsilon d \tag{3.24}$$

Study (1903) 最先提出对偶角的概念。对偶角的意义在于所有常规的三角函数公式均可适用, 即

$$\begin{cases}\sin(\varphi+\varepsilon d)=\sin\varphi+\varepsilon d\cos\varphi\\ \cos(\varphi+\varepsilon d)=\cos\varphi-\varepsilon d\sin\varphi\end{cases} \tag{3.25}$$

与对偶角类似, 线矢量的对偶数形式可以表示为

$$\boldsymbol{L}=\boldsymbol{l}+\varepsilon\boldsymbol{l}_0 \tag{3.26}$$

上式的数学含义与式 (2.6) 一致, 只是将线矢量的副部写为对偶部。Clifford 于 1882 年首次提出了上述对偶向量形式的矩量, 后来 Brand(1947) 对此进行了重点研究。

定义 3.7 **矩量**为矩与向量的合称, 是线矢量与对偶数 $\lambda+\varepsilon\lambda'$ 乘积得到的几何量。

矩量也是旋量的广义拓展, 可称为**泛旋量**。线矢量与对偶数作乘积可得

$$\boldsymbol{M}=\boldsymbol{m}+\varepsilon\boldsymbol{m}_0=(\lambda+\varepsilon\lambda')(\boldsymbol{l}+\varepsilon\boldsymbol{l}_0)$$

展开可得矩量的定义式

$$\boldsymbol{M}=\boldsymbol{m}+\varepsilon\boldsymbol{m}_0=\lambda\boldsymbol{l}+\varepsilon(\lambda'\boldsymbol{l}+\lambda\boldsymbol{l}_0) \tag{3.27}$$

这就给出了矩量的定义。

注释 3.4 矩量的旋距同定义 3.3, 表示为

$$h=\frac{\boldsymbol{m}\cdot\boldsymbol{m}_0}{\boldsymbol{m}\cdot\boldsymbol{m}}$$

注释 3.5 矩量包含四组不同的向量。

(1) 线矢量: 当 $\lambda \neq 0, \lambda' = 0$ 时, 由式 (3.27) 可得到式 (3.26) 所示的对偶形式的线矢量。按注释 3.4, 旋距为零。

(2) 旋量: 当 $\lambda \neq 0, \lambda' \neq 0$ 时, 有以下两种情况。

(a) 当 $\lambda = 1$ 时, 式 (3.27) 为旋量。旋距为 $h = \lambda'$。

(b) 当 λ 为非单位量时, 式 (3.27) 可用来表示力旋量和速度旋量。旋距为 $h = \lambda'/\lambda$。

线矢量与旋量被 Brand 称为**本征矩量**。

(3) 当 $\lambda = 0, \lambda' \neq 0$ 时, 式 (3.27) 变换为由纯对偶向量构成的旋量, 即

$$\boldsymbol{M} = \varepsilon\lambda'\boldsymbol{l} \tag{3.28}$$

(4) 当 $\lambda = \lambda' = 0$ 时, 就给出了**零矩量**, 也为零向量、零旋量。

由此, 矩量被分为四种六维向量。总而言之, 在旋量理论中, 矩量的提出使我们找到了一个涵盖线矢量、旋量、力旋量和速度旋量以及零旋量的广义量。

定义 3.8 **旋量对偶数形式为**

$$\boldsymbol{S} = \boldsymbol{s} + \varepsilon\boldsymbol{s}_0 = \begin{pmatrix} l \\ m \\ n \end{pmatrix} + \varepsilon\begin{pmatrix} p \\ q \\ r \end{pmatrix} \tag{3.29}$$

如果将线矢量和纯平移旋量视为矩量的退化形式, 就可产生对加法运算具有封闭性的矩量代数, 即旋量代数学。

3.3.2 旋量运算的对偶数表示

1. 互易积和全标量积

互易积运算最早由von Mises 提出。两旋量的互易积 $\boldsymbol{S}_1 \circ \boldsymbol{S}_2$ 的定义见 3.2.1 节的式 (3.12)。

定义 3.9 **旋量全标量积为**

$$\boldsymbol{S}_1 \cdot \boldsymbol{S}_2 = \boldsymbol{s}_1 \cdot \boldsymbol{s}_2 + \varepsilon(\boldsymbol{s}_1 \cdot \boldsymbol{s}_{20} + \boldsymbol{s}_{10} \cdot \boldsymbol{s}_2) \tag{3.30}$$

其中, 副部与式 (3.12) 给出的互易积相同。3.2.1 节已证明, 互易积与原点的选取无关, 是独立于坐标系的不变量。不失一般性, 取旋量 $\boldsymbol{S}_1$ 与两旋量轴线公法线的单位向量 $\boldsymbol{e}$ 的交点为原点, 空间任意两旋量的对偶数形式可表示为 $\boldsymbol{S}_1 = \boldsymbol{s}_1 + \varepsilon h_1\boldsymbol{s}_1$

和 $\boldsymbol{S}_2 = \boldsymbol{s}_2 + \varepsilon(d\boldsymbol{e} \times \boldsymbol{s}_2 + h_2\boldsymbol{s}_2)$, 类似于式 (3.18), 上式可变换为

$$\begin{aligned} \boldsymbol{S}_1 \cdot \boldsymbol{S}_2 &= \boldsymbol{s}_1 \cdot \boldsymbol{s}_2 + \varepsilon(d\boldsymbol{s}_1 \cdot \boldsymbol{e} \times \boldsymbol{s}_2 + (h_1 + h_2)\boldsymbol{s}_1 \cdot \boldsymbol{s}_2) \\ &= \cos\varphi - \varepsilon d\boldsymbol{e} \cdot \boldsymbol{s}_1 \times \boldsymbol{s}_2 + \varepsilon(h_1 + h_2)\cos\varphi \\ &= \cos\varphi - \varepsilon d\sin\varphi + \varepsilon(h_1 + h_2)\cos\varphi \end{aligned} \tag{3.31}$$

引入式 (3.24) 所示的对偶数, 并将式 (3.25) 中的正余弦公式代入, 式 (3.31) 可简化为

$$\boldsymbol{S}_1 \cdot \boldsymbol{S}_2 = \cos\varPhi + \varepsilon(h_1 + h_2)\cos\varphi \tag{3.32}$$

当两旋量的旋距同时为零或互为相反数时, 式 (3.32) 可进一步化简为

$$\boldsymbol{S}_1 \cdot \boldsymbol{S}_2 = \cos\varPhi \tag{3.33}$$

从以上推导过程不难发现, 引入对偶角后得到的上述结果与向量代数中的标量积是一致的。对于旋量, 应该考虑旋距的影响。当两旋量轴线垂直相交时, 式 (3.30) 所示的全标量积以及式 (3.11) 所示的 Klein 型与式 (3.23) 所示的 Killing 型均为零。由此得出如下推论。

推论 3.2 从几何角度出发, 两旋量全标量积为零的充分必要条件是两旋量轴线垂直相交; 相应地从代数角度看, 两旋量全标量积为零的充分必要条件是两旋量的Killing 型与 Klein 型同时为零。

2. 旋量叉积的对偶数表示

旋量叉积的对偶数形式同样可由 3.2.2 节推导出。它是由 Brand (1947) 以 Gibbs 形式 (Gibbs, 1901) 给出的两对偶向量的旋量积, 即

$$\boldsymbol{S}_1 \times \boldsymbol{S}_2 = \boldsymbol{s}_1 \times \boldsymbol{s}_2 + \varepsilon(\boldsymbol{s}_1 \times \boldsymbol{s}_{20} + \boldsymbol{s}_{10} \times \boldsymbol{s}_2) \tag{3.34}$$

与 3.2.2 节推导过程类似, 在图 3.3 中取旋量轴线 $\boldsymbol{s}_1$ 与 $\boldsymbol{e}$ 的交点为原点, 式 (3.34) 可以写成类似式 (3.17) 和式 (3.19) 的形式, 即

$$\begin{aligned} \boldsymbol{S}_1 \times \boldsymbol{S}_2 &= \boldsymbol{s}_1 \times \boldsymbol{s}_2 + \varepsilon(d\boldsymbol{s}_1 \times (\boldsymbol{e} \times \boldsymbol{s}_2) + (h_1 + h_2)\boldsymbol{s}_1 \times \boldsymbol{s}_2) \\ &= \boldsymbol{e}\sin\varphi + \varepsilon(d\boldsymbol{e}(\boldsymbol{s}_1 \cdot \boldsymbol{s}_2) - d\boldsymbol{s}_2(\boldsymbol{s}_1 \cdot \boldsymbol{e}) + (h_1 + h_2)\boldsymbol{e}\sin\varphi) \\ &= \boldsymbol{e}(\sin\varphi + \varepsilon d\cos\varphi) + \varepsilon(h_1 + h_2)\boldsymbol{e}\sin\varphi \end{aligned} \tag{3.35}$$

引入式 (3.24) 所示的对偶角, 并将式 (3.25) 代入式 (3.35) 得

$$\boldsymbol{S}_1 \times \boldsymbol{S}_2 = \boldsymbol{e}\sin\varPhi + \varepsilon(h_1 + h_2)\boldsymbol{e}\sin\varphi \tag{3.36}$$

当两旋量旋距全为零或互为相反数时, 上式变换为

$$S_1 \times S_2 = e\sin\Phi \tag{3.37}$$

上述结果同线性代数中向量叉积计算公式相一致。对于旋量, 如式 (3.35) 所示, 旋距的影响应该考虑。由上述推导知, 以下推论成立。

推论 3.3 *旋量叉积的主部为零是两旋量平行或共轴的充分必要条件。*

3. 旋量标量三重全积

已知任意三个旋量 S_1、S_2 和 S_3, 以主部的标量三重积为主部, 以主部与副部相互交叉置换的标量三重积之和为副部, 可以构成**旋量标量三重全积**, 其定义式为

$$(S_1 \times S_2)\cdot S_3 = (s_1 \times s_2)\cdot s_3 + \varepsilon(s_1 \times s_2 \cdot s_{30} + s_1 \times s_{20}\cdot s_3 + s_{10}\times s_2 \cdot s_3)$$

若基于 von Mises 对标量积的定义, 旋量标量三重全积定义为上式的副部, 即

$$(S_1 \times S_2)\circ S_3 = (s_1 \times s_2)\cdot s_{30} + (s_1 \times s_{20} + s_{10}\times s_2)\cdot s_3 \tag{3.38}$$

将式 (3.18) 代入式 (3.38), 得

$$(S_1 \times S_2)\circ S_3 = (s_1 \times s_2)\cdot((h_1 + h_2 + d\cot\varphi)s_3 + s_{30}) \tag{3.39}$$

式中, φ 不能取 0 或 π, 即该式不包含两旋量轴线平行的情况。

3.4 速度旋量与 Mozzi 瞬轴

3.4.1 螺旋运动速度场

刚体在三维空间的运动均可表示为绕一轴线的旋转与沿该轴的平移, 与螺母在螺丝上的运动类似。

定义 3.10 **速度旋量**是含有速度幅值的旋量, 隶属于矩量的范畴, 也是李代数 $se(3)$ 的元素。

速度旋量的轴线为旋转轴的轴线, 平移的方向平行于该轴线, 平移速度与旋转速度的比值为速度旋量的旋距。如图 3.4 所示, 给定旋量轴线, 并已知刚体关于旋量轴线的角速度 $\boldsymbol{\omega}$ 和固联在刚体上的点 P 的速度 $\boldsymbol{v}_p$。则此刚体上任意点的速度均可分解为平行于旋量轴线的分量 $h\boldsymbol{\omega}$ 和正交于旋量轴线的分量 $\boldsymbol{\omega}\times(\boldsymbol{r}_p - \boldsymbol{r}_o)$。

旋量轴线的位置由 $\boldsymbol{r}_o$ 确定, 如图 3.4 所示。

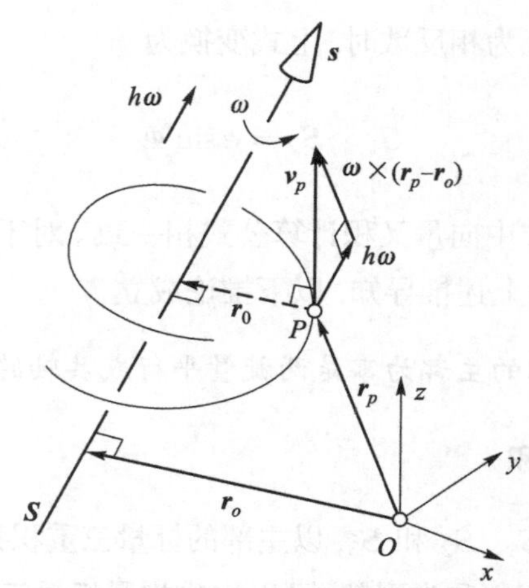

图 3.4 瞬时旋量轴线及螺旋运动速度场

定义 3.11 当刚体绕某一轴线作瞬时运动时, 描述该运动的旋量即为**瞬时旋量** (instantaneous screw); 该旋量轴线为刚体瞬时运动轴线, 称为**瞬时旋量轴** (instantaneous screw axis, ISA, 简称瞬轴)。

刚体关于瞬时轴线的瞬时角速度为 $\boldsymbol{\omega}$, 这样一来, 刚体上任意点均具有相同角速度 $\boldsymbol{\omega}$。沿该轴线方向, 只有速度为 $h\boldsymbol{\omega}$ 的平移, 这样的轴线即为瞬轴 (ISA)。瞬轴的概念是由意大利数学家 Mozzi (1763) 首次提出, 因此也称为 **Mozzi 瞬轴**。基于此, P 点速度 $\boldsymbol{v}$ 可分解为与轴线平行及垂直两部分, 为

$$\boldsymbol{v} = \boldsymbol{v}_s + \boldsymbol{v}_n = h\boldsymbol{\omega} + \boldsymbol{\omega} \times (\boldsymbol{r}_p - \boldsymbol{r}_o) \tag{3.40}$$

瞬轴产生的全部速度向量构成**螺旋运动速度场**。当 $\boldsymbol{r}_p = \boldsymbol{r}_o$ 时, 点 P 在旋量轴线上, 此时速度 $\boldsymbol{v}$ 等于旋距引起的平移速度, 即 $\boldsymbol{v} = \boldsymbol{v}_s = v\boldsymbol{s} = h\boldsymbol{\omega}$。当 $\boldsymbol{r}_p = 0$ 时, 即原点位于 P 点处, 该点的运动等于速度旋量的副部 $\boldsymbol{v}$。可见, 速度旋量 $\boldsymbol{T}$ 的副部实质上表示的是刚体上与原点 O 重合的点的瞬时线速度。

3.4.2 速度旋量及其李代数表示

将式 (3.40) 两边分别对旋量轴线向量 $\boldsymbol{s}$ 取标量积, 得到

$$\boldsymbol{v} \cdot \boldsymbol{s} = h\boldsymbol{\omega} \cdot \boldsymbol{s} + \boldsymbol{\omega} \times (\boldsymbol{r}_p - \boldsymbol{r}_o) \cdot \boldsymbol{s} \tag{3.41}$$

由于 $\boldsymbol{\omega} = \omega\boldsymbol{s}$, 式 (3.41) 化简后可得线速度分量 v_s 为

$$v_s = \boldsymbol{v} \cdot \boldsymbol{s} = h\boldsymbol{\omega} \cdot \boldsymbol{s} \tag{3.42}$$

由此得出结论, 旋距表征线速度向量在旋量轴线上的投影。式 (3.40) 可变换为

$$\begin{aligned}\boldsymbol{v} &= (\boldsymbol{r}_o - \boldsymbol{r}_p) \times \boldsymbol{\omega} + h\boldsymbol{\omega} \\ &= \boldsymbol{r} \times \boldsymbol{\omega} + h\boldsymbol{\omega}\end{aligned} \tag{3.43}$$

式中, $\boldsymbol{r}$ 为由 P 点指向轴线的位置向量。至此, 经过推导得到了速度旋量的副部, 结合其主部, 速度旋量可定义为

$$\boldsymbol{T} = \begin{pmatrix}\boldsymbol{\omega}\\ \boldsymbol{v}\end{pmatrix} = \begin{pmatrix}\boldsymbol{\omega}\\ \boldsymbol{r}\times\boldsymbol{\omega}+h\boldsymbol{\omega}\end{pmatrix} = \omega\begin{pmatrix}\boldsymbol{s}\\ \boldsymbol{s}_0\end{pmatrix} = \omega\begin{pmatrix}\boldsymbol{s}\\ \boldsymbol{r}\times\boldsymbol{s}+h\boldsymbol{s}\end{pmatrix} = \omega\begin{pmatrix}l\\ m\\ n\\ p\\ q\\ r\end{pmatrix} = \omega\boldsymbol{S} \tag{3.44}$$

为求得速度旋量旋距 h 及与旋量轴线垂直的位置向量 $\boldsymbol{r}_0$, 将式 (3.43) 两边对 $\boldsymbol{\omega}$ 取叉积, 并由向量三重积得

$$\boldsymbol{\omega} \times \boldsymbol{v} = \boldsymbol{\omega} \times (\boldsymbol{r} \times \boldsymbol{\omega}) + h\boldsymbol{\omega} \times \boldsymbol{\omega} = \boldsymbol{r}(\boldsymbol{\omega} \cdot \boldsymbol{\omega}) - \boldsymbol{\omega}(\boldsymbol{\omega} \cdot \boldsymbol{r}) \tag{3.45}$$

在上式中, 用正交位置向量 $\boldsymbol{r}_0$ 取代 $\boldsymbol{r}$, 并注意到 $\boldsymbol{r}_0$ 与 $\boldsymbol{\omega}$ 正交, 则式 (3.45) 可简化为

$$\boldsymbol{\omega} \times \boldsymbol{v} = \boldsymbol{r}_0(\boldsymbol{\omega} \cdot \boldsymbol{\omega}) \tag{3.46}$$

至此, 便得到速度旋量正交位置向量表达式, 同式 (3.7) 一致, 如下:

$$\boldsymbol{r}_0 = \frac{\boldsymbol{\omega} \times \boldsymbol{v}}{\boldsymbol{\omega} \cdot \boldsymbol{\omega}} = \frac{\boldsymbol{s} \times \boldsymbol{s}_0}{\boldsymbol{s} \cdot \boldsymbol{s}} \tag{3.47}$$

进一步, 将式 (3.43) 两边对 $\boldsymbol{\omega}$ 取标量积, 有

$$\boldsymbol{\omega} \cdot \boldsymbol{v} = \boldsymbol{\omega} \cdot (\boldsymbol{r} \times \boldsymbol{\omega}) + h\boldsymbol{\omega} \cdot \boldsymbol{\omega} = h\boldsymbol{\omega} \cdot \boldsymbol{\omega} \tag{3.48}$$

由此推导出速度旋量另一个重要参数, 即旋距, 为

$$h = \frac{\boldsymbol{\omega} \cdot \boldsymbol{v}}{\boldsymbol{\omega} \cdot \boldsymbol{\omega}} = \frac{\boldsymbol{s} \cdot \boldsymbol{s}_0}{\boldsymbol{s} \cdot \boldsymbol{s}} \tag{3.49}$$

这证实了速度旋量的平移分量 $h\boldsymbol{\omega}$ 等同于刚体上任一点的速度在旋量轴方向的分量。至此, 刚体瞬时运动得以完整描述。实际上, 刚体上任意点的瞬时线速度均可用类似图 3.4 所示 P 点速度的表达方式来描述。

若刚体的运动由转动副引起, 其运动可以由旋距为零的速度旋量来描述, 为

$$\boldsymbol{T} = \begin{pmatrix}\boldsymbol{\omega}\\ \boldsymbol{v}\end{pmatrix} = \dot{\theta}\begin{pmatrix}\boldsymbol{s}\\ \boldsymbol{r}\times\boldsymbol{s}\end{pmatrix} \tag{3.50}$$

若刚体运动由移动副引起, 可用旋距无穷大的速度旋量来描述其运动, 即

$$\boldsymbol{T} = v\begin{pmatrix} \boldsymbol{0} \\ \boldsymbol{s} \end{pmatrix} \tag{3.51}$$

注释 3.6 速度旋量可表示为李代数 $se(3)$ 的元素, 为

$$\mathrm{ad}(\boldsymbol{T}) = \begin{bmatrix} 0 & -\omega_z & \omega_y & v_x \\ \omega_z & 0 & -\omega_x & v_y \\ -\omega_y & \omega_x & 0 & v_z \\ 0 & 0 & 0 & 0 \end{bmatrix} = \begin{bmatrix} [\boldsymbol{\omega}\times] & \boldsymbol{v} \\ \boldsymbol{0}^{\mathrm{T}} & 0 \end{bmatrix}, \quad \boldsymbol{\omega} \in so(3) \tag{3.52}$$

式中, $\mathrm{ad}(\boldsymbol{T})$ 为李代数的 4×4 标准表示; $[\boldsymbol{\omega}\times] = \begin{bmatrix} 0 & -\omega_z & \omega_y \\ \omega_z & 0 & -\omega_x \\ -\omega_y & \omega_x & 0 \end{bmatrix}$, 是李代数 $so(3)$ 的元素。

李代数 $se(3)$ 的元素构成的空间的维数是 6, 与向量空间 $\mathbb{R}^6$ **同构**, 记为 $se(3) \cong \mathbb{R}^6$。若刚体沿 $\boldsymbol{s}$ 方向以速度 $\boldsymbol{v}$ 作纯平移, 其运动可描述为标量与旋量轴线姿态向量 $\boldsymbol{s}$ 作乘积。

3.4.3 刚体运动

本节给出一个用速度旋量描述**刚体运动**的实例。

例 3.1 设刚体以大小为 0.5 rad/s 的角速度绕轴线旋转, 轴线为过点 $(-1,0,1)^{\mathrm{T}}$ 和 $(2,1,5)^{\mathrm{T}}$ 的直线, 直线长度单位为m。另外, 刚体上坐标为 $\boldsymbol{r}_p = (1,2,3)^{\mathrm{T}}$ 的点 P 的速度为

$$\boldsymbol{v} = (0.6, 0.4, 0.5)^{\mathrm{T}}\ \mathrm{m/s} \tag{3.53}$$

由此, 旋量轴线 $\boldsymbol{s}$ 可表示为

$$\boldsymbol{s} = \frac{1}{\sqrt{26}}(3,1,4)^{\mathrm{T}} \tag{3.54}$$

并且有

$$\boldsymbol{\omega} = 0.5\boldsymbol{s}\ \mathrm{rad/s} \tag{3.55}$$

根据式 (3.46), 得

$$\boldsymbol{\omega}\times\boldsymbol{v} = \frac{1}{\sqrt{26}}(-0.55, 0.45, 0.30)^{\mathrm{T}} \tag{3.56}$$

由式 (3.47), 点 P 指向旋量轴线的正交位置向量可写为

$$\begin{aligned} \boldsymbol{r}_0 &= \frac{\boldsymbol{\omega}\times\boldsymbol{v}}{\boldsymbol{\omega}\cdot\boldsymbol{\omega}} = \frac{1}{0.5\times 0.5\sqrt{26}}(-0.55, 0.45, 0.30)^{\mathrm{T}}\ \mathrm{m} \\ &= (-0.432, 0.353, 0.235)^{\mathrm{T}}\ \mathrm{m} \end{aligned} \tag{3.57}$$

由于 P 点坐标为 $\boldsymbol{r}_p=(1,2,3)^{\mathrm{T}}$, 其垂直于速度旋量轴线的正交位置向量为

$$\boldsymbol{r}=\boldsymbol{r}_p+\boldsymbol{r}_0=(0.568,2.353,3.235)^{\mathrm{T}}\ \mathrm{m} \tag{3.58}$$

式 (3.58) 描述的位置向量如图 3.5 所示。由式 (3.42) 可求出**纯平移**速度分量为

$$\begin{aligned} v_s=\boldsymbol{v}\cdot\boldsymbol{s} &= \frac{1}{\sqrt{26}}(0.6,0.4,0.5)\begin{pmatrix}3\\1\\4\end{pmatrix}\ \mathrm{m/s} \\ &= \frac{4.2}{\sqrt{26}}\ \mathrm{m/s} \end{aligned} \tag{3.59}$$

进而, 由式 (3.42) 求得速度旋量的旋距为

$$h=\frac{v_s}{\omega}=\frac{\boldsymbol{v}\cdot\boldsymbol{s}}{\omega}=\frac{4.2}{0.5\sqrt{26}}\ \mathrm{m/rad}=1.647\ \mathrm{m/rad} \tag{3.60}$$

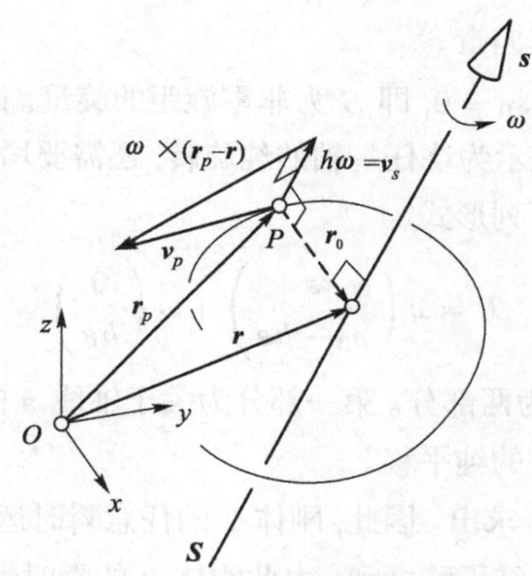

图 3.5　刚体瞬时运动

3.4.4　串联刚体

如图 3.6 所示, 若作瞬时运动的两个刚体通过转动副串联在一起, 给定旋量 $\boldsymbol{S}_1$ 的速度幅值即可确定刚体 1 相对固定坐标系的瞬时运动 $\boldsymbol{T}_1$。同理, 给定旋量 $\boldsymbol{S}_2$ 的相关参数, 即可确定刚体 2 相对刚体 1 的瞬时运动 $\boldsymbol{T}_2$, 分别表示为

$$\boldsymbol{T}_1=\omega_1\begin{pmatrix}\boldsymbol{s}_1\\ \boldsymbol{r}_1\times\boldsymbol{s}_1\end{pmatrix},\quad \boldsymbol{T}_2=\omega_2\begin{pmatrix}\boldsymbol{s}_2\\ \boldsymbol{r}_2\times\boldsymbol{s}_2\end{pmatrix} \tag{3.61}$$

刚体 2 相对固定坐标系的运动可用速度旋量 $\boldsymbol{T}$ 表示为

$$\boldsymbol{T}=\omega\begin{pmatrix}\boldsymbol{s}\\ \boldsymbol{s}_0\end{pmatrix}=\omega\boldsymbol{S} \tag{3.62}$$

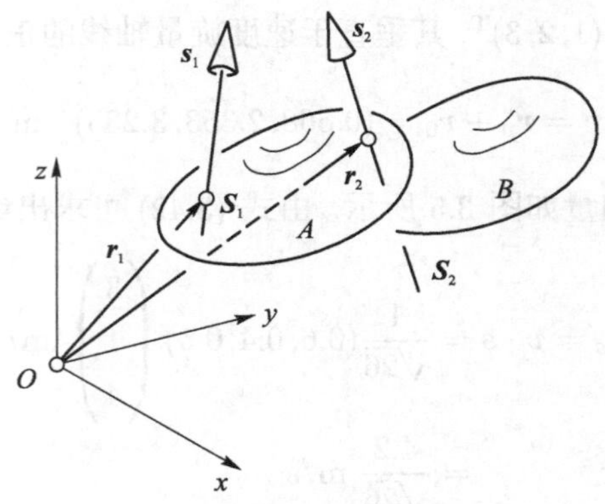

图 3.6 两串联运动刚体

式中

$$T = T_1 + T_2 = \begin{pmatrix} \omega_1 s_1 + \omega_2 s_2 \\ \omega_1(r_1 \times s_1) + \omega_2(r_2 \times s_2) \end{pmatrix} \tag{3.63}$$

式 (3.63) 的证明过程见第四章。

显然, 对式 (3.62), $s \cdot s_0 \neq 0$, 即 S 为非零旋距的旋量。因此, 刚体 2 相对固定坐标系的瞬时运动就不能表示为绕任一轴的**纯旋转**, 还需要增加一个平移分量。

将式 (3.62) 变换为下列形式:

$$T = \omega \begin{pmatrix} s \\ s_0 - hs \end{pmatrix} + \omega \begin{pmatrix} 0 \\ hs \end{pmatrix} \tag{3.64}$$

该式把速度旋量 T 分解为两部分。第一部分为关于轴线 s 的纯旋转, 第二部分为沿轴线 s 方向且速度为 $h\omega$ 的纯平移。

旋距 h 可由式 (3.49) 求出。因此, 刚体 2 的任意瞬时运动均可看作绕 s 方向的纯旋转与沿该轴线方向的纯平移之和。由此刚体 2 的瞬时螺旋运动可表示为

$$T = \omega \begin{pmatrix} s \\ r \times s + hs \end{pmatrix} \tag{3.65}$$

比较上式和式 (3.62), 有

$$r \times s = s_0 - hs$$

这可用于求解正交位置向量 r_0。用式 (3.49) 取代上式的 h, 同时应用向量**三重积恒等式**得

$$r_0 \times s = s_0 - \frac{s \cdot s_0}{s \cdot s} s = \frac{(s \cdot s)s_0 - (s \cdot s_0)s}{s \cdot s} = \left(\frac{s \times s_0}{s \cdot s}\right) \times s \tag{3.66}$$

化简得

$$r_0 = \frac{s \times s_0}{s \cdot s} \tag{3.67}$$

式 (3.67) 与式 (3.47) 相同。但式 (3.67) 由副部推出, 与旋距无关。因此, 对于任意速度旋量, 式 (3.47) 和式 (3.49) 给出的计算正交位置向量及旋距的公式均适用。

3.4.5 机械臂

例 3.2 如图 3.7 所示, 机械臂的第一个杆件与机座通过转动副 O_1 连接, 可在水平面内绕通过 O_1 点的竖直轴线旋转。第二个杆件与第一个杆件通过点 O_2 处的转动副相连, 可绕水平轴线作相对第一个杆件的转动, 该轴线过 O_2 点, 且与 $x-y$ 平面平行, 与第一个杆件正交。坐标系 $\{x_1y_1z_1\}$ 为固定坐标系, 坐标系 $\{x_2y_2z_2\}$ 则随杆件 O_1O_2 的转动而变动。两坐标系之间的关系可表示为

$$\begin{pmatrix} x_2 \\ y_2 \\ z_2 \end{pmatrix} = \begin{bmatrix} \cos\theta_1 & -\sin\theta_1 & 0 \\ \sin\theta_1 & \cos\theta_1 & 0 \\ 0 & 0 & 1 \end{bmatrix}^{\mathrm{T}} \begin{pmatrix} x_1 \\ y_1 \\ z_1 \end{pmatrix}$$

两个转动关节 O_1 和 O_2 处的速度旋量 $\boldsymbol{T}_1$ 和 $\boldsymbol{T}_2$ 可表示为

$$\begin{cases} \boldsymbol{T}_1 = \omega_1(0,0,1,0,0,0)^{\mathrm{T}} \\ \boldsymbol{T}_2 = \omega_2(\cos\theta_1, \sin\theta_1, 0, 0, 0, -a)^{\mathrm{T}} \end{cases} \tag{3.68}$$

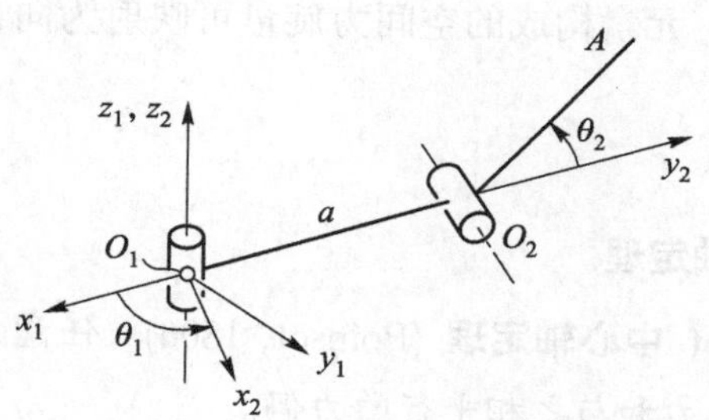

图 **3.7** 串联机械臂

刚体 A 的速度旋量可表示为

$$\boldsymbol{T} = \boldsymbol{T}_1 + \boldsymbol{T}_2 = (\omega_2\cos\theta_1, \omega_2\sin\theta_1, \omega_1, 0, 0, -a\omega_2)^{\mathrm{T}} \tag{3.69}$$

因此第二个杆件速度旋量的旋距 h 为

$$h = -\frac{a\omega_1\omega_2}{\omega_1^2+\omega_2^2} \tag{3.70}$$

其正交位置向量 $\boldsymbol{r}_0$ 的表达式也可求出, 即

$$\boldsymbol{r}_0 = \frac{a\omega_2^2}{\omega_1^2+\omega_2^2}\begin{pmatrix} -\sin\theta_1 \\ \cos\theta_1 \\ 0 \end{pmatrix} \tag{3.71}$$

3.5 力旋量与 Poinsot 中心轴定理

3.5.1 对偶李代数 $se^*(3)$ 元素的力旋量

由纯力以及与该力作用线平行的力偶组成的力, 称为作用在旋量轴线上的力旋量, 简称力旋量。

定义 3.12 **力旋量**是含有力幅值的旋量, 隶属于矩量范畴, 与李代数 $se(3)$ 构成对偶关系, 可表示为

$$\boldsymbol{W}=\begin{pmatrix}\boldsymbol{f}\\ \boldsymbol{m}\end{pmatrix}=f\begin{pmatrix}\boldsymbol{s}\\ \boldsymbol{s}_0\end{pmatrix}=f\begin{pmatrix}\boldsymbol{s}\\ \boldsymbol{r}\times\boldsymbol{s}+h\boldsymbol{s}\end{pmatrix} \tag{3.72}$$

式中, $\boldsymbol{W}\in se^*(3)$; f 表示力的大小; $\boldsymbol{s}$ 为力所在的线矢量的姿态向量, 也为轴线向量; $\boldsymbol{r}$ 为力所在的线矢量的位置向量。在力旋量定义中, 力偶 $\boldsymbol{m}$ 在轴线方向上的投影和纯力 $\boldsymbol{f}$ 的幅值的比值为旋距。与力旋量的轴线垂直相交的位置向量表达式可根据式 (3.7) 导出。

对偶李代数 $se^*(3)$ 元素构成的空间力旋量可映射为向量空间 $\mathbb{R}^6$ 上的一个向量。

3.5.2 Poinsot 中心轴定理

定理 3.3 **Poinsot 中心轴定理** (Poinsot, 1806) 任意力与力偶的力系均可简化为空间某定点处的纯力和与之相平行的力偶。

下面给出简化过程。对空间任意力系, 若用 $\boldsymbol{f}$ 表示简化结果中沿轴线 $\boldsymbol{s}$ 的合力, 则有

$$\boldsymbol{f}=f\boldsymbol{s} \tag{3.73}$$

再用 $\boldsymbol{m}$ 表示相对于点 P 简化得到的合力偶, 则

$$\boldsymbol{f}=\sum_{i=1}^{n}\boldsymbol{f}_i,\quad \boldsymbol{m}=\sum_{i=1}^{n}\boldsymbol{r}_i\times\boldsymbol{f}_i+\sum_{i=1}^{n}\boldsymbol{c}_i \tag{3.74}$$

式中, 合力偶 $\boldsymbol{m}$ 的方向是任意的; $\boldsymbol{c}$ 表示原力系中的力偶。力系简化的结果如图 3.8a 所示, 即为式 (3.72) 表示的力旋量。进一步研究, 如图 3.8b, 合力偶可分解为与合力 $\boldsymbol{f}$ 同向的分量 $\boldsymbol{m}_s$ 及与 $\boldsymbol{f}$ 正交的分量 $\boldsymbol{m}_n$。

力偶沿合力 $\boldsymbol{f}$ 方向的分量 $\boldsymbol{m}_s$ 可根据下式求出:

$$(\boldsymbol{m}\cdot\boldsymbol{s})\boldsymbol{s}=c\boldsymbol{s} \tag{3.75}$$

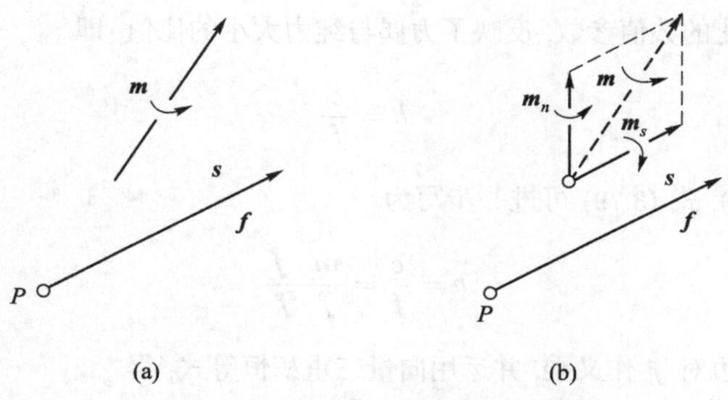

(a) (b)

图 3.8 合力与合力偶及合力偶的分解

式中, c 为合力偶在合力 $\boldsymbol{f}$ 方向上的投影, 并且 $\boldsymbol{f}$ 的作用线的方向与旋量轴线 $\boldsymbol{s}$ 的方向一致。进而, 与合力 $\boldsymbol{f}$ 正交的力偶分量 $\boldsymbol{m}_n$ 可由 $\boldsymbol{m}-c\boldsymbol{s}$ 得出, 如图 3.8b 所示。这一力偶分量 $\boldsymbol{m}_n$ 可以由纯力 $\boldsymbol{f}$ 平移距离 $\boldsymbol{r}$ 得到的附加力偶 $\boldsymbol{f}\times\boldsymbol{r}$ 相抵, 使得位置向量 $\boldsymbol{r}$ 满足 $\boldsymbol{f}$ 对 P 点取矩得到的结果恰为力偶分量 $\boldsymbol{m}_n$。由此, 力偶分量 $\boldsymbol{m}_n$ 在图 3.9a 中消失。

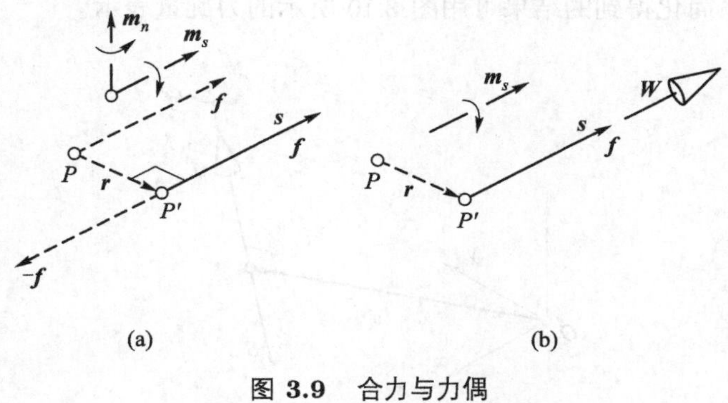

(a) (b)

图 3.9 合力与力偶

与 $\boldsymbol{f}$ 正交的力偶分量 $\boldsymbol{m}_n$ 可由 $\boldsymbol{f}$ 对 P' 点取矩表示, 得

$$\boldsymbol{m}_n=\boldsymbol{m}-\boldsymbol{m}_s=\boldsymbol{m}-c\boldsymbol{s}=-\boldsymbol{f}\times\boldsymbol{r} \tag{3.76}$$

3.5.3 力旋量参数

将式 (3.76) 两边分别对 $\boldsymbol{s}$ 作标量积可得

$$\boldsymbol{s}\cdot\boldsymbol{m}-c\boldsymbol{s}\cdot\boldsymbol{s}=\boldsymbol{s}\cdot(\boldsymbol{r}\times\boldsymbol{f}) \tag{3.77}$$

式 (3.77) 右边的三重积为零且 $\boldsymbol{s}$ 为单位向量, 由此可推导出合力偶在轴线方向上分量的大小, 为

$$c=\boldsymbol{m}\cdot\boldsymbol{s} \tag{3.78}$$

旋距作为标准化的数值参数, 反映了力偶与纯力大小的比值, 即

$$h = \frac{c}{f} \tag{3.79}$$

由式 (3.73), 式 (3.79) 可进一步写为

$$h = \frac{c}{f} = \frac{\boldsymbol{m} \cdot \boldsymbol{f}}{\boldsymbol{f} \cdot \boldsymbol{f}} \tag{3.80}$$

将式 (3.76) 两边对 $\boldsymbol{f}$ 作叉乘, 并运用向量三重积恒等式, 得

$$\boldsymbol{f} \times \boldsymbol{m} = \boldsymbol{f} \times (\boldsymbol{r} \times \boldsymbol{f}) = (\boldsymbol{f} \cdot \boldsymbol{f})\boldsymbol{r} - (\boldsymbol{f} \cdot \boldsymbol{r})\boldsymbol{f} \tag{3.81}$$

取过原点且垂直于 $\boldsymbol{f}$ 的线矢量的位置向量为 $\boldsymbol{r}_0$, 代替式 (3.81) 中的 $\boldsymbol{r}$, 并考虑到 $\boldsymbol{f} \cdot \boldsymbol{r}_0 = 0$, 可推导出正交位置向量 $\boldsymbol{r}_0$ 的表达式为

$$\boldsymbol{r}_0 = \frac{\boldsymbol{f} \times \boldsymbol{m}}{\boldsymbol{f} \cdot \boldsymbol{f}} \tag{3.82}$$

因此, 力系简化得到的结果可用图 3.10 所示的力旋量表示。

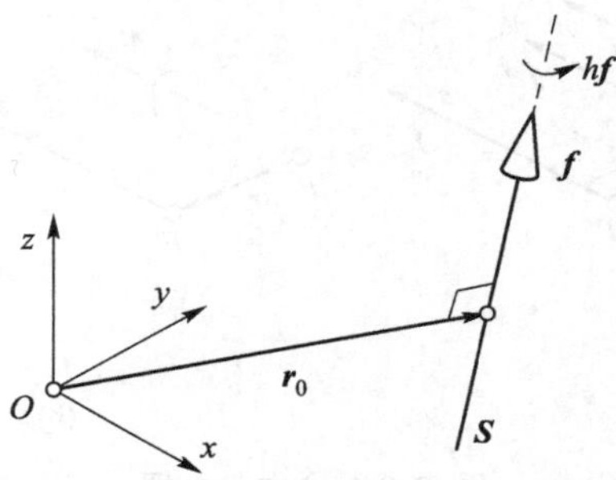

图 3.10　力旋量及其正交位置向量

由上述推导过程可知, 力旋量可通过以下方法构建:

(1) 合力 $\boldsymbol{f}$ 由常规力合成的方法得到;

(2) 任意力系相对某定点 P 的合力偶 $\boldsymbol{m}$ 也可由理论力学的一般方法获得;

(3) 力旋量的大小及力旋量轴线上一点 P' 的位置可根据以上推导得到的公式由 $\boldsymbol{f}$ 和 $\boldsymbol{m}$ 导出。

依据 3.1.3 节给出的坐标变换法则, 合力偶亦可用平行于合力方向的分量 $\boldsymbol{m}_s$ 与正交于合力方向的分量 $\boldsymbol{m}_n = -\boldsymbol{f} \times \boldsymbol{r}$ 求和表示, 即

$$\boldsymbol{m} = \boldsymbol{m}_s + \boldsymbol{m}_n = c\boldsymbol{s} + \boldsymbol{r} \times \boldsymbol{f} \tag{3.83}$$

该式与式 (3.76) 是一致的。

特别地, 纯力可用旋距为零的力旋量表示, 为

$$\boldsymbol{W}=\begin{pmatrix}\boldsymbol{f}\\ \boldsymbol{m}\end{pmatrix}=f\begin{pmatrix}\boldsymbol{s}\\ \boldsymbol{r}\times\boldsymbol{s}\end{pmatrix} \tag{3.84}$$

纯力偶可用旋距无穷大的力旋量表示, 为

$$\boldsymbol{W}=\begin{pmatrix}\boldsymbol{0}\\ \boldsymbol{m}\end{pmatrix}=f\begin{pmatrix}\boldsymbol{0}\\ c\boldsymbol{s}\end{pmatrix} \tag{3.85}$$

3.5.4 合成力旋量

下面举例说明求解合成力旋量的过程。

例 3.3 如图 3.11 所示, 大小分别为 40 N 和 20 N 的力作用在矩形板料上。

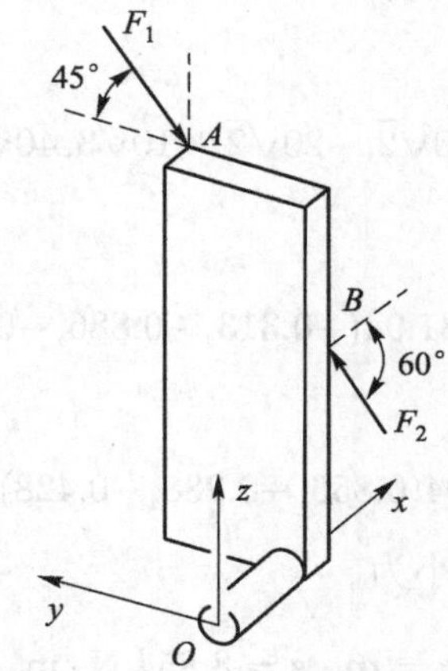

图 3.11 受到力作用的矩形板料

力 F_1 作用线的姿态向量坐标为

$$\boldsymbol{s}_A=(0,-\cos 45^\circ,-\sin 45^\circ)^{\mathrm{T}}=\left(0,-\frac{\sqrt{2}}{2},-\frac{\sqrt{2}}{2}\right)^{\mathrm{T}}$$

其位置为

$$\boldsymbol{r}_A=(1,1,3)^{\mathrm{T}}$$

由此, 副部为

$$\boldsymbol{r}_A\times\boldsymbol{s}_A=\left(\sqrt{2},\frac{\sqrt{2}}{2},-\frac{\sqrt{2}}{2}\right)^{\mathrm{T}}$$

力 F_2 作用线的姿态向量坐标为

$$\boldsymbol{s}_B=(-\cos 60^\circ,0,\sin 60^\circ)^{\mathrm{T}}=\left(-\frac{1}{2},0,\frac{\sqrt{3}}{2}\right)^{\mathrm{T}}$$

其位置为

$$\boldsymbol{r}_B = (1, 0, \sqrt{3})^{\mathrm{T}}$$

由此, 副部为

$$\boldsymbol{r}_B \times \boldsymbol{s}_B = (0, -\sqrt{3}, 0)^{\mathrm{T}}$$

因此, 上述两力 F_1 和 F_2 对应的力旋量分别为

$$\boldsymbol{W}_A = 40\left(0, -\frac{\sqrt{2}}{2}, -\frac{\sqrt{2}}{2}, \sqrt{2}, \frac{\sqrt{2}}{2}, -\frac{\sqrt{2}}{2}\right)^{\mathrm{T}}$$

与

$$\boldsymbol{W}_B = 20\left(-\frac{1}{2}, 0, \frac{\sqrt{3}}{2}, 0, -\sqrt{3}, 0\right)^{\mathrm{T}}$$

将两个力的作用等效为合力 $\boldsymbol{f}$ 加之对原点 O 取矩得到的力偶 $\boldsymbol{m}$, 可得以下结果:

$$\boldsymbol{W} = \boldsymbol{W}_A + \boldsymbol{W}_B = (-10, -20\sqrt{2}, -20\sqrt{2} + 10\sqrt{3}, 40\sqrt{2}, 20\sqrt{2} - 20\sqrt{3}, -20\sqrt{2})^{\mathrm{T}}$$

可得到合力与合力偶分别为

$$\boldsymbol{f} = f\boldsymbol{s} = 31.94(-0.313, -0.886, -0.343)^{\mathrm{T}}\ \mathrm{N}$$

与

$$\boldsymbol{m} = 66.04(0.856, -0.288, -0.428)^{\mathrm{T}}\ \mathrm{N \cdot m}$$

由式 (3.78) 知纯力偶的大小为

$$c = \boldsymbol{m} \cdot \boldsymbol{s} = 8.854\ \mathrm{N \cdot m} \tag{3.86}$$

因此, 由式 (3.80) 可得力旋量的旋距为

$$h = \frac{c}{f} = \frac{8.854}{31.94}\ \mathrm{m} = 0.277\ \mathrm{m} \tag{3.87}$$

力旋量轴线的位置可由以原点为起始点的正交位置向量 $\boldsymbol{r}_0$ 给定, 如式 (3.82), 表示为

$$\boldsymbol{r}_0 = \frac{\boldsymbol{f} \times \boldsymbol{m}}{\boldsymbol{f} \cdot \boldsymbol{f}} = (0.579, -0.885, 1.382)^{\mathrm{T}}\ \mathrm{m}$$

3.6 几何量的向量表示

3.6.1 静力学与瞬时运动学的对应性

力旋量与速度旋量在数学形式上的一致性, 决定了旋量理论中静力学与瞬时运动学具有直接的对应性。表 3.1 全面展示了两者的对应性。

表 3.1　静力学与瞬时运动学的对应性

	几何意义	瞬时运动学	静力学
主部	直线 (姿态向量)	具有一定角速度的旋转轴线 $\boldsymbol{\omega}=\omega\boldsymbol{s}$	力作用线 $\boldsymbol{f}=f\boldsymbol{s}$
副部	关于原点的线矩 (直线的位置)	平移速度 $\boldsymbol{v}=\omega\boldsymbol{s}_0$	力矩 $\boldsymbol{m}=f\boldsymbol{s}_0$
旋距的影响			
		旋转 + 平移	纯力 + 力偶
非零旋距	旋量 $\begin{pmatrix}\boldsymbol{s}\\ \boldsymbol{r}\times\boldsymbol{s}+h\boldsymbol{s}\end{pmatrix}$ 式 (3.2)	$\omega\begin{pmatrix}\boldsymbol{s}\\ \boldsymbol{r}\times\boldsymbol{s}+h\boldsymbol{s}\end{pmatrix}=\begin{pmatrix}\omega\boldsymbol{s}\\ \omega\boldsymbol{r}\times\boldsymbol{s}+v_s\boldsymbol{s}\end{pmatrix}$ 式 (3.44)	$f\begin{pmatrix}\boldsymbol{s}\\ \boldsymbol{r}\times\boldsymbol{s}+h\boldsymbol{s}\end{pmatrix}=\begin{pmatrix}f\boldsymbol{s}\\ f\boldsymbol{r}\times\boldsymbol{s}+c\boldsymbol{s}\end{pmatrix}$ 式(3.72)
零旋距	线矢量 $\begin{pmatrix}\boldsymbol{s}\\ \boldsymbol{r}\times\boldsymbol{s}\end{pmatrix}$ 式 (2.6)	纯旋转 $\omega\begin{pmatrix}\boldsymbol{s}\\ \boldsymbol{r}\times\boldsymbol{s}\end{pmatrix}$ 式 (3.50)	纯力 $f\begin{pmatrix}\boldsymbol{s}\\ \boldsymbol{r}\times\boldsymbol{s}\end{pmatrix}$ 式 (3.84)
无穷大旋距	偶量 $\begin{pmatrix}\boldsymbol{0}\\ h\boldsymbol{s}\end{pmatrix}$ 式 (3.64)	纯平移 $\begin{pmatrix}\boldsymbol{0}\\ \boldsymbol{v}\end{pmatrix}=\begin{pmatrix}\boldsymbol{0}\\ v\boldsymbol{s}\end{pmatrix}$ 式 (3.51)	纯力偶 $\begin{pmatrix}\boldsymbol{0}\\ \boldsymbol{c}\end{pmatrix}=\begin{pmatrix}\boldsymbol{0}\\ c\boldsymbol{s}\end{pmatrix}$ 式 (3.85)

表 3.1 中, 与力旋量轴线平行的力偶的幅值 c 由式 (3.78) 给出, 且式 (3.79) 给出了力偶幅值 c 与旋距 h 之间的关系。类似地, 与速度旋量轴线平行的平移速度的幅值 v_s 由式 (3.42) 给定, 且给出了平移速度 v_s 幅值与旋距 h 之间的关系, 也可参考式 (3.59) 与式 (3.60)。这种对应性是其对偶性的内在原因, 将在第九章作进一步讨论。

3.6.2　向量空间几何量的表示、特性与变换

关于自由向量、旋转线矢量、旋量、矩量、四元数及双四元数 (对偶四元数) 之间的关系, Clifford (1882) 在《双四元数概述》一文的**旋量表格**中给出了著名的阐述, 如表 3.2 所示。

表 3.2　自由向量、旋转线矢量、旋量、矩量、四元数及双四元数的几何表示、特性与变换

几何形式	向量表示	代数或物理含义	算子
有向线段	一维空间向量	正数或负数	含正负号的数
平面姿态	二维空间向量	复数	复数
空间姿态	三维空间向量	平移, 力偶	四元数
轴线	旋转线矢量	旋转速度, 纯力	速度 (位移) 旋量
旋量	矩量	速度旋量, 力系	双四元数

Clifford 将旋量视为矩量的几何形式, 其物理意义用以表示螺旋运动速度以及力系。Clifford 又将双四元数 (即现在的对偶四元数) 表示为作用于矩量的算子, 用来描述从一个矩量到另一个矩量的螺旋位移。双四元数是由四元数和对偶数构成的算子。下一章将对此作更深入的探讨。

3.7 互易性

两旋量**互易**的条件是互易积为零。下面等式为互易性的定义式, 互易性奠定了整个旋量系理论的基础。

定义 3.13 当两旋量 $\boldsymbol{S}_1$ 和 $\boldsymbol{S}_2$ 的标量积即互易积为零时, 称这两旋量具有**互易性**, 即

$$\boldsymbol{S}_1 \circ \boldsymbol{S}_2 = 0 \tag{3.88}$$

进而由式 (3.15) 得出

$$\boldsymbol{S}_1 \circ \boldsymbol{S}_2 = (h_1 + h_2)\cos\varphi - d\sin\varphi = 0 \tag{3.89}$$

当两个旋量的旋距均为零时, 式 (3.89) 变为

$$\boldsymbol{S}_1 \circ \boldsymbol{S}_2 = -d\sin\varphi = 0 \tag{3.90}$$

因此, 若两个旋量的旋距均为零, 两旋量互易的几何条件为相交或平行。若两个旋量的旋距均为有限值, 根据式 (3.89), 两旋量互易的几何条件可分为几种情况。第一种是两旋量轴线垂直相交, 或者两旋量轴线相交且旋距之和为零。第二种是两旋量轴线平行且旋距之和为零。Hunt (1978) 给出了全部分类。根据上述分析, 得到以下两旋量互易的几何关系:

(1) 如果两旋量的旋距互为相反数, 并相交或平行/反向平行, 那么旋量的几何关系可据式 (3.89) 划分为以下两种情况。

(a) $h_1 = h_2 = 0$, 此时两旋量均为线矢量, 因而, 根据 $d\sin\varphi = 0$ 又可分为两种情况: (i) $d = 0$, 两旋量相交; (ii) $\varphi = 0$ 或 π, 两旋量平行或反向平行。

(b) $h_1 = -h_2$, 根据 $d\sin\varphi = 0$ 又可分为上述 (i) 和 (ii) 两种情况。

(2) 如果两个具有有限旋距的旋量相交, 那么 $d = 0$, 式 (3.89) 可化简为 $(h_1 + h_2)\cos\varphi = 0$, 并产生以下两种情形: (i) $h_1 = -h_2$, 与上述 (b) 中 (i) 情况相同; (ii) $\varphi = \pi/2$ 或 $3\pi/2$, 两旋量轴线正交。

(3) 如果一个旋量的旋距为无穷值, 另一个旋量的旋距为有限值或零, 则二者互易的几何条件是具有无穷大旋距的旋量所在的平面与有限旋距旋量垂直。

(4) 如果两个旋量的旋距均为无穷值, 则两旋量互易。

(5) 除了上述情况, 只要两旋量的位姿关系与旋距满足如下关系:

$$d\sin\varphi=(h_1+h_2)\cos\varphi$$

则两者互易。

3.8 正则旋量

正则旋量可用图 3.12 所示的无限大四面体表示, 旋量 $\boldsymbol{S}_1$、$\boldsymbol{S}_2$ 和 $\boldsymbol{S}_3$ 沿坐标轴分布, 即

$$\boldsymbol{S}_1=(1,0,0,0,0,0)^{\mathrm{T}} \tag{3.91}$$

$$\boldsymbol{S}_2=(0,1,0,0,0,0)^{\mathrm{T}} \tag{3.92}$$

$$\boldsymbol{S}_3=(0,0,1,0,0,0)^{\mathrm{T}} \tag{3.93}$$

这三个正则旋量可合成为过原点的任意线矢量。旋量 $\boldsymbol{S}_4$、$\boldsymbol{S}_5$ 和 $\boldsymbol{S}_6$ 的旋距为无穷大, 有

$$\boldsymbol{S}_4=(0,0,0,1,0,0)^{\mathrm{T}} \tag{3.94}$$

$$\boldsymbol{S}_5=(0,0,0,0,1,0)^{\mathrm{T}} \tag{3.95}$$

$$\boldsymbol{S}_6=(0,0,0,0,0,1)^{\mathrm{T}} \tag{3.96}$$

这六个正则旋量任意数目的组合可构成空间内的所有旋量。

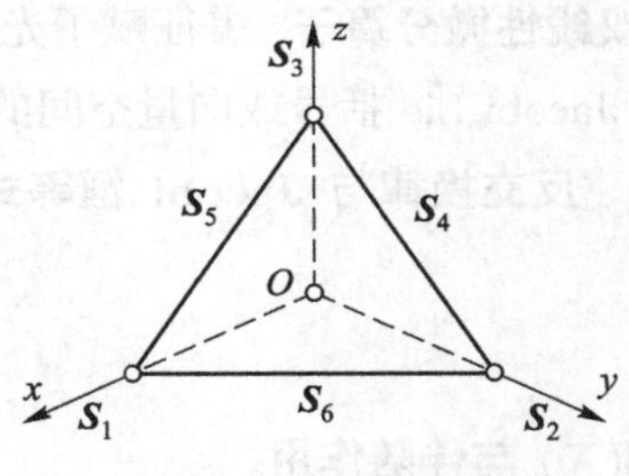

图 3.12 正则旋量

3.9 李代数及其表示

3.9.1 李代数的概念

李代数是研究**李群**、**微分流形**和微小变换等几何体的代数工具。瞬时旋量是李群 $SE(3)$ 的射影李代数的元素。在 20 世纪 40 年代德国数学家与理论物理学

家 Hermann Weyl (1944) 引进术语 “李代数” 之前, 李代数一直被称作 “无穷小群”, 即群元素非常接近恒等, 为李群流形在单位元处的切空间。

定义 3.14 李代数是域 $\mathcal{F}$ 上具有**二元运算**的有限维向量空间 $\mathbb{R}^n$, 该二元运算为 $\mathbb{R}^n \times \mathbb{R}^n \to \mathbb{R}^n$, 也称李括号, 且满足下述性质:

(1) **运算双线性**: $[a_1\boldsymbol{X}_1 + a_2\boldsymbol{X}_2, \boldsymbol{Y}] = a_1[\boldsymbol{X}_1, \boldsymbol{Y}] + a_2[\boldsymbol{X}_2, \boldsymbol{Y}]$, $[\boldsymbol{X}, a_1\boldsymbol{Y}_1 + a_2\boldsymbol{Y}_2] = a_1[\boldsymbol{X}, \boldsymbol{Y}_1] + a_2[\boldsymbol{X}, \boldsymbol{Y}_2]$, 其中标量 $a_1, a_2 \in \mathcal{F}$, 向量 $\boldsymbol{X}, \boldsymbol{Y} \in \mathbb{R}^n$。

(2) **反对称性**: 对向量空间 $\mathbb{R}^n$ 的任意元素 $\boldsymbol{X}_1$ 和 $\boldsymbol{X}_2$, 有 $[\boldsymbol{X}_1, \boldsymbol{X}_2] = -[\boldsymbol{X}_1, \boldsymbol{X}_2]$, 由此, 对域中任意元素 $\boldsymbol{X}$, 有 $[\boldsymbol{X}, \boldsymbol{X}] = \boldsymbol{0}$。

(3) **Jacobi 恒等式**成立: 对空间 $\mathbb{R}^n$ 的任意元素 $\boldsymbol{X}$、$\boldsymbol{Y}$、$\boldsymbol{Z}$, 等式 $[\boldsymbol{X}, [\boldsymbol{Y}, \boldsymbol{Z}]] + [\boldsymbol{Z}, [\boldsymbol{X}, \boldsymbol{Y}]] + [\boldsymbol{Y}, [\boldsymbol{Z}, \boldsymbol{X}]] = \boldsymbol{0}$ 成立。

注释 3.7 李代数是研究李群以及微分流形几何体的一种代数结构。李代数不仅是群论问题线性化的工具, 而且是有限群理论以及线性代数中许多重要问题的来源。

注释 3.8 任何具有恒等零的李括号运算的向量空间均为李代数。最常见的例子为三维欧氏空间, 具有向量叉积赋予的李括号运算的三维欧氏空间 $\mathbb{E}^3$ 是三维李代数。

注释 3.9 李代数研究无穷小位移与无穷小变换, 并将刚体速度表示为 $SE(3)$ 在单位元处的切空间。李代数也是向量场, 如 $SE(3)$ 的李代数 $se(3)$, 即为六维实向量空间 $\mathbb{R}^6$。

定义 3.15 李括号是**双线性微分算子**, 表征赋予光滑流形 μ 上任意两向量生成第三个向量的运算, 也称 Jacobi-Lie 括号或向量空间的**交换子**[2]。李括号为李代数乘法运算或李积, 有**双线性**、**反交换律**与 **Jacobi 恒等式**等特性。反交换律即为定义 3.14 中的反对称性。

3.9.2 李代数伴随算子 ad($\boldsymbol{X}$) 与伴随作用

定义 3.16 李代数的表示是李代数的同态映射, 为

$$\varphi : \boldsymbol{X} \to gl(\boldsymbol{V})$$

定义 3.17 **李代数伴随算子**为 $\mathrm{ad}(\boldsymbol{X})$, 是向量空间李运算的**伴随表示**。

定义 3.18 李代数的**伴随表示**为李代数向量空间元素向一般线性李代数的同

[2]也有 “换位子” 的称法, 但意义相同。本书采用 “交换子”。

态映射, 记为

$$\varphi: \boldsymbol{X} \rightarrow gl(\boldsymbol{X}),\ \varphi(\boldsymbol{X}) = \mathrm{ad}(\boldsymbol{X})$$

在本书中, 这种映射将李代数向量空间 $so(3)$ 和 $se(3)$ 元素 $\boldsymbol{s}$ 与 $\boldsymbol{S}$ 分别映射为上述的伴随表示。

定理 3.4 无论 $\boldsymbol{X}$ 为李代数的向量形式元素还是矩阵表示元素, $\mathrm{ad}(\boldsymbol{X})$ 都是作用于向量空间的一个矩阵。

当伴随表示元素 $\boldsymbol{S}$ 为李代数的向量形式元素, $\boldsymbol{U}$ 为李代数的矩阵表示元素, 有下式:

$$\mathrm{ad}(\boldsymbol{S}) = \boldsymbol{U} \tag{3.97}$$

当伴随表示元素为李代数的矩阵表示元素时, 有如下定义:

定义 3.19 李代数对李代数的伴随作用是自同态映射, 为

$$\mathrm{ad}(\boldsymbol{X}_1): g \rightarrow g$$

由此

$$\mathrm{ad}(\boldsymbol{X}_1)\boldsymbol{X}_2 = \boldsymbol{X}_1\boldsymbol{X}_2 - \boldsymbol{X}_2\boldsymbol{X}_1 = [\boldsymbol{X}_1, \boldsymbol{X}_2] \tag{3.98}$$

定理 3.5 李代数伴随作用对李代数向量形式元素的作用为左作用, 对李代数矩阵向量空间元素的作用为**李括号**, 统称李运算。

李运算与李括号将在下一节详细阐述。

3.9.3 李代数的向量形式

李代数元素有向量形式和矩阵表示两种代数描述方式。对于向量形式的李代数 $se(3)$, 又有三种表示形式。第一, 经常习惯表示为 n 维向量, 如特殊正交群的李代数 $so(3)$ 可表示为如式 (3.2) 中的姿态向量 $\boldsymbol{s}$ 所示的三维向量形式, 特殊欧式群的李代数 $se(3)$ 可表示为式 (3.44) 所示的速度旋量的六维向量形式 $\boldsymbol{S}$。第二, 可表示为式 (3.29) 所示的对偶向量形式。第三, 可表示为如式 (4.67) 所示的纯四元数, 即向量四元数, 如特殊正交群的李代数 $so(3)$, 可用纯四元数表示。

3.9.4 李代数的表示

定理 3.6 **Ado 定理** (Ado, 1947) 每个有限维李代数都可以由满足李括号的 $n \times n$ 可逆矩阵表示。

若采用矩阵表示, 则李代数元素构成矩阵向量空间, $so(n)$ 的空间元素是迹为零的反对称矩阵, $se(n)$ 和 $sl(n)$ 的空间元素是迹为零的矩阵。

1. $so(3)$ 的 3×3 伴随表示

对于李代数 $so(3)$, 其矩阵伴随表示为下列**反对称矩阵**形式:

$$\mathrm{ad}(\boldsymbol{s})=\boldsymbol{A}_s=[\boldsymbol{s}\times]=\begin{bmatrix}0 & -s_z & s_y\\ s_z & 0 & -s_x\\ -s_y & s_x & 0\end{bmatrix} \tag{3.99}$$

李代数 $so(3)$ 由 3×3 反对称矩阵组成, 其三维矩阵向量空间的基为

$$\mathrm{ad}(\boldsymbol{s}_x)=[\boldsymbol{s}_x\times]=\begin{bmatrix}0&0&0\\0&0&-1\\0&1&0\end{bmatrix},\quad \mathrm{ad}(\boldsymbol{s}_y)=[\boldsymbol{s}_y\times]=\begin{bmatrix}0&0&1\\0&0&0\\-1&0&0\end{bmatrix},$$

$$\mathrm{ad}(\boldsymbol{s}_z)=[\boldsymbol{s}_z\times]=\begin{bmatrix}0&-1&0\\1&0&0\\0&0&0\end{bmatrix} \tag{3.100}$$

李代数 $so(3)$ 的任意元素均可以由这组基的线性组合表示。

2. $se(3)$ 的标准 4×4 表示

李代数 $se(3)$ 有两种矩阵表示形式, 其中, 标准 4×4 矩阵表示为

$$\boldsymbol{E}=\begin{bmatrix}[\boldsymbol{s}\times] & \boldsymbol{s}_0\\ \boldsymbol{0}^{\mathrm{T}} & 0\end{bmatrix} \tag{3.101}$$

式中, $[\boldsymbol{s}\times]=\boldsymbol{A}_s\in so(3)$, $\boldsymbol{s}_0\in\mathbb{R}^3$。因此, 李代数元素构成的空间可以表示为 $se(3)\subset\mathbb{R}^{4\times4}$。该六维向量空间的生成元为

$$\boldsymbol{E}_x=\begin{bmatrix}0&0&0&0\\0&0&-1&0\\0&1&0&0\\0&0&0&0\end{bmatrix},\quad \boldsymbol{E}_y=\begin{bmatrix}0&0&1&0\\0&0&0&0\\-1&0&0&0\\0&0&0&0\end{bmatrix},\quad \boldsymbol{E}_z=\begin{bmatrix}0&-1&0&0\\1&0&0&0\\0&0&0&0\\0&0&0&0\end{bmatrix},$$

$$\boldsymbol{E}_{x0}=\begin{bmatrix}0&0&0&1\\0&0&0&0\\0&0&0&0\\0&0&0&0\end{bmatrix},\quad \boldsymbol{E}_{y0}=\begin{bmatrix}0&0&0&0\\0&0&0&1\\0&0&0&0\\0&0&0&0\end{bmatrix},\quad \boldsymbol{E}_{z0}=\begin{bmatrix}0&0&0&0\\0&0&0&0\\0&0&0&1\\0&0&0&0\end{bmatrix} \tag{3.102}$$

李代数 $se(3)$ 的任意元素可以由上述生成元的线性组合表示。同时可见, 李代数 $so(3)\cong\mathbb{R}^3$ 是 $se(3)\cong\mathbb{R}^6$ 的子空间。

3. $se(3)$ 的 6×6 伴随表示

借助于李代数六维向量形式的伴随算子, 李代数的元素又可写为 6×6 矩阵形

式, 即

$$U = \mathrm{ad}(\boldsymbol{S}) = \begin{bmatrix} [\boldsymbol{s}\times] & \boldsymbol{0} \\ [\boldsymbol{s}_0\times] & [\boldsymbol{s}\times] \end{bmatrix} \tag{3.103}$$

式中, 算子 $\mathrm{ad}(\boldsymbol{S}) \subset \mathbb{R}^{6\times 6}$ 是与李代数维数相同且与 $se(3)$ 标准 4×4 矩阵表示同构的矩阵。这六个基的伴随表示可写为

$$\begin{gathered} \mathrm{ad}(\boldsymbol{S}_x) = \begin{bmatrix} [\boldsymbol{s}_x\times] & \boldsymbol{0} \\ \boldsymbol{0} & [\boldsymbol{s}_x\times] \end{bmatrix}, \quad \mathrm{ad}(\boldsymbol{S}_y) = \begin{bmatrix} [\boldsymbol{s}_y\times] & \boldsymbol{0} \\ \boldsymbol{0} & [\boldsymbol{s}_y\times] \end{bmatrix} \\ \mathrm{ad}(\boldsymbol{S}_z) = \begin{bmatrix} [\boldsymbol{s}_z\times] & \boldsymbol{0} \\ \boldsymbol{0} & [\boldsymbol{s}_z\times] \end{bmatrix}, \quad \mathrm{ad}(\boldsymbol{S}_{x0}) = \begin{bmatrix} \boldsymbol{0} & \boldsymbol{0} \\ [\boldsymbol{s}_x\times] & \boldsymbol{0} \end{bmatrix} \\ \mathrm{ad}(\boldsymbol{S}_{y0}) = \begin{bmatrix} \boldsymbol{0} & \boldsymbol{0} \\ [\boldsymbol{s}_y\times] & \boldsymbol{0} \end{bmatrix}, \quad \mathrm{ad}(\boldsymbol{S}_{z0}) = \begin{bmatrix} \boldsymbol{0} & \boldsymbol{0} \\ [\boldsymbol{s}_z\times] & \boldsymbol{0} \end{bmatrix} \end{gathered} \tag{3.104}$$

由此, 李代数 $se(3)$ 的任意元素均可由上述六个基组合而成。

3.10 李运算与李括号及其等价原理

若李代数以 3.9.3 节的向量形式表示, 李运算同于 3.2 节与 3.3 节的旋量运算。

定义 3.20　李运算为向量空间的二元运算, 可以归纳为两类运算, 即叉积与双线性型运算, 叉积由李括号表示, 而双线性型运算含 Klein 型与 Killing 型运算以及正常内积。

注释 3.10　对于以矩阵形式表示的李代数, 叉积由李括号表示, 而 Klein 型与 Killing 型运算可见 3.2.1 节与 3.2.4 节。

定义 3.21　李括号运算可表示为

$$[\boldsymbol{X}_1, \boldsymbol{X}_2] = \boldsymbol{X}_1\boldsymbol{X}_2 - \boldsymbol{X}_2\boldsymbol{X}_1 \tag{3.105}$$

对于 $se(3)$, 李括号既可以由 4×4 标准矩阵 $\boldsymbol{E}$ 表示, 又可以采用 6×6 伴随表示 $\boldsymbol{U}$。

注释 3.11　由 $\mathrm{tr}[\boldsymbol{X}_1, \boldsymbol{X}_2] = \mathrm{tr}(\boldsymbol{X}_1\boldsymbol{X}_2) - \mathrm{tr}(\boldsymbol{X}_2\boldsymbol{X}_1) = 0$ 可知, 李括号是特殊线性群的李代数元素, 即 $[\boldsymbol{X}_1, \boldsymbol{X}_2] \in sl(n)$

3.10.1　标准 4 × 4 矩阵表示的李括号

3.9.4 节内容给出了李代数的标准 4×4 矩阵表示形式。在式 (3.101) 中, 采用 4×4 矩阵表示, $\boldsymbol{E}_1$ 和 $\boldsymbol{E}_2$ 可写为式 (3.101) 的形式

$$\boldsymbol{E}_1 = \begin{bmatrix} [\boldsymbol{s}_1\times] & \boldsymbol{s}_{10} \\ \boldsymbol{0}^{\mathrm{T}} & 0 \end{bmatrix} \text{ 和 } \boldsymbol{E}_2 = \begin{bmatrix} [\boldsymbol{s}_2\times] & \boldsymbol{s}_{20} \\ \boldsymbol{0}^{\mathrm{T}} & 0 \end{bmatrix} \tag{3.106}$$

由此可推导出标准 4×4 矩阵形式的李括号为

$$\begin{aligned}[\boldsymbol{E}_1,\boldsymbol{E}_2]&=\boldsymbol{E}_1\boldsymbol{E}_2-\boldsymbol{E}_2\boldsymbol{E}_1\\&=\begin{bmatrix}[\boldsymbol{s}_1\times] & \boldsymbol{s}_{10}\\ \boldsymbol{0}^{\mathrm{T}} & 0\end{bmatrix}\begin{bmatrix}[\boldsymbol{s}_2\times] & \boldsymbol{s}_{20}\\ \boldsymbol{0}^{\mathrm{T}} & 0\end{bmatrix}-\begin{bmatrix}[\boldsymbol{s}_2\times] & \boldsymbol{s}_{20}\\ \boldsymbol{0}^{\mathrm{T}} & 0\end{bmatrix}\begin{bmatrix}[\boldsymbol{s}_1\times] & \boldsymbol{s}_{10}\\ \boldsymbol{0}^{\mathrm{T}} & 0\end{bmatrix}\\&=\begin{bmatrix}[\boldsymbol{s}_1\times][\boldsymbol{s}_2\times] & [\boldsymbol{s}_1\times]\boldsymbol{s}_{20}\\ \boldsymbol{0}^{\mathrm{T}} & 0\end{bmatrix}-\begin{bmatrix}[\boldsymbol{s}_2\times][\boldsymbol{s}_1\times] & [\boldsymbol{s}_2\times]\boldsymbol{s}_{10}\\ \boldsymbol{0}^{\mathrm{T}} & 0\end{bmatrix}\\&=\begin{bmatrix}[\boldsymbol{s}_1\times][\boldsymbol{s}_2\times]-[\boldsymbol{s}_2\times][\boldsymbol{s}_1\times] & [\boldsymbol{s}_1\times]\boldsymbol{s}_{20}+[\boldsymbol{s}_{10}\times]\boldsymbol{s}_2\\ \boldsymbol{0}^{\mathrm{T}} & 0\end{bmatrix}\end{aligned}\tag{3.107}$$

3.10.2 交换子与 Jacobi 恒等式

根据附录 A, 有

$$\boldsymbol{A}_{s1}\boldsymbol{A}_{s2}-\boldsymbol{A}_{s2}\boldsymbol{A}_{s1}=[\boldsymbol{s}_1\times][\boldsymbol{s}_2\times]-[\boldsymbol{s}_2\times][\boldsymbol{s}_1\times]=[[\boldsymbol{s}_1\times\boldsymbol{s}_2]\times]\tag{3.108}$$

因此, 式 (3.107) 所示的李括号可表示为

$$\begin{aligned}[\boldsymbol{E}_1,\boldsymbol{E}_2]&=\boldsymbol{E}_1\boldsymbol{E}_2-\boldsymbol{E}_2\boldsymbol{E}_1\\&=\begin{bmatrix}[[\boldsymbol{s}_1\times\boldsymbol{s}_2]\times] & [\boldsymbol{s}_1\times]\boldsymbol{s}_{20}+[\boldsymbol{s}_{10}\times]\boldsymbol{s}_2\\ \boldsymbol{0}^{\mathrm{T}} & 0\end{bmatrix}\end{aligned}\tag{3.109}$$

上式是式 (3.16) 与式 (3.34) 的 4×4 标准矩阵表示。可以得出, 李括号表示两个对象间的运算, 即李代数元素的叉积或 3.2.2 节与 3.3.2 节给出的旋量叉积。

注释 3.12 李括号又称矩阵交换子, 是线性算子, 可以生成另一个李代数元素。

注释 3.13 李括号运算具有下列的反对称特性, 即反交换律:

$$[\boldsymbol{X}_1,\boldsymbol{X}_2]=-[\boldsymbol{X}_2,\boldsymbol{X}_1]\tag{3.110}$$

此外, 李括号运算不具有结合律, 但满足 Jacobi 恒等式, 为

$$[\boldsymbol{X}_1,[\boldsymbol{X}_2,\boldsymbol{X}_3]]+[\boldsymbol{X}_2,[\boldsymbol{X}_3,\boldsymbol{X}_1]]+[\boldsymbol{X}_3,[\boldsymbol{X}_1,\boldsymbol{X}_2]]=\boldsymbol{0}\tag{3.111}$$

同时李括号是双线性算子, 有以下表示方式:

$$\begin{aligned}&[(\alpha\boldsymbol{X}_1+\beta\boldsymbol{X}_2),(\gamma\boldsymbol{X}_{1'}+\delta\boldsymbol{X}_{2'})]\\&=\alpha\gamma[\boldsymbol{X}_1,\boldsymbol{X}_{1'}]+\alpha\delta[\boldsymbol{X}_1,\boldsymbol{X}_{2'}]+\beta\gamma[\boldsymbol{X}_2,\boldsymbol{X}_{1'}]+\beta\delta[\boldsymbol{X}_2,\boldsymbol{X}_{2'}]\end{aligned}\tag{3.112}$$

上述公式中的 $\boldsymbol{X}$ 为李代数矩阵空间元素。

值得注意的是, 两李代数元素的矩阵相乘, 一般情况下不能得到另一个李代数元素。任意满足式 (3.110) 的交换子及式 (3.111) 所示的 Jacobi 恒等式的代数均为李代数。

注释 3.14 当 $\mathbb{R}^3$ 空间中的叉积以及 $\mathbb{R}^3$ 中的元素满足 Jacobi 恒等式时, 向量代数即演变为李代数。

3.10.3 6×6 伴随表示的李括号及其等价定理

定理 3.7 6×6 伴随表示的李括号等价于李代数对六维向量形式元素的伴随作用。

证明 采用 6×6 伴随表示, 李括号可表示为

$$\begin{aligned}\mathrm{ad}(\mathrm{ad}(\boldsymbol{S}_1))\mathrm{ad}(\boldsymbol{S}_2)=\mathrm{ad}(\boldsymbol{U}_1)(\boldsymbol{U}_2)=[\boldsymbol{U}_1,\boldsymbol{U}_2]&=\begin{bmatrix}[\boldsymbol{s}_1\times] & \mathbf{0}\\ [\boldsymbol{s}_{10}\times] & [\boldsymbol{s}_1\times]\end{bmatrix}\begin{bmatrix}[\boldsymbol{s}_2\times] & \mathbf{0}\\ [\boldsymbol{s}_{20}\times] & [\boldsymbol{s}_2\times]\end{bmatrix}\\&\quad-\begin{bmatrix}[\boldsymbol{s}_2\times] & \mathbf{0}\\ [\boldsymbol{s}_{20}\times] & [\boldsymbol{s}_2\times]\end{bmatrix}\begin{bmatrix}[\boldsymbol{s}_1\times] & \mathbf{0}\\ [\boldsymbol{s}_{10}\times] & [\boldsymbol{s}_1\times]\end{bmatrix}\end{aligned} \tag{3.113}$$

上式可进一步变换为

$$\begin{bmatrix}[\boldsymbol{s}_1\times][\boldsymbol{s}_2\times]-[\boldsymbol{s}_2\times][\boldsymbol{s}_1\times] & \mathbf{0}\\ [\boldsymbol{s}_{10}\times][\boldsymbol{s}_2\times]-[\boldsymbol{s}_2\times][\boldsymbol{s}_{10}\times]+[\boldsymbol{s}_1\times][\boldsymbol{s}_{20}\times]-[\boldsymbol{s}_{20}\times][\boldsymbol{s}_1\times] & [\boldsymbol{s}_1\times][\boldsymbol{s}_2\times]-[\boldsymbol{s}_2\times][\boldsymbol{s}_1\times]\end{bmatrix} \tag{3.114}$$

由附录 A, 上式可化简为

$$\begin{bmatrix}[[\boldsymbol{s}_1\times\boldsymbol{s}_2]\times] & \mathbf{0}\\ [[\boldsymbol{s}_1\times\boldsymbol{s}_{20}]\times]+[[\boldsymbol{s}_{10}\times\boldsymbol{s}_2]\times] & [[\boldsymbol{s}_1\times\boldsymbol{s}_2]\times]\end{bmatrix} \tag{3.115}$$

此结果与式 (3.109) 所示的李括号标准 4×4 矩阵表示结果等价。

进而, 采用李代数伴随表示 $\mathrm{ad}(\boldsymbol{S}_1)$ 对李代数向量形式 $\boldsymbol{S}_2$ 作伴随作用, 得

$$\begin{aligned}\mathrm{ad}(\boldsymbol{S}_1)\boldsymbol{S}_2&=\begin{bmatrix}[\boldsymbol{s}_1\times] & \mathbf{0}\\ [\boldsymbol{s}_{10}\times] & [\boldsymbol{s}_1\times]\end{bmatrix}\begin{pmatrix}\boldsymbol{s}_2\\ \boldsymbol{s}_{20}\end{pmatrix}=\begin{pmatrix}[\boldsymbol{s}_1\times]\boldsymbol{s}_2\\ [\boldsymbol{s}_{10}\times]\boldsymbol{s}_2+[\boldsymbol{s}_1\times]\boldsymbol{s}_{20}\end{pmatrix}\\&=\begin{pmatrix}\boldsymbol{s}_1\times\boldsymbol{s}_2\\ \boldsymbol{s}_1\times\boldsymbol{s}_{20}+\boldsymbol{s}_{10}\times\boldsymbol{s}_2\end{pmatrix}\end{aligned} \tag{3.116}$$

由此可见, 李括号等价于李代数对其向量形式元素的伴随作用。证毕。

推论 3.4 标准 4×4 矩阵表示的李括号与 6×6 伴随表示的李括号等价。

推论 3.5 李代数对 3×3 矩阵向量空间元素的李括号等价于李代数对三维向量形式元素的伴随作用。

证明可见附录的定理 A1。

推论 3.6 对于特殊欧氏群的李代数 $se(3)$ 的 4×4 矩阵表示的李括号、6×6 伴随表示的李括号以及李代数对向量形式元素的伴随表示的左作用, 三者等价。

证明可以由式 (3.109)、式 (3.115) 及式 (3.116) 完成。

参考文献

Ado, D. (1947) The representation of Lie algebras by matrices, *Uspekhi Mat. Nauk*, **6** (22): 159-173.

Baker, A. (2002) *Matrix Groups: An Introduction to Lie Group Theory*, Springer, London.

Ball, R. S. (1871) The theory of screws, a geometrical study of the kinematics, equilibrium, and small oscillations of a rigid body, *Transactions of the Royal Irish Academy*, **25**: 157-218.

Brand, L. (1947) *Vector and Tensor Analysis*, Wiley, New York.

Chirikjian, G. S. (2011) *Stochastic Models, Information Theory, and Lie Groups, Volume 2: Analytic Methods and Modern Applications*, Birkhuser, Boston.

Clifford, W. K. (1873) Preliminary sketch of bi-quaternions, *Proc. London Math Society*, **4** (64/65): 381-395.

Clifford, W. K. (1882) *Mathematical Papers*, Macmillan & Co., London.

Dai, J. S. (1993) Chapter 3: New look at properties of screws and screw systems, *Screw Image Space and Its Application to Robotic Grasping*, PhD Dissertation(uk.bl.ethos.386419), University of Salford, Manchester.

Dai, J. S. (2006) A historical review of the theoretical development of rigid body displacements from Rodrigues parameters to the finite twist, *Mech. Mach. Theory*, **41** (1): 41-52.

Dai, J. S. (2012) Finite displacement screw operators with embedded Chasles' motion, *ASME J. Mech. Robot.*, **4** (4): 041002.

Dai, J. S. (2019) *Screw Algebra and Kinematic Approaches for Mechanisms and Robotics*, Springer, London.

Dimentberg, F. M. (1965) *The Screw Calculus and Its Application to Mechanics* (in Russian),Izdat, Nauka, Moscow, 1965, English Translation, Foreign Technology Division, U. S.Department of Commerce, (N. T. I. S), No. AD 680993, WP-APB, Ohio, 1969.

Duffy, J. (1980) *Analysis of Mechanisms and Robotic Manipulators*, John Wiley, New York.

Gibbs J. W. (1901) *Vector Analysis: A text-book for the Use of Students of Mathematics and Physics, Founded upon the Lectures of J. Willard Gibbs*, Yale University Press.

Gilmore, R. (2006) *Lie Groups, Lie Algebras and Some of Their Applications*, Dover, New York.

Hunt, K. H. (1978) *Kinematic Geometry of Mechanisms*, Oxford University Press, London.

Karger, A. and Novak, J. (1985) *Space Kinematics and Lie Groups* (translated by M. Basch), Gordon and Breach, New York.

Li, H (2000) The Lie model for Euclidean geometry, in *Algebraic Frames for the Perception-Action Cycle*, Springer, Berlin, 115-133.

Mozzi, G. (1763) Discorso matematico sopra il rotamento momentaneo dei corpi, *Stamperia di Donato Campo*, Napoli.

Murray, R. M., Li, Z. and Sastry, S. S. (1994) *A Mathematical Introduction to Robotic Manipulation*, CRC Press, New York.

Pennock, G. R. and Yang, A. T. (1985) Application of dual-number matrices to the inverse kinematics problem of robot manipulators, *ASME J. Mech. Trans. Auto in Des.*, **107** (2): 201-208.

Poinsot, L. (1806) Sur la composition des moments et la composition des aires, *Paris Journal de l'Ecole Polytechnique*, **6** (13): 182-205.

Rico, J. M., Ravani B. and Gallardo J. (2003) Lie algebra and the mobility of kinematic chains, *Journal of Robotic Systems*, **20** (8): 477-499.

Roth, B. (1967) On the screw axes and other special lines associated with spatial displacements of a rigid body, *ASME J. Eng. for Ind.*, **89** (1): 102-110.

Selig, J. M. (2005) *Geometric Fundamentals of Robotics*, Spriger, New York.

Smith, G. (1998) *Introductory Mathematics: Algebra and Analysis*, Springer, London.

Study, E. (1903) Die geometrie der dynamen, *Zeitschrift für mathematischen und naturwissenschaftlichen Unterricht*, Leipzig, **35**: 470-483.

Sugimoto, K. and Duffy, J. (1982) Application of linear algebra to screw systems, *Mech. Mach. Theory*, **17** (1): 73-83.

van der Waerden, B. L. (1959) *Algebra: ZweiterTeil*, Springer-Verlag, Berlin and New York.

von Mises, R. (1924) Motorrechnung: Ein neues hilfsmittel in der mechanik, Zeitschrift fvr angewandte mathematik und mechanik, 4(2): 155-181. Trans: Baker, E. J. and Wolhart, K., *Motor Calculus: A New Theoretical Device for Mechanics*, (Graz, Austria: Institute for Mechanics, University of Technology, 1996).

Weyl, H. (1934) Harmonics of homogeneous manifolds, *Math. Ann.*, **35** (3): 486-499.

Weyl, H. (1944) David Hilbert. 1862—1943, *Obituary Notices of Fellows of the Royal Society*, **4** (13): 547-553.

Yang, A. T. (1974) *Calculus of Screws, in Basic Questions of Design Theory*, North-Holland/ American Elsevier, New York.

Yuan, M. S. C. and Freudenstein, F. (1971) Kinematic analysis of spatial mechanisms by means of screw coordinates, part 1: Screw coordinates, *ASME J. Eng. for Ind.*, **93**: 61-66.

Yuan, M. S. C., Freudenstein, F. and Woo, L. S. (1971) Kinematic analysis of spatial mechanisms by means of screw coordinates, part 2: Analysis of spatial mechanisms, *ASME J. Eng. for Ind.*, **93**: 67-73.

达菲 J. (1989) 机构与机械手分析, 廖启征, 刘新升, 梁崇高, 译, 北京邮电大学出版社, 北京.

范德瓦尔登(1978) 代数学: 第 2 卷, 曹锡华, 曾肯成, 译, 科学出版社, 北京.

万哲先(2013) 李代数, 2版, 高等教育出版社, 北京.

第四章　位移算子与指数映射

正如 Ball 所述, 关于刚体运动的 Chasles 定理是旋量理论的两大基本定理之一。在 Ball 推导瞬时旋量及其速度旋量时, 他的带有旋距参量的位移旋量 (Ball, 1876) 的物理意义为刚体绕轴线作旋转运动得到弧度制角位移的同时, 又沿旋量轴线方向作直线平移。几乎在同一时期, Clifford (1873, 1876) 发现了可作为描述刚体一般螺旋运动的李群算子的对偶四元数。位移旋量是旋量代数的一个核心内容。

一般螺旋位移最初由 Dimentberg (1950) 进行了研究, 随后由 Yang (1964)、Roth (1967)、Tsai 与 Roth(1973) 进行了研究, 由 Bottema 和 Roth(1979) 做了详细的论证。有限位移旋量由 Dimentberg 提出, 而后 Yang 和 Freudenstein (1964)、Hunt (1978) 也提出了这一概念。在 20 世纪 90 年代,Parkin (1990)、Hunt 和 Parkin(1995), Dai、Holland 与 Kerr (1995), Huang (1995, 1997) 对其表示法做了全面的研究。有限位移旋量理论的提出是旋量理论由瞬时到非瞬时的飞跃, 进而与对偶四元数、李群相联系。

本章首先阐述位移算子与坐标变换的区别, 进而引入有限位移旋量算子。由此引出多个经典算子, 包括 Rodrigues 向量、Cayley 方程、四元数与对偶四元数, 揭示了这些经典算子的几何意义与物理意义及其同李群和李代数之间的内在关联关系。

4.1　坐标变换

4.1.1　旋转变换

将向量从某一坐标系变换至另一坐标系, 称为刚体**坐标变换**。刚体坐标变换包括旋转、平移和镜像。本书主要研究常规的刚体变换, 对镜像变换不作研究。常规的刚体变换可由点 P 分别在局部坐标系与全局坐标系下的两组坐标给定, 如图 4.1

所示。

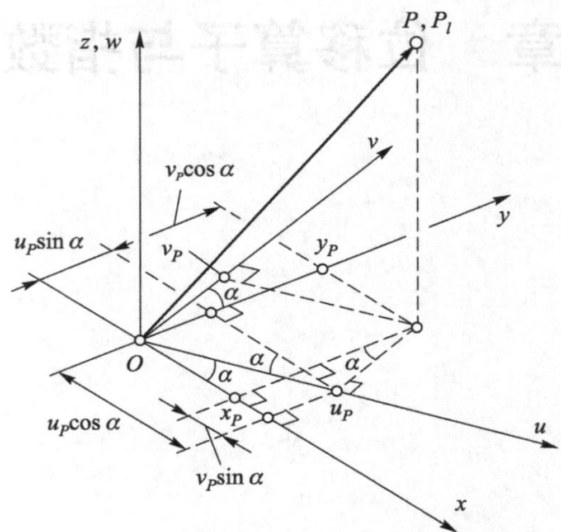

图 **4.1** 纯旋转运动引起的坐标变换

点 P_l 在**局部坐标系** $\{uvw\}$ 中的坐标为 $\boldsymbol{p}_l = (u,v,w)^{\mathrm{T}}$，可变换至**全局坐标系** $\{xyz\}$ 中的 P 点，得到坐标 $\boldsymbol{p}=(x,y,z)^{\mathrm{T}}$。变换过程可描述为

$$\boldsymbol{p}=\begin{pmatrix}x_p\\y_p\\z_p\end{pmatrix}=\boldsymbol{R}\boldsymbol{p}_l=\begin{bmatrix}\cos\alpha & -\sin\alpha & 0\\ \sin\alpha & \cos\alpha & 0\\ 0 & 0 & 1\end{bmatrix}\begin{pmatrix}u_p\\v_p\\w_p\end{pmatrix} \tag{4.1}$$

式 (4.1) 给出了关于 z 轴的旋转矩阵 $\boldsymbol{R}$，该矩阵描述了局部坐标系相对全局坐标系的变换。该矩阵的逆则表示从全局坐标系到局部坐标系的变换，为

$$\boldsymbol{R}^{-1}=\boldsymbol{R}^{\mathrm{T}}=\begin{bmatrix}\cos\alpha & \sin\alpha & 0\\ -\sin\alpha & \cos\alpha & 0\\ 0 & 0 & 1\end{bmatrix} \tag{4.2}$$

式中，$\boldsymbol{R}$ 为正交矩阵，满足

$$\boldsymbol{R}\boldsymbol{R}^{\mathrm{T}}=\boldsymbol{I} \tag{4.3}$$

对 t 求微分得

$$\dot{\boldsymbol{R}}\boldsymbol{R}^{\mathrm{T}}+\boldsymbol{R}\dot{\boldsymbol{R}}^{\mathrm{T}}=\boldsymbol{0} \tag{4.4}$$

亦可写为

$$\dot{\boldsymbol{R}}\boldsymbol{R}^{\mathrm{T}}=-\boldsymbol{R}\dot{\boldsymbol{R}}^{\mathrm{T}}=(\boldsymbol{R}\dot{\boldsymbol{R}}^{\mathrm{T}})^{\mathrm{T}}$$

可见，$\boldsymbol{R}\dot{\boldsymbol{R}}^{\mathrm{T}}$ 与 $\dot{\boldsymbol{R}}\boldsymbol{R}^{\mathrm{T}}$ 是反对称矩阵，得

$$[\boldsymbol{\omega}\times]+[\boldsymbol{\omega}\times]^{\mathrm{T}}=\boldsymbol{0} \tag{4.5}$$

式中，$\boldsymbol{\omega}=\dot{\theta}\boldsymbol{s}$，$\boldsymbol{s}$ 为旋转轴，表述为旋量轴，见第三章；θ 为绕旋转轴的角度。

定义 4.1 满足式子 $\boldsymbol{A} = -\boldsymbol{A}^{\mathrm{T}}$ 的方阵为**反对称矩阵**, 也称斜对称矩阵。

反对称矩阵有许多特性。本书以及附录给出了许多新的特性。

由式 (4.5), 可得

$$[\boldsymbol{s}\times] + [\boldsymbol{s}\times]^{\mathrm{T}} = \boldsymbol{0}$$

式中, $\boldsymbol{s}$ 为式 (3.2) 中给出的旋转运动轴线。上式采用了其反对称矩阵表达形式, 即

$$\boldsymbol{A}_s = [\boldsymbol{s}\times] = \begin{bmatrix} 0 & -n & m \\ n & 0 & -l \\ -m & l & 0 \end{bmatrix} \tag{4.6}$$

如式 (3.99), $\boldsymbol{A}_s$ 是反对称矩阵表示的李代数 $so(3)$ 元素, $\boldsymbol{A}_s \in so(3)$。

4.1.2 齐次变换

式 (4.1) 表示的旋转矩阵可扩展为齐次坐标形式, 即

$$\boldsymbol{H} = \begin{bmatrix} \cos\alpha & -\sin\alpha & 0 & 0 \\ \sin\alpha & \cos\alpha & 0 & 0 \\ 0 & 0 & 1 & 0 \\ 0 & 0 & 0 & 1 \end{bmatrix}$$

如 2.3 节, 空间点可以描述为四维向量, 如 $(x, y, z, d)^{\mathrm{T}}$, 其中 d 是比例因子, 可以简化为单位 1 以表示射影空间的单位比例因子。

注释 4.1 齐次空间是允许李群作光滑传递作用的流形。

因而, 式 (4.1) 的旋转变换可以与平移变换结合为如下描述一般变换的**齐次变换矩阵**, 也称**仿射变换矩阵**

$$\boldsymbol{H} = \begin{bmatrix} \cos\alpha & -\sin\alpha & 0 & d_x \\ \sin\alpha & \cos\alpha & 0 & d_y \\ 0 & 0 & 1 & d_z \\ 0 & 0 & 0 & 1 \end{bmatrix}$$

其**分块矩阵**形式为

$$\boldsymbol{H} = \begin{bmatrix} \boldsymbol{R} & \boldsymbol{d} \\ \boldsymbol{0}^{\mathrm{T}} & 1 \end{bmatrix} \tag{4.7}$$

式中, 两个坐标系原点间的距离可由 $\boldsymbol{d} = (d_x, d_y, d_z)^{\mathrm{T}}$ 得到, 零向量 $\boldsymbol{0}$ 为三维列向量。齐次变换矩阵的逆矩阵为

$$\boldsymbol{H}^{-1} = \begin{bmatrix} \boldsymbol{R}^{\mathrm{T}} & -\boldsymbol{R}^{\mathrm{T}}\boldsymbol{d} \\ \boldsymbol{0}^{\mathrm{T}} & 1 \end{bmatrix} \tag{4.8}$$

在图形学中，用大于 1 的常量替换矩阵元素 1 使图形缩小，用小于 1 的常量代替矩阵元素 1 则使图形放大。更进一步，仿射变换矩阵最后一行的零向量也有特定含义，当以其他不同的行向量作代换时，可表示**透视变换**。由于刚体运动不涉及以上两种情形，本书对此不作过多讨论。

图 4.2 给出了两坐标系的相对位置与姿态。

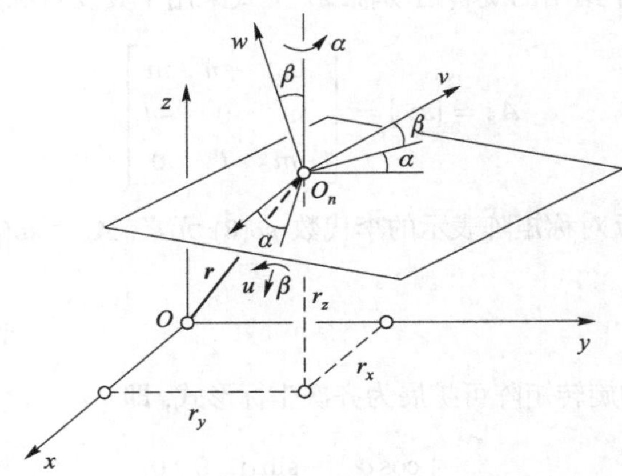

图 **4.2** 坐标变换

由此，仿射变换矩阵一般形式可写为

$$
\boldsymbol{H}=\begin{bmatrix} \boldsymbol{i}\cdot\boldsymbol{i}_n & \boldsymbol{i}\cdot\boldsymbol{j}_n & \boldsymbol{i}\cdot\boldsymbol{k}_n & \boldsymbol{r}\cdot\boldsymbol{i} \\ \boldsymbol{j}\cdot\boldsymbol{i}_n & \boldsymbol{j}\cdot\boldsymbol{j}_n & \boldsymbol{j}\cdot\boldsymbol{k}_n & \boldsymbol{r}\cdot\boldsymbol{j} \\ \boldsymbol{k}\cdot\boldsymbol{i}_n & \boldsymbol{k}\cdot\boldsymbol{j}_n & \boldsymbol{k}\cdot\boldsymbol{k}_n & \boldsymbol{r}\cdot\boldsymbol{k} \\ 0 & 0 & 0 & 1 \end{bmatrix}=\begin{bmatrix} \cos(x,u) & \cos(x,v) & \cos(x,w) & r_x \\ \cos(y,u) & \cos(y,v) & \cos(y,w) & r_y \\ \cos(z,u) & \cos(z,v) & \cos(z,w) & r_z \\ 0 & 0 & 0 & 1 \end{bmatrix} \tag{4.9}
$$

仿射变换矩阵的物理意义与几何意义明确。左上方 3×3 子矩阵为旋转矩阵，其每一列分别为局部坐标系 $\{uvw\}$ 的单位坐标向量在全局坐标系 $\{xyz\}$ 下的坐标，同时，每一行是全局坐标系的单位坐标向量在局部坐标系下的坐标。仿射变换矩阵的最后一列给出了局部坐标系原点的位置向量在全局坐标系各坐标轴上的投影。其中，**旋转矩阵**可视为由三个正交列向量或正交行向量分别构成的两种形式，为

$$
\boldsymbol{R}=[\boldsymbol{u}\quad \boldsymbol{v}\quad \boldsymbol{w}]=\begin{bmatrix} \boldsymbol{x}^{\mathrm{T}} \\ \boldsymbol{y}^{\mathrm{T}} \\ \boldsymbol{z}^{\mathrm{T}} \end{bmatrix} \tag{4.10}
$$

4.2 位移算子与坐标变换

4.2.1 位移算子

位移算子是作用在向量空间上且保持其欧几里得度量的李群元素。每一个算子

表示一个连续流形。流形中的曲线定义运动，位移可视为旋转和平移**仿射映射**的结果。如用方程描述，则为

$$\boldsymbol{p}' = \boldsymbol{R}\boldsymbol{p} + \boldsymbol{d} \tag{4.11}$$

式中，$\boldsymbol{R}$ 和 $\boldsymbol{d}$ 为位移算子，它们将位置向量 $\boldsymbol{p}$ 移到位置向量 $\boldsymbol{p}'$。两个向量均以全局坐标系度量 (如图 4.3 所示)，即

$$\boldsymbol{p} = (p_x, p_y, p_z)^{\mathrm{T}}$$

与

$$\boldsymbol{p}' = (p'_x, p'_y, p'_z)^{\mathrm{T}}$$

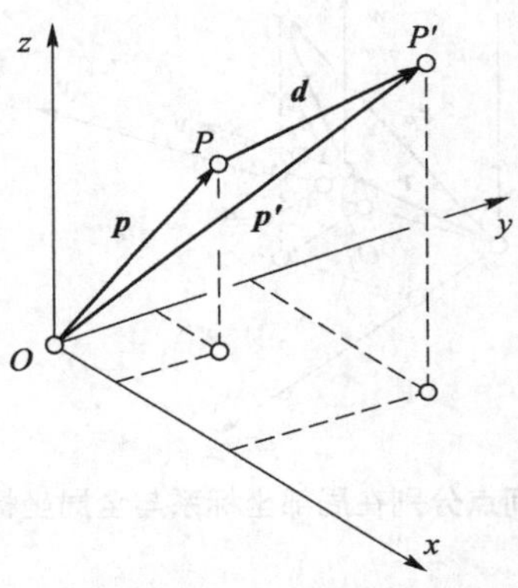

图 **4.3** 位移与位移算子

式 (4.11) 给出了仿射变换。将位置向量坐标写为齐次坐标形式，并引用式 (4.7) 给出的仿射变换矩阵 $\boldsymbol{H}$，式 (4.11) 写成 4×4 齐次坐标形式为

$$\boldsymbol{P}' = \boldsymbol{H}\boldsymbol{P} \tag{4.12}$$

式中，$\boldsymbol{P}$ 和 $\boldsymbol{P}'$ 为齐次坐标，即

$$\boldsymbol{P} = (p_x, p_y, p_z, 1)^{\mathrm{T}}$$

与

$$\boldsymbol{P}' = (p'_x, p'_y, p'_z, 1)^{\mathrm{T}}$$

式 (4.12) 中，矩阵 $\boldsymbol{H}$ 称为**齐次位移算子**。$\boldsymbol{H}$ 是齐次形式的特殊欧氏群 $SE(3)$ (也称刚体位移群) 的元素，它能实现 $SE(3)$ 对向量空间的左作用。其中，$SE(3)$ 为包含 $\boldsymbol{R} \in SO(3)$ 和 $d \in \mathbb{R}^3$ 的六维李群，其位移如图 4.3 所示。

4.2.2 坐标变换与位移算子的关系

在 4.2.1 节中, 点 P 和 P' 均在全局坐标系下度量, 旋转矩阵 $\boldsymbol{R}$ 和平移向量 $\boldsymbol{d}$ 均为算子。本节讨论坐标变换, 如图 4.4 所示, 建立局部坐标系 $\{uvw\}$, 点 P 在局部坐标系下的坐标记为 $\boldsymbol{p}_l$, 由此可得点 P 在全局坐标系 $\{xyz\}$ 下的坐标为

$$\boldsymbol{p} = \boldsymbol{R}\boldsymbol{p}_l + \boldsymbol{r} \tag{4.13}$$

由此, 空间任意一点的位置均可同时用全局坐标系 $\{xyz\}$ 和局部坐标系 $\{uvw\}$ 描述。如果已知其中一个坐标, 根据该式可求得另一坐标。

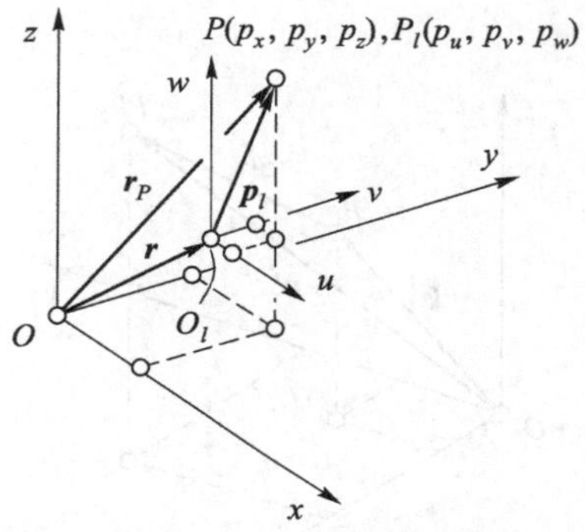

图 4.4 空间点分别在局部坐标系与全局坐标系下的描述

如图 4.4 所示, 尽管变换了参考坐标系, 点的空间位置仍然保持不变。坐标系的变换一般用旋转矩阵 $\boldsymbol{R}$ 和平移向量 $\boldsymbol{r}$ 表示。对比图 4.3 和图 4.4 不难发现, 图 4.3 中点 P 到点 P' 的平移向量 $\boldsymbol{d}$ 与图 4.4 描述局部坐标系和全局坐标系间的坐标变换的平移向量 $\boldsymbol{r}$ 是相等的。由图 4.5 可展示出, 平移向量 $\boldsymbol{d}$ 等效于坐标变换向量 $\boldsymbol{r}$。**坐标变换**与**位移算子**的根本不同在于, 对坐标变换而言, 式 (4.13) 中的向量是采用不同的参考坐标系进行度量的; 而对位移算子而言, 式 (4.11) 所示的所有向量是在同一参考坐标系下度量的。后者可用来描述位移, 这些是研究运动位移物理意义与数学内涵的基础。

由图 4.5 以及本节的讨论表明, 坐标变换仅是坐标系的变化, 如同在**计算机辅助设计**系统 (McMahon 和 Browne, 1998) 中观测点的变换。众所周知, 观测点的变化对刚体或几何体的空间位姿不造成影响。位移算子则不然, 它能使刚体或几何体产生位置和姿态的变化, 这如同在计算机辅助设计系统中对几何体作了修改。因此, 尽管合理地构建局部坐标系有助于分析, 但在应用位移算子之前, 必须将刚体的坐标变换为全局坐标系下的坐标。

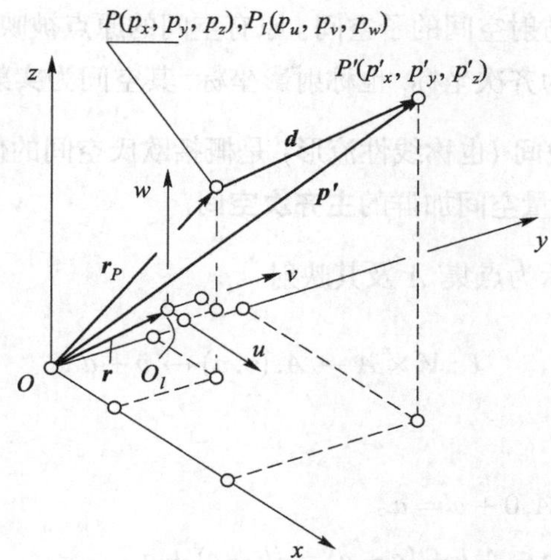

图 4.5 坐标变换与位移的概念的对比

4.3 一般运动的仿射变换及其空间结构与群表示

位移算子是包含旋转和平移的仿射变换。

定义 4.2 **仿射变换**或**仿射映射**是包含线性变换 (矩阵乘) 与平移变换 (向量加) 的变换, 其变换不保留线性空间的原点, 但保持直线或距离比值。

仿射变换从属于一个线性**投影变换**, 使无穷远平面保持不变。

注释 4.2 在本书讨论, 仅限于同一维数的仿射空间的仿射映射。

注释 4.3 **仿射特性**是仿射变换保持的几何特性, 若仿射变换 $A : V \to W$, 其中 V、W 为仿射空间, 则有

(1) **共线性**: 给定仿射子空间 $S + v \subset V$, 则 $A(S + v) \subset W$。

(2) **平行性**: 假定仿射子空间 $S + a$ 与 $S + b$ 平行, 则 $A(S + a)$ 与 $A(S + b)$ 平行。

(3) **比例特性**: 对于仿射空间 V 中共线的三点 P_1、P_2、P_3; 线段 P_1P_2 与 P_2P_3 的比值同 $A(P_1)A(P_2)$ 与 $A(P_2)A(P_3)$ 的比值相等。

注释 4.4 **齐次坐标**的应用使刚体平移与旋转的仿射变换得以用矩阵乘积完成。这种方法需要将所有位置向量在尾端扩展 “1”, 所有表示姿态的自由向量在尾端扩展 “0”。这样所得的矩阵为**齐次变换矩阵**, 或**仿射变换矩阵**, 也称投影变换矩阵。这种表示展示了作为 $GL(3)$ 与 $T(3)$ 采用半直积组合得到的所有**可逆仿射变换**的集合。这一集合是在组合规律下操作的群, 为**仿射群**。

注释 4.5 附加 “1” 在每一位置向量上, 附加 “0” 在每一自由向量上, 欧氏空

间可被映射为高一维仿射空间的子空间。原有空间的原点被映射成为 $(0, 0, \cdots, 1)^{\mathrm{T}}$。该高一维空间的坐标为齐次坐标, 也称射影坐标, 其空间为**实射影空间**。

定义 4.3 **仿射空间** (也称线性流形) 是概括欧氏空间的仿射性质的几何结构。换言之, 仿射空间是向量空间加群的**主齐次空间**。

仿射空间可以表示为点集 A 及其映射

$$\ell: V \times A \to A, (v, a) \mapsto v + a$$

并有下列特性:

(1) 左恒等: $\forall a \in A, 0 + a = a$。

(2) 结合律: $\forall a, b, c \in A, b + (c + a) = (b + c) + a$。

(3) 唯一性: $\forall a \in A, V \to A: v \mapsto v + a$ 是双射。

其中, 向量空间 V 是仿射空间 A 的基础, 也称**差异空间**。

注释 4.6 将欧氏空间 $\mathbb{E}$ 中每一个向量附属一个仿射空间上的平移变换, 欧氏空间 $\mathbb{E}$ 则被赋予从属于 $\mathbb{E}$ 的仿射空间结构, 称为**经典结构**。

推论 4.1 从属于欧氏空间 $\mathbb{E}$ 的仿射空间是一个度量空间。

如 2.3 节所述, 空间一点可表示为三维射影空间元素 $(x, y, z, w)^{\mathrm{T}}$, 其中 w 为缩放比值, 常被视为单位 1, 代表射影空间的单位量。仿射空间也是除去原点的向量空间, 为射影空间的子集。

注释 4.7 向量空间的仿射子空间是空间中满足仿射关系的向量的闭合子集, 也称线性流形, 线性簇。

定义 4.4 仿射变换矩阵构成**仿射群**[1], 为

$$Aff(n) = \left\{ \boldsymbol{H} \equiv \begin{bmatrix} \boldsymbol{R} & \boldsymbol{d} \\ \boldsymbol{0}^{\mathrm{T}} & 1 \end{bmatrix} | \boldsymbol{R} \in GL(n), d \in \mathbb{R}^n \right\} \subseteq GL(n+1)$$

该定义给出了一般线性群 $GL(n+1)$ 的闭合子群。

定义 4.5 仿射群可以表示为一般线性群 $GL(n)$ 与平移群 $T(n)$ 的**半直积**, 即

$$Aff(n) = GL(n) \propto T(n)$$

定义 4.6 在**抽象代数**中, 半直积是一种由至少一个为正规子群的两个子群构造另一个群的特殊方法。

[1] 在仿射群 $Aff(n)$ 中, 矩阵 $\boldsymbol{R}$ 可表示任意 $n \times n$ 可逆矩阵。

给定两个子群, 其中一个为**正规子群**, 通过上述半直积可以组成群。平移群 $T(3)$ 与它自身构成的空间同构。平移也是仿射变换, 并保留直线及长度度量的比值。

定义 4.7 **一般线性群** $GL(n)$ 是具有常规矩阵运算的 $n \times n$ 可逆矩阵的集合。其中, 行列式为 1 的矩阵组成的集合为**特殊线性群** $SL(n)$。

定义 4.8 **特殊仿射群**[2]是仿射群的子群, 为

$$SA(n) = \left\{ \boldsymbol{H} \equiv \begin{bmatrix} \boldsymbol{R} & \boldsymbol{d} \\ \boldsymbol{0}^{\mathrm{T}} & 1 \end{bmatrix} | \boldsymbol{R} \in SL(n), \boldsymbol{d} \in \mathbb{R}^n \right\}$$

定义 4.9 **平移群** $T(n)$ 是所有平移的集合, 与自身空间同构, 并为特殊欧氏群 $SE(n)$ 的正规子群。$T(n)$ 对 $SE(n)$ 的商群与特殊正交群 $SO(n)$ 同构。

注释 4.8 平移是没有定点的仿射变换。

$T(3)$ 元素可用 $\mathbb{R}^3$ 中的三维向量表示, 如式 (4.11) 中向量 $\boldsymbol{d}$ 所示。因此, $T(3)$ 的群流形为三维向量空间 $\mathbb{R}^3$。

4.4 旋转算子、旋转群 $SO(3)$ 与指数映射

4.4.1 群公理与李群

公理 4.1 具有二元运算 “$\circ$” 的集合 G 构造群时, 需满足下列公理:

(1) **封闭性**: 在二元运算作用下, 对于任意 $g_1, g_2 \in G$, 有 $g_1 \circ g_2 \in G$。

(2) **单位元**: 对于任意 $g \in G$, 存在单位元 $e \in G$, 使得 $g \circ e = e \circ g = g$ 成立。

(3) **可逆性**: 对于任意 $g \in G$, 存在逆元 $g^{-1} \in G$, 使得 $g \circ g^{-1} = g^{-1} \circ g = e$ 成立。

(4) **结合律**: 对任意 $g_1, g_2, g_3 \in G$, 均有 $(g_1 \circ g_2) \circ g_3 = g_1 \circ (g_2 \circ g_3)$ 成立。

其中, “$\circ$” 为二元运算, 含加法与乘法运算, 也称群的运算。在一般表述中, 符号 “$\circ$” 可以省略。可以证明, $SO(3) \subset \mathbb{R}^{3\times3}$ 群运算可通过矩阵运算完成。

定义 4.10 **李群**是具有几何对称性的平滑群操作的光滑流形, 也称**微分流形**, 是有限维光滑流形构成的群, 其**群运算**乘法与求逆均满足作用在一对群元素上的光滑映射 $G \times G \to G$, 表示为 $(g_1, g_2 \in G) \mapsto g_1 g_2 \in G$ 和 $g \in G \mapsto g^{-1} \in G$。

以上定义可由下面的公理详尽给出:

公理 4.2 李群满足下列光滑映射: (i) 群运算 (组合) 的光滑映射, 对于 $g(x) \circ g(y) = g(z)$, 群运算 $z = \phi(x, y)$ 的映射是可微的; (ii) 对于 $g(x)^{-1} = g(y)$, 群的逆的

[2]在特殊仿射群 $SA(n)$ 中, 矩阵 $\boldsymbol{R}$ 可表示任意 $n \times n$ 可逆且行列式为 1 的矩阵。

映射 $y=\Psi(x)$ 是可微的。

公理 4.1 阐述了李群的封闭性、单位元、可逆性及结合律, 公理 4.2 表明李群及其逆是可微分的光滑流形。

注释 4.9 李群也被认为是具有对称性的平滑变换的集合。矩阵群给出了最通常的李群的实例。李群是**现代几何学**的核心之一。

注释 4.10 李群可由下列方式进行构造:

(1) 两李群的积仍为李群。

(2) 李群的拓扑**闭合子群**仍为李群, 这称为**Cartan 定理**。

(3) 李群采用闭合正则子群得到的商仍为李群。

注释 4.11 每一个李群都对应于一个李代数, 其向量空间是李群流形在单位元处的切空间, 并完全含有群的局部结构。

4.4.2 旋转群

旋转群 $SO(3)$ 是有限旋转的集合, 用于完成组合运算下绕经过三维向量空间 $\mathbb{R}^3$ 原点的轴线的旋转, 也是 $\mathbb{R}^3$ 的李群。

定义 4.11 **旋转群** $SO(3)$ 也称**特殊正交群**, 是所有行列式为 1 的 3×3 正交矩阵的集合。

机构或机器人运动引起的姿态变化为向量空间上的曲线 $\boldsymbol{R}(t)\in SO(3)$, 其中 $t\in[0,T]$, 这给出了机构或机器人的位形空间。如图 4.1 所示, 以空间任意方位且过原点的线矢量为旋转轴线, 可得正交矩阵

$$\boldsymbol{R}=\begin{bmatrix} r_{11} & r_{12} & r_{13} \\ r_{21} & r_{22} & r_{23} \\ r_{31} & r_{32} & r_{33} \end{bmatrix} \tag{4.14}$$

属于 $SO(3)\subset\mathbb{R}^{3\times3}$ 的旋转矩阵 $\boldsymbol{R}\in\mathbb{R}^{3\times3}$ 具有如下一些重要性质, 可以反映其角位移的本质属性:

$$\boldsymbol{R}^{\mathrm{T}}\boldsymbol{R}=\boldsymbol{I} \tag{4.15}$$

并且

$$\det\boldsymbol{R}=1 \tag{4.16}$$

这给出了一般线性群 $GL(3)$ 上的三阶代数簇。其子空间为微分流形, 李群流形为三维射影空间 $\mathbb{P}^3$。

与矩阵 $\boldsymbol{R}$ 的单位特征值对应的特征向量是与旋转轴线共线的向量, 且可以用来确定其唯一的单位向量。从矩阵 $\boldsymbol{R}$ 入手, 可得旋转角 θ 为

$$\cos\theta=\frac{\mathrm{tr}\boldsymbol{R}-1}{2} \tag{4.17}$$

式 (3.2) 中, 向量 $\boldsymbol{s}$ 描述的旋转轴线可由下述反对称矩阵得出:

$$\begin{bmatrix} 0 & r_{12}-r_{21} & r_{13}-r_{31} \\ r_{21}-r_{12} & 0 & r_{23}-r_{32} \\ r_{31}-r_{13} & r_{32}-r_{23} & 0 \end{bmatrix} \tag{4.18}$$

向量 $\boldsymbol{u}$ 是非归一化的旋转轴, 可由上式得

$$\boldsymbol{u}=\begin{pmatrix} r_{32}-r_{23} \\ r_{13}-r_{31} \\ r_{21}-r_{12} \end{pmatrix} \tag{4.19}$$

向量 $\boldsymbol{u}$ 对应于 5.4.1 节将要讨论的特征旋量, 其范数为

$$\|\boldsymbol{u}\|=2\sin\theta \tag{4.20}$$

由单位向量 $\boldsymbol{s}$ 描述的轴线姿态为

$$\boldsymbol{s}=\frac{\boldsymbol{u}}{\|\boldsymbol{u}\|}=(l,m,n)^{\mathrm{T}} \tag{4.21}$$

4.4.3 Euler-Rodrigues 方程与 $so(3)$ 到 $SO(3)$ 的指数映射

与 4.4.2 节内容的推导过程相反, 根据 Euler-Rodrigues 方程 (Grattan-Guinness, 1997), 由旋转运动轴线 $\boldsymbol{s}$ 及旋转角度 θ 可推导出旋转矩阵 $\boldsymbol{R}$, 为

$$\boldsymbol{R}=\boldsymbol{I}+\sin\theta\boldsymbol{A}_s+(1-\cos\theta)\boldsymbol{A}_s\boldsymbol{A}_s \tag{4.22}$$

式中, $\boldsymbol{I}$ 为 3×3 单位矩阵; $\boldsymbol{A}_s$ 为向量 $\boldsymbol{s}$ 的反对称矩阵表示, 具有用向量 $\boldsymbol{s}$ 对其他向量作叉积运算的功能。$\boldsymbol{A}_s$ 又可写为式 (4.6) 所示的 $[\boldsymbol{s}\times]$。

式 (4.6) 给出了基于向量 $\boldsymbol{s}$ 的叉积线性算子, 即 $\boldsymbol{v}\mapsto\boldsymbol{s}\times\boldsymbol{v}$, 但以矩阵形式表示。由此向量叉积可写为

$$\boldsymbol{s}\times\boldsymbol{v}=[\boldsymbol{s}\times]\boldsymbol{v} \tag{4.23}$$

因反对称矩阵具有如下性质:

$$\boldsymbol{A}_s+\boldsymbol{A}_s^{\mathrm{T}}=\boldsymbol{0} \tag{4.24}$$

由 **Jacobi 定理** (Eves, 1980), 该矩阵的行列式满足如下等式:

$$\det\boldsymbol{A}_s=\det\boldsymbol{A}_s^{\mathrm{T}}=\det(-\boldsymbol{A}_s)=-\det\boldsymbol{A}_s=0 \tag{4.25}$$

式中, $\boldsymbol{A}_s$ 以式 (4.6) 所示的 3×3 反对称矩阵形式给出了李群 $SO(3)$ 的李代数 $so(3)$。

因此, 式 (4.22) 给出了 $so(3)$ 到 $SO(3)$ 的指数映射, 为

$$\boldsymbol{R} = e^{\theta \boldsymbol{A}_s} = \boldsymbol{I} + \sin\theta \boldsymbol{A}_s + (1-\cos\theta)\boldsymbol{A}_s\boldsymbol{A}_s \tag{4.26}$$

定义 4.12 **指数映射**是李代数 $\boldsymbol{V}$ 到李群 G 的光滑映射, 表示为 $\exp: \boldsymbol{V} \to G$。

注释 4.12 如果 G 是矩阵李群, 则其指数映射等同于矩阵指数, 由正常的序列展开, 见式 (4.28)。通常情况下, 反对称矩阵的指数映射可给出以正交矩阵形式表示的旋转矩阵, 其特征值为 1。从反对称矩阵到旋转矩阵的指数映射为**满射**。由此, 从旋转运动的 "轴 – 角" 表示法到旋转矩阵的指数映射可表示为

$$\exp: so(3) \to SO(3) \tag{4.27}$$

当给定单位长度的轴线 $\boldsymbol{s} \in \mathbb{R}^3$ 及旋转角度 $\theta \in \mathbb{R}$ 时, 式 (4.26) 可由 Taylor 展开推导并根据附录 B 定理 A.2 给出, 过程如下:

$$\begin{aligned}\boldsymbol{R} = e^{\theta \boldsymbol{A}_s} &= \sum_{k=0}^{\infty} \frac{(\theta \boldsymbol{A}_s)^k}{k!} = \boldsymbol{I} + \theta \boldsymbol{A}_s + \frac{1}{2}(\theta \boldsymbol{A}_s)^2 + \frac{1}{6}(\theta \boldsymbol{A}_s)^3 + \cdots \\ &= \boldsymbol{I} + \boldsymbol{A}_s\left(\theta - \frac{\theta^3}{3!} + \frac{\theta^5}{5!} - \cdots\right) + \boldsymbol{A}_s^2\left(\frac{\theta^2}{2!} - \frac{\theta^4}{4!} + \frac{\theta^6}{6!} - \cdots\right) \\ &= \boldsymbol{I} + \sin\theta \boldsymbol{A}_s + (1-\cos\theta)\boldsymbol{A}_s\boldsymbol{A}_s\end{aligned} \tag{4.28}$$

若采用式 (4.21) 所示的单位向量, 并用旋转运动的**非归一化**轴线 $\boldsymbol{u}$ 的分量取代反对称矩阵中 $\boldsymbol{s}$ 的分量, 式 (4.26) 的指数映射可变换为

$$e^{\theta \boldsymbol{A}_u} = \boldsymbol{I} + \sin(\|\boldsymbol{u}\|\theta)\frac{\boldsymbol{A}_u}{\|\boldsymbol{u}\|} + (1-\cos(\|\boldsymbol{u}\|\theta))\frac{\boldsymbol{A}_u^2}{\|\boldsymbol{u}\|^2} \tag{4.29}$$

式中, $\boldsymbol{A}_u$ 为轴线 $\boldsymbol{u}$ 对应的反对称矩阵, 即

$$\boldsymbol{A}_u = \begin{bmatrix} 0 & -u_z & u_y \\ u_z & 0 & -u_x \\ -u_y & u_x & 0 \end{bmatrix} = [\boldsymbol{u}\times] \tag{4.30}$$

由此, 式 (4.29) 定义了从非归一化李代数到李群的指数映射。进一步推导, 由于

$$\boldsymbol{A}_s\boldsymbol{A}_s = \boldsymbol{s}\boldsymbol{s}^{\mathrm{T}} - \boldsymbol{I} \tag{4.31}$$

并考虑反对称矩阵的性质, 式 (4.22) 可改写为

$$\boldsymbol{R} = \cos\theta \boldsymbol{I} + \sin\theta[\boldsymbol{s}\times] + (1-\cos\theta)\boldsymbol{s}\boldsymbol{s}^{\mathrm{T}} \tag{4.32}$$

这就给出了 **Euler-Rodrigues 公式**的另一种形式, 其详细讨论将在 4.5.3 节给出, 其证明将在后续讨论四元数的章节中完成。至此, 本章完整地定义了变化范围为 $-\pi < \theta < \pi$ 和旋转运动轴线为 $\boldsymbol{s}$ 的非单位矩阵旋转算子 $\boldsymbol{R}$。

旋转运动轴线向量 $\boldsymbol{s}$ 的三个坐标分量与标量 θ 的有序组合可唯一确定地描述定轴旋转。该有序组合不具备可交换性与可加性。因此不可能通过传统的向量积运算获得其他具有明确几何意义或物理意义的量。然而，引入该姿态向量或**有限旋转运动向量** $\theta\boldsymbol{s}$ 可以唯一确定相对于参考姿态的任意旋转运动的状态。有限旋转运动向量的优点是三维非线性向量空间中的点在其空间中可以直接用来描绘旋转运动。

4.5 Rodrigues 参数、Rodrigues 方程与 Cayley 方程

4.5.1 Rodrigues 参数与平面运动的 Rodrigues 方程

刚体旋转可用 **Rodrigues 参数** (Rodrigues, 1840) 描述。Rodrigues 参数是赋予半角正切值的旋转轴线姿态的三个参量，即

$$b_x = \tan\frac{\theta}{2}s_x, \quad b_y = \tan\frac{\theta}{2}s_y, \quad b_z = \tan\frac{\theta}{2}s_z \tag{4.33}$$

式中

$$\boldsymbol{s} = (s_x, s_y, s_z)^{\mathrm{T}} \tag{4.34}$$

即式 (3.2) 所示旋量的旋转运动轴线。式 (4.33) 所示的参数为采用旋转角对应的**半角**的正切值表示的Rodrigues 参数。Rodrigues 参数的提出，意味着旋转角首次以半角形式出现在关于旋转运动的数学研究之中。半角是旋转参数化的一个最基本特征，也是运动学中纯旋转的最优雅的度量表示，见图 4.6。

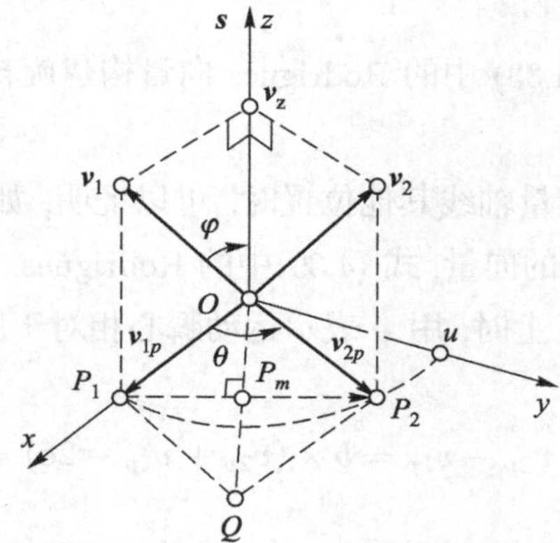

图 **4.6** 旋转运动中的向量菱形与半角

如图 4.6 所示，向量 $\boldsymbol{v}_1$ 相对与 z 轴共线的轴线 $\boldsymbol{s}$ 作旋转运动得到向量 $\boldsymbol{v}_2$。向量 $\boldsymbol{v}_1$ 与其旋转得到的向量 $\boldsymbol{v}_2$ 在 $x-y$ 平面上的投影分别为 $\boldsymbol{v}_{1p}$ 和 $\boldsymbol{v}_{2p}$。这一旋转运动的旋转角为 θ。在 $x-y$ 平面上，作平行于向量 $\boldsymbol{v}_{2p}$ 的直线 P_1Q 和平行于向量 $\boldsymbol{v}_{1p}$ 的直线 P_2Q，这就组成了向量菱形。作出对角线 P_1P_2 和 OQ，其交点 P_m 为菱形的

中心, 可以得到

$$\tan\frac{\theta}{2}=\frac{P_1P_m}{OP_m} \tag{4.35}$$

用菱形对角线 $\boldsymbol{v}_{2p}-\boldsymbol{v}_{1p}$ 和 $\boldsymbol{v}_{2p}+\boldsymbol{v}_{1p}$ 取代上式的线段, 得

$$\tan\frac{\theta}{2}=\frac{\|\boldsymbol{v}_{2p}-\boldsymbol{v}_{1p}\|}{\|\boldsymbol{v}_{2p}+\boldsymbol{v}_{1p}\|} \tag{4.36}$$

采用图 4.6 给出的模长与姿态, 原点在位移中心的平面运动的 Rodrigues 公式 (Coe, 1934) 即可获得, 为

$$\boldsymbol{v}_{2p}-\boldsymbol{v}_{1p}=\boldsymbol{b}\times(\boldsymbol{v}_{2p}+\boldsymbol{v}_{1p})=\tan\frac{\theta}{2}\boldsymbol{s}\times(\boldsymbol{v}_{2p}+\boldsymbol{v}_{1p}) \tag{4.37}$$

式中, $\boldsymbol{b}$ 是由式 (4.33) 所示的 Rodrigues 参数构成的 **Rodrigues 向量**。如用原有向量 $\boldsymbol{v}_1$ 和 $\boldsymbol{v}_2$ 代替投影得到的向量 $\boldsymbol{v}_{1p}$ 和 $\boldsymbol{v}_{2p}$, 式 (4.37) 仍成立, 即

$$\boldsymbol{v}_2-\boldsymbol{v}_1=\boldsymbol{b}\times(\boldsymbol{v}_2+\boldsymbol{v}_1) \tag{4.38}$$

也可写作

$$\boldsymbol{v}_2-\boldsymbol{v}_1=\boldsymbol{B}(\boldsymbol{v}_2+\boldsymbol{v}_1) \tag{4.39}$$

式中, $\boldsymbol{B}$ 为向量 $\boldsymbol{b}$ 的反对称矩阵表示, 采用式 (4.33) 中的元素, 表示如下:

$$\boldsymbol{B}=\begin{bmatrix}0 & -b_z & b_y\\ b_z & 0 & -b_x\\ -b_y & b_x & 0\end{bmatrix} \tag{4.40}$$

该反对称矩阵在采用式 (4.33) 中的 Rodrigues 向量构建旋转矩阵时有着至关重要的作用。

当坐标系原点位于旋量轴线其他位置时, 可以证明, 如将平面坐标系下的两个向量变换为球面坐标系下的向量, 式 (4.39)中的 Rodrigues 方程同样成立。当坐标系原点不在旋转运动轴线 $\boldsymbol{s}$ 上时, 用 $\boldsymbol{e}$ 表示运动瞬心相对于原点的位置向量, 下式可以由式 (4.37) 推出:

$$\boldsymbol{v}_{2p}-\boldsymbol{v}_{1p}=\boldsymbol{b}\times(\boldsymbol{v}_{2p}+\boldsymbol{v}_{1p}-2\boldsymbol{e}) \tag{4.41}$$

4.5.2 一般运动的 Rodrigues 方程

对于一般空间运动, 将螺旋平移运动算子 σ 作用于向量 $\boldsymbol{v}_{2p}$, 则得到 $\boldsymbol{v}_2'=\boldsymbol{v}_{2p}-\sigma\boldsymbol{s}$。由式 (4.41), 可得到能够产生综合旋转和平移的一般螺旋运动的**Rodrigues 方程** (Gibbs, 1901, Coe, 1934), 即

$$\boldsymbol{v}_{2p}-\boldsymbol{v}_{1p}=\boldsymbol{b}\times(\boldsymbol{v}_{2p}+\boldsymbol{v}_{1p}-2\boldsymbol{e})+\sigma\boldsymbol{s} \tag{4.42}$$

与式 (4.38) 类似, 用原有向量 $\boldsymbol{v}_1$ 和 $\boldsymbol{v}_2$ 代替投影得到的向量 $\boldsymbol{v}_{1p}$ 和 $\boldsymbol{v}_{2p}$ 后, 式 (4.42) 仍然成立, 即

$$\boldsymbol{v}_2 - \boldsymbol{v}_1 = b \times (\boldsymbol{v}_2 + \boldsymbol{v}_1 - 2\boldsymbol{e}) + \sigma \boldsymbol{s} \tag{4.43}$$

Rodrigues 的工作将运动与产生运动的力系完全分开, 从而单独进行位移的研究。上述的 Rodrigues 组合方程 (Rodrigues, 1840; Coe, 1934; Craig, 1989) 是由两个已知旋转轴线方向及旋转角的运动确定运动合成后的轴线方向以及旋转角的数学问题而提出的。

4.5.3 旋转运动的 Euler-Rodrigues 方程

由图 4.6 所示的几何关系知, 旋转得到的向量 $\boldsymbol{v}_2$ 为

$$\boldsymbol{v}_2 = \boldsymbol{v}_{2p} + \boldsymbol{v}_z \tag{4.44}$$

该式给出了向量 $\boldsymbol{v}_2$ 在 $x-y$ 平面的投影与在 z 轴投影的合向量。由图 4.6 可知, $\boldsymbol{v}_2$ 作为由 $\boldsymbol{v}_1$ 旋转得到的向量, 满足下述关系:

$$\boldsymbol{v}_2 = \boldsymbol{v}_{1p} \cos\theta + \boldsymbol{u} \sin\theta + \boldsymbol{v}_z \tag{4.45}$$

将

$$\boldsymbol{v}_{1p} = \boldsymbol{v}_1 - \boldsymbol{v}_z = \boldsymbol{v}_1 - (\boldsymbol{s} \cdot \boldsymbol{v}_1)\boldsymbol{s} \tag{4.46}$$

和

$$\boldsymbol{u} = \boldsymbol{s} \times \boldsymbol{v}_1 \tag{4.47}$$

代入式 (4.45), 可推导出

$$\begin{aligned} \boldsymbol{v}_2 &= (\boldsymbol{v}_1 - (\boldsymbol{s} \cdot \boldsymbol{v}_1)\boldsymbol{s}) \cos\theta + (\boldsymbol{s} \times \boldsymbol{v}_1) \sin\theta + (\boldsymbol{s} \cdot \boldsymbol{v}_1)\boldsymbol{s} \\ &= \boldsymbol{v}_1 \cos\theta + (\boldsymbol{s} \times \boldsymbol{v}_1) \sin\theta + (\boldsymbol{s} \cdot \boldsymbol{v}_1)\boldsymbol{s}(1 - \cos\theta) \end{aligned} \tag{4.48}$$

写成矩阵形式为

$$\begin{aligned} \boldsymbol{v}_2 &= \boldsymbol{v}_1 \cos\theta + [\boldsymbol{s}\times]\boldsymbol{v}_1 \sin\theta + \boldsymbol{s}\boldsymbol{s}^{\mathrm{T}}\boldsymbol{v}_1(1 - \cos\theta) \\ &= (\cos\theta \boldsymbol{I} + [\boldsymbol{s}\times] \sin\theta + \boldsymbol{s}\boldsymbol{s}^{\mathrm{T}}(1 - \cos\theta))\boldsymbol{v}_1 \\ &= \boldsymbol{R}\boldsymbol{v}_1 \end{aligned} \tag{4.49}$$

式中, $\boldsymbol{s}\boldsymbol{s}^{\mathrm{T}}$ 称为两向量的**外积**, 又称**张量积**。由此可得旋转运动的 **Euler-Rodrigues 方程** (Bisshopp, 1969), 即

$$\boldsymbol{R} = \cos\theta \boldsymbol{I} + \sin\theta [\boldsymbol{s}\times] + (1 - \cos\theta)\boldsymbol{s}\boldsymbol{s}^{\mathrm{T}} \tag{4.50}$$

定义 4.13 **外积**一般是指两向量的张量积, 对比内积生成标量, 外积由一对向量生成矩阵。外积也被认为是**矩阵直积 (Kronecker 积)** 的特例, 记为 $\boldsymbol{u}\otimes\boldsymbol{v}$ 或 $\boldsymbol{u}\boldsymbol{v}^{\mathrm{T}}$。

Euler-Rodrigues 旋转运动方程是完成已知轴线向量和旋转角旋转的有效方法。换句话说, 无须计算出全部矩阵指数, Euler-Rodrigues 方程就可以完成从三维旋转群的李代数 $so(3)$ 到旋转群 $SO(3)$ 的指数映射。

4.5.4 旋转运动的 Cayley 方程

如图 4.6 所示, 向量 $\boldsymbol{v}_1$ 和 $\boldsymbol{v}_2$ 在 $x-y$ 平面内的投影 $\boldsymbol{v}_{1p}$ 和 $\boldsymbol{v}_{2p}$ 构成了菱形 OP_1QP_2, 其对角线 $\overrightarrow{P_1P_2}=\boldsymbol{v}_{2p}-\boldsymbol{v}_{1p}$ 与对角线 $\overrightarrow{OQ}=\boldsymbol{v}_{2p}+\boldsymbol{v}_{1p}$ 正交, 则有

$$(\boldsymbol{v}_{2p}-\boldsymbol{v}_{1p})(\boldsymbol{v}_{2p}+\boldsymbol{v}_{1p})=0 \tag{4.51}$$

式中

$$\boldsymbol{v}_{2p}-\boldsymbol{v}_{1p}=(\boldsymbol{R}-\boldsymbol{I})\boldsymbol{v}_{1p} \tag{4.52}$$

$$\boldsymbol{v}_{2p}+\boldsymbol{v}_{1p}=(\boldsymbol{R}+\boldsymbol{I})\boldsymbol{v}_{1p} \tag{4.53}$$

将式 (4.53) 代入式 (4.52) 且不考虑特征值为 –1 的特殊情况, 可得

$$\boldsymbol{v}_{2p}-\boldsymbol{v}_{1p}=(\boldsymbol{R}-\boldsymbol{I})(\boldsymbol{R}+\boldsymbol{I})^{-1}(\boldsymbol{v}_{2p}+\boldsymbol{v}_{1p})=\boldsymbol{B}(v_{2p}+v_{1p}) \tag{4.54}$$

这就给出了矩阵 $\boldsymbol{B}$, 为

$$(\boldsymbol{R}-\boldsymbol{I})(\boldsymbol{R}+\boldsymbol{I})^{-1}=\boldsymbol{B} \tag{4.55}$$

由式 (4.51), 可以证明 $\boldsymbol{B}$ 为式 (4.40) 所示的反对称矩阵 (Bottema 和 Roth, 1979), 则式 (4.55) 可变换为

$$(\boldsymbol{I}-\boldsymbol{B})\boldsymbol{R}=\boldsymbol{I}+\boldsymbol{B} \tag{4.56}$$

因此, 可得到 **Cayley 方程**为

$$\boldsymbol{R}=(\boldsymbol{I}-\boldsymbol{B})^{-1}(\boldsymbol{I}+\boldsymbol{B}) \tag{4.57}$$

考虑到矩阵 $\boldsymbol{I}+\boldsymbol{B}$ 和 $(\boldsymbol{I}-\boldsymbol{B})^{-1}$ 的可交换性, Cayley 方程的等价方程为

$$\boldsymbol{R}=(\boldsymbol{I}+\boldsymbol{B})(\boldsymbol{I}-\boldsymbol{B})^{-1} \tag{4.58}$$

可以证明, 所有反对称矩阵均可根据 Cayley 方程定义一个正交矩阵。因此, 当角度不等于 180° 时, 式 (4.14) 所示的一般运动的旋转矩阵可通过基于式 (4.33)所示的 Rodrigues 参数的 Cayley 方程推导出。

4.6 研究旋转运动的四元数法及其与李群、李代数的关联

单位四元数是 Clifford **偶子代数**子群的元素, 为描述几何体的位姿提供了有效和可靠的工具, 并已在计算机图形学与视觉技术、机器人学及导航技术等领域得到了成功的应用。为了扩展实数、复数的概念及四元数到高维与超复数问题, Clifford (1876) 创建了 Clifford 代数。它是特殊类型的结合代数, 是一个向量空间, 也是有效的计算工具。Hamilton 四元数与对偶四元数是 Clifford 代数空间的元素。由于从计算误差中恢复数据显得简洁而有效, Clifford 代数的元素和四元数被广泛应用于计算机科学领域。

4.6.1 Hamilton 四元数与共轭四元数

定义 4.14 **四元数**是标量与向量的组合形式, 作为复数概念合乎逻辑的延伸, 其实部以标量表示, 虚部为三维向量空间中的向量。四元数源于三个满足特定运算的法则, 即 $\boldsymbol{i}^2=\boldsymbol{j}^2=\boldsymbol{k}^2=\boldsymbol{ijk}=-1$ 的抽象符号 $\boldsymbol{i}$、$\boldsymbol{j}$、$\boldsymbol{k}$, 表示为 $\boldsymbol{Q}=q_0+\boldsymbol{q}=q_0+q_1\boldsymbol{i}+q_2\boldsymbol{j}+q_3\boldsymbol{k}$。

定义 4.15 四元数乘积具有下述形式:

$$(q_0+\boldsymbol{q})(s_0+\boldsymbol{s})=q_0s_0-\boldsymbol{q}\cdot\boldsymbol{s}+q_0\boldsymbol{s}+s_0\boldsymbol{q}+\boldsymbol{q}\times\boldsymbol{s} \tag{4.59}$$

其矩阵运算形式为

$$\boldsymbol{QS}_q=\begin{bmatrix} q_0 & -q_1 & -q_2 & -q_3 \\ q_1 & q_0 & -q_3 & q_2 \\ q_2 & q_3 & q_0 & -q_1 \\ q_3 & -q_2 & q_1 & q_0 \end{bmatrix}\begin{pmatrix} s_0 \\ s_1 \\ s_2 \\ s_3 \end{pmatrix}=\boldsymbol{H}_q\boldsymbol{S}_q$$

非零四元数的逆可用**共轭四元数**与四元数范数平方的比值表示, 即

$$(q_0+\boldsymbol{q})^{-1}=\frac{(q_0+\boldsymbol{q})^*}{\|q_0+\boldsymbol{q}\|^2}=\frac{q_0-\boldsymbol{q}}{q_0^2+\|\boldsymbol{q}\|^2} \tag{4.60}$$

式中, $q_0-\boldsymbol{q}=\boldsymbol{Q}^*$ 为定义 4.14 给出的四元数的共轭四元数。

定义 4.16 **Hamilton 算子** $\boldsymbol{H}_s$ 为 4×4 反对称矩阵, 类似于**纯四元数与真四元数**相乘时的矩阵, 为

$$\boldsymbol{H}_s=\begin{bmatrix} 0 & -q_x & -q_y & -q_z \\ q_x & 0 & -q_z & q_y \\ q_y & q_z & 0 & -q_x \\ q_z & -q_y & q_x & 0 \end{bmatrix}$$

Hamilton 四元数的范数定义为

$$QQ^* = (q_0 + \boldsymbol{q})(q_0 - \boldsymbol{q}) = q_0^2 + \|\boldsymbol{q}\|^2 = \|\boldsymbol{Q}\|^2 \tag{4.61}$$

因此, Hamilton 四元数可表示为

$$\boldsymbol{Q} = \cos\theta + \sin\theta\boldsymbol{q} \tag{4.62}$$

Hamilton 四元数可构造为 Clifford 代数 $Cl_{0,2}$ 的偶子代数。四元数的几何意义通过 Cayley (1845) 对采用四元数算子描述三维空间中旋转的研究得以揭示。

4.6.2 Euler-Rodrigues 参数与 Rodrigues 四元数

基于由赋予旋转角半角正弦值的旋转轴线三维向量加之旋转角半角的余弦值构成的 Euler-Rodrigues 四参数 (Rodrigues, 1840), **Rodrigues 四元数**可表示为

$$\boldsymbol{Q} = (s_0 + \boldsymbol{s}) = (s_0, s_1, s_2, s_3) = \cos\frac{\theta}{2} + \sin\frac{\theta}{2}\boldsymbol{s} \tag{4.63}$$

式中, $\boldsymbol{s}$ 的含义已在式 (4.34) 中给出, 且为 **Clifford 代数** $Cl_{0,2}$ 的元素。因此, 旋转运动可采用 Clifford 代数 $Cl_{0,2}$ 的元素来完成。与 $\boldsymbol{Q}(\pi\boldsymbol{s})$ 等价的四元数是 $\mathbb{R}^4$ 中的 $(0+\boldsymbol{s})$, 而 Rodrigues 四元数的共轭四元数为

$$\boldsymbol{Q}^* = \boldsymbol{Q}^{-1} = \cos\frac{\theta}{2} - \sin\frac{\theta}{2}\boldsymbol{s} \tag{4.64}$$

四元数构成一个连续群, 所以是李群的一种表示。单位四元数群与三维旋转群同构。

4.6.3 四元数与李群、李代数

Hamilton 四元数与 Rodrigues 四元数均为单位四元数, 即满足

$$q_0^2 + q_1^2 + q_2^2 + q_3^2 = 1 \tag{4.65}$$

单位四元数的乘法运算是平稳连续的, 因此可构成与**特殊酉群** $SU(2)$ 以及 $Spin(3)$ 同态的李群, 是特殊正交群 $SO(3)$ 的双覆盖。四元数的乘法运算对应于旋转群的合成运算。单位四元数群与李群 $SO(3)$ 有着同样的李代数。每个李群 $SO(3)$ 的元素对应于单位四元数 $\boldsymbol{Q}$ 和 $-\boldsymbol{Q}$ 的四元数共轭运算, 即

$$\boldsymbol{V}' = \boldsymbol{QVQ}^* = (-\boldsymbol{Q})\boldsymbol{V}(-\boldsymbol{Q})^* \tag{4.66}$$

式中, $\boldsymbol{V}$ 和 $\boldsymbol{V}'$ 为下文定义 4.17 给出的纯四元数, 即李代数。李群对其李代数的作用与单位四元数对向量的共轭运算的等效性说明单位四元数构成的群是 $SO(3)$ 的双覆盖 (Heard, 2006)。该李群为 $\mathbb{R}^4$ 中的三维球面。

定义 4.17 当四元数表示为如下形式时, 即

$$\boldsymbol{V}=\begin{pmatrix}0\\ \boldsymbol{v}\end{pmatrix} \tag{4.67}$$

称之为**纯四元数**或**向量四元数**。

注释 4.13 纯四元数为李代数 $so(3)$ 的四元数表示。

纯四元数的存在使得四元数代数演变为具有加法和乘法运算封闭性的代数, 并且满足 3.9.1 节给出的反对称性与 Jacobi 恒等式。式 (4.66) 中的单位四元数共轭运算完成了李群对其李代数的作用。由式 (4.66) 可得, 这两个四元数 $\boldsymbol{Q}$ 和 $\boldsymbol{V}$ 可分别看成操作算子与操作数。

4.6.4 四元数形式的旋转算子与 Euler-Rodrigues 方程

旋转运动可由式 (4.66) 所示的四元数共轭运算完成。这一运算类似于 Euler-Rodrigues 方程的四元数算子运算。此时四元数拥有操作算子与操作对象两种角色。在四维向量空间中, 左乘和右乘均为线性变换。如式 (4.66) 以及 5.7 节所示, 四元数共轭运算表示线性作用在李代数元素 $\boldsymbol{V}$ 上的李群, 这一操作将纯四元数 $\boldsymbol{V}$ 作一般螺旋运动变换至另一纯四元数 $\boldsymbol{V}'$。将式 (4.63) 和式 (4.64) 代入式 (4.66), 得

$$\begin{aligned}\boldsymbol{V}'&=\left(\cos\frac{1}{2}\theta+\sin\frac{1}{2}\theta\boldsymbol{s}\right)\boldsymbol{V}\left(\cos\frac{1}{2}\theta-\sin\frac{1}{2}\theta\boldsymbol{s}\right)\\&=\left(\cos\frac{1}{2}\theta+\sin\frac{1}{2}\theta\boldsymbol{s}\right)\left(\sin\frac{1}{2}\theta\boldsymbol{v}\cdot\boldsymbol{s}+\cos\frac{1}{2}\theta\boldsymbol{v}-\sin\frac{1}{2}\theta(\boldsymbol{v}\times\boldsymbol{s})\right)\end{aligned} \tag{4.68}$$

即构成了新的李代数元素。式 (4.68) 的实部为

$$\mathrm{Re}(\boldsymbol{V}')=\sin\frac{1}{2}\theta\cos\frac{1}{2}\theta\boldsymbol{v}\cdot\boldsymbol{s}-\sin\frac{1}{2}\theta\cos\frac{1}{2}\theta\boldsymbol{s}\cdot\boldsymbol{v}+\sin^2\frac{1}{2}\theta\boldsymbol{s}\cdot(\boldsymbol{s}\times\boldsymbol{v})=0$$

虚部为

$$\begin{aligned}\mathrm{Im}(\boldsymbol{V}')&=\cos^2\frac{1}{2}\theta\boldsymbol{v}-\sin\frac{1}{2}\theta\cos\frac{1}{2}\theta(\boldsymbol{v}\times\boldsymbol{s})+\sin^2\frac{1}{2}\theta(\boldsymbol{v}\cdot\boldsymbol{s})\boldsymbol{s}+\\&\quad\sin\frac{1}{2}\theta\cos\frac{1}{2}\theta\boldsymbol{s}\times\boldsymbol{v}-\sin^2\frac{1}{2}\theta\boldsymbol{s}\times(\boldsymbol{v}\times\boldsymbol{s})\\&=\cos^2\frac{1}{2}\theta\boldsymbol{v}+\sin\theta(\boldsymbol{s}\times\boldsymbol{v})+\sin^2\frac{1}{2}\theta(\boldsymbol{v}\cdot\boldsymbol{s})\boldsymbol{s}-\sin^2\frac{1}{2}\theta\boldsymbol{s}\times(\boldsymbol{v}\times\boldsymbol{s})\end{aligned}$$

由向量三重积特性 $\boldsymbol{s}\times(\boldsymbol{v}\times\boldsymbol{s})=(\boldsymbol{s}\cdot\boldsymbol{s})\boldsymbol{v}-(\boldsymbol{s}\cdot\boldsymbol{v})\boldsymbol{s}$, 得

$$\begin{aligned}\mathrm{Im}(\boldsymbol{V}')&=\cos^2\frac{1}{2}\theta\boldsymbol{v}+\sin\theta\boldsymbol{s}\times\boldsymbol{v}+\sin^2\frac{1}{2}\theta(\boldsymbol{v}\cdot\boldsymbol{s})\boldsymbol{s}-\sin^2\frac{1}{2}\theta(\boldsymbol{v}(\boldsymbol{s}\cdot\boldsymbol{s})-\boldsymbol{s}(\boldsymbol{s}\cdot\boldsymbol{v}))\\&=\cos\theta\boldsymbol{v}+\sin\theta(\boldsymbol{s}\times\boldsymbol{v})+2\sin^2\frac{1}{2}\theta(\boldsymbol{s}\cdot\boldsymbol{v})\boldsymbol{s}\end{aligned} \tag{4.69}$$

因此, 式 (4.68) 可变换为

$$\begin{aligned} \boldsymbol{V}' &= \left(\cos\frac{1}{2}\theta + \sin\frac{1}{2}\theta\boldsymbol{s}\right)\boldsymbol{V}\left(\cos\frac{1}{2}\theta - \sin\frac{1}{2}\theta\boldsymbol{s}\right) \\ &= 0 + \cos\theta\boldsymbol{v} + \sin\theta(\boldsymbol{s}\times\boldsymbol{v}) + (1-\cos\theta)(\boldsymbol{s}\cdot\boldsymbol{v})\boldsymbol{s} \end{aligned} \tag{4.70}$$

由 4.5.3 节的两个向量的外积或张量积, 式 (4.70) 可写为

$$\boldsymbol{V}' = \begin{pmatrix} 0 \\ (\cos\theta\boldsymbol{I} + \sin\theta[\boldsymbol{s}\times] + (1-\cos\theta)\boldsymbol{s}\boldsymbol{s}^{\mathrm{T}})\boldsymbol{v} \end{pmatrix} = \begin{pmatrix} 0 \\ \boldsymbol{R}\boldsymbol{v} \end{pmatrix} \tag{4.71}$$

因此, 式 (4.32) 和式 (4.50) 给出的旋转运动的 Euler-Rodrigues 方程可由 Rodrigues 四元数对纯四元数的共轭运算生成。

4.7 研究一般运动的对偶四元数法

4.7.1 对偶四元数[3]与 Hamilton 算子

单位对偶四元数是表 3.2 中 Clifford 给出的双四元数的现代名称。采用对偶四元数法研究多个连续的螺旋运动尤为有效。对偶四元数理论属于 Clifford 代数。对偶四元数与线性代数结合可以方便地表述刚体的一般运动, 进而构造刚体位移群模型。对偶四元数的主部为 Rodrigues 四元数, 其副部见下述定义。

定义 4.18 **对偶四元数**的副部是代表平移向量的向量四元数与对偶四元数主部的四元数积, 即

$$\begin{aligned} \boldsymbol{Q}_0 &= \frac{1}{2}\boldsymbol{d}\boldsymbol{Q} = \frac{1}{2}(0+\boldsymbol{d})(q_0+\boldsymbol{q}) = \frac{1}{2}(-\boldsymbol{d}\cdot\boldsymbol{q} + q_0\boldsymbol{d} + \boldsymbol{d}\times\boldsymbol{q}) \\ &= q_{00} + \boldsymbol{q}_0 = (q_{00}, q_{01}, q_{02}, q_{03})^{\mathrm{T}} \end{aligned} \tag{4.72}$$

式中, $0+\boldsymbol{d}$ 为向量四元数, 是 $Cl_{0,2}$ 的元素; $q_0+\boldsymbol{q}$ 则为式 (4.63) 给出的对偶四元数的主部。

按照四元数运算规则, 由式 (4.72) 可以导出四元数副部的矩阵形式, 为

$$\boldsymbol{Q}_0 = \begin{pmatrix} q_{00} \\ q_{01} \\ q_{02} \\ q_{03} \end{pmatrix} = \frac{1}{2}\begin{bmatrix} 0 & -d_x & -d_y & -d_z \\ d_x & 0 & -d_z & d_y \\ d_y & d_z & 0 & -d_x \\ d_z & -d_y & d_x & 0 \end{bmatrix}\begin{pmatrix} q_0 \\ q_1 \\ q_2 \\ q_3 \end{pmatrix} = \boldsymbol{H}_s\boldsymbol{Q} \tag{4.73}$$

式中, $\boldsymbol{Q} = (q_0, q_1, q_2, q_3)^{\mathrm{T}}$ 由式 (4.63) 定义。这里再次给出 4×4 反对称矩阵的 Hamilton 算子 $\boldsymbol{H}_s$。

[3]对偶四元数由两个四元数组成, 分别为其主部与副部, 也有称原部与对偶部。

平移向量 $\boldsymbol{d}$ 也可采用反对称矩阵形式表示, 则由式 (4.72), 可得对偶四元数的副部为

$$\begin{aligned}\boldsymbol{Q}_0 &= \frac{1}{2}(-\boldsymbol{d}\cdot\boldsymbol{q} + q_0\boldsymbol{d} + \boldsymbol{d}\times\boldsymbol{q}) \\ &= \frac{1}{2}(-\boldsymbol{d}\cdot\boldsymbol{q} + q_0\boldsymbol{d} + (\boldsymbol{D}\boldsymbol{q}))\end{aligned} \tag{4.74}$$

式中, $\boldsymbol{D}$ 即为反对称矩阵, 为

$$\boldsymbol{D} = [\boldsymbol{d}\times] = \begin{bmatrix} 0 & -d_z & d_y \\ d_z & 0 & -d_x \\ -d_y & d_x & 0 \end{bmatrix} \tag{4.75}$$

将式 (4.75) 中的矩阵 $\boldsymbol{D}$ 代入式 (4.74), 可得对偶四元数的副部, 为

$$\begin{aligned}\boldsymbol{Q}_0 &= \frac{1}{2}(-\boldsymbol{d}\cdot\boldsymbol{q} + q_0\boldsymbol{d} + \boldsymbol{d}\times\boldsymbol{q}) \\ &= \frac{1}{2}\left(-\boldsymbol{d}\cdot\boldsymbol{q}, q_0 d_x + \begin{vmatrix} d_y & d_z \\ q_2 & q_3 \end{vmatrix}, q_0 d_y + \begin{vmatrix} d_z & d_x \\ q_3 & q_1 \end{vmatrix}, q_0 d_z + \begin{vmatrix} d_x & d_y \\ q_1 & q_2 \end{vmatrix}\right)^{\mathrm{T}} \\ &= \frac{1}{2}(-q_1 d_x - q_2 d_y - q_3 d_z, q_0 d_x + q_3 d_y - q_2 d_z, q_0 d_y \\ &\quad + q_1 d_z - q_3 d_x, q_0 d_z + q_2 d_x - q_1 d_y)^{\mathrm{T}}\end{aligned} \tag{4.76}$$

该式也可参考 Bottema 和 Roth (1979) 的著作。$\boldsymbol{Q}_0$ 的四个分量恰为 Study 提出的**胞体模型**的八个齐次坐标的后四个元素 (Study, 1891, 1903, 1913)。在 Study 的研究中, 半角的概念与**七维射影空间**被用来研究刚体运动。七维射影空间的超二次曲面与直线对应的**五维射影空间**的 Klein 二次曲面 (Klein, 1924; Coolidge, 1940) 极为类似。Study 超二次曲面上的点能够描述刚体的包含位置和姿态的全部位姿信息。McAulay (1898) 曾采用对偶四元数描述作用在刚体上的力系及刚体上点的速度分布, 这是应用对偶四元数描述刚体有限位移的最早的尝试。在此基础上, Yang (1963) 以及 Yang 和 Freudenstein (1964) 将四元数应用到空间机构运动学的分析中。

若旋量轴线偏离原点, 如 5.2.2 节定理 5.3 所述, 则平移向量 $\boldsymbol{d}$ 包含两部分, 即由 Rodrigues 参数定义的沿旋量轴线的平移和 5.2.1 节给出的由轴线相对原点的位置向量 $\boldsymbol{r}$ 引起的等效平移 $\boldsymbol{r}_e$ (Dai, 2012)。因此, 平移向量 $\boldsymbol{d}$ 有如下结构:

$$\boldsymbol{d} = (d_x, d_y, d_z)^{\mathrm{T}} = \boldsymbol{r}_e + h\boldsymbol{s} = (\boldsymbol{I} - \boldsymbol{R})\boldsymbol{r} + h\boldsymbol{s} \tag{4.77}$$

式中, hs 是沿旋量轴线的平移, 5.2 节将给出详细说明。由式 (4.72), 对偶四元数的副部可写为

$$\begin{aligned}\boldsymbol{Q}_0 &= \frac{1}{2}(-((\boldsymbol{I}-\boldsymbol{R})\boldsymbol{r})\cdot\boldsymbol{q} - h\boldsymbol{s}\cdot\boldsymbol{q} + q_0((\boldsymbol{I}-\boldsymbol{R})\boldsymbol{r}+h\boldsymbol{s}) + ((\boldsymbol{I}-\boldsymbol{R})\boldsymbol{r})\times\boldsymbol{q} + h\boldsymbol{s}\times\boldsymbol{q})\\ &= \frac{1}{2}(-\sin\frac{\theta}{2}h\boldsymbol{s}\cdot\boldsymbol{s} - \sin\frac{\theta}{2}((\boldsymbol{I}-\boldsymbol{R})\boldsymbol{r})\cdot\boldsymbol{s} + \sin\frac{\theta}{2}h\boldsymbol{s}\times\boldsymbol{s}\\ &\quad + \sin\frac{\theta}{2}((\boldsymbol{I}-\boldsymbol{R})\boldsymbol{r})\times\boldsymbol{s} + q_0((\boldsymbol{I}-\boldsymbol{R})\boldsymbol{r}+h\boldsymbol{s})) \\ &= \frac{1}{2}\left(-\sin\frac{\theta}{2}h - \sin\frac{\theta}{2}((\boldsymbol{I}-\boldsymbol{R})\boldsymbol{r})\cdot\boldsymbol{s} + \sin\frac{\theta}{2}((\boldsymbol{I}-\boldsymbol{R})\boldsymbol{r})\times\boldsymbol{s} + q_0((\boldsymbol{I}-\boldsymbol{R})\boldsymbol{r}+h\boldsymbol{s})\right)\end{aligned} \tag{4.78}$$

考虑 5.2.1 节给出的等效平移 $\boldsymbol{r}_e$, 式 (4.78) 可变换为

$$\begin{aligned}\boldsymbol{Q}_0 &= \frac{1}{2}\left(-\sin\frac{\theta}{2}h - \sin\frac{\theta}{2}\boldsymbol{r}_e\cdot\boldsymbol{s} + \sin\frac{\theta}{2}\boldsymbol{r}_e\times\boldsymbol{s} + q_0(\boldsymbol{r}_e+h\boldsymbol{s})\right)\\ &= -\frac{1}{2}\left(h\sin\frac{\theta}{2} - \frac{1}{2}\sin\frac{\theta}{2}\boldsymbol{r}_e\cdot\boldsymbol{s} + h\cos\frac{\theta}{2}\boldsymbol{s} + \cos\frac{\theta}{2}\boldsymbol{r}_e + \sin\frac{\theta}{2}\boldsymbol{r}_e\times\ \boldsymbol{s}\right)\end{aligned} \tag{4.79}$$

如果旋量轴线通过原点, 则 $\boldsymbol{r}$ 为 $\boldsymbol{0}$, 化简式 (4.79) 得

$$\boldsymbol{Q}_0 = \frac{1}{2}\left(-\sin\frac{\theta}{2}h + q_0h\boldsymbol{s}\right) \tag{4.80}$$

定义 4.19　单位对偶四元数可表示为

$$\widehat{\boldsymbol{Q}} = \boldsymbol{Q} + \varepsilon\boldsymbol{Q}_0 = \boldsymbol{Q} + \varepsilon\frac{1}{2}\boldsymbol{d}\boldsymbol{Q} \tag{4.81}$$

式中, ε 是对偶四元数的对偶单元, 具有 $\varepsilon^2 = 0$ 的特性。

由此, 螺旋运动算子可由对偶四元数构造。当对偶四元数主部 (原部) 为零时, 该算子可以唯一确定纯对偶向量。

推论 4.2　对应于由 Klein 型推导出的线矢量的二阶约束, 对偶四元数可以给出类似的二阶约束方程, 为

$$q_0q_{00} + q_1q_{01} + q_2q_{02} + q_3q_{03} = 0 \tag{4.82}$$

证明　根据定义 4.15, 按照四元数乘法规则, 可得

$$\boldsymbol{Q}_0\boldsymbol{Q}^* = \frac{1}{2}(0+\boldsymbol{d})(q_0+\boldsymbol{q})(q_0-\boldsymbol{q}) = \frac{1}{2}(0+\boldsymbol{d}) \tag{4.83}$$

上式取实部或标量部为零, 即

$$\mathrm{Re}(\boldsymbol{Q}_0\boldsymbol{Q}^*) = 0$$

又按照四元数的计算法则, 其实部为

$$\begin{aligned}\mathrm{Re}(\boldsymbol{Q}_0\boldsymbol{Q}^*) &= \frac{1}{2}\mathrm{Re}((q_{00}+\boldsymbol{q}_0)(q_0-\boldsymbol{q})) = \frac{1}{2}(q_{00}q_0 - \boldsymbol{q}_0\cdot(-\boldsymbol{q}))\\ &= \frac{1}{2}(q_{00}q_0 + \boldsymbol{q}_0\cdot\boldsymbol{q}) = \frac{1}{2}(q_{00}q_0 + q_{01}q_1 + q_{02}q_2 + q_{03}q_3)\end{aligned}$$

这就引出式 (4.82)。推论得证。

根据 **Hamilton 算子** $\boldsymbol{H}_s$ 的反对称特性, 式 (4.82) 可写为

$$\boldsymbol{Q}_0 \cdot \boldsymbol{Q} = (\boldsymbol{H}_s \boldsymbol{Q}) \cdot \boldsymbol{Q} = \boldsymbol{Q}^{\mathrm{T}} \boldsymbol{H}_s^{\mathrm{T}} \boldsymbol{Q} = -\boldsymbol{Q}^{\mathrm{T}} \boldsymbol{H}_s \boldsymbol{Q} = 0 \tag{4.84}$$

因此, Clifford 对偶四元数 (Clifford, 1873) 提供了一种描述运动学的有效方法。

4.7.2 Clifford 代数[4]

对偶四元数可用其退化二次型构造为四维空间中的偶 Clifford 代数。用 $\boldsymbol{e}_1, \boldsymbol{e}_2, \boldsymbol{e}_3$ 和 $\boldsymbol{e}_4$ 表示四维向量空间 $\mathbb{R}^4$ 下的一组正交基, 则 **Clifford 代数**也称**几何代数**, 满足以下基本等式:

$$\boldsymbol{e}_i \boldsymbol{e}_j = -\boldsymbol{e}_j \boldsymbol{e}_i, \quad i \neq j \tag{4.85}$$

与

$$\boldsymbol{e}_i^2 = -1, \quad i = 1, 2, 3, \quad \boldsymbol{e}_4^2 = 0 \tag{4.86}$$

Clifford 代数区别于向量代数的核心在于前者引入了多向量的概念。其中的**双向量**由两个向量做特定的乘法获得, 即

$$\boldsymbol{v}\boldsymbol{w} = \boldsymbol{v} \cdot \boldsymbol{w} + \boldsymbol{v} \wedge \boldsymbol{w} \tag{4.87}$$

式 (4.87) 右边两部分分别满足交换律与反交换律, 即

$$\boldsymbol{v} \cdot \boldsymbol{w} = \boldsymbol{w} \cdot \boldsymbol{v} = \frac{\boldsymbol{v}\boldsymbol{w} + \boldsymbol{w}\boldsymbol{v}}{2} \tag{4.88}$$

$$\boldsymbol{v} \wedge \boldsymbol{w} = -\boldsymbol{w} \wedge \boldsymbol{v} = \frac{\boldsymbol{v}\boldsymbol{w} - \boldsymbol{w}\boldsymbol{v}}{2} \tag{4.89}$$

因此, **几何积**可采用标量积和**楔积**[5] $\wedge$ 表示, 以生成双向量。双向量给定了两向量间的区域, 并且与幅值和方向表示同一方位区域的轴线向量具有几何等效性。Clifford 代数的最大特征是任意向量的二次方均为标量。

设 $\boldsymbol{e}_1, \boldsymbol{e}_2$ 和 $\boldsymbol{e}_3$ 为 $\mathbb{R}^3$ 下的一组单位正交向量, 则三个向量作**Clifford 积**的结果可用式 (4.85) 和式 (4.86) 表示。Hamilton 四元数可由 $Cl_{0,2}$ 构造为 Clifford 代数的子群, 即

$$\boldsymbol{Q} = q_0 + q_1 \boldsymbol{e}_2 \boldsymbol{e}_3 + q_2 \boldsymbol{e}_3 \boldsymbol{e}_1 + q_3 \boldsymbol{e}_1 \boldsymbol{e}_2 \tag{4.90}$$

---

[4] Clifford 代数 (克利福德代数) 又称几何代数 (geometric algebra), 它综合了内积和楔积两种运算, 是对复数、四元数和外代数的推广。

[5] 楔积 (wedge product) 也称外代数积 (exterior product), 是欧几里得几何外代数 (exterior algebra 也称 Grassmann algebra), 用以研究面积、体积和它们高维同类体代数构造的积, 是通用于二维以上任何维数空间的向量积。

取 $\boldsymbol{e}_1,\boldsymbol{e}_2,\boldsymbol{e}_3$ 和 $\boldsymbol{e}_4$ 为一组单位正交基，对偶四元数也可构造为 Clifford 代数的 $Cl_{0,3}$ 的子群，为

$$\widehat{\boldsymbol{Q}}=q_0+q_1\boldsymbol{e}_2\boldsymbol{e}_3+q_2\boldsymbol{e}_3\boldsymbol{e}_1+q_3\boldsymbol{e}_1\boldsymbol{e}_2+q_{00}\boldsymbol{e}_1\boldsymbol{e}_2\boldsymbol{e}_3\boldsymbol{e}_4+q_{01}\boldsymbol{e}_4\boldsymbol{e}_1+q_{02}\boldsymbol{e}_4\boldsymbol{e}_2+q_{03}\boldsymbol{e}_4\boldsymbol{e}_3 \tag{4.91}$$

Clifford 代数的基本元素同四元数的基本元素 $\boldsymbol{i}$、$\boldsymbol{j}$、$\boldsymbol{k}$ 以及对偶单元 ε 之间有着特定的映射关系，即

$$\boldsymbol{i}=\boldsymbol{e}_2\boldsymbol{e}_3,\quad \boldsymbol{j}=\boldsymbol{e}_3\boldsymbol{e}_1,\quad \boldsymbol{k}=\boldsymbol{e}_2\boldsymbol{e}_3,\quad \varepsilon=\boldsymbol{e}_1\boldsymbol{e}_2\boldsymbol{e}_3\boldsymbol{e}_4$$

与

$$\boldsymbol{i}\varepsilon=\boldsymbol{e}_4\boldsymbol{e}_1,\quad \boldsymbol{j}\varepsilon=\boldsymbol{e}_4\boldsymbol{e}_2,\quad \boldsymbol{k}\varepsilon=\boldsymbol{e}_4\boldsymbol{e}_3 \tag{4.92}$$

可见对偶四元数是 Clifford 偶子代数的一个子群，由定义 4.14 可写为式 (4.81)。子群对 Clifford 代数空间元素的运算将采用第五章提及的共轭运算完成。与 Clifford 代数和 Clifford 群相关的文献还可参考 McCarthy (1990)、Selig (2005)、Garling (2011) 等人的著作。

4.8 经典位移算子的内在关联

经典位移算子始于式 (4.33) 所示的 Rodrigues 三参数，它采用旋转角半角构造了描述旋转运动轴线的 Rodrigues 向量。Rodrigues 由此入手，构建了描述位移的 Rodrigues 方程。基于旋转角半角的概念可以构造式 (4.50) 描述旋转运动的 Euler-Rodrigues 方程。之后，Cayley 采用由 Rodrigues 参数构成的式 (4.40) 反对称矩阵推导出基于式 (4.57) 的 Cayley 方程，以建立正交矩阵。需要强调的是，Rodrigues 方程包括了一般运动描述方程 (Bottema 和 Roth, 1979; Dai, 2006, 2015, 2019)。关于运动的平移分量的研究始于式 (4.43) 所示的一般螺旋运动的 Rodrigues 方程。由此，Rodrigues 揭示了运动中的平移的实质，并将运动从产生运动的力系中分离出来。

另一条发展主线始于基于式 (4.63) Rodrigues 四元数的 Euler-Rodrigues 四参数。这四个参数的使用又推动了式 (4.71) 所示的旋转运动的 Euler-Rodrigues 方程的继 Euler (1775) 的再发现。四元数已经被证实其在旋转运动研究中的优势。Clifford 在此基础上提出了式 (4.81) 所示的对偶四元数，使得四元数理论可以用于处理包含平移与旋转的一般位移。对偶四元数的主部为式 (4.63) 给出的由 Euler-Rodrigues 参数构成的四元数，副部是四元数积；该四元数积由式 (4.77) 的平移向量与式 (4.63) 所示的主部组成。已在式 (4.73) 证实，对偶四元数的副部可用 Hamilton 算子表示，其给出了对偶四元数的二阶约束，如式 (4.82)。图 4.7 给出了 19 世纪至 20 世纪初期间上述经典算子的发展历程。第五章将揭示它们的现代形式以及与李群和李代数的关联。

经典算子间的内在关联关系与发展历史年代如图 4.7 所示。

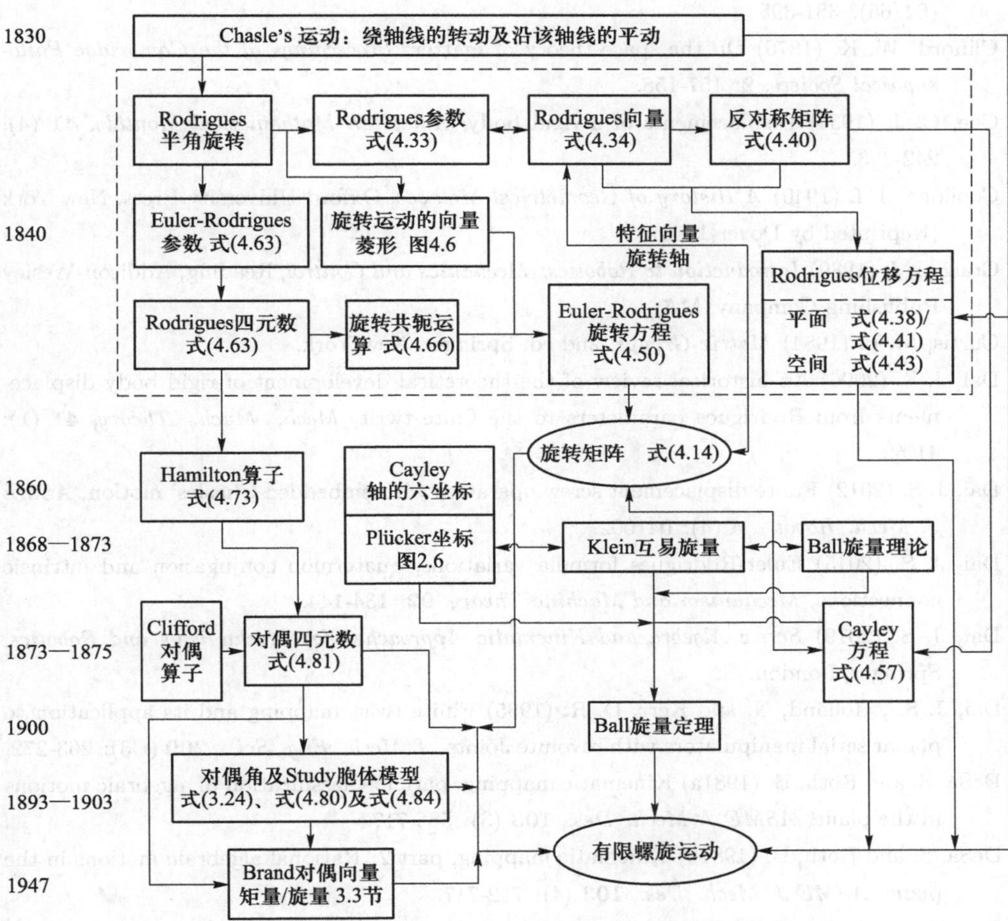

图 **4.7** 经典算子间的内在关联关系与发展历史年代

参考文献

Angeles, J. (1989) *Rotational Kinematics*, Springer, New York.

Baker, A (2006), *Matrix Groups: An Introduction to Lie Group Theory*, Springer, London.

Ball, R. S. (1876) *Theory of Screws: A Study in the Dynamics of a Rigid Body*, Hodges, Foster, and Co. , Dublin.

Bisshopp, K. E. (1969) Rodrigues' formula and the screw matrix, *ASME, J. Eng. Ind.* , **91** (1): 179-185.

Bottema, O. and Roth, B. (1979) *Theoretical Kinematics*, North-Holland Series in Applied Mathematics and Mechanics, North-Holland, Amsterdam.

Cayley, A. (1845) On certain results relating to quaternions, *Phil. Mag.* , **26** (171): 141-145.

Chirikjian, G. S. (2011) *Stochastic Models, Information Theory, and Lie Groups, Volume 2: Analytic Methods and Modern Applications*, Birkhäuser, Boston.

Clifford, W. K. (1873) Preliminary sketch of bi-quaternions, *Proc. London Math Society*, **4** (64/65): 381-395.

Clifford, W. K. (1876) On the space-theory of matter, *Proceedings of the Cambridge Philosophical Society*, **2**: 157-158.

Coe, C. J. (1934) Displacements of a rigid body, *American Mathematical Monthly*, **41** (4): 242-253.

Coolidge, J. L (1940) *A History of Geometrical Methods*, Oxford University Press, New York (Reprinted by Dover 1963).

Craig, J. J. (1989) *Introduction to Robotics: Mechanics and Control*, Reading, Addison-Wesley Publishing Company, MA.

Curtis, M. L. (1984) *Matrix Groups*, 2nd ed, Springer, New York.

Dai, J. S. (2006) An historical review of the theoretical development of rigid body displacements from Rodrigues parameters to the finite twist, *Mech. Mach. Theory*, **41** (1): 41-52.

Dai, J. S. (2012) Finite displacement screw operators with embedded Chasles' motion, *ASME J. Mech. Robot.* , **4** (4): 041002.

Dai, J. S. (2015) Euler-Rodrigues formula variations, quaternion conjugation and intrinsic connections, *Mechanism and Machine Theory*, **92**: 134-144.

Dai, J. S. (2019) *Screw Algebra and Kinematic Approaches for Mechanisms and Robotics*, Springer, London.

Dai, J. S. , Holland, N. and Kerr, D. R. (1995) Finite twist mapping and its application to planar serial manipulators with revolute Joints, *J. Mech. Eng. Sci.* , **209** (C3): 263-272.

DeSa, S. and Roth, B. (1981a) Kinematic mapping, part 1: Classification of algebraic motions in the plane, *ASME J. Mech. Des.*, **103** (3): 585-717.

DeSa, S. and Roth, B. (1981b) Kinematic mapping, part 2: Rational algebraic motions in the plane, *ASME J. Mech. Des.*, **103** (4): 712-717.

Dieudonné, J. (1955) *La géométrie des groupesclassiques, Ergebnisse der Mathematik und ihrerGrenzgebiete*, Springer-Verlag, Berlin and New York.

Dieudonné, J. (1960) 典型群的几何学, 万哲先, 译, 科学出版社, 北京.

Dimentberg, F. M. (1950) *The Determination of the Positions of Spatial Mechanisms*, Izdat, Akad, Moscow, USSR.

Euler, L. (1775) Nova methodus motum corporum rigidorum determinandi, *Novi Commentari Academiae Scientiarum Imperialis Petropolitanae*, **20**: 208-238.

Eves, H. (1980) *Elementary Matrix Theory*, Dover, New York, USA.

Gan, D., Liao, Q., Wei, S, Dai, J. S. and Qiao, S. (2008) Dual quaternion-based Inverse kinematics of the general spatial 7R mechanism, *J. Mech. Eng. Sci.*, **222** (8): 1593-1598.

Garling, D. J. H. (2011) *Clifford Algebras: An Introduction*, Cambridge University Press.

Ge, Q. and McCarthy, J. M. (1988) Classification of the image curves of spherical four-bar linkages, *Proc. ASME Mech. Conf.*, Sept. 25-28, Kissimmee, FL, 13-18.

Ge, Q. J., Varshney, A., Menon, J. P. and Chang, C. F. (1998) Double quaternions for motion interpolation, *Proc. of the ASME DETC*, Sept. 13-16, Atlanta, GA.

Gibbs J. W. (1901) *Vector Analysis: A Text-book for the Use of Students of Mathematics and Physics, Founded upon the Lectures of J. Willard Gibbs*, Yale University Press.

Grattan-Guinness I. (1997) *The Fontana History of the Mathematical* Sciences, Fontana Press, An Imprint of HarperCollins Publishers.

Gu, Y. L. and Luh, J. Y. S. (1987) Dual-number transformation and its applications to robotics, *IEEE J. Rob. Auto.*, **3** (6): 615-623.

Halmos, P. R. (1947) *Finite Dimensional Vector Spaces*, Princeton University Press.

Hamilton, W. R. (1866) *Elements of Quaternions, Longman*, Green & Co., London; reprinted by Chelsea Press, 1969.

Heard W. B. (2006) *Rigid Body Mechanics: Mathematics, Physics and Applications*, Wiley-VCH, Weinheim.

Hervé, J. M. (1999) The Lie group of rigid body displacements, a fundamentaltool for mechanism design, *Mech. Mach. Theory*, **34** (5): 719-730.

Hervé, J. M. (2009) Conjugation in the displacement group and mobility in mechanisms, *Trans. Can. Soc. Mech. Eng.* **33**: 3-14.

Huang, C. (1995) On the finite screw system of the third order associated with a revolute-revolute chain, *ASME J. Mech. Des.*, **116** (3): 875-883.

Huang, C. (1997) The cylindroid associated with finite motion of the Bennett mechanism, *ASME J. Mech. Des.*, **119** (4): 521-524.

Hunt, K. H. (1978) *Kinematic Geometry of Mechanisms*, Clarendon Press, Oxford, UK.

Hunt, K. H. and Parkin, I. A. (1995) Finite displacements of points, planes, and lines via screw theory, *Mech. Mach. Theory*, **30** (2): 177-192.

Kecskeméthy, A. (2004) Lie-Group first-order operations in rigid-body kinematics, *Advances in Robot Kinematics*, Lenarčič, J. and Galletti, C. (eds.), Springer, Netherlands, 57-66.

Klein, F. (1924) *Elementary Mathematics from an Advanced Standpoint: Geometry*, Reprinted in 1939, Dover Publications Inc.

Li, H. (1997) Hyperbolic geometry with Clifford algebra, *Acta Appl. Math.*, **48** (3): 317-358

Li, Q. C., Huang, Z. and Hervé, J. M. (2004) Type synthesis of 3R2T 5-DOF parallel mechanisms using the Lie group of displacements, *IEEE Transactions on Robotics and Automation*, **20** (2): 173-180.

Maxwell, E. A. (1951) *General Homogeneous Coordinates in Space of Three Dimensions*, Cambridge University Press, Cambridge.

McAulay, A. (1898) *Octonion: A development of Clifford's Bi-quaternions*, Cambridge University Press.

McCarthy, J. M. (1990) *An Introduction to Theoretical Kinematics*, The MIT Press, London.

McMahon, C. and Browne, J. (1998) *CADCAM: Principles, Practice and Manufacturing Management*, Addison-Wesley, New York.

Murray, R. M. , Li, Z. and Sastry, S. S. (1994) *A Mathematical Introduction to Robotic Manipulation*, CRC Press, New York.

Park, F. C. (1991) *The Optimal Kinematic Design of Mechanisms*, PhD Thesis, Division of Engineering and Applied Sciences, Harvard University, Cambridge, MA.

Parkin, I. A. (1990) Coordinate transformations of screws with applications to screw systems and finite twists, *Mech. Mach. Theory*, **25** (6): 689-699.

Porteous, I. R. (1981) *Topological Geometry*, Cambridge University Press, Cambridge.

Ravani, B. and Roth, B. (1984) Mappings of spatial kinematics, *ASME J. Mech. Trans. Autom. Des.*, **106** (3): 341-347.

Ravani, B. and Roth, B. (1984) Mappings of spatial kinematics, *ASME J. Mech. Trans. Auto. in Des.*, **106** (3): 341-347.

Rodrigues, O. (1840) Des lois géométriques qui régissent les déplacements d'un systéme solide dans l'espace, et de la variation des coordonnées provenant de ces déplacements considérés indépendamment des causes qui peuvent les produire. *Journal de Mathématiques*, **5**: 380-440.

Rooney, J. (1977) A survey of representations of spatial rotation about a fixed point, *Environment and Planning B*, **4**: 185-210.

Rooney, J. (1978) A comparison of representations of general spatial screw displacement, *Environment and Planning B*, **5**: 45-88.

Rooney, J. (2009) Aspects of Clifford algebra for screw theory, *Computational Kinematics: Proc of 5th International Workshop on Computational Kinematics*, Kecskeméthy, A. and Müller, A. (eds.), 190-200.

Roth, B. (1967) On the screw axes and other special lines associated with spatial displacements of a rigid body, *Journal of Engineering for Industry*, **89** (1): 102-110.

Sandor, G. N. (1968) Principles of a general quaternion operator method of spatial kinematic synthesis, *ASME J. Appl. Mech.*, **35** (1): 40-46.

Selig, J. M. (2005) *Geometric Fundamentals of Robotics*, Springer, New York.

Shilov, G. E. (1974) *An Introduction to the Theory of Linear Spaces* (Trans. by Silverman, R. A.), Dover Publications, New York.

Smith, G. (1998) *Introductory Mathematics: Algebra and Analysis*, Springer, London.

Study, E. (1891) Von den Bewegungen und Umlegungen, *Mathematische. Annalen*, **39** (4): 441-565.

Study, E. (1903) Die geometrie der dynamen, *Zeitschrift für mathematischen und naturwissenschaftlichen Unterricht*, Leipzig, **35**: 470-483.

Study, E. (1913) Grundlagen und ziele der analytischen kinematik, *Sitzungs-berichte der Berliner Math. Gesellschaft*, **12**: 36-60.

Tsai, L. W. and Roth, B. (1973) Incompletely specified displacements: Geometry and spatial linkage synthesis, *ASME J. Eng. Ind.* , **95** (B): 603-611.

Varadarajan, V. S. (1984) *Lie Groups, Lie Algebras, and Their Representations*, Springer-Verlag, New York.

Veldkamp, G. R. (1976) On the use of dual numbers, vectors, and matrices in instantaneous spatial kinematics, *Mech. Mach. Theory*, **11** (2): 141-156.

Woods, F. S. (1922) *Higher Geometry: An Introduction to Advanced Methods in Analytic Geometry*, Ginn and Company, New York.

Yang, A. T. (1963) *Application of Quaternion Algebra and Dual Numbers to the Analysis of Spatial Mechanisms*, PhD Dissertation, Columbia University, New York City.

Yang, A. T. (1969a) Displacement analysis of spatial five link mechanisms using 3x3 matrices with dual number elements, *ASME J. Eng. for Ind.*, **91** (1): 152-156.

Yang, A. T. (1969b) Analysis of an offset unsymmetric gyroscope with oblique rotor using 3×3 matrices with dual number elements, *ASME J. Eng. for Ind.*, **91** (3): 535-542.

Yang, A. T. and Freudenstein, F. (1964) Application of dual-number quaternion algebra to the analysis of spatial mechanisms, *ASME J. Appl. Mech.* , **86** (2): 300-309.

郝矿荣, 丁永生 (2011) 机器人几何代数模型与控制, 科学出版社, 北京.

李洪波 (2003) Clifford 代数, 几何计算和几何推理, 数学进展, **32** (4): 405-415.

廖启征, 倪振松 (2009) 四元数的复数形式及其在 6R 机器人反解中的应用, 系统科学与数学, **29** (9): 1286-1296.

万哲先 (2004) 代数导引, 科学出版社, 北京.

吴文俊 (1984) 几何定理机器证明的基本原理, 科学出版社, 北京.

许以超 (2001) 李群和Hermite对称空间, 科学出版社, 北京.

严志达, 许以超 (1983) 李群及其李代数, 高等教育出版社, 北京.

第五章　$SE(3)$ 伴随作用的有限位移旋量

有限位移旋量的运算可采用具有李群 $SE(3)$ 伴随作用的有限位移旋量矩阵表示。李群 $SE(3)$ 是全部可用有限位移旋量矩阵表示的低维群的半直积。作为李群的伴随表示, 有限位移旋量矩阵具有 3×3 对偶矩阵形式和 6×6 矩阵形式, 可用来描述刚体运动即 Chasles 运动的旋转和平移。刚体的所有有限运动和微小运动均可等效为绕轴线的旋转与沿该轴线的平移。这就是旋量理论 (Ball, 1900) 的两大基础理论之一 (Chasles, 1830; Coolidge, 1963), 即我们所熟知的有限螺旋位移理论。任意合成有限位移旋量均可由旋转角、旋转轴线的位姿以及旋距或者沿该轴线平移的距离确定。该旋转角是唯一确定的, 其变化范围一般限制在 $[-\pi,\pi]$。旋转矩阵 (Altmann, 1986) 可采用如式 (4.40) 所示具有 Rodrigues 参数的反对称矩阵的 Cayley 公式构建, 见式 (4.57)。

运用矩阵算子研究空间机构可以追溯到 20 世纪 50 年代至 60 年代 Dimentberg(1948,1960,1965) 与 Denavit 和 Hartenberg (1955) 的研究。20 世纪 60 年代至 70 年代初,Yang 和 Freudenstein (1964) 通过用对偶四元数左乘对偶线矢量提出了有限位移旋量算子, 进而得到描述空间机构的对偶四元数。Woo 和 Freudenstein (1970) 在研究刚体运动过程中提出了一个代数公式, 即运用直线几何的概念构建了含有 3×3 反对称平移矩阵的 6×6 矩阵。这些成果在该领域的研究中具有里程碑意义。在此基础上, Yuan 和 Freudenstein (1971) 成功地采用代数形式对有限螺旋运动进行了描述。Bottema 和 Roth (1979) 对有限螺旋运动进行了更加深入的研究。完成直线位移的对偶矩阵被 Pennock 和 Yang (1985) 用来解决机器人中的运动学逆解问题, 也被 Ravani、Roth (1984) 和 McCarthy (1986) 用来研究空间运动的位移瞬轴面。位移算子的全面研究由 McCarthy (1990) 阐述, 而对空间旋转和一般螺旋位移表述的回顾由 Rooney (1977, 1978) 展开, 这些研究的历史回顾由 Dai (2006) 展开。

Samuel、McAree 和 Hunt (1991) 通过使用正交矩阵的不变量以及旋量几何与欧氏群矩阵表达的等效性, 揭示了旋量几何与对偶正交矩阵之间的关系。Dai、Holland 和 Kerr (1995) 揭示了初始参考位姿对有限位移旋量矩阵副部 (即非对角线上子矩阵) 的影响, 提出基于李群作用的一系列有序的有限位移旋量运算, 以描述机构末端杆件的运动。这一时期, Parkin (1997) 提出了作用于 Chasles 轴线上的特征旋量, Hunt 和 Parkin (1995) 对关联性位移进行了研究,Huang 和 Roth (1994) 给出了有限位移旋量系统的解析表示。这种有限位移旋量也叫位移旋量, 与 Huang 等 (Huang、Kuo 和 Ravani, 2010) 将直线与线列的一般直线位移相结合所提出的直线系统的几何特性有关。Zarrouk 和 Shoham (2011) 采用一个已知运动轴线和角位移的复合运动的纯向量分析法进一步分析上述连续螺旋运动。这种关联机构运动的有限位移旋量系统被 Perez-Gracia (2011) 用来描述一组有限任务位置的综合。可以注意到, 用来描述机构活动度 (Dai、Huang 和 Lipkin, 2004, 2006; Yu 等, 2011; Su, 2011)、机构拓扑构型 (Gan、Dai 和 Liao, 2010; Gan、Dai 和 Caldwell, 2011; Zhang、Dai 和 Fang, 2010) 以及几何误差 (Liu、Huang 和 Chetwynd, 2011) 的旋量是有限位移旋量, 可描述整周运动。其对应的位移子群由 Lee 和 Hervé (2011) 用来研究产生 Schoenflies 运动的等约束并联机构。Chirikjian 和 Kyatkin (2001) 将其应用到了更为广泛的工程领域, 包括串联机器人和多肽链中 (Lee、Wang 和 Chirikjian, 2007)。Müller 和 Terze (2009) 与 Müller (2011, 2012) 用其研究了运动循环。Aspragathos 和 Dimitros (1998) 与 Suleyman (2007) 运用由对偶四元数代数推导出的 4×4 齐次矩阵对机器人的运动学方程进行了研究。这些矩阵对应于 Hervé (1978) 提出的运动副的位移子群概念, 并被 Chen (2010) 用来研究并联机器人机构的活动度。这种有限位移旋量及其与李群的关联关系由 Dai (2012) 作了全面的分析。

研究实践表明, 有限位移旋量矩阵是刚体位移的算子, 为空间机构分析与综合提供了有力的工具。

5.1 有限位移旋量算子与 $SE(3)$ 的伴随表示

5.1.1 Chasles 运动、李群 $SE(3)$ 与有限位移旋量矩阵

Chasles (1830) 的研究工作早于 Lie 对连续元素群的研究 (1888—1893 年)。Chasles 指出, 刚体运动均可看作有限螺旋运动, 包括绕轴线的旋转和沿该轴线的平移。

刚体位移可视为“定向平面上的有向线段上的点”的三合体的位移, 也可将刚体运动视为直线及直线外一点的运动, 可以由三维空间内的刚体位移群的特殊欧氏

群 $SE(3)$ 描述。

定义 5.1　特殊欧氏群 $SE(3)$ 是三维空间仿射群 $Aff(3)$ 的闭合子群, 为李群, 可以表示为特殊正交群 $SO(3)$ 与位移群 $T(3)$ 的半直积。

$SE(3)$ 不是欧氏空间, 而是流形, 又是常规的欧氏运动群。在古典机械学中, $SE(3)$ 常被用来研究刚体运动学, 既是有代数运算功能的代数结构, 又是有连续函数作用的拓扑结构的数学实体, 即**拓扑群**。因此, 刚体运动是**仿射映射**, 映射为欧氏群内的曲线。虽然齐次变换算子运用仿射变换矩阵包括了一般运动的旋转和平移, 齐次变换算子只能完成点位移的运算。

直线在空间的位移由两点的位移描述, 刚体的位移可由不在一条直线上的三点描述, 有效的方法是采用旋量位移算子。旋量位移算子以 3×3 对偶正交矩阵的形式或 6×6 矩阵的形式表示。其中, 采用 3×3 对偶矩阵形式, **有限位移旋量矩阵**可表示为

$$\boldsymbol{R} + \varepsilon \boldsymbol{A}\boldsymbol{R} \tag{5.1}$$

式中, 矩阵 $\boldsymbol{R}$ 为**对偶矩阵**的主部, 也是从属于李群的特殊正交群 $SO(3)$; 矩阵 $\boldsymbol{AR}$ 为对偶矩阵的副部; 矩阵 $\boldsymbol{A}$ 为反对称矩阵, 起着平移作用, 其元素由平移向量得来, 即

$$\boldsymbol{A} = \begin{bmatrix} 0 & -d_z & d_y \\ d_z & 0 & -d_x \\ -d_y & d_x & 0 \end{bmatrix} = [\boldsymbol{d}\times] \tag{5.2}$$

该矩阵完成旋转轴线位置的改变, 由平移向量 $\boldsymbol{d}$ 表示。对偶矩阵也可变换为 6×6 有限位移旋量矩阵形式 (Woo 和 Freudenstein, 1970), 以其分块矩阵形式表示

$$\boldsymbol{N} = \begin{bmatrix} \boldsymbol{R} & \boldsymbol{0} \\ \boldsymbol{AR} & \boldsymbol{R} \end{bmatrix} \tag{5.3}$$

类似于对偶正交矩阵, 在该 6×6 位移矩阵算子的分块矩阵形式中, $\boldsymbol{R}$ 为**主部**, 也称**对角线部**, 本书后续章节中统一称为主部; $\boldsymbol{AR}$ 称为**副部**或**非对角线部**, 本书后续章节统一称为副部。将上式所示的有限位移旋量矩阵作用于式 (3.2) 所示的任意旋量, 并考虑式 (5.2), 可得

$$\boldsymbol{S}' = \boldsymbol{NS} = \begin{bmatrix} \boldsymbol{R} & \boldsymbol{0} \\ \boldsymbol{AR} & \boldsymbol{R} \end{bmatrix} \begin{pmatrix} \boldsymbol{s} \\ \boldsymbol{s}_0 \end{pmatrix} = \begin{pmatrix} \boldsymbol{Rs} \\ \boldsymbol{ARs} + \boldsymbol{Rs}_0 \end{pmatrix} = \begin{pmatrix} \boldsymbol{Rs} \\ [\boldsymbol{d}\times]\boldsymbol{Rs} + \boldsymbol{Rs}_0 \end{pmatrix} \tag{5.4}$$

以上运算也可采用对偶正交矩阵完成。不同的是, 运算过程中的旋量采用如式 (3.29) 表示的 3×1 对偶向量形式。

5.1.2 李群伴随算子 Ad(g) 与伴随作用

定义 5.2 Ad(g) 为**李群伴随算子**, 对其自身或李代数产生伴随作用。

注释 5.1 Ad(g) 本身是一个矩阵, 也是李群元素。在 $SO(3)$ 可写为矩阵 $\boldsymbol{R}$, 在 $SE(3)$ 可写为 4×4 的矩阵 $\boldsymbol{H}$ 或 6×6 的矩阵 $\boldsymbol{N}$。

定义 5.3 设李代数矩阵向量空间元素为 $\boldsymbol{X}$, 其李群算子作用于该李代数元素的伴随作用为共轭运算, 即

$$\mathrm{Ad}(g)\boldsymbol{X}=g\boldsymbol{X}g^{-1}$$

定义 5.4 设李代数 $se(3)$ 的六维向量形式元素为 $\boldsymbol{S}$, 其李群算子作用于该李代数元素的伴随作用为左作用, 即

$$\mathrm{Ad}(g)\boldsymbol{S}=\boldsymbol{N}\boldsymbol{S}$$

定义 5.5 李群对自身或其李代数矩阵表示的伴随作用为共轭, 对其李代数向量形式元素的伴随作用通过左作用完成。

5.1.3 李群 $SE(3)$ 的标准表示与伴随表示以及 Euler-Rodrigues 运动公式

李群 $SE(3)$ 有标准表示与伴随表示两种。作用于李代数的群称为群的**伴随作用**, 也称**伴随表示**。

1. 李群 $SE(3)$ 的标准 4×4 表示与 Euler-Rodrigues 运动公式

基于 3.9.4 节式 (3.101) 的李代数标准表示, 由指数映射可得李群 $SE(3)$ 的标准 4×4 表示, 如下式所示:

$$\boldsymbol{H}=e^{\theta\boldsymbol{E}}=\boldsymbol{I}+\sin\theta\boldsymbol{E}+(1-\cos\theta)\boldsymbol{E}^2=\begin{bmatrix}\boldsymbol{R} & \boldsymbol{d}\\ \boldsymbol{0}^{\mathrm{T}} & 1\end{bmatrix}$$

式中, $\boldsymbol{E}$ 如式 (3.101); $\boldsymbol{R}\in SO(3), \boldsymbol{d}\in\mathbb{R}^3$。李群 $SE(3)$ 的 4×4 标准表示也称**标准伴随作用**, 与式 (4.7) 所示的仿射变换矩阵相同。

注释 5.2 上式给出了 Euler-Rodrigues 运动公式, 即一般螺旋运动公式。

定理 5.1 对李代数 $se(3)$ 的标准 4×4 表示做指数映射, 可得到李群 $SE(3)$ 的标准 4×4 表示, 与定义 4.4 给出的仿射群 $Aff(3)$ 同构。

2. 李群的 6×6 伴随表示

定义 5.6 **伴随表示**也称**伴随作用**, 是李群 G 的自同态, 表示为

$$\mathrm{Ad}: G\to GL(g)$$

李群对李代数的伴随作用见定义 5.5, 详情请见 5.7 节。

上节中给出的有限位移旋量矩阵是 $SE(3)$ 的伴随表示, 从注释 5.1 可知, 其也为李群元素, 以分块矩阵形式出现

$$\mathrm{Ad}(g)=\boldsymbol{N}=\begin{bmatrix}\boldsymbol{R} & \boldsymbol{0}\\ \boldsymbol{A}\boldsymbol{R} & \boldsymbol{R}\end{bmatrix}\tag{5.5}$$

式中, 映射 $\mathrm{Ad}(g)$: $\mathbb{R}^6\to\mathbb{R}^6$ 为 $SE(3)$ 对采用射线坐标的李代数 $se(3)$ 的伴随作用。$SE(3)$ 对采用轴线坐标的李代数 $se(3)$ 的伴随作用为

$$\mathrm{Ad}(g)=\begin{bmatrix}\boldsymbol{R} & \boldsymbol{A}\boldsymbol{R}\\ \boldsymbol{0} & \boldsymbol{R}\end{bmatrix}\tag{5.6}$$

注释 5.3 李群 $SE(3)$ 对采用射线坐标的李代数的伴随作用的逆矩阵是对采用轴线坐标的李代数的伴随作用的转置。

由分块矩阵求逆, 式 (5.3) 所示的 6×6 矩阵 $\boldsymbol{N}$ 的逆矩阵可写为

$$\boldsymbol{N}^{-1}=\begin{bmatrix}\boldsymbol{R} & \boldsymbol{0}\\ \boldsymbol{A}\boldsymbol{R} & \boldsymbol{R}\end{bmatrix}^{-1}=\begin{bmatrix}\boldsymbol{R}^{-1} & \boldsymbol{0}\\ -\boldsymbol{R}^{-1}(\boldsymbol{A}\boldsymbol{R})\boldsymbol{R}^{-1} & \boldsymbol{R}^{-1}\end{bmatrix}$$

由式 (4.2) 可得

$$\boldsymbol{N}^{-1}=\begin{bmatrix}\boldsymbol{R}^{\mathrm{T}} & \boldsymbol{0}\\ -\boldsymbol{R}^{\mathrm{T}}\boldsymbol{A} & \boldsymbol{R}^{\mathrm{T}}\end{bmatrix}\tag{5.7}$$

进一步, 由式 (5.7) 可知, 有限位移旋量矩阵是可逆阵。同时, 该矩阵的行列式为

$$\det\boldsymbol{N}=\det\begin{bmatrix}\boldsymbol{R} & \boldsymbol{0}\\ \boldsymbol{A}\boldsymbol{R} & \boldsymbol{R}\end{bmatrix}=\det\boldsymbol{R}\det\boldsymbol{R}=1\tag{5.8}$$

由此, 有限位移旋量矩阵 $\boldsymbol{N}$ 是行列式为 1 的可逆矩阵, 属于一般线性群 $GL(3)$ 子群, 即特殊线性群 $SL(3)$。

李群对李代数的伴随作用将在 5.7 节中进一步阐述。

5.1.4 李群 $SE(3)$ 元素的 6×6 有限位移旋量矩阵

定理 5.2 6×6 有限位移旋量矩阵是李群 $SE(3)$ 中的一个元素。

证明 对照公理 4.1, 证明如下。

首先, 封闭性公理可用下列二元运算来证实, 若 $\boldsymbol{N}_1$, $\boldsymbol{N}_2\in SE(3)$, 则 $\boldsymbol{N}_1\boldsymbol{N}_2\in SE(3)$。这里, 二元运算经常只是将两个元素并列给出而没有特别的符号。

具体过程如下:

$$
\begin{aligned}
\boldsymbol{N}_1\boldsymbol{N}_2 &= \begin{bmatrix} \boldsymbol{R}_1 & \boldsymbol{0} \\ \boldsymbol{A}_1\boldsymbol{R}_1 & \boldsymbol{R}_1 \end{bmatrix}\begin{bmatrix} \boldsymbol{R}_2 & \boldsymbol{0} \\ \boldsymbol{A}_2\boldsymbol{R}_2 & \boldsymbol{R}_2 \end{bmatrix} \\
&= \begin{bmatrix} \boldsymbol{R}_1\boldsymbol{R}_2 & \boldsymbol{0} \\ \boldsymbol{A}_1\boldsymbol{R}_1\boldsymbol{R}_2 + \boldsymbol{R}_1\boldsymbol{A}_2\boldsymbol{R}_2 & \boldsymbol{R}_1\boldsymbol{R}_2 \end{bmatrix} \\
&= \begin{bmatrix} \boldsymbol{R}_1\boldsymbol{R}_2 & \boldsymbol{0} \\ (\boldsymbol{A}_1 + \boldsymbol{R}_1\boldsymbol{A}_2\boldsymbol{R}_1^{\mathrm{T}})\boldsymbol{R}_1\boldsymbol{R}_2 & \boldsymbol{R}_1\boldsymbol{R}_2 \end{bmatrix}
\end{aligned} \tag{5.9}
$$

和

$$
(\boldsymbol{N}_1\boldsymbol{N}_2)^{-1} = \begin{bmatrix} \boldsymbol{R}_2^{\mathrm{T}}\boldsymbol{R}_1^{\mathrm{T}} & \boldsymbol{0} \\ -\boldsymbol{R}_2^{\mathrm{T}}\boldsymbol{R}_1^{\mathrm{T}}(\boldsymbol{A}_1 + \boldsymbol{R}_1\boldsymbol{A}_2\boldsymbol{R}_1^{\mathrm{T}}) & \boldsymbol{R}_2^{\mathrm{T}}\boldsymbol{R}_1^{\mathrm{T}} \end{bmatrix}
$$

则有

$$
\boldsymbol{N}_1\boldsymbol{N}_2(\boldsymbol{N}_1\boldsymbol{N}_2)^{-1} = \boldsymbol{I} \tag{5.10}
$$

进一步推导, 得

$$
\det(\boldsymbol{N}_1\boldsymbol{N}_2) = \det\boldsymbol{N}_1\det\boldsymbol{N}_2 = 1 \tag{5.11}
$$

可见, 上述两方程满足封闭性公理, 即 $\boldsymbol{N}_1\boldsymbol{N}_2 \in SE(3)$。

其次, 单元公理可以从式 (5.10) 和式 (5.11) 看出, 存在 6×6 单位矩阵 $\boldsymbol{I} \in SE(3)$, 使得任意有限位移旋量矩阵 $\boldsymbol{N} \in SE(3)$ 均满足 $\boldsymbol{NI} = \boldsymbol{IN} = \boldsymbol{N}$。

再次, 可逆性公理可以从式 (5.5) 和式 (5.7) 看出

$$
\boldsymbol{N}\boldsymbol{N}^{-1} = \boldsymbol{N}^{-1}\boldsymbol{N} = \boldsymbol{I} \tag{5.12}
$$

因而, 存在任意伴随表示 $\boldsymbol{N}$ 的逆为

$$
\boldsymbol{N}^{-1} \in SE(3) \tag{5.13}
$$

最后, 群 $SE(3)$ 运算的结合律可由矩阵运算的结合律得出, 即

$$
\boldsymbol{N}_1(\boldsymbol{N}_2\boldsymbol{N}_3) = (\boldsymbol{N}_1\boldsymbol{N}_2)\boldsymbol{N}_3 \tag{5.14}
$$

进而, 对照公理 4.2, 其封闭性与结合律得出的矩阵与原有矩阵同构, 是可微分的。其逆也可微。其二元运算和逆均为拓扑的连续函数。由此, 定理得证, 即所有 6×6 矩阵 $\boldsymbol{N}$ 的集合构成李群 $SE(3)$, 单位元为 6×6 单位矩阵 $\boldsymbol{I}$。

李群 $SE(3)$ 是拓扑群, 群运算为矩阵乘法。类似于对偶正交矩阵, 表述于 5.1.1 节的有限位移旋量矩阵中的矩阵 $\boldsymbol{R}$ 是 6×6 旋量矩阵的主部, 矩阵 $\boldsymbol{AR}$ 为副部, 采用对偶正交矩阵或 6×6 旋量矩阵均可表示对线矢量先旋转后平移的作用, 不同点是, 前者中的线矢量采用 3×1 对偶向量形式, 后者则采用 6×1 六维向量形式。

5.1.5 有限位移旋量矩阵的传统分解与商群

6×6 有限位移旋量矩阵可进行分块 (Woo 和 Freudenstein, 1970), 表示对线矢量或旋量即李代数 $se(3)$ 的元素先施以旋转而后施以平移的作用, 表示为

$$\boldsymbol{N}=\begin{bmatrix}\boldsymbol{R} & \boldsymbol{0}\\ \boldsymbol{AR} & \boldsymbol{R}\end{bmatrix}=\boldsymbol{N}_t\boldsymbol{N}_R=\begin{bmatrix}\boldsymbol{I} & \boldsymbol{0}\\ \boldsymbol{A} & \boldsymbol{I}\end{bmatrix}\begin{bmatrix}\boldsymbol{R} & \boldsymbol{0}\\ \boldsymbol{0} & \boldsymbol{R}\end{bmatrix} \tag{5.15}$$

式中, 矩阵 $\boldsymbol{I}$ 是 3×3 单位矩阵; 矩阵算子 $\boldsymbol{N}$ 为不变量, 适用于任意刚体位移。由式 (5.15) 可知, $SO(3)$ 的伴随表示可表示为三维**平移群** $T(3)$ 对 $SE(3)$ 的商群, 记为 $SO(3)\cong SE(3)/T(3)$。

定义 5.7 如果 N 是群 G 的正规子群, G/N 为**商群或因子群**。

由上, 特殊欧氏群可表示为 $SO(3)$ 与 $T(3)$ 的半直积, 扩展为

$$SE(3)\cong SO(3)\propto T(3) \tag{5.16}$$

上述**半直积**的几何意义是作用于平移上的旋转。

5.2 有限位移旋量矩阵的 Chasles 分解及其几何解释

5.2.1 绕任意旋量轴的具有等效平移的纯旋转

绕具有位置向量为 $\boldsymbol{r}$ 的旋转轴线 $\boldsymbol{s}$ [见式 (4.18)] 的纯转动可按下列步骤完成: 先将其邻域空间沿位置向量 $-\boldsymbol{r}$ 平移, 使得轴线 $\boldsymbol{s}$ 通过原点, 再将该空间绕平移后的旋转轴线旋转到给定角度, 最后将该空间沿位置向量 $\boldsymbol{r}$ 平移。此变换过程可以表示为

$$\boldsymbol{N}_r\boldsymbol{N}_R\boldsymbol{N}_{-r}=\begin{bmatrix}\boldsymbol{I} & \boldsymbol{0}\\ \boldsymbol{A}_r & \boldsymbol{I}\end{bmatrix}\begin{bmatrix}\boldsymbol{R} & \boldsymbol{0}\\ \boldsymbol{0} & \boldsymbol{R}\end{bmatrix}\begin{bmatrix}\boldsymbol{I} & \boldsymbol{0}\\ -\boldsymbol{A}_r & \boldsymbol{I}\end{bmatrix} \tag{5.17}$$

式中, $\boldsymbol{A}_r$ 是由位置向量 $\boldsymbol{r}$ 构成的反对称矩阵, 即

$$\boldsymbol{A}_r=\begin{bmatrix}0 & -r_z & r_y\\ r_z & 0 & -r_x\\ -r_y & r_x & 0\end{bmatrix}$$

由式 (5.17), 得

$$\boldsymbol{N}_r\boldsymbol{N}_R\boldsymbol{N}_{-r}=\begin{bmatrix}\boldsymbol{R} & \boldsymbol{0}\\ \boldsymbol{A}_r\boldsymbol{R}-\boldsymbol{R}\boldsymbol{A}_r & \boldsymbol{R}\end{bmatrix}=\begin{bmatrix}\boldsymbol{R} & \boldsymbol{0}\\ (\boldsymbol{A}_r-\boldsymbol{R}\boldsymbol{A}_r\boldsymbol{R}^{\mathrm{T}})\boldsymbol{R} & \boldsymbol{R}\end{bmatrix} \tag{5.18}$$

该式与式 (5.3) 是等效的, 因此上述矩阵的副部与式 (5.3) 的副部相等, 即

$$\boldsymbol{A}=\boldsymbol{A}_r-\boldsymbol{R}\boldsymbol{A}_r\boldsymbol{R}^{\mathrm{T}} \tag{5.19}$$

用等效平移矩阵 $\boldsymbol{A}_e$ 取代上式中的矩阵 $\boldsymbol{A}$, 可得到

$$\boldsymbol{A}_e = \boldsymbol{A}_r - \boldsymbol{R}\boldsymbol{A}_r\boldsymbol{R}^{\mathrm{T}} \tag{5.20}$$

式 (5.20) 定义了**等效平移变换** $\boldsymbol{A}_e$。该矩阵可用来表示与坐标系原点重合的点在关于旋转轴线 $\boldsymbol{s}$ 的纯旋转的作用下发生的等效平移(Dai、Holland 和 Kerr, 1995), 如图 5.1 所示。$\boldsymbol{R}\boldsymbol{A}_r\boldsymbol{R}^{\mathrm{T}}$ 为矩阵 $\boldsymbol{A}_r$ 的**全等变换**; 由 4.1.1 节旋转矩阵 $\boldsymbol{R}$ 特性得知 $\boldsymbol{R}\boldsymbol{A}_r\boldsymbol{R}^{\mathrm{T}} = \boldsymbol{R}\boldsymbol{A}_r\boldsymbol{R}^{-1}$, 且 $\boldsymbol{R}\boldsymbol{A}_r\boldsymbol{R}^{-1}$ 为矩阵 $\boldsymbol{A}_r$ 的**相似变换**。由 5.7 节可知, $\boldsymbol{A}_r$ 的相似变换与全等变换是对矩阵 $\boldsymbol{A}_r$ 的共轭作用。由于 $\boldsymbol{A}_r$ 是反对称矩阵, 矩阵 $\boldsymbol{R}\boldsymbol{A}_r\boldsymbol{R}^{-1}$ 仍为反对称矩阵, 由此证明矩阵 $\boldsymbol{A}_e$ 是反对称矩阵。

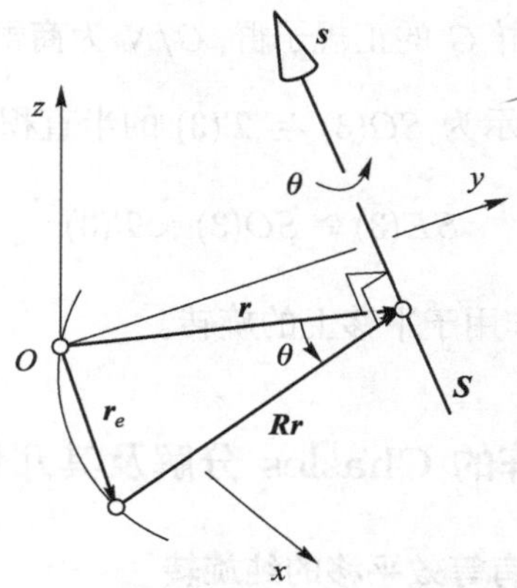

图 **5.1** **Chasles** 旋转及其等效平移

至此, 旋转轴线不经过原点的纯转动可用等效平移矩阵 $\boldsymbol{A}_e$ 表达。

采用相似变换或全等变换, 即 $\boldsymbol{R}\boldsymbol{A}_r\boldsymbol{R}^{\mathrm{T}} = \boldsymbol{R}\boldsymbol{A}_r\boldsymbol{R}^{-1}$ (Ayres, 1974), 可产生作用于反对称矩阵 $\boldsymbol{A}_r$ 的如 5.7 节的共轭运算。这一共轭运算等效于对向量 $\boldsymbol{r}$ 作纯旋转位移, 为

$$\boldsymbol{A}_{r'} = \boldsymbol{R}\boldsymbol{A}_r\boldsymbol{R}^{-1} = [\boldsymbol{R}\boldsymbol{r}\times] \tag{5.21}$$

这将在 5.7.2 节给出更详细的阐述。经过旋转变换后的向量 $\boldsymbol{r}'$ 可从反对称矩阵 $\boldsymbol{R}\boldsymbol{A}_r\boldsymbol{R}^{\mathrm{T}}$ 中求出, 为

$$\boldsymbol{r}' = \boldsymbol{R}\boldsymbol{r} \tag{5.22}$$

因此, 式 (5.20) 的等效平移矩阵 $\boldsymbol{A}_e$ 含旋转轴线的位置向量 $\boldsymbol{r}$, 能够通过等效平移向量 $\boldsymbol{r}_e$ 得到

$$\boldsymbol{r}_e = (\boldsymbol{I} - \boldsymbol{R})\boldsymbol{r} \tag{5.23}$$

等效平移向量 $\boldsymbol{r}_e$ 为 Chasles 运动在有限位移旋量矩阵中的影响结果, 如图 5.1 所示。因此,**等效平移向量** $\boldsymbol{r}_e$ 对应的**等效平移矩阵** $\boldsymbol{A}_e$ 可用下述形式表示:

$$\boldsymbol{A}_e = [\boldsymbol{r}_e\times] = [(\boldsymbol{I} - \boldsymbol{R})\boldsymbol{r}\times] \tag{5.24}$$

式中, $[(\boldsymbol{I}-\boldsymbol{R})\boldsymbol{r}\times]$ 是反对称矩阵。$(\boldsymbol{I}-\boldsymbol{R})\boldsymbol{r}$ 的物理意义如图 5.1 中的向量 $\boldsymbol{r}_e$ 所示, 表示刚体关于不过原点的轴线的旋转。

5.2.2 沿轴线平移的矩阵形式以及有限位移旋量矩阵的 Chasles 分解

Chasles 运动包含绕轴线的旋转和沿该轴线的平移, 这一位移可以由 5.1.1 节的式 (5.3) 完成。基于**Chasles 运动**, 轴向平移分量可以单独表示为

$$\boldsymbol{A}_\iota = \iota \boldsymbol{A}_s \tag{5.25}$$

该式通过轴向平移矩阵 $\boldsymbol{A}_\iota$ 给出了Chasles 运动的轴向平移分量, 称为**Chasles 平移**。其中, 矩阵 $\boldsymbol{A}_\iota$ 为反对称矩阵, 其模长为 ι; 矩阵 $\boldsymbol{A}_s$ 是式 (4.6) 给出的由旋转轴线 $\boldsymbol{s}$ 的分量构成的反对称矩阵。其作用等同于采用向量 $\boldsymbol{s}$ 对被作用的向量作叉积。

定理 5.3 有限位移旋量矩阵副部中的一般平移矩阵 $\boldsymbol{A}$ 可分解为两部分, 分别为由旋转轴线偏离原点引起的与轴线垂直的等效平移和沿轴线方向的平移, 表示为

$$\boldsymbol{A} = \boldsymbol{A}_e + \boldsymbol{A}_\iota = (\boldsymbol{A}_r - \boldsymbol{R}\boldsymbol{A}_r\boldsymbol{R}^{-1}) + \iota \boldsymbol{A}_s \tag{5.26}$$

上式为反对称矩阵形式。由式 (5.24), 式 (5.26) 可改写为

$$\boldsymbol{A} = [\boldsymbol{r}_e\times] + \iota \boldsymbol{A}_s = [(\boldsymbol{I}-\boldsymbol{R})\boldsymbol{r}\times] + \iota \boldsymbol{A}_s \tag{5.27}$$

不同于式 (5.15) 的有限位移旋量矩阵的传统分解方法, 上式可将有限位移旋量矩阵分解为 Chasles 旋转矩阵 $\boldsymbol{N}_c$ 和平移矩阵 $\boldsymbol{N}_\iota$。

定义 5.8 基于有限位移旋量矩阵的副部分解定理, 可对关于任意轴线旋转和沿该轴线平移构成的 Chasles 运动进行 **Chasles 分解**, 表示为

$$\boldsymbol{N} = \boldsymbol{N}_\iota \boldsymbol{N}_c = \begin{bmatrix} \boldsymbol{I} & \boldsymbol{0} \\ \iota \boldsymbol{A}_s & \boldsymbol{I} \end{bmatrix} \begin{bmatrix} \boldsymbol{R} & \boldsymbol{0} \\ [\boldsymbol{r}_e\times]\boldsymbol{R} & \boldsymbol{R} \end{bmatrix} \tag{5.28}$$

该式给出了沿旋转轴线的平移群 $T(3)$, 是李群 $SE(3)$ 的子群。根据上述分解方法, 并加入轴线平移式 (5.19), 有限位移旋量矩阵的副部可写成

$$\boldsymbol{A}\boldsymbol{R} = \boldsymbol{A}_r\boldsymbol{R} - \boldsymbol{R}\boldsymbol{A}_r + \iota \boldsymbol{A}_s\boldsymbol{R} \tag{5.29}$$

上述对有限位移旋量矩阵的分解过程可通过下面对直线位移的描述进行展示。

例 5.1 空间直线的位移可以用式 (5.3) 所示的**有限位移旋量算子 $\boldsymbol{N}$** 表示, 即

$$\boldsymbol{L}' = \boldsymbol{N}\boldsymbol{L} = \begin{bmatrix} \boldsymbol{R} & \boldsymbol{0} \\ \boldsymbol{A}\boldsymbol{R} & \boldsymbol{R} \end{bmatrix} \begin{pmatrix} \boldsymbol{l} \\ \boldsymbol{r}_l \times \boldsymbol{l} \end{pmatrix} \tag{5.30}$$

式中, 姿态向量 $\boldsymbol{l}$ 为被操作的线矢量 $\boldsymbol{L}$ 的主部; $\boldsymbol{r}_l$ 为姿态向量的位置向量。将式 (5.27) 所示的经过分解的平移矩阵 $\boldsymbol{A}$ 代入式 (5.30) 得到新的线矢量, 为

$$\boldsymbol{L}'=\begin{pmatrix}\boldsymbol{Rl}\\ ([(\boldsymbol{I}-\boldsymbol{R})\boldsymbol{r}\times]+\iota\boldsymbol{A}_s)\boldsymbol{Rl}+\boldsymbol{R}(\boldsymbol{r}_l\times\boldsymbol{l})\end{pmatrix}\tag{5.31}$$

该式表明, 线矢量经过有限位移旋量矩阵作用仍得到线矢量。

上式副部可写为

$$\begin{aligned}&([(\boldsymbol{I}-\boldsymbol{R})\boldsymbol{r}\times]+\iota\boldsymbol{A}_s)\boldsymbol{Rl}+\boldsymbol{R}(\boldsymbol{r}_l\times\boldsymbol{l})\\ &=(\boldsymbol{r}-\boldsymbol{Rr}+\iota\boldsymbol{s})\times\boldsymbol{Rl}+\boldsymbol{Rr}_l\times\boldsymbol{Rl}\\ &=(\boldsymbol{r}-\boldsymbol{Rr}+\boldsymbol{Rr}_l+\iota\boldsymbol{s})\times\boldsymbol{Rl}\end{aligned}$$

如果线矢量 $\boldsymbol{L}$ 的姿态向量 $\boldsymbol{l}$ 与 Chasles 运动的轴线 $\boldsymbol{s}$ 重合, 那么 $\boldsymbol{r}_l=\boldsymbol{r},\boldsymbol{l}=\boldsymbol{s},\boldsymbol{Rl}=\boldsymbol{l}$, 上式演化为

$$\begin{aligned}&(\boldsymbol{r}-\boldsymbol{Rr}+\boldsymbol{Rr}_l+\iota\boldsymbol{s})\times\boldsymbol{Rl}\\ &=(\boldsymbol{r}+\iota\boldsymbol{s})\times\boldsymbol{Rl}\\ &=\boldsymbol{r}\times\boldsymbol{l}\end{aligned}$$

由此, 新的线矢量就可表示为

$$\boldsymbol{L}'=\begin{pmatrix}\boldsymbol{l}\\ \boldsymbol{r}\times\boldsymbol{l}\end{pmatrix}=\begin{pmatrix}\boldsymbol{s}\\ \boldsymbol{r}\times\boldsymbol{s}\end{pmatrix}\tag{5.32}$$

该式表明, Chasles 运动对**螺旋运动**自身轴线所施加的作用并未改变其轴线的空间位姿。这就证实了分解后的矩阵正确地完成了 Chasles 运动。

5.2.3 旋量特性变更算子

式 (5.3) 所示的有限位移旋量矩阵可用来改变旋量的特性。其中, 矩阵 $\boldsymbol{R}$ 的作用使得被操作的旋量姿态向量的方向发生变化, 而矩阵 $\boldsymbol{A}$ 的作用正如式 (5.27), 使姿态向量的位置发生改变。矩阵 $\boldsymbol{A}$ 为由向量 $\boldsymbol{r}$ 的分量构成的反对称矩阵, 相当于采用向量 $\boldsymbol{r}$ 对被作用的向量作叉积。

通过下述矩阵, 可改变旋量主部和副部的模长, 该矩阵为

$$\boldsymbol{\Lambda}=\begin{bmatrix}\lambda_p\boldsymbol{I}&\boldsymbol{0}\\ \boldsymbol{0}&\lambda_d\boldsymbol{I}\end{bmatrix}\tag{5.33}$$

式中, λ_p 表示对旋量主部的改变量; λ_d 表示对旋量副部的改变量。

若改变旋距, 可采用如下矩阵:

$$\boldsymbol{N}_h = \begin{bmatrix} \boldsymbol{I} & \boldsymbol{0} \\ h'\boldsymbol{I} & \boldsymbol{I} \end{bmatrix} \tag{5.34}$$

式中, h' 代表旋量的旋距改变部分。将式 (5.34) 给出的矩阵施加到有限位移旋量矩阵, 则式 (5.2) 的矩阵 $\boldsymbol{A}$ 改变为

$$\boldsymbol{A}' = h'\boldsymbol{I} + \boldsymbol{A} \tag{5.35}$$

式中, 矩阵 $\boldsymbol{A}'$ 是由旋距变化及其他特性变化组合而成的复合矩阵。因此, 式 (5.3) 的有限位移旋量矩阵可表示为

$$\boldsymbol{N}' = \begin{bmatrix} \boldsymbol{R} & \boldsymbol{0} \\ \boldsymbol{A}'\boldsymbol{R} & \boldsymbol{R} \end{bmatrix} \tag{5.36}$$

将式 (5.26) 代入式 (5.35), 并代入式 (5.36), 得

$$\boldsymbol{N}' = \begin{bmatrix} \boldsymbol{R} & \boldsymbol{0} \\ (h'\boldsymbol{I} + (\boldsymbol{A}_e + \iota\boldsymbol{A}_s))\boldsymbol{R} & \boldsymbol{R} \end{bmatrix} \tag{5.37}$$

反对称矩阵 $\boldsymbol{A}_s$ 在引入旋距改变矩阵 $h'\boldsymbol{I}$ 后成为满秩矩阵。

例 5.2 给定旋量 $\boldsymbol{S} = (\boldsymbol{s}, \boldsymbol{r} \times \boldsymbol{s} + h\boldsymbol{s})^{\mathrm{T}}$, 将式 (5.37) 给出的矩阵 $\boldsymbol{N}'$ 作用于该旋量, 可得

$$\boldsymbol{S}' = \begin{pmatrix} \boldsymbol{R}\boldsymbol{s} \\ (h'\boldsymbol{I} + (\boldsymbol{A}_e + \iota\boldsymbol{A}_s))\boldsymbol{R}\boldsymbol{s} + \boldsymbol{R}(\boldsymbol{r} \times \boldsymbol{s} + h\boldsymbol{s}) \end{pmatrix} \tag{5.38}$$

运用如式 (4.6) 和式 (5.24) 所示矩阵 $\boldsymbol{A}_s$ 和 $\boldsymbol{A}_e$ 的几何含义, 式 (5.38) 可进一步改写为

$$\begin{aligned} \boldsymbol{S}' &= \begin{pmatrix} \boldsymbol{R}\boldsymbol{s} \\ (h'\boldsymbol{I} + (\boldsymbol{A}_e + \iota\boldsymbol{A}_s))\boldsymbol{R}\boldsymbol{s} + \boldsymbol{R}(\boldsymbol{r} \times \boldsymbol{s} + h\boldsymbol{s}) \end{pmatrix} \\ &= \begin{pmatrix} \boldsymbol{R}\boldsymbol{s} \\ (h' + h)\boldsymbol{R}\boldsymbol{s} + (\iota\boldsymbol{r}_s + \boldsymbol{r}_e + \boldsymbol{R}\boldsymbol{r}_l) \times \boldsymbol{R}\boldsymbol{s} \end{pmatrix} \end{aligned}$$

由此, 经过旋转矩阵 $\boldsymbol{R}$、等效平移矩阵 $\boldsymbol{A}_e$ 以及**轴线平移矩阵** $\boldsymbol{A}_s$ 的变换作用, 加之由 $h'\boldsymbol{I}$ 引起的旋距改变作用, 可以获得特性发生改变的新旋量。如果向量 $\boldsymbol{s}$ 是矩阵 $\boldsymbol{R}$ 执行的旋转轴线, 上式可简化为

$$\boldsymbol{S}' = \begin{pmatrix} \boldsymbol{s} \\ \boldsymbol{r} \times \boldsymbol{s} + (h' + h)\boldsymbol{s} \end{pmatrix} \tag{5.39}$$

由此, 式 (5.39) 给出了原给定旋量仅改变旋距而得到的旋量。

5.3 有限位移旋量矩阵的迹与参数

5.3.1 旋转角的相关迹

旋转矩阵的迹是旋转角的余弦值的两倍再加 1。对于变换范围为 $[-\pi, \pi]$ 的旋转角, 必须另外求出旋转角的正弦值以通过 atan2 函数获得旋转角的唯一值。

定义 5.9 矩阵 $\boldsymbol{A}$ 的迹 $\mathrm{tr}\boldsymbol{A}$ 为其主对角线元素的总和, 也等于矩阵 $\boldsymbol{A}$ 所有特征值的和。

在式 (4.22) 中给出的 Euler-Rodrigues 公式两边分别左乘式 (4.6) 所示的反对称旋量轴线矩阵 $\boldsymbol{A}_s$, 可得

$$\boldsymbol{A}_s\boldsymbol{R} = \boldsymbol{A}_s + \sin\theta\boldsymbol{A}_s\boldsymbol{A}_s + (1-\cos\theta)\boldsymbol{A}_s\boldsymbol{A}_s\boldsymbol{A}_s \tag{5.40}$$

根据附录 B, 并应用 **Cayley-Hamilton 定理**, 式 (5.40) 可简化为

$$\boldsymbol{A}_s\boldsymbol{R} = \cos\theta\boldsymbol{A}_s + \sin\theta\boldsymbol{A}_s\boldsymbol{A}_s \tag{5.41}$$

对式 (5.41) 两边同时取迹, 得

$$\begin{aligned}\mathrm{tr}(\boldsymbol{A}_s\boldsymbol{R}) &= \mathrm{tr}(\cos\theta\boldsymbol{A}_s + \sin\theta\boldsymbol{A}_s\boldsymbol{A}_s)\\ &= \cos\theta\mathrm{tr}\boldsymbol{A}_s + \sin\theta\mathrm{tr}(\boldsymbol{A}_s\boldsymbol{A}_s)\\ &= \sin\theta\mathrm{tr}(\boldsymbol{A}_s\boldsymbol{A}_s)\end{aligned} \tag{5.42}$$

式中, $\boldsymbol{s}$ 为单位向量。根据附录 C, 式 (5.42) 可进一步化简为

$$\mathrm{tr}(\boldsymbol{A}_s\boldsymbol{R}) = -2\sin\theta \tag{5.43}$$

该式即为矩阵 $\boldsymbol{A}_s\boldsymbol{R}$ 的迹。据此, 由 $\boldsymbol{A}_s\boldsymbol{R}$ 的迹可以得到 $\sin\theta$, 而由式 (4.17) 所示的 $\boldsymbol{R}$ 的迹可以得到 $\cos\theta$。从而, 通过 atan2 函数可在 $[-\pi, \pi]$ 范围内求出旋转角的唯一值。因此, 采用 atan2 函数, 式 (4.17) 与式 (5.43) 的矩阵迹可用来构造求取旋转角的公式, 为

$$\theta = \mathrm{atan2}(-0.5\mathrm{tr}(\boldsymbol{A}_s\boldsymbol{R}), 0.5(\mathrm{tr}\boldsymbol{R}-1)) \tag{5.44}$$

5.3.2 轴向平移的迹

为进一步获得其他有限位移旋量矩阵的迹, 可以将式 (5.27) 中平移矩阵 $\boldsymbol{A}$ 与反对称旋量轴线矩阵 $\boldsymbol{A}_s$ 相乘, 其迹为

$$\begin{aligned}\mathrm{tr}(\boldsymbol{A}\boldsymbol{A}_s) &= \mathrm{tr}(([\boldsymbol{r}_e\times] + \iota\boldsymbol{A}_s)\boldsymbol{A}_s)\\ &= \mathrm{tr}([\boldsymbol{r}_e\times]\boldsymbol{A}_s) + \iota\mathrm{tr}(\boldsymbol{A}_s\boldsymbol{A}_s)\end{aligned} \tag{5.45}$$

式中, $\boldsymbol{r}_e$ 位于与旋转轴线 $\boldsymbol{s}$ 正交的旋转平面内, 如图 5.1 所示。根据附录 C, 有下式成立:

$$\mathrm{tr}([\boldsymbol{r}_e\times]\boldsymbol{A}_s) = -2\boldsymbol{r}_e\cdot\boldsymbol{s} = 0 \tag{5.46}$$

由此, 式 (5.45) 右边第一项为零。再根据附录 C, 可求得第二项为

$$\mathrm{tr}(\boldsymbol{A}\boldsymbol{A}_s) = \iota\mathrm{tr}(\boldsymbol{A}_s\boldsymbol{A}_s) = -2\iota\boldsymbol{s}\cdot\boldsymbol{s} = -2\iota \tag{5.47}$$

式 (5.43) 与式 (5.47) 是两个有关有限位移旋量矩阵的迹。其中, 前者可以与 $\mathrm{tr}\boldsymbol{R}$ 结合, 通过构造 atan2 函数识别旋转角; 后者则可用来求轴向平移分量的模长。

下面继续讨论有关有限位移旋量矩阵的迹。旋量矩阵副部的迹可通过式 (4.22) 给出的 Euler-Rodrigues 公式求得, 即

$$\begin{aligned}\mathrm{tr}(\boldsymbol{A}\boldsymbol{R}) &= \mathrm{tr}(([\boldsymbol{r}_e\times]+\iota\boldsymbol{A}_s)\boldsymbol{R})\\ &= \mathrm{tr}([\boldsymbol{r}_e\times]\boldsymbol{R}) + \iota\mathrm{tr}(\boldsymbol{A}_s\boldsymbol{R})\end{aligned} \tag{5.48}$$

将 Euler-Rodrigues 公式代入式 (5.48), 并参考附录 C, 可知式 (5.48) 右边第一项为零。因此, 式 (5.48) 可转化为

$$\mathrm{tr}(\boldsymbol{A}\boldsymbol{R}) = \iota\mathrm{tr}(\boldsymbol{A}_s + \sin\theta\boldsymbol{A}_s\boldsymbol{A}_s + (1-\cos\theta)\boldsymbol{A}_s\boldsymbol{A}_s\boldsymbol{A}_s) \tag{5.49}$$

考虑到旋转轴线 $\boldsymbol{s}$ 为单位向量, 根据附录 B 和 C, 式 (5.49) 可进一步简化为

$$\mathrm{tr}(\boldsymbol{A}\boldsymbol{R}) = \iota\sin\theta\mathrm{tr}(\boldsymbol{A}_s\boldsymbol{A}_s) = -2\iota\sin\theta\boldsymbol{s}\cdot\boldsymbol{s} = -2\iota\sin\theta \tag{5.50}$$

式 (5.50) 根据旋量矩阵的 Chasles 分解推导而来, 同 Samuel 等推演的迹的结果一致 (Samuel、McAree 和 Hunt, 1991)。不难看出, 采用矩阵 Chasles 分解的方法求旋量矩阵的迹更为简洁。

5.4 有限位移旋量表示论

有限位移旋量可以从有限位移旋量矩阵获得。刚体的位姿可通过刚体上一系列相互独立的直线即线矢量描述。任意两位姿之间的刚体运动均可通过式 (5.3) 所示的 6×6 有限位移旋量矩阵 $\boldsymbol{N}$ 作用于刚体上的一系列直线完成。其中, 旋量矩阵 $\boldsymbol{N}$ 中的矩阵 $\boldsymbol{A}$ 由式 (5.27) 给定, 矩阵 $\boldsymbol{A}$ 是反对称矩阵, 包括由旋转作用引起的与旋转轴线垂直的等效平移和沿旋转轴线的平移两部分。

5.4.1 有限位移旋量矩阵的特征旋量

根据矩阵 $\boldsymbol{N}$ 的特征方程容易得出, 式 (5.3) 所示的 6×6 有限位移旋量矩阵的**特征值**与 3×3 旋转矩阵的特征值相同, 但有如下的重根:

$$\left\{1, \mathrm{e}^{+\mathrm{j}\theta}, \mathrm{e}^{-\mathrm{j}\theta}\right\}, \left\{1, \mathrm{e}^{+\mathrm{j}\theta}, \mathrm{e}^{-\mathrm{j}\theta}\right\} \tag{5.51}$$

与唯一实特征值 $\lambda=1$ 对应的特征旋量可由 $\boldsymbol{N}-\boldsymbol{N}^{-1}$ 得到, 即

$$\begin{bmatrix} \boldsymbol{A}_t & \boldsymbol{0} \\ \boldsymbol{A}_{t0} & \boldsymbol{A}_t \end{bmatrix} = \boldsymbol{N}-\boldsymbol{N}^{-1} = \begin{bmatrix} \boldsymbol{R}-\boldsymbol{R}^{\mathrm{T}} & \boldsymbol{0} \\ \boldsymbol{A}\boldsymbol{R}-\boldsymbol{R}^{\mathrm{T}}\boldsymbol{A}^{\mathrm{T}} & \boldsymbol{R}-\boldsymbol{R}^{\mathrm{T}} \end{bmatrix} \tag{5.52}$$

式中, $\boldsymbol{A}_t$ 是由向量 $\boldsymbol{t}$ 的分量构造而成的反对称矩阵, 为

$$\boldsymbol{A}_t = [\boldsymbol{t}\times]$$

$\boldsymbol{A}_{t0}$ 则是由向量 $\boldsymbol{t}_0$ 的分量构造而成的反对称矩阵, 即

$$\boldsymbol{A}_{t0} = [\boldsymbol{t}_0\times]$$

据此, 可得到矩阵 $\boldsymbol{N}$ 的特征旋量的主部, 由旋转轴线以及旋转角构成, 为

$$\boldsymbol{A}_t = \boldsymbol{R}-\boldsymbol{R}^{\mathrm{T}} = 2\sin\theta\boldsymbol{A}_s$$

特征旋量的副部可表示为

$$\boldsymbol{A}_{t0} = \boldsymbol{A}\boldsymbol{R}-\boldsymbol{R}^{\mathrm{T}}\boldsymbol{A}^{\mathrm{T}} \tag{5.53}$$

研究表明, **有限位移旋量**与各向同性的**特征旋量**是一致的 (Samuel、McAree 和 Hunt, 1991)。

5.4.2 有限位移旋量表示法

1. 纯旋转的有限位移旋量表示

对于轴向平移为零的有限位移旋量, 矩阵 $\boldsymbol{A}$ 可简化为等效平移矩阵 $\boldsymbol{A}_e$ 并可以被式 (5.20) 取代。根据反对称矩阵的性质, 式 (5.53) 右边可改写为

$$\boldsymbol{A}_{t0} = \boldsymbol{A}_r(\boldsymbol{R}-\boldsymbol{R}^{\mathrm{T}}) + (\boldsymbol{R}^{\mathrm{T}}-\boldsymbol{R})\boldsymbol{A}_r \tag{5.54}$$

由式 (5.52), 并考虑附录 A 给出的反对称矩阵的性质, 式 (5.54) 可写为

$$\boldsymbol{A}_{t0} = \boldsymbol{A}_r\boldsymbol{A}_t - (\boldsymbol{A}_r\boldsymbol{A}_t)^{\mathrm{T}} = [(\boldsymbol{r}\times\boldsymbol{t})\times] \tag{5.55}$$

将上一节所示的 $\boldsymbol{t}=2\sin\theta\boldsymbol{s}$ 代入上式, 得

$$\boldsymbol{A}_{t0} = 2\sin\theta[(\boldsymbol{r}\times\boldsymbol{s})\times] \tag{5.56}$$

因此, 对式 (5.52) 和式 (5.55) 进行归一化后, 可得特征旋量为

$$\boldsymbol{D} = \frac{1}{2\sin\theta}\begin{pmatrix}\boldsymbol{t}\\ \boldsymbol{t}_0\end{pmatrix} = \begin{pmatrix}\boldsymbol{s}\\ \boldsymbol{r}\times\boldsymbol{s}\end{pmatrix} \tag{5.57}$$

该式给出了有限位移旋量, 表示为

$$\begin{pmatrix}\boldsymbol{s}\\ \boldsymbol{r}\times\boldsymbol{s}\end{pmatrix} = \begin{pmatrix}\boldsymbol{s}\\ \boldsymbol{s}_0 - h\boldsymbol{s}\end{pmatrix} \tag{5.58}$$

此形式同 Samuel 等 (1991) 的推导结果一致。式 (5.58) 给出的有限位移旋量包含了描述整周运动的**连续群**的全部信息。从式 (5.58) 还可以看出, 特征旋量由轴线 $\boldsymbol{s}$ 和位置向量 $\boldsymbol{r}$ 构成, 并具有一般旋量的形式。

2. 具有轴线平移的有限位移旋量表示

进一步考虑轴向平移不为零的有限位移旋量矩阵。如式 (5.26) 所示, 一般平移矩阵由两部分构成, 将式 (5.26) 代入式 (5.53) 可得

$$\begin{aligned}\boldsymbol{A}_{t0} &= \boldsymbol{A}_r(\boldsymbol{R}-\boldsymbol{R}^{\mathrm{T}}) + (\boldsymbol{R}^{\mathrm{T}}-\boldsymbol{R})\boldsymbol{A}_r + \iota(\boldsymbol{A}_s\boldsymbol{R} - (\boldsymbol{A}_s\boldsymbol{R})^{\mathrm{T}})\\ &= 2\sin\theta[[\boldsymbol{r}\times\boldsymbol{s}]\times] + \iota(\boldsymbol{A}_s\boldsymbol{R} - (\boldsymbol{A}_s\boldsymbol{R})^{\mathrm{T}})\end{aligned} \tag{5.59}$$

该式右边第一项与式 (5.56) 的右边相同, 为轴向平移为零时的特征旋量的副部。式 (5.59) 右边第二项即为轴向平移作用的结果, 根据附录 D2, 可简化为

$$\begin{aligned}\iota(\boldsymbol{A}_s\boldsymbol{R} - (\boldsymbol{A}_s\boldsymbol{R})^{\mathrm{T}}) &= \frac{\iota}{2\sin\theta}((\boldsymbol{R}-\boldsymbol{R}^{\mathrm{T}})\boldsymbol{R} - ((\boldsymbol{R}-\boldsymbol{R}^{\mathrm{T}})\boldsymbol{R})^{\mathrm{T}})\\ &= \frac{\iota}{2\sin\theta}(\boldsymbol{R}^2 - \boldsymbol{R}^{2\mathrm{T}}) = 2\iota\cos\theta\boldsymbol{A}_s\end{aligned} \tag{5.60}$$

因此, 可由式 (5.57)、式 (5.59) 及式 (5.60) 推导出 Chasles 运动的**有限位移旋量轴线**, 为

$$\boldsymbol{D} = \begin{pmatrix}\boldsymbol{s}\\ \boldsymbol{r}\times\boldsymbol{s} + \dfrac{\iota}{\tan\theta}\boldsymbol{s}\end{pmatrix} \tag{5.61}$$

5.4.3 有限位移旋量姿态表示法

刚体的位移可用有限位移旋量 $\boldsymbol{Y}$ 构成的两个三元组的六个参量来描述。前三个参量为主部, 表示旋转角 θ 的大小和有效轴线 $\boldsymbol{s}$ 的姿态; 后三个参量为副部, 表示初始状态时刚体上与原点重合的点的线位移, 如图 5.2 所示。这一有限位移旋量表示为(Dai、Holland 和 Kerr, 1995)

$$\boldsymbol{D} = \begin{pmatrix}\theta\boldsymbol{s}\\ (\boldsymbol{I}-\boldsymbol{R})\boldsymbol{r} + \iota\boldsymbol{s}\end{pmatrix} \tag{5.62}$$

式中, θ 为关于轴线 $\boldsymbol{s}$ 旋转的角度。

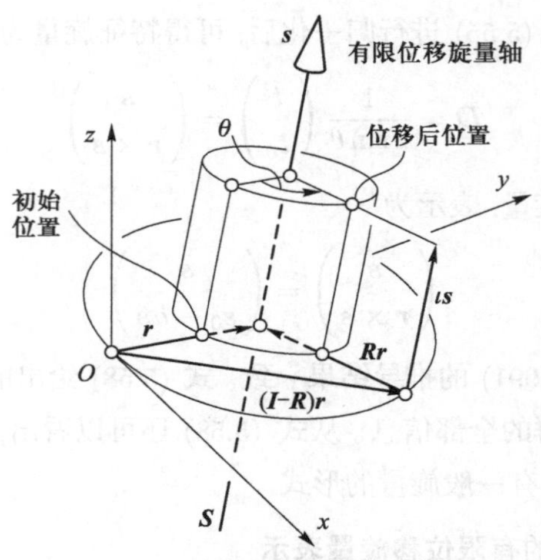

图 5.2　刚体的有限位移旋量

5.5　有限位移旋量的组合运算

有限位移旋量的组合运算需要运用群的运算。在矩阵群中，这种运算按矩阵运算规则进行，可以利用前几节所示的有限位移旋量与矩阵的映射关联关系。因此有限位移旋量的旋量表示与位姿表示可以利用**旋量三角形**法则，或者利用这种**矩阵群**映射的运算进行。虽然本节的组合运算基于位姿表示法，但该过程适用于所有旋量表示法。

在串联机器人中，各铰链运动副引起的末端执行器的运动可用一系列有序的有限位移旋量的运算表示。其顺序为，从串联运动链的最后一个铰链运动副起，从后向前顺次考虑，直到基础铰链运动副。经过上述过程，可以得到描述末端执行器当前位姿的有限位移旋量，其中，当前位姿是相对基准位姿而言的。该过程称为运动组合，其逆过程称为运动分解。有限位移旋量 $\boldsymbol{Y}_2$ 作用后，再施加 $\boldsymbol{Y}_1$ 的作用，得到的有限位移旋量**有序组合**可表示为

$$\boldsymbol{Y} = \boldsymbol{Y}_1 \circ \boldsymbol{Y}_2 \tag{5.63}$$

式中，“∘” 表示两个有限位移旋量的有序组合。由 5.4 节知，上述有限位移旋量可映射为矩阵，由此式 (5.63) 可表示为矩阵表达形式，即

$$\boldsymbol{N} = \boldsymbol{N}_1 \boldsymbol{N}_2 \tag{5.64}$$

式中，$\boldsymbol{N}_1$ 和 $\boldsymbol{N}_2$ 为式 (5.3) 所示的 6×6 旋量矩阵，分别描述与末端执行器相邻的第一个铰链运动副和第二个铰链运动副相对于前一杆件的有限运动。需注意，由 $\boldsymbol{N}$ 描述的矩阵的同样结构形式能够实现转动副 (R)、移动副 (P) 以及任意形式的螺旋副 (H) 的运动。机器人各铰链运动副变量为零时所处的位姿称为初始位姿，通常以

初始位姿为参考可以给出描述机器人末端执行器的有限位移旋量。然而，初始位姿只与人为设定的铰链运动副变量的零点有关，与机械结构无关。因此，参考位姿的选取较为灵活，甚至末端执行器不能到达的位姿，也可以作为参考位姿。对于图 5.3 所示的由转动副构成的两铰链运动副平面机器人，应灵活选取参考位姿使运算与其表述更为简便。该参考位姿为：末端执行器的参考点 E 选在原点，姿态为沿 Ox 轴线方向。可以看到，在该参考位姿下，末端执行器运动的有限位移旋量的副部与参考点 E 的位置向量等价。由此，可以描述两个从不同参照位姿引出的映射空间的关系。相对于初始位姿的有限位移旋量可用 6×6 矩阵 $\boldsymbol{N}$ 描述。对 $\boldsymbol{N}$ 右乘平移变换矩阵 $\boldsymbol{N}_t$，可得

$$\boldsymbol{N}_o = \boldsymbol{N}\boldsymbol{N}_t \tag{5.65}$$

式中，$\boldsymbol{N}$ 为相对初始位姿的变换；$\boldsymbol{N}_o$ 为相对原点参考位姿的变换。上述三个矩阵都可以在图 5.3 中表示：平移变换矩阵 $\boldsymbol{N}_t$ 完成 x 轴线平移，复合旋转矩阵 $\boldsymbol{N}$ 完成姿态变化，旋转 – 平移组合矩阵 $\boldsymbol{N}_o$ 完成全部机构的位姿变化。

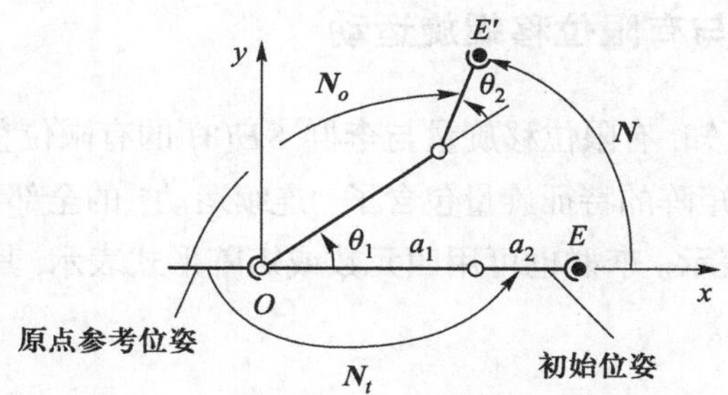

图 5.3　有限位移旋量矩阵与串联机器人位移的关系

将运动前与原点重合的点按向量 $\boldsymbol{t}$ 作平移，可得到平移矩阵 $\boldsymbol{N}_t$，其中，向量 $\boldsymbol{t}$ 是关节变量为零时机构全部杆件对应的向量的和。因此，有

$$\boldsymbol{N}_t = \begin{bmatrix} \boldsymbol{I} & \boldsymbol{0} \\ \boldsymbol{A}_t & \boldsymbol{I} \end{bmatrix} \tag{5.66}$$

式中，$\boldsymbol{A}_t$ 为反对称矩阵，由向量 $\boldsymbol{t} = \boldsymbol{a}_1 + \boldsymbol{a}_2$ 的分量构成。因此，式 (5.65) 所示的组合矩阵可写为

$$\begin{aligned} \boldsymbol{N}_o = \boldsymbol{N}\boldsymbol{N}_t &= \begin{bmatrix} \boldsymbol{R} & \boldsymbol{0} \\ (\boldsymbol{A}_r - \boldsymbol{R}\boldsymbol{A}_r\boldsymbol{R}^{\mathrm{T}})\boldsymbol{R} & \boldsymbol{R} \end{bmatrix} \begin{bmatrix} \boldsymbol{I} & \boldsymbol{0} \\ \boldsymbol{A}_t & \boldsymbol{I} \end{bmatrix} \\ &= \begin{bmatrix} \boldsymbol{R} & \boldsymbol{0} \\ (\boldsymbol{A}_r - \boldsymbol{R}\boldsymbol{A}_r\boldsymbol{R}^{\mathrm{T}})\boldsymbol{R} + \boldsymbol{R}\boldsymbol{A}_t & \boldsymbol{R} \end{bmatrix} \\ &= \begin{bmatrix} \boldsymbol{R} & \boldsymbol{0} \\ (\boldsymbol{A}_r - \boldsymbol{R}\boldsymbol{A}_r\boldsymbol{R}^{\mathrm{T}} + \boldsymbol{R}\boldsymbol{A}_t\boldsymbol{R}^{\mathrm{T}})\boldsymbol{R} & \boldsymbol{R} \end{bmatrix} \end{aligned} \tag{5.67}$$

由式 (5.67) 中的矩阵 $\boldsymbol{N}_o$ 可得出基于原点参考位姿的有限位移旋量表示 $\boldsymbol{D}_o$, 即

$$\boldsymbol{D}_o = \begin{bmatrix} \theta \boldsymbol{s} \\ (\boldsymbol{I} - \boldsymbol{R})\boldsymbol{r} + \boldsymbol{R}\boldsymbol{t} \end{bmatrix} \tag{5.68}$$

有限位移旋量的主部与式 (5.62) 所示的相对初始位姿的有限位移旋量相同。在有限运动旋量副部加上旋转后的向量 $\boldsymbol{t}$, 可得末端执行器的位姿向量, 如图 5.3 所示。因此, 随着向量 $\boldsymbol{t}$ 的改变, 有限位移旋量副部给出的位置向量可以描述杆件上的任意点。

应该注意到, 有限位移旋量的**映射空间**是齐次空间或**拓扑空间**, 而非线性向量空间。所有有限位移旋量的运算均要通过矩阵群进行。

定义 5.10 在李群理论中, **齐次空间**是非空流形, 也是群 G 连续性地与传递性地作用的拓扑空间 X, 该非空集 X 也称 G 空间。

5.6 李群表示论与有限位移螺旋运动

通过上节分析可知, 有限位移旋量与李群 $SE(3)$ 的有限位移旋量矩阵的特征旋量具有一致性。旋量矩阵的特征旋量包含了 "连续运动" 的全部参数。有限位移旋量是李群的六维向量表示。李群也可用四元数或矩阵形式表示, 其主部为式 (4.34) 所示的 Rodrigues 向量。

5.6.1 李群表示

3.9 节给出了李代数表示的向量形式与矩阵表示形式。与之类似, 李群表示也具有向量形式和矩阵形式。

1. 向量形式

在向量形式中, 一般采用单位四元数作为特殊正交群 $SO(3)$ 的表示, 采用有限位移旋量作为特殊欧氏群 $SE(3)$ 的表示 (见 5.4 节)。单位四元数与有限位移旋量包含了 "连续运动" 的全部参量, 从而保证了对整个运动过程的完整描述。

2. 矩阵表示

定义 5.11 对有限群的任意元素, 存在可逆运算元 $D(g)$, 以完成对向量空间 $\mathbb{R}^n$ 的同构映射

$$D(g) : \boldsymbol{V} \to \boldsymbol{V}$$

其中 $D(g)$ 可以由 $n \times n$ 矩阵描述。由此, 产生李群的**矩阵表示**。

在矩阵形式中，李群的表示即为群的伴随表示。一般情况下，$SO(3)$ 的伴随表示为 3×3 正交矩阵，$SE(3)$ 的标准表示和伴随表示则有三种形式：分别为式 (5.1) 所示的 3×3 对偶正交矩阵，式 (4.7) 所示的 4×4 仿射变换矩阵或齐次变换矩阵的标准表示以及式 (5.3) 所示的 6×6 伴随矩阵。$SO(3)$ 的伴随表示及 $SO(3)$ 的矩阵群可用来描述刚体相对于初始状态的姿态。同时向量空间 $\mathbb{R}^3$ 上的平移群 $T(3)$ 可用来描述刚体相对于初始状态的位置。

5.6.2 有限螺旋运动

有限位移旋量与旋量矩阵的特征旋量具有一致性，包含了连续运动的全部参量。其变换可用来生成一系列位移矩阵，以描述刚体的有限螺旋运动。

有限位移旋量的轴线可由式 (5.61) 所示的有限位移旋量矩阵的特征旋量确定。基于式 (5.61) 给出的旋量的轴线，可以得到由有限螺旋运动引起的位移、旋转角 [见式 (5.44)] 和平移距离 [见式 (5.47)]。式 (5.44) 和式 (5.47) 均与有限位移旋量矩阵的迹有关，由旋量矩阵的分解推导而来，也可从特征旋量得到。总之，有限位移旋量的轴线与特征旋量的轴线相同，进而可通过有限位移旋量矩阵求得其参数。反之亦成立，有限位移旋量的指数映射可生成有限螺旋运动，即特征旋量的指数映射生成沿有限位移旋量轴线的**有限螺旋运动**。

5.7 李群运算及其对李代数 $se(3)$ 的伴随作用

5.7.1 李群运算与共轭

群运算一般通过矩阵运算进行。有限位移旋量的运算遵循旋量三角形法则 (Bottema 和 Roth, 1979)。与矩阵运算相对应，**群运算**还遵循合成法则与分解法则 (Dai、Holland 和 Kerr, 1995)。

定义 5.12 若群 G 中存在元素 g 使得下式成立：

$$a = gbg^{-1} \tag{5.69}$$

称群 G 中元素 a 与 b **共轭**。

注释 5.4 在线性代数中，共轭即为矩阵的**相似变换**，即

$$\boldsymbol{B} = \boldsymbol{P}^{-1}\boldsymbol{A}\boldsymbol{P} \tag{5.70}$$

两矩阵 $\boldsymbol{A}$ 与 $\boldsymbol{B}$ 相似表示不同基上的相同的线性变换，其中 $\boldsymbol{P}$ 为**变基矩阵**。

定义 5.13 在李群中, **共轭运算**为群的作用, 记为

$$geg^{-1} \tag{5.71}$$

式中, $e \in SE(3), g \in SE(3)$。共轭也可视为**同态**, 即

$$h_g(e_1)h_g(e_2) = ge_1g^{-1}ge_2g^{-1} = ge_1e_2g^{-1} = h_g(e_1e_2) \tag{5.72}$$

在线性代数中, 式 (5.71) 与 5.2.1 节给出的相似变换相同。对于有限位移旋量的四元数表示, 单位四元数是李群的平滑映射, 如式 (4.66)。

5.7.2 基于有限位移旋量的李群对李代数伴随作用的共轭运算

3.9.4 节给出了李代数的矩阵表示, 此时, 李群对李代数的伴随作用可用共轭运算表示。

1. 共轭运算

李群作用于李代数相当于任意旋转和平移的作用。当李代数采用 3.9 节给出的矩阵表示时, 李群对李代数的伴随作用可采用共轭运算表示, 即

$$\mathrm{Ad}(g)\boldsymbol{U} = g(\mathrm{ad}(\boldsymbol{S}))g^{-1} \tag{5.73}$$

式中, $\mathrm{ad}(\boldsymbol{S}) = \boldsymbol{U} \in se(3), \mathrm{Ad}(g) \in SE(3)$, 且为 3.9 节式 (3.103) 所示的 $se(3)$ 的伴随表示 (此共轭运算在矩阵论中为相似变换)。无论李代数元素是标准 4×4 表示还是 6×6 伴随表示, 式 (5.73) 均适用, 下面将给出详细介绍。

2. 李代数标准 4×4 表示的共轭运算

对于李代数的标准 4×4 矩阵表示, 共轭运算下的李群作用可写为

$$\boldsymbol{E}' = \boldsymbol{H}\boldsymbol{E}\boldsymbol{H}^{-1} \tag{5.74}$$

式中, $\boldsymbol{H}$ 是式 (4.7) 给出的群元素的标准 4×4 矩阵表示; $\boldsymbol{E}$ 是式 (3.101) 给出的李代数的标准 4×4 表示。以标准 4×4 表示作为李代数元素的速度旋量经过以标准 4×4 表示有限位移旋量的李群作用后, 生成新的李代数元素, 为

$$\begin{aligned}\boldsymbol{E}' = \boldsymbol{H}\boldsymbol{E}\boldsymbol{H}^{-1} &= \begin{bmatrix}\boldsymbol{R} & \boldsymbol{d}\\ \boldsymbol{0}^{\mathrm{T}} & 1\end{bmatrix}\begin{bmatrix}[\boldsymbol{s}\times] & \boldsymbol{s}_0\\ \boldsymbol{0}^{\mathrm{T}} & 0\end{bmatrix}\begin{bmatrix}\boldsymbol{R}^{\mathrm{T}} & -\boldsymbol{R}^{\mathrm{T}}\boldsymbol{d}\\ \boldsymbol{0}^{\mathrm{T}} & 1\end{bmatrix}\\ &= \begin{bmatrix}\boldsymbol{R}[\boldsymbol{s}\times] & \boldsymbol{R}\boldsymbol{s}_0\\ \boldsymbol{0}^{\mathrm{T}} & 0\end{bmatrix}\begin{bmatrix}\boldsymbol{R}^{\mathrm{T}} & -\boldsymbol{R}^{\mathrm{T}}\boldsymbol{d}\\ \boldsymbol{0}^{\mathrm{T}} & 1\end{bmatrix}\\ &= \begin{bmatrix}\boldsymbol{R}[\boldsymbol{s}\times]\boldsymbol{R}^{\mathrm{T}} & -\boldsymbol{R}[\boldsymbol{s}\times]\boldsymbol{R}^{\mathrm{T}}\boldsymbol{d} + \boldsymbol{R}\boldsymbol{s}_0\\ \boldsymbol{0}^{\mathrm{T}} & 0\end{bmatrix}\end{aligned} \tag{5.75}$$

经过 5.2.1 节给出的相似变换, 式 (5.75) 可简化为

$$\boldsymbol{E}' = \boldsymbol{H}\boldsymbol{E}\boldsymbol{H}^{-1} = \begin{bmatrix} [\boldsymbol{R}\boldsymbol{s}\times] & \boldsymbol{d}\times\boldsymbol{R}\boldsymbol{s}+\boldsymbol{R}\boldsymbol{s}_0 \\ \boldsymbol{0}^{\mathrm{T}} & 0 \end{bmatrix} \tag{5.76}$$

若将 6×6 有限位移旋量矩阵作用于李代数速度旋量的向量形式, 如式 (5.4) 所示, 式 (5.76) 仍成立。

3. 李代数 6×6 伴随表示的共轭运算

定理 5.4 李群对李代数矩阵向量空间 6×6 元素的共轭运算等价于其对李代数六维向量形式元素的左作用。

证明 对于 3.9 节的式 (3.103) 所示的李代数的伴随表示, 李群对李代数元素 $\boldsymbol{S}$ 的 6×6 伴随表示 $\boldsymbol{U}=\mathrm{ad}(\boldsymbol{S})$ 的伴随作用可用以下形式表示:

$$\begin{aligned}
&\mathrm{Ad}(\boldsymbol{N})\mathrm{ad}(\boldsymbol{S}) = \boldsymbol{N}\mathrm{ad}(\boldsymbol{S})\boldsymbol{N}^{-1} \\
&= \begin{bmatrix} \boldsymbol{R} & \boldsymbol{0} \\ \boldsymbol{A}\boldsymbol{R} & \boldsymbol{R} \end{bmatrix} \begin{bmatrix} [\boldsymbol{s}\times] & \boldsymbol{0} \\ [\boldsymbol{s}_0\times] & [\boldsymbol{s}\times] \end{bmatrix} \begin{bmatrix} \boldsymbol{R}^{\mathrm{T}} & \boldsymbol{0} \\ -\boldsymbol{R}^{\mathrm{T}}\boldsymbol{A} & \boldsymbol{R}^{\mathrm{T}} \end{bmatrix} \\
&= \begin{bmatrix} \boldsymbol{R}[\boldsymbol{s}\times] & \boldsymbol{0} \\ \boldsymbol{A}\boldsymbol{R}[\boldsymbol{s}\times]+\boldsymbol{R}[\boldsymbol{s}_0\times] & \boldsymbol{R}[\boldsymbol{s}\times] \end{bmatrix} \begin{bmatrix} \boldsymbol{R}^{\mathrm{T}} & \boldsymbol{0} \\ -\boldsymbol{R}^{\mathrm{T}}\boldsymbol{A} & \boldsymbol{R}^{\mathrm{T}} \end{bmatrix} \\
&= \begin{bmatrix} \boldsymbol{R}[\boldsymbol{s}\times]\boldsymbol{R}^{\mathrm{T}} & \boldsymbol{0} \\ \boldsymbol{A}\boldsymbol{R}[\boldsymbol{s}\times]\boldsymbol{R}^{\mathrm{T}}-\boldsymbol{R}[\boldsymbol{s}\times]\boldsymbol{R}^{\mathrm{T}}\boldsymbol{A}+\boldsymbol{R}[\boldsymbol{s}_0\times]\boldsymbol{R}^{\mathrm{T}} & \boldsymbol{R}[\boldsymbol{s}\times]\boldsymbol{R}^{\mathrm{T}} \end{bmatrix}
\end{aligned} \tag{5.77}$$

由 5.2.1 节给出的相似变换以及式 (5.2), 矩阵的副部即上式分块矩阵中的非对角线矩阵可简化为

$$[\boldsymbol{d}\times][\boldsymbol{R}\boldsymbol{s}\times]-[\boldsymbol{R}\boldsymbol{s}\times][\boldsymbol{d}\times]+[\boldsymbol{R}\boldsymbol{s}_0\times] \tag{5.78}$$

根据附录 A, 式 (5.78) 可改写为

$$[[\boldsymbol{d}\times\boldsymbol{R}\boldsymbol{s}]\times]+[\boldsymbol{R}\boldsymbol{s}_0\times] \tag{5.79}$$

因此, 式 (5.77) 可写为

$$\mathrm{Ad}(\boldsymbol{N})\mathrm{ad}(\boldsymbol{S}) = \boldsymbol{U}' = \begin{bmatrix} [\boldsymbol{R}\boldsymbol{s}\times] & \boldsymbol{0} \\ [[\boldsymbol{d}\times\boldsymbol{R}\boldsymbol{s}]\times]+[\boldsymbol{R}\boldsymbol{s}_0\times] & [\boldsymbol{R}\boldsymbol{s}\times] \end{bmatrix} \tag{5.80}$$

上式与式 (5.4) 同构, 其变换后与有限位移旋量一致。证毕。

推论 5.1 基于李代数 6×6 伴随表示的李群共轭运算结果与基于李代数标准 4×4 表示的李群共轭运算结果一致。

这可由式 (5.80) 与式 (5.76) 的同构证明。

推论 5.2 李群对李代数矩阵空间 3×3 元素的共轭运算等价于其对李代数三维向量形式元素的左作用。

4. 共轭运算与伴随作用的关系

由 5.2.1 节可知, 上述伴随作用的共轭运算具有下述性质:

$$\boldsymbol{N}\boldsymbol{U}\boldsymbol{N}^{-1} = [\boldsymbol{N}\boldsymbol{S}\times] \tag{5.81}$$

上式将李群对李代数元素的伴随表示 $\boldsymbol{U}$ 的共轭运算转化为李群对李代数元素的向量表示 $\boldsymbol{S}$ 的左作用。这就引出了下面的 5.7.3 节。

5.7.3 对李代数 $se(3)$ 向量形式的左作用

3.9.3 节给出了李代数的六维向量形式。对这种向量形式的李代数, 李群的伴随作用为**左作用**, 采用 6×6 伴随表示, 为

$$\boldsymbol{S}' = \mathrm{Ad}(\boldsymbol{N})\boldsymbol{S} = \boldsymbol{N}\boldsymbol{S} \tag{5.82}$$

式中, 矩阵 $\boldsymbol{N}$ 由式 (5.5) 给定, 式 (5.82) 的运算结果为

$$\boldsymbol{S}' = \begin{bmatrix} \boldsymbol{R} & \boldsymbol{0} \\ \boldsymbol{A}\boldsymbol{R} & \boldsymbol{R} \end{bmatrix} \begin{pmatrix} \boldsymbol{s} \\ \boldsymbol{s}_0 \end{pmatrix} = \begin{pmatrix} \boldsymbol{R}\boldsymbol{s} \\ \boldsymbol{A}\boldsymbol{R}\boldsymbol{s} + \boldsymbol{R}\boldsymbol{s}_0 \end{pmatrix} = \begin{pmatrix} \boldsymbol{R}\boldsymbol{s} \\ \boldsymbol{d}\times\boldsymbol{R}\boldsymbol{s} + \boldsymbol{R}\boldsymbol{s}_0 \end{pmatrix} \tag{5.83}$$

由于矩阵 $\boldsymbol{A}$, 如式 (5.2), 是由向量 $\boldsymbol{d}$ 的分量构成的反对称矩阵, 式 (5.83) 的结果与式 (5.76) 和式 (5.80) 给出的李群对李代数的矩阵表示的伴随作用结果一致。

注释 5.5　李群作用随着李代数表示形式的不同而不同, 其运算方法也不同。当李代数元素采用纯四元数形式时, 李群作用采用李群的单位四元数形式作共轭运算; 当李代数元素采用矩阵表示时, 李群作用采用**矩阵李群**作共轭运算, 类似于线性代数中的相似变换; 当李代数元素采用向量形式时, 李群作用采用对李代数元素的左作用运算, 即矩阵李群左乘运算。不同形式的李群对李代数作用的结果是一致的。

5.8 有限位移旋量矩阵的微分与李代数 $se(3)$ 的瞬时旋量

5.8.1 有限位移旋量矩阵的微分

从本章 5.3 节与 5.4 节可知, 式 (5.3) 所示李群 $SE(3)$ 的有限位移旋量矩阵可通过特征旋量和迹映射为式 (5.61) 所示的Chasles 运动的轴线, 其微分为**无穷小位移旋量**, 也称**瞬时旋量**。

将有限位移旋量矩阵对时间求导数, 得

$$\frac{\mathrm{d}\boldsymbol{N}}{\mathrm{d}t} = \lim_{\Delta t\to 0} \frac{\boldsymbol{N}(\Delta t + t) - \boldsymbol{N}(t)}{\Delta t} \tag{5.84}$$

该式可改写为

$$\frac{\mathrm{d}\boldsymbol{N}}{\mathrm{d}t}=\lim_{\Delta t\to 0}\frac{\boldsymbol{N}(\Delta\theta+\Delta\iota)-\boldsymbol{I}}{\Delta t}\boldsymbol{N}(t) \tag{5.85}$$

写成矩阵形式, 为

$$\boldsymbol{N}(\Delta\theta+\Delta\iota)=\begin{bmatrix}\boldsymbol{R}(\Delta\theta) & \mathbf{0}\\ \boldsymbol{A}(\Delta\boldsymbol{r}+\Delta\iota)\boldsymbol{R}(\Delta\theta) & \boldsymbol{R}(\Delta\theta)\end{bmatrix} \tag{5.86}$$

由式 (5.29), 有限位移旋量矩阵的副部可表示为

$$\begin{aligned}&\boldsymbol{A}(\Delta\boldsymbol{r}+\Delta\iota)\boldsymbol{R}(\Delta\theta)\\ &=\boldsymbol{A}_r(\boldsymbol{r}+\Delta\boldsymbol{r})\boldsymbol{R}(\Delta\theta)-\boldsymbol{R}(\Delta\theta)\boldsymbol{A}_r(\boldsymbol{r}+\Delta\boldsymbol{r})+\boldsymbol{A}_s(\Delta\iota)\boldsymbol{R}(\Delta\theta)\end{aligned} \tag{5.87}$$

式中

$$\boldsymbol{A}_r(\boldsymbol{r}+\Delta\boldsymbol{r})=\begin{bmatrix}0 & -r_z-\Delta r_z & r_y+\Delta r_y\\ r_z+\Delta r_z & 0 & -r_x-\Delta r_x\\ -r_y-\Delta r_y & r_x-\Delta r & 0\end{bmatrix} \tag{5.88}$$

当考虑无穷小位移时, 有 $\Delta\theta\to 0$, 则 $\sin\Delta\theta=\Delta\theta, \cos\Delta\theta=1$。进而由式 (4.22) 所示的 Euler-Rodrigues 公式, 用式 (4.6) 中的 $\boldsymbol{A}_s$ 表示轴线的旋转矩阵, 可以给出

$$\boldsymbol{R}(\Delta\theta)=\boldsymbol{I}+\Delta\theta\boldsymbol{A}_s=\begin{bmatrix}1 & -n\Delta\theta & m\Delta\theta\\ n\Delta\theta & 1 & -l\Delta\theta\\ -m\Delta\theta & l\Delta\theta & 1\end{bmatrix} \tag{5.89}$$

将式 (5.88) 与式 (5.89) 所示的两个矩阵代入式 (5.87) 的右边的前两项, 并且忽略二阶无穷小项, 得

$$\begin{aligned}&\boldsymbol{A}_r(\boldsymbol{r}+\Delta\boldsymbol{r})\boldsymbol{R}(\Delta\theta)-\boldsymbol{R}(\Delta\theta)\boldsymbol{A}_r(\boldsymbol{r}+\Delta\boldsymbol{r})\\ &=\begin{bmatrix}0 & (r_yl-r_xm)\Delta\theta & (r_zl-r_xn)\Delta\theta\\ (r_xm-r_yl)\Delta\theta & 0 & (r_zm-r_yn)\Delta\theta\\ (r_xn-r_zl)\Delta\theta & (r_yn-r_zm)\Delta\theta & 0\end{bmatrix}\\ &=\Delta\theta[[r\times s]\times]\end{aligned} \tag{5.90}$$

对式 (5.87) 右边第三项的轴向平移取微分, 可得

$$\begin{aligned}&\boldsymbol{A}_s(\Delta\iota)\boldsymbol{R}(\Delta\theta)\\ &=\begin{bmatrix}0 & -n\Delta\iota & m\Delta\iota\\ n\Delta\iota & 0 & -l\Delta\iota\\ -m\Delta\iota & l\Delta\iota & 0\end{bmatrix}\begin{bmatrix}1 & -n\Delta\theta & m\Delta\theta\\ n\Delta\theta & 1 & -l\Delta\theta\\ -m\Delta\theta & l\Delta\theta & 1\end{bmatrix}\end{aligned} \tag{5.91}$$

忽略二阶无穷小项, 则

$$\boldsymbol{A}_{\iota}(\Delta\iota)\boldsymbol{R}(\Delta\theta)=\begin{bmatrix}0 & -n\Delta\iota & m\Delta\iota\\ n\Delta\iota & 0 & -l\Delta\iota\\ -m\Delta\iota & l\Delta\iota & 0\end{bmatrix}=\Delta\iota\boldsymbol{A}_s \tag{5.92}$$

因此, 式 (5.87) 可写为

$$\boldsymbol{A}(\Delta\boldsymbol{r}+\Delta\iota)\boldsymbol{R}(\Delta\theta)=\Delta\theta[[\boldsymbol{r}\times\boldsymbol{s}]\times]+\Delta\iota\boldsymbol{A}_s \tag{5.93}$$

将式 (5.93) 及式 (5.89) 代入式 (5.86), 即得增量值, 再将其代入式 (5.85) 得

$$\begin{aligned}\frac{\mathrm{d}\boldsymbol{N}}{\mathrm{d}t}&=\begin{bmatrix}\dot{\theta}\boldsymbol{A}_s & \boldsymbol{0}\\ \dot{\theta}[[\boldsymbol{r}\times\boldsymbol{s}]\times]+\dot{\iota}\boldsymbol{A}_s & \dot{\theta}\boldsymbol{A}_s\end{bmatrix}\boldsymbol{N}\\&=\begin{bmatrix}\boldsymbol{\omega}\times & \boldsymbol{0}\\ \boldsymbol{\omega}_0\times & \boldsymbol{\omega}\times\end{bmatrix}\boldsymbol{N}\end{aligned} \tag{5.94}$$

式中, $\boldsymbol{\omega}=\dot{\theta}\boldsymbol{s}$; $\boldsymbol{\omega}_0=\dot{\theta}\boldsymbol{r}\times\boldsymbol{s}+\dot{\iota}\boldsymbol{s}$。至此, 可以得到有限位移旋量矩阵的微分, 即**无穷小位移旋量**或**瞬时旋量**, 为

$$\boldsymbol{T}=\dot{\theta}\begin{pmatrix}\boldsymbol{s}\\ \boldsymbol{r}\times\boldsymbol{s}+\dfrac{\dot{\iota}}{\dot{\theta}}\boldsymbol{s}\end{pmatrix}=\frac{\mathrm{d}\boldsymbol{N}}{\mathrm{d}t}\boldsymbol{N}^{-1} \tag{5.95}$$

式 (5.95) 为与特殊欧氏群 $SE(3)$ 上的轨迹相切的瞬时旋量。

注释 5.6 瞬时旋量是**射影李代数** $se(3)$ 的元素, 可表示为

$$\begin{bmatrix}\boldsymbol{\omega}\times & \boldsymbol{0}\\ \boldsymbol{\omega}_0\times & \boldsymbol{\omega}\times\end{bmatrix}=\frac{\mathrm{d}\boldsymbol{N}}{\mathrm{d}t}\boldsymbol{N}^{-1} \tag{5.96}$$

瞬时旋量携带速度幅值, 即成为速度旋量, 可用于研究机构与机器人运动。对于具有两个活动度的串联机器人, 速度旋量可用有序组合的位移旋量的导数表示, 即为

$$\begin{aligned}\boldsymbol{T}&=\frac{\mathrm{d}(\boldsymbol{N}_1\boldsymbol{N}_2)}{\mathrm{d}t}(\boldsymbol{N}_1\boldsymbol{N}_2)^{-1}\\&=\frac{\mathrm{d}\boldsymbol{N}_1}{\mathrm{d}t}\boldsymbol{N}_2\boldsymbol{N}_2^{-1}\boldsymbol{N}_1^{-1}+\boldsymbol{N}_1\frac{\mathrm{d}\boldsymbol{N}_2}{\mathrm{d}\boldsymbol{t}}\boldsymbol{N}_2^{-1}\boldsymbol{N}_1^{-1}\\&=\frac{\mathrm{d}\boldsymbol{N}_1}{\mathrm{d}t}\boldsymbol{N}_1^{-1}+\boldsymbol{N}_1\frac{\mathrm{d}\boldsymbol{N}_2}{\mathrm{d}t}\boldsymbol{N}_2^{-1}\boldsymbol{N}_1^{-1}\\&=\boldsymbol{S}_1+\boldsymbol{N}_1\overline{\boldsymbol{N}}_2\boldsymbol{N}_1^{-1}=\boldsymbol{S}_1+\boldsymbol{S}_2\end{aligned} \tag{5.97}$$

上述可推广至多活动度串联机械臂的研究, 即

$$\begin{aligned}
\boldsymbol{T} &= \frac{\mathrm{d}(\boldsymbol{N}_1\cdots\boldsymbol{N}_n)}{dt}(\boldsymbol{N}_1\cdots\boldsymbol{N}_n)^{-1} \\
&= \frac{\mathrm{d}\boldsymbol{N}_1}{\mathrm{d}t}\boldsymbol{N}_2\cdots\boldsymbol{N}_n\boldsymbol{N}_n^{-1}\cdots\boldsymbol{N}_1^{-1}+\cdots+\boldsymbol{N}_1\cdots\frac{\mathrm{d}\boldsymbol{N}_n}{\mathrm{d}t}\boldsymbol{N}_n^{-1}\cdots\boldsymbol{N}_1^{-1} \\
&= \frac{\mathrm{d}\boldsymbol{N}_1}{dt}\boldsymbol{N}_1^{-1}+\cdots+\boldsymbol{N}_1\cdots\boldsymbol{N}_{n-1}\frac{\mathrm{d}\boldsymbol{N}_n}{dt}\boldsymbol{N}_n^{-1}\boldsymbol{N}_{n-1}^{-1}\cdots\boldsymbol{N}_1^{-1} \\
&= \boldsymbol{S}_1+\cdots+\boldsymbol{N}_1\cdots\boldsymbol{N}_{n-1}\overline{\boldsymbol{N}}_n\boldsymbol{N}_{n-1}^{-1}\cdots\boldsymbol{N}_1^{-1} = \boldsymbol{S}_1+\cdots+\boldsymbol{S}_n
\end{aligned} \tag{5.98}$$

5.8.2 $se(3)$ 到 $SE(3)$ 的指数映射

对应于 4.4.3 节, 本节给出 $se(3)$ 到 $SE(3)$ 的指数映射。采用式 (3.101) 李代数标准 4×4 矩阵表示, 其**指数映射**为

$$e^{\theta\boldsymbol{E}} = e^{\begin{bmatrix}\theta\boldsymbol{A}_s & \theta\boldsymbol{s}_0\\ \boldsymbol{0}^{\mathrm{T}} & 0\end{bmatrix}} = \begin{bmatrix} e^{\theta\boldsymbol{A}_s} & \boldsymbol{V}\boldsymbol{s}_0\\ \boldsymbol{0}^{\mathrm{T}} & 1\end{bmatrix} \tag{5.99}$$

式中

$$e^{\theta\boldsymbol{A}_s} = \boldsymbol{I}+\sin\theta\boldsymbol{A}_s+(1-\cos\theta)\boldsymbol{A}_s^2 \tag{5.100}$$

$$\boldsymbol{V} = \theta\boldsymbol{I}+(1-\cos\theta)\boldsymbol{A}_s+(\theta-\sin\theta)\boldsymbol{A}_s^2 \tag{5.101}$$

式 (5.100) 给出了第四章的 Euler-Rodrigues 公式。李代数元素的指数映射给出了相应的李群的矩阵表示。当一般运动为纯平移时, 式 (5.99) 为

$$e^{\theta\boldsymbol{E}} = \begin{bmatrix}\boldsymbol{I} & \theta\boldsymbol{s}_0\\ \boldsymbol{0}^{\mathrm{T}} & 1\end{bmatrix} \tag{5.102}$$

注释 5.7 在矩阵指数的运算中, 传统的指数加法规律只在满足下述条件下成立:

$$e^{\boldsymbol{E}_1}e^{\boldsymbol{E}_2} = e^{\boldsymbol{E}_1+\boldsymbol{E}_2}, \quad 当且仅当\ [\boldsymbol{E}_1,\boldsymbol{E}_2]=\boldsymbol{0} \tag{5.103}$$

式中, $[\boldsymbol{E}_1,\boldsymbol{E}_2]$ 为 3.10 节定义的李括号。通过指数映射以及式 (5.97) 所示的串联机构的速度旋量可推导出两活动度机械臂的末端位移, 为

$$\boldsymbol{H} = e^{\theta_1\boldsymbol{E}_1}e^{\theta_2\boldsymbol{E}_2} \tag{5.104}$$

对于多活动度串联机构, 则有

$$\boldsymbol{H} = e^{\theta_1\boldsymbol{E}_1}e^{\theta_2\boldsymbol{E}_2}\cdots e^{\theta_n\boldsymbol{E}_n} \tag{5.105}$$

5.9 有限位移旋量表示的 Chasles 运动分解

下面通过实例验证本章前面内容给出的定理与公式。该实例先给出式 (5.15) 中的纯旋转矩阵与平移矩阵的实现过程。而后通过有限位移旋量矩阵的分解，用 Chasles 运动阐述李群作用。分解中第一部分表示绕任意旋量轴线的纯转动以及轴线偏离原点的影响。分解中第二部分是平移矩阵，表示沿轴向的平移。

本实例第一部分通过式 (5.3) 所示的常用 6×6 有限位移旋量矩阵给定一个运动。该运算的实际意义如式 (5.15) 所示，表示绕过原点的轴线的旋转以及沿轴线方向的平移。由此，实例的第一部分给出有限位移旋量矩阵 $\boldsymbol{N}$，并且施加位移算子 A 得到了刚体最终到达的位置。

本实例的第二部分从矩阵算子中导出有限位移旋量的几何量，包括旋转轴线的方向和位置、旋转角以及轴向平移量。

第三部分阐述基于 Chasles 运动的矩阵分解及刚体的 Chasles 运动。矩阵分解将平移分成两部分，即旋转轴线 $\boldsymbol{s}$ 偏离原点引起的等效平移和 Chasles 平移。该部分采用分解得到的有限位移旋量的几何量以执行 Chasles 运动，并用分解后按照 Chasles 运动组装的矩阵实现刚体位移，从而得到刚体的最终位姿，与本实例第一部分采用常规矩阵运算得到的最终位姿相同。

5.9.1 实现刚体位移的伴随作用

例 5.3 给定刚体上的某一直线为

$$\boldsymbol{L}=(0.707,0.500,0.500,0.500,-1.000,0.293)^{\mathrm{T}} \tag{5.106}$$

在本节中，刚体的一般运动分为两个步骤完成，即绕旋转作用轴线的旋转和该轴线方向的平移。本实例中，给定刚体旋转角为 80°，绕下面过原点的旋转轴线 $\boldsymbol{s}$ 运动：

$$\boldsymbol{s}=(-0.129,0.224,0.966)^{\mathrm{T}} \tag{5.107}$$

旋转运动之后，刚体沿平移向量 $\boldsymbol{d}$ 进行平移

$$\boldsymbol{d}=(1.723,-0.030,0.756)^{\mathrm{T}} \tag{5.108}$$

上述过程可用式 (5.15) 所示的算子表示为

$$\mathrm{Ad}(g)=\boldsymbol{N}=\boldsymbol{N}_t\boldsymbol{N}_R=\begin{bmatrix}\boldsymbol{I} & \boldsymbol{0}\\ \boldsymbol{A} & \boldsymbol{I}\end{bmatrix}\begin{bmatrix}\boldsymbol{R} & \boldsymbol{0}\\ \boldsymbol{0} & \boldsymbol{R}\end{bmatrix}=\begin{bmatrix}\boldsymbol{R} & \boldsymbol{0}\\ \boldsymbol{AR} & \boldsymbol{R}\end{bmatrix} \tag{5.109}$$

式中, $\boldsymbol{R}$ 由式 (4.22) 所示的 Euler-Rodrigues 公式构造而来, 公式中轴线向量的反对称矩阵 $\boldsymbol{A}_s$ 可根据式 (4.6) 计算得出, 为

$$\boldsymbol{A}_s = \begin{bmatrix} 0 & -0.966 & 0.224 \\ 0.966 & 0 & 0.129 \\ -0.224 & -0.129 & 0 \end{bmatrix} \tag{5.110}$$

由此, 旋转矩阵的计算结果为

$$\boldsymbol{R} = \begin{bmatrix} 0.188 & -0.975 & 0.117 \\ 0.927 & 0.215 & 0.305 \\ -0.324 & 0.051 & 0.944 \end{bmatrix} \tag{5.111}$$

此为有限位移旋量矩阵的主部, 同时由式 (5.108), 可得式 (5.2) 所示的矩阵 $\boldsymbol{A}$ 为

$$\boldsymbol{A} = \begin{bmatrix} 0 & -0.756 & -0.030 \\ 0.756 & 0 & -1.723 \\ 0.030 & 1.723 & 0 \end{bmatrix} \tag{5.112}$$

因此, 有限位移旋量矩阵的副部为

$$\boldsymbol{AR} = \begin{bmatrix} -0.691 & -0.164 & -0.259 \\ 0.700 & -0.825 & -1.538 \\ 1.603 & 0.341 & 0.529 \end{bmatrix} \tag{5.113}$$

将线矢量 $\boldsymbol{L}$ 视为李代数 $se(3)$ 的元素, 李群 $SE(3)$ 对 $se(3)$ 的作用可表示为

$$\boldsymbol{L}'' = \mathrm{Ad}(g)\boldsymbol{L} = \boldsymbol{NL} \tag{5.114}$$

刚体上的直线 $\boldsymbol{L}$ 经过旋转矩阵 $\boldsymbol{N}_R$ [见式 (5.109)] 作用后的结果为

$$\boldsymbol{L}' = (-0.296, 0.916, 0.269, 1.103, 0.338, 0.063)^{\mathrm{T}} \tag{5.115}$$

经过平移矩阵 $\boldsymbol{N}_t$ 作用后最终的位姿为

$$\boldsymbol{L}'' = (-0.296, 0.916, 0.269, 0.403, -0.349, 1.633)^{\mathrm{T}} \tag{5.116}$$

5.9.2 有限位移旋量算子的几何量

下文的实例承接实例 5.3, 将旋量矩阵算子映射为 Chasles 运动的有限位移旋量, 此处的 Chasles 运动包含绕有限位移旋量轴线的旋转和沿该轴线的平移。由 5.4 节知, 当旋量矩阵特征值 $\lambda = 1$ 时可得出其特征旋量, 进而生成 Chasles 运动的轴线。

例 5.4 由式 (5.52) 和式 (5.111), 其特征旋量的主部为

$$\boldsymbol{R}-\boldsymbol{R}^{\mathrm{T}}=\begin{bmatrix}0 & -1.902 & 0.441\\ 1.902 & 0 & 0.254\\ -0.441 & -0.254 & 0\end{bmatrix}=2\sin\theta[\boldsymbol{s}\times] \tag{5.117}$$

副部可由下式先获得一部分, 为

$$(\boldsymbol{AR})^{\mathrm{T}}=\begin{bmatrix}-0.691 & 0.700 & 1.603\\ -0.164 & -0.825 & 0.341\\ -0.259 & -1.538 & 0.529\end{bmatrix} \tag{5.118}$$

由式 (5.53) 与式 (5.56) 得到副部, 为

$$\boldsymbol{AR}-(\boldsymbol{AR})^{\mathrm{T}}=\begin{bmatrix}0 & -0.864 & -1.863\\ 0.864 & 0 & -1.880\\ 1.863 & 1.880 & 0\end{bmatrix}=2\sin\theta[\boldsymbol{s}_0\times] \tag{5.119}$$

由此, Chasles 运动的特征旋量为

$$\begin{aligned}\boldsymbol{D}&=\frac{1}{2\sin\theta}(-0.254,0.441,1.902,1.879,-1.862,0.864)^{\mathrm{T}}\\ &=(-0.129,0.224,0.966,0.955,-0.946,0.439)^{\mathrm{T}}\end{aligned} \tag{5.120}$$

式 (5.120) 所示结果中, 前三个分量构成的向量表示有限位移旋量的轴线。同时由式 (2.13) 知, 该轴线的正交位置向量为

$$\boldsymbol{r}_0=(1.012,0.979,-0.092)^{\mathrm{T}} \tag{5.121}$$

式 (5.121) 表明, 有限位移旋量的轴线由位置向量 $\boldsymbol{r}_0$ 给定, 偏离原点。由式 (4.17), 旋转角为 $\theta=80°$。由旋量矩阵副部的迹可推导出轴向平移的模长, 如式 (5.50) 所示, 即

$$\iota=\frac{\mathrm{tr}(\boldsymbol{AR})}{-2\sin\theta}=\frac{-0.985}{-2\sin\theta}=0.5 \tag{5.122}$$

由此, 5.9.1 节给出的刚体的位移可映射为 Chasles 运动的有限位移旋量, 其轴线由式 (5.120) 给出, 轴线对应的正交位置向量由式 (5.121) 给出, 旋转角 θ 为 80°, 轴向平移分量模长为 $\iota=0.5$。

5.9.3 有限位移旋量表示的 Chasles 运动执行过程

5.9.2 节通过 5.9.1 节给出的旋量矩阵的特征旋量构造了 Chasles 运动的有限位移旋量。本节将在此基础上构建如式 (5.28) 所示的 Chasles 分解, 并用于执行对刚

体上直线 $\boldsymbol{L}$ 的 Chasles 运动。该运动包含绕偏离原点且位置向量为 $\boldsymbol{r}_0$ 的有限位移旋量轴线 $\boldsymbol{s}$ 的旋转和沿该轴线且模长为 ι 的平移。

若由式 (5.120) 给定有限位移旋量, 加之得出的 $\theta = 80°$ 的旋转角, 以及式 (5.122) 给出的轴向平移分量模长 $\iota = 0.5$, 则可根据式 (5.28) 所示的有限位移旋量矩阵的 Chasles 分解得到分解后的基于 Chasles 运动的旋量矩阵。由此, 式 (5.3) 的算子可分解为绕偏离原点且位置向量为 $\boldsymbol{r}_0$ 的有限位移旋量轴线 $\boldsymbol{s}$ 的旋转以及沿该轴线且模长为 ι 的平移 [见式 (5.28)]。

Chasles 运动的第一步由式 (5.28) 所示的矩阵 $\boldsymbol{N}_c$ 执行, 即将式 (5.106) 所示刚体上的线矢量 $\boldsymbol{L}$ 绕式 (5.120) 中的有限位移旋量轴线旋转。其中, 矩阵 $\boldsymbol{N}_c$ 中的矩阵 $\boldsymbol{R}$ 由式 (4.22) 所示的 Euler-Rodrigues 公式得出, 计算结果如式 (5.111) 所示。Chasles 运动的第二步在下面的例 5.5 中给出。

例 5.5 例 5.1 给出的 Chasles 旋转中由于旋转轴线偏离原点引起的等效平移分量可由式 (5.23) 得出

$$\boldsymbol{r}_e = (\boldsymbol{I} - \boldsymbol{R})\boldsymbol{r}_0 = (1.788, -0.142, 0.273)^{\mathrm{T}} \tag{5.123}$$

因此, 式 (4.6) 所示的旋量轴线矩阵可由式 (5.120) 给出的有限位移旋量得出。不难看出, 其结果与式 (5.110) 相同。至此, Chasles 平移可由 $\iota\boldsymbol{A}_s$ 执行。再考虑上述由旋转轴线偏离原点引起的等效平移, 由式 (5.27), 得

$$\begin{aligned}\boldsymbol{A} &= [\boldsymbol{r}_e \times] + \iota\boldsymbol{A}_s \\ &= \begin{bmatrix} 0 & -0.273 & -0.142 \\ 0.273 & 0 & -1.788 \\ 0.142 & 1.788 & 0 \end{bmatrix} + \begin{bmatrix} 0 & -0.483 & 0.112 \\ 0.483 & 0 & 0.065 \\ -0.112 & -0.065 & 0 \end{bmatrix} \\ &= \begin{bmatrix} 0 & -0.756 & -0.030 \\ 0.756 & 0 & -1.723 \\ 0.030 & 1.723 & 0 \end{bmatrix}\end{aligned} \tag{5.124}$$

上述过程是 5.9.1 节内容的反向推导, 式 (5.124) 所示的结果与式 (5.112) 给出的平移矩阵 $\boldsymbol{A}$ 相同, 进而证明了 5.2 节的矩阵分解的正确性。

下面的例 5.6 将采用该 Chasles 运动分解后的矩阵, 展示 Chasles 运动的旋转和平移作用。

例 5.6 采用式 (5.28) 对 Chasles 分解得出的矩阵 $\boldsymbol{N}_c$ 将 Chasles 旋转作用于刚体上的直线 $\boldsymbol{L}$, 将直线绕式 (5.120) 所示的偏离原点的旋量轴线旋转, 其旋量轴线的位置向量 $\boldsymbol{r}_0$ 如式 (5.121) 所示, 结果为

$$\boldsymbol{L}' = (-0.296, 0.916, 0.269, 0.815, -0.223, 1.659)^{\mathrm{T}}$$

尽管上式所示的结果与 5.9.1 节中式 (5.115) 使用两步分解法的结果的前三个分量相同, 但是其副部即后三个分量是不同的。造成这种不同的原因在于上述 Chasles 运动的真实轴线偏离原点。

Chasles 运动作用的第二步是 Chasles 平移, 即将从 Chasles 分解得到的式 (5.28) 的平移矩阵算子 $\boldsymbol{N}_t$ 作用于旋转得到的直线 $\boldsymbol{L}'$, 得

$$\boldsymbol{L}'' = (-0.296, 0.916, 0.269, 0.403, -0.349, 1.633)^{\mathrm{T}}$$

上述结果与式 (5.116) 所示的采用常规矩阵运算得出的结果相同。由此, 采用 Chasles 分解与常规矩阵的运算等效。尽管中间运算过程不同, 但对于刚体位移的最终结果是相同的。这就证实了有限位移旋量矩阵及其 Chasles 分解的相关理论与规律的正确性, 阐明了其实际意义。本节同时说明了如何用有限位移旋量来完成刚体位移, 并通过有限位移旋量算子施加并完成 Chasles 运动。

5.10 旋量代数、李群与李代数的关联论

在上面的分析中, 有限位移旋量具有与李群一致的向量表示, 可以用来描述刚体运动的全周运动, 其与瞬时旋量的关系已在 5.8 节论述。由第三章可知, 瞬时旋量是射影李代数的元素, 速度旋量是李代数的元素, 而力旋量是对偶李代数的元素。

5.10.1 旋量代数、李群与李代数、有限位移旋量、四元数代数的关联

定义 5.14 在抽象代数中, 代数结构是指包含集合以及对集合内元素具有封闭性的运算的代数系统, 其中集合可为群、环、域、格等。在代数结构 $(A, \circ)$ 与 $(B, \bar{\circ})$ 中, A 与 B 分别表示两代数结构的集合, “$\circ$” 为集合 A 上的二元运算, “$\bar{\circ}$” 为集合 B 上的二元运算, 此二元运算满足结合律、交换律和分配律。对于任意 $a, b \in A$, 若存在同态映射

$$\varphi(a \circ b) = \varphi(a) \bar{\circ} \varphi(b)$$

则映射 φ 使代数结构 $(A, \circ)$ 对代数结构 $(B, \bar{\circ})$ 产生了同态映射。此时称映射 φ 构造了一个从代数结构 $(A, \circ)$ 到代数结构 $(B, \bar{\circ})$ 的**关联**, 也称代数结构 $(A, \circ)$ 与代数结构 $(B, \bar{\circ})$ **关联**。

注释 5.8 向量空间或拓扑流形也为代数结构。

注释 5.9 若 φ 是单射同态, 称两代数结构为单同态关联; 若 φ 是满射同态, 称两代数结构为满同态关联; 若 φ 是双射同态, 称两代数结构为同构关联。

注释 5.10 在本书中, 旋量代数、李群、李代数、四元数代数等均可视为代数结构, 并且都具有同向量代数及其矩阵运算的**关联**。

注释 5.11 在第三章、第四章与本章中, 向量代数、旋量代数、李群、李代数、四元数代数等代数结构之间存在多个关联, 这些关联的同态映射一般通过李群与李代数表示论以及李群、李代数、四元数、对偶四元数的共轭作用、左作用或李括号实现, 也可通过向量空间之间的同构映射以及叉积与双线性型运算实现。

3.1 节、3.2 节与 3.3 节阐述了旋量的六维向量表示与对偶向量表示, 定义了旋量空间上具有封闭性的运算。因此, 上述章节给出了旋量代数与矩量代数同向量代数之间的关联。

3.9 节与 3.10 节提出了李代数的旋量形式 [如式 (3.2)]、向量形式以及矩阵表示 [如式 (3.101)], 并推导了李代数的左作用 [如式 (3.116)] 与李括号 [如式 (3.107)], 给出了等效定理及其证明。因此该章节定义了李代数与旋量代数、向量代数之间的关联。

4.6 节与 4.7 节提出了李群的四元数表示 [如式 (4.63)]、对偶四元数表示 [如式 (4.81)] 以及李代数的纯四元数 [如式 (4.67)] 表示, 并推导证明出, 李群的四元数表示能够完成对李代数纯四元数表示的共轭作用 [如式 (4.68)], 并且同李群元素对向量空间元素的左作用 [如式 (4.71)] 等效。因此, 该章节定义了李群、李代数以及四元数代数之间的关联。

5.2 节、5.6 节、5.7 节给出了李群的矩阵表示 [如式 (5.5)] 以及有限位移旋量 [如式 (5.61)] 表示, 推导了李群对自身的共轭作用 [如式 (5.71)] 以及对李代数矩阵表示与旋量形式的共轭作用 [如式 (5.75)] 与左作用 [如式 (5.82)], 并给出了等价定理 (推论 3.6、推论 5.1、推论 5.2) 及其证明。因此, 该章节定义了李群、李代数以及旋量代数之间的关联。

5.10.2 李群、李代数与有限位移旋量、瞬时旋量关联图

李代数与李群的多种表示形式已在 3.9 节与 5.6 节给出, 它们与有限位移旋量及瞬时旋量的关系由本章给出。图 1.1 给出了有限位移旋量与李群以及对应的瞬时旋量与李代数表示论的关联关系, 图5.4 揭示了这些理论的关联关系以及对其阐述的章节。

图 5.4 中, 李群 $SE(3)$ 与有限位移旋量的关联关系见 5.4 节与 5.6 节, 有限位移旋量与瞬时旋量以及李群与李代数的关联关系见本章相关章节。

5.10.1 节以及图 5.4 给出下列关联论的定义。

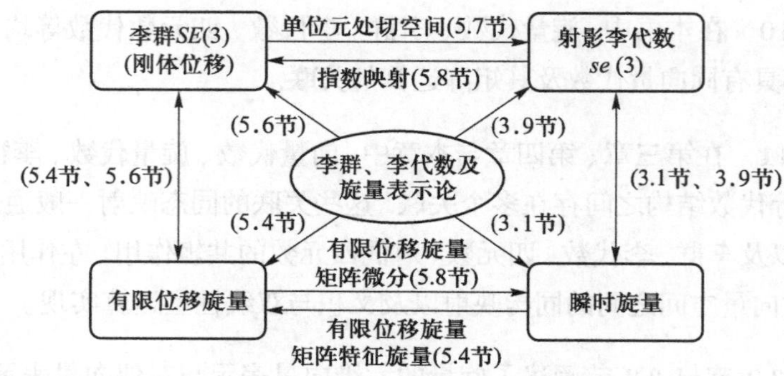

图 5.4　李群、李代数与有限位移旋量、瞬时旋量关联图

定义 5.15　向量代数、旋量代数、李群、李代数、四元数代数等多种代数结构之间诸多关联涵盖的表示论、相关运算与作用及其推导、原理与证明统称为旋量代数、李群与李代数、四元数代数的**关联论**, 也可称为**代数关联论**。

5.10.3　有限位移旋量、瞬时旋量、李群及李代数发展史

以上小节提出的关联论可以在这些理论的历史发展中体现。有限位移旋量、瞬时旋量、李群及李代数四大理论的发展历史见表 5.1。

表 5.1　有限位移旋量、瞬时旋量、李群及李代数的发展历史

年代	瞬时旋量	有限位移旋量	李群	李代数
1763	Mozzi 瞬轴 (3.4 节)			
1806	Poinsot 中心轴 (3.5 节)			
1830		Chasles 分解定理 [式 (5.28)]		
1840			Galois: 群论	
1840s		Rodrigues 参数 [式 (4.33)] Euler-Rodrigues 公式 [式 (4.50)] Hamilton 四元数 [式 (4.62)] Cayley 旋转公式 [式 (4.57)]		
1860—1865	Cayley 直线坐标, Plücker 坐标			
1871—1872	Klein 互易旋量, Ball 互易旋量 [式 (3.11)]		Klein Erlangen 纲领	
1872—1873	Clifford 表格 (表 3.2)	Clifford 对偶四元数 [式 (4.81)]		
1871—1876	Ball 旋量理论			
1880	Killing 型 [式 (3.23)]			Killing 型
1888—1893			Lie 和 Engle: 李群	
1900	Ball 旋量理论的著作			
1901	Study 对偶角 [式 (3.24)、式 (3.25)], 四元数群			

续表

年代	瞬时旋量	有限位移旋量	李群	李代数
1902—1930			Weyli 黎曼群, 拓扑群	
1924	von Mises 矩量运算			
1930s				Cartan 子代数
1946—1947	Brand 对偶向量与矩量代数 (见第三章)		Cherallay, 第一部关于李群与李代数的著作	
1958	Blaschke 旋量算子			
1948—1965	Dimentberg 复向量代数 (第三章)			
1964	Yang 和 Freudeastein: 对偶四元数形式的旋量算子			
1967	Roth: 旋量三角形			
1978	Hunt: 旋量系		Hervé: 连杆机构李群理论	
1979	Bottema 和 Roth: 理论运动学			
1984	Phillip: 一般螺旋运动			
1990	McCarthy: 理论运动学介绍			
1990—1994		Parkin: 有限位移旋量旋距新定义		
1994	Murry、Li 和 Sastry: 李群与刚体运动结合			
1994—1996		Huang: 有限位移旋量系		
1995		Dai, Holland 和 Kerr: 有限位移旋量表示论及其群运算		
1996	Duffy: 平面机构运动学			
2001	Dai 和 Rees Jones: 旋量系关联论			
2002	Dai 和 Rees Jones: 旋量系零空间理论			Dai 和 Rees Jones: 旋量系零空间理论
2005	Selig: 计算机科学与机器人学数学基础			

参考文献

Altmann, S. L. (1986) *Rotations, Quaternions and Double Groups*, Clarendon Press Oxford, England.

Aspragathos, N. A. and Dimitros, J. K. (1998) A comparative study of three methods for robot kinematics, *IEEE Trans Syst Man Cybern B Cybern.*, **28** (2): 135-145.

Ayres, F. (1974) *Theory and Problems of Matrices*, Schaum's Outline Series, McGrave Hill, New York.

Baker, A. (2002) *Matrix Groups: An Introduction to Lie Group Theory*, Springer, London.

Ball, R. S. (1900) *A Treatise on the Theory of Screws*, Cambridge University Press, Cambridge.

Bottema, O. and Roth, B. (1979) *Theoretical Kinematics*, North-Holland Series in Applied Mathematics and Mechanics, North-Holland, Amsterdam.

Chasles, M. (1830) Note sur le propriétés générales du systéme de deux corps semblables entr'eux et places d'une maniére quelconque dans l'espace; et sur le déplacement fini ou infiniment petis d'un corps solide libre, *Bull. Sci. Mach.*, *Férussac*, **14**: 321-326.

Chen, C. (2010) Mobility analysis of parallel manipulators and pattern of transform matrix, *ASME J. Mech. Rob.*, **2** (4): 041003.

Chirikjian, G. S. (2011) *Stochastic Models, Information Theory, and Lie Groups, Volume 2: Analytic Methods and Modern Applications*, Birkhäuser, Boston.

Chirikjian, G. S. and Kyatkin, A. B. (2001) *Engineering Applications of Noncommutative Harmonic Analysis*, CRC Press.

Coolidge, J. L. (1963) *A History of Geometrical Methods*, Oxford University Press, reprinted by Dover.

Dai, J. S. (1993) Chapter 3: New look at properties of screws and screw system, *Screw Image Space and Its Application to Robotic Grasping*, PhD Dissertation(uk.bl.ethos.386419), University of Salford, Manchester.

Dai, J. S. (2006) A historical review of the theoretical development of rigid body displacements from Rodrigues parameters to the finite twist, *Mech. Mach. Theory*, **41** (1): 41-52.

Dai, J. S. (2012) Finite displacement screw operators with embedded Chasles' motion, *ASME J. Mech. Robot.*, **4** (4): 041002.

Dai, J. S. (2015) Euler-Rodrigues formula variations, quaternion conjugation and intrinsic connections, *Mechanism and Machine Theory*, **92**: 134-144.

Dai, J. S. (2019) *Screw Algebra and Kinematic Approaches for Mechanisms and Robotics*, Springer, London.

Dai, J. S. and Rees Jones, J. (2001) Interrelationship between screw systems and corresponding reciprocal systems and applications, *Mech. Mach. Theory*, **36** (5): 633-651.

Dai, J. S. and Rees Jones, J. (2002) Null space construction using cofactors from a screw algebra context, *Proc. Royal Society London A: Mathematical, Physical and Engineering Sciences*, **458** (2024): 1845-1866.

Dai, J. S. and Rees Jones, J. (2003) A linear algebraic procedure in obtaining reciprocal screw systems, *J. Robot. Syst.*, **20** (7): 401-412.

Dai, J. S., Akhtar, M. and Kerr, D. R. (1995), Modeling of Orientation and Dexterity, *EPSRC project report*, University of Salford.

Dai, J. S., Holland, N. and Kerr, D. R. (1995) Finite twist mapping and its application to planar serial manipulators with revolute joints, *J. Mech. Eng. Sci.*, **209** (C3): 263-271.

Dai, J. S., Huang, Z. and Lipkin, H. (2004) Screw system analysis of parallel mechanisms and applications to constraint and mobility study, *Proc. of the 28th Biennial Mechanisms and Robotics Conference*, Sept. 28-Oct. 2, Salt Lake City, USA.

Dai, J. S., Huang, Z. and Lipkin, H. (2006) Mobility of overconstrained parallel mechanisms, *ASME J. Mech. Des.*, **128** (1): 220-229.

Denavit, J. and Hartenberg, R. S. (1955) A kinematic notation for lower-pair mechanisms based on matrices, *ASME J. Appl. Mech.*, **77** (2): 215-221.

Dimentberg, F. M. (1948) A general method of investigation of finite displacements of three-dimensional mechanisms, and certain cases of passive couplings, *Trudi Semin. po. Teor. Mash. Mekh.*, **5** (17): 5-39.

Dimentberg, F. M. (1965) *The Screw Calculus and its Applications to Mechanics*, Foreign Technology Division, Wright-Paterson Air Force Base, Ohio.

Dimentberg, F. M. and Kislitsyn, S. G. (1960) Application of screw calculus to the analysis of three-dimensional mechanisms, *Trudy II Vsesoyuznogo soveshchaniya po problemam dinamiki mashin*.

Gan, D., Dai, J. S. and Caldwell, D. G. (2011) Constraint-based limb synthesis and mobility-change aimed mechanism construction, *ASME J. Mech. Des.*, **133** (5): 051001.

Gan, D., Dai, J. S. and Liao, Q. Z. (2010) Constraint analysis on mobility change of a novel metamorphic parallel mechanism, *Mech. Mach. Theory*, **45** (12): 1864-1876.

Gilbert, W. J. (1976) *Modern Algebra with Applications*, John Wiley & Sons, New York.

Hervé, J. M. (1978) Analyze structurelle des mécanismes par groupe desdéplacements(in French), *Mech. Mach. Theory*, **13** (4): 437-450.

Huang, C. and Roth, B. (1994) Analytic expressions for the finite screw systems, *Mech. Mach. Theory*, **29** (2): 207-222.

Huang, C., Kuo, W. and Ravani, B. (2010) On the regulus associated with the general displacement of a line and its application in determining displacementscrews, *ASME J. Mech. Rob.*, **2** (4): 041013-041018.

Huang, C., Sugimoto, K. and Parkin, I. (2008) The correspondence between finite screw systems and projective spaces, *Mech. Mach. Theory*, **43**: 50-56.

Hunt, K. H. and Parkin, I. A. (1995) Finite displacements of points, planes, and lines via screw theory, *Mech. Mach. Theory*, **30** (2): 177-192.

Lee, C. C. and Hervé, J. M. (2011) Isoconstrained parallel generators of schoenflies motion, *ASME J. Mech. Rob.*, **3** (2): 021006.

Lee, K., Wang, Y. and Chirikjian, G. S. (2007) O(n) mass matrix inversion for serial manipulators and polypeptide chains using Lie derivatives. *Robotica*, **25** (6): 739-750.

Liu, H., Huang, T. and Chetwynd, D. G. (2011) A general approach for geometric error modeling of lower mobility parallel manipulators, *ASME J. Mech. Rob.*, **3** (2): 021013.

Müller, A. (2011) On the manifold property of the set of singularities of kinematic mappings: Modeling, classification and genericity, *ASME J. Mech. Rob.*, **3** (1): 011006.

Müller, A. (2012) On the manifold property of the set of singularities of kinematic mappings: Genericity conditions, *ASME J. Mech. Rob.*, **4** (1): 011006.

Müller, A. and Terze, Z. (2009) Lie group modeling and forward dynamics simulation of multibody systems, part I: Topology and kinematics, *Trans. FAMENA*, **33** (2): 1-14.

McCarthy, J. M. (1986) Dual orthogonal matrices in manipulator kinematics, *Int. J. Robot. Res.*, **5** (2): 45-51.

McCarthy, J. M. (1990) *An Introduction to Theoretical Kinematics*, The MIT Press, London.

Murray, R. M., Li, Z. and Sastry, S. S. (1994) *A Mathematical Introduction to Robotic Manipulation*, CRC Press, New York.

Parkin, I. A. (1997) Unifying the geometry of finite displacement screws and orthogonal matrix transformations, *Mech. Mach. Theory*, **32** (8): 975-991.

Pennock, G. R. and Yang, A. T. (1985) Application of dual-number matrices to the inverse kinematics problem of robot manipulators, *ASME J. Mech.*, **107** (2): 201-208.

Perez-Gracia, A. (2011) Synthesis of spatial RPRP closed linkage for a given screw system, *ASME J. Mech. Rob.*, **3** (2): 021009.

Ravani, B. and Roth, B. (1984) Mappings of spatial kinematics, *ASME J. Mech. Trans. Auto. Des.*, **106** (3): 341-347.

Rooney, J. (1977) A survey of representations of spatial rotation about a fixed point, *Environment and Planning B*, **4** (2): 185-210.

Rooney, J. (1978) A comparison of representations of general spatial screw displacement, *Environment and Planning B*, **5**: 45-88.

Samuel, A. E., McAree, R. R. and Hunt, K. H. (1991) Unifying screw geometry and matrix transformations, *Int. J. Robot. Res.*, **10** (5): 454-472.

Sattinger, D. H. and Weaver, O. L. (1986) *Lie Groups and Algebras with Applications to Physics,Geometry,and Mechanics*, Springer-Verlag, New York.

Selig, J. M. (2005) *Geometric Fundamentals of Robotics*, Spriger, New York.

Smith, G. (1998) *Introductory Mathematics: Algebra and Analysis*, Springer, London.

Su, H. J. (2011) Mobility analysis of flexure mechanisms via screw algebra, *ASME J. Mech. Rob.*, 3 (4): 041010.

Suleyman, D. (2007) Matrix realization of dual quaternionic electromagnetism, *Central European Journal of Physics*, **5** (4): 487-506.

Weyl, H. (1934) Harmonics of homogeneous manifolds, *Math. Ann.*, **35** (3): 486-499.

Woo, L and Freudenstein, F. (1970) Application of line geometry to theoretical kinematics and the kinematic analysis of mechanical systems, *J. Mechanisms*, **5** (3): 417-460.

Yang, A. T. and Freudenstein, F. (1964) Application of dual-number quaternion algebra to the analysis of spatial mechanisms, *ASME J. Appl. Mech.*, **86** (2): 300-309.

Yu, J., Li, S., Su, H. J. and Culpepper, M. L. (2011) Screw theory based methodology for the deterministic type synthesis of flexure mechanisms, *ASME J. Mech. Rob.*, **3** (3): 031008.

Yuan, M. S. C. and Freudenstein, F. (1971) Kinematics analysis of spatial mechanisms by means of screw coordinates, Part I: Screw coordinates, *ASME J. Eng. Ind.*, **93** (B): 61-66.

Zarrouk, D. and Shoham, M. (2011) A note on the screw triangle, *ASME J. Mech. Rob.*, **3** (1): 014502.

Zhang, K., Dai, J. S. and Fang, Y. (2010) Topology and constraint analysis of phase change in the metamorphic chain and its evolved mechanism, *ASME J. Mech. Des.*, **132** (2): 121001.

曹锡华, 王建磐 (1987) 线性代数群表示导论(上), 科学出版社, 北京.

刘绍学, 章璞 (2010) 近世代数导引, 高等教育出版社, 北京.

徐树方, 钱江 (2011) 矩阵计算六讲, 高等教育出版社, 北京.

詹兴致 (2008) 矩阵论, 高等教育出版社, 北京.

张禾瑞 (1978) 近世代数基础, 高等教育出版社, 北京.

张凯院, 徐仲 (2006) 矩阵论, 2 版, 西北工业大学出版社, 西安.

第二篇

旋量系理论及机构约束与自由运动

第六章　互易性与旋量系

旋量系是旋量的集合, 依赖于一组线性无关的旋量并构成李代数 $se(3)$ 的向量子空间。旋量系理论与具有一定自由度的刚体的运动特性分析密切相关, 同时与作用在刚体上的力系及其反作用力的特性紧密相连。速度旋量系与相应的约束旋量系构成互易关系。因此, 旋量系的理论基础是线性相关性和互易性。长期以来, 对旋量系及其在运动学和动力学方面的理论与应用研究一直吸引着数学家和理论运动学家的研究兴趣。

Ball (1900) 以刚体的螺旋运动为实例, 给出了 n 阶旋量系, 该旋量系中所有旋量能使刚体在约束允许下绕该组独立旋量的轴线相继旋转。Ball 还对拟圆柱面进行了研究, 奠定了**二阶旋量系**分类的基础。Dimentberg (1965) 研究了互易旋量系的结构。Hunt (1967) 通过线性线丛及其同空间机构与可动性之间的关系对旋量系进行了详尽的研究。

本章介绍了旋量互易性的几何特性和物理意义, 展示了旋量间的相关性, 从线性代数角度出发, 提出了充分必要条件以及旋量相关的几何条件, 对旋量系的组合进行了深入研究。在此基础上, 推导出了旋量组合转化为线矢量的充分必要条件的通用公式。本章揭示互易性和相关性的代数本质, 展示旋量代数与射影几何的关联, 为第七章提出旋量系的关联关系理论奠定了基础。

6.1　旋量的互易性

6.1.1　几何特性与物理含义

旋量的互易性是旋量系理论的基础。Klein (1871) 提出了互易旋量的基本概念和五维射影空间中的超二次曲面。几乎是同一时间, Ball 对互易旋量进行了研究, Ball

对互易性的定义为, 当虚系数即互矩为零时两旋量互易 (见 3.2.1 节)。1924 年, 这一互易积被 von Mises (1924) 定义为旋量标量积。此后 Dimentberg (1965) 和 Brand (1947) 用此定义来识别互易旋量。1965 年, Dimentberg (1965) 进一步揭示了互易性的几何意义, 并通过六条弹性吊索束缚刚体产生的一维移动来展示这一原理。1978 年, Hunt (1978) 进一步采用互易运动副及其连接来解释互易性。一对包括两个垂直轴线的串联铰链与锁住一转动而演变为二活动度的球副互为互易运动副。在这一对互易运动副中, 其中一个运动副的活动度为另一个运动副的约束度。

如 3.7 节所述, 若两旋量 $\boldsymbol{S}_1$ 和 $\boldsymbol{S}_2$ 的互矩或虚系数为零, 称两旋量互易。

从几何角度考虑, 若两旋量的旋距为零 ($h_1 = h_2 = 0$), 即旋量退化为线矢量, 则两旋量互易的几何条件为相交或平行, 此为第一类情况。

若一旋量旋距为零, 另一旋量旋距为有限值, 互易的几何条件为正交或满足式 (3.15) 为零的一般情况, 此为第二类情况。

第三类情况为, 当两旋量具有有限旋距, 则互易两旋量的空间相互位姿有五种情况。一种为两旋量轴线不仅相交且为正交; 一种为两旋量轴线相交且旋距之和为零; 一种为两旋量轴线平行且旋距之和为零; 一种为两旋量轴线共线且旋距之和为零; 最后一种为其他满足式 (3.15) 的情况。

第四类情况为, 当两旋量旋距一个为无穷大, 另一个为零或有限值, 此时互易的几何条件为无穷大旋距的旋量位于与有限旋量轴线垂直的平面内。

第五类情况为, 两旋量都有无穷大旋距, 此时两旋量在任意情况下都互易。

由此, 两互易旋量的分类可见表 6.1。

表 **6.1** 两旋量互易的几何关系分类

类别	旋量 $\boldsymbol{S}_1$ 的旋距	旋量 $\boldsymbol{S}_2$ 的旋距	互易的几何条件
(1)	0	0	(a) 相交; (b) 平行
(2)	0	h	(a) 正交; (b) 满足 $h\cos\varphi = d\sin\varphi$ 的一般条件
(3)	h_1	h_2	(a) 正交; (b) 相交且 $h_1 + h_2 = 0$; (c) 平行且 $h_1 + h_2 = 0$; (d) 共线且 $h_1 + h_2 = 0$; (e) 满足 $(h_1 + h_2)\cos\varphi = d\sin\varphi$ 的一般条件
(4)	0 或 h	∞	垂直
(5)	∞	∞	任何条件

注: h、h_1、h_2 表示旋量的旋距为有限值。

从物理学角度考虑, 刚体在力旋量作用下沿某一轴线方向运动, 若力旋量对刚体做功为零, 则力旋量与该运动旋量[1] 互易。如图 6.1, 力旋量与速度旋量的单位旋

[1]运动旋量涵盖速度旋量以及有限位移旋量。

量 $\boldsymbol{S}_1$ 和 $\boldsymbol{S}_2$ 可分别表示为

$$\boldsymbol{S}_1 = (1, 0, 0, h_1, 0, 0)^{\mathrm{T}} \tag{6.1}$$

$$\boldsymbol{S}_2 = (\cos\varphi, \sin\varphi, 0, h_2\cos\varphi - d\sin\varphi, h_2\sin\varphi + d\cos\varphi, 0)^{\mathrm{T}} \tag{6.2}$$

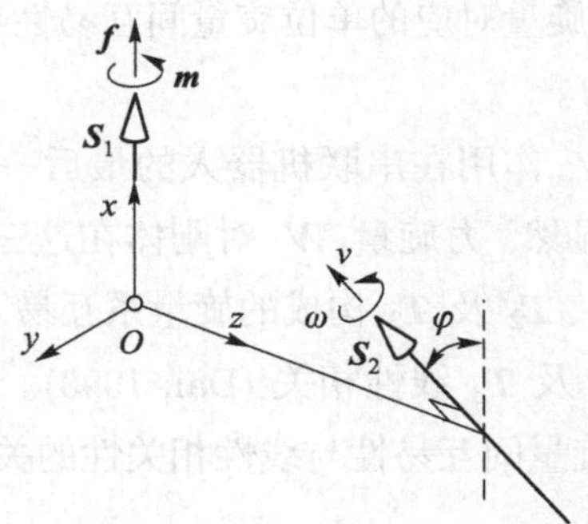

图 6.1　速度旋量与力旋量的几何解释

赋予幅值 f, 则作用在单位旋量 $\boldsymbol{S}_1$ 上的力旋量可表示为

$$\boldsymbol{W} = \begin{pmatrix} \boldsymbol{f} \\ \boldsymbol{m} \end{pmatrix} = f(1, 0, 0, h_1, 0, 0)^{\mathrm{T}}$$

同理, 赋予速度幅值 ω, 则作用在单位旋量 $\boldsymbol{S}_2$ 上的运动旋量可表示为

$$\boldsymbol{T} = \begin{pmatrix} \boldsymbol{\omega} \\ \boldsymbol{v} \end{pmatrix} = \omega(\cos\varphi, \sin\varphi, 0, h_2\cos\varphi - d\sin\varphi, h_2\sin\varphi + d\cos\varphi, 0)^{\mathrm{T}}$$

据式 (3.12), 由以上两旋量的互易积可得式 (3.15)。从前述的几何条件可知, 如果上述两旋量满足式 (3.88) 给出的旋量互易条件, 上述力旋量与速度旋量互易, 即力旋量对刚体在该速度旋量轴线方向上不做功。两旋量互易的物理含义可分为以下几种情况: 若力旋量表示纯力, 且与刚体绕转动副运动的速度旋量轴线同轴或平行, 则该力旋量对刚体不做功; 若刚体绕接触法线旋转且不计摩擦, 则力旋量对刚体在该法线方向不做功; 若力旋量表示纯力偶, 且刚体沿移动副平移, 则该力偶对刚体不做功。

定义 6.1　运动旋量包含速度旋量、有限位移旋量以及从属于有限位移旋量但强调微小位移的微小位移旋量。

6.1.2　运动与约束中的互易关联

互易性既表征了两旋量空间位姿及旋距的相互关系, 又展示了力旋量和运动旋量的物理意义。互易性的几何和物理解释引出了运动旋量和约束力旋量之间的一种基本关联关系, 第七章将对此作详细阐述。

机构基本运动副 (以转动副为例) 中包含许多旋量互易性及其关联关系的实例。如图 6.2a, 若作用于转动副上表示纯力的力旋量 $\boldsymbol{W}$ 与运动旋量 $\boldsymbol{T}$ 共线, 则该力旋量不做功, 二者互易。不难看出, 该力旋量与运动旋量线性相关。如图 6.2b, 将力旋量平移至 $\boldsymbol{W}'$, 可以发现该力旋量仍不做功, 仍与运动旋量 $\boldsymbol{T}$ 互易, 但此时二者线性无关。因此, 运动旋量与力旋量对应的单位旋量间互易性与线性相关性的关系, 即旋量关联关系, 是值得研究的。

如图 6.2c, 力旋量 $\boldsymbol{W}$ 作用在串联机器人的最后一个杆件上, 并且与运动旋量 $\boldsymbol{T}_1$、$\boldsymbol{T}_2$ 及 $\boldsymbol{T}_3$ 平行。显然, 力旋量 $\boldsymbol{W}$ 对刚体在这三个运动旋量上不做功, 即力旋量 $\boldsymbol{W}$ 与运动旋量 $\boldsymbol{T}_1$、$\boldsymbol{T}_2$ 及 $\boldsymbol{T}_3$ 构成的旋量系互易。通过研究不难发现, 力旋量 $\boldsymbol{W}$ 与运动旋量 $\boldsymbol{T}_1$、$\boldsymbol{T}_2$ 及 $\boldsymbol{T}_3$ 线性相关 (Dai, 1993)。若空间四个旋量交于一点, 情况亦如此。诸如此类的旋量间互易性与线性相关性的关联关系理论将在第七章作深入阐述。

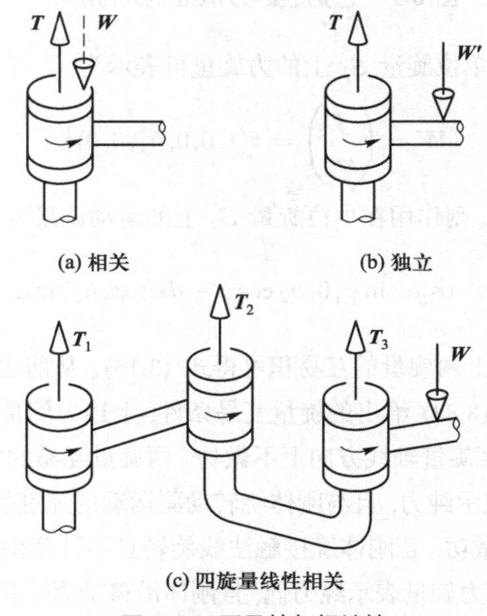

图 6.2　互易性与相关性

6.2　旋量的相关性

定义 6.2　若存在一组不全为零的系数 $\lambda_i = (1, 2, \cdots, k)$, 使得 k 个旋量满足

$$\lambda_1 \boldsymbol{S}_1 + \lambda_2 \boldsymbol{S}_2 + \cdots + \lambda_k \boldsymbol{S}_k = \boldsymbol{0} \tag{6.3}$$

则称旋量 $\boldsymbol{S}_1, \boldsymbol{S}_2, \cdots, \boldsymbol{S}_k$ 线性相关。

引理 6.1 旋量相关性可以按照旋量的主部与副部定义为两部分, 即

$$\lambda_1 \boldsymbol{s}_1 + \lambda_2 \boldsymbol{s}_2 + \cdots + \lambda_k \boldsymbol{s}_k = \boldsymbol{0} \tag{6.4}$$

与

$$\lambda_1 \boldsymbol{r}_1 \times \boldsymbol{s}_1 + \lambda_2 \boldsymbol{r}_2 \times \boldsymbol{s}_2 + \cdots + \lambda_k \boldsymbol{r}_k \times \boldsymbol{s}_k + \lambda_1 h_1 \boldsymbol{s}_1 + \lambda_2 h_2 \boldsymbol{s}_2 + \cdots + \lambda_k h_k \boldsymbol{s}_k = \boldsymbol{0} \tag{6.5}$$

注释 6.1 引理 6.1 所述的旋量相关性对旋量轴线、位置向量及旋距均有要求。例如, 两自由向量平行或者共线, 二者即线性相关; 但对于两旋量, 若二者平行或共轴, 则未必线性相关, 判断平行或共轴旋量的相关性仍需考察旋距的影响。总而言之, 一组旋量只有同时满足式 (6.4) 与式 (6.5) 时, 才线性相关。

6.2.1 旋量相关的充分必要条件

定理 6.1 对于 k 个旋量 $\boldsymbol{S}_1, \boldsymbol{S}_2, \cdots, \boldsymbol{S}_k$, 将引理 6.1 给出的旋量相关性的两个定义式重新组合, 得

$$\begin{bmatrix} \boldsymbol{s}_1 & \boldsymbol{s}_2 & \cdots & \boldsymbol{s}_k \\ \boldsymbol{r}_1 \times \boldsymbol{s}_1 + h_1 \boldsymbol{s}_1 & \boldsymbol{r}_2 \times \boldsymbol{s}_2 + h_2 \boldsymbol{s}_2 & \cdots & \boldsymbol{r}_k \times \boldsymbol{s}_k + h_k \boldsymbol{s}_k \end{bmatrix} \boldsymbol{\lambda} = \boldsymbol{0} \tag{6.6}$$

可简化为

$$\boldsymbol{J} \boldsymbol{\lambda} = \boldsymbol{0} \tag{6.7}$$

考虑三维空间中, 旋量维数 $n = 6$, 若 $k > 6$, 则 k 个旋量线性相关; 最大线性无关旋量集合的个数由 $6 \times k$ 矩阵 $\boldsymbol{J}$ 的秩 $\operatorname{rank} \boldsymbol{J}$ 确定。若 $k < 6$, 且 $\operatorname{rank} \boldsymbol{J} < k$, 则 k 个旋量线性相关; 可通过检验矩阵 $\boldsymbol{J}$ 的所有小于或等于 k 阶的子式是否为零来确定 $\operatorname{rank} \boldsymbol{J}$, 从而决定最大线性无关旋量集合的个数。若 $k = 6$, 且 $\operatorname{rank} \boldsymbol{J} = k$, 则 k 个旋量线性无关; 如果 $\operatorname{rank} \boldsymbol{J} < k$, 则 k 个旋量线性相关。

推论 6.1 k 个旋量最大线性无关旋量集合的个数由 $6 \times k$ 矩阵 $\boldsymbol{J}$ 的秩 $\operatorname{rank} \boldsymbol{J}$ 确定。如果 $\operatorname{rank} \boldsymbol{J} < k$, 则 k 个旋量线性相关。

推论 6.2 若 n 个旋量在特殊几何条件下线性相关, 则满足该条件的 $n + k$ 个旋量也线性相关。

定理 6.2 k 个旋量线性相关的必要条件为

$$\det(\boldsymbol{J}^{\mathrm{T}} \Delta \boldsymbol{J}) = 0 \tag{6.8}$$

式中

$$
\boldsymbol{J}^{\mathrm{T}}\Delta\boldsymbol{J}=\begin{bmatrix}\boldsymbol{S}_1\circ\boldsymbol{S}_1 & \boldsymbol{S}_1\circ\boldsymbol{S}_2 & \cdots & \boldsymbol{S}_1\circ\boldsymbol{S}_k\\ \boldsymbol{S}_2\circ\boldsymbol{S}_1 & \boldsymbol{S}_2\circ\boldsymbol{S}_2 & \cdots & \boldsymbol{S}_2\circ\boldsymbol{S}_k\\ \vdots & \vdots & \vdots & \vdots\\ \boldsymbol{S}_k\circ\boldsymbol{S}_1 & \boldsymbol{S}_k\circ\boldsymbol{S}_2 & \cdots & \boldsymbol{S}_k\circ\boldsymbol{S}_k\end{bmatrix} \tag{6.9}
$$

其中, Δ 是对偶算子的矩阵形式, 见式 (2.55)。

证明 由互易积定义 3.4 可得

$$
\boldsymbol{J}^{\mathrm{T}}\boldsymbol{\Delta J\lambda}=\boldsymbol{0} \tag{6.10}
$$

公式 $\operatorname{rank}\boldsymbol{J}^{\mathrm{T}}=\operatorname{rank}\boldsymbol{J}, \operatorname{rank}(\boldsymbol{J}^{\mathrm{T}}\Delta\boldsymbol{J})\leqslant\operatorname{rank}\boldsymbol{J}$ 成立。由推论 6.1, 若 k 个旋量线性相关, 则 $\operatorname{rank}\boldsymbol{J}<k$。从前式可知, $\operatorname{rank}(\boldsymbol{J}^{\mathrm{T}}\Delta\boldsymbol{J})<k$, 由此 $\det(\boldsymbol{J}^{\mathrm{T}}\Delta\boldsymbol{J})=0$。定理得证。

对于旋距为零的旋量, 即线矢量, 式 (6.9) 退化为

$$
\boldsymbol{J}^{\mathrm{T}}\Delta\boldsymbol{J}=\begin{bmatrix}0 & \boldsymbol{S}_1\circ\boldsymbol{S}_2 & \cdots & \boldsymbol{S}_1\circ\boldsymbol{S}_k\\ \boldsymbol{S}_2\circ\boldsymbol{S}_1 & 0 & \cdots & \boldsymbol{S}_2\circ\boldsymbol{S}_k\\ \vdots & \vdots & \vdots & \vdots\\ \boldsymbol{S}_k\circ\boldsymbol{S}_1 & \boldsymbol{S}_k\circ\boldsymbol{S}_2 & \cdots & 0\end{bmatrix} \tag{6.11}
$$

定理 6.3 k 个旋量线性相关的充分必要条件是对称矩阵 $\boldsymbol{J}^{\mathrm{T}}\boldsymbol{J}$ 的行列式为零, 即

$$
\det(\boldsymbol{J}^{\mathrm{T}}\boldsymbol{J})=0 \tag{6.12}
$$

证明 必要性证明可参考定理 6.2, 下面给出充分性证明。

对 $\boldsymbol{J}^{\mathrm{T}}\boldsymbol{J\lambda}=\boldsymbol{0}$ 两边乘以 $\boldsymbol{\lambda}^{\mathrm{T}}$, 得 $\boldsymbol{\lambda}^{\mathrm{T}}\boldsymbol{J}^{\mathrm{T}}\boldsymbol{J\lambda}=0$, 即 $(\boldsymbol{J\lambda})^{\mathrm{T}}\boldsymbol{J\lambda}=0$。由此, $\boldsymbol{J\lambda}=\boldsymbol{0}$。所以方程组 $\boldsymbol{J}^{\mathrm{T}}\boldsymbol{J\lambda}=\boldsymbol{0}$ 和 $\boldsymbol{J\lambda}=\boldsymbol{0}$ 同解, 则 $\operatorname{rank}(\boldsymbol{J}^{\mathrm{T}}\boldsymbol{J})=\operatorname{rank}\boldsymbol{J}$。因为 $\det(\boldsymbol{J}^{\mathrm{T}}\boldsymbol{J})=0$, 即 $\operatorname{rank}(\boldsymbol{J}^{\mathrm{T}}\boldsymbol{J})<k$, 所以, $\operatorname{rank}\boldsymbol{J}<k$。因而, k 个旋量线性相关。

这里虽然引用了内积的概念 (Sugimoto 和 Duffy, 1982; Kerr 和 Sanger, 1989; Duffy, 1990), 但保持了矩阵 $\boldsymbol{J}$ 的秩, 而这个秩是不随原点变化而变化的。

6.2.2 两个旋量的相关性

推论 6.3 两旋量线性相关的充分必要条件是轴线共线且旋距相同。

证明 首先证明充分性。设旋量 $\boldsymbol{S}_1$ 与 $\boldsymbol{S}_2$ 为

$$
\boldsymbol{S}_1=\begin{pmatrix}\boldsymbol{s}_1\\ \boldsymbol{r}_1\times\boldsymbol{s}_1+h_1\boldsymbol{s}_1\end{pmatrix},\quad \boldsymbol{S}_2=\begin{pmatrix}\boldsymbol{s}_2\\ \boldsymbol{r}_2\times\boldsymbol{s}_2+h_2\boldsymbol{s}_2\end{pmatrix}
$$

若旋量 $\boldsymbol{S}_1$ 与 $\boldsymbol{S}_2$ 的轴线共线, 设其公共轴线为 $\boldsymbol{s}$, 则 $\boldsymbol{r}_1 \times \boldsymbol{s} = \boldsymbol{r}_2 \times \boldsymbol{s}$。由于旋距相同, $h_1 = h_2$, 由此可知两旋量线性相关。

再证明必要性, 若旋量 $\boldsymbol{S}_1$ 与 $\boldsymbol{S}_2$ 线性相关, 即 $\boldsymbol{S}_2 = \lambda_1 \boldsymbol{S}_1$, 可得

$$\begin{cases} \boldsymbol{s}_2 = \lambda_1 \boldsymbol{s}_1 \\ \boldsymbol{r}_2 \times \boldsymbol{s}_2 + h_2 \boldsymbol{s}_2 = \lambda_1 \boldsymbol{r}_1 \times \boldsymbol{s}_1 + \lambda_1 h_1 \boldsymbol{s}_1 \end{cases} \tag{6.13}$$

由上式可得

$$(\boldsymbol{r}_2 - \boldsymbol{r}_1) \times \boldsymbol{s}_1 = (h_2 - h_1)\boldsymbol{s}_1 \tag{6.14}$$

式 (6.14) 两边分别右点乘 $\boldsymbol{s}_1$ 得

$$0 = (h_2 - h_1)\boldsymbol{s}_1 \cdot \boldsymbol{s}_1$$

可知 $h_1 = h_2$, 代入式 (6.14) 得

$$(\boldsymbol{r}_2 - \boldsymbol{r}_1) \times \boldsymbol{s}_1 = \boldsymbol{0}$$

从而可知两旋量共轴线, 证毕。

6.2.3 具有相同旋距的三个旋量的相关性

若三个旋量旋距相同, 则式 (6.6) 可变为

$$\begin{bmatrix} \boldsymbol{s}_1 & \boldsymbol{s}_2 & \boldsymbol{s}_3 \\ \boldsymbol{r}_1 \times \boldsymbol{s}_1 + h\boldsymbol{s}_1 & \boldsymbol{r}_2 \times \boldsymbol{s}_2 + h\boldsymbol{s}_2 & \boldsymbol{r}_3 \times \boldsymbol{s}_3 + h\boldsymbol{s}_3 \end{bmatrix} \boldsymbol{\lambda} = \boldsymbol{0} \tag{6.15}$$

如果三个旋量线性相关, 至少要求式 (6.15) 中由 $\boldsymbol{s}_1$、$\boldsymbol{s}_2$ 和 $\boldsymbol{s}_3$ 构成的矩阵的任意三阶子式为零, 即这些旋量的轴线共面或平行。

推论 6.4 具有相同旋距的三个旋量线性相关的必要条件是它们轴线共面。

将位置矢量 $\boldsymbol{r}_i$ 分解为两部分, 即由上述三轴线构成的平面外任意参考点指向该平面上一点的向量 $\boldsymbol{\rho}$ 和该点到旋量轴线 $\boldsymbol{s}_i$ 某一点的位置矢量 $\boldsymbol{r}'_i$ (见图 6.3)。由此, $\boldsymbol{r}'_2$ 和 $\boldsymbol{r}'_3$ 可由 $\boldsymbol{r}'_1$ 表示, 即

$$\boldsymbol{r}'_2 = \beta_2 \boldsymbol{r}'_1 \tag{6.16}$$

与

$$\boldsymbol{r}'_3 = \beta_3 \boldsymbol{r}'_1 \tag{6.17}$$

因此, 式 (6.15) 可变换为

$$\begin{bmatrix} \boldsymbol{I} & \boldsymbol{0} \\ h\boldsymbol{I} & \boldsymbol{A} \end{bmatrix} \begin{bmatrix} \boldsymbol{s}_1 & \boldsymbol{s}_2 & \boldsymbol{s}_3 \\ \boldsymbol{s}_1 & \beta_2 \boldsymbol{s}_2 & \beta_3 \boldsymbol{s}_3 \end{bmatrix} \boldsymbol{\lambda} = \boldsymbol{0} \tag{6.18}$$

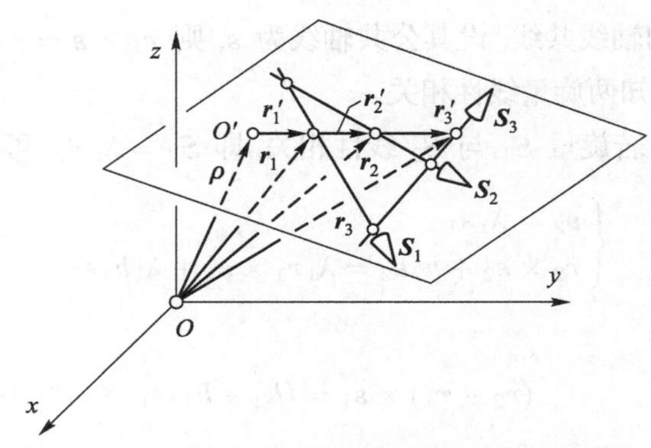

图 6.3　三旋量共面的几何表示

式中, $h\boldsymbol{I}$ 为 5.2.3 节中式 (5.34) 给出的改变旋量旋距矩阵的非对角线分块矩阵。选择 $\boldsymbol{r}_1' = \boldsymbol{r}$, 矩阵 $\boldsymbol{A}$ 可表示为反对称矩阵, 即

$$\boldsymbol{A} = \begin{bmatrix} 0 & -r_z & r_y \\ r_z & 0 & -r_x \\ -r_y & r_x & 0 \end{bmatrix} \tag{6.19}$$

该矩阵可实现向量 $\boldsymbol{r}$ 与其他向量的叉积, 其中向量 $\boldsymbol{r}$ 可表示为

$$\boldsymbol{r} = (r_x, r_y, r_z)^{\mathrm{T}} \tag{6.20}$$

因此, 式 (6.18) 可以写为

$$\boldsymbol{N}\boldsymbol{M}_3\boldsymbol{\lambda} = \boldsymbol{0} \tag{6.21}$$

式中, $\boldsymbol{M}_3$ 为旋量 $\boldsymbol{S}_1$、$\boldsymbol{S}_2$、$\boldsymbol{S}_3$ 的蜕变矩阵。应用拉普拉斯展开, 得到 $\operatorname{rank}\boldsymbol{N} = 5$。由此, 因 $\operatorname{rank}(\boldsymbol{N}\boldsymbol{M}_3) \leqslant \min(\operatorname{rank}\boldsymbol{N}, \operatorname{rank}\boldsymbol{M}_3)$, 旋量线性相关性可以通过旋量蜕变矩阵 $\boldsymbol{M}_3$ 的秩判断。

定理 6.4　*若具有相同旋距的三旋量共面共点或共面平行, 则三旋量线性相关。*

证明　若三旋量共面共点, 选取相同的位置向量, 即 $\boldsymbol{r}_1 = \boldsymbol{r}_2 = \boldsymbol{r}_3 = \boldsymbol{r}$ 和 $\beta_2 = \beta_3 = 1$。易知 $\boldsymbol{M}_3$ 的秩退化为 2。若三旋量共面平行, 且具有相同旋距, 容易看出, 当 $\boldsymbol{s}_1 = \boldsymbol{s}_2 = \boldsymbol{s}_3$ 时, 矩阵 $\boldsymbol{M}_3$ 的秩小于 3, 因此三旋量线性相关。若三旋量共面且具有相同旋距, 其中两个共线, 根据矩阵 $\boldsymbol{M}_3$ 的秩仍可判断出三旋量线性相关。不失一般性, 令 $\boldsymbol{s}_1 = \boldsymbol{s}_2$, 则 $\beta_2 = 1$, 即 $\boldsymbol{r}_1 = \boldsymbol{r}_2$, 矩阵 $\boldsymbol{M}_3$ 可写为

$$\begin{bmatrix} \boldsymbol{s}_1 & \boldsymbol{s}_1 & \boldsymbol{s}_3 \\ \boldsymbol{s}_1 & \boldsymbol{s}_1 & \beta_3\boldsymbol{s}_3 \end{bmatrix} \tag{6.22}$$

显然, 矩阵 $\boldsymbol{M}_3$ 的秩小于 3, 三旋量线性相关。应该注意的是, 当三个旋量共面, 但没有指明其他限定条件时, 它们不一定线性无关。

6.2.4 具有相同旋距的四个、五个与六个旋量的相关性

定理 6.5 任意四个具有相同旋距的共点旋量线性相关。

证明 四旋量在空间共点 $\boldsymbol{r}=\boldsymbol{r}_i$, 叉积运算可用与旋量副部的位置矢量对应的反对称矩阵 $[\boldsymbol{r}\times]$ 进行, 如式 (6.19) 所示。若四旋量有相同的旋距 h, 式 (6.6) 可以写成

$$\begin{bmatrix} \boldsymbol{I} & \boldsymbol{0} \\ h\boldsymbol{I} & \boldsymbol{A} \end{bmatrix}\begin{bmatrix} \boldsymbol{s}_1 & \boldsymbol{s}_2 & \boldsymbol{s}_3 & \boldsymbol{s}_4 \\ \boldsymbol{s}_1 & \boldsymbol{s}_2 & \boldsymbol{s}_3 & \boldsymbol{s}_4 \end{bmatrix}\boldsymbol{\lambda}=\boldsymbol{0} \tag{6.23}$$

上式给出旋量 $\boldsymbol{S}_1$、$\boldsymbol{S}_2$、$\boldsymbol{S}_3$、$\boldsymbol{S}_4$ 的蜕变矩阵 $\boldsymbol{M}_4$。正如 6.2.1 节所述, 矩阵 $\boldsymbol{J}_4'=\boldsymbol{N}\boldsymbol{M}_4$ 的秩是判断是否线性相关的关键。由式 (6.23) 可知, 矩阵 $\boldsymbol{M}_4$ 的秩小于 4。因此, 任何四个具有相同旋距的共点旋量都是线性相关的。定理得证。

定理 6.6 任意四个具有相同旋距的平行旋量线性相关。

证明 若四个具有相同旋距的旋量相互平行, 式 (6.4) 和式 (6.5) 可以写成

$$(1,\alpha_2,\alpha_3,\alpha_4)\begin{pmatrix}\lambda_1\\ \lambda_2\\ \lambda_3\\ \lambda_4\end{pmatrix}\boldsymbol{s}_1=\boldsymbol{0} \tag{6.24}$$

与

$$(\boldsymbol{r}_1\times\boldsymbol{s}_1+h\boldsymbol{s}_1,\alpha_2\boldsymbol{r}_2\times\boldsymbol{s}_1+h\alpha_2\boldsymbol{s}_1,\alpha_3\boldsymbol{r}_3\times\boldsymbol{s}_1+h\alpha_3\boldsymbol{s}_1,\alpha_4\boldsymbol{r}_4\times\boldsymbol{s}_1+h\alpha_4\boldsymbol{s}_1)\begin{pmatrix}\lambda_1\\ \lambda_2\\ \lambda_3\\ \lambda_4\end{pmatrix}=\boldsymbol{0} \tag{6.25}$$

通过以上两个公式, 可以得到

$$\begin{bmatrix} \boldsymbol{I} & \boldsymbol{0} \\ h\boldsymbol{I} & \boldsymbol{I} \end{bmatrix}\begin{bmatrix} \boldsymbol{s}_1 & \alpha_2\boldsymbol{s}_1 & \alpha_3\boldsymbol{s}_1 & \alpha_4\boldsymbol{s}_1 \\ \boldsymbol{r}_1\times\boldsymbol{s}_1 & \alpha_2\boldsymbol{r}_2\times\boldsymbol{s}_1 & \alpha_3\boldsymbol{r}_3\times\boldsymbol{s}_1 & \alpha_4\boldsymbol{r}_4\times\boldsymbol{s}_1 \end{bmatrix}\begin{pmatrix}\lambda_1\\ \lambda_2\\ \lambda_3\\ \lambda_4\end{pmatrix}=\boldsymbol{0} \tag{6.26}$$

由于四旋量是平行的, 位置向量 $\boldsymbol{r}_i$ 可用平面线丛表示, 即

$$\boldsymbol{r}_3=\mu_1\boldsymbol{r}_1+\mu_2\boldsymbol{r}_2 \tag{6.27}$$

$$\boldsymbol{r}_4=\delta_1\boldsymbol{r}_1+\delta_2\boldsymbol{r}_2 \tag{6.28}$$

将上式 (6.27) 和式 (6.28) 代入式 (6.26), 得到

$$\boldsymbol{N}'\boldsymbol{J}_4\boldsymbol{\lambda}=\boldsymbol{0} \tag{6.29}$$

式中, $\boldsymbol{J}_4$ 为 6×4 矩阵, 即

$$\boldsymbol{J}_4 = \begin{bmatrix} \boldsymbol{s}_1 & \alpha_2 \boldsymbol{s}_1 & \alpha_3 \boldsymbol{s}_1 & \alpha_4 \boldsymbol{s}_1 \\ \boldsymbol{r}_1 \times \boldsymbol{s}_1 & \alpha_2 \boldsymbol{r}_2 \times \boldsymbol{s}_1 & \alpha_3(\mu_1 \boldsymbol{r}_1 + \mu_2 \boldsymbol{r}_2) \times \boldsymbol{s}_1 & \alpha_4(\delta_1 \boldsymbol{r}_1 + \delta_2 \boldsymbol{r}_2) \times \boldsymbol{s}_1 \end{bmatrix} \tag{6.30}$$

由上可见, 任何包含上述矩阵 $\boldsymbol{J}_4$ 的前三行中任两行的四阶子式为零。因此, 通过研究包含矩阵 $\boldsymbol{J}_4$ 后三行的四阶子式的奇异性, 可以判断旋量的相关性。可知, 任何包含最后三行的四阶子式为零。因此, 可以看出矩阵 $\boldsymbol{J}_4$ 的秩小于 4。因此, 式 (6.26) 存在一组解, 其中至少有一个 λ_i 为非零数。由此而知, 四个具有相同旋距的平行旋量是相关的。定理得证。

定理 6.7 任意四个旋距相同且轴线共面的旋量线性相关。

证明 1 如果四旋量共面, 则它们的轴线线性相关。任取两个线性无关的轴线为基, 而不失一般性, 可取 $\boldsymbol{s}_1$ 和 $\boldsymbol{s}_2$ 为基, 另外两个旋量轴线可以表示为

$$\boldsymbol{s}_3 = \alpha_1 \boldsymbol{s}_1 + \alpha_2 \boldsymbol{s}_2 \tag{6.31}$$

$$\boldsymbol{s}_4 = \beta_1 \boldsymbol{s}_1 + \beta_2 \boldsymbol{s}_2 \tag{6.32}$$

式 (6.4) 可写成

$$\lambda_1 \boldsymbol{s}_1 + \lambda_2 \boldsymbol{s}_2 + \lambda_3 \boldsymbol{s}_3 + \lambda_4 \boldsymbol{s}_4 = (\lambda_1 + \lambda_3 \alpha_1 + \lambda_4 \beta_1) \boldsymbol{s}_1 + (\lambda_2 + \lambda_3 \alpha_2 + \lambda_4 \beta_2) \boldsymbol{s}_2 = \boldsymbol{0} \tag{6.33}$$

同时, 位置向量 $\boldsymbol{r}_i$ 可以在同一平面内表示, 在选择的基 $\boldsymbol{s}_1$ 和 $\boldsymbol{s}_2$ 上也是线性相关的, 可以写成

$$\boldsymbol{r}_1 = {}^1\delta_1 \boldsymbol{s}_1 + {}^1\delta_2 \boldsymbol{s}_2 \tag{6.34}$$

$$\boldsymbol{r}_2 = {}^2\delta_1 \boldsymbol{s}_1 + {}^2\delta_2 \boldsymbol{s}_2 \tag{6.35}$$

$$\boldsymbol{r}_3 = {}^3\delta_1 \boldsymbol{s}_1 + {}^3\delta_2 \boldsymbol{s}_2 \tag{6.36}$$

$$\boldsymbol{r}_4 = {}^4\delta_1 \boldsymbol{s}_1 + {}^4\delta_2 \boldsymbol{s}_2 \tag{6.37}$$

将式 (6.31) 和式 (6.32) 以及式 (6.34) ~ 式 (6.37) 代入式 (6.6), 得

$$\begin{bmatrix} \boldsymbol{I} & \boldsymbol{0} \\ h\boldsymbol{I} & \boldsymbol{A}_1 \end{bmatrix} \begin{bmatrix} \boldsymbol{s}_1 & \boldsymbol{s}_2 & \alpha_1 \boldsymbol{s}_1 + \alpha_2 \boldsymbol{s}_2 & \beta_1 \boldsymbol{s}_1 + \beta_2 \boldsymbol{s}_2 \\ \eta_1 \boldsymbol{s}_2 & \eta_2 \boldsymbol{s}_2 & \eta_3 \boldsymbol{s}_2 & \eta_4 \boldsymbol{s}_2 \end{bmatrix} \begin{pmatrix} \lambda_1 \\ \lambda_2 \\ \lambda_3 \\ \lambda_4 \end{pmatrix} = \boldsymbol{N}\boldsymbol{M}_4' \boldsymbol{\lambda} = \boldsymbol{0} \tag{6.38}$$

式中

$$\boldsymbol{A}_1 = [\boldsymbol{s}_1 \times] = \begin{bmatrix} 0 & -n_1 & m_1 \\ n_1 & 0 & -l_1 \\ -m_1 & l_1 & 0 \end{bmatrix} \tag{6.39}$$

$$\eta_1 = -{}^1\delta_2, \eta_2 = {}^2\delta_1, \eta_3 = {}^3\delta_1 \alpha_2 - {}^3\delta_2 \alpha_1, \eta_4 = {}^4\delta_1 \beta_2 - {}^4\delta_2 \beta_1$$

上述矩阵 $\boldsymbol{NM}_4'$ 与式 (6.30) 中矩阵 $\boldsymbol{J}_4$ 同构, 可以证明秩为 3。因此任意四个旋距相同且轴线共面的旋量是线性相关的。定理得证。

下面用另一种方法来证明四个共面的线矢量是线性相关的。

证明 2 用 $\boldsymbol{s}_2$ 与式 (6.33) 作叉积, 得到

$$(1, 0, \alpha_1, \beta_1)\begin{pmatrix}\lambda_1\\\lambda_2\\\lambda_3\\\lambda_4\end{pmatrix}\boldsymbol{s}_1 \times \boldsymbol{s}_2 = \mathbf{0} \tag{6.40}$$

用 $\boldsymbol{s}_1$ 与式 (6.33) 作叉积, 得到

$$(0, 1, \alpha_2, \beta_2)\begin{pmatrix}\lambda_1\\\lambda_2\\\lambda_3\\\lambda_4\end{pmatrix}\boldsymbol{s}_1 \times \boldsymbol{s}_2 = \mathbf{0} \tag{6.41}$$

将式 (6.34) ~ 式 (6.37) 代入式 (6.5), 得

$$(-{}^1\delta_2, {}^2\delta_1, {}^3\delta_1\alpha_2 - {}^3\delta_2\alpha_1, {}^4\delta_1\beta_2 - {}^4\delta_2\beta_1)\begin{pmatrix}\lambda_1\\\lambda_2\\\lambda_3\\\lambda_4\end{pmatrix} = 0 \tag{6.42}$$

由于 $\boldsymbol{s}_1$ 和 $\boldsymbol{s}_2$ 分别为两个不同旋量的轴线向量, 式 (6.40) ~ 式 (6.42) 还满足下式:

$$\begin{bmatrix}-{}^1\delta_2 & {}^2\delta_1 & {}^3\delta_1\alpha_2 - {}^3\delta_2\alpha_1 & {}^4\delta_1\beta_2 - {}^4\delta_2\beta_1\\ 1 & 0 & \alpha_1 & \beta_1\\ 0 & 1 & \alpha_2 & \beta_2\end{bmatrix}\begin{pmatrix}\lambda_1\\\lambda_2\\\lambda_3\\\lambda_4\end{pmatrix} = \mathbf{0} \tag{6.43}$$

容易看出, 式 (6.43) 中 λ_i 存在不为零的解, 且同时满足式 (6.38)。因此, 任何四个旋距相等且轴线共面的旋量线性相关。定理得证。

推论 6.5 任意具有相同旋距的五个旋量线性相关的条件是它们的轴线包含于两个线性线丛组成的线汇中 (Woods, 1922)。

推论 6.6 任意六个具有相同旋距的旋量的轴线在同一个线性线丛时, 它们是线性相关的。

6.2.5 旋量算子的不变性

旋量的线性相关性与矩阵 $\boldsymbol{J}$ 的秩有关, 可以证明, 旋量的线性相关性不随原点

和单位的改变而改变。原点变化和坐标系姿态的变化可由旋转矩阵 $\boldsymbol{R}$ 与反对称矩阵 $\boldsymbol{A}$ 表示, 详见 4.4.2 节和 4.4.3 节。单位变化和旋距变化在 5.2.3 节进行了介绍。

本节推导过程表明, 旋量的相关性不仅仅可以抽象为一种代数结构, 也体现为一种几何结构。旋量相关性的代数结构和几何形态之间具有的关联证明了旋量的代数内涵与几何含义之间的统一性。

6.3 旋量系、基本集与张成多重集

6.3.1 旋量系

定义 6.3 **旋量系** $\mathbb{S}$ 是可用 n 个线性无关旋量的**线性组合**表示的所有旋量的集合。其中 n 个线性无关的旋量称为旋量系的基, n 为旋量系的阶数。旋量系可用矩阵 $\boldsymbol{J}$ 表示, 为

$$\lambda_1\boldsymbol{S}_1+\lambda_2\boldsymbol{S}_2+\cdots+\lambda_n\boldsymbol{S}_n=[\boldsymbol{S}_1,\boldsymbol{S}_2,\cdots,\boldsymbol{S}_n]\begin{pmatrix}\lambda_1\\ \lambda_2\\ \vdots\\ \lambda_n\end{pmatrix}=\boldsymbol{J\lambda} \tag{6.44}$$

其中, $\boldsymbol{S}_i$ 为构成旋量系 $\mathbb{S}$ 的一组基。

定义 6.4 给定一个由 n 个旋量组成的集合

$$\mathbb{S}=\{\boldsymbol{S}_1,\boldsymbol{S}_2,\cdots,\boldsymbol{S}_n\} \tag{6.45}$$

如果任意旋量都不能由余下的 $n-1$ 个旋量线性组合表示, 即

$$\boldsymbol{S}_i\neq\lambda_1\boldsymbol{S}_1+\lambda_2\boldsymbol{S}_2+\cdots+\lambda_{i-1}\boldsymbol{S}_{i-1}+\lambda_{i+1}\boldsymbol{S}_{i+1}+\cdots+\lambda_n\boldsymbol{S}_n \tag{6.46}$$

则该集合中的 n 个旋量线性无关。

旋量系可以分为**一阶旋量系**、**二阶旋量系**, 直至**五阶旋量系**。其中, 基于旋量系的互易性,**四阶和五阶旋量系**可由二阶和一阶旋量系定义。Klein 型是旋量系的主要分类准则。

一阶旋量系的基包含一个旋量, 构成一维向量子空间。一阶旋量系有三种类型, 即非零旋距的有限定位旋量、零旋距的有限定位的旋量和无穷旋距的无限定位旋量。二阶旋量系包含两个线性无关的旋量, 可被赋予无穷多个旋距, 构成二维向量子空间。n 阶旋量系包含 n 个线性无关的旋量。

从物理角度分析, 旋量系可以由一组线性独立的力旋量或瞬时速度旋量集合而成。表示机构运动副的旋量系可用来描述该运动副所允许的所有运动, 该旋量系的

阶数与运动副所允许的运动自由度数相同。转动副所允许的运动可用一阶旋量系描述。虎克铰所允许的运动可用旋距为零且轴线过运动副中心的旋量构成的二阶旋量系描述。值得注意的是, 相互独立且旋距为零的共点旋量的合成旋量的旋距仍为零。同样, 球铰链运动副所允许的运动可用三阶旋量系描述。移动副所允许的运动则对应于与移动副方向一致且旋距无穷大的一阶旋量系。

以机构运动链中的运动副引出的旋量系代表了在给定位姿运动链所允许的所有运动。旋量系的阶数与该运动链所允许的运动自由度数等同。

在机器人学中, 机构的约束旋量系表示机构可通过力传递作用平衡掉的所有外力的集合。抓持旋量系由刚体的约束力旋量系构成, 无摩擦接触构成一阶力旋量系, 有摩擦接触形成三阶力旋量系。

机构运动旋量系的互易旋量系由所有限制该运动副或运动链剩余运动的力旋量构成。这就形成了约束力旋量系。本书后面章节将基于旋量系互易性与约束旋量系的分解和分析以及本章定理与定义一同构建旋量系理论, 并展示其在机构学与机器人学中的应用。第七章将详细阐述这些旋量系的关联关系, 第八章将阐述旋量系的零空间构造理论, 第九章将揭示旋量系的对偶性。第十至第十一章将研究约束旋量系与机构运动以及重构的关系, 第十二章研究力旋量系与刚度的关联, 第十三章与第十四章研究旋量系对各类并联机构与多指灵巧手的设计与运动机理的影响。

6.3.2 旋量系的集合运算

集合论的基本理论直到 19 世纪末才得以创立。集合是集合论的研究对象, 是现代数学的一个重要基本概念, 有如下定义。

定义 6.5 **集合**是一组已定义的不同实体或几何体的组合。若 x 是集合 A 的元素, 记作 $x \in A$; 若 B 是 A 的子集, 记作 $B \subseteq A$。

定义 6.6 与旋量系 $\mathbb{S}$ 中所有旋量均互易的全部旋量的集合构成旋量系 $\mathbb{S}$ 的**互易旋量系** $\mathbb{S}^r$, 表示为

$$\mathbb{S}^r \equiv \{\boldsymbol{S}_1^r, \cdots, \boldsymbol{S}_{6-n}^r | ((\boldsymbol{S}_i^r \circ \boldsymbol{S}_j = 0, j = 1, \cdots, n), i = 1, \cdots, 6-n) \forall \boldsymbol{S}_j \in \mathbb{S}, j = 1, \cdots, n\} \tag{6.47}$$

引理 6.2 *旋量系及其互易旋量系的阶数有如下关系:*

$$\dim \mathbb{S} + \dim \mathbb{S}^r = 6 \tag{6.48}$$

式中, $\dim \mathbb{S}$ 是旋量系 $\mathbb{S}$ 的阶数。

旋量系间的并和交分别表示为 $\mathbb{S}_1 \cup \mathbb{S}_2$ 和 $\mathbb{S}_1 \cap \mathbb{S}_2$。其相应子空间的并的等价术语是**线性和** (或) **张成**, 表示为 $\mathbb{S}_1 + \mathbb{S}_2$。如果两旋量系 $\mathbb{S}_1$、$\mathbb{S}_2$ 不相交, 即 $\mathbb{S}_1 \cap \mathbb{S}_2 = \varnothing$,

则其和称为直和, 表示为 $\mathbb{S}_1 \oplus \mathbb{S}_2$。直和是线性和在两子空间不相交情况下的特殊形式。

定义 6.7 设 $\mathbb{S}_1$ 与 $\mathbb{S}_2$ 是 $\mathbb{S}$ 的两个线性子空间, 对于任意元素 $\alpha \in \mathbb{S}_1 + \mathbb{S}_2$, 若

$$\alpha = \alpha_1 + \alpha_2, \quad \alpha_i \in \mathbb{S}_i, \quad i = 1, 2$$

是唯一的, 则称 $\mathbb{S}_1 + \mathbb{S}_2$ 为 $\mathbb{S}_1$ 与 $\mathbb{S}_2$ 的**直和**, 记为 $\mathbb{S}_1 \oplus \mathbb{S}_2$。

注释 6.2 直和是由群的集合而来, 这里应用到**抽象代数**, 以推广到向量空间和其他结构。

定理 6.8 设 $\mathbb{S}_1$ 与 $\mathbb{S}_2$ 是 $\mathbb{S}$ 的线性空间, 则下列的结论等价:

(1) $\mathbb{S}_1 + \mathbb{S}_2$ 是直和;

(2) $\mathbb{S}_1 \cap \mathbb{S}_2 = \varnothing$;

(3) $\dim(\mathbb{S}_1 + \mathbb{S}_2) = \dim \mathbb{S}_1 + \dim \mathbb{S}_2$。

6.3.3 旋量系转换定理与阶数定律

定理 6.9 旋量系并集的互易旋量系可以转换为互易旋量系的交集

$$(\mathbb{S}_1 \cup \mathbb{S}_2 \cup \cdots \cup \mathbb{S}_n)^r = \mathbb{S}_1^r \cap \mathbb{S}_2^r \cap \cdots \cap \mathbb{S}_n^r \tag{6.49}$$

旋量系交集的互易旋量系可以转换为互易旋量系的并集

$$(\mathbb{S}_1 \cap \mathbb{S}_2 \cap \cdots \cap \mathbb{S}_n)^r = \mathbb{S}_1^r \cup \mathbb{S}_2^r \cup \cdots \cup \mathbb{S}_n^r \tag{6.50}$$

上述内容为**旋量系转换定理**, 可以从 **DeMorgan 定理**中导出。DeMorgan 定理由英国数学家和逻辑学家 Augustus DeMorgan 提出 (Birkhoff 和 MacLane, 1997), 该定理包含并、交与分配运算。Dai、Huang 和 Lipkin (2004, 2006) 对其进行了扩展, 其中互易取代了 DeMorgan 定理中的逆特性。逆特性是一对与逻辑算子有关的法则, 允许通过彼此求反表达联合和分离。

定理 6.10 两旋量系的阶数满足下述关系:

$$\dim(\mathbb{S}_1 \cup \mathbb{S}_2) = \dim \mathbb{S}_1 + \dim \mathbb{S}_2 - \dim(\mathbb{S}_1 \cap \mathbb{S}_2) \tag{6.51}$$

该式称为**阶数定律**。

6.3.4 基本集

定义 6.8 **基数**是描述集合元素数目的自然数, 可表示为 card( )。

定义 6.9 旋量系 $\mathbb{S}$ 的**基本集**是由一组可以张成旋量系 $\mathbb{S}$ 的线性无关的旋量构成的集合。旋量系基本集的旋量数目称为旋量系的基数, 记为 $\text{card}\{\mathbb{S}\}$。旋量系的基本集的基数与旋量系阶数相等, 即 $\text{card}\{\mathbb{S}\} = \dim \mathbb{S}$。

定义 6.10 旋量系逻辑运算为通常的**集合运算**。

必须注意, 集合的并与交与向量子空间的并与交不同。例如, 如果两组完全不同的基分别张成同样的子空间, 它们各自的子空间是全交的, 但它们各自的基元素的集合不相交。

6.3.5 张成多重集

定义 6.11 多重集 (mset) 是一般化的集合, 可包含重复元素 (Knuth, 1981), 也称 "袋", 记为 $\langle\cdot\rangle$。

对于不含重合元素的集合[2], 采用大括号 $\{\cdot\}$ 表示。

定义 6.12 张成多重集 $\langle\mathbb{S}\rangle$ 是旋量系 $\mathbb{S}$ 的所有旋量的集合, 其旋量数目为基数, 表示为 $\text{card}\langle\mathbb{S}\rangle$。

张成多重集的基数总大于或等于对应旋量系的阶数, 表示为 $\text{card}\langle\mathbb{S}\rangle \geqslant \dim \mathbb{S}$。在一个张成的多重集中, 旋量可以是重复的或线性相关的。因此, 基本集是张成多重集的特例, 为 $\text{card}\langle\mathbb{S}\rangle > \text{card}\{\mathbb{S}\}$。当张成多重集不含重复元素时, 多重集即为普通的集合, 为 $\text{card}\langle\mathbb{S}\rangle = \text{card}\{\mathbb{S}\}$。

定义 6.13 **多重集并运算** $\uplus$ 是将两个多重集中的所有元素简单地合并, 形成一个新的多重集, 如

$$\langle 2,2,3\rangle \uplus \langle 1,2,3,3\rangle = \langle 1,2,2,2,3,3,3\rangle \tag{6.52}$$

若没有元素重复, 多重集即为普通的集合, 多重集并运算转换为通常的集合运算。

推论 6.7 给定多重集 $\langle\mathbb{S}_1\rangle$ 和 $\langle\mathbb{S}_2\rangle$, 如果旋量 $\boldsymbol{S}$ 在 $\langle\mathbb{S}_1\rangle$ 中出现 n_1 次, 在 $\langle\mathbb{S}_2\rangle$ 中出现 n_2 次, 则旋量 $\boldsymbol{S}$ 将:

(1) 在 $\langle\mathbb{S}_1\rangle \uplus \langle\mathbb{S}_2\rangle$ 中出现 n_1+n_2 次;

(2) 在 $\langle\mathbb{S}_1\rangle \cup \langle\mathbb{S}_2\rangle$ 中出现 $\max(n_1,n_2)$ 次;

(3) 在 $\langle\mathbb{S}_1\rangle \cap \langle\mathbb{S}_2\rangle$ 中出现 $\min(n_1,n_2)$ 次;

(4) 在 $\langle\mathbb{S}_1\rangle - \langle\mathbb{S}_2\rangle$ 中出现 $\max(n_1-n_2,0)$ 次。

[2]目前对于具有重复元素的集合有两种定义。本书采用最新和最明晰的定义, 即集合中没有重复元素。这就避免了与具有重复元素的多重集的混淆。在较含蓄的一些老教材中, 集合中会含有重复元素, 但它们的重复性可以忽略, 如 $\{1,1,2\}=\{1,2\}$。

6.4 旋量系的组合

在上节中, 式 (6.44) 给出了旋量系的定义以及旋量线性组合的代数表示。本节在此基础上研究合成旋量在何种条件下能成为具有零旋距的旋量, 即合成线矢量。

6.4.1 合成旋量为线矢量的条件

定理 6.11 n 个旋量的合成旋量为线矢量的充分必要条件是

$$
\begin{aligned}
h_{nu}= &\ \frac{\alpha_1^2}{2}\boldsymbol{S}_1\circ\boldsymbol{S}_1+\frac{\alpha_2^2}{2}\boldsymbol{S}_2\circ\boldsymbol{S}_2+\cdots+\frac{\alpha_n^2}{2}\boldsymbol{S}_n\circ\boldsymbol{S}_n+\\
&\ \alpha_1\alpha_2\boldsymbol{S}_1\circ\boldsymbol{S}_2+\cdots+\alpha_1\alpha_n\boldsymbol{S}_1\circ\boldsymbol{S}_n+\alpha_2\alpha_3\boldsymbol{S}_2\circ\boldsymbol{S}_3+\cdots\\
&\ +\alpha_{(n-1)}\alpha_n\boldsymbol{S}_{(n-1)}\circ\boldsymbol{S}_n=0
\end{aligned}
\tag{6.53}
$$

式中, $\alpha_i(i=1,2,\cdots,n)$ 是 n 个旋量的组合系数, 为

$$
\boldsymbol{S}=\alpha_1\boldsymbol{S}_1+\alpha_2\boldsymbol{S}_2+\cdots+\alpha_n\boldsymbol{S}_n \tag{6.54}
$$

证明 设有一旋量系如下:

$$
\boldsymbol{S}_i=\begin{pmatrix}\boldsymbol{s}_i\\ \boldsymbol{s}_{i0}\end{pmatrix},\quad i=1,\cdots,n \tag{6.55}
$$

它们的组合为式 (6.54), 合成旋量的旋距为

$$
h=\frac{(\alpha_1\boldsymbol{s}_1+\alpha_2\boldsymbol{s}_2+\cdots+\alpha_n\boldsymbol{s}_n)\cdot(\alpha_1\boldsymbol{s}_{10}+\alpha_2\boldsymbol{s}_{20}+\cdots+\alpha_n\boldsymbol{s}_{n0})}{(\alpha_1\boldsymbol{s}_1+\alpha_2\boldsymbol{s}_2+\cdots+\alpha_n\boldsymbol{s}_n)\cdot(\alpha_1\boldsymbol{s}_1+\alpha_2\boldsymbol{s}_2+\cdots+\alpha_n\boldsymbol{s}_n)} \tag{6.56}
$$

该旋距的分子为

$$
\begin{aligned}
h_{nu}&=(\alpha_1,\alpha_2,\cdots,\alpha_n)\begin{bmatrix}\boldsymbol{s}_1^{\mathrm T}\\ \boldsymbol{s}_2^{\mathrm T}\\ \vdots\\ \boldsymbol{s}_n^{\mathrm T}\end{bmatrix}[\boldsymbol{s}_{10},\boldsymbol{s}_{20},\cdots,\boldsymbol{s}_{n0}]\begin{pmatrix}\alpha_1\\ \alpha_2\\ \vdots\\ \alpha_n\end{pmatrix}\\
&=(\alpha_1,\alpha_2,\cdots,\alpha_n)\begin{bmatrix}\boldsymbol{s}_1^{\mathrm T}\boldsymbol{s}_{10} & \boldsymbol{s}_1^{\mathrm T}\boldsymbol{s}_{20} & \cdots & \boldsymbol{s}_1^{\mathrm T}\boldsymbol{s}_{n0}\\ \boldsymbol{s}_2^{\mathrm T}\boldsymbol{s}_{10} & \boldsymbol{s}_2^{\mathrm T}\boldsymbol{s}_{20} & \cdots & \boldsymbol{s}_2^{\mathrm T}\boldsymbol{s}_{n0}\\ \vdots & \vdots & \vdots & \vdots\\ \boldsymbol{s}_n^{\mathrm T}\boldsymbol{s}_{10} & \boldsymbol{s}_n^{\mathrm T}\boldsymbol{s}_{20} & \cdots & \boldsymbol{s}_n^{\mathrm T}\boldsymbol{s}_{n0}\end{bmatrix}\begin{pmatrix}\alpha_1\\ \alpha_2\\ \vdots\\ \alpha_n\end{pmatrix}
\end{aligned}
\tag{6.57}
$$

令式 (6.57) 为零, 即式 (6.53) 成立, 则合成旋量即为线矢量。由此, 充分性得证。若合成旋量为线矢量, 则式 (6.57) 为零, 从而得到式 (6.53), 必要性得证。

定义 6.14 **协互易旋量系**是由一组相互互易的旋量构成的集合。

定理 6.12 若协互易旋量系中所有旋量均退化为线矢量，则该组旋量合成后仍为线矢量。

证明 1 若 n 个旋量为协互易旋量系，即旋量间互易，式 (6.53) 可写为

$$\begin{aligned} h_{nu} &= \frac{\alpha_1^2}{2}\boldsymbol{S}_1 \circ \boldsymbol{S}_1 + \frac{\alpha_2^2}{2}\boldsymbol{S}_2 \circ \boldsymbol{S}_2 + \cdots + \frac{\alpha_n^2}{2}\boldsymbol{S}_n \circ \boldsymbol{S}_n \\ &= \alpha_1^2 h_1 + \alpha_2^2 h_2 + \cdots + \alpha_n^2 h_n \end{aligned} \tag{6.58}$$

若所有的旋量均退化为线矢量，则这几个旋量自互易，旋距均为零，可得合成旋量旋距的分子 $h_{nu}=0$，即合成后得到线矢量。定理得证。

证明 2 若旋量系中的所有旋量均退化为线矢量，则式 (6.57) 可以表示为

$$h_{nu} = (\alpha_1, \alpha_2, \cdots, \alpha_n)\begin{bmatrix} 0 & \boldsymbol{s}_1^{\mathrm{T}}\boldsymbol{s}_{20} & \cdots & \boldsymbol{s}_1^{\mathrm{T}}\boldsymbol{s}_{n0} \\ \boldsymbol{s}_2^{\mathrm{T}}\boldsymbol{s}_{10} & 0 & \cdots & \boldsymbol{s}_2^{\mathrm{T}}\boldsymbol{s}_{n0} \\ \vdots & \vdots & & \vdots \\ \boldsymbol{s}_n^{\mathrm{T}}\boldsymbol{s}_{10} & \boldsymbol{s}_n^{\mathrm{T}}\boldsymbol{s}_{20} & \cdots & 0 \end{bmatrix}\begin{pmatrix} \alpha_1 \\ \alpha_2 \\ \vdots \\ \alpha_n \end{pmatrix}$$

合成旋量旋距的分子可以简化为

$$h_{nu} = \alpha_1\alpha_2\boldsymbol{S}_1 \circ \boldsymbol{S}_2 + \cdots + \alpha_1\alpha_n\boldsymbol{S}_1 \circ \boldsymbol{S}_n + \alpha_2\alpha_3\boldsymbol{S}_2 \circ \boldsymbol{S}_3 + \cdots + \alpha_{(n-1)}\alpha_n\boldsymbol{S}_{(n-1)} \circ \boldsymbol{S}_n \tag{6.59}$$

由于它们各自互易并相互互易，式 (6.59) 为零。其合成旋量即为线矢量。定理得证。

6.4.2 二阶旋量系的组合

定理 6.13 两相交的旋量组合为线矢量的充分条件是两旋量的旋距互为相反数，组合系数满足 $\alpha_1 = \pm\alpha_2$。

证明 给定两个旋量 $\boldsymbol{S}_1$ 和 $\boldsymbol{S}_2$，旋量的组合可以写为

$$\boldsymbol{S} = \alpha_1\boldsymbol{S}_1 + \alpha_2\boldsymbol{S}_2 \tag{6.60}$$

合成旋量 $\boldsymbol{S}$ 的旋距为

$$h = \frac{(\alpha_1\boldsymbol{s}_1 + \alpha_2\boldsymbol{s}_2)\cdot(\alpha_1\boldsymbol{s}_{10} + \alpha_2\boldsymbol{s}_{20})}{(\alpha_1\boldsymbol{s}_1 + \alpha_2\boldsymbol{s}_2)\cdot(\alpha_1\boldsymbol{s}_1 + \alpha_2\boldsymbol{s}_2)} \tag{6.61}$$

合成旋量的旋距的分母为

$$h_d = \alpha_1^2 + \alpha_2^2 + 2\alpha_1\alpha_2\boldsymbol{s}_1\boldsymbol{s}_2 \tag{6.62}$$

由两旋量相交不平行可知, $|\boldsymbol{s}_1 \cdot \boldsymbol{s}_2| \neq 1$, 从而 $h_d \neq 0$。合成旋量的旋距的分子可以由两者的组合得到

$$h_{nu} = (\alpha_1 \boldsymbol{s}_1 + \alpha_2 \boldsymbol{s}_2) \cdot (\alpha_1 \boldsymbol{s}_{10} + \alpha_2 \boldsymbol{s}_{20}) = \alpha_1^2 h_1 + \alpha_2^2 h_2 + \alpha_1 \alpha_2 (\boldsymbol{s}_1 \cdot \boldsymbol{s}_{20} + \boldsymbol{s}_2 \cdot \boldsymbol{s}_{10}) \tag{6.63}$$

若两旋量的旋距互为相反数, 可得两旋量的互易积为

$$\boldsymbol{S}_1 \circ \boldsymbol{S}_2 = \boldsymbol{s}_1 \boldsymbol{s}_{20} + \boldsymbol{s}_2 \boldsymbol{s}_{10} = (h_1 + h_2) \cos \varphi - d \sin \varphi = 0$$

此时式 (6.63) 退化为

$$h_{nu} = \alpha_1^2 h_1 + \alpha_2^2 h_2 \tag{6.64}$$

由此, 两旋量的旋距互为相反数, 且满足 $\alpha_1 = \pm \alpha_2$ 可知, $\alpha_1^2 h_1 + \alpha_2^2 h_2 = 0$, 故合成旋量的分子 $h_{nu} = 0$, 从而两旋量合成为线矢量, 定理得证。

6.4.3 零旋距的三阶旋量系的组合

给定三个线性无关的线矢量, 式 (6.54) 给出了由它们的组合构成的合成旋量, 其旋距的分子为

$$\begin{aligned} h_{nu} &= (\alpha_1 \boldsymbol{s}_1 + \alpha_2 \boldsymbol{s}_2 + \alpha_3 \boldsymbol{s}_3) \cdot (\alpha_1 \boldsymbol{s}_{10} + \alpha_2 \boldsymbol{s}_{20} + \alpha_3 \boldsymbol{s}_{30}) \\ &= \alpha_1 \alpha_2 \boldsymbol{S}_1 \circ \boldsymbol{S}_2 + \alpha_1 \alpha_3 \boldsymbol{S}_1 \circ \boldsymbol{S}_3 + \alpha_2 \alpha_3 \boldsymbol{S}_2 \circ \boldsymbol{S}_3 \\ &= -\alpha_1 \alpha_2 d_{12} \sin \theta_{12} - \alpha_1 \alpha_3 d_{13} \sin \theta_{13} - \alpha_2 \alpha_3 d_{23} \sin \theta_{23} \end{aligned} \tag{6.65}$$

式中, d_{ij} 表示两个旋量 $\boldsymbol{S}_i$ 和 $\boldsymbol{S}_j$ 轴线的垂直距离; θ_{ij} 表示两个轴线的夹角。式 (6.65) 说明, 如果三个线矢量协互易, 则以这些线矢量为基的合成旋量也是线矢量。当旋量均具有零旋距时, 即得到该情况。

定理 6.14 三个线矢量的合成旋量具有零旋距的充分条件是三个线矢量协互易, 或者共面, 或者共点。

证明 1 假设三个线矢量中任意两个线矢量相交。不失一般性, 设 $\boldsymbol{S}_1 \circ \boldsymbol{S}_2 = 0$, 可得到下式:

$$h_{nu} = \alpha_1 \alpha_3 \boldsymbol{s}_1 \cdot \boldsymbol{s}_3 \times (\boldsymbol{r}_1 - \boldsymbol{r}_3) + \alpha_2 \alpha_3 \boldsymbol{s}_2 \cdot \boldsymbol{s}_3 \times (\boldsymbol{r}_2 - \boldsymbol{r}_3) \tag{6.66}$$

由于 $\boldsymbol{S}_1$ 和 $\boldsymbol{S}_2$ 相交, 则可选择相同的位置向量为 $\boldsymbol{r}_1$ 和 $\boldsymbol{r}_2$, 因而式 (6.66) 可以写为

$$h_{nu} = \boldsymbol{s}_3 (\alpha_1 \alpha_3 \boldsymbol{s}_1 + \alpha_2 \alpha_3 \boldsymbol{s}_2) \times (\boldsymbol{r}_3 - \boldsymbol{r}_2) \tag{6.67}$$

因此, 若三个线矢量共点, 则 $\boldsymbol{r}_3$ 和 $\boldsymbol{r}_2$ 相等, $h_{nu} = 0$, 合成旋量成为线矢量; 若三个线矢量共面, 则向量 $\boldsymbol{r}_3$、$\alpha_1 \alpha_3 \boldsymbol{s}_1 + \alpha_2 \alpha_3 \boldsymbol{s}_2$ 与向量 $\boldsymbol{r}_3 - \boldsymbol{r}_2$ 共面, 混合积为零, 所

以 $h_{nu}=0$, 合成旋量亦成为线矢量; 若三个旋量相互平行, 或 (6.66) 依然成立, 可改写为

$$h_{nu}=\alpha_1\alpha_3\boldsymbol{s}_1\times\boldsymbol{s}_3\cdot(\boldsymbol{r}_1-\boldsymbol{r}_3)+\alpha_2\alpha_3\boldsymbol{s}_2\times\boldsymbol{s}_3\cdot(\boldsymbol{r}_2-\boldsymbol{r}_3)$$

易知 $h_{nu}=0$; 当三个线矢量协互易时, 由式 (6.65) 易知合成旋量的旋距为零。所以, 三个线矢量的合成旋量具有零旋距的条件是三个线矢量互易, 或者共面, 或者共点 (这里, 相互平行等同于在无穷远处共点)。定理得证。

证明 2 可进一步证明该定理如下: 给定三个不同的具有零旋距的旋量, 合成旋量的旋距为

$$h_{nu}=(\alpha_1\boldsymbol{s}_1+\alpha_2\boldsymbol{s}_2+\alpha_3\boldsymbol{s}_3)\cdot(\alpha_1\boldsymbol{s}_{10}+\alpha_2\boldsymbol{s}_{20}+\alpha_3\boldsymbol{s}_{30}) \tag{6.68}$$

假设其中两个共面, 不失一般性, 设 $\boldsymbol{S}_1$ 和 $\boldsymbol{S}_2$ 共面, 则式 (6.68) 变为

$$h_{nu}=\alpha_1\alpha_3\boldsymbol{s}_1\cdot\boldsymbol{s}_3\times(\boldsymbol{r}_1-\boldsymbol{r}_3)+\alpha_2\alpha_3\boldsymbol{s}_2\cdot\boldsymbol{s}_3\times(\boldsymbol{r}_2-\boldsymbol{r}_3) \tag{6.69}$$

假设三个位置向量共线且有下列关系:

$$\boldsymbol{r}_1-\boldsymbol{r}_2=\boldsymbol{r}_2-\boldsymbol{r}_3 \tag{6.70}$$

则可给出下式:

$$h_{nu}=(\alpha_1\alpha_3\boldsymbol{s}_1+\alpha_2\alpha_3\boldsymbol{s}_2)\cdot\boldsymbol{s}_3\times(\boldsymbol{r}_1-\boldsymbol{r}_3)=\alpha_3(\alpha_1\boldsymbol{s}_1+\alpha_2\boldsymbol{s}_2)\cdot\boldsymbol{s}_3\times(\boldsymbol{r}_1-\boldsymbol{r}_3) \tag{6.71}$$

该式为零的条件是: $\boldsymbol{r}_1=\boldsymbol{r}_2=\boldsymbol{r}_3$, 或三个旋量共面。

6.4.4 零旋距的四阶旋量系的组合

定理 6.15 四个线矢量合成为线矢量的充分条件是四线矢量共点, 或者共面, 或者平行。

证明 给定四个线性无关的线矢量 $\boldsymbol{S}_i(i=1,2,\cdots,4)$, 其合成旋量的旋距的分子为

$$h_{nu}=\alpha_1\alpha_2\boldsymbol{S}_1\circ\boldsymbol{S}_2+\alpha_1\alpha_3\boldsymbol{S}_1\circ\boldsymbol{S}_3+\alpha_1\alpha_4\boldsymbol{S}_1\circ\boldsymbol{S}_4+\alpha_2\alpha_3\boldsymbol{S}_2\circ\boldsymbol{S}_3+\alpha_2\alpha_4\boldsymbol{S}_2\circ\boldsymbol{S}_4+\alpha_3\alpha_4\boldsymbol{S}_3\circ\boldsymbol{S}_4 \tag{6.72}$$

假设四个线矢量中有一对相交。不失一般性, 令旋量 $\boldsymbol{S}_3$ 和 $\boldsymbol{S}_4$ 相交, 即 $\boldsymbol{S}_3\circ\boldsymbol{S}_4=0$。为了进一步简化论述, 将原点变换到 $\boldsymbol{S}_3$ 与 $\boldsymbol{S}_4$ 的交点, 即 $\boldsymbol{r}_3=\boldsymbol{r}_4=\boldsymbol{0}$, 则上述旋距的分子可写为

$$h_{nu}=\alpha_1\alpha_2\alpha_3\alpha_4(\boldsymbol{r}_1\times\boldsymbol{s}_1(\boldsymbol{s}_2+\boldsymbol{s}_3+\boldsymbol{s}_4)+\boldsymbol{r}_2\times\boldsymbol{s}_2(\boldsymbol{s}_1+\boldsymbol{s}_3+\boldsymbol{s}_4)) \tag{6.73}$$

因而, $h_{nu}=0$ 的解的分析如下:

(1) 当四个线矢量共点时, 易知 $\boldsymbol{r}_1=\boldsymbol{r}_2=\boldsymbol{0}$, 此时 $h_{nu}=0$。

(2) 当四个线矢量共面时, 易知混合积 $(\alpha_2\boldsymbol{s}_2+\alpha_3\boldsymbol{s}_3+\alpha_4\boldsymbol{s}_4)\cdot\boldsymbol{r}_1\times\boldsymbol{s}_1$ 与 $(\alpha_1\boldsymbol{s}_1+\alpha_3\boldsymbol{s}_3+\alpha_4\boldsymbol{s}_4)\cdot\boldsymbol{r}_2\times\boldsymbol{s}_2$ 为零, 从而 $h_{nu}=0$。

(3) 当四个线矢量相互平行时, 式 (6.73) 可改写为

$$h_{nu}=\alpha_1\boldsymbol{s}_1\times(\alpha_2\boldsymbol{s}_2+\alpha_3\boldsymbol{s}_3+\alpha_4\boldsymbol{s}_4)\cdot\boldsymbol{r}_1+\alpha_2\boldsymbol{s}_2\times(\alpha_1\boldsymbol{s}_1+\alpha_3\boldsymbol{s}_3+\alpha_4\boldsymbol{s}_4)\cdot\boldsymbol{r}_2$$

易知, $\boldsymbol{s}_1\times(\alpha_2\boldsymbol{s}_2+\alpha_3\boldsymbol{s}_3+\alpha_4\boldsymbol{s}_4)=\boldsymbol{0}$ 且 $\boldsymbol{s}_2\times(\alpha_1\boldsymbol{s}_1+\alpha_3\boldsymbol{s}_3+\alpha_4\boldsymbol{s}_4)=\boldsymbol{0}$, 从而 $h_{nu}=0$。

综上, 定理得证。

进一步, 当 $\boldsymbol{r}_1\times\boldsymbol{s}_1=-\boldsymbol{r}_2\times\boldsymbol{s}_2, \boldsymbol{r}_1=\boldsymbol{r}_2$ 以及 $\boldsymbol{s}_1=-\boldsymbol{s}_2$ 时, 四阶旋量系退化为三阶旋量系。上面的结论也可以从假设 $\boldsymbol{S}_1$ 和 $\boldsymbol{S}_2$ 相交得出。这也同样引出下列条件, 即 $\boldsymbol{r}_3\times\boldsymbol{s}_3=-\boldsymbol{r}_4\times\boldsymbol{s}_4, \boldsymbol{r}_3=\boldsymbol{r}_4$ 以及 $\boldsymbol{s}_3=-\boldsymbol{s}_4$。定理得证。

综上所述, 两个线矢量合成为线矢量的充分条件是相交或者平行; 三个线矢量为基的旋量系合成为线矢量的充分条件是共面或者共点; 四个线矢量合成为线矢量的充分条件是共点, 共面或者平行。

6.4.5 广义方程与合成线矢量的构造

该问题可概括如下。假设合成线矢量 $\boldsymbol{S}=(\boldsymbol{s},\boldsymbol{r}\times\boldsymbol{s})$ 可以从 n 个具有零旋距的旋量中获得, 则式 (6.54) 可以写为

$$\boldsymbol{s}=\boldsymbol{J}_u\boldsymbol{\alpha} \tag{6.74}$$

$$\boldsymbol{r}\times\boldsymbol{s}=\boldsymbol{J}_d\boldsymbol{\alpha} \tag{6.75}$$

式中

$$\boldsymbol{J}_u=[\boldsymbol{s}_1,\boldsymbol{s}_2,\cdots,\boldsymbol{s}_n] \tag{6.76}$$

$$\boldsymbol{J}_d=[\boldsymbol{s}_{10},\boldsymbol{s}_{20},\cdots,\boldsymbol{s}_{n0}] \tag{6.77}$$

$$\boldsymbol{\alpha}=(\alpha_1,\alpha_2,\cdots,\alpha_n)^{\mathrm{T}} \tag{6.78}$$

将式 (6.74) 表示的 $\boldsymbol{s}$ 代入式 (6.75), 得

$$(\boldsymbol{A}\boldsymbol{J}_u-\boldsymbol{J}_d)\boldsymbol{\alpha}=\boldsymbol{0} \tag{6.79}$$

式中, $\boldsymbol{A}$ 由式 (6.19) 给定。式 (6.79) 可以视为确定合成旋量是否为线矢量的准则。如果 $\boldsymbol{r}$ 无解, 则从给定的一组旋量中不可能获得**合成线矢量**。这就提出了构造合成线矢量的**广义方程**。

如果 $\boldsymbol{r}$ 有如下解:

$$\boldsymbol{r} = f(\boldsymbol{\alpha}) \tag{6.80}$$

则该旋量系的组合就是具有零旋距的旋量, 即线矢量。式 (6.79) 给出了合成线矢量与组合系数的关系, 式 (6.80) 说明, 具有零旋距的合成旋量的位置向量 $\boldsymbol{r}$ 与组合系数 α_i 有关。若 $\mathrm{rank}\,\boldsymbol{J}_u = 3$, 可以得到下式:

$$\boldsymbol{A} = \boldsymbol{J}_d\boldsymbol{\alpha}(\boldsymbol{J}_u\boldsymbol{\alpha}\boldsymbol{\alpha}^{\mathrm{T}}\boldsymbol{J}_u^{\mathrm{T}})^{-1} \tag{6.81}$$

例 6.1 如图 6.4 所示, 给定两个具有零旋距的旋量, $\boldsymbol{S}_1 = (1,0,0,0,0,1)^{\mathrm{T}}$, $\boldsymbol{S}_2 = (0,0,1,0,0,0)^{\mathrm{T}}$, 可得下式:

$$\boldsymbol{S} = \alpha_1\boldsymbol{S}_1 + \alpha_2\boldsymbol{S}_2 \tag{6.82}$$

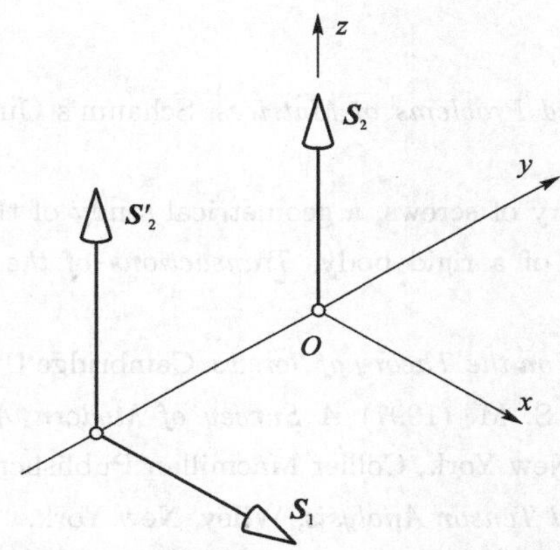

图 6.4 两具有零旋距的旋量合成的几何解释

由式 (6.79), 可得

$$\begin{pmatrix} \alpha_2 r_y \\ \alpha_1 r_z - \alpha_2 r_x \\ -\alpha_1 r_y \end{pmatrix} = \begin{pmatrix} 0 \\ 0 \\ \alpha_1 \end{pmatrix} \tag{6.83}$$

因此, $\boldsymbol{r}$ 无解。从上述由旋量 $\boldsymbol{S}_1$ 和 $\boldsymbol{S}_2$ 构造的二阶旋量系中获得的合成旋量是非零旋距的旋量。用 $\boldsymbol{S}_2' = (0,0,1,-1,0,0)^{\mathrm{T}}$ 代替图 6.4 中的 $\boldsymbol{S}_2$, 可得

$$\begin{pmatrix} \alpha_2 r_y \\ \alpha_1 r_z - \alpha_2 r_x \\ -\alpha_1 r_y \end{pmatrix} = \begin{pmatrix} -\alpha_2 \\ 0 \\ \alpha_1 \end{pmatrix} \tag{6.84}$$

二阶旋量系的合成线矢量的位置向量 $\boldsymbol{r}$ 如下:

$$\boldsymbol{r} = (0,-1,0)^{\mathrm{T}} \tag{6.85}$$

因此, 由 $\boldsymbol{S}_1$ 和 $\boldsymbol{S}_2'$ 形成的合成旋量只要通过位置向量 $\boldsymbol{r}$ 就是线矢量, 其主部是两旋量主部的组合。因此, 合成旋量表示如下:

$$\boldsymbol{S} = \boldsymbol{s} + \varepsilon \boldsymbol{r} \times \boldsymbol{s} \tag{6.86}$$

式中

$$\boldsymbol{s} = \alpha_1 \boldsymbol{i} + \alpha_2 \boldsymbol{k} \tag{6.87}$$

上述求解的几何解释如图 6.4 所示。由此, 以上理论可用来确定具有零旋距的旋量系的合成旋量是否为线矢量。若合成旋量为线矢量, 则可进一步通过上述理论获得该合成线矢量。

参考文献

Ayres, F. (1974) *Theory and Problems of Matrices*, Schaum's Outline Series, McGrave Hill, New York.

Ball, R. S. (1871) The theory of screws, a geometrical study of the kinematics, equilibrium, and small oscillations of a rigid body, *Transactions of the Royal Irish Academy*, **25**: 157-218.

Ball, R. S. (1900) *A Treatise on the Theory of Screws*, Cambridge University Press, Cambridge.

Birkhoff, G and MacLane, S. M. (1997) *A Survey of Modern Algebra*, 4th ed, Macmillan Publishing Co., Inc., New York, Collier Macmillan Publishers, London.

Brand, L. (1947) *Vector and Tensor Analysis*, Wiley, New York.

Dai, J. S. (1993) Chapter 3: New look at properties of screws and screw systems, *Screw Image Space and Its Applications to Robotics*, PhD Dissertation(uk.bl.ethos.386419), University of Salford, Manchester.

Dai, J. S. (2019) *Screw Algebra and Kinematic Approaches for Mechanisms and Robotics*, Springer, London.

Dai, J. S., Huang, Z. and Lipkin, H. (2004) Screw system analysis of parallel mechanisms and applications to constraint and mobility study, *Proc of the 28th Biennial Mechanisms and Robotics Conference*, Sept. 28-Oct. 2, Salt Lake City.

Dai, J. S., Huang, Z. and Lipkin, H. (2006) Mobility of overconstrained parallel mechanisms. *ASME J. Mech. Des.*, **128** (1): 220-229.

Dimentberg, F. M. (1965) *The Screw Calculus and Its Application to Mechanics* (in Russian), Izdat. Nauka, Moscow.

Duffy, J. (1990) The fallacy of modern hybrid control theory that is based on "orthogonal complements" of twist and wrench spaces, *J. Robot. Syst.*, **7** (2): 139-144.

Hunt, K. H. (1967) Screw axes and mobility in spatial mechanisms via the linear complex, *J. Mechanisms*, **2** (3): 307-327.

Hunt, K. H. (1978) *Kinematic Geometry of Mechanisms*, Oxford University Press, London.

Kerr, D. R. and Sanger, D. J. (1989) The inner product in the evaluation of reciprocal screws, *Mech. Mach. Theory*, **24** (2): 87-92.

Klein, F. (1871) Notiz betreffend den Zusammenhang der Linien-geometrie mit der Mechanik starrer Körper, *Math. Ann.* **IV**: 403-415.

Knuth, D. E. (1981) *The Art of Computer Programming*, Vol. 2 (Seminumerical Algorithms), 2nd ed, Addison-Wesley, Reading Mass.

Sugimoto, K. and Duffy, J. (1982) Application of linear algebra to screw systems, *Mech. Math. Theory*, **17** (1) 73-83.

von Mises, R. (1924) Motorrechnung: Ein Neues Hilfsmittel in der Mechanik, *Zeitschrift für Angewandte Mathematik und Mechanik*, **4** (2): 155-181. Trans: Baker, E.J., and Wolhart, K. (1996) *Motor Calculus: A New Theoretical Device for Mechanics*, (Institute for Mechanics, University of Technology, Graz, Austria).

Woods, F. S. (1922) *Higher Geometry*, Ginn and Company, Reprinted at Dover Publ., 1961.

第七章 旋量系关联关系理论

旋量系理论在研究机构运动学与静力学及向量子空间方面起着重要的作用。旋量系间的关联关系是研究旋量系的集合与子空间运算的基础, 也是在串联机构与并联机构综合以及运动与力分析中求解互易旋量系的基础。Ball (1900) 研究两旋量系的共有旋量, Waldron (1966) 则从接触几何学的角度探索了两旋量系间的特殊关系。Gibson 和 Hunt (1990a, b) 以及 Rico Martinez 和 Duffy (1992) 通过检验每个旋量系的互易基列举了旋量系与其互易旋量系的关联关系。Dai 和 Rees Jones (2001) 提出了旋量系关联关系理论以揭示旋量系与对应的互易旋量系之间的关联特性。

本章基于集合论讨论了旋量系与对应的互易旋量系的关联关系, 提出了旋量系间关联关系的引理、定理及推论。该理论可应用于一阶、二阶与三阶旋量系及其对应的五阶、四阶与三阶互易旋量系。该理论也可用来预测互易旋量系以及与所依存的旋量系的关联关系, 并通过选择旋量来设计系统, 以获得旋量系与其互易旋量系之间所希望的交集。

7.1 旋量系关联关系定理

7.1.1 旋量系与互易旋量系

旋量系 $\mathbb{S}$ 是可用一组线性无关的旋量的线性组合表示的所有旋量的集合, 也可表述为所有与一组线性无关旋量线性相关的旋量的集合。互易旋量系是所有与其依托的旋量系互易的旋量的集合。

引理 7.1 给定 n 阶旋量系 $\mathbb{S}_A$, 所有与该旋量系互易的旋量组成 $6-n$ 阶旋量系 $\mathbb{S}_B$。反之, 所有与旋量系 $\mathbb{S}_B$ 互易的旋量形成旋量系 $\mathbb{S}_A$。

引理 7.2 旋量成为旋量系与其互易旋量系的交集的必要条件是具有零旋距或

无穷大旋距, 此时该旋量为 Klein 二次曲面上的点。

该条件可以用来进一步推断该交集的特性, 并推导出 7.1.2 节关于旋量系与其互易旋量系交集的充分必要条件。

引理 7.3 满足 Klein 型为零并与其所在旋量系的其他旋量互易的旋量与该旋量系的互易旋量系是线性相关的, 即该旋量属于其所在旋量系与其互易旋量系的交集。

定义 7.1 **协互易旋量系**是由 k 个线性无关旋量 $\boldsymbol{S}_i(i=1,2,\cdots,k\leqslant 6)$ 组成的旋量系, 当该 k 个旋量相互互易时, 该旋量系称为协互易旋量系。

推论 7.1 在协互易旋量系中, 如所有旋量为自互易, 即所有旋量 Klein 型为零, 该协互易旋量系与其互易旋量系全交。

为了确定两个旋量系之间的关联关系, 必须首先确定两个旋量系的并集与交集以及其阶数。

7.1.2 旋量系交集定理

在本书中, 旋量系表示为 $\mathbb{S}=\{\boldsymbol{S}_1,\boldsymbol{S}_2,\cdots,\boldsymbol{S}_n\}$, 其中 n 个旋量线性无关。其互易旋量系表示为 $\mathbb{S}^r=\{\boldsymbol{S}_1^r,\boldsymbol{S}_2^r,\cdots,\boldsymbol{S}_{6-n}^r\}$, 其中上角标 r 表示该旋量与初始旋量系互易。

Ball (1900) 指出, 旋量系及其互易旋量系的阶数理论可以用来判别某一旋量是否属于其所在旋量系或该系的互易旋量系。基于此, 定理 7.1 表述如下。

定理 7.1 **旋量与旋量系关联关系定理** n 阶旋量系 $\mathbb{S}$ 的 n 个线性无关旋量的集合可用矩阵形式表示为

$$\boldsymbol{J}_S=[\boldsymbol{S}_1,\boldsymbol{S}_2,\cdots,\boldsymbol{S}_n] \tag{7.1}$$

与其互易的 $6-n$ 阶旋量系 $\mathbb{S}^r$ 的矩阵形式为

$$\boldsymbol{J}_{S^r}=[\boldsymbol{S}_1^r,\boldsymbol{S}_2^r,\cdots,\boldsymbol{S}_{6-n}^r] \tag{7.2}$$

由此, 旋量与旋量系及其互易旋量系的三个命题始终成立:

(1) 与旋量系 $\mathbb{S}$ 互易的旋量与互易旋量系 $\mathbb{S}^r$ 线性相关, 反之亦然。这可以表述为: 对旋量 $\boldsymbol{S}$, 存在下式:

$$\boldsymbol{S}\in\mathbb{S}^r, \quad \text{当且仅当}\ \boldsymbol{S}^{\mathrm{T}}\Delta\boldsymbol{J}_S=\boldsymbol{0}^{\mathrm{T}} \tag{7.3}$$

(2) 与互易旋量系 $\mathbb{S}^r$ 互易的旋量与旋量系 $\mathbb{S}$ 线性相关, 反之亦然。这可以表述

为: 对旋量 $\boldsymbol{S}$, 存在下式:

$$\boldsymbol{S} \in \mathbb{S}, \quad \text{当且仅当 } \boldsymbol{S}^{\mathrm{T}} \Delta \boldsymbol{J}_{S^r} = \mathbf{0}^{\mathrm{T}} \tag{7.4}$$

(3) 旋量属于两旋量系交集的充分必要条件是该旋量与两旋量系均互易。这可以表述为: 对旋量 $\boldsymbol{S}$, 存在下式:

$$\mathbb{S} \cap \mathbb{S}^r = \{\boldsymbol{S} | \boldsymbol{S} \in \mathbb{S}; \boldsymbol{S} \in \mathbb{S}^r\}, \quad \text{当且仅当 } \boldsymbol{S}^{\mathrm{T}} \Delta \boldsymbol{J}_S = \mathbf{0}^{\mathrm{T}}, \quad \boldsymbol{S}^{\mathrm{T}} \Delta \boldsymbol{J}_{S^r} = \mathbf{0}^{\mathrm{T}} \tag{7.5}$$

式中, Δ 为对偶算子, 由式 (2.55) 给出, 其作用是对旋量主部和副部进行交换。

定理 7.1 中的命题 (1) 与 (2) 可根据旋量互易与互易旋量系的定义证明, 下面仅给出定理 7.1 中命题 (3) 的证明。

证明 如果旋量 $\boldsymbol{S}$ 与旋量系 $\mathbb{S}$ 及其互易旋量系 $\mathbb{S}^r$ 旋量系均互易, 即 $\boldsymbol{S}^{\mathrm{T}} \Delta \boldsymbol{J}_S = \mathbf{0}^{\mathrm{T}}, \boldsymbol{S}^{\mathrm{T}} \Delta \boldsymbol{J}_{S^r} = \mathbf{0}^{\mathrm{T}}$。由 $\boldsymbol{S}^{\mathrm{T}} \Delta \boldsymbol{J}_S = \mathbf{0}^{\mathrm{T}}$ 可知, $\boldsymbol{S} \in \mathbb{S}^r$; 同样, 由 $\boldsymbol{S}^{\mathrm{T}} \Delta \boldsymbol{J}_{S^r} = \mathbf{0}^{\mathrm{T}}$ 可知, $\boldsymbol{S} \in \mathbb{S}$。所以, $\boldsymbol{S} \in \mathbb{S}^r$ 且 $\boldsymbol{S} \in \mathbb{S}$, 即

$$\boldsymbol{S} \in \mathbb{S} \cap \mathbb{S}^r \tag{7.6}$$

充分性得证。

下面证明必要性。如果旋量 $\boldsymbol{S} \in \mathbb{S} \cap \mathbb{S}^r$, 则 $\boldsymbol{S} \in \mathbb{S}$ 且 $\boldsymbol{S} \in \mathbb{S}^r$。由 $\boldsymbol{S} \in \mathbb{S}$ 可知, 旋量 $\boldsymbol{S}$ 与旋量系 $\mathbb{S}^r$ 互易; 由 $\boldsymbol{S} \in \mathbb{S}^r$ 可知, 旋量 $\boldsymbol{S}$ 与旋量系 $\mathbb{S}$ 互易。所以, 旋量 $\boldsymbol{S}$ 与旋量系 $\mathbb{S}$ 与 $\mathbb{S}^r$ 均互易, 从而可得 $\boldsymbol{S}^{\mathrm{T}} \Delta \boldsymbol{J}_S = \mathbf{0}^{\mathrm{T}}, \boldsymbol{S}^{\mathrm{T}} \Delta \boldsymbol{J}_{S^r} = \mathbf{0}^{\mathrm{T}}$。综上, 定理得证。

推论 7.2 f 阶旋量系为 n 阶旋量系与 $6-n$ 阶互易旋量系交集的必要条件是, f 阶旋量系为由自互易旋量组成的协互易旋量系。

证明 设 f 阶旋量系由 f 个线性无关旋量 $\boldsymbol{S}_i(i=1,\cdots,f \leqslant 3)$ 组成。由于 f 阶旋量系为 n 阶旋量系与 $6-n$ 阶互易旋量系的交集, 不失一般性, 设 f 阶旋量系为 n 阶旋量系的子集。先检查 $\boldsymbol{S}_1$, 由定理 7.1 可知, $\boldsymbol{S}_1$ 与 n 阶旋量系和 $6-n$ 阶互易旋量系均互易, 易知 $\boldsymbol{S}_1$ 为自互易旋量。由此, 旋量 $\boldsymbol{S}_1$ 与 f 阶旋量系中的 $f-1$ 个旋量互易, 并自互易。同理, 旋量 $\boldsymbol{S}_i(i=1,\cdots,f \leqslant 3)$ 与 f 阶旋量系中的 $f-1$ 个旋量互易, 并自互易。综上可得, f 阶旋量系中 f 个线性无关旋量 $\boldsymbol{S}$ 为自互易旋量, 并相互互易, 即为协互易旋量系且所有旋量自互易。定理得证。

7.1.3 旋量系关联关系定理

如果一个旋量是两个旋量系的交集, 那么两旋量系并集的阶数需要从各旋量系的阶数和中减去该交集的阶数, 如式 (6.51)。基于此, 本书进一步提出旋量系关联关系定理。

定理 7.2　旋量系关联关系定理: 对于一个 n 阶旋量系 $\mathbb{S}$ 与其 $6-n$ 阶互易旋量系 $\mathbb{S}^r$, 有下面三个命题成立:

(1) 若旋量系的基中不存在与该旋量系中所有旋量均互易的旋量 (含自身), 则两旋量系不相交, 交集是空集, 即

$$\mathbb{S} \cap \mathbb{S}^r = \varnothing \tag{7.7}$$

且并集的阶数是 6 (**空交集**)。

(2) 若旋量系的基中存在一个旋量与该旋量系中所有旋量互易 (含自身), 则该旋量张成的一阶旋量系 ${}^1\mathbb{S}({}^1\mathbb{S} \subseteq \mathbb{S})$ 为相应旋量系与其互易旋量系的交集, 即

$$\mathbb{S} \cap \mathbb{S}^r = {}^1\mathbb{S} \tag{7.8}$$

且两旋量系并集的阶数减少一维 (**一维交集**)。

(3) 若旋量系的基中存在 f 个旋量 $\boldsymbol{S}_i(i=1,\cdots,f \leqslant 3)$ 与该旋量系中所有旋量互易 (含自身), 则该 f 个旋量张成的 f 阶旋量系 ${}^f\mathbb{S}$ 为相应旋量系与其互易旋量系的交集, 即

$$\mathbb{S} \cap \mathbb{S}^r = {}^f\mathbb{S} = \{\boldsymbol{S}_1, \boldsymbol{S}_2, \cdots, \boldsymbol{S}_f | \boldsymbol{S}_1, \boldsymbol{S}_2, \cdots, \boldsymbol{S}_f \in \mathbb{S}; \boldsymbol{S}_1, \boldsymbol{S}_2, \cdots, \boldsymbol{S}_f \in \mathbb{S}^r\} \tag{7.9}$$

且两旋量系并集的阶数减少 f 维 (**多维交集**)。

该关联关系定理适用于有限和无穷大旋距的旋量系。可以通过研究一个旋量系或者其互易旋量系中的旋量结构确定两个旋量系之间的关联关系。为简单起见, 通常研究两旋量系中阶数较小的旋量系。该定理按交集类型分为三部分, 即空交集、一维交集及多维交集。下面分别进行阐述和证明。

1. 空交集

证明　假设下述命题成立: 存在旋量 $\boldsymbol{S} \in \mathbb{S}$ 与所属旋量系的所有旋量互易, 且交集为空集, 则有下式:

$$\boldsymbol{S}^{\mathrm{T}} \Delta \boldsymbol{J}_S = \boldsymbol{0}^{\mathrm{T}} \tag{7.10}$$

由定理 7.1 中的命题 (3) 给出的充分必要条件可知, $\boldsymbol{S}$ 为两旋量的交集, 表示为

$$\boldsymbol{S} \in \mathbb{S}, \quad \boldsymbol{S} \in \mathbb{S}^r$$

不难看出, 交集不为空集, 这与假设命题矛盾。所以, 原命题为真。定理得证。因此, 式 (7.7) 成立, 两旋量系交集为空集。同时由式 (6.51) 可知, 两个旋量系并集的阶数为

$$\dim(\mathbb{S}_A \cup \mathbb{S}_B) = n + (6-n) - 0 = 6 \tag{7.11}$$

至此, 如图 7.1a 所示, 两旋量系的关联关系为

$$\mathbb{S} \cup \mathbb{S}^r = \mathbb{R}^6 \tag{7.12}$$

定理第一部分得证。

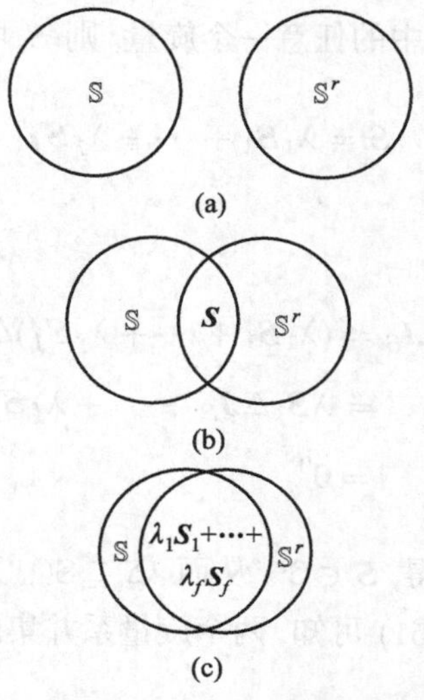

图 7.1 旋量系的关联关系

2. 一维交集

证明 设旋量系的基中仅存在一个旋量 $\boldsymbol{S}$ 与该旋量系中所有旋量互易, $\boldsymbol{S}_i$ 为由旋量 $\boldsymbol{S}$ 张成的一阶旋量系 ${}^1\mathbb{S}$ 中的任意一个旋量, 则 $\boldsymbol{S}_i$ 可表示为 $\lambda\boldsymbol{S}$, 因为 $\boldsymbol{S}$ 与旋量系 $\mathbb{S}$ 中所有旋量互易, 则 $\boldsymbol{S}_i$ 与旋量系 $\mathbb{S}$ 中所有旋量互易, 有

$$\boldsymbol{S}_i^{\mathrm{T}} \Delta \boldsymbol{J}_S = \boldsymbol{0}^{\mathrm{T}}$$

由定理 7.1 中的命题 (1) 可得, $\boldsymbol{S}_i \in \mathbb{S}^r$, 从而 ${}^1\mathbb{S} \subseteq \mathbb{S}^r$。又因为 ${}^1\mathbb{S} \subseteq \mathbb{S}$, 因此, ${}^1\mathbb{S}$ 为两旋量的交集。同时由式 (6.51) 可知, 两个旋量系并集的阶数为

$$\dim(\mathbb{S}_A \cup \mathbb{S}_B) = n + (6 - n) - 1 = 5 \tag{7.13}$$

如图 7.1b 所示, 两旋量系的关系为

$$\mathbb{S} \cup \mathbb{S}^r = \mathbb{R}^5 \tag{7.14}$$

定理第二部分得证。

注释 7.1 一维交集情况下, 上述旋量 $\boldsymbol{S}$ 为自互易旋量。

3. 多维交集

证明 不失一般性, 对旋量 $\boldsymbol{S}_i(i=1,\cdots,f\leqslant 3)$ 有下式:

$$\boldsymbol{S}_i^{\mathrm{T}}\Delta\boldsymbol{J}_S=\boldsymbol{0}^{\mathrm{T}},\quad (i=1,\cdots,f\leqslant 3)$$

设旋量 $\boldsymbol{S}$ 为 f 阶旋量系 ${}^f\mathbb{S}$ 中的任意一个旋量, 则 $\boldsymbol{S}$ 可表示为

$$\boldsymbol{S}=\lambda_1\boldsymbol{S}_1+\cdots+\lambda_f\boldsymbol{S}_f$$

进一步可得

$$\begin{aligned}\boldsymbol{S}^{\mathrm{T}}\Delta\boldsymbol{J}_S&=(\lambda_1\boldsymbol{S}_1+\cdots+\lambda_f\boldsymbol{S}_f)\Delta\boldsymbol{J}_S\\&=\lambda\boldsymbol{S}_1\Delta\boldsymbol{J}_S+\cdots+\lambda_f\boldsymbol{S}_f\Delta\boldsymbol{J}_S\\&=\boldsymbol{0}^{\mathrm{T}}\end{aligned}\tag{7.15}$$

由定理 7.1 中的命题 (1) 可得, $\boldsymbol{S}\in\mathbb{S}^r$, 从而 ${}^f\mathbb{S}\subseteq\mathbb{S}^r$。又因为 ${}^f\mathbb{S}\subseteq\mathbb{S}$, 因此, ${}^f\mathbb{S}$ 为两旋量系的交集, 同时由式 (6.51) 可知, 两个旋量系并集的阶数为

$$\dim(\mathbb{S}_A\cup\mathbb{S}_B)=n+(6-n)-f=6-f\tag{7.16}$$

如图 7.1c 所示, 两旋量系的关联关系为

$$\mathbb{S}\cup\mathbb{S}^r=\mathbb{R}^{6-f}\tag{7.17}$$

定理第三部分得证。

注释 7.2 多维交集情况下, 上述 f 个旋量 $\boldsymbol{S}_i(i=1,\cdots,f\leqslant 3)$ 为自互易旋量。

7.2 一阶旋量系与其互易旋量系

7.2.1 一阶旋量系关联关系

推论 7.3 一阶旋量系成为其五阶互易旋量系子集的充分必要条件是一阶旋量系为自互易旋量系。

证明 考虑由 $\boldsymbol{S}_1$ 张成的一阶旋量系 ${}^1\mathbb{S}$, 其互易旋量系 ${}^1\mathbb{S}^r$ 为五阶旋量系, 由 $\boldsymbol{S}_1^r$、$\boldsymbol{S}_2^r$、$\boldsymbol{S}_3^r$、$\boldsymbol{S}_4^r$ 和 $\boldsymbol{S}_5^r$ 张成, 即 ${}^1\mathbb{S}^r={}^5\mathbb{S}=\{\boldsymbol{S}_1^r,\boldsymbol{S}_2^r,\boldsymbol{S}_3^r,\boldsymbol{S}_4^r,\boldsymbol{S}_5^r\}$。如果 $\boldsymbol{S}_1$ 是自互易旋量, 则它与 ${}^1\mathbb{S}$ 和 ${}^1\mathbb{S}^r$ 均互易, 即 $\boldsymbol{S}_1^{\mathrm{T}}\Delta\boldsymbol{J}_S=\boldsymbol{0}^{\mathrm{T}}$ 且 $\boldsymbol{S}_1^{\mathrm{T}}\Delta\boldsymbol{J}_{S^r}=\boldsymbol{0}^{\mathrm{T}}$, 从而可知其同时也属于五阶互易旋量系, 即 $\{{}^1\mathbb{S}|\boldsymbol{S}_1\in{}^1\mathbb{S}\}\subset{}^1\mathbb{S}^r$, 由此充分性得证。进一步可

知, 该旋量为两旋量系的交集, 这两旋量系的并集的阶数是 5, 其关联关系有如下形式:

$$^{1}\mathbb{S}\cap{}^{1}\mathbb{S}^{r}=\{\boldsymbol{S}_1|\boldsymbol{S}_1\in{}^{1}\mathbb{S};\boldsymbol{S}_1\in{}^{1}\mathbb{S}^{r}\}\tag{7.18}$$

因此

$$^{1}\mathbb{S}\cup{}^{1}\mathbb{S}^{r}=\mathbb{R}^{5}\tag{7.19}$$

反之, 如果 $\boldsymbol{S}_1$ 不是自互易旋量, 则一阶旋量系 $^{1}\mathbb{S}$ 就与其互易旋量系不相交。两旋量系的交集是空集, 并集的阶数是 6, 关系式如下:

$$^{1}\mathbb{S}\cap{}^{1}\mathbb{S}^{r}=\varnothing\tag{7.20}$$

与

$$^{1}\mathbb{S}\cup{}^{1}\mathbb{S}^{r}=\mathbb{R}^{6}\tag{7.21}$$

下面证明必要性, 若 $^{1}\mathbb{S}$ 为其互易旋量系 $^{1}\mathbb{S}^{r}$ 的子集, 由定理 7.1, 则 $\boldsymbol{S}_1$ 与旋量系 $^{1}\mathbb{S}$ 和 $^{1}\mathbb{S}^{r}$ 均互易, 从而 $^{1}\mathbb{S}$ 为自互易旋量系, 必要性得证。综上, 推论得证。

7.2.2 关联关系的识别

一阶旋量系与其五阶互易旋量系的关联关系一般由一阶旋量系的旋量特性推导出, 这种作法往往比从五阶旋量系出发推导简洁。

例 7.1 图 7.2 中给出了一个受约束的立方体, 其五阶约束力旋量系可表示为

$$^{5}\mathbb{S}=\left\{\begin{array}{l}\boldsymbol{W}_1=(1,0,0,0,1,1)^{\mathrm{T}}\\ \boldsymbol{W}_2=(0,0,-1,1,-1,0)^{\mathrm{T}}\\ \boldsymbol{W}_3=(0,-1,0,-1,0,-1)^{\mathrm{T}}\\ \boldsymbol{W}_4=(-1,0,0,0,1,1)^{\mathrm{T}}\\ \boldsymbol{W}_5=(0,0,1,1,-1,0)^{\mathrm{T}}\end{array}\right\}\tag{7.22}$$

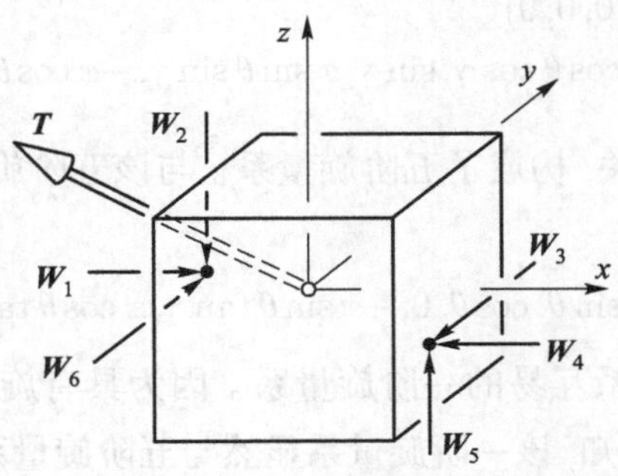

图 7.2 刚体抓持的约束与自由运动

为了完成五个力旋量的约束, 需添加下面反方向的合力以达到力封闭:

$$\boldsymbol{W}_6 = (0,1,0,-1,0,-1)^{\mathrm{T}} \tag{7.23}$$

在这一约束下, 剩余自由运动旋量可表示为

$$\boldsymbol{T} = (-0.577,-0.577,0.577,0,0,0)^{\mathrm{T}} \tag{7.24}$$

这形成了一阶旋量系, 与上述五阶力旋量系互易。力旋量和运动旋量都采用射线坐标, 该坐标系由 2.5 节中所述的空间射线坐标组成。根据前述理论, 可以从一阶旋量系中识别这两个旋量系的关联关系。由于运动旋量是自互易的。由推论 7.3 可知, 该运动旋量对应的一阶旋量系是五阶约束力旋量系的子集。从代数运算角度容易证实该结论。Duffy (1990) 阐明了约束力旋量和自由运动旋量并不总是占据整个六维向量空间。

旋量系间的关联关系可进一步通过具有非零旋距的旋量系得到检验。在上述式 (7.22) 中的五阶旋量系中, 如果前两个旋量改为具有非零旋距的旋量, 其表达式为

$$\begin{cases}\boldsymbol{W}_1' = (1,0,0,1,1,1)^{\mathrm{T}}\\ \boldsymbol{W}_2' = (1,0,-1,1,-1,0)^{\mathrm{T}}\end{cases} \tag{7.25}$$

保持其余的力旋量相同, 由此与该变更后的旋量系互易的旋量为

$$\boldsymbol{T} = (4,3,-5,-2,1,-1)^{\mathrm{T}} \tag{7.26}$$

由推论 7.3 可知, 由于旋量 $\boldsymbol{T}$ 是自互易的, 因此构成其五阶旋量系的子集。此外, 该结论可通过由所有五个力旋量和运动旋量组成的矩阵的秩的代数运算来证明。

例 7.2 图 7.3 所示的 RPPRR 型串联机器人。每个转动副 R 或移动副 P (Hunt, 1978) 都由一旋量表示。因此运动副轴线的五个旋量可表示为

$$\begin{cases}\boldsymbol{S}_1 = (0,0,1,0,0,0)^{\mathrm{T}}\\ \boldsymbol{S}_2 = (0,0,0,0,0,1)^{\mathrm{T}}\\ \boldsymbol{S}_3 = (0,0,0,\cos\theta,\sin\theta,0)^{\mathrm{T}}\\ \boldsymbol{S}_4 = (\cos\theta,\sin\theta,0,0,0,0)^{\mathrm{T}}\\ \boldsymbol{S}_5 = (-\sin\theta\cos\gamma,\cos\theta\cos\gamma,\sin\gamma,x\sin\theta\sin\gamma,-x\cos\theta\sin\gamma,x\cos\gamma)^{\mathrm{T}}\end{cases} \tag{7.27}$$

这五个旋量线性无关, 构成了五阶旋量系。与该五阶旋量系互易的力旋量表示为

$$\boldsymbol{S} = (-\sin\theta,\cos\theta,0,-x\sin\theta\tan\gamma,x\cos\theta\tan\gamma,0)^{\mathrm{T}} \tag{7.28}$$

这就形成了与五阶旋量系互易的一阶旋量系。因为具有旋距 $x\tan\gamma$ (当 $x\neq 0$ 和 $\tan\gamma\neq 0$), 由推论 7.3 可知, 该一阶旋量系显然与五阶旋量系不相交。这也可由上述六个旋量组成的矩阵非奇异进行验证。

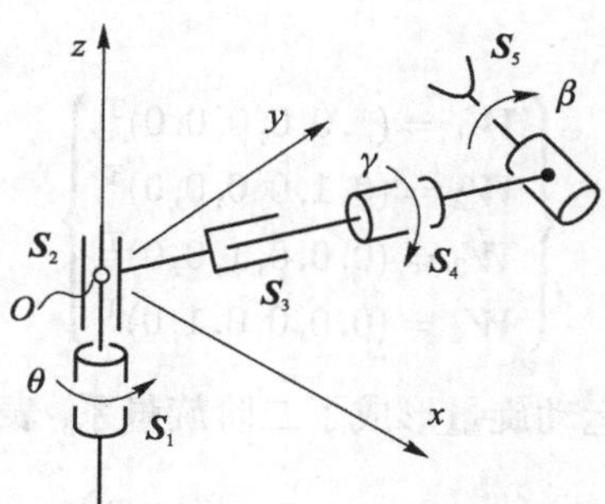

图 7.3　机器人中的五阶旋量系

7.3　二阶旋量系与其互易旋量系

考虑二阶旋量系 ${}^2\mathbb{S}=\{\boldsymbol{S}_1,\boldsymbol{S}_2\}$, 与该旋量系中的旋量互易的旋量形成四阶旋量系, 表示为 ${}^4\mathbb{S}={}^2\mathbb{S}^r=\{\boldsymbol{S}_1^r,\boldsymbol{S}_2^r,\boldsymbol{S}_3^r,\boldsymbol{S}_4^r\}$。两个旋量系的相互关系取决于任意一个旋量系中旋量的特征。为简单起见, 这里检验二阶旋量系中旋量的特征。

如定理 7.2 所示, 二阶旋量系存在三种情况, 即二阶旋量系的基中无旋量、一个旋量或两个旋量与所在旋量系互易。

7.3.1　空交集

若二阶旋量系的基中不存在与该旋量系中所有旋量互易的旋量, 由定理 7.2, 两旋量系的交集为空集, 即该二阶旋量系与其互易旋量系不相交, 其关联关系式如下:

$$
{}^2\mathbb{S}\cap{}^2\mathbb{S}^r=\varnothing \tag{7.29}
$$

$$
{}^2\mathbb{S}\cup{}^2\mathbb{S}^r=\mathbb{R}^6 \tag{7.30}
$$

例 7.3　Rico Martinez 和 Duffy (1992b) 使用下列旋量系来表示一种类型旋量系与其互易旋量系间的关联关系, 这一特殊二阶旋量系为

$$
{}^2\mathbb{S}=\left\{\begin{array}{l}\boldsymbol{S}_1=(1,0,0,h_f,0,0)^{\mathrm{T}}\\ \boldsymbol{S}_2=(0,1,0,0,h_f,0)^{\mathrm{T}}\end{array}\right\} \tag{7.31}
$$

该二阶旋量系与其对应的四阶互易旋量系 ${}^2\mathbb{S}^r$ 的关联关系可以通过定理 7.2 得到。尽管这两个旋量互易, 但并不自互易, 即 $\boldsymbol{S}_1^{\mathrm{T}}\Delta\boldsymbol{J}_S\neq\boldsymbol{0}^{\mathrm{T}}$ 和 $\boldsymbol{S}_2^{\mathrm{T}}\Delta\boldsymbol{J}_S\neq\boldsymbol{0}^{\mathrm{T}}$。因此, 两旋量系 ${}^2\mathbb{S}$ 和 ${}^2\mathbb{S}^r$ 不相交。

例 7.4　图 7.4 给出了圆柱副 C 的约束与自由度, 其约束力旋量形成了一个四

阶旋量系，表示为

$$\begin{cases} \boldsymbol{W}_1 = (1,0,0,0,0,0)^{\mathrm{T}} \\ \boldsymbol{W}_2 = (0,1,0,0,0,0)^{\mathrm{T}} \\ \boldsymbol{W}_3 = (0,0,0,1,0,0)^{\mathrm{T}} \\ \boldsymbol{W}_4 = (0,0,0,0,1,0)^{\mathrm{T}} \end{cases} \tag{7.32}$$

与上述旋量系互易的两个运动旋量形成了二阶旋量系，表示为

$$\begin{cases} \boldsymbol{T}_1 = (0,0,1,0,0,0)^{\mathrm{T}} \\ \boldsymbol{T}_2 = (0,0,0,0,0,1)^{\mathrm{T}} \end{cases} \tag{7.33}$$

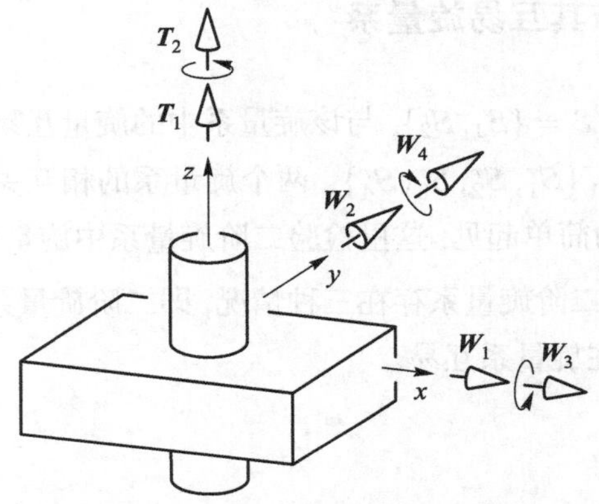

图 7.4　四阶约束力旋量系与互易的二阶运动旋量系

尽管这两个运动旋量自互易，但相互之间不存在互易关系，因此该二阶运动旋量系与四阶约束力旋量系不相交。两旋量系并集的阶数是 6。

7.3.2　部分交集

本节研究二阶旋量系的基中包含一个与该旋量系中其他旋量均互易的自互易旋量的情况。不失一般性，假设旋量 $\boldsymbol{S}_1$ 与该旋量系其他旋量互易，且自互易，由定理 7.2 可知，$\boldsymbol{S}_1$ 与两旋量系同时互易，即 $\boldsymbol{S}_1$ 为两旋量系的交集，其关联关系式如下：

$$^2\mathbb{S} \cap {}^2\mathbb{S}^r = \{\boldsymbol{S}_1 | \boldsymbol{S}_1 \in {}^2\mathbb{S}; \boldsymbol{S}_1 \in {}^2\mathbb{S}^r\} \tag{7.34}$$

$$^2\mathbb{S} \cup {}^2\mathbb{S}^r = \mathbb{R}^5 \tag{7.35}$$

例 7.5　将式 (7.31) 中旋距为 h_f 的旋量 $\boldsymbol{S}_2$ 改为 $\boldsymbol{S}_{2'} = (0,1,0,0,0,0)^{\mathrm{T}}$。此时由 $\boldsymbol{S}_1$ 和 $\boldsymbol{S}_{2'}$ 组成的二阶旋量系 $^{2'}\mathbb{S}$ 与其互易的四阶旋量系 $^{2'}\mathbb{S}^r$ 的关联关系也发生改变。由于修改后的 $\boldsymbol{S}_{2'}$ 为自互易旋量，且与 $\boldsymbol{S}_1$ 互易，因此 $\boldsymbol{S}_{2'}^{\mathrm{T}}\Delta\boldsymbol{J}_S = \boldsymbol{0}^{\mathrm{T}}$。由定理 7.2，$\boldsymbol{S}_{2'}$ 为两旋量系的交集。由此两旋量系 $^{2'}\mathbb{S}$ 和 $^{2'}\mathbb{S}^r$ 并集的阶数是 5，关系式如

下:

$$^{2'}\mathbb{S} \cap {}^{2'}\mathbb{S}^r = \{\boldsymbol{S}_{2'} | \boldsymbol{S}_{2'} \in {}^{2'}\mathbb{S}, \boldsymbol{S}_{2'} \in {}^{2'}\mathbb{S}^r\} \tag{7.36}$$

$$^{2'}\mathbb{S} \cup {}^{2'}\mathbb{S}^r = \mathbb{R}^5 \tag{7.37}$$

与 Rico Martinez 和 Duffy (1992b) 对每一旋量系逐一得出的交并集结论进行比较, 上述由定理 7.2 得出的交并集结论具有统一性。

7.3.3 全交集

全相交为二阶旋量系自身特性的第三种情况。在这种情况下, 二阶旋量系 $^2\mathbb{S}$ 是协互易旋量系。该旋量系中有两个线性无关的旋量彼此互易且自互易, 即 $\boldsymbol{S}_1^{\mathrm{T}} \Delta \boldsymbol{J}_S = \boldsymbol{0}^{\mathrm{T}}$ 且 $\boldsymbol{S}_2^{\mathrm{T}} \Delta \boldsymbol{J}_S = \boldsymbol{0}^{\mathrm{T}}$, 则

$$^2\mathbb{S} \cap {}^2\mathbb{S}^r = \{\boldsymbol{S}_1, \boldsymbol{S}_2 | \boldsymbol{S}_1, \boldsymbol{S}_2 \in {}^2\mathbb{S}; \in {}^2\mathbb{S}^r\} = {}^2\mathbb{S} \tag{7.38}$$

因而旋量并集是

$$^2\mathbb{S} \cup {}^2\mathbb{S}^r = \mathbb{R}^4 \tag{7.39}$$

这种关联关系在互易旋量出现之前就得到了预测。下面给出一个约束与自由运动分析的例子。

例 7.6 如图 7.5 所示, 一个圆柱体受到由三个力旋量构成的二阶旋量系的约束作用。

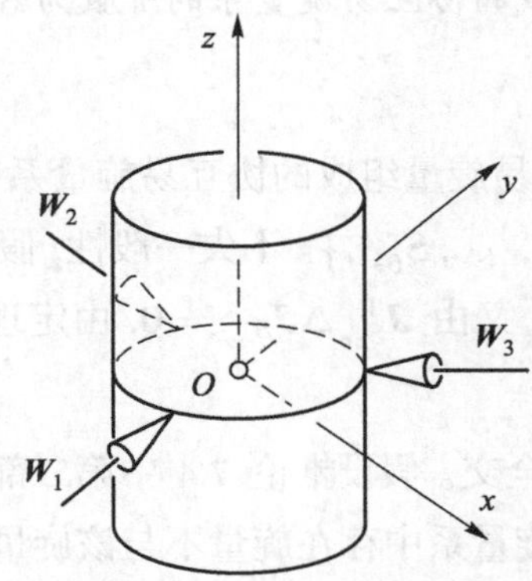

图 7.5 圆柱体的二阶约束旋量系

这三个力旋量为

$$\begin{cases} \boldsymbol{W}_1 = (0,1,0,0,0,0)^{\mathrm{T}} \\ \boldsymbol{W}_2 = (1,0,0,0,0,0)^{\mathrm{T}} \end{cases} \tag{7.40}$$

与

$$\boldsymbol{W}_3 = \lambda_1 \boldsymbol{W}_1 + \lambda_2 \boldsymbol{W}_2 \tag{7.41}$$

式中, 力旋量 $\boldsymbol{W}_3$ 是力旋量 $\boldsymbol{W}_1$ 和 $\boldsymbol{W}_2$ 的线性组合。与三个力旋量构成的二阶旋量系互易的运动旋量形成了四阶旋量系。因为该二阶旋量系中的力旋量 $\boldsymbol{W}_1$ 和 $\boldsymbol{W}_2$ 彼此互易且自互易, 所以从定理 7.2 可推断出, 这两个力旋量形成的旋量系是它的四阶互易运动旋量系的子集。这可通过下面的与其互易的运动旋量证明, 四个互易运动旋量为

$$\begin{cases} \boldsymbol{T}_1 = (1,0,0,0,0,0)^{\mathrm{T}} \\ \boldsymbol{T}_2 = (0,1,0,0,0,0)^{\mathrm{T}} \\ \boldsymbol{T}_3 = (0,0,1,0,0,0)^{\mathrm{T}} \\ \boldsymbol{T}_4 = (0,0,0,0,0,1)^{\mathrm{T}} \end{cases} \tag{7.42}$$

显然, 前述三个力旋量构成的二阶旋量系是上述由四个运动旋量构成的四阶旋量系的子集, 同时为两旋量系交集。

7.3.4 协互易旋量系

7.3.3 节给出的例子说明, 一个四阶旋量系可以包含一个与其互易的二阶旋量系。该结论可以拓展如下。

推论 7.4 *关于协互易旋量系与其互易旋量系, 有以下命题成立:*

(1) 由自互易旋量组成的协互易旋量系与其互易旋量系全交;

(2) 若由自互易旋量组成的协互易旋量系的阶数为 3, 则其对应的互易旋量系也是协互易旋量系。

证明 给定一个由自互易旋量组成的协互易旋量系 $\mathbb{S}_{co} = \{\boldsymbol{S}_1, \boldsymbol{S}_2, \cdots, \boldsymbol{S}_f\}$, 其互易旋量系为 $\mathbb{S}_{co}^r = \{\boldsymbol{S}_1^r, \boldsymbol{S}_2^r, \cdots, \boldsymbol{S}_{6-f}^r\}$。不失一般性, 假设 $f \leqslant 3$。从协互易旋量系的特征可知, $\boldsymbol{J}_{S_{co}}^{\mathrm{T}} \Delta \boldsymbol{J}_{S_{co}} = \boldsymbol{0}$, 又由 $\boldsymbol{J}_{S_{co}}^{\mathrm{T}} \Delta \boldsymbol{J}_{S_{co}^r} = \boldsymbol{0}$, 由定理 7.2 可得, $\mathbb{S}_{co} \cap \mathbb{S}_{co}^r = \mathbb{S}_{co}$。推论第一部分得证。

当 $n = 3$ 时, 两旋量系全交。假设推论 7.4 中第二部分关于 3 阶协互易旋量系的陈述为假命题, 即在互易旋量系中存在旋量不与该旋量系互易。不失一般性, 假设该旋量为 $\boldsymbol{S}_1^r$, 则 $\boldsymbol{S}_1^{r\mathrm{T}} \Delta \boldsymbol{J}_{S_{co}^r} \neq \boldsymbol{0}^{\mathrm{T}}$, 即 $\boldsymbol{S}_1^r \notin \mathbb{S}_{co}$, 从而 $\boldsymbol{S}_1^r \neq \mathbb{S}_{co} \cap \mathbb{S}_{co}^r$, 这与推论第一部分关于两个旋量系全交集的陈述矛盾。因此, 在对应的互易旋量系中, 任意旋量均与该旋量系互易, 即对应的互易旋量系为协互易旋量系。由此, 推论第二部分得证。

以上关联关系理论可以用来指导所有旋量系与其对应的互易旋量系的关联关系。由该理论得出的旋量系关联关系与 Gibson 和 Hunt (1990a, b) 列举的每一个旋量系交集与并集的陈述是一致的。

7.4 三阶旋量系与其互易旋量系

与三阶旋量系 ${}^3\mathbb{S} = \{\boldsymbol{S}_1, \boldsymbol{S}_2, \boldsymbol{S}_3\}$ 互易的旋量可构成另一个三阶旋量系 ${}^3\mathbb{S}^r = \{\boldsymbol{S}_1^r, \boldsymbol{S}_2^r, \boldsymbol{S}_3^r\}$。根据三阶旋量系自身特性的不同, 两个旋量系关联关系可分为下述四种情况。

7.4.1 空交集

若三阶旋量系 ${}^3\mathbb{S}$ 中不存在与该旋量系中其他旋量互易并自互易的旋量, 则交集为空集, 即旋量系 ${}^3\mathbb{S}$ 与互易旋量系 ${}^3\mathbb{S}^r$ 不相交。由此, 两旋量系的并集的阶数为 6, 其关联关系式可表示为

$$ {}^3\mathbb{S} \cap {}^3\mathbb{S}^r = \varnothing \tag{7.43} $$

$$ {}^3\mathbb{S} \cup {}^3\mathbb{S}^r = \mathbb{R}^6 \tag{7.44} $$

7.4.2 一维交集

若三阶旋量系 ${}^3\mathbb{S}$ 的基中存在一个自互易旋量与该旋量系中其他旋量互易, 不失一般性, 假设旋量 $\boldsymbol{S}_1$ 与 $\boldsymbol{S}_2$ 和 $\boldsymbol{S}_3$ 互易而且自互易, 则它与整个旋量系 ${}^3\mathbb{S}$ 互易。由定理 7.1 可知, 旋量 $\boldsymbol{S}_1$ 也与 ${}^3\mathbb{S}^r$ 互易。因此, 它与两旋量系 ${}^3\mathbb{S}$ 和 ${}^3\mathbb{S}^r$ 都线性相关, 是两旋量系的交集, 其关联关系式如下:

$$ {}^3\mathbb{S} \cap {}^3\mathbb{S}^r = \{\boldsymbol{S}_1 | \boldsymbol{S}_1 \in {}^3\mathbb{S}; \boldsymbol{S}_1 \in {}^3\mathbb{S}^r\} \tag{7.45} $$

$$ {}^3\mathbb{S} \cup {}^3\mathbb{S}^r = \mathbb{R}^5 \tag{7.46} $$

下面给出一个例子, 即应用定理 7.1 寻找一个旋量来构造上述三阶旋量系。

例 7.7 本例的基本依据为 Gibson 和 Hunt (1990b) 给出的正则三阶旋量系。首先给定两个正则旋量 $\boldsymbol{S}_1 = (1,0,0,0,0,0)^{\mathrm{T}}$ 和 $\boldsymbol{S}_2 = (0,1,0,0,0,0)^{\mathrm{T}}$, 要求产生第三个旋量, 以保证该旋量系与其互易旋量系的交集为一维向量空间, 从而使得两旋量系并集的阶数为 5。旋量 $\boldsymbol{S}_1$ 和 $\boldsymbol{S}_2$ 为协互易旋量且自互易, 由此第三个旋量除满足与 $\boldsymbol{S}_1$ 及 $\boldsymbol{S}_2$ 线性无关的条件以外, 只能与其中一个旋量互易。这样产生的第三个正则旋量有以下两种可能:

$$ \boldsymbol{S}_3 = (0,0,0,1,0,0)^{\mathrm{T}} \tag{7.47} $$

$$ \boldsymbol{S}_{3'} = (0,0,0,0,1,0)^{\mathrm{T}} \tag{7.48} $$

上述两种可能都满足下列条件: 形成一个三阶旋量系并产生两个旋量系的交集。如果选取旋量 $\boldsymbol{S}_3$ 为第三个旋量, 则 $\boldsymbol{S}_2$ 成为该旋量系与其互易旋量系的交集, 两旋

量系并集的阶数是 5。如果选取旋量 $\boldsymbol{S}_{3'}$ 为第三个旋量, 则 $\boldsymbol{S}_1$ 是两旋量系的交集, 其并集的阶数是 5。

7.4.3 多维交集

第三种情况, 三阶旋量系 $^3\mathbb{S}$ 中存在两个线性无关的旋量与该旋量系互易。不失一般性, 假设旋量 $\boldsymbol{S}_1$ 和 $\boldsymbol{S}_2$ 彼此互易且自互易, 也与旋量 $\boldsymbol{S}_3$ 互易。此时旋量 $\boldsymbol{S}_1$ 和 $\boldsymbol{S}_2$ 构成两旋量系的交集, 两旋量系关联关系如下:

$$^3\mathbb{S} \cap {}^3\mathbb{S}^r = \{\boldsymbol{S}_1, \boldsymbol{S}_2 | \boldsymbol{S}_1, \boldsymbol{S}_2 \in {}^3\mathbb{S}; \boldsymbol{S}_1, \boldsymbol{S}_2 \in {}^3\mathbb{S}^r\} \tag{7.49}$$

$$^3\mathbb{S} \cup {}^3\mathbb{S}^r = \mathbb{R}^4 \tag{7.50}$$

7.4.4 全交集

第四种情况, 旋量系 $^3\mathbb{S}$ 中存在三个线性无关的旋量, 相互互易并且自互易, 则该旋量系为协互易旋量系。假设三个旋量 $\boldsymbol{S}_1$、$\boldsymbol{S}_2$ 和 $\boldsymbol{S}_3$ 是自互易旋量, 又是相互互易的旋量。由此, 两旋量系产生全交集。由推论 7.4 可给出两旋量系关联关系, 其表达式为

$$^3\mathbb{S} \cap {}^3\mathbb{S}^r = {}^3\mathbb{S} \tag{7.51}$$

$$^3\mathbb{S} \cup {}^3\mathbb{S}^r = \mathbb{R}^3 \tag{7.52}$$

例 7.8 如图 7.6, 由 z 轴方向的力和 $x-y$ 平面内的两个力偶施加的约束力旋量为

$$\begin{cases} \boldsymbol{W}_1 = (0,0,1,0,0,0)^{\mathrm{T}} \\ \boldsymbol{W}_2 = (0,0,0,1,0,0)^{\mathrm{T}} \\ \boldsymbol{W}_3 = (0,0,0,0,1,0)^{\mathrm{T}} \end{cases} \tag{7.53}$$

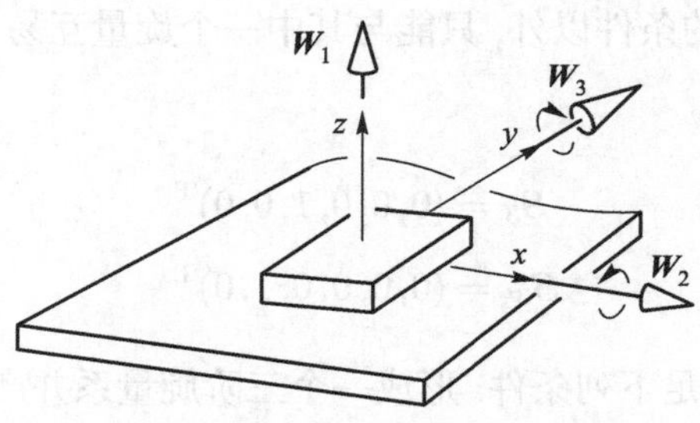

图 7.6 约束与运动旋量系的全交集

上述旋量形成一个三阶旋量系。与上述旋量互易的运动旋量为

$$\begin{cases} \boldsymbol{T}_1 = (0,0,1,0,0,0)^{\mathrm{T}} \\ \boldsymbol{T}_2 = (0,0,0,1,0,0)^{\mathrm{T}} \\ \boldsymbol{T}_3 = (0,0,0,0,1,0)^{\mathrm{T}} \end{cases} \tag{7.54}$$

显然, 因为三阶力旋量系是一个协互易基, 两个旋量系全交, 其并集阶数为 3。

7.5 具有协互易基的旋量系

旋量系与其互易旋量系的关联关系理论给出了一种由已知旋量系获得其互易旋量系的新方法。给定一个 n 阶旋量系, 如果在其互易旋量系中存在 $6-n$ 个线性无关的旋量, 彼此相互互易且满足 Klein 型为零, 则该两旋量系构成全交集。因此, 基于上述线性无关的 $6-n$ 个旋量的其他旋量均可以选作互易旋量, 这样就可以避免用较为复杂的代数法计算互易旋量。

特别地, 对于一个协互易旋量系, 如推论 7.4 所述, 由于两旋量系全交, 其互易旋量系可以直接从协互易旋量系中获得。

例 7.9 图 7.7 中给出了一组由三个线性无关的旋量来表示的串联机器人。

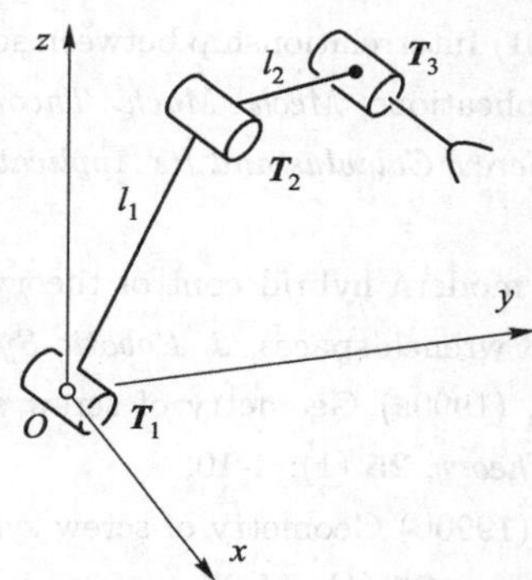

图 7.7 协互易旋量系的物理解释

三个运动旋量表示为

$$\begin{cases} \boldsymbol{T}_1 = (\cos\theta, \sin\theta, 0, 0, 0, 0)^{\mathrm{T}} \\ \boldsymbol{T}_2 = (\cos\theta, \sin\theta, 0, -l_1\cos\varphi\sin\theta, l_1\cos\varphi\cos\theta, 0]^{\mathrm{T}} \\ \boldsymbol{T}_3 = (\cos\theta, \sin\theta, 0, -(l_1\cos\varphi + l_2\cos\xi)\sin\theta, (l_1\cos\varphi + l_2\cos\xi)\cos\theta, 0)^{\mathrm{T}} \end{cases} \tag{7.55}$$

这三个运动旋量相互平行, 形成一个三阶旋量系。该旋量系是一个协互易旋量系且每个旋量自互易。大多数情况需要计算得出与该旋量系互易的力旋量系。从推论 7.4 中可知, 与由自互易旋量组成的协互易运动旋量系互易的力旋量系与该三阶旋量系全交。由此运动旋量系与其互易的力旋量系并集的阶数是 3。因而, 与上述运动旋量

互易的力旋量可以采用上述三阶旋量系中旋量的组合得到, 唯一的要求是三个具有力幅值的旋量必须是线性无关的。因而这三个力旋量可写为

$$\begin{cases} \boldsymbol{W}_1 = (2\cos\theta, 2\sin\theta, 0, -l_1\cos\varphi\sin\theta, l_1\cos\varphi\cos\theta, l_1\sin\varphi)^{\mathrm{T}} \\ \boldsymbol{W}_2 = (3\cos\theta, 3\sin\theta, 0, 0, 0, 0)^{\mathrm{T}} \\ \boldsymbol{W}_3 = (\cos\theta, \sin\theta, 0, -(l_1\cos\varphi + l_2\cos\xi)\sin\theta, (l_1\cos\varphi + l_2\cos\xi)\cos\theta, 0)^{\mathrm{T}} \end{cases} \tag{7.56}$$

这两个旋量系是协互易旋量系并且全交。

参考文献

Ball, R. S. (1900) *A Treatise on the Theory of Screws*,Cambridge University Press, Cambridge.

Blyth, T. S. (1975) *Set Theory and Abstract Algebra*, Longman.

Dai, J. S. (1993) Chapter 3: New look at properties of screws and screw system, *Screw Image Space and Its Application to Robotic Grasping*, PhD Dissertation(uk.bl.ethos.386419), University of Salford, Manchester.

Dai, J. S. (2019) *Screw Algebra and Kinematics Approaches for Mechanisms and Robotics*, Springer, London.

Dai, J. S. and Kerr, D. R. (1992) Analysis and synthesis of planar grasping in an image space, *Proc. of 22nd ASME Biennial Mechanisms Conference*, Scottsdale, Arizona, 283-292.

Dai, J. S. and Rees Jones, J. (2001) Interrelationship between screw systems and corresponding reciprocal systems and applications, *Mech. Mach. Theory,* **36** (5): 633-651.

Dimentberg, F. M. (1965) *The Screw Calculus and Its Application to Mechanics* (in Russian), Izdat. Nauka, Moscow.

Duffy, J. (1990) The fallacy of modern hybrid control theory that is based on "orthogonal complements" of twist and wrench spaces, *J. Robotic Syst.* **7** (2): 139-144.

Gibson, C. G. and Hunt, K. H. (1990a) Geometry of screw systems-1, Screws: genesis and geometry, *Mech. Mach. Theory,* **25** (1): 1-10.

Gibson, C. G. and Hunt, K. H. (1990b) Geometry of screw systems-2: Classification of screw systems, *Mech. Mach. Theory,* **25** (1): 11-27.

Hunt, K. H. (1978) *Kinematic Geometry of Mechanisms*, Clarendon Press, Oxford.

Rico Martinez, J.M. and Duffy, J. (1992a) Orthogonal spaces and screw systems, *Mech. Mach. Theory,* **27** (4): 451-458.

Rico Martinez, J. M. and Duffy, J. (1992b) Classification of screw systems—I: One-and two-systems, *Mech. Mach. Theory,* **27** (4): 459-470.

Rico Martinez, J. M. and Duffy, J. (1992c) Classification of screw systems—Ⅱ: Three-systems, *Mech. Mach. Theory,* **27** (4): 471-490.

Waldron, K. J. (1966) The constraint analysis of mechanisms, *Mechanisms,* **1** (2): 101-114.

第八章 旋量系零空间构造理论

Klein (1871) 和 Ball 同时独立发现的互易旋量对旋量理论的发展和完善起到了重要作用, 尤其是旋量及其互易旋量的相关关系为运动学和静力学的研究提供了应用旋量的基础。

基于 Gram-Schmidt 正交化, Sugimoto 和 Duffy (1982) 提出可通过代数方法构造互易旋量。Gram-Schmidt 正交化提供了内积空间中的一组正交向量以获得互易旋量, 该互易旋量是仿射空间中垂直于互补空间的正交基。这一过程应用了旋量的内积, 但 Kerr 和 Sanger (1989) 证明, 采用该方法求得的互易旋量仍具有不变性 (Duffy, 1990) 。然而, Gram-Schmidt 正交化本身运算量较大。互易旋量系在旋量系关联关系理论以及旋量系理论在机构学与机器人学的应用中起着至关重要的作用, 这就要求从理论上解决如何高效地获取给定旋量系的互易旋量系的问题。本章对此进行深入研究与详细阐述, 基于旋量系零空间构造理论提出了一种全新的求取互易旋量系的代数方法 (Dai 和 Rees Jones, 2002)

本章从旋量系及其互易旋量系的代数关联开始, 通过分析由旋量系的基组成的旋量矩阵的结构来研究旋量系的零空间。一维零空间的结构可以由与行空间 $\mathbb{R}(\boldsymbol{J}^{\mathrm{T}})$ 线性无关并与零空间相关的增广向量组成。求得的一维零空间实际上由系数矩阵增广行的代数余子式构成, 与坐标选取无关。本章由此提出了直接获得齐次线性方程组解的求解法则。

对于多维零空间, 该求解法则可以通过旋量矩阵的移位分块、逐级增广获得 $k-n$ 个基于代数余子式的零空间向量。本章还研究该求解法则的精度与效率, 并与 Gauss-Seidel 消元法进行比较。本章进一步将该方法应用到旋量代数中, 用简洁的过程获得 $\mathbb{R}^6$ 中以齐次线性方程形式出现的互易旋量系。在阐述中, 本章提供了上述求解法则的严谨证明, 展示了其在线性代数与机构学中的应用。

8.1 旋量系零空间数学表示

基于由一组线性无关的旋量组成的旋量系 $\mathbb{S}$ 与其互易旋量系 $\mathbb{S}^r$ 的关联关系，可以得到零空间的数学公式，用一组齐次方程式表述为

$$\begin{bmatrix} \boldsymbol{S}_1^{\mathrm{T}} \\ \boldsymbol{S}_2^{\mathrm{T}} \\ \vdots \\ \boldsymbol{S}_n^{\mathrm{T}} \end{bmatrix} \Delta[\boldsymbol{S}_1^r, \boldsymbol{S}_2^r, \cdots, \boldsymbol{S}_{6-n}^r] = \mathbf{0} \tag{8.1}$$

式中，旋量系 $\mathbb{S}$ 与互易旋量系 $\mathbb{S}^r$ 为矩阵表示形式，分别由 n 个旋量及 $6-n$ 个互易旋量以列向量形式构成。Δ 是式 (2.55) 所示的对偶算子，其作用是将主部即旋量的前三个元素和副部即后三个元素作交换。因此，旋量系的关联关系可以表示为如下的**线性方程组**:

$$\boldsymbol{J}\boldsymbol{B} = \mathbf{0} \tag{8.2}$$

式中，$\boldsymbol{J}$ 为旋量系 $\mathbb{S}$ 的矩阵表示；$\boldsymbol{B}$ 为互易旋量系 $\mathbb{S}^r$ 在 Δ 算子作用后的矩阵表示；$\mathbf{0}$ 是一个 $n \times (6-n)$ 矩阵，其所有元素为零。更一般的情况下，$\boldsymbol{J}$ 是 $n \times k$ 矩阵，$\boldsymbol{B}$ 是 $k \times (k-n)$ 矩阵，$\mathbf{0}$ 是 $n \times (k-n)$ 矩阵。因此，构造互易旋量系的问题就转化为根据给定的旋量矩阵 $\boldsymbol{J}$ 来构造矩阵 $\boldsymbol{B}$。在线性代数范畴中，该问题就是获取矩阵 $\boldsymbol{J}$ 的零空间。

定义 8.1 $n \times k$ 矩阵 $\boldsymbol{J}$ 的**零空间**也称**核**，是齐次线性方程组 $\boldsymbol{J}\boldsymbol{B} = \mathbf{0}$ 所有解向量的集合 $\boldsymbol{B}$。

由此，矩阵 $\boldsymbol{B}$ 中维数为 k 的 $k-n$ 个列向量为解向量，该 $k-n$ 个列向量构成了 k 维欧氏空间的线性子空间的基。

一般来说，零空间可以通过 **Gauss-Seidel 消元法**获得 (Strang, 1976)，但该方法不够直接。Aitken (1939) 的著作给出了求解齐次方程组的充分条件证明。由该书可以推导出，若矩阵的秩 r 小于方程的个数 n，一维零空间元素的代数余子式[1]可以作为齐次方程的解。当矩阵的秩与方程的个数相同时，或者当方程数小于矩阵的秩时，Dai (1993) 提出通过引入旋量矩阵的**仿射增广向量**来构造零空间。该增广向量由矩阵的代数余子式组成，基于此可由五个给定旋量获得互易旋量。在 2002 年，Dai 和 Rees Jones (2002) 提出矩阵移位分块与逐级增广的概念，并给出了可直接用于求解互易旋量系的零空间构造理论。该理论提出了求解旋量系多维零空间的求解法则，并给出了求解齐次方程组的法则。

[1]余子式 (又称余因子) 是指将矩阵 $\boldsymbol{J}$ 的某些行与列去掉之后所余下的方阵的行列式。相应的方阵称为余子阵。将方阵 $\boldsymbol{J}$ 的一行与一列去掉之后所得到带有正负号的余子式称为代数余子式。

为方便后续章节阐述矩阵行空间、列空间与零空间等概念, 下面给出引理与推论。

引理 8.1 行满秩的 $n \times k$ 矩阵 $\boldsymbol{J}$ 的行空间 $\mathbb{R}(\boldsymbol{J}^{\mathrm{T}}) \subset \mathbb{R}^k$ 和零空间 $\mathbb{N}(\boldsymbol{J}) \subset \mathbb{R}^k$ 有如下维数关系:

$$\dim \mathbb{R}(\boldsymbol{J}^{\mathrm{T}}) = n$$

且

$$\dim \mathbb{R}(\boldsymbol{J}^{\mathrm{T}}) + \dim \mathbb{N}(\boldsymbol{J}) = k$$

推论 8.1 **行空间** $\mathbb{R}(\boldsymbol{J}^{\mathrm{T}})$ **和零空间** $\mathbb{N}(\boldsymbol{J})$ 构成正交互补关系, 即 $\mathbb{R}(\boldsymbol{J}^{\mathrm{T}}) = (\mathbb{N}(\boldsymbol{J}))^{\perp}$。

引理 8.2 列满秩的 $n \times k$ 矩阵 $\boldsymbol{J}$ 的列空间 $\mathbb{R}(\boldsymbol{J}) \subset \mathbb{R}^n$ 和**左零空间** $\mathbb{N}(\boldsymbol{J}^{\mathrm{T}}) \subset \mathbb{R}^n$ 有如下关系:

$$\dim \mathbb{R}(\boldsymbol{J}) = k$$

且

$$\dim \mathbb{R}(\boldsymbol{J}) + \dim \mathbb{N}(\boldsymbol{J}^{\mathrm{T}}) = n$$

推论 8.2 **列空间** $\mathbb{R}(\boldsymbol{J})$ 和左零空间 $\mathbb{N}(\boldsymbol{J}^{\mathrm{T}})$ 构成另一对**正交互补**关系, 即 $\mathbb{R}(\boldsymbol{J}) = (\mathbb{N}(\boldsymbol{J}^{\mathrm{T}}))^{\perp}$。

注释 8.1 上述零空间给出了**列组合**的定义, 即 $\boldsymbol{J}\boldsymbol{b}$; 而左零空间给出了**行组合**的定义, 即 $\boldsymbol{b}^{\mathrm{T}}\boldsymbol{J}$。

以上给出了以旋量系矩阵表示的系数矩阵四个基本子空间及其相互关联关系。但需要注意, 上述正交互补关系是在引入对偶算子 Δ 之后的正交互补 (Dai, 1993), 即据式 (8.2) 求出的互易旋量为轴线坐标形式。

8.2 构造一维零空间的矩阵增广法

考虑构造含有 k 个未知数和 n 个方程的齐次线性方程组的零空间, 其中 $k-n=1$。若系数矩阵为式 (8.1) 的旋量系, 则 $k=6$, 由此该齐次线性方程组可表示为

$$\boldsymbol{J}\boldsymbol{b} = \boldsymbol{0} \tag{8.3}$$

式中, 矩阵 $\boldsymbol{J}$ 是由旋量系 $\mathbb{S}$ 的基构成的 $n \times k$ 矩阵, 以行向量表示, 即 $\boldsymbol{J} = [\boldsymbol{v}_1, \boldsymbol{v}_2, \cdots, \boldsymbol{v}_n]^{\mathrm{T}}$, 其中 $\boldsymbol{v}_1, \boldsymbol{v}_2, \cdots, \boldsymbol{v}_n$ 是列向量; $\boldsymbol{b}$ 是矩阵 $\boldsymbol{J}$ 零空间的具有 k 个未知数的解向量。在 $\mathbb{R}^k$ 中, 行空间 $\mathbb{R}(\boldsymbol{J}^{\mathrm{T}})$ 和零空间 $\mathbb{N}(\boldsymbol{J})$ 构成正交互补关系, 即 $\mathbb{R}(\boldsymbol{J}^{\mathrm{T}}) = (\mathbb{N}(\boldsymbol{J}))^{\perp}$。

假设 $n=r$, 其中 r 是矩阵 $\boldsymbol{J}$ 的秩, 也是行空间 $\mathbb{R}(\boldsymbol{J}^{\mathrm{T}})$ 的维数, 则当 $n=k$ 时, 零空间 $\mathbb{N}(\boldsymbol{J})$ 只有零解, 当 $n<k$ 时, 零空间为 $k-n$ 维。

特别地, 若零空间 $\mathbb{N}(\boldsymbol{J})$ 为一维空间, 即 $k-n=1$, 则可以构造一个与矩阵 $\boldsymbol{J}$ 其他行向量线性无关的行向量 $\boldsymbol{v}_a$ 作为**增广向量**, 可表示为

$$\begin{aligned}\boldsymbol{v}_a=((-1)^{r+2}\det\boldsymbol{J}_{c1},(-1)^{r+3}\det\boldsymbol{J}_{c2},\cdots,\\(-1)^{r+j+1}\det\boldsymbol{J}_{cj},\cdots,(-1)^{r+k+1}\det\boldsymbol{J}_{ck})^{\mathrm{T}}\end{aligned} \tag{8.4}$$

式中, $\boldsymbol{J}_{cj}$ 是消去第 j 列 $(j=1,\cdots,k)$ 后的矩阵 $\boldsymbol{J}$ 的子矩阵。由此得到由新向量 $\boldsymbol{v}_a$ 增广的 $r+1$ 阶**增广矩阵** $\boldsymbol{J}_a$。为了说明该增广行的独立性, 矩阵 $\boldsymbol{J}_a$ 的行列式可展开如下:

$$\|\boldsymbol{J}_a\|=\|\boldsymbol{J}_{c1}\|^2+\|\boldsymbol{J}_{c2}\|^2+\cdots+\|\boldsymbol{J}_{cj}\|^2+\cdots+\|\boldsymbol{J}_{ck}\|^2 \tag{8.5}$$

列空间 $\mathbb{R}(\boldsymbol{J})$ 的维数与矩阵 $\boldsymbol{J}$ 的秩 r 相等, 因此, 矩阵 $\boldsymbol{J}$ 实际上有 r 个线性无关的列向量, 式 (8.5) 中的行列式中至少有一个不为零。这就说明了由增广向量增广的矩阵非奇异, 因而该向量与行空间 $\mathbb{R}(\boldsymbol{J}^{\mathrm{T}})$ 线性无关。

8.3 一维零空间的代数余子式法

定理 8.1 *若齐次线性方程组含有 k 个未知数和 n 个方程, 其系数矩阵的秩为 $r=n$, 且 $k-n=1$, 则通过系数矩阵的增广行向量的代数余子式可构造其一维零空间, 该零空间具有不变性。一维零空间的表达式为*

$$\boldsymbol{b}=\gamma\begin{pmatrix}(-1)^{r+2}\|\boldsymbol{J}_{c1}\|\\(-1)^{r+3}\|\boldsymbol{J}_{c2}\|\\\vdots\\(-1)^{r+j+1}\|\boldsymbol{J}_{cj}\|\\\vdots\\(-1)^{r+k+1}\|\boldsymbol{J}_{ck}\|\end{pmatrix} \tag{8.6}$$

式中, γ 为自由参数。

证明 零空间是行空间 $\mathbb{R}(\boldsymbol{J}^{\mathrm{T}})$ 的正交补集, **增广向量** $\boldsymbol{v}_a$ 与 $\mathbb{N}(\boldsymbol{J})$ 相关。因此, 一维零空间向量与增广向量 $\boldsymbol{v}_a$ 的标量积不为零。假设标量积是 γ, 式 (8.3) 可以增广为

$$\boldsymbol{J}_a\boldsymbol{b}=\boldsymbol{\Gamma} \tag{8.7}$$

式中

$$\boldsymbol{J}_a=[\boldsymbol{v}_1,\boldsymbol{v}_2,\cdots,\boldsymbol{v}_n,\boldsymbol{v}_a]^{\mathrm{T}}$$

与

$$\boldsymbol{\Gamma} = (0, 0, \cdots, 0, \gamma)^{\mathrm{T}} \tag{8.8}$$

式中, $\boldsymbol{\Gamma}$ 是包含 $r+1$ 个元素的向量, 除了最后一个元素为 γ 外, 其余元素均为零。

由此, 一维零空间可以表示为

$$\boldsymbol{b}' = \boldsymbol{J}_a^{-1}\boldsymbol{\Gamma} = \frac{\mathrm{adj}\boldsymbol{J}_a}{\|\boldsymbol{J}_a\|}\boldsymbol{\Gamma} \tag{8.9}$$

式中

$$\mathrm{adj}\boldsymbol{J}_a = \begin{bmatrix} \cdot & \cdots & \cdot & \mathrm{cof}\, s_{k1} \\ \vdots & \vdots & \vdots & \vdots \\ \cdot & \cdots & \cdot & \mathrm{cof}\, s_{kj} \\ \vdots & \vdots & \vdots & \vdots \\ \cdot & \cdots & \cdot & \mathrm{cof}\, s_{kk} \end{bmatrix}$$

其中, $\mathrm{cof}\ s_{kj} (j = 1, 2, \cdots, k)$ 是矩阵 $\boldsymbol{J}_a$ 中的增广行中 k 个元素的代数余子式。同时可以看出, 伴随矩阵 $\mathrm{adj}\boldsymbol{J}_a$ 的代数余子式的最后一列是子矩阵 $\boldsymbol{J}_{cj}$ 的**符号行列式**向量。进一步简化可以获得

$$\boldsymbol{b}' = \frac{\gamma}{\|\boldsymbol{J}_a\|}\begin{pmatrix} (-1)^{r+2}\|\boldsymbol{J}_{c1}\| \\ (-1)^{r+3}\|\boldsymbol{J}_{c2}\| \\ \vdots \\ (-1)^{r+j+1}\|\boldsymbol{J}_{cj}\| \\ \vdots \\ (-1)^{r+k+1}\|\boldsymbol{J}_{ck}\| \end{pmatrix} \tag{8.10}$$

由于零空间为一维空间, 式 (8.10) 可写为式 (8.6) 。定理得证。

可以看出, 以上结果具有不变性, 不因选取的增广行不同而不同。其结果只取决于子矩阵的符号行列式, 该子矩阵是由依次去掉矩阵 $\boldsymbol{J}$ 的一列的方法构造而成。

上述一维零空间采用代数余子式法来构造而来与 Gauss-Seidel 消元法相比较, 过程更为简洁。

例 8.1 定理 8.1 给出的一维零空间构造方法可通过下面含有三个未知数, 两个方程的线性方程组来表示:

$$\begin{cases} 2x_1 + x_2 + 5x_3 = 0 \\ x_1 - 3x_2 + 6x_3 = 0 \end{cases} \tag{8.11}$$

根据定理 8.1 和式 (8.6)，可得该方程组的解为

$$\begin{pmatrix} x_1 \\ x_2 \\ x_3 \end{pmatrix} = \gamma \begin{pmatrix} \begin{vmatrix} 1 & 5 \\ -3 & 6 \end{vmatrix} \\ -\begin{vmatrix} 2 & 5 \\ 1 & 6 \end{vmatrix} \\ \begin{vmatrix} 2 & 1 \\ 1 & -3 \end{vmatrix} \end{pmatrix} = \gamma \begin{pmatrix} 21 \\ -7 \\ -7 \end{pmatrix} \tag{8.12}$$

再用 Gauss-Seidel 消元法 (Harfield 和 Hobbs, 1987) 来求解上述方程，其求解过程如下：

$$\begin{bmatrix} 2 & 1 & 5 \\ 1 & -3 & 6 \end{bmatrix} \xrightarrow{\text{R2}\to\text{R2}-\text{R1}\div 2} \begin{bmatrix} 2 & 1 & 5 \\ 0 & -\dfrac{7}{2} & \dfrac{7}{2} \end{bmatrix} \xrightarrow{\text{R2}\to -\frac{2}{7}\text{R2}} \begin{bmatrix} 2 & 1 & 5 \\ 0 & 1 & -1 \end{bmatrix}$$
$$\xrightarrow{\text{R1}\to\text{R1}-\text{R2}} \begin{bmatrix} 2 & 0 & 6 \\ 0 & 1 & -1 \end{bmatrix}$$

式中，R1、R2 分别表示矩阵的第一行和第二行。由此，式 (8.11) 变为

$$\begin{cases} 2x_1 + 6x_3 = 0 \\ x_2 - x_3 = 0 \end{cases} \tag{8.13}$$

该方程组表明 x_3 为自由变量，可以任意取值。赋 x_3 的值为 -7λ，其结果与应用定理 8.1 得出的式 (8.12) 一致。显而易见，代数余子式法更简洁。本章在 8.8 节将进行更多的对比分析。

上述方法也可以直接用来构造互易旋量。这就导出下一节的推论 8.3。

8.4 五阶旋量系零空间的代数余子式法

8.4.1 旋量系的增广

推论 8.3 给定一组 f 个线性无关的旋量 $\boldsymbol{S}_1, \boldsymbol{S}_2, \cdots, \boldsymbol{S}_f$，与其互易的旋量 $\boldsymbol{S}^r$ 可由下式给出：

$$\boldsymbol{J}\Delta\boldsymbol{S}^r = \boldsymbol{0} \tag{8.14}$$

式中，$\boldsymbol{J} = [\boldsymbol{S}_1, \boldsymbol{S}_2, \cdots, \boldsymbol{S}_f]^{\mathrm{T}}$；$\boldsymbol{S}_i = (l_i, m_i, n_i, p_i, q_i, r_i)^{\mathrm{T}}$；$\boldsymbol{S}^r = (l^r, m^r, n^r, p^r, q^r, r^r)^{\mathrm{T}}$。由式 (8.14)，可得

$$\begin{bmatrix} \boldsymbol{S}_1^{\mathrm{T}} \\ \boldsymbol{S}_2^{\mathrm{T}} \\ \vdots \\ \boldsymbol{S}_f^{\mathrm{T}} \end{bmatrix} (p^r, q^r, r^r, l^r, m^r, n^r)^{\mathrm{T}} = \boldsymbol{0} \tag{8.15}$$

显然, 若 $f = 6$, 不存在互易旋量。若 $f = 5$, 仅有一个互易旋量, 可以通过重新组合上式获得一维零空间。

Dai (1993) 引入了一个新旋量来增广式 (8.14) 中的矩阵 $\boldsymbol{J}$, 使得获得互易旋量的过程较为简洁。新的**增广旋量**可以构造如下:

$$\boldsymbol{S}_a = (-\det \boldsymbol{J}_{c1}, \det \boldsymbol{J}_{c2}, -\det \boldsymbol{J}_{c3}, \det \boldsymbol{J}_{c4}, -\det \boldsymbol{J}_{c5}, \det \boldsymbol{J}_{c6})^{\mathrm{T}} \tag{8.16}$$

式中, $\boldsymbol{J}_{cj}$ 是去掉式 (8.14) 中矩阵 $\boldsymbol{J}$ 的第 j 列后的子矩阵。由于五个旋量线性无关, 上述增广向量可以确保 6 阶矩阵为非奇异矩阵, 式 (8.14) 可进一步表示为

$$\boldsymbol{J}_a \Delta \boldsymbol{S}^r = \boldsymbol{\Gamma}$$

式中, $\boldsymbol{\Gamma}$ 和增广矩阵 $\boldsymbol{J}_a$ 由式 (8.7) 给出, 增广矩阵 $\boldsymbol{J}_a$ 最后一行由增广向量 $\boldsymbol{S}_a$ 构成。该增广行可以选取与五阶旋量系线性无关的任意向量。从下文可以看出, 这一增广旋量的选取不影响所求互易旋量的结果。

以旋量 $\boldsymbol{S}_a$ 为最后一行增广的矩阵 $\boldsymbol{J}_a$ 可以表示为

$$\begin{bmatrix} l_1 & m_1 & n_1 & p_1 & q_1 & r_1 \\ l_2 & m_2 & n_2 & p_2 & q_2 & r_2 \\ l_3 & m_3 & n_3 & p_3 & q_3 & r_3 \\ l_4 & m_4 & n_4 & p_4 & q_4 & r_4 \\ l_5 & m_5 & n_5 & p_5 & q_5 & r_5 \\ -\det \boldsymbol{J}_{c1} & \det \boldsymbol{J}_{c2} & -\det \boldsymbol{J}_{c3} & \det \boldsymbol{J}_{c4} & -\det \boldsymbol{J}_{c5} & \det \boldsymbol{J}_{c6} \end{bmatrix} \begin{pmatrix} l^r \\ m^r \\ n^r \\ p^r \\ q^r \\ r^r \end{pmatrix} = \begin{pmatrix} 0 \\ 0 \\ 0 \\ 0 \\ 0 \\ \gamma \end{pmatrix} \tag{8.17}$$

由于六个旋量线性无关, 因此式 (8.7) 成立, 由式 (8.4) 得出的最后一行对矩阵的增广可以保证上述 6 阶系数矩阵为非奇异矩阵, 这可由式 (8.5) 证实。

8.4.2 互易旋量系的构造

互易旋量 $\boldsymbol{S}^r$ 可以通过式 (8.9) 获得, 为

$$\Delta \boldsymbol{S}^r = \boldsymbol{J}_a^{-1} \begin{pmatrix} \boldsymbol{0} \\ \gamma \end{pmatrix} \tag{8.18}$$

式中, $\boldsymbol{J}_a^{-1}$ 有如下形式:

$$\boldsymbol{J}_a^{-1} = \frac{\mathrm{adj} \boldsymbol{J}_a}{\det \boldsymbol{J}_a} \tag{8.19}$$

式中

$$\mathrm{adj} \boldsymbol{J}_a = \begin{bmatrix} * & * & \cdots & \alpha_{6,1} \\ \vdots & \vdots & \vdots & \vdots \\ * & * & \cdots & \alpha_{6,5} \\ * & * & \cdots & \alpha_{6,6} \end{bmatrix}$$

且 $\alpha_{6,i}\ (i=1,2,\cdots,6)$ 是矩阵 $\boldsymbol{J}_a$ 的伴随矩阵的代数余子式, 即

$$\alpha_{6,i}=\begin{cases}-\det \boldsymbol{J}_{ci}, & i=1,3,5\\ \det \boldsymbol{J}_{ci}, & i=2,4,6\end{cases} \tag{8.20}$$

该代数余子式不会因为选择增广矩阵 $\boldsymbol{J}_a$ 不同的增广行 (即最后一行) 而不同。因而式 (8.18) 有如下形式 (Dai, 1993):

$$\boldsymbol{S}^r=\frac{\gamma}{\det \boldsymbol{J}_a}(\alpha_{6,4},\alpha_{6,5},\alpha_{6,6},\alpha_{6,1},\alpha_{6,2},\alpha_{6,3})^{\mathrm{T}} \tag{8.21}$$

由上可见, Jacobian 矩阵的代数余子式在几何和旋量系的研究中有着巨大的应用潜力。

式 (8.21) 中的互易旋量解 $\boldsymbol{S}^r$ 由旋量及幅值两部分组成。显然, 互易旋量与矩阵 $\boldsymbol{J}_a$ 中的增广行线性无关。该解中唯一与增广行相关的是其幅值 $\det\boldsymbol{J}_a$。$\det\boldsymbol{J}_a$ 和 γ 都包含了互易旋量 $\boldsymbol{S}^r$ 的幅值。但是, 旋量为射影李代数 $se(3)$ 的元素, 因此通常为单位旋量, 是五维射影空间元素。所以旋量本身不考虑幅值, 为六维单位向量。因此, 不考虑幅值的互易旋量可以表示为

$$\boldsymbol{S}^r=(\alpha_{6,4},\alpha_{6,5},\alpha_{6,6},\alpha_{6,1},\alpha_{6,2},\alpha_{6,3})^{\mathrm{T}} \tag{8.22}$$

由该式获得的互易旋量与增广矩阵 $\boldsymbol{J}_a$ 最后一行的选择是无关的 (Dai 和 Rees Jones, 2002) 。通过上述式子, 可以很容易获得互易旋量。该旋量及与其互易的五阶旋量系的关联关系可通过检验该旋量是否自互易确定。

推论 8.4 *若给定五个线性无关的旋量, 则通过以这些旋量为行向量构建的旋量组合矩阵 $\boldsymbol{J}$ 可获得互易旋量 $\boldsymbol{S}^r$, 为*

$$\boldsymbol{S}^r=(\|\boldsymbol{J}_{c4}\|,-\|\boldsymbol{J}_{c5}\|,\|\boldsymbol{J}_{c6}\|,-\|\boldsymbol{J}_{c1}\|,\|\boldsymbol{J}_{c2}\|,-\|\boldsymbol{J}_{c3}\|)^{\mathrm{T}} \tag{8.23}$$

互易旋量的主部 (前三个元素) 和副部 (后三个元素) 可以由式 (8.6) 得出, 通过式 (2.55) 中的对偶算子 Δ 进行互换。

例 8.2 图 8.1 中给出了 RPPRR 型串联机器人的机构运动简图, 其五个转动副和移动副的运动旋量可表示为

$$\begin{cases}\boldsymbol{S}_1=(0,0,1,0,0,0)^{\mathrm{T}}\\ \boldsymbol{S}_2=(0,0,0,0,0,1)^{\mathrm{T}}\\ \boldsymbol{S}_3=(0,0,0,\cos\theta,\sin\theta,0)^{\mathrm{T}}\\ \boldsymbol{S}_4=(\cos\theta,\sin\theta,0,0,0,0)^{\mathrm{T}}\\ \boldsymbol{S}_5=(-\cos\gamma\sin\theta,\cos\gamma\cos\theta,\sin\gamma,d\sin\gamma\sin\theta,-d\sin\gamma\cos\theta,d\cos\gamma)^{\mathrm{T}}\end{cases}$$

式中, A 和 B 点间的距离为变量 d。上述旋量为第五章中包含完整运动循环并形成五阶运动旋量系的有限位移旋量。

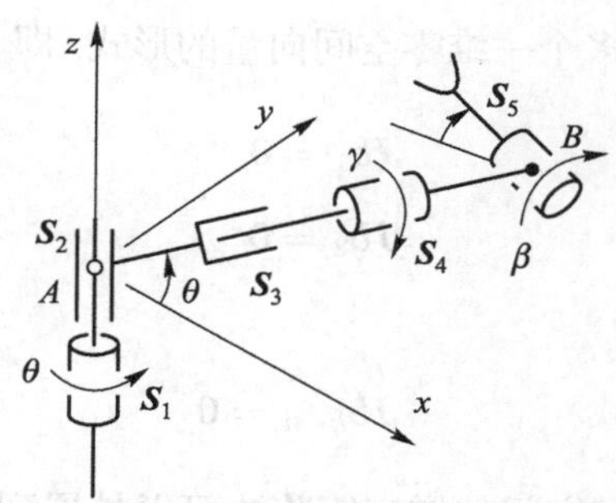

图 8.1 **RPPRR** 型串联机器人中的五阶旋量系

由推论 8.4, 与所有运动副旋量互易的约束力旋量可以求得, 为

$$\boldsymbol{S}^r = (\cos\gamma\sin\theta, -\cos\gamma\cos\theta, 0, d\sin\gamma\sin\theta, -d\sin\gamma\cos\theta, 0)^{\mathrm{T}}$$

从上述结果可以看出, 施加的约束力旋量与旋量 $\boldsymbol{S}_2$ 和 $\boldsymbol{S}_3$ 垂直, 与旋量 $\boldsymbol{S}_1$ 和 $\boldsymbol{S}_4$ 相交, 与旋量 $\boldsymbol{S}_5$ 斜交。力旋量的旋距是 $d\tan\gamma$。当 $\gamma = 0, \pi, 2\pi, \cdots, k\pi$ 时, 力旋量为纯力, 并独立于该五阶旋量系。上述结论与第七章的论证一致, 即携带该力旋量的旋量与互易的五阶旋量系共同构成了六维空间流形。

8.5 多维零空间构造理论

8.5.1 矩阵分块

多维零空间可用由 $k-n$ 个线性无关的向量构成的矩阵 $\boldsymbol{B} = [\boldsymbol{b}_1, \boldsymbol{b}_2, \cdots, \boldsymbol{b}_{k-n}]$ 表示, 见式 (8.2)。通常在求解式 (8.2) 时, 需采用 Gauss-Seidel 消元法, 以求解包含 k 个未知数和 n 个方程的齐次线性方程组。这种消元法的主要步骤是对系数矩阵进行初等行变换, 以产生行阶梯式。基于这种消元法, 使用 **Gauss-Seidel 迭代**和 **LU 分解**, 并采用 **Gauss-Jordan 回代法**可以改进算法。由本章前面内容可知, 零空间向量也可以通过旋量组合矩阵 $\boldsymbol{J}$ 的代数余子式求得, 而且过程更为简洁。因此, 有如下定理。

定理 8.2 **多维零空间**的一组线性无关的向量可以由**移位分块**后的代数余子式向量构造。

证明 上述结论的证明可通过本节的“矩阵分块”、8.5.2 节的“子矩阵增广”、8.5.3 节的“求解法则”以及 8.5.4 节的“移位分块与逐级增广”完成。式 (8.2) 给出

的多维零空间可以改写为多个一维零空间向量的形式, 即

$$\boldsymbol{J}\boldsymbol{b}_1 = \mathbf{0} \tag{8.24}$$

$$\boldsymbol{J}\boldsymbol{b}_2 = \mathbf{0} \tag{8.25}$$

$$\vdots$$

$$\boldsymbol{J}\boldsymbol{b}_{k-n} = \mathbf{0} \tag{8.26}$$

假设 $n = r$, 则一维零空间的增广矩阵法可以扩展到多维零空间, 以获得解向量 $\boldsymbol{b}_1, \boldsymbol{b}_2, \cdots, \boldsymbol{b}_{k-n}$。

对于第一个零空间向量 $\boldsymbol{b}_1$, 可以将式 (8.24) 中的矩阵 $\boldsymbol{J}$ 分块为子矩阵 $\boldsymbol{J}_1$ 和 $\boldsymbol{J}_2$, 其中 $\boldsymbol{J}_1$ 是前 $r+1$ 列秩为 r 的子矩阵, $\boldsymbol{J}_2$ 是剩余的 $k-r-1$ 列子矩阵, 分块矩阵的表达式为

$$\left[\begin{array}{cccc:ccc} s_{11} & \cdots & s_{1r} & s_{1(r+1)} & \cdots & s_{1k} \\ \vdots & \vdots & \vdots & \vdots & \vdots & \vdots \\ s_{r1} & \cdots & s_{rr} & s_{r(r+1)} & \cdots & s_{rk} \end{array}\right] = [\boldsymbol{J}_1, \boldsymbol{J}_2] \tag{8.27}$$

式中, s_{ij} 是第 i 个行向量的第 j 个元素, $i = 1, \cdots, n, j = 1, \cdots, k$。

8.5.2 子矩阵增广

在式 (8.27) 分块矩阵的第一个子矩阵中, 采用式 (8.4) 的增广行可增广 $r \times (r \times 1)$ 子矩阵 $\boldsymbol{J}_1$ 为 $r+1$ 阶合成矩阵 $\boldsymbol{J}_{a1}$。该增广行可以用 8.3 节的一维零空间的代数余子式法构造并且与已有的 r 个行旋量线性无关。增广后的矩阵为非奇异矩阵, 证明过程见 8.2 节。正如 8.4.2 节所证实, 零空间向量不随选取增广行的不同而变化。因此, 为简单起见, 增广行可用一组 "*" 表示。用 γ_1 表示增广行向量与零空间向量的标量积, 则式 (8.24) 可增广为

$$\left[\begin{array}{cccc:ccc} s_{11} & \cdots & s_{1r} & s_{1(r+1)} & \cdots & s_{1k} \\ \vdots & \vdots & \vdots & \vdots & \vdots & \vdots \\ s_{r1} & \cdots & s_{rr} & s_{r(r+1)} & \cdots & s_{rk} \\ * & \cdots & * & * & \cdots & * \end{array}\right] \begin{pmatrix} x_1 \\ \vdots \\ x_r \\ x_{r+1} \\ \hdashline \vdots \\ x_k \end{pmatrix} = \begin{pmatrix} 0 \\ \vdots \\ 0 \\ 0 \\ \vdots \\ \gamma_1 \end{pmatrix} \tag{8.28}$$

式 (8.28) 还可以简化为两个分块增广子矩阵的形式

$$\boldsymbol{J}_{a1}\boldsymbol{b}_{11} + \boldsymbol{J}_{a2}\boldsymbol{b}_{12} = \boldsymbol{\Gamma}_1 \tag{8.29}$$

式中, 矩阵 $\boldsymbol{J}_{a1}$ 是矩阵 $\boldsymbol{J}_1$ 的 $r+1$ 阶增广矩阵; $\boldsymbol{b}_{11}$ 是包含 $r+1$ 个元素的向量; 矩阵 $\boldsymbol{J}_{a2}$ 是矩阵 $\boldsymbol{J}_2$ 的 $(r+1) \times (k-r-1)$ 增广子矩阵; $\boldsymbol{b}_{12}$ 是包含 $k-r-1$ 个元素的

向量; $\boldsymbol{\Gamma}_1$ 是包含 $r+1$ 个元素的向量, 该向量除最后一个元素外, 其余元素均为零。由于增广子矩阵 $\boldsymbol{J}_{a1}$ 非奇异, 类似于 Aitken (1939) 对求解齐次方程组的相关证明过程, 设定 $\boldsymbol{b}_{12}=\boldsymbol{0}$, 式 (8.29) 可以改写为

$$\boldsymbol{b}_{11}=\boldsymbol{J}_{a1}^{-1}\boldsymbol{\Gamma}_1 \tag{8.30}$$

8.5.3 求解法则

第一个零空间向量可以通过两部分求得。第一部分与 8.3 节求一维零空间的代数余子式法类似, 第二部分则设为零。于是有

$$\boldsymbol{b}_1'=\begin{pmatrix}\boldsymbol{b}_{11}\\ \boldsymbol{b}_{12}\end{pmatrix}=\begin{pmatrix}\boldsymbol{J}_{a1}^{-1}\boldsymbol{\Gamma}_1\\ \boldsymbol{0}\end{pmatrix}=\frac{\gamma_1}{\|\boldsymbol{J}_{a1}\|}\begin{pmatrix}\begin{pmatrix}(-1)^{r+2}\left\|\boldsymbol{J}_{1(c1)}\right\|\\ (-1)^{r+3}\left\|\boldsymbol{J}_{1(c2)}\right\|\\ \vdots\\ (-1)^{r+j+1}\left\|\boldsymbol{J}_{1(cj)}\right\|\\ \vdots\\ (-1)^{2r+2}\left\|\boldsymbol{J}_{1(c(r+1))}\right\|\end{pmatrix}\\ \boldsymbol{0}_{k-r-1}\end{pmatrix} \tag{8.31}$$

式中, $\boldsymbol{J}_{1(cj)}$ 是去掉第 j 列的矩阵 $\boldsymbol{J}_1$ 的子矩阵。因而, 零空间的第一个向量为

$$\boldsymbol{b}_1=\gamma_1\begin{pmatrix}\begin{pmatrix}(-1)^{r+2}\left\|\boldsymbol{J}_{1(c1)}\right\|\\ (-1)^{r+3}\left\|\boldsymbol{J}_{1(c2)}\right\|\\ \vdots\\ (-1)^{r+j+1}\left\|\boldsymbol{J}_{1(cj)}\right\|\\ \vdots\\ (-1)^{2r+2}\left\|\boldsymbol{J}_{1(c(r+1))}\right\|\end{pmatrix}\\ \boldsymbol{0}_{(k-r-1)\times 1}\end{pmatrix} \tag{8.32}$$

不难看出, 零空间不随增广行的变化而变化。

8.5.4 移位分块与逐级增广

第二个零空间向量 $\boldsymbol{b}_2$ 可通过将 $r\times(r+1)$ 分块向右移位一列, 然后用新的线性独立的增广行对移位后的 $r\times(r+1)$ 子矩阵 $\boldsymbol{J}_1$ 增广获得。移位产生如下分块矩阵:

$$\left[\begin{array}{c:cccc:cc} r_{11} & r_{12} & \cdots & r_{1(r+1)} & r_{1(r+2)} & \cdots & r_{1k}\\ \vdots & \vdots & \vdots & \vdots & \vdots & \vdots & \vdots\\ r_{r1} & r_{r2} & \cdots & r_{r(r+1)} & r_{r(r+2)} & \cdots & r_{rk}\end{array}\right]=[\boldsymbol{J}_0,\boldsymbol{J}_1,\boldsymbol{J}_2]$$

对新产生的 $r\times(r+1)$ 分块矩阵进行增广, 称为**逐级增广**。如前所述该增广行不影响零空间向量, 所以可由一组 "$*$" 表示。考虑新的增广行, 式 (8.25) 可表示为

$$\left[\begin{array}{c:cccc:cc} r_{11} & r_{12} & \cdots & r_{1(r+1)} & r_{1(r+2)} & \cdots & r_{1k} \\ \vdots & \vdots & \vdots & \vdots & \vdots & \vdots & \vdots \\ r_{r1} & r_{r2} & \cdots & r_{r(r+1)} & r_{r(r+2)} & \cdots & r_{rk} \\ * & * & \cdots & * & * & \cdots & * \end{array}\right]\begin{pmatrix} x_1 \\ \hdashline x_2 \\ \vdots \\ x_{r+1} \\ x_{r+2} \\ \hdashline \vdots \\ x_k \end{pmatrix}=\begin{pmatrix} 0 \\ \vdots \\ 0 \\ 0 \\ \vdots \\ \gamma_2 \end{pmatrix} \tag{8.33}$$

其简洁形式为

$${}^2\boldsymbol{J}_{a0}\boldsymbol{b}_{20}+{}^2\boldsymbol{J}_{a1}\boldsymbol{b}_{21}+{}^2\boldsymbol{J}_{a2}\boldsymbol{b}_{22}=\boldsymbol{\varGamma}_2 \tag{8.34}$$

式中, ${}^2\boldsymbol{J}_{a0}$ 为 $(r+1)\times 1$ 子矩阵, 是向右移位 $r+1$ 阶分块矩阵一列后剩下的第一列; $\boldsymbol{b}_{20}$ 为 x_1; ${}^2\boldsymbol{J}_{a1}$ 是分块矩阵中的 $r+1$ 阶非奇异矩阵; $\boldsymbol{b}_{21}$ 是具有 $r+1$ 个元素的向量; ${}^2\boldsymbol{J}_{a2}$ 是 $(r+1)\times(k-r-2)$ 子矩阵; $\boldsymbol{b}_{22}$ 是含有 $k-r-2$ 个元素的向量; $\boldsymbol{\varGamma}_2$ 是含有 $r+1$ 个元素的向量, 除最后一个元素外其余元素均为零。子矩阵 ${}^2\boldsymbol{J}_{a1}$ 中的新增广行可以构造为与其他行线性无关的增广矩阵, 因此与零空间线性相关。从而, 由 8.2 节的论证, 子矩阵 ${}^2\boldsymbol{J}_{a1}$ 是非奇异矩阵。

令 $\boldsymbol{b}_{20}=\boldsymbol{0},\boldsymbol{b}_{22}=\boldsymbol{0}$, 可得

$$\boldsymbol{b}_{21}={}^2\boldsymbol{J}_{a1}^{-1}\boldsymbol{\varGamma} \tag{8.35}$$

由此, 第二个零空间向量为

$$\boldsymbol{b}_2'=\begin{pmatrix} \boldsymbol{b}_{20} \\ \boldsymbol{b}_{21} \\ \boldsymbol{b}_{22} \end{pmatrix}=\begin{pmatrix} 0 \\ {}^2\boldsymbol{J}_{a1}^{-1}\boldsymbol{\varGamma}_2 \\ \boldsymbol{0}_{(k-r-2)} \end{pmatrix}=\frac{\gamma_2}{\|{}^2\boldsymbol{J}_{a1}\|}\left(\begin{pmatrix} 0 \\ (-1)^{r+3}\,\|{}^2\boldsymbol{J}_{1(s1)}\| \\ (-1)^{r+4}\,\|{}^2\boldsymbol{J}_{1(s2)}\| \\ \vdots \\ (-1)^{r+j+2}\,\|{}^2\boldsymbol{J}_{1(sj)}\| \\ \vdots \\ (-1)^{2r+3}\,\|{}^2\boldsymbol{J}_{1(s(r+1))}\| \end{pmatrix} \atop \boldsymbol{0}_{k-r-1}\right) \tag{8.36}$$

至此, 8.5.1 节中的定理 8.2 得到了完整的证明。

8.6 齐次线性方程组求解理论

8.6.1 齐次线性方程组求解法则与步骤

齐次线性方程组的解空间实质上是其系数矩阵的多维零空间, 基于此, 可提出下述定理。

定理 8.3 若含有 k 个未知数和 n 个方程的齐次线性方程组的秩为 $r = n$, 则 $k-r$ 维的零空间可以通过一组代数余子式向量来构造。每一代数余子式向量空间可由方程组系数矩阵相应矩阵分块的 $r+1$ 列子矩阵增广行元素的代数余子式构造。其 $k-r$ 维零空间的生成过程需要 $k-r$ 次移位分块。同时对新产生的 $r\times(r+1)$ 分块子矩阵作逐级增广。每次移位后的逐级增广结果不随增广行的不同而变化。

该定理给出了基于多维零空间构造方法的齐次线性方程组求解法则, 其基本思想为: 将 n 个旋量作为行向量来构成旋量组合矩阵 $\boldsymbol{J}$, 采用移位分块, 从 $\mathbb{R}^n$ 空间中生成 $k-r$ 阶零空间 $\mathbb{N}(\boldsymbol{J})$ 的一组基。

采用该定理求解齐次线性方程组的具体过程为:

(1) 将方程组系数矩阵分块为 $r+1$ 列子矩阵和 $k-r-1$ 列子矩阵;

(2) 增广 $r\times(r+1)$ 子矩阵;

(3) 从式 (8.32) 中获得第一个零空间向量, 即第一个解向量;

(4) 将 $r+1$ 列分块向右移位一列, 如式 (8.33), 采用逐级增广, 即只对该 $r+1$ 列作增广;

(5) 获得第二个解向量, 其表达式如下:

$$\boldsymbol{b}_2 = \gamma_2 \begin{pmatrix} \begin{pmatrix} 0 \\ (-1)^{r+3}\left\|{}^2\boldsymbol{J}_{1(c1)}\right\| \\ (-1)^{r+4}\left\|{}^2\boldsymbol{J}_{1(c2)}\right\| \\ \vdots \\ (-1)^{r+j+2}\left\|{}^2\boldsymbol{J}_{1(cj)}\right\| \\ \vdots \\ (-1)^{2r+3}\left\|{}^2\boldsymbol{J}_{1(c(r+1))}\right\| \end{pmatrix} \\ \boldsymbol{0}_{(k-r-1)\times 1} \end{pmatrix} \tag{8.37}$$

(6) 重复第 (4) 步, 获得剩余的解向量, 其表达式为

$$
\boldsymbol{b}_i = \gamma_i \begin{pmatrix} \boldsymbol{0}_{(i-1)\times 1} \\ \begin{pmatrix} (-1)^{r+i+1} \left\| {}^i\boldsymbol{J}_{1(c1)} \right\| \\ (-1)^{r+i+2} \left\| {}^i\boldsymbol{J}_{1(c2)} \right\| \\ \vdots \\ (-1)^{r+i+j} \left\| {}^i\boldsymbol{J}_{1(cj)} \right\| \\ \vdots \\ (-1)^{2r+i+1} \left\| {}^i\boldsymbol{J}_{1(c(r+1))} \right\| \end{pmatrix} \\ \boldsymbol{0}_{(k-r-i)\times 1} \end{pmatrix} \tag{8.38}
$$

(7) 获得第 $k-r$ 个解向量, 其表达式为

$$
\boldsymbol{b}_{k-r} = \gamma_{k-r} \begin{pmatrix} \boldsymbol{0}_{(k-r-1)\times 1} \\ \begin{pmatrix} (-1)^{k+1} \left\| {}^{k-r}\boldsymbol{J}_{1(c1)} \right\| \\ (-1)^{k+2} \left\| {}^{k-r}\boldsymbol{J}_{1(c2)} \right\| \\ \vdots \\ (-1)^{k+j} \left\| {}^{k-r}\boldsymbol{J}_{1(cj)} \right\| \\ \vdots \\ (-1)^{k+r+1} \left\| {}^{k-r}\boldsymbol{J}_{1(c(r+1))} \right\| \end{pmatrix} \end{pmatrix} \tag{8.39}
$$

由此, 解空间中的 $k-r$ 个向量是将矩阵 $\boldsymbol{J}$ 作 $k-r$ 次移位分块与逐级增广获得。每一次分块, $r+1$ 列分块矩阵就向右移位一列, 并对该 $r+1$ 列分块矩阵作增广。合成的 $r+1$ 列增广子矩阵用来生成解空间向量中的非零元素的代数余子式, 因而解空间向量就可以通过去掉相应的列而得到的子矩阵的符号行列式直接获得, 如上述公式。这样, 采用移位分块与逐级增广就可求得全部解向量。

下面的例子展示了定理 8.3 在齐次线性方程组中的应用。

例 8.3 给定具有四个未知数和两个方程的齐次线性方程组如下:

$$
\begin{cases} x_1 + x_2 + x_3 + x_4 = 0 \\ 2x_1 + x_2 + 3x_3 + x_4 = 0 \end{cases} \tag{8.40}
$$

其系数矩阵为

$$
\boldsymbol{J} = \begin{bmatrix} 1 & 1 & 1 & 1 \\ 2 & 1 & 3 & 1 \end{bmatrix} \tag{8.41}
$$

由定理 8.3, 可得两个解向量。首先将矩阵分块如下:

$$
\boldsymbol{J}_a = \left[\begin{array}{ccc:c} 1 & 1 & 1 & 1 \\ 2 & 1 & 3 & 1 \end{array}\right] \tag{8.42}
$$

根据式 (8.32), 可得第一个解向量为

$$\boldsymbol{b}_1 = \gamma_1 \begin{pmatrix} 2 \\ -1 \\ -1 \\ 0 \end{pmatrix} \tag{8.43}$$

将前面的三列分块向右移位一列, 得到如下新的分块矩阵:

$$\boldsymbol{J}_a = \left[\begin{array}{c:ccc} 1 & 1 & 1 & 1 \\ 2 & 1 & 3 & 1 \end{array}\right] \tag{8.44}$$

由式 (8.37), 可得第二个解向量为

$$\boldsymbol{b}_2 = \gamma_2 \begin{pmatrix} 0 \\ -2 \\ 0 \\ 2 \end{pmatrix} \tag{8.45}$$

这两个向量形成了解空间 $\mathbb{N}(\boldsymbol{J})$ 的一组基。

8.6.2 基于多维零空间构造理论的求解法则与 Gauss-Seidel 消元法

定理 8.3 给出了求解齐次线性方程组的求解法则。下面的例子说明了当 $n=r$ 时, 应用该定理从含有 k 个未知数的 n 个方程中获取 $k-r$ 维解空间的方法和过程。在其他情况下, 当 $n>r$ 时, 前 r 个线性无关的方程可以选择出来, 这样上述的求解法则就可以用来求解这 r 个线性无关的方程的解。当分块矩阵无法产生秩为 r 的非奇异子矩阵时, 就需要进行**递归分块**, 直到找到秩为 r 的非奇异子矩阵。

下面的例 8.4 及 8.6.3 节的例 8.5 用来说明上述几种情况的求解过程, 并与 Gauss-Seidel 消元法进行比较。

例 8.4 一个含有五个未知数和三个方程的齐次线性方程组表示如下:

$$\begin{cases} x_1 + x_2 - x_4 + x_5 = 0 \\ x_1 - x_3 + x_5 = 0 \\ x_2 + x_3 - x_4 = 0 \end{cases} \tag{8.46}$$

其系数矩阵为

$$\boldsymbol{J} = \begin{bmatrix} 1 & 1 & 0 & -1 & 1 \\ 1 & 0 & -1 & 0 & 1 \\ 0 & 1 & 1 & -1 & 0 \end{bmatrix} \tag{8.47}$$

该矩阵有三行, 但秩为 2。显然, 第 3 行是前两行的组合。取秩为 2 的前两行, 应用定理 8.3 中的代数余子式方法, 根据式 (8.32)、式 (8.37) 和式 (8.38) , 三个解向量可以从矩阵的三次移位分块中分别得出, 为

$$\begin{cases} \boldsymbol{b}_1 = \lambda_1(-1, 1, -1, 0, 0)^{\mathrm{T}} \\ \boldsymbol{b}_2 = \lambda_2(0, 1, 0, 1, 0)^{\mathrm{T}} \\ \boldsymbol{b}_3 = \lambda_3(0, 0, -1, -1, -1)^{\mathrm{T}} \end{cases} \tag{8.48}$$

上述解法也适用于取系数矩阵 $\boldsymbol{J}$ 中的第一行和第三行作移位分块和逐级增广并采用代数余子式法的情况, 得如下一组解:

$$\begin{cases} \boldsymbol{b}_1' = \lambda_1'(1, -1, 1, 0, 0)^{\mathrm{T}} \\ \boldsymbol{b}_2' = \lambda_2'(0, -1, 0, -1, 0)^{\mathrm{T}} \\ \boldsymbol{b}_3' = \lambda_3'(0, 0, 1, 1, 1)^{\mathrm{T}} \end{cases} \tag{8.49}$$

显然, 该组基与式 (8.48) 中的基一致。

为了便于比较, 用 Gauss-Seidel 消元方法进行求解, 得出

$$\begin{cases} \boldsymbol{b}_1'' = \lambda_1''(1, -1, 1, 0, 0)^{\mathrm{T}} \\ \boldsymbol{b}_2'' = \lambda_2''(0, 1, 0, 1, 0)^{\mathrm{T}} \\ \boldsymbol{b}_3'' = \lambda_3''(-1, 0, 0, 0, 1)^{\mathrm{T}} \end{cases} \tag{8.50}$$

这一组解向量与前面的两组有相同的基, 可由下式证明:

$$\begin{bmatrix} -1 & 0 & 0 \\ 0 & 1 & 0 \\ -1 & -1 & -1 \end{bmatrix} \begin{bmatrix} \boldsymbol{b}_1''^{\mathrm{T}} \\ \boldsymbol{b}_2''^{\mathrm{T}} \\ \boldsymbol{b}_3''^{\mathrm{T}} \end{bmatrix} = \begin{bmatrix} \boldsymbol{b}_1^{\mathrm{T}} \\ \boldsymbol{b}_2^{\mathrm{T}} \\ \boldsymbol{b}_3^{\mathrm{T}} \end{bmatrix} \tag{8.51}$$

8.6.3 递归分块与增广

递归分块可用下面的例子说明, 该例子由例 8.3 演变而来。

例 8.5 对例 8.3 给出的齐次线性方程组的一个系数作改变, 即式 (8.40) 可变为下式:

$$\begin{cases} x_1 + x_2 + x_3 + x_4 = 0 \\ 2x_1 + x_2 + x_3 + x_4 = 0 \end{cases} \tag{8.52}$$

其系数矩阵变为

$$\boldsymbol{J} = \begin{bmatrix} 1 & 1 & 1 & 1 \\ 2 & 1 & 1 & 1 \end{bmatrix} \tag{8.53}$$

该矩阵可以根据定理 8.3 给出的过程作分块。第一个解向量可以通过将 3 阶增广子矩阵最后一行的代数余子式作为前三个元素, 并采用式 (8.32) 将零赋予最后一个元素而得到。这就得出下式:

$$\boldsymbol{b}_1 = \lambda_1(0, 1, -1, 0)^{\mathrm{T}} \tag{8.54}$$

将三列分块向右移位一列以获得第二个解向量, 此时矩阵不满秩。如例 8.4, 剔除该新分块矩阵中的冗余行并进行递归分块, 形成包括增广行的新的 2×3 子矩阵, 为

$$\boldsymbol{J}_a = \left[\begin{array}{c:ccc} 1 & 1 & 1 & 1 \\ \hdashline 2 & 1 & 1 & 1 \\ * & * & * & * \end{array}\right] \tag{8.55}$$

该 2×3 子矩阵提供了两个可能的 2 阶子矩阵的移位分块。第一次分块如下:

$$\boldsymbol{J}_a = \left[\begin{array}{c:cc:c} 1 & 1 & 1 & 1 \\ \hdashline 2 & 1 & 1 & 1 \\ * & * & * & * \end{array}\right] \tag{8.56}$$

其解向量是

$$\boldsymbol{b}_2' = \lambda_2'(0, 1, -1, 0)^{\mathrm{T}} \tag{8.57}$$

式 (8.57) 与式 (8.54) 给出的解是线性相关的。采用第二次移位分块, 为

$$\boldsymbol{J}_a = \left[\begin{array}{c:c:cc} 1 & 1 & 1 & 1 \\ \hdashline 2 & 1 & 1 & 1 \\ * & * & * & * \end{array}\right] \tag{8.58}$$

由此获得第二个解向量为

$$\boldsymbol{b}_2'' = \lambda_2''(0, 0, 1, -1)^{\mathrm{T}} \tag{8.59}$$

显然, $\boldsymbol{b}_2''$ 和 $\boldsymbol{b}_1$ 是线性无关的, 两者可以作为解空间的一组基。

8.7 互易旋量系构造理论

8.7.1 $6-n$ 阶互易旋量系构造方法

基于定理 8.3 的步骤可以构造 $6-n$ 阶互易旋量系。可以看出, 该方法没有采用常用的 Gram-Schmidt 正交法, 避免了基于连续三重积以求正交基的复杂计算过程。

推论 8.5 若一个旋量系的阶数为 n, 则通过矩阵移位分块以及对应的逐级增广的代数余子式向量可获得 $6-n$ 阶的互易旋量系。

运用上述推论获取 $6-n$ 阶互易旋量系的具体过程如下文所述。

将旋量矩阵划分为 $n+1$ 列子矩阵和 $6-n-1$ 列子矩阵, 则可以得到第一个轴线坐标形式的互易旋量, 为

$$\Delta \boldsymbol{S}_1^r = \begin{pmatrix} \begin{pmatrix} (-1)^{n+2} \left\| \boldsymbol{J}_{a1(c1)} \right\| \\ (-1)^{n+3} \left\| \boldsymbol{J}_{a1(c2)} \right\| \\ \vdots \\ (-1)^{n+j+1} \left\| \boldsymbol{J}_{a1(c(n+1))} \right\| \end{pmatrix} \\ \boldsymbol{0}_{(6-n-1)\times 1} \end{pmatrix} \tag{8.60}$$

式中, $\boldsymbol{S}_1^r$ 如同旋量系 $\mathbb{S}$ 中的其他旋量, 采用射线坐标, 但 $\Delta \boldsymbol{S}_1^r$ 为轴线坐标。如同定理 8.2, 将 $n+1$ 列分块向右移位一列, 可得轴线坐标形式的第二个旋量, 为

$$\Delta \boldsymbol{S}_2^r = \begin{pmatrix} 0 \\ \begin{pmatrix} (-1)^{n+3} \left\| {}^2\boldsymbol{J}_{a1(c1)} \right\| \\ (-1)^{n+4} \left\| {}^2\boldsymbol{J}_{a1(c2)} \right\| \\ \vdots \\ (-1)^{n+j+1} \left\| {}^2\boldsymbol{J}_{a1(c(n+1))} \right\| \end{pmatrix} \\ \boldsymbol{0}_{(6-n-2)\times 1} \end{pmatrix} \tag{8.61}$$

式中, $\boldsymbol{S}_2^r$ 采用射线坐标; $\Delta \boldsymbol{S}_2^r$ 为轴线坐标。同理, 将 $n+1$ 列分块向右移位 $i-1$ 次, 则可获得轴线坐标形式的第 i 个互易旋量, 为

$$\Delta \boldsymbol{S}_i^r = \begin{pmatrix} \boldsymbol{0}_{(i-1)\times 1} \\ \begin{pmatrix} (-1)^{n+i+1} \left\| {}^i\boldsymbol{J}_{a1(c1)} \right\| \\ (-1)^{n+i+2} \left\| {}^i\boldsymbol{J}_{a1(c2)} \right\| \\ \vdots \\ (-1)^{n+j+1} \left\| {}^i\boldsymbol{J}_{a1(c(n+1))} \right\| \end{pmatrix} \\ \boldsymbol{0}_{(6-n-i)\times 1} \end{pmatrix} \tag{8.62}$$

8.7.2 移位分块以构造三阶、四阶互易旋量系

1. 三阶互易旋量系构造与移位分块

例 8.6 如图 8.2 所示, 可通过构造三自由度串联机器人的三阶互易旋量系的过程展示推论 8.5 的应用。

三个运动副旋量可表示为

$$\begin{cases} \boldsymbol{S}_1 = (0,0,1,0,0,0)^{\mathrm{T}} \\ \boldsymbol{S}_2 = (l_2, m_2, 0, p_2, q_2, 0)^{\mathrm{T}} \\ \boldsymbol{S}_3 = (l_3, m_3, n_3, p_3, q_3, r_3)^{\mathrm{T}} \end{cases} \tag{8.63}$$

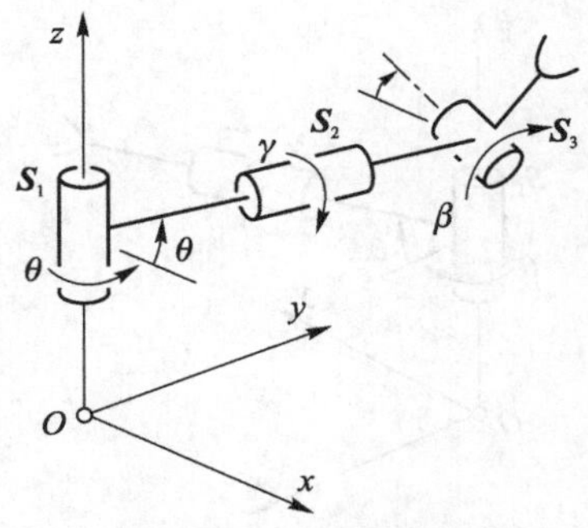

图 8.2　三自由度串联机器人

由定理 8.2, 进行第一次矩阵分块

$$\boldsymbol{J}=\left[\begin{array}{cccc:cc} 0 & 0 & 1 & 0 & 0 & 0 \\ l_2 & m_2 & 0 & p_2 & q_2 & 0 \\ l_3 & m_3 & n_3 & p_3 & q_3 & r_3 \end{array}\right] \tag{8.64}$$

从式 (8.60) 中, 可以得到第一个互易旋量, 为

$$\boldsymbol{S}_1^r=(l_2m_3-l_3m_2,0,0,-p_2m_3+p_3m_2,l_3p_2-l_2p_3,0)^{\mathrm{T}}$$

接着作移位分块, 由式 (8.61) , 得到第二个互易旋量, 为

$$\boldsymbol{S}_2^r=(m_3q_2-m_2q_3,m_2p_3-m_3p_2,0,0,p_2q_3-p_3q_2,0)^{\mathrm{T}}$$

进行第二次移位分块, 由式 (8.62) , 构造出第三个互易旋量, 为

$$\boldsymbol{S}_3^r=(q_2r_3,-p_2r_3,p_2q_3-p_3q_2,0,0,0)^{\mathrm{T}}$$

由此, 得出了三阶互易旋量系。

2. 四阶互易旋量系

例 8.7　在例 8.6 中减少一个铰链运动副, 如图 8.3 所示,可演示四阶互易旋量系的求取过程。

在图 8.3 中, 表示竖直方向转动副的旋量为

$$\boldsymbol{S}_1=(0,0,1,0,0,0)^{\mathrm{T}} \tag{8.65}$$

第二个水平转动副的轴线延长线与第一个转动副轴线垂直, 其旋量为

$$\boldsymbol{S}_2=(l,m,0,p,q,0)^{\mathrm{T}} \tag{8.66}$$

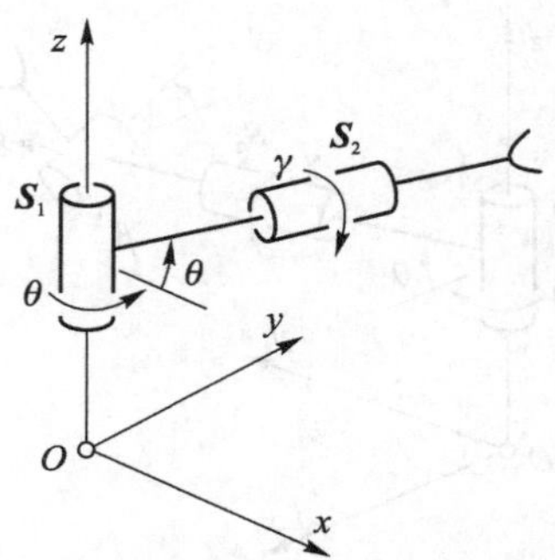

图 8.3 两自由度串联机器人

这两个旋量组成了一个二阶旋量系 $\mathbb{S}$, 即

$$\mathbb{S} = \{\boldsymbol{S}_1, \boldsymbol{S}_2\}$$

其矩阵形式为

$$\boldsymbol{J} = \begin{bmatrix} \boldsymbol{S}_1^{\mathrm{T}} \\ \boldsymbol{S}_2^{\mathrm{T}} \end{bmatrix} \tag{8.67}$$

由此, 四阶互易旋量系 $\mathbb{S}^r$ 可以通过式 (8.1) 构造, 记为

$$\mathbb{S}^r = \{\boldsymbol{S}_1^r, \boldsymbol{S}_2^r, \boldsymbol{S}_3^r, \boldsymbol{S}_4^r\}$$

其矩阵形式为

$$\boldsymbol{J}^r = [\boldsymbol{S}_1^r, \boldsymbol{S}_2^r, \boldsymbol{S}_3^r, \boldsymbol{S}_4^r] \tag{8.68}$$

由两旋量系互易关联关系可以得到式 (8.1) 和式 (8.2)。

将式 (8.65) 与式 (8.66) 合并转化为式 (8.2) 所示的形式, 并对矩阵 $\boldsymbol{J}$ 分块, 给出前 2×3 分块矩阵如下:

$$\left[\begin{array}{ccc:ccc} 0 & 0 & 1 & 0 & 0 & 0 \\ l & m & 0 & p & q & 0 \end{array}\right] \tag{8.69}$$

通过式 (8.60), 可以求得轴线坐标形式的第一个互易旋量

$$\Delta\boldsymbol{S}_1^r = (-m, l, 0, 0, 0, 0)^{\mathrm{T}} \tag{8.70}$$

通过对偶变换可得其射线坐标, 因此第一个互易旋量为

$$\boldsymbol{S}_1^r = (0, 0, 0, -m, l, 0)^{\mathrm{T}} \tag{8.71}$$

将矩阵分块向右移位一列, 可产生一个新的 2×3 子矩阵, 为

$$\left[\begin{array}{c:ccc:cc} 0 & 0 & 1 & 0 & 0 & 0 \\ l & m & 0 & p & q & 0 \end{array}\right] \tag{8.72}$$

由式 (8.61), 可以获得射线坐标形式的第二个互易旋量

$$\boldsymbol{S}_2^r = (m, 0, 0, 0, -p, 0)^{\mathrm{T}} \tag{8.73}$$

将分块矩阵向右再移位一列, 又产生了一个新的 2×3 子矩阵, 为

$$\left[\begin{array}{cc:ccc:c} 0 & 0 & 1 & 0 & 0 & 0 \\ l & m & 0 & p & q & 0 \end{array}\right] \tag{8.74}$$

由式 (8.62), 可以得到射线坐标形式的第三个互易旋量

$$\boldsymbol{S}_3^r = (-q, p, 0, 0, 0, 0)^{\mathrm{T}} \tag{8.75}$$

同理, 第三次将分块矩阵向右移动, 得到的结果与式 (8.69) 相同。但考虑第二分块的 2×3 子矩阵, 由于子矩阵不满秩, 需要采用 8.6.3 节所述的递归分块方法。于是, 可以得到射线坐标形式的第四个互易旋量, 为

$$\boldsymbol{S}_4^r = (0, 0, -q, 0, 0, 0)^{\mathrm{T}} \tag{8.76}$$

至此, 可以得到二阶旋量系的四阶互易旋量系。二阶旋量系与其四阶互易旋量系的关联关系可通过交集旋量 $\boldsymbol{S}_1$ 表示 (Dai 和 Rees Jones, 2001)。

所有四个线性无关旋量都是旋量系的基。例子中的四阶互易旋量系包含所有与二阶旋量系互易的旋量。基于这组旋量, 可以得到一组新的线性无关的旋量。例如, 与 x 轴平行的合成互易旋量 $\boldsymbol{S}_2^r$, 可以由与 $x-y$ 平面平行的旋量代替, 后者为该互易旋量系基的组合, 表示如下:

$$\boldsymbol{S}_2^{r\prime} = \boldsymbol{S}_1^r + \boldsymbol{S}_2^r + \boldsymbol{S}_3^r = (m-q, p, 0, -m, l-p, 0)^{\mathrm{T}}$$

因此, 四个新的线性无关的互易旋量为 $\boldsymbol{S}_1^r$、$\boldsymbol{S}_2^{r\prime}$、$\boldsymbol{S}_3^r$ 和 $\boldsymbol{S}_4^r$。新互易旋量 $\boldsymbol{S}_2^{r\prime}$ 可以进一步由下面的互易旋量系基的组合代替, 为

$$\boldsymbol{S}_2^{r\prime\prime} = -\frac{q}{m}\boldsymbol{S}_1^r + \left(1-\frac{lq}{mp}\right)\boldsymbol{S}_2^r - \frac{l}{p}\boldsymbol{S}_3^r = (m, -l, 0, q, -p, 0)^{\mathrm{T}}$$

3. 分块求解与增广解法二

上例可由另一种方法求解。

例 8.8 由于所有旋量的最后一个元素为零, 式 (8.69) 可以通过剔除最后一列元素进行重构, 由此重构后的旋量组合矩阵可表示为

$$\boldsymbol{J} = \begin{bmatrix} 0 & 0 & 1 & 0 & 0 \\ l & m & 0 & p & q \end{bmatrix} \tag{8.77}$$

采用三次移动分块, 在式 (8.60)、式 (8.61) 和式 (8.62) 中指定旋量的最后一个元素为零, 则可得三个互易旋量为

$$
\begin{cases}
\boldsymbol{S}_1^r = (0,0,0,-m,l,0)^{\mathrm{T}} \\
\boldsymbol{S}_2^r = (m,0,0,0,-p,0)^{\mathrm{T}} \\
\boldsymbol{S}_3^r = (-q,p,0,0,0,0)^{\mathrm{T}}
\end{cases}
\tag{8.78}
$$

不难看出, 以上三个互易旋量的第三个元素均为零。为构成四维向量空间, 第四个互易旋量可取为

$$
\boldsymbol{S}_4^r = (0,0,1,0,0,0)^{\mathrm{T}} \tag{8.79}
$$

可见, 该方法能够获得与例 8.7 中的方法相同的结果。

8.7.3 $6-n$ 阶互易旋量系构造步骤

根据推论 8.5 给出的构造互易旋量系的方法以及例 8.6、例 8.7 与例 8.8 对采用该方法构造三阶与四阶互易旋量系的展示, 可将基于多维零空间构造理论求解 $6-n$ 阶互易旋量系的具体过程总结如下:

(1) 将 n 个旋量作为行向量形成旋量组合矩阵 $\boldsymbol{J}$;

(2) 将矩阵 $\boldsymbol{J}$ 分块为 $n+1$ 列子矩阵和 $6-n-1$ 列子矩阵, 并对 $n+1$ 列子矩阵进行增广;

(3) 赋对应 $6-n-1$ 列子矩阵的互易旋量的 $6-n-1$ 个元素值为零;

(4) 从 $n+1$ 列的子矩阵中获得式 (8.60) 中的其余元素;

(5) 将 $n+1$ 列分块矩阵向右移位一列, 如式 (8.33), 产生三个子矩阵;

(6) 赋对应第一个和第三个子矩阵的第二个互易旋量的元素值为零;

(7) 从新的 $n+1$ 列的子矩阵中获得式 (8.61) 中的其余元素;

(8) 重复步骤 (5) 至 (7), 获得式 (8.62) 中的其余互易旋量。

在此理论推导中, 步骤 (7) 使用了逐级增广思想。

8.7.4 逐级增广与递归分块

1. 二阶互易旋量系构造与逐级增广

例 8.9 图 8.4 所示机器人具有四阶旋量系。

按照 8.7.3 节中所述的互易旋量系构造步骤 (1), 可以将四个运动副旋量作为行

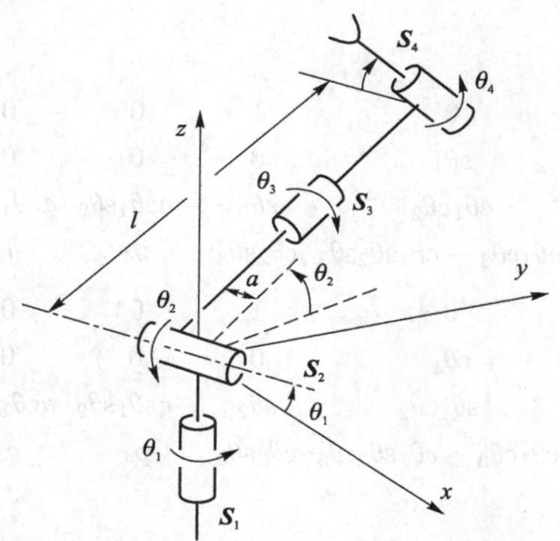

图 8.4 具有四阶旋量系的四自由度串联机械臂

向量构造一个 4×6 旋量组合矩阵, 为

$$\boldsymbol{J}=\begin{bmatrix} 0 & 0 & 1 & 0 & 0 & 0\\ \mathrm{c}\theta_1 & \mathrm{s}\theta_1 & 0 & 0 & 0 & 0\\ -\mathrm{s}\theta_1\mathrm{c}\theta_2 & \mathrm{c}\theta_1\mathrm{c}\theta_2 & \mathrm{s}\theta_2 & -a\mathrm{s}\theta_1\mathrm{s}\theta_2 & a\mathrm{c}\theta_1\mathrm{s}\theta_2 & -a\mathrm{c}\theta_2\\ -\mathrm{c}\theta_1\mathrm{c}\theta_3+\mathrm{s}\theta_1\mathrm{s}\theta_2\mathrm{s}\theta_3 & -\mathrm{s}\theta_1\mathrm{c}\theta_3-\mathrm{c}\theta_1\mathrm{s}\theta_2\mathrm{s}\theta_3 & \mathrm{c}\theta_2\mathrm{s}\theta_3 & p_4 & q_4 & r_4 \end{bmatrix} \tag{8.80}$$

式中

$$p_4=l(\mathrm{c}\theta_1\mathrm{s}\theta_3+\mathrm{s}\theta_1\mathrm{s}\theta_2\mathrm{c}\theta_3)-a\mathrm{s}\theta_1\mathrm{c}\theta_2\mathrm{s}\theta_3$$

$$q_4=l(\mathrm{s}\theta_1\mathrm{s}\theta_3-\mathrm{c}\theta_1\mathrm{s}\theta_2\mathrm{c}\theta_3)+a\mathrm{c}\theta_1\mathrm{c}\theta_2\mathrm{s}\theta_3$$

$$r_4=l\mathrm{c}\theta_2\mathrm{c}\theta_3+a\mathrm{s}\theta_2\mathrm{s}\theta_3$$

由上式, 二阶互易旋量系可以通过将上述矩阵进行两次移位分块获得。按照步骤 (2), 作第一次分块和增广如下:

$$\boldsymbol{J}=\left[\begin{array}{|ccccc|c} 0 & 0 & 1 & 0 & 0 & *\\ \mathrm{c}\theta_1 & \mathrm{s}\theta_1 & 0 & 0 & 0 & *\\ -\mathrm{s}\theta_1\mathrm{c}\theta_2 & \mathrm{c}\theta_1\mathrm{c}\theta_2 & \mathrm{s}\theta_2 & -a\mathrm{s}\theta_1\mathrm{s}\theta_2 & a\mathrm{c}\theta_1\mathrm{s}\theta_2 & *\\ -\mathrm{c}\theta_1\mathrm{c}\theta_3+\mathrm{s}\theta_1\mathrm{s}\theta_2\mathrm{s}\theta_3 & -\mathrm{s}\theta_1\mathrm{c}\theta_3-\mathrm{c}\theta_1\mathrm{s}\theta_2\mathrm{s}\theta_3 & \mathrm{c}\theta_2\mathrm{s}\theta_3 & p_4 & q_4 & *\\ \cdot & \cdot & \cdot & \cdot & \cdot & \cdot \end{array}\right] \tag{8.81}$$

根据步骤 (3), 令 $n_1^r=0$。根据步骤 (4), 上述通过分块获得的 5 阶增广矩阵可以用来求取第一个互易旋量的元素。这些元素满足增广行的代数余子式, 因此副部

元素为

$$p_1^r = \begin{vmatrix} 0 & 1 & 0 & 0 \\ s\theta_1 & 0 & 0 & 0 \\ c\theta_1 c\theta_2 & s\theta_2 & -as\theta_1 s\theta_2 & ac\theta_1 s\theta_2 \\ -s\theta_1 c\theta_3 - c\theta_1 s\theta_2 s\theta_3 & c\theta_2 s\theta_3 & p_4 & q_4 \end{vmatrix} = 0$$

$$q_1^r = \begin{vmatrix} 0 & 1 & 0 & 0 \\ c\theta_1 & 0 & 0 & 0 \\ -s\theta_1 c\theta_2 & s\theta_2 & -as\theta_1 s\theta_2 & ac\theta_1 s\theta_2 \\ -c\theta_1 c\theta_3 + s\theta_1 s\theta_2 s\theta_3 & c\theta_2 s\theta_3 & p_4 & q_4 \end{vmatrix} = 0$$

与

$$r_1^r = \begin{vmatrix} 0 & 0 & 0 & 0 \\ c\theta_1 & s\theta_1 & 0 & 0 \\ -s\theta_1 c\theta_2 & c\theta_1 c\theta_2 & -as\theta_1 s\theta_2 & ac\theta_1 s\theta_2 \\ -c\theta_1 c\theta_3 + s\theta_1 s\theta_2 s\theta_3 & -s\theta_1 c\theta_3 - c\theta_1 s\theta_2 s\theta_3 & p_4 & q_4 \end{vmatrix} = 0$$

主部元素为

$$\begin{aligned} l_1^r &= \begin{vmatrix} 0 & 0 & 1 & 0 \\ c\theta_1 & s\theta_1 & 0 & 0 \\ -s\theta_1 c\theta_2 & c\theta_1 c\theta_2 & s\theta_2 & ac\theta_1 s\theta_2 \\ -c\theta_1 c\theta_3 + s\theta_1 s\theta_2 s\theta_3 & -s\theta_1 c\theta_3 - c\theta_1 s\theta_2 s\theta_3 & c\theta_2 s\theta_3 & q_4 \end{vmatrix} \\ &= -lc\theta_2(s\theta_1 s\theta_3 - c\theta_1 s\theta_2 c\theta_3) - ac\theta_1 s\theta_3 \\ m_1^r &= \begin{vmatrix} 0 & 0 & 1 & 0 \\ c\theta_1 & s\theta_1 & 0 & 0 \\ -s\theta_1 c\theta_2 & c\theta_1 c\theta_2 & s\theta_2 & -as\theta_1 s\theta_2 \\ -c\theta_1 c\theta_3 + s\theta_1 s\theta_2 s\theta_3 & -s\theta_1 c\theta_3 - c\theta_1 s\theta_2 s\theta_3 & c\theta_2 s\theta_3 & p_4 \end{vmatrix} \\ &= lc\theta_2(c\theta_1 s\theta_3 + s\theta_1 s\theta_2 c\theta_3) - as\theta_1 s\theta_3 \end{aligned}$$

根据步骤 (5), 第二个独立互易旋量可以通过移位分块矩阵得到, 为

$$\boldsymbol{J} = \begin{bmatrix} * & 0 & 1 & 0 & 0 & 0 \\ * & s\theta_1 & 0 & 0 & 0 & 0 \\ * & c\theta_1 c\theta_2 & s\theta_2 & -as\theta_1 s\theta_2 & ac\theta_1 s\theta_2 & -ac\theta_2 \\ * & -s\theta_1 c\theta_3 - c\theta_1 s\theta_2 s\theta_3 & c\theta_2 s\theta_3 & p_4 & q_4 & r_4 \\ . & . & . & . & . & . \end{bmatrix} \tag{8.82}$$

同理, 根据步骤 (6), 令 $p_2^r = 0$, 再根据步骤 (7), 第二个互易旋量的其余元素可

以从上述增广的 5×5 子矩阵中获得，为

$$q_2^r=0,\quad r_2^r=0$$

$$l_2^r=\begin{vmatrix}0 & 1 & 0 & 0\\ \mathrm{s}\theta_1 & 0 & 0 & 0\\ \mathrm{c}\theta_1\mathrm{c}\theta_2 & \mathrm{s}\theta_2 & a\mathrm{c}\theta_1\mathrm{s}\theta_2 & -a\mathrm{c}\theta_2\\ -\mathrm{s}\theta_1\mathrm{c}\theta_3-\mathrm{c}\theta_1\mathrm{s}\theta_2\mathrm{s}\theta_3 & \mathrm{c}\theta_2\mathrm{s}\theta_3 & q_4 & r_4\end{vmatrix}$$
$$=-al\mathrm{s}^2\theta_1\mathrm{c}\theta_2\mathrm{s}\theta_3+a^2\mathrm{s}\theta_1\mathrm{c}\theta_1\mathrm{s}\theta_3$$

$$m_2^r=-\begin{vmatrix}0 & 1 & 0 & 0\\ \mathrm{s}\theta_1 & 0 & 0 & 0\\ \mathrm{c}\theta_1\mathrm{c}\theta_2 & \mathrm{s}\theta_2 & -a\mathrm{s}\theta_1\mathrm{s}\theta_2 & -a\mathrm{c}\theta_2\\ -\mathrm{s}\theta_1\mathrm{c}\theta_3-\mathrm{c}\theta_1\mathrm{s}\theta_2\mathrm{s}\theta_3 & \mathrm{c}\theta_2\mathrm{s}\theta_3 & p_4 & r_4\end{vmatrix}$$
$$=al\mathrm{s}\theta_1\mathrm{c}\theta_1\mathrm{c}\theta_2\mathrm{s}\theta_3-a^2\mathrm{s}^2\theta_1\mathrm{s}\theta_3$$

与

$$n_2^r=0$$

由此，可以得到二阶互易旋量系。

2. 三阶互易旋量系构造与逐级增广

例 8.10 图 8.5 所示的含三个转动副的机器人具有三阶旋量系。

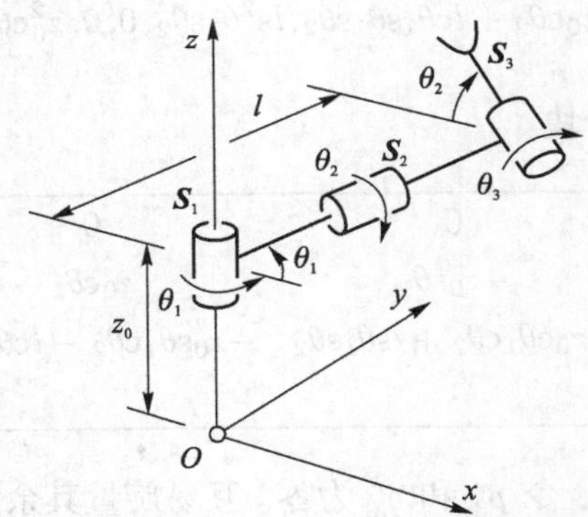

图 8.5 具有竖直轴线的 RRR 型串联机械臂

由旋量 $\boldsymbol{S}_1$、$\boldsymbol{S}_2$ 和 $\boldsymbol{S}_3$ 给出的旋量组合矩阵如下：

$$\boldsymbol{J}=\begin{bmatrix}0 & 0 & 1 & 0 & 0 & 0\\ \mathrm{c}\theta_1 & \mathrm{s}\theta_1 & 0 & -z_0\mathrm{s}\theta_1 & z_0\mathrm{c}\theta_1 & 0\\ -\mathrm{s}\theta_1\mathrm{c}\theta_2 & \mathrm{c}\theta_1\mathrm{c}\theta_2 & \mathrm{s}\theta_2 & -z_0\mathrm{c}\theta_1\mathrm{c}\theta_2+l\mathrm{s}\theta_1\mathrm{s}\theta_2 & -z_0\mathrm{s}\theta_1\mathrm{c}\theta_2+l\mathrm{c}\theta_1\mathrm{s}\theta_2 & l\mathrm{c}\theta_2\end{bmatrix}\tag{8.83}$$

式中 s 表示 $\sin\theta$; c 表示 $\cos\theta$。

上述矩阵的第一个分块和分级增广产生的 4 阶子矩阵表示如下:

$$
\boldsymbol{J}_a^1 = \left[\begin{array}{cccc|cc} 0 & 0 & 1 & 0 & * & * \\ c\theta_1 & s\theta_1 & 0 & -z_0 s\theta_1 & * & * \\ -s\theta_1 c\theta_2 & c\theta_1 c\theta_2 & s\theta_2 & -z_0 c\theta_1 c\theta_2 + l s\theta_1 s\theta_2 & * & * \\ \cdot & \cdot & \cdot & \cdot & \cdot & \cdot \end{array}\right] \tag{8.84}
$$

如前, 令 m_1^r 和 n_1^r 为零。第一个互易旋量其余的元素可从 4 阶子矩阵增广行的代数余子式中得到, 从而, 第一个互易旋量可表示为

$$
\boldsymbol{S}_1^r = (c\theta_2, 0, 0, l s^2\theta_1 s\theta_2, z_0 c\theta_2 - l c\theta_1 s\theta_1 s\theta_2, 0)^{\mathrm{T}}
$$

平移式 (8.84) 的分块, 得

$$
\boldsymbol{J}_a^2 = \left[\begin{array}{c|cccc|c} * & 0 & 1 & 0 & 0 & * \\ * & s\theta_1 & 0 & -z_0 s\theta_1 & z_0 c\theta_1 & * \\ * & c\theta_1 c\theta_2 & s\theta_2 & -z_0 c\theta_1 c\theta_2 + l s\theta_1 s\theta_2 & -z_0 s\theta_1 c\theta_2 + l c\theta_1 s\theta_2 & * \\ \cdot & \cdot & \cdot & \cdot & \cdot & \cdot \end{array}\right] \tag{8.85}
$$

对于第二个互易旋量, 令 p_2^r 和 n_2^r 为零。第二个互易旋量其余的元素可从上述 4 阶子矩阵的增广行的代数余子式中得到。由此, 第二个互易旋量, 为

$$
\boldsymbol{S}_2^r = (z_0 c\theta_2 + l c\theta_1 s\theta_1 s\theta_2, l s^2\theta_1 s\theta_2, 0, 0, z_0^2 c\theta_2, 0)^{\mathrm{T}}
$$

第三次移位式 (8.85) 的分块

$$
\boldsymbol{J}_a^2 = \left[\begin{array}{cc|cccc} * & * & 1 & 0 & 0 & 0 \\ * & * & 0 & -z_0 s\theta_1 & z_0 c\theta_1 & 0 \\ * & * & s\theta_2 & -z_0 c\theta_1 c\theta_2 + l s\theta_1 s\theta_2 & -z_0 s\theta_1 c\theta_2 - l c\theta_1 s\theta_2 & l c\theta_2 \\ \cdot & \cdot & \cdot & \cdot & \cdot & \cdot \end{array}\right] \tag{8.86}
$$

对于第三个互易旋量, 令 p_3^r 和 q_3^r 为零。互易旋量其余的元素可从新的 4 阶子矩阵增广行的代数余子式中得到。由此, 可获得第三个互易旋量, 为

$$
\boldsymbol{S}_3^r = (l z_0 c\theta_1 c\theta_2, l z_0 s\theta_1 c\theta_2, z_0^2 c\theta_2, 0, 0, 0)^{\mathrm{T}}
$$

至此, 得到了三阶互易旋量系。

3. 四阶互易旋量系与递归分块

例 8.11 图 8.6 所示的具有两个转动副的串联机械臂可用来说明四阶互易旋量系的构造方法。

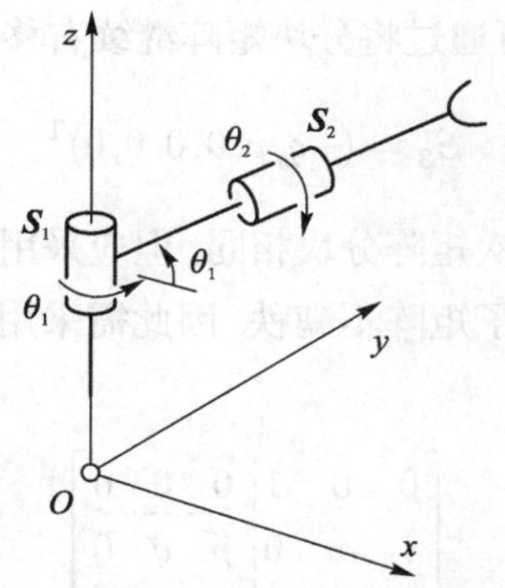

图 8.6　二自由度串联机械臂

这个机械臂机构中, 第一个转动运动副旋量为

$$\boldsymbol{S}_1 = (0,0,1,0,0,0)^{\mathrm{T}}$$

第二个转动运动副旋量的轴线与第一个转动运动副旋量轴线垂直, 表示为

$$\boldsymbol{S}_2 = (l,m,0,p,q,0)^{\mathrm{T}}$$

两个转动运动副旋量形成一个二阶旋量系。由此可得相应的旋量组合矩阵。

对旋量矩阵进行第一次分块和增广, 可以得到一个 3 阶子矩阵

$$\left[\begin{array}{|ccc|ccc}\hline 0 & 0 & 1 & 0 & 0 & 0 \\ l & m & 0 & p & q & 0 \\ \cdot & \cdot & \cdot & \cdot & \cdot & \cdot \\ \hline\end{array}\right] \tag{8.87}$$

以子矩阵增广行的代数余子式为互易旋量的前三个元素, 令后三个元素为零, 则第一个互易旋量以其轴线坐标表示如下:

$$\Delta \boldsymbol{S}_1^r = (-m,l,0,0,0,0)^{\mathrm{T}}$$

由此, 射线坐标形式的互易旋量表示为

$$\boldsymbol{S}_1^r = (0,0,0,-m,l,0)^{\mathrm{T}}$$

将分块矩阵向右移位一列, 产生一个新的 3 阶子矩阵如下:

$$\left[\begin{array}{c|ccc|cc} 0 & 0 & 1 & 0 & 0 & 0 \\ l & m & 0 & p & q & 0 \\ \cdot & \cdot & \cdot & \cdot & \cdot & \cdot \end{array}\right] \tag{8.88}$$

可得第二个互易旋量为

$$\boldsymbol{S}_2^r = (m,0,0,0,-p,0)^{\mathrm{T}}$$

同理, 第三个互易旋量可通过将分块矩阵继续右移一列得到, 为

$$\boldsymbol{S}_3^r = (-q, p, 0, 0, 0, 0)^{\mathrm{T}}$$

第四次矩阵分块与第一次矩阵分块相同, 但应采用分块后的第二个 3 阶子矩阵产生第四个互易旋量。上述子矩阵不满秩, 因此需采用递归分块法。将第二个 3 阶子矩阵的相关行移除后得到

$$\left[\begin{array}{ccc|ccc} 0 & 0 & 1 & 0 & 0 & 0 \\ \cline{4-6} l & m & 0 & p & q & 0 \\ \cdot & \cdot & \cdot & \cdot & \cdot & \cdot \end{array}\right]$$

对于右下角的 2×3 子矩阵采用递归分块法 (Dai 和 Rees Jones, 2002) 时, 有两种不同的分块方法, 因此又可得到两个互易旋量。可以看出, 这两个中只有一个与前面所得的互易旋量线性无关。第一个递归分块产生一个新的互易旋量, 该旋量与前面获得的三个互易旋量线性相关。第二个递归分块为

$$\left[\begin{array}{ccc|c|cc} 0 & 0 & 1 & 0 & 0 & 0 \\ \cline{4-6} l & m & 0 & p & q & 0 \\ \cdot & \cdot & \cdot & \cdot & \cdot & \cdot \end{array}\right]$$

于是, 第四个互易旋量为

$$\boldsymbol{S}_4^r = (0, 0, -q, 0, 0, 0)^{\mathrm{T}} \tag{8.89}$$

至此, 可以得到二阶旋量系的四阶互易旋量系。二阶旋量系与其四阶互易旋量系的关联关系可由交集 $\boldsymbol{S}_1$ 和 $\boldsymbol{S}_2$ 表示 (Dai 和 Rees Jones, 2001)。

8.8 误差分析与算法效率

用计算机求解线性系统问题时, 对舍入误差进行最小化处理是关键。大多数的计算机运算用**归一化浮点数**以及尾数部分的小数位 (Anton, 2000) 给出舍入位数至 n 个有效数位。这种很小的舍入误差可以导致一些方程组 (例如病态方程组) 的求解明显有误。在 Gauss-Seidel 消元法中, 主元素 Gauss 消元法就是用来解决这一问题的。列主元素 Gauss 消元法选择任意行第一列中具有最大系数的元素作为主元的方法将舍入误差的累计效果最小化。全元素 Gauss 消元法则允许在任意列挑选主元, 但需要对未知数和方程重新排序。这两种方法都需要花费一定的时间来选择和判断正确的主元。Cohn (1995) 分析了这些方法所产生的误差。

本章将 Cohn 发现的 Gauss-Seidel 消元法的误差与本章基于多维零空间构造理论的求解法则的误差进行了比较。为保证上述对比在同一载体上进行, 本节选取 Cohn 作误差分析时所采用的方程组进行分析。

例 8.12 Cohn 作误差分析时选用的线性方程组如下:

$$\begin{cases} 0.1x_1 + 100x_2 - 50x_3 = 0 \\ 50x_1 - 20x_2 - 40x_3 = 0 \end{cases} \tag{8.90}$$

不采用列主元素 Gauss 消元法, 用一般的 Gauss-Seidel 消元法的过程为

$$\xrightarrow{\text{R1}\to 10\times\text{R1}} \begin{bmatrix} 1 & 1\,000 & -500 \\ 50 & -20 & -40 \end{bmatrix} \xrightarrow{\text{R2}\to\text{R2}-50\times\text{R1}} \begin{bmatrix} 1 & 1\,000 & -500 \\ 0 & -50\,020 & 24\,960 \end{bmatrix} \tag{8.91}$$

假如计算机舍入时保留三位有效数字, 第二个方程变为 $-50\,000x_2 = -25\,000x_3$, 第一个方程变为 $x_1 = -1\,000x_2 + 500x_3$。令 x_3 为 λ, 则解空间向量为

$$\boldsymbol{b} = \lambda(0, 0.5, 1)^{\mathrm{T}}$$

用替代法检验该解, 第二个方程产生的误差为 -50, 其误差阶数为 10^1。

采用 Gauss-Seidel 消元及列主元素 Gauss 消元法, 选择第一列中的最大元素 50 作为主元, 并交换两行, 得

$$\boldsymbol{b}' = \lambda'(1, 0.5, 1)^{\mathrm{T}}$$

将上式代入式 (8.90) , 得到误差为 0.1, 误差阶数为 10^{-1}。

应用本章的代数余子式法, 得到

$$\boldsymbol{b}'' = \lambda''(1, 0.499, 1)^{\mathrm{T}}$$

其误差为 0.02, 误差阶数为 10^{-2}, 小于前两种方法的误差阶数。

与 Gauss-Seidel 消元法相比, 采用代数余子式法的另一个优点在于计算效率高。求解过程中的算术运算量可以用来评判一种求解法则效率的高低。

在本章的代数余子式法中, 每一个未知数需要进行两次乘法和一次加法来求解。因此, 对于三个未知数来说, 需要六次乘法和三次加法。相比而言, 式 (8.91) 所示的 Gauss-Seidel 消元法在行运算第一步需要三次乘法, 行运算第二步需要三次乘法和三次加法。进一步在求解简单的三个未知数的方程组时, Gauss-Seidel 消元法还需要两次乘法和一次加法。总共需要八次乘法和四次加法。

在求解含有三个未知数和两个方程的齐次线性方程组时, 上述分析给出了使用代数余子式方法的标准运算次数和使用 Gauss-Seidel 算法的最少运算次数。多数情况下, 使用 Gauss-Seidel 算法所需的运算次数超过使用代数余子式法的运算次数。例如, 对于式 (8.11) 所示的第一个例子, 用类似的方法计算的算术运算量为: 代数余子式法需要进行六次乘法和三次加法, 而 Gauss-Seidel 算法需要进行八次乘法和六次加法。

参考文献

Aitken, A. C. (1939) *Determinants and Matrices*, Oliver and Boyd Ltd.

Anton, H. (2000) *Elementary Linear Algebra*, 8th ed, John Wiley & Sons Inc., New York.

Ball, R. S. (1871) The theory of screws, a geometrical study of the kinematics, equilibrium, and small oscillations of a rigid body, *Transactions of the Royal Irish Academy*,**25**: 157-218.

Cohn, P. M. (1995) *Elements of Linear Algebra*, Chapman & Hall Mathematics, London.

Dai, J. S. (1993) *Screw Image Space and Its Application to Robotic Grasping*, PhD Dissertation (uk.bl.ethos.386419), University of Salford, Manchester.

Dai, J. S. (2019) *Screw Algebra and Kinematic Approaches for Mechanisms and Robotics*, Springer, London.

Dai, J. S. and Rees Jones, J. (2000) Vectors of cofactors of a screw matrix and their relationship with reciprocal screws. *International Symposium Commemorating the Legacy, Works, and Life of Sir Robert Stawell Ball Upon the 100th Anniversary of "A Treatise on the Theory of Screws"*, July 9-11, Cambridge, UK.

Dai, J. S. and Rees Jones, J. (2001) Interrelationship between screw systems and corresponding reciprocal systems and applications, *Mech. Mach. Theory,* **36** (5): 633-651.

Dai, J. S. and Rees Jones, J. (2002) Null space construction using cofactors from a screw algebra context, *Proc Royal Society London A: Mathematical, Physical and Engineering Sciences*, **458** (2024): 1845-1866.

Dai, J. S. and Rees Jones, J. (2003) A linear algebraic procedure in obtaining reciprocal screw systems, Special Issue in Commemoration of Prof J Duffy, *J. Rob. Sys.*, **20** (7): 401-412.

Dai, J. S. and Rees Jones, J. (2002) Kinematics and mobility analysis of carton folds in packing manipulation, *J. Mech. Eng. Sci.,* **216** (C10): 959-970.

Duffy, J. (1990) The fallacy of modern hybrid control theory that is based on "orthogonal complements" of twist and wrench spaces, *J. Rob. Syst.* **7** (2): 139-144.

Hartfield and Hobbs. (1987) *Elementary Linear Algebra.* PWS Publisher.

Hunt, K. H. (1986) Special configuratioins of robot-arms via screw theory, part 1: The Jacobian and its matrix of cofactors, *Robotica*, **4**: 171-179.

Kerr, D. R. and Sanger, D.J. (1989) The inner product in the evaluation of reciprocal screws, *Mech. Mach. Theory,* **24** (2): 87-92.

Klein, F. (1871) Notiz betreffend den Zusammenhang der Linien-geometrie mit der Mechanik starrer Körper, *Math. Ann.,* **4**: 403-415.

Strang, G. (1976) *Linear Algebra and Its Applications*, Academic Press Inc., New York.

Sugimoto, K. and Duffy, J. (1982) Application of linear algebra to screw systems, *Mech. Mach. Theory,* **17** (1): 73-83.

第九章　旋量系对偶原理

Ball (1900) 在他的世纪之初的著作中提出, 约束系统特性包含用来确定满足约束需求的刚体位姿的独立参量, 而这些不小于 1 且不大于 6 的独立参量数目就是自由度。由此, 约束与自由度是紧密相关的, 犹如第三章、第六章谈到的旋量互易性以及第七章阐述的旋量系关联关系理论。旋量系对偶理论通过研究旋量系的对偶特性使静力学和运动学特性紧密交织在一起。

本章揭示串、并联机构以及约束中旋量系的对偶关联性, 探索力旋量空间与运动旋量空间的对偶特性, 挖掘串联机构与并联机构的对偶特性。根据旋量系转换定理与旋量系阶数定律, 提出旋量系对偶定理, 展示旋量子空间的关联结构。通过实例, 本章进一步揭示从传统的 Sarrus 连杆机构到可展空间机构的本质特性 (Dai 等, 2004), 最后阐述 Aronhold-Kennedy 定理的向量法以及采用该方法求解瞬心的过程。

9.1　对偶原理

9.1.1　互易与对偶

互易和对偶是旋量理论的基本要素。在旋量系理论中, 对偶性经常建立在互易特性的基础上。正如 3.7 节中的分析, 当两个旋量的互矩即互易积为零时, 两个旋量互易。这是奠定整个旋量系理论的基本原理。当给定沿旋量 $\boldsymbol{S}_1$ 的约束力旋量 $\boldsymbol{W}$ 和沿旋量 $\boldsymbol{S}_2$ 的运动旋量 $\boldsymbol{T}$ 时, 存在类似式 (3.12) 的关系式, 为

$$\delta = \boldsymbol{W} \circ \boldsymbol{T} \tag{9.1}$$

当 $\delta = 0$ 时, 该力旋量与运动旋量互易, 由此具有**双向约束**。力旋量 $\boldsymbol{W}$ 在运动旋量 $\boldsymbol{T}$ 上不做功。

当 $\delta > 0$ 时, 该力旋量施加于运动旋量上, 力旋量与运动旋量有正向关系, 被 Ball (1876) 称为**冲力旋量**。

当 $\delta < 0$ 时, 该力旋量与运动旋量具有逆向关系, 该约束为**单边约束**。

定义 9.1 在旋量理论中, **对偶特性**也称**对偶关系**, 是指具有相同代数与几何结构但物理与几何意义成对比关系的两个概念之间的对立统一关系。

注释 9.1 射线坐标与轴线坐标具有相同的代数形式与几何结构, 但表示两种不同形式的旋量, 由此两者构成对偶关系。运动旋量与力旋量的实质均为旋量, 但分别表示运动与约束, 两者构成对偶关系。

引理 9.1 *一个系统的理论与推导经过适当的物理转换可应用到其对偶系统中, 此即***对偶原理**。

根据对偶原理, 以李代数射线坐标表示的运动旋量空间下的推导与计算可用于推导与验证以对偶李代数轴线表示的力旋量空间下的推导与计算; 反之亦然。

在本书中, 所有运动旋量和力旋量都采用射线坐标。应用式 (2.55) 中的对偶算子 Δ, 可方便地用代数形式描述射线坐标与轴线坐标对偶的本质属性。

9.1.2 并联机构运动旋量空间与力旋量空间的交并集对偶原理

一个物理系统的力旋量空间和运动旋量空间是对偶的。因此, 力旋量的并集与运动旋量的交集具有对应关系。

1. 力旋量空间的并集

抓持系统是旋量空间对偶关联的最佳演示平台。当 n 个力旋量作为约束沿着刚体的接触旋量 $\boldsymbol{S}_1, \cdots, \boldsymbol{S}_n$ 作用时, 这些旋量构成**抓持矩阵** $\boldsymbol{J}$。当外部力旋量 $\boldsymbol{W}$ 作用于被抓持刚体时, 对每一约束产生了一个力幅值, 所有这些力幅值构成向量 $\boldsymbol{f}$, 上述过程可表示为

$$\boldsymbol{J}\boldsymbol{f} = \boldsymbol{W} \tag{9.2}$$

式中, $\boldsymbol{J}\boldsymbol{f}$ 表示抓持产生的用于抵抗外部作用力的力旋量; $\boldsymbol{W}$ 为外部施加的力旋量或抓持系统中的等效合成力旋量; 当抓持为**形封闭**时, $\boldsymbol{W}$ 为抓持中的**剩余约束旋量** (Lakshminarayana, 1978)。式 (9.2) 可用来表示抓持刚体或并联机构的**静平衡**。

上式中的外部力旋量 $\boldsymbol{W}$ 可看作接触力旋量在力旋量空间的并集, 即

$$\boldsymbol{W} = \boldsymbol{W}_1 \cup \boldsymbol{W}_2 \cup \cdots \cup \boldsymbol{W}_n \tag{9.3}$$

综上所述, **抓持系统**或**并联机构**运动平台的约束是由各个接触力旋量方向上或各运动链 (也称为支链或腿) 施加的全部约束力旋量的并集。从**机构静力学**的角度来

看, 运动平台上的合成力旋量即为所有运动支链所施加的**驱动力旋量**的并集, 根据此原理可推导出**静力学正解**。

2. 运动旋量空间的交集

对于抓持系统, 矩阵 $\boldsymbol{J}$ 中的每一个**接触旋量** $\boldsymbol{S}_1,\cdots,\boldsymbol{S}_n$ 均具有潜在位移, 而被抓持刚体的一般位移 $\boldsymbol{D}$ 是所有在接触旋量 $\boldsymbol{S}_i$ 上的潜在位移 $\boldsymbol{T}_i$ 的交集, 这给出了沿着接触旋量 $\boldsymbol{S}_1,\cdots,\boldsymbol{S}_n$ 的运动旋量的交集, 为

$$\boldsymbol{D}=\boldsymbol{T}_1\cap\boldsymbol{T}_2\cap\cdots\cap\boldsymbol{T}_n \tag{9.4}$$

以接触旋量 $\boldsymbol{S}_1,\cdots,\boldsymbol{S}_n$ 为列向量构造矩阵 $\boldsymbol{J}$, 以运动旋量的幅值构造向量 $\boldsymbol{u}$, 则由含义为运动旋量的接触旋量与被抓持刚体的一般位移 $\boldsymbol{D}$ 的标量积 (见 3.2.1 节) 可给出接触旋量上运动旋量的**幅值向量** $\boldsymbol{u}$, 为

$$\boldsymbol{u}=\boldsymbol{J}^{\mathrm{T}}\Delta\boldsymbol{D} \tag{9.5}$$

式中, $\boldsymbol{D}$ 表示在运动旋量空间中所有可能的运动旋量的交集。

上述过程分析了抓持系统中各个接触旋量方向上的运动旋量的交运算。类似地, 并联机构运动平台的运动也可视为所有运动支链的运动的交集。据此, 可以推导出并联机构的瞬时运动学逆解。

3. 运动旋量空间与力旋量空间的关系

在抓持系统中, 力旋量与运动旋量之间存在正向及逆向形式的双向或单向约束关系。在并联机构中, 则只有单向约束关系。运动旋量空间与力旋量空间的对偶性可以通过并联机构来揭示。对应于运动旋量的幅值向量 $\boldsymbol{u}$ 与施加力旋量的幅值向量 $\boldsymbol{f}$ 有如下关系:

$$\boldsymbol{f}=-\boldsymbol{K}\boldsymbol{u} \tag{9.6}$$

式中, 刚度矩阵 $\boldsymbol{K}$ 表示并联机构的物理特性。

本书第十二章将通过柔度与刚度的关系对运动旋量与力旋量之间的对偶关系作进一步阐述。

9.1.3 串联机构与并联机构旋量空间的对偶原理

类似于并联机构, 串联机构的运动旋量空间和力旋量空间是对偶的, 并且串联机构与并联机构也是对偶的。从几何和力学的观点看, 串联机构和并联机构在运动旋量和力旋量方面存在对偶关系。从物理应用的角度看, 串联机构的弱点就是并联机构的优势, 反之亦然。

1. 串联机构的运动旋量空间与并联机构的力旋量空间的对偶性

对应于式 (9.3) 所示的并联机构力旋量空间的并集, 串联机构运动旋量空间的并集与之对偶, 为

$$\boldsymbol{T} = \boldsymbol{T}_1 \cup \boldsymbol{T}_2 \cup \cdots \cup \boldsymbol{T}_n \tag{9.7}$$

这种情况下, 串联机构末端执行器的运动旋量 $\boldsymbol{T}$ 是串联机构各运动副运动旋量 $\boldsymbol{S}_1, \cdots, \boldsymbol{S}_n$ 的线性组合, 表示为

$$\boldsymbol{T} = \sum_{i=1}^{n} \delta q_i \boldsymbol{S}_i = \boldsymbol{J}\delta\boldsymbol{q} \tag{9.8}$$

式中, δq_i 是第 i 个运动副的运动旋量 $\boldsymbol{S}_i$ 的幅值, 为标量。运动副旋量 $\boldsymbol{S}_1, \cdots, \boldsymbol{S}_n$ 的组合给出运动旋量系的 $6 \times n$ Jacobian 矩阵 $\boldsymbol{J}$, 运动旋量的组合由 $\boldsymbol{J}\delta\boldsymbol{q}$ 给定。

式 (9.8) 与描述并联机构力旋量空间的式 (9.2) 对偶, 给出了串联机构**瞬时运动学正解**。

2. 串联机构的力旋量空间与并联机构的运动旋量空间的对偶性

对应于式 (9.4) 中并联机构的运动旋量空间交集, 串联机构的力旋量空间交集与之有对偶关系。串联机构的力旋量空间交集与并联机构的运动旋量空间交集对偶, 为

$$\boldsymbol{W} = \boldsymbol{W}_1 \cap \boldsymbol{W}_2 \cap \cdots \cap \boldsymbol{W}_n \tag{9.9}$$

由此, 串联机构的末端执行器产生的力旋量是施加于旋量 $\boldsymbol{S}_1, \cdots, \boldsymbol{S}_n$ 上的所有力旋量的交集, 表示为

$$\boldsymbol{\tau} = \boldsymbol{J}^{\mathrm{T}} \Delta \boldsymbol{W} \tag{9.10}$$

式中, 向量 $\boldsymbol{\tau}$ 为力旋量交集的幅值。

式 (9.10) 与描述并联机构运动旋量空间的式 (9.5) 对偶, 给出了串联机构静力学逆解。

3. 柔度与刚度的对偶性

如式 (9.6), 刚度在并联机构中通过运动幅值和力幅值将运动旋量空间与力旋量空间关联, 而柔度在串联机构中通过力幅值和运动幅值将力旋量空间与运动旋量空间关联, 即为

$$\delta\boldsymbol{q} = -\boldsymbol{C}\boldsymbol{\tau} \tag{9.11}$$

式中, $\boldsymbol{C}$ 是关联力旋量幅值 $\boldsymbol{\tau}$ 与运动旋量幅值 $\delta\boldsymbol{q}$ 的柔度矩阵。

9.1.4 刚体抓持、并联机构和串联机构对偶原理一览表

串、并联机构的对偶性意味着, 在没有引入新概念或数学运算情况下, 一个物理机构可以用来理解和描述另一个物理机构。关于运动旋量和力旋量以及正解和逆解的描述, 可以根据对偶的物理机构进行互换。

通过上述内容可以理解, 抓持原理在数学与力学的描述上与并联机构一致, 完全等同于并联机构原理。同时, 在运动旋量和力旋量空间的数学与力学描述及运算方面, 并联机构与串联机构是对偶的。

这一对偶性可概括于表 9.1。

表 9.1 运动旋量与力旋量的对偶原理一览表

	刚体抓持	并联机构	串联机构
旋量代数	力旋量空间并集, 式 (9.3)		运动旋量空间并集, 式 (9.7)
物理意义	静力学		运动学
分析方法	正向		正向
	$\boldsymbol{J}\boldsymbol{f}=\boldsymbol{W}$, 式 (9.2)	$\boldsymbol{J}\boldsymbol{f}=\boldsymbol{W}$, 式 (9.2)	$\boldsymbol{J}\delta\boldsymbol{q}=\boldsymbol{T}$, 式 (9.8)
旋量代数	运动旋量空间交集, 式 (9.4)		力旋量空间交集, 式 (9.9)
物理意义	运动学		静力学
分析方法	几何一致性	逆向	逆向
	$\boldsymbol{u}=\boldsymbol{J}^{\mathrm{T}}\Delta\boldsymbol{D}$, 式 (9.5)	$\boldsymbol{u}=\boldsymbol{J}^{\mathrm{T}}\Delta\boldsymbol{D}$, 式 (9.5)	$\boldsymbol{\tau}=\boldsymbol{J}^{\mathrm{T}}\Delta\boldsymbol{W}$, 式 (9.10)
旋量代数	运动旋量和力旋量关联关系		运动旋量和力旋量关联关系
物理意义	刚性		柔性
	$\boldsymbol{f}=-\boldsymbol{K}\boldsymbol{u}$, 式 (9.6)	$\boldsymbol{f}=-\boldsymbol{K}\boldsymbol{u}$, 式 (9.6)	$\delta\boldsymbol{q}=-\boldsymbol{C}\boldsymbol{\tau}$, 式 (9.11)

9.2 运动支链旋量系与基本旋量系

定义 9.2 **运动链**是由运动副连接的若干刚体的有序组合。

定义 9.3 **运动副**是两个刚体间的连接方式, 以对它们间的相对运动施加一定的约束。

定义 9.4 **连杆系**是由一个或若干子运动链构成的, 以实现一定功能的运动链组合。

定义 9.5 **机构**是具有固定机架的连杆系。

注释 9.2 运动副常用纯转动、纯移动等理想运动来描述, 运动副的轴线可用旋量来表示。连杆系是采用刚性连杆与理想运动副连接的机械网络, 也称运动链。机构是若干刚体连接的组合, 以产生和传输力与运动。机构运动学研究是对刚体或连

杆的几何运动及其特性进行研究。常见的例子为系列连杆连接而成的**开环运动链**或者系列连杆连接而成的**闭环运动链**，最典型的如串并联机器人。

9.2.1 运动支链旋量系

机构分析可以从**输出杆件**开始。该杆件可以是并联机构的运动平台，或者串联机构的末端执行器，或者其他任何一个需要作运动学与静力学分析的输出杆件。相对于该输出杆件，其子运动链为连接该杆件与机架的运动链。假设每个**子运动链**的所有运动副旋量是线性无关的，则排除子运动链中的冗余和**奇异构型**。基于此，给出以下定义。

定义 9.6 第 i 个**子运动链运动旋量系** $\mathbb{S}_{li}$ 是由构成子运动链的运动副的各个旋量所组成的旋量空间，可用于生成该子运动链相对于**机架**对输出杆件的运动。

定义 9.7 第 i 个**子运动链约束旋量系** $\mathbb{S}_{li}^r$ 是由描述子运动链施加约束的各个旋量所组成的旋量空间，可用于生成该子运动链相对于机架对输出杆件的约束。

第 i 个子运动链运动旋量系 $\mathbb{S}_{li}$ 与该子运动链的约束旋量系 $\mathbb{S}_{li}^r$ 互易。

9.2.2 四个基本旋量系

子运动链运动和约束旋量系的并和交运算生成如下四个**基本旋量系**。

1. 输出杆件运动与约束旋量系

定义 9.8 **输出杆件运动旋量系**是所有 k 个子运动链的运动旋量系的交集，即

$$\mathbb{S}_f = \mathbb{S}_{l1} \cap \mathbb{S}_{l2} \cap \cdots \cap \mathbb{S}_{lk} \quad (f \equiv \dim \mathbb{S}_f) \tag{9.12}$$

应该指出，该运动旋量系决定了输出杆件的运动，因此表示了输出杆件相对于机架的连接度，也称输出杆件的自由度 f。该自由度由输出杆件的运动旋量系阶数决定。

定义 9.9 **输出杆件约束旋量系**是所有 k 个子运动链的约束旋量系的并集，即

$$\mathbb{S}^r = \mathbb{S}_{l1}^r \cup \mathbb{S}_{l2}^r \cup \cdots \cup \mathbb{S}_{lk}^r \quad (\mu \equiv \dim \mathbb{S}^r) \tag{9.13}$$

该约束旋量系阶数为 μ 与输出杆件的运动旋量系是互易的。

这两个旋量系分别描述了输出杆件相对于机架的运动和约束。输出杆件运动旋量系 $\mathbb{S}_f$ 生成所有子运动链的**公共运动空间**，输出杆件约束旋量系 $\mathbb{S}^r$ 则为由所有子运动链约束空间并成的输出杆件约束空间。因而，机构输出杆件的任一运动必须被所有的子运动链所允许，但任一约束都可以被任一子运动链所施加。

2. 机构运动与约束旋量系

上述内容给出了输出杆件的运动与约束旋量系，下面的两个旋量系则描述了整个机构的运动与约束。

定义 9.10　机构运动旋量系是所有 k 个子运动链的运动旋量系的并集，即

$$\mathbb{S}_m = \mathbb{S}_{l1} \cup \mathbb{S}_{l2} \cup \cdots \cup \mathbb{S}_{lk} \quad (b \equiv \dim \mathbb{S}_m) \tag{9.14}$$

该旋量系决定了机构运动的旋量系的阶数 b。旋量系 $\mathbb{S}_m$ 涵盖了机构所有支链间所允许的相对运动，并给出了机构运动子空间。对偶于输出杆件运动旋量系，机构约束旋量系有如下定义:

定义 9.11　机构约束旋量系是所有 k 个子运动链的约束旋量系的交集，即

$$\mathbb{S}^c = \mathbb{S}^r_{l1} \cap \mathbb{S}^r_{l2} \cap \cdots \cap \mathbb{S}^r_{lk} \quad (\lambda \equiv \dim \mathbb{S}^c) \tag{9.15}$$

该约束旋量系与机构运动旋量系互易，给出了机构的公共约束旋量系。该旋量系的阶数 λ 为所有子运动链的公共约束组成的最大线性无关组的约束旋量数目。

定义 9.12　公共约束是机构中各运动副的特性及其特殊配置对某一运动构件产生的共同约束。对于多环运动链，为所有子运动链对某一杆件施加的相同约束。

机构运动旋量系 $\mathbb{S}_m$ 涵盖了机构中所有子运动链的杆件间的所允许的相对运动。由对偶的概念可知，机构约束旋量系 $\mathbb{S}^c$ 是所有子运动链共享的公共约束子空间。

9.3　基本旋量系的对偶定理

上节给出的四个基本旋量系形成了由以下定理总结的两对具有对偶关系的旋量系，可以通过根据 De Morgan 定律推出的**旋量系转换定理**即式 (6.49) 与式 (6.50) 以及**旋量系阶数定律**即式 (6.51) 验证。

9.3.1　基本旋量系的互易关系定理及其对偶性

定理 9.1　输出杆件运动旋量系 $\mathbb{S}_f$ 和输出杆件约束旋量系 $\mathbb{S}^r$ 形成输出杆件的运动与约束的互易关系，可表示为

$$(\mathbb{S}_f)^r = \mathbb{S}^r, \quad \dim \mathbb{S}_f + \dim \mathbb{S}^r = f + \mu = 6 \tag{9.16}$$

定理 9.2　机构运动旋量系 $\mathbb{S}_m$ 和机构约束旋量系 $\mathbb{S}^c$ 形成了机构所有杆件的运动与约束的互易关系，可表示为

$$(\mathbb{S}_m)^r = \mathbb{S}^c, \quad \dim \mathbb{S}_m + \dim \mathbb{S}^c = b + \lambda = 6 \tag{9.17}$$

9.3.2 基本旋量系的从属关系定理及其对偶性

由于旋量系的交集总包含于其并集中, 由定义 9.8 ~ 定义 9.11 可得出如下定理。

定理 9.3 机构运动旋量系包含输出杆件运动旋量系, 表示为

$$\mathbb{S}_f \subseteq \mathbb{S}_m \tag{9.18}$$

定理 9.4 输出杆件约束旋量系包含机构约束旋量系, 表示为

$$\mathbb{S}^c \subseteq \mathbb{S}^r \tag{9.19}$$

9.3.3 基本旋量子空间的从属与互易关联结构

定理 9.1 ~ 定理 9.4 描述了四个基本旋量系的关联关系。在运动旋量空间与约束旋量空间中, 这四个基本旋量系分别对应着四个基于互易关系与从属关系的基本旋量子空间, 如图 9.1 所示。

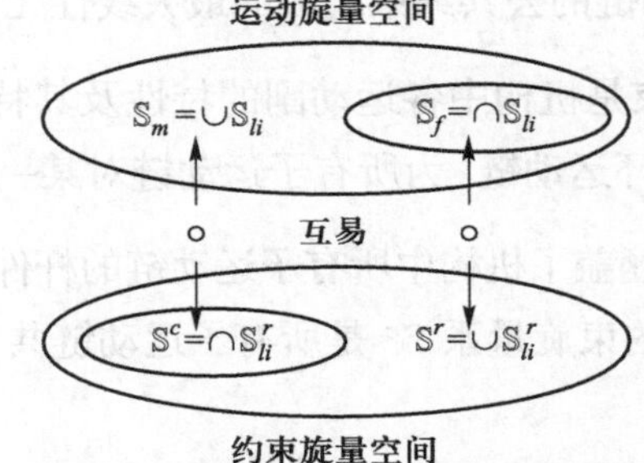

图 9.1 互易对中四个基本旋量子空间的关联关系

定理 9.3 与定理 9.4 给出了机构的两个基本旋量系与输出杆件的两个基本旋量系的从属关系, 根据对偶原理, 上述两组从属关系可互相转换, 如图 9.2 所示。

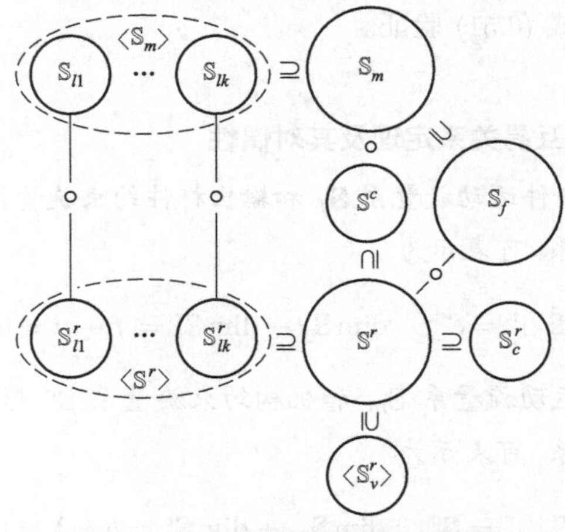

图 9.2 机构旋量系从属与互易关系

由上可知, 定义 9.6 和定义 9.7 中的运动链运动旋量系和约束旋量系形成了定义 9.8 ~ 定义 9.11 中机构的四个基本旋量系 $\mathbb{S}_f$、$\mathbb{S}^r$、$\mathbb{S}_m$ 和 $\mathbb{S}^c$。因此, 机构的旋量系决定了机构的运动、约束, 从而决定机构的活动度。本书第十章的旋量系分解理论将对机构活动度问题作更深入的阐述。

9.4 Sarrus 连杆机构中机构运动与平台约束的对偶性

本章讲述的对偶性可以通过经典的 **Sarrus 连杆机构** (Sarrus, 1853) 进行解释。Sarrus 连杆机构是 1853 年由法国数学家 Pierre Frédéric Sarrus 发明的。该机构由两组相互平行的转动副构成的相互垂直的子运动链连接方形板块组成 (如图 9.3a), 可以将有限的旋转运动转化成精确的**直线运动**。在机构学的发展历史上, Sarrus 连杆机构不仅是第一个**空间过约束机构**, 而且是第一个可以将旋转运动转化成精确直线运动的机构。它的出现早于 1864 年由法国工程师 Charles-Nicolas Peaucellier 和立陶宛工程师 Lipman Lipkin 发现且以他们名字命名的 Peaucellier-Lipkin 连杆机构 (Ogilvy, 1990), 并由剑桥大学数学讲师、英国皇家科学院院士 Geoffrey Bennett 构建和演示 (Bennett, 1905)。

9.4.1 支链运动旋量系与机构运动旋量系

如图 9.3a, 在 Sarrus 连杆机构中, 上、下两平台由两条支链即子运动链连接, 每条支链由三个相互平行的转动副组成, 两条支链的转动副相互垂直。

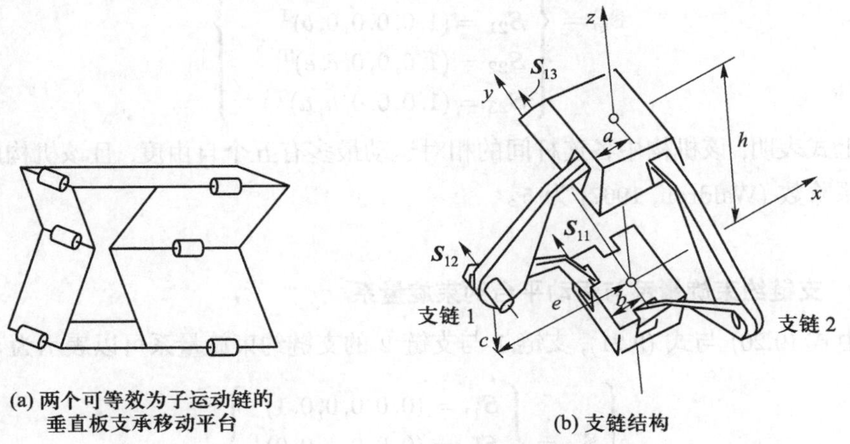

图 9.3 Sarrus 连杆机构

图 9.3b 所示旋量表示转动副轴线。每个支链包含相互平行、串接而成的三个转动副, 转动副轴线与机构机座平行。机座位于 $x-y$ 平面内, 支链 1 的三个旋量与 y 轴平行, 支链 2 的三个旋量与 x 轴平行。

支链 1 的运动旋量系可以表示如下:

$$\mathbb{S}_{l1}=\left\{\begin{array}{l}\boldsymbol{S}_{11}=(0,1,0,0,0,-b)^{\mathrm{T}}\\ \boldsymbol{S}_{12}=(0,1,0,-c,0,-e)^{\mathrm{T}}\\ \boldsymbol{S}_{13}=(0,1,0,-h,0,-a)^{\mathrm{T}}\end{array}\right\}\tag{9.20}$$

式中, a 和 b 分别为运动平台和机座的内切圆半径; h 为运动平台的高度; c 为旋量 $\boldsymbol{S}_{12}$ 与 x 轴之间的距离; e 为旋量 $\boldsymbol{S}_{12}$ 与 z 轴之间的距离。旋量符号 $\boldsymbol{S}_{ij}$ 的第一个下角标 i 表示支链编号, 第二个下角标表示支链中的运动副轴线编号。同理, 支链 2 的运动旋量系可以表示为

$$\mathbb{S}_{l2}=\left\{\begin{array}{l}\boldsymbol{S}_{21}=(1,0,0,0,0,b)^{\mathrm{T}}\\ \boldsymbol{S}_{22}=(1,0,0,0,c,e)^{\mathrm{T}}\\ \boldsymbol{S}_{23}=(1,0,0,0,h,a)^{\mathrm{T}}\end{array}\right\}\tag{9.21}$$

合并式 (9.20) 和式 (9.21) 的两支链运动旋量系的基可构造机构运动旋量多重集。如 6.3.5 节所述, 多重集可包含重复元素。由此, 机构运动旋量多重集表示为

$$\langle\mathbb{S}_m\rangle=\mathbb{S}_{l1}\uplus\mathbb{S}_{l2}\tag{9.22}$$

由定义 6.12, $\operatorname{card}\langle\mathbb{S}_m\rangle=6$ 是多重集的基数。与一般集合基数不同, 多重集的基数计入重复元素。由于 $\langle\mathbb{S}_m\rangle$ 只包含五个线性无关的旋量, $\mathbb{S}_m$ 的非唯一基可以选择如下:

$$\mathbb{S}_m=\left\{\begin{array}{l}\boldsymbol{S}_{11}=(0,1,0,0,0,-b)^{\mathrm{T}}\\ \boldsymbol{S}_{12}=(0,1,0,-c,0,-e)^{\mathrm{T}}\\ \boldsymbol{S}_{21}=(1,0,0,0,0,b)^{\mathrm{T}}\\ \boldsymbol{S}_{22}=(1,0,0,0,c,e)^{\mathrm{T}}\\ \boldsymbol{S}_{23}=(1,0,0,0,h,a)^{\mathrm{T}}\end{array}\right\}\tag{9.23}$$

上式表明, 该机构中各连杆间的相对运动最多有五个自由度, 且该机构的运动旋量系阶数 (Waldron, 1967) 为 5。

9.4.2 支链约束旋量系与运动平台约束旋量系

由式 (9.20) 与式 (9.21), 支链 1 与支链 2 的支链约束旋量系可以表示为

$$\left\{\begin{array}{l}\mathbb{S}_{l1}^r=\left\{\begin{array}{l}\boldsymbol{S}_{11}^r=(0,0,0,0,0,1)^{\mathrm{T}}\\ \boldsymbol{S}_{12}^r=(0,0,0,1,0,0)^{\mathrm{T}}\\ \boldsymbol{S}_{13}^r=(0,1,0,0,0,0)^{\mathrm{T}}\end{array}\right\}\\ \mathbb{S}_{l2}^r=\left\{\begin{array}{l}\boldsymbol{S}_{21}^r=(0,0,0,0,0,1)^{\mathrm{T}}\\ \boldsymbol{S}_{22}^r=(0,0,0,0,1,0)^{\mathrm{T}}\\ \boldsymbol{S}_{23}^r=(1,0,0,0,0,0)^{\mathrm{T}}\end{array}\right\}\end{array}\right.\tag{9.24}$$

应该注意的是, 式 (9.20) 和式 (9.21) 所得的各支链运动旋量系是协互易旋量系。根据 7.3.4 节所述的协互易旋量系关联关系推论, 支链的约束旋量系与支链的运动旋量系完全相交。这可以由式 (9.24) 验证, 各支链的约束旋量系与其对应的运动旋量系完全相交。因此, 这里给出了一种计算互易旋量系的方法。

由此, 机构平台约束旋量多重集包含两个支链约束旋量系的基的集合, 可表示为

$$\langle \mathbb{S}^r \rangle = \mathbb{S}^r_{l1} \uplus \mathbb{S}^r_{l2} \tag{9.25}$$

其中, $\mathrm{card}\langle \mathbb{S}^r \rangle = 6$。由于 $\langle \mathbb{S}^r \rangle$ 只包含五个线性无关的旋量, 因此平台约束旋量系 $\mathbb{S}^r$ 的非唯一基可选择为

$$\mathbb{S}^r = \left\{ \begin{aligned} \boldsymbol{S}^r_{11} &= (0,0,0,0,0,1)^{\mathrm{T}} \\ \boldsymbol{S}^r_{12} &= (0,0,0,1,0,0)^{\mathrm{T}} \\ \boldsymbol{S}^r_{13} &= (0,1,0,0,0,0)^{\mathrm{T}} \\ \boldsymbol{S}^r_{22} &= (0,0,0,0,1,0)^{\mathrm{T}} \\ \boldsymbol{S}^r_{23} &= (1,0,0,0,0,0)^{\mathrm{T}} \end{aligned} \right\} \tag{9.26}$$

上式表明, 该机构平台的运动受到了五个相互独立的旋量的约束。

9.4.3 运动平台旋量系与机构旋量系的交集

1. 运动平台约束旋量系与机构运动旋量系的交集

如式 (9.20)、式 (9.21) 和式 (9.24) 所示, 各支链的旋量系与其互易旋量系完全相交。因此, 由各支链运动旋量系的并集构成的机构运动旋量系与由各支链约束旋量系的并集构成的运动平台约束旋量系完全相交, 呈现对偶性。这种平台约束与机构运动间的对偶性仅出现在机构的各支链的旋量系与其对应的互易旋量系完全相交时。因此给出了下面的推论。

推论 9.1 *运动平台约束旋量系与机构运动旋量系具有对偶性的充分必要条件是机构各支链的运动旋量系与其对应的互易旋量系分别完全相交。*

2. 运动平台运动旋量系与机构约束旋量系的交集

求平台约束旋量系 $\mathbb{S}^r$ 的互易旋量, 可得运动平台运动旋量系 $\mathbb{S}_f$, 为

$$\mathbb{S}_f = \{\boldsymbol{S}_f = (0,0,0,0,0,1)^{\mathrm{T}}\} \tag{9.27}$$

同定义 9.8, 该旋量系是各支链运动旋量系 $\mathbb{S}_{li}$ 的公共运动旋量的集合, 即为所有支链运动旋量系的交集。由式 (9.18) 可知, 式 (9.27) 中平台运动旋量系 $\mathbb{S}_f$ 是式 (9.23) 中机构运动旋量系 $\mathbb{S}_m$ 的子集。因此, 式 (9.27) 表明运动平台具有一个沿 z 轴方向平移的活动度。

由对偶性质, 求机构运动旋量系 $\mathbb{S}_m$ 的互易旋量系, 可得该机构约束旋量系 $\mathbb{S}^c$, 表示为

$$\mathbb{S}^c = \{\boldsymbol{S}^c = (0,0,0,0,0,1)^{\mathrm{T}}\} \tag{9.28}$$

该旋量是由各支链约束旋量系生成, 且为所有支链约束旋量系的交集。该旋量系表示机构中的每个杆件都受公共约束的限制。这一公共约束限制了机构绕 z 轴的转动。由于平台约束旋量系与机构运动旋量系完全相交, 因此它们所对应的互易旋量系, 即 $\mathbb{S}_f$ 和 $\mathbb{S}^c$ 也完全相交。

结合式 (9.18) 与图 9.2, 并由上述分析过程可以清楚地看出, 平台运动旋量系 $\mathbb{S}_f$ 是机构运动旋量系 $\mathbb{S}_m$ 的子集。因此, 机构运动旋量系 $\mathbb{S}_m$ 及其约束旋量系 $\mathbb{S}^c$ 间的内在关联关系可以根据定理 7.2 表示为

$$\mathbb{S}^c \cap \mathbb{S}_m = \mathbb{S}^c \tag{9.29}$$

进一步分析, 由式 (9.19) 与图 9.2 可知, 机构约束旋量系 $\mathbb{S}^c$ 是运动平台约束旋量系 $\mathbb{S}^r$ 的子集, 机构约束旋量系 $\mathbb{S}^c$ 与其运动旋量系 $\mathbb{S}_m$ 的并集可表示为

$$\mathbb{S}^c \cup \mathbb{S}_m = \mathbb{R}^5 \tag{9.30}$$

上述各旋量系间的对偶性关系可由图 9.4 所示的维恩图 (Venn diagram) 表示。

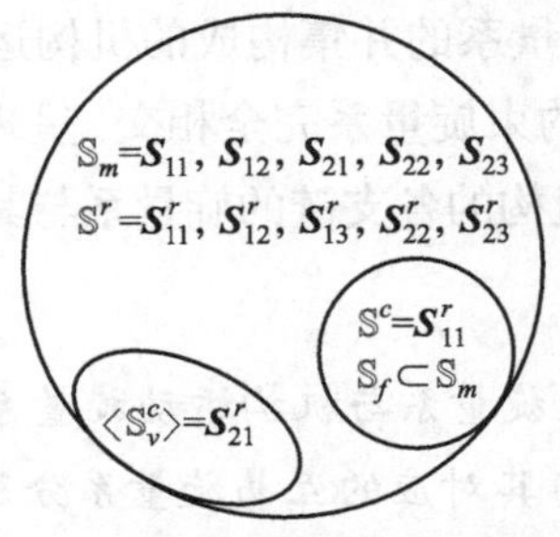

图 9.4　Sarrus 机构相关旋量系关联关系的维恩图

9.5　可展球体机构的对偶特性

本章所述的对偶性可用一可展球机构为示例作进一步阐述。本节给出的可展球体机构由分布在**球面黎曼圆**周上的**可展运动环链**作为大圆环链连接而成, 具有对称性, 见 9.5.2 节这些大圆环链包含两支链、三支链和四支链单元。其中四支链单元是外加两支链的扩展 Surrus 机构, 用来连接两个正交**大圆**环链。

9.5.1 扩展 Sarrus 机构

在 Sarrus 连杆机构上对称地添加两个支链, 可得到如图 9.5 所示的**扩展 Sarrus 机构**。

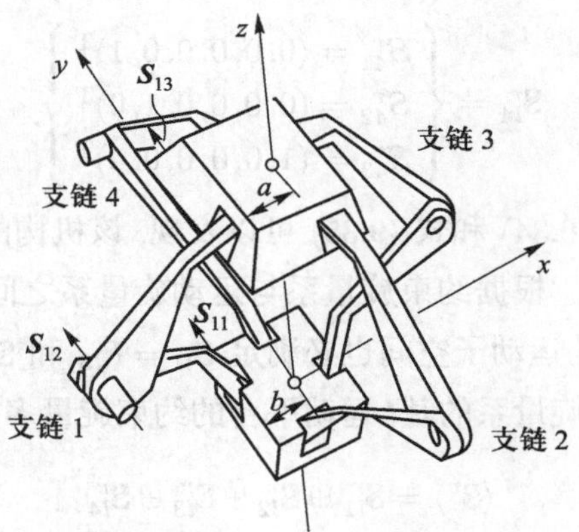

图 9.5 扩展 Sarrus 机构

对于该扩展 Sarrus 机构, 除式 (9.20) 与式 (9.21) 给出的支链 1 与支链 2 的旋量系外, 支链 3 与支链 4 的运动旋量系可表示为

$$\mathbb{S}_{l3} = \left\{ \begin{aligned} \boldsymbol{S}_{31} &= (0,1,0,0,0,b)^{\mathrm{T}} \\ \boldsymbol{S}_{32} &= (0,1,0,-c,0,e)^{\mathrm{T}} \\ \boldsymbol{S}_{33} &= (0,1,0,-h,0,a)^{\mathrm{T}} \end{aligned} \right\} \tag{9.31}$$

$$\mathbb{S}_{l4} = \left\{ \begin{aligned} \boldsymbol{S}_{41} &= (1,0,0,0,0,-b)^{\mathrm{T}} \\ \boldsymbol{S}_{42} &= (1,0,0,0,c,-e)^{\mathrm{T}} \\ \boldsymbol{S}_{43} &= (1,0,0,0,h,-a)^{\mathrm{T}} \end{aligned} \right\} \tag{9.32}$$

因此, 机构的运动旋量多重集是包括支链 1 和支链 2 集合在内的四条支链旋量系的集合, 表示为

$$\langle \mathbb{S}_m \rangle = \mathbb{S}_{l1} \uplus \mathbb{S}_{l2} \uplus \mathbb{S}_{l3} \uplus \mathbb{S}_{l4} \tag{9.33}$$

其中, 多重集基数为 $\operatorname{card}\langle \mathbb{S}_m \rangle = 12$。由于 $\langle \mathbb{S}_m \rangle$ 只包含五个线性无关的旋量, 因此, 此子空间 $\mathbb{S}_m$ 的非唯一基可选式 (9.23) 给出的 $\mathbb{S}_m$。该基表明机构中各杆件间的相对运动最多有五个活动度。

支链约束旋量系的基包含式 (9.24) 的支链 1 和支链 2 约束旋量系以及下面的支链 3 和支链 4 约束旋量系

$$\mathbb{S}_{l3}^r=\begin{Bmatrix}\boldsymbol{S}_{31}^r=(0,0,0,0,0,1)^{\mathrm{T}}\\ \boldsymbol{S}_{32}^r=(0,0,0,1,0,0)^{\mathrm{T}}\\ \boldsymbol{S}_{33}^r=(0,1,0,0,0,0)^{\mathrm{T}}\end{Bmatrix} \tag{9.34}$$

$$\mathbb{S}_{l4}^r=\begin{Bmatrix}\boldsymbol{S}_{41}^r=(0,0,0,0,0,1)^{\mathrm{T}}\\ \boldsymbol{S}_{42}^r=(0,0,0,0,1,0)^{\mathrm{T}}\\ \boldsymbol{S}_{43}^r=(1,0,0,0,0,0)^{\mathrm{T}}\end{Bmatrix} \tag{9.35}$$

比较式 (9.24)、式 (9.34) 和式 (9.35) 可以发现, 该机构的约束子空间具有 $\mathbb{S}_{l1}^r=\mathbb{S}_{l3}^r$ 和 $\mathbb{S}_{l2}^r=\mathbb{S}_{l4}^r$ 的特征。根据约束旋量系与运动旋量系之间的对偶关系, 即使它们对应的基不同, 该机构的运动子空间也必满足 $\mathbb{S}_{l1}=\mathbb{S}_{l3}$ 和 $\mathbb{S}_{l2}=\mathbb{S}_{l4}$ 的特征。

合并四条支链约束旋量系的基, 运动平台的约束旋量多重集可以表示为

$$\langle\mathbb{S}^r\rangle=\mathbb{S}_{l1}^r\uplus\mathbb{S}_{l2}^r\uplus\mathbb{S}_{l3}^r\uplus\mathbb{S}_{l4}^r \tag{9.36}$$

其中, $\mathrm{card}\langle\mathbb{S}^r\rangle=12$。同样, $\langle\mathbb{S}^r\rangle$ 只包含五个线性无关的旋量, 因此子空间 $\mathbb{S}^r$ 的非唯一基可由式 (9.26) 选定。这表明该机构平台运动受到五个线性无关的旋量的约束。同式 (9.16), 平台约束旋量系 $\mathbb{S}^r$ 的互易旋量给出了平台运动旋量系 $\mathbb{S}_f$。该旋量系的基即式 (9.27), 其为如式 (9.12) 所示的所有支链运动旋量系的交集。由式 (9.27) 可知, 机构的运动平台具有一个沿 z 轴的平移的自由度。相应地, 按照对偶原理, 机构运动旋量系 $\mathbb{S}_m$ 的互易旋量给出了机构约束旋量系 $\mathbb{S}^c$, 其基如式 (9.28) 所示, 是如式 (9.15) 所示的所有支链约束旋量系的交集。如 9.2 节所述, 该约束旋量系作用于机构中的所有杆件, 称为公共约束。

9.5.2 n-支链平台单元

1. 四支链平台单元

上述具有四支链构型的扩展 Sarrus 机构可作为一个连接枢纽用于连接 **Hoberman 可展球机构**中分别处于两个相交大圆即**黎曼圆**上的两组运动环链, 如图 9.6 所示。

通过球心, 用三个相互垂直的平面将球分成八个卦限。如图 9.7 所示, 三个黎曼圆分别位于 $x-y$ 平面、$x-z$ 平面和 $y-z$ 平面内。在每个分布于黎曼圆上的运动环链中, 均有八个四支链平台单元, 其中四个与分布于另外两个黎曼圆上的运动环链相连接; 另外四个与处于卦限中心的三支链平台单元 Y_i 相连接。因此, 在位于三个黎曼圆的三个运动环链中共均布了 18 个四支链平台单元。

具有四支链平台单元的黎曼圆以及被其所在的三个平面分成的八个**卦限**如图 9.7 所示。

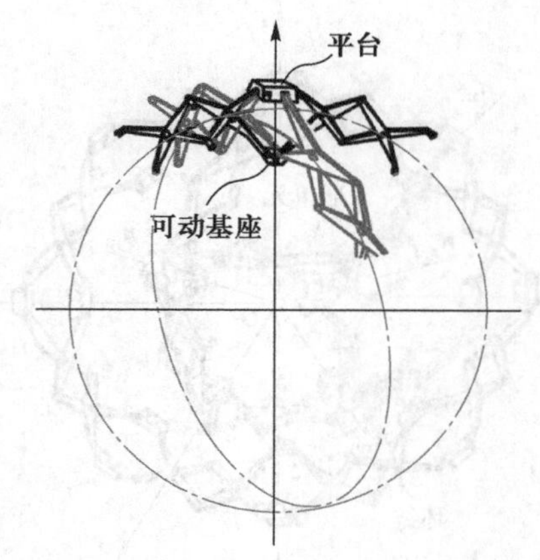

图 9.6　黎曼圆上两运动环链的四支链平台交点

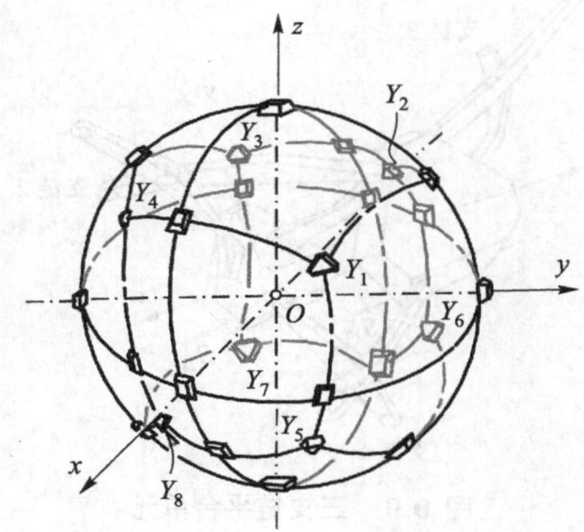

图 9.7　三个位于黎曼圆上的运动环链及三支链平台单元

2. 三支链平台单元

如图 9.8 所示, 在每个卦限中都有一个三支链平台单元用于连接分布于三个黎曼圆上的运动环链。每个卦限中的三支链平台单元都通过一个四支链平台单元与一个运动环链相连接来强化球体, 因此, 四支链平台单元的另一个功能是将三支链平台单元连接到位于黎曼圆上的运动环链。

如图 9.8 所示, 位于 $x-z$ 平面的黎曼圆上的运动环链由八个四支链平台单元组成。位于第一卦限中的三支链平台单元 n_{xyz} 分别与位于 $x-z$ 平面黎曼圆环链上的四支链平台单元 n_{xz}、位于 $x-y$ 平面黎曼圆第二环链上的四支链平台单元 n_{xy} 以及位于 $y-z$ 平面黎曼圆第三环链上的四支链平台单元 n_{yz} 相连接。

三支链平台单元的具体结构如图 9.9 所示。

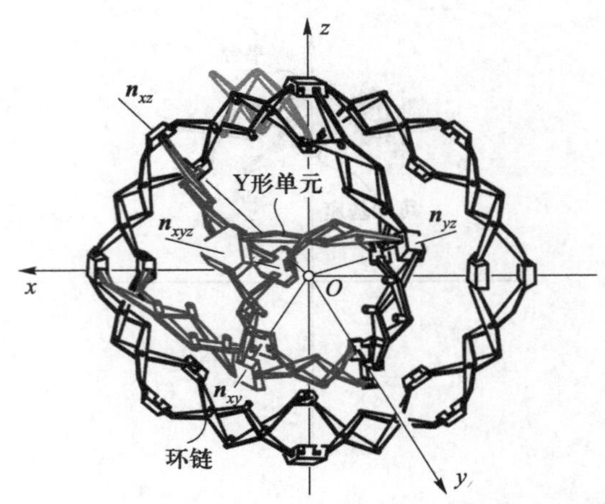

图 9.8　黎曼圆上三个运动环链与 n 支链平台单元的连接关系

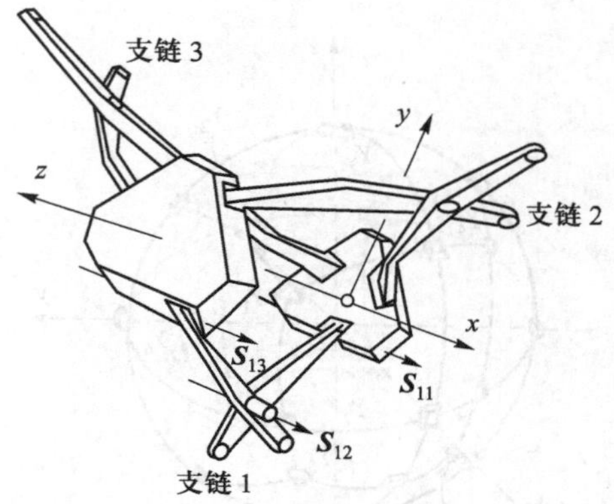

图 9.9　三支链平台单元

由图 9.9, 对于三支链平台单元, 支链 1 的运动旋量系可表示为

$$\mathbb{S}_{l1}=\left\{\begin{array}{l}\boldsymbol{S}_{11}=(1,0,0,0,0,b_1)^{\mathrm{T}}\\ \boldsymbol{S}_{12}=(1,0,0,0,a_2,b_2)^{\mathrm{T}}\\ \boldsymbol{S}_{13}=(1,0,0,0,a_3,b_3)^{\mathrm{T}}\end{array}\right\} \tag{9.37}$$

其互易旋量系有如下形式:

$$\mathbb{S}_{l1}^{r}=\left\{\begin{array}{l}\boldsymbol{S}_{11}^{r}=(0,0,0,0,0,1)^{\mathrm{T}}\\ \boldsymbol{S}_{12}^{r}=(0,0,0,0,1,0)^{\mathrm{T}}\\ \boldsymbol{S}_{13}^{r}=(1,0,0,0,0,0)^{\mathrm{T}}\end{array}\right\} \tag{9.38}$$

式 (9.38) 的互易旋量系向支链 1 提供了两个约束力矩和一个约束力。对所有三个支链, 存在六个约束力矩 $\boldsymbol{S}_{11}^{r}$、$\boldsymbol{S}_{12}^{r}$、$\boldsymbol{S}_{21}^{r}$、$\boldsymbol{S}_{22}^{r}$、$\boldsymbol{S}_{31}^{r}$ 和 $\boldsymbol{S}_{32}^{r}$ 以及三个约束力 $\boldsymbol{S}_{13}^{r}$、$\boldsymbol{S}_{23}^{r}$ 和 $\boldsymbol{S}_{33}^{r}$, 其中第一个下角标表示支链编号, 第二个下角标表示支链内的运动副编号。另外, 作用于 z 轴上的三个约束力矩 $\boldsymbol{S}_{11}^{r}$、$\boldsymbol{S}_{21}^{r}$ 和 $\boldsymbol{S}_{31}^{r}$ 相同, 形成了机构运动平台的

一个公共约束力矩。受该公共约束力矩的作用，旋量系降阶为五阶系统。同时，三个支链的三个约束力矩 $\boldsymbol{S}_{12}^{r}$、$\boldsymbol{S}_{22}^{r}$ 和 $\boldsymbol{S}_{32}^{r}$ 位于同一平面内，且线性相关，构成了一个二阶旋量系，并产生冗余约束旋量多重集 $\langle\mathbb{S}_{v}^{r}\rangle$ 中的一个冗余约束力矩。同理，剩下的三个约束力 $\boldsymbol{S}_{13}^{r}$、$\boldsymbol{S}_{23}^{r}$ 和 $\boldsymbol{S}_{33}^{r}$ 位于同一平面，是线性相关的，因此产生了另外一个冗余约束力。由此，三支链平台单元中共存在两个冗余约束，在计算机构活动度时应该考虑该冗余约束。

机构的活动度可以由约束分析加以阐明。以该机构为例，由相同约束力矩 $\boldsymbol{S}_{11}^{r}$、$\boldsymbol{S}_{21}^{r}$ 和 $\boldsymbol{S}_{31}^{r}$ 产生的一个公共约束力矩与由线性相关的约束力矩 $\boldsymbol{S}_{12}^{r}$、$\boldsymbol{S}_{22}^{r}$ 和 $\boldsymbol{S}_{32}^{r}$ 产生的两个线性独立的约束力矩限制了机构的三个转动。同时由线性相关的约束力 $\boldsymbol{S}_{13}^{r}$、$\boldsymbol{S}_{23}^{r}$ 和 $\boldsymbol{S}_{33}^{r}$ 产生的两个线性无关的约束力限制了机构沿 x 轴和 y 轴的移动。由此，机构的运动平台只有一个沿 z 轴移动的平移，活动度为 1。本书第十章将对机构活动度问题 (Dai、Huang 和 Lipkin, 2004, 2006) 进行更详尽的阐述。

3. 两支链平台单元

四支链平台单元是由相互垂直的两个平面连杆机构组成 (Parise、Howell 和 Magleby, 2000)。去掉一个垂直平面内的两组**剪式结构**，可得平面两支链平台连杆机构，如图 9.10 所示。

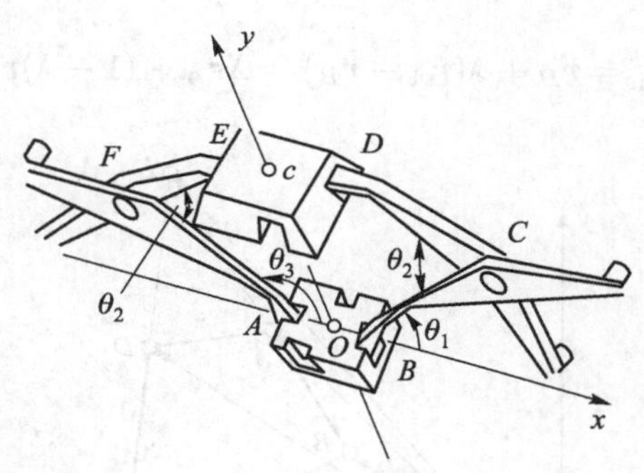

图 9.10 具有剪式结构的两支链平台单元

该两支链平台具有特殊的几何尺寸，即 $BC = AF, CD = EF$，且连接枢纽杆件 DE 和 AB 处于两个**同心圆**的圆弧上。如图 9.10 所示，该连杆机构的连接枢纽杆件位于环链上，且具有两个相关的约束方程 $\theta_1 = \pi - \theta_3$ 和 $\theta_2 = 2\theta_1$。在这两个约束方程的作用下，连接枢纽杆件 DE 和 AB 沿 y 轴即经线方向作直线运动，且始终位于两个可展的同心圆上。这就产生了运动平面内的两个约束，由此可得该平面机构的活动度为 1。

9.6 瞬心与 Watt 六杆机构

两个刚体的相对运动产生一个**瞬心**, 在二维空间中也被称为 “**极**”。在三维空间中观察, 相对运动可产生一个**瞬时转动轴** (IRA)。瞬时转动轴是定义 3.10 给出的三维空间运动的**瞬时旋量轴** (ISA) 的特例。作为 “极” 的运动瞬心有其内在属性, 可用于平面机构的分析与综合。

9.6.1 Aronhold-Kennedy 定理的向量表示

对于三个在同一平面内运动的刚体, 它们的相对运动瞬心满足由 Aronhold (1872) 和 Kennedy (1886) 提出的**三瞬心** (Aronhold-Kennedy) **定理** (Prentis, 1979)。该定理指出, 作平面运动的任意三个刚体的三个相对瞬心位于同一直线上。这个定理可用于确定平面机构所有杆件的相对瞬心的位置。特别地, 对于 Watt 六杆机构, 除了与某一转动副轴线重合的一个相对瞬心外, 其余的相对瞬心都可以由其他四个可能位于转动副轴线上的瞬心确定 (Dai 和 Kerr, 1991)。

如图 9.11 所示, 对于任意一个包含四个运动副 A、B、C 和 D 的平面连杆机构, 由四个与运动副 A、B、C 和 D 重合的相对瞬心可以求出杆件 AD 与杆件 BC 间的相对运动瞬心。由三瞬心定理可知, 该瞬心必定位于直线 AB 的延长线上, 于是有

$$\boldsymbol{r}_{I_1} = \boldsymbol{r}_B + \lambda(\boldsymbol{r}_A - \boldsymbol{r}_B) = \lambda \boldsymbol{r}_A + (1-\lambda)\boldsymbol{r}_B \tag{9.39}$$

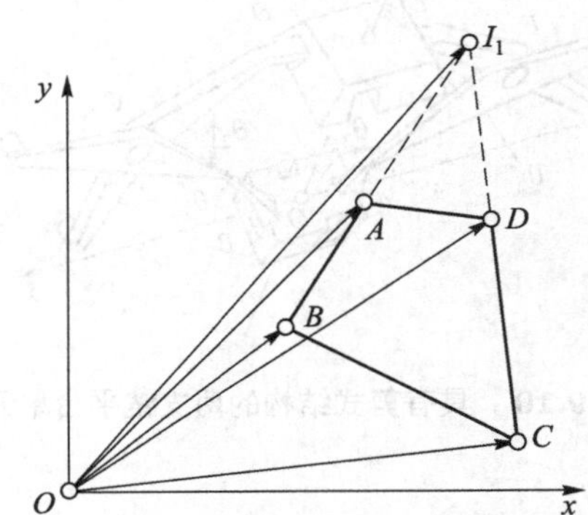

图 9.11 由四个已知瞬心确定未知相对瞬心

式中, $\boldsymbol{r}_{I_1}$ 表示杆件 AD 与杆件 BC 间的相对运动瞬心的位置; $\boldsymbol{r}_A$ 和 $\boldsymbol{r}_B$ 分别表示点 A 和 B 的当前位置; λ 为标量。

同时, 根据三瞬心定理, 该瞬心也位于直线 DC 的延长线上, 于是有

$$\boldsymbol{r}_{I_1} = \boldsymbol{r}_C + \gamma(\boldsymbol{r}_D - \boldsymbol{r}_C) = \gamma \boldsymbol{r}_D + (1-\gamma)\boldsymbol{r}_C \tag{9.40}$$

式中, $\boldsymbol{r}_C$ 和 $\boldsymbol{r}_D$ 表示点 C 和 D 的位置向量; γ 为标量。

联立式 (9.30) 与 (9.40), 可得标量 λ 和 γ, 从而可求得瞬心 I_1 的位置 (Dai 和 Kerr, 1991)。基于此, 下面内容将给出瞬心的性质。

9.6.2 瞬心的自反性与传递性

对于作相对运动的刚体, 它们的瞬心具有**自反性**和**传递性**。

1. 自反性

瞬心具有自反性。如图 9.11 所示, 在该机构中有

$$I_{AD,BC} \equiv I_{BC,AD} \tag{9.41}$$

杆件 AD 相对于杆件 BC 的运动瞬心等同于杆件 BC 相对于杆件 AD 的运动瞬心。

2. 传递性

如图 9.12 所示, 考虑对称 Watt 六杆机构的右半部分, 相对运动瞬心 $I_{AC',AD}$、$I_{AC',OC}$、$I_{OC,DC}$ 和 $I_{AD,DC}$ 与转动副轴线 A、B、C 和 D 重合。对于机构中的任意杆件, 除了与该杆件的两个运动副轴线重合的两个瞬心外, 至少有另一个瞬心位于该杆件的延长线上。例如杆件 DC, 除与轴线重合的两个瞬心 $I_{AD,DC}$、$I_{DC,OC}$ 外, 其延长线上还有一个瞬心 $I_{AD,OC}$, 如图 9.12 所示。这也可以表示为, 分别给出杆件 AD 相对于杆件 DC 和杆件 DC 相对于杆件 OC 的两个瞬心 $I_{AD,DC}$ 和 $I_{DC,OC}$, 可以得出杆件 AD 相对于杆件 OC 的瞬心 $I_{AD,OC}$, 该瞬心与 $I_{AD,DC}$ 和 $I_{DC,OC}$ 共线。瞬心的传递性对于由已知瞬心求未知瞬心是非常有用的。

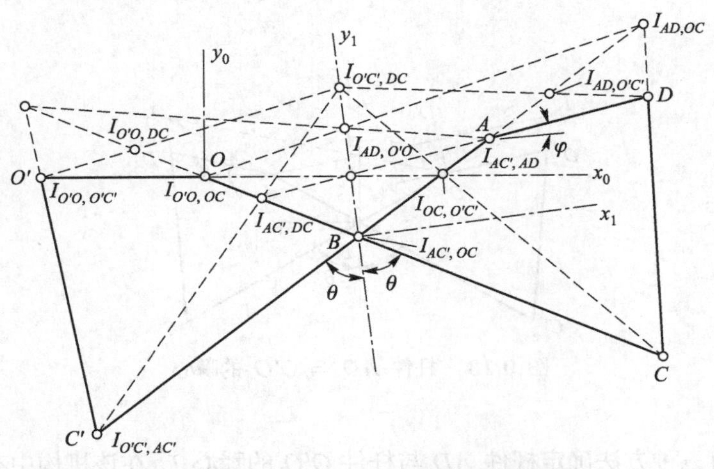

图 **9.12** **Watt** 六杆机构的全部相对瞬心

利用瞬心的传递性, 新得到的瞬心可进一步用于求其他未知瞬心。例如, 基于瞬心的传递性, 由以上新得瞬心 $I_{AD,OC}$ 与杆件 OC 相对于杆件 $O'O$ 的瞬心 $I_{OC,O'O}$ (该

瞬心与连接杆件 $O'O$ 和杆件 OC 的运动副轴线重合), 可以确定杆件 AD 相对于杆件 $O'O$ 的瞬心 $I_{AD,O'O}$, 与前述两个已知瞬心 $I_{AD,OC}$ 与 $I_{OO',OC}$ 共线。

3. 瞬心的个数

由以上瞬心的性质可知, 对于平面机构, 瞬心的总数为 $n(n-1)/2$, 其中 n 表示机构中杆件的个数。

9.6.3 对称杆件的瞬心

对于图 9.12 所示的 Watt 六杆机构, 由上述瞬心的性质可以得出所有相对瞬心的位置。由于机构的对称性, 所有对称杆件间的瞬心都位于随杆件 AD 倾角而变化的机构的平分线上, 它们可以通过其他四个相对瞬心完全确定。

为了简明起见, 图 9.13 给出了图 9.12 的简化形式。I_1 表示杆件 AD 与杆件 BC 的瞬心, 即 $I_{AD,BC}$; O 表示杆件 $O'O$ 与杆件 OB 的瞬心, 即 $I_{O'O,OB}$。由于 OB 和 BC 表示的是机构中的同一杆件, $I_{AD,BC}$ 和 $I_{O'O,OB}$ 可以写成 $I_{O'O,OC}$ 和 $I_{AD,OC}$。因此, 由瞬心的传递性和自反性可知, 杆件 AD 与杆件 $O'O$ 的瞬心 I, 亦即 $I_{AD,O'O}$, 与 $O(I_{O'O,OC})$ 和 $I_1(I_{AD,OC})$ 共线。同理, I_2 表示杆件 $O'O$ 与杆件 BC' 的瞬心, 即 $I_{O'O,BC'}$; A 表示杆件 AD 与杆件 AC' 的瞬心, 即 $I_{AD,AC'}$。$I_{O'O,BC'}(I_2)$ 可以写成 $I_{O'O,AC'}$, 从而可知 I, 亦即 $I_{AD,O'O}$, 与 $I_2(I_{OO',AC'})$ 和 $A(I_{AD,AC'})$ 共线。因此, I(亦即 $I_{AD,O'O}$) 位于 I_1 和 O 的连线与 I_2 和 A 的连线的交点上, 如图 9.13 所示。

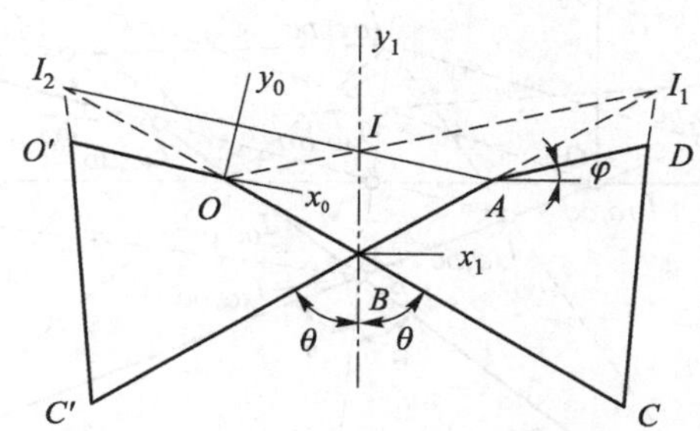

图 9.13　杆件 AD 与 $O'O$ 的瞬心

因此, 有三种方法确定杆件 AD 与杆件 $O'O$ 的瞬心 I。在该机构中有三条直线, 即平分线 y_1 和上述两条直线。其中任意两条直线都可以用于确定瞬心 I。为简单起见, 选择平分线 y_1 与 I_1 和 O 的连线。

如上所述, 定义坐标系 {1} 和 {0}, 用三维齐次变换矩阵 $\boldsymbol{H}$ (包含转动和移动)

联系这两个坐标系, 其表达式为

$$\boldsymbol{H}=\begin{bmatrix} c\varphi & -s\varphi & a_{OB}s\Omega \\ s\varphi & c\varphi & -a_{OB}c\Omega \\ 0 & 0 & 1 \end{bmatrix} \tag{9.42}$$

式中, $\Omega=\theta+\varphi$; a_{OB} 表示杆件 OB 的长度; $c\varphi$ 表示 $\cos\varphi$; $s\varphi$ 表示 $\sin\varphi$。

在坐标系 {1} 中可以简单地得到杆件 AD 与杆件 BC 的瞬心 I_1, 然后, 通过坐标变换, 转换到坐标系 {0} 中。因此, 在坐标系 {0} 中, 两条直线, 即平分线 y_1 与 I_1 和 O 的连线, 可以通过坐标 (x, y) 表示为

$$\tan\varphi y+x-a_{OB}(s\Omega-c\Omega\tan\varphi)=0 \tag{9.43}$$

与

$$y-kx=0 \tag{9.44}$$

式中, $k=\dfrac{-a_{OB}c\Omega C_1+a_{BC}c\Phi C_2}{a_{OB}s\Omega C_1+a_{BC}s\Phi C_2}$; $C_1=a_{BC}s2\theta+a_{AD}c\Omega$; $C_2=a_{AB}s2\theta+a_{AD}c\Phi$; $\Phi=\theta-\varphi$。

需要注意的是, φ 不能达到 90°, 这一边界条件在该机构应用中是可以接受的。

显然, 式 (9.44) 给出的直线通过坐标系 {0} 的原点。两条直线都随着输入角 θ 和输出角 φ 的变化而变化, 两条直线的交点给出杆件 AD 与杆件 $O'O$ 的**瞬心曲线**, 该曲线可由以下向量表示:

$$\boldsymbol{r}_{I(0)}=\frac{a_{OB}(s\Omega-c\Omega\tan\varphi)}{1+k\tan\varphi}\begin{pmatrix}1\\1\\k\end{pmatrix} \tag{9.45}$$

在以上数学表达式中, φ 是 θ 和四个杆件杆长的函数, 其可以写成**函数生成器**

$$\varphi=f(\theta,\boldsymbol{r}_A-\boldsymbol{r}_B,\boldsymbol{r}_D-\boldsymbol{r}_A,\boldsymbol{r}_C-\boldsymbol{r}_B,\boldsymbol{r}_D-\boldsymbol{r}_C) \tag{9.46}$$

由杆件的杆长和角 θ, 以上函数生成器可以进一步写成

$$\begin{aligned}&2a_{AD}s\theta c\varphi(a_{AB}-a_{BC})+2a_{AD}c\theta s\varphi(a_{AB}+a_{BC})+\\&2a_{AB}a_{BC}c2\theta+a_{AB}^2+a_{BC}^2-a_{DC}^2+a_{AD}^2=0\end{aligned} \tag{9.47}$$

式中, a_{AB}、a_{BC}、a_{DC}、a_{AD} 分别表示杆件 AB、BC、DC 和 AD 的杆长。

显然, 以上函数生成器表达式与坐标原点的选择无关, 因为在图 9.12 所示的 Watt 六杆机构中, 存在以下相对位置的环路约束方程:

$$(\boldsymbol{r}_A-\boldsymbol{r}_B)+(\boldsymbol{r}_D-\boldsymbol{r}_A)=(\boldsymbol{r}_C-\boldsymbol{r}_B)+(\boldsymbol{r}_D-\boldsymbol{r}_C) \tag{9.48}$$

如果杆件的杆长固定, 则瞬心曲线是关于 θ 角的一元方程。如果杆长不固定, 那么瞬心曲线与四个杆件的杆长有关, 杆长对瞬心曲线有重要影响。因此, 上述推导论证了**机构优化**的必要性。

参考文献

Aronhold, S. (1872) Grundzüge der kinematischen geometrie, *Verhandlungen des Vereins zur Beförderung des Gewerbefleisses in Preussen*, **51**: 129-155.

Ball, R. S. (1876) *Theory of Screws: A Study in the Dynamics of a Rigid Body*, Hodges, Foster, and Co., Dublin.

Ball, R. S. (1900) *A Treatise on the Theory of Screws*, Cambridge University Press.

Bennett, G.T. (1905) The parallel motion of sarrus and some allied mechanisms, *Philosophy Magazine*, **6** (9): 803-810.

Chen, C. (2010) Mobility analysis of parallel manipulators and pattern of transform matrix, *ASME J. Mech. Rob.*, **2** (4): 041003.

Chen, C. (2011) The order of local mobility of mechanisms, *Mech. Mach. Theory*, **46** (9): 1251-1264.

Dai, J. S. (1993) *Screw Image Space and Its Applications to Robotic Grasping*, PhD Dissertation(uk.bl.ethos.386419), University of Salford, Manchester.

Dai, J. S. (2012) Finite displacement screw operators with embedded Chasles' motion, *ASME J. Mech. Rob.*, **4** (4): 041002.

Dai, J. S. (2019) *Screw Algebra and Kinematics Approaches for Mechanisms and Robotics*, Springer, London.

Dai, J. S. and Kerr, D. R. (1991) Geometric analysis and optimisation of a symmetrical Watt six bar mechanism, *J. Mech. Eng. Sci*, **205** (4): 275-280.

Dai, J. S., Li, D., Zhang, Q. X. and Jin, G.G. (2004) Mobility analysis of a complex structured ball based on mechanism decomposition and equivalent screw system analysis, *Mech. Mach. Theory*, **39** (4): 445-458.

Fang, Y. and Tsai, L. W. (2002) Structure synthesis of a class of 4-DOF and 5-DOF parallel manipulators with identical limb structures, *Int. J. Robot. Res.*, **21** (9): 799-810.

Fang, Y. and Tsai, L. W. (2004) Structure synthesis of a class of 3-DOF rotational parallel manipulators, *IEEE Transactions on Robotics and Automation*, **20** (1): 117-121.

Gan, D. M., Liao, Q. Z., Dai, J. S., Wei, S. M. and Qiao, S. G. (2008) Dual quaternion based inverse kinematics of the general spatial 7R mechanism, *J. Mech. Eng. Sci.*, **222** (8): 1593-1598.

Gao, F., Yang, J. and Ge, Q. J. (2010) Type synthesis of parallel mechanisms having the second class GF sets and two dimensional rotations, *ASME J. Mech. Rob.*, **3** (1): 011003.

Gao, F., Zhang, Y. and Li, W. (2005) Type synthesis of 3-DOF reducible translational mechanisms, *Robotica*, **23**: 239-245.

Huang, Z. and Li, Q. C. (2003) Type synthesis of symmetrical lower-mobility parallel mechanisms using constraint-synthesis method, *Int. J. Robot. Res.*, **22** (1): 59-79.

Kennedy, A. B. W. (1886) *The Mechanics of Machinery*, MacMillan and Co., London.

Lakshminarayana, K. (1978) Mechanics of form closure. *ASME Paper 78-DET-32*, New York.

Ogilvy, C. S. (1990) *Excursions in Geometry*, Courier Dover Publications, 46-48.

Parise, J. J., Howell, L.L. and Magleby, S.P. (2000) Ortho-planar mechanisms, *Proc 26th Biennial Mechanisms and Robotics Conference*, Baltimore, USA.

Prentis, J. M. (1979) *Engineering Mechanics*, Clarendon Press, Oxford.

Sarrus, P. T. (1853) Note sur la transformation des mouvements rectilignes alternatifs, en mouvements circulaires, *et reciproquement, Académie des Sciences*, **36**: 1036-1038.

Waldron, K. J. (1966) The constraint analysis of mechanisms, *J. Mechanisms*, **1** (2): 101-114.

Waldron, K. J. (1967) A family of overconstrained linkages, *J. Mechanisms*, **2** (2): 201-211.

Wei, G. and Dai, J. S. (2014) A spatial eight-bar linkage and its association with the deployable platonic mechanisms, *ASME J. Mech. Rob.*, **6** (2): 021010.

Wei, G. and Dai, J. S. (2014) Origami-inspired integrated planar-spherical overconstrained mechanisms, *ASME J. Mech. Des.*, **136** (5): 051003.

Wei, G., Chen, Y. and Dai, J. S. (2014) Synthesis, mobility and multifurcation of deployable polyhedral mechanisms with radially reciprocating motion, *ASME J. Mech. Des.*, **136** (10).

Wei, G., Ding, X. and Dai, J. S. (2010) Mobility and geometric analysis of the Hoberman switch-pitch ball and its variant, *ASME J. Mech. Rob.*, **2** (3): 031010.

Wei, G., Ding, X. and Dai, J. S. (2011) Geometric constraint of an evolved deployable ball mechanism, *JSME Journal of Advanced Mechanical Design, Systems, and Manufacturing*, **5** (4): 302-314.

Wohlhart, K. (1993) Heureka octahedron and Brussels folding cube as special cases of the turing tower, *Proc. 6th IFToMM Int. Symposium on Lingkages and Computer Aided Design Methods*, Bucharest, Romania, **2**, 303-311.

Yang, T., Liu, A., Shen, H., Luo, Y., Hang, L. and Shi, X. (2013) On the correctness and strictness of the position and orientation characteristic equation for topological structure design of robot mechanisms, *ASME J. Mech. Rob.*, **5** (2): 021009.

Yang, T. and Sun, D. (2012) A general degree of freedom formula for parallel mechanisms and multiloop spatial mechanisms, *ASME J. Mech. Rob.*, **4** (1): 011001.

Yu, J., Dong, X., Pei, X. and Kong, X. (2012) Mobility and singularity analysis of a class of two degrees of freedom rotational parallel mechanisms using a visual graphic approach, *ASME J. Mech. Rob.*, **4** (4): 041006.

Yu, J., Li, S., Su, H. and Culpepper, M. L. (2011) Screw theory based methodology for the deterministic type synthesis of flexure mechanisms, *ASME J. Mech. Rob.*, **3** (3): 031008.

Zhang, K. and Dai, J. S. (2014) A kirigami-inspired 8R linkage and its evolved overconstrained 6R linkages with the rotational symmetry of order two, *ASME J. Mech. Rob.*, **6** (2).

Zlatanov, D, Agrawal, S. and Gosselin, C. M. (2006) Convex cones in screw spaces, *Mech. Mach. Theory*, **40** (6): 710727.

古志鸣 (2011) 几何与拓扑的概念引导, 高等教育出版社, 北京.

黄真, 孔令富, 方跃法 (1997) 并联机器人机构学理论及控制, 机械工业出版社, 北京.

第十章 旋量系分解理论及约束与自由运动

旋量系及其互易旋量系与**机械力平衡式**[1]相关联。也可以说，被一个力旋量约束的刚体，仍可沿某一个特定方向的旋量作螺旋运动，并保持力平衡状态。此时，这个力旋量与运动旋量互易。

用旋量系理论的术语描述，一组 n 阶旋量系表示的约束允许产生 $6-n$ 阶运动旋量系表示的确定运动。因此，第七章讨论的旋量系与互易旋量系的关联关系可以用来研究约束与自由运动。在 Ball 的经典著作中，这种关联的分析起始于刚体的约束。

对于一组以机构形式或更一般的机器人形式作任意连接的刚体的组合，互易旋量理论可以推广到运动链旋量系及其互易旋量系。Ball (1900) 首次将刚体的旋量理论推广到一组以任意运动形式以及约束形式连接的刚体的组合，进而可推广到运动链。Dimenberg (1965) 将这一概念具体化并将旋量理论应用到机构中。尤其在研究旋量代数用以获得满足运动要求的机构参数关系中，引出了许多对机构和机器人结构约束与运动的研究。

本章基于旋量代数与相关几何方法，讨论机器人学中关于约束与自由运动的基本问题，阐述旋量系中的约束，提出约束旋量系分解定理。在此研究基础上，深入分析约束旋量系、运动旋量系以及与旋量多重集的关联关系，奠定活动度与自由度分析的基本理论，进而阐述活动度扩展准则以及输出杆件自由度扩展准则。

[1]这里提及的机械力平衡式是采用更宽松的名词，可以与静力平衡式交替使用。

10.1 约束与刚体抓持

互易旋量的概念源于对刚体位移的研究, 旋量理论将这一位移与作用于刚体上的力相关联。因此, 刚体的约束是研究约束与位移的切入点。

10.1.1 约束特性

定义 10.1 若抓持满足阻止任意施加于被抓持刚体上的外力并可达到旋量系平衡的条件, 该抓持即构成**有效抓持**; 无摩擦条件下的有效抓持为**形封闭**[2]。

定义 10.2 **形封闭**是描述刚体在接触抓持下利用接触点的几何布置形成的有效抓持。即刚体在所有无摩擦点接触下, 产生几何封闭, 以至于任意方向外力都不可能使该刚体产生位移。

注释 10.1 在形封闭下, 刚体抓持可以有效阻止任何力与力矩引起的刚体运动, 含无穷小运动。

定义 10.3 **力封闭**是描述刚体在接触抓持下利用外力保持的有效抓持。

注释 10.2 力封闭下的抓持不能阻止刚体的所有运动。

在抓持中, 沿接触点法线方向的力能够起到保持被抓持刚体与其环境的接触的作用。大量研究已经证明, 刚性无摩擦平面内刚体的移动约束需要三个接触点, 而空间中刚体的移动约束需要四个接触点。对于由移动约束和转动约束组成的复合约束 (也称全约束), 平面内刚体需要四个接触点, 空间中刚体则需要七个接触点。在这些约束集合研究中, 需要考虑沿接触点法向的力旋量间的线性相关与线性无关的条件以及沿接触点法向抓持力的正域条件。

定义 10.4 一个抓持含有 n 个接触力旋量 $\boldsymbol{W}_i(1,2,\cdots,n)$, 这几个接触力旋量以列向量形式组合而成 $6\times n$ 矩阵, 即

$$\boldsymbol{J}=[\boldsymbol{S}_1,\boldsymbol{S}_2,\cdots,\boldsymbol{S}_n]$$

称为**抓持 Jacobian 矩阵**。

以接触力旋量作为矩阵的列而建立抓持 Jacobian 矩阵是进行约束分析的经典方法。在综合过程中, 可以用该 Jacobian 矩阵的奇异值来衡量抓持质量。约束分析的其他方法主要集中于抓持的几何分析, 比如采用**凸集**概念 (Rockafellar, 1970) 寻找接触的独立域 (Trinkle, 1992), 采用线性互补原理 (Al-Fahed 等, 1992) 中的不等式

[2]Reuleaux (1875) 最早给出描述, Lakshminarayana (1978)、 Salisbury 和 Roth (1983)、Nguyen (1992)、Trinkle (1992)、Dai 和 Kerr (1992) 以及 Xiong 等(1993) 做过进一步的讨论。

约束研究无摩擦抓持问题。总之，这些方法或者集中于抓持 Jacobian 矩阵，或者集中于欧几里得物理空间中抓持的几何结构。在进一步的约束优化过程中，Li 和 Sastry (1988)、Xiong (1993) 等引入了抓持质量指标作为衡量抓持濒临失效程度的度量，并给出优化的理论基础。这些度量之间的关系、抓持的几何结构以及被抓持刚体本身几何形状的描述是探讨抓持的基本点。其中一些度量涉及雅可克比矩阵与其转置的积，同时对其不变性仍有许多讨论。

约束的直接表达是困难的，尤其是包含被抓持刚体几何形状的表达。Dai (1993) 提出了一种在**旋量像空间** (即向量空间) 中研究抓持的方法。该研究将抓持状态通过双射映射到旋量像空间，从而将三维物理空间中的抓持研究转换到旋量像空间中进行。因此，抓持的所有特性都可以在像空间中揭示，并得出涉及刚体抓持条件及有效性的法则 (Dai 和 Kerr, 1992; Dai 和 Kerr, 1996)。研究表明，在 n 维旋量像空间中，有效抓持要求包含 $n+1$ 个旋量的一组集合中任意 n 个接触旋量线性无关；同时，该集合中的任何一个旋量为其余旋量的负组合。因此，在旋量像空间中的抓持表示与抓持的几何结构有关。

相应地，需要建立抓持的分析模型以表示抓持的力学特性。考虑到有效抓持的关键准则是不能违背局部摩擦极限，还需要进一步测量 (Melchiorri, 2000) 基于已知表面特性的刚体与夹持器之间接触力的所有相关分量。

当刚体与夹持器之间的接触特性遍及到可感知区域时，这种接触可以表示为单一的摩擦点接触，或者表示为位于接触区边界的接触点簇。除非接触区域与夹持器提供的接触区域相比非常大，否则两接触之间由于摩擦力矩产生的对运动的阻力将远大于由单个接触区接触产生的转动摩擦力矩 (Ghafoor, 1991)。

10.1.2 约束力与外力

抓持方程可以表示为一组力和力矩组合的**力平衡式**，即

$$\sum_{i=1}^{n} \boldsymbol{S}_i f_i = \boldsymbol{W} \tag{10.1}$$

式中，$\boldsymbol{S}_i$ 表示沿第 i 个旋距为零的接触力旋量，其形式同式 (2.6)，为

$$\boldsymbol{S} = \begin{pmatrix} \boldsymbol{s} \\ \boldsymbol{r} \times \boldsymbol{s} \end{pmatrix}$$

式中，向量 $\boldsymbol{s}$ 为表示接触力作用线方向的单位向量；$\boldsymbol{r}$ 表示力作用线相对于坐标原点的位置向量。可以看出，一个旋量给出了抓持接触的唯一确定的物理含义与几何位置。

在式 (10.1) 中，$\boldsymbol{W}$ 是施加于被抓持刚体上的外部力旋量，幅值为 f_w。该式与式 (9.3) 表明施加于被抓持刚体上的外力和力偶可以唯一地定义为力旋量 $\boldsymbol{W}$。向

量 $\boldsymbol{f}$ 由所有接触力旋量的幅值构成, 由此, 力平衡方程的矩阵表示形式为

$$\boldsymbol{J}\boldsymbol{f} = \boldsymbol{W} \tag{10.2}$$

式中, $\boldsymbol{J}$ 是以 n 个接触旋量为列向量构成的矩阵, 即定义 10.4 给出的**抓持 Jacobian 矩阵**, 也称**抓持系数矩阵**; $\boldsymbol{f}$ 为接触力旋量幅值构成的 n 维列向量。

式 (10.2) 中的力平衡方程能够表示平面和空间中考虑摩擦的抓持。空间抓持中的每一个接触力都可以分解为一个法向力和两个切向力, 如图 10.1 所示。

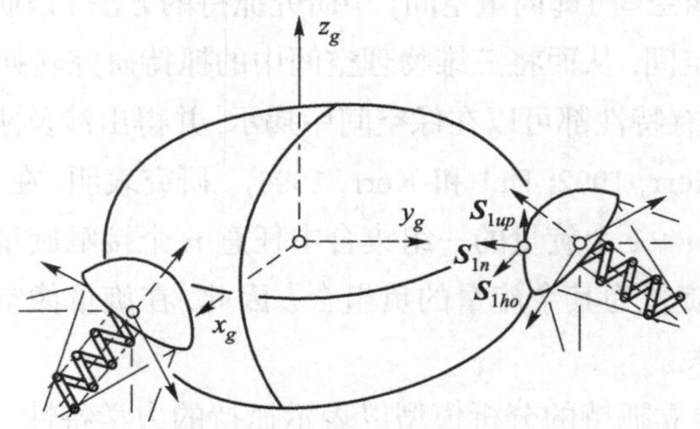

图 10.1 空间抓持模型

学者们通过多年的实践提出过诸多获取接触力的方法。其中, 较常见的方法是借助于抓持系数矩阵的**未加权伪逆**对上述力平衡方程进行求解。由这一方法得到的结果成立的前提条件是所有接触都具有各向同性的弹性特性。也就是说, 抓持系统中每一个接触点处有三个正交弹性分量, 所有的这些弹性分量都具有相同的刚度。对于抓持而言, 各个接触点具有不同刚度是普遍存在的现象, 同时也必须考虑一般位移的接触弹性和接触相容性。因此, 这种结果不能保证对具有自相容特性的接触力的预测。

10.1.3 扩展抓持矩阵与约束力分析

定理 10.1 扩展抓持定理: 接触点刚度可用于扩展 (Dai 和 Kerr, 1996) 抓持系数矩阵 $\boldsymbol{J}$, 扩展后的抓持力平衡方程为

$$\begin{bmatrix} \boldsymbol{J} \\ \boldsymbol{B}(\boldsymbol{K}\boldsymbol{J}^{\mathrm{T}}[\boldsymbol{J}\boldsymbol{K}\boldsymbol{J}^{\mathrm{T}}]^{-1}\boldsymbol{J} - \boldsymbol{I}) \end{bmatrix} \boldsymbol{f} = \begin{pmatrix} \boldsymbol{W} \\ \boldsymbol{B}(\boldsymbol{K}\boldsymbol{J}^{\mathrm{T}}[\boldsymbol{J}\boldsymbol{K}\boldsymbol{J}^{\mathrm{T}}]^{-1}\boldsymbol{J} - \boldsymbol{I})\boldsymbol{K}\boldsymbol{\delta} \end{pmatrix} \tag{10.3}$$

式中, $\boldsymbol{B} = (\boldsymbol{0}_{(dp-n)\times n}, \boldsymbol{I}_{dp-n})$, 其中变量 d 表示接触点的维数, 在平面情况下 $d = 2$, 空间情况下 $d = 3$; p 为接触点数目。上述方程式左边的矩阵为**扩展抓持矩阵**, 这种通过考虑抓持弹性与几何相容性构造扩展抓持矩阵的方法即为**扩展抓持定理**。

由扩展抓持定理, 可以求得包含抓持接触点各个方向刚度的接触力分量, 进而

判断是否构成有效抓持的条件为: 所有接触法向力必须指向刚体内, 每个接触处所有合成摩擦力的比值必须小于极限摩擦系数。

为证明定理 10.1, 首先引入伪逆的概念。

定义 10.5　伪逆又称**广义逆矩阵**, 指 Moore-Penrose[3]伪逆, 是对逆矩阵的推广。对 $m \times n$ 的矩阵 $\boldsymbol{A}$, 如果 $m > n$, 存在**左伪逆**, 为

$$\boldsymbol{A}^{+} = (\boldsymbol{A}^{\mathrm{T}}\boldsymbol{A})^{-1}\boldsymbol{A}^{\mathrm{T}}$$

如果 $m < n$, 则存在**右伪逆**, 为

$$\boldsymbol{A}^{+} = \boldsymbol{A}^{\mathrm{T}}(\boldsymbol{A}\boldsymbol{A}^{\mathrm{T}})^{-1}$$

注释 10.3　对于左伪逆, 有 $\boldsymbol{A}^{+}\boldsymbol{A} = \boldsymbol{I}$; 对于右伪逆, 有 $\boldsymbol{A}\boldsymbol{A}^{+} = \boldsymbol{I}$。若未知数多于方程数, 采用右伪逆可计算线性方程系统的最佳解, 即最小二乘解。

下面将通过引入无穷小弹性位移的概念, 给出定理 10.1 的证明。

证明　在一个抓持中, 每个接触的弹性关系可以用接触力的幅值 $\boldsymbol{f}$ 表示, 为

$$\boldsymbol{f} = \boldsymbol{K}(\boldsymbol{\delta} - \boldsymbol{u}) \tag{10.4}$$

式中, 向量 $\boldsymbol{u}$ 的分量 u_i 表示第 i 个接触点处沿接触力旋量作用线的位移; 向量 $\boldsymbol{\delta}$ 中的 δ_i 表示在接触点处由于预加载荷作用产生的沿力作用线的位移; 所有接触点位移的集合给出向量形式 $\boldsymbol{u}$ 和 $\boldsymbol{\delta}$; 对角矩阵 $\boldsymbol{K}$ 为刚度矩阵, 其元素是沿特定的接触力旋量作用线的刚度系数。

每一个接触点相对于被抓持刚体的**无穷小弹性位移** (Dai 和 Kerr, 1995) $\boldsymbol{D}$ 的**接触几何相容性**可以用**弹性元件**的伸长量 $\boldsymbol{u}$ 表示, 即

$$\boldsymbol{u} = \boldsymbol{J}^{\mathrm{T}}\Delta\boldsymbol{D} \tag{10.5}$$

式中, 矩阵 $\boldsymbol{\Delta}$ 为式 (2.55) 中的对偶算子, 该算子用于交换无穷小位移旋量 $\boldsymbol{D}$ 中的前三个元素和后三个元素。刚体位移旋量 $\boldsymbol{D}$ 是赋以位移幅值的旋量。

由上述式 (10.4) 与 (10.5) 以及式 (10.2) 可以推导出外载荷与刚体位移旋量之间的全局关系, 为

$$\Delta\boldsymbol{D} = [\boldsymbol{J}\boldsymbol{K}\boldsymbol{J}^{\mathrm{T}}]^{-1}\boldsymbol{J}\boldsymbol{K}\boldsymbol{\delta} + [\boldsymbol{J}\boldsymbol{K}\boldsymbol{J}^{\mathrm{T}}]^{-1}\boldsymbol{W} \tag{10.6}$$

式中, $[\boldsymbol{J}\boldsymbol{K}\boldsymbol{J}^{\mathrm{T}}]^{-1}\boldsymbol{J}\boldsymbol{K}$ 表示以刚度为权值的**刚度加权伪逆**。

[3]伪逆是由美国数学家 Eliakim Hastings Moore 在 1920 年, 瑞典地理学家、瑞典皇家技术学院教授 Arne Bjerhammar 在 1951 年, 英国数学物理学家、牛津大学数学首席教授 Roger Penrose 爵士在 1955 年, 分别独立提出的。

由此, 可以计算出所有接触中接触力分量的大小, 表示为

$$\boldsymbol{f} = (\boldsymbol{I} - \boldsymbol{K}\boldsymbol{J}^{\mathrm{T}}[\boldsymbol{J}\boldsymbol{K}\boldsymbol{J}^{\mathrm{T}}]^{-1}\boldsymbol{J})\boldsymbol{K}\boldsymbol{\delta} + \boldsymbol{K}\boldsymbol{J}^{\mathrm{T}}[\boldsymbol{J}\boldsymbol{K}\boldsymbol{J}^{\mathrm{T}}]^{-1}\boldsymbol{W} \tag{10.7}$$

若已知单一或多个接触点法线上的**预加载荷**, 需求解相应的接触力分量, 上述结果同样适用。

对式 (10.7) 进行变换, 即可得出式 (10.3)。

至此, 定理 10.1 得证。

注释 10.4 定理 10.1 给出的扩展抓持矩阵含有指端相对于刚体的弹性特征, 表现为串联的赫兹接触行为。采用该定理计算抓持接触力旋量与坐标原点的选择、长度单位和坐标系无关, 只要位移足够小, 不致影响包含接触点弹性特征的抓持矩阵 $\boldsymbol{J}$, 则该定理均适用; 采用该定理得到的计算结果符合**最小范数解**, 从最小化接触力的范数观点看是有吸引力的, 这里的接触力包括法向力和摩擦分力。

推论 10.1 若允许抓持法向力为**张力** (即作用力向外), 且表示摩擦力的切向分量可以取任意值, 则采用定理 10.1 求解出的由已知外载荷引起的接触力可用来计算每一个接触点的力分量。

推论 10.2 在外载荷未知的情况下, 采用定理 10.1 可计算由抓持接触点中的一个法线方向指向刚体内部的单位预加载荷引起的接触力。

在实际应用中, 预加载荷可以施加于多个接触点且不一定沿着法线方向, 但这种情况会引起抓持能力的退化。

推论 10.3 假设接触元素构成的系统是**线性弹性系统**, 则可用一个表示预加载荷幅值也称预加载荷阶数的未知倍数对两个系统的接触力进行叠加。此时, 线性弹性系统中的接触力是由外载荷和预加载荷产生的力的最小线性组合, 且受到以下两个约束:

(1) 所有法向力正向指向刚体内部;

(2) 每个接触对应的切向合力, 即摩擦力合力与法向力之比必须小于该接触点**极限摩擦系数**。

通常采用经典的**库仑摩擦定律**来描述第二个约束, 其中最大摩擦力合力为 $\boldsymbol{F} < \mu\boldsymbol{N}$。

10.2 约束与活动度

抓持是展示系统约束原理的最佳物理模型。如前所述, 抓持的互易特性是识别旋量系的基础, 而旋量系间的关联关系给出抓持刚体或机构的约束与活动度。任何

作用于刚体上的约束均可由运动链提供, 这就可以将旋量系关联关系理论延伸到运动链与机构。约束与运动旋量系代表不同的物理含义, 其关联关系由式 (8.1) 给出。因此, 旋量系互易特性可用来研究约束与活动度并给出两者间的内在关系。这里需要回顾 6.1.2 节中互易旋量系及其源旋量系描述的约束与自由运动, 其相互关系在第七章中作了深入研究。为了充分理解本章的论述, 下面给出相关定义的详细论述。

定义 10.6 **自由度**是指确定刚体在空间的位置与姿态所需的独立参数或独立坐标的数目, 受空间维数的限制。

定义 10.7 **连接度**是确定机构中某一构件相对另一构件的相对关系的独立参数的数目, 不受空间维数的限制。

定义 10.8 **活动度**全称为相对活动度, 是指机构中最大的连接度, 有时也称机构的自由度, 或运动链的自由度。

定义 10.9 **冗余机构**为机构活动度大于输出构件所需自由度的机构, 也称为具有运动冗余的机构。

定义 10.10 **运动冗余度**为机构活动度 m 与输出构件自由度 n 之差, 即 $D = m-n, m>n$。

注释 10.5 连接度与活动度均为机构的输入参数。前者为确定单一构件对另一构件相对位姿的独立参数, 后者为确定所有构件相对位姿的独立参数。一个机构中的不同构件可以有不同的连接度。活动度是确定连杆机构所有构件间相互关系的独立参数的数目, 即实现机构中所有构件处于确定位姿时的控制参数。

注释 10.6 自由度表征机器人操作端的输出参数。在某些教材中, 机构的活动度也称自由度, 但表示的是机构本身的输入参数。

目前公认 Grübler (1917) 和 Kutzbach (1929) 较早地对机构活动度进行了分析和研究。广义的 **Grübler-Kutzbach 活动度准则** (Kutzbach, 1929; Hunt, 1959, 1978; Suh 和 Radcliffe, 1978) 可以计算出含有 n 个刚体构件、g 个运动副, 且每个运动副有 f_i 个自由度的机构的活动度数 m。该活动度准则将所有活动构件的自由度数相加, 再减去由所有运动副约束限制的自由度数, 即

$$\begin{aligned} m &= b(n-1) - \sum_{i=1}^{g}(b-f_i) \\ &= b(n-g-1) + \sum_{i=1}^{g} f_i \end{aligned} \tag{10.8}$$

式中, b 为**活动度系数**。一般情况下,**平面机构**和**空间机构**的活动度系数 b 分别取值为 3 和 6。

活动度系数 b 对应不同闭环运动链的变化引发 Kolchin (1961) 和 Rössner (1962) 建立了对应的活动度方程。Waldron (1966, 1967, 1968) 对活动度做了理论性的分析, 并采用旋量系阶数取代活动度系数。这一观点在 Hunt (1978) 的著作中得到进一步发挥, 即采用旋量理论分析机构活动度。

机构的复杂性使得机构活动度分析变得困难。为此, Shoham 和 Roth (1997) 将机构分解为一个单一的简单闭环和一组并行的串联支链。基于环路分析, 活动度准则可表示为

$$m = \sum_{i=1}^{g} f_i - bl \tag{10.9}$$

式中, l 指的是独立环个数, 并有下列恒等式:

$$l = g - n + 1 \tag{10.10}$$

也可以表示为支链数 k 减 1, 即

$$l = k - 1$$

上述活动度准则没有考虑机构中运动副的特殊几何配置对机构实际活动度的影响。通常情况下, 计算平面机构和空间机构的活动度系数分别为 3 和 6, 但是, Waldron (1966) 和 Hunt (1967) 指出活动度系数可以取小于 6 的其他正整数, 这里系数 b 指的是式 (9.14) 中的 $\dim \mathbb{S}_m$, 即机构运动旋量系的阶数。由此可以引入一个重要概念 —— 公共约束旋量系 (见定义 10.11), 公共约束由第九章的定义 9.12 引入。至此, 活动度系数 b 可以表示为

$$b = 6 - \lambda \tag{10.11}$$

式中, λ 为式 (9.15) 所示的公共约束旋量系的阶数。公共约束旋量系与机构运动旋量系 $\mathbb{S}_m$ 互易。在式 (9.17) 表示的平衡方程中, 机构运动旋量系和公共约束旋量系互补, 式 (9.14) 中机构运动旋量系的阶数为总数 6 减去公共约束旋量系的阶数 (Hunt, 1978)。

10.3 公共约束旋量系与其多重集

定义 10.11 公共约束旋量系即机构约束旋量系, 为各子运动链约束旋量系的交集, 对机构进行约束使其在机构运动旋量系的运动范围内, 记为 $\mathbb{S}^c$。

公共约束旋量多重集为公共约束旋量系和与其相关的公共约束旋量, 记为 $\langle \mathbb{S}^c \rangle$, 表示为

$$\langle \mathbb{S}^c \rangle = \mathbb{S}^c \uplus \langle \mathbb{S}^c_v \rangle \tag{10.12}$$

其中第二项 $\langle\mathbb{S}_v^c\rangle$ 为**冗余公共约束旋量多重集**, 其对活动度的影响已被活动度系数 b 所考虑。

注释 10.7 在旋量系对偶原理中, 公共约束旋量系是 9.2 节所述的 k 个子运动链的约束旋量系的交集, 为机构 k 个子运动链对输出构件施加的相同约束的最大无关组。这里的每一个子运动链都提供这一公共的约束子空间。

定义 10.12 **公共约束旋量多重集**为

$$\langle\mathbb{S}^c\rangle = \langle\mathbb{S}_{l1}^r\rangle \cap \langle\mathbb{S}_{l2}^r\rangle \cap \cdots \cap \langle\mathbb{S}_{lk}^r\rangle \tag{10.13}$$

可见式 (9.15)。由于公共约束为各子运动链均提供的共同的约束, 因此公共约束旋量多重集及其基数可表示为

$$\langle\mathbb{S}^c\rangle = \mathbb{S}^c \uplus \mathbb{S}^c \uplus \cdots \uplus \mathbb{S}^c, \quad k \text{ 个 } \mathbb{S}^c \tag{10.14}$$

与

$$\mathrm{card}\langle\mathbb{S}^c\rangle = k\dim\mathbb{S}^c \tag{10.15}$$

式中, 用多重集并算子 $\uplus$ 来组合子运动链公共约束旋量系的基, 以构建一个多重集。

由此, 可以获得公共约束旋量多重集以及其基数。式中 $\uplus$ 表示多重集并运算, 类似定义 6.7 和定理 6.8 中的直和, 但允许线性相关并构成新的多重集。

定义 10.13 **冗余公共约束旋量多重集**为

$$\langle\mathbb{S}_v^c\rangle = \langle\mathbb{S}^c\rangle - \mathbb{S}^c = \mathbb{S}^c \uplus \mathbb{S}^c \uplus \cdots \uplus \mathbb{S}^c, \quad k-1 \text{ 个 } \mathbb{S}^c \tag{10.16}$$

则冗余公共约束旋量的数目为

$$\mathrm{card}\langle\mathbb{S}_v^c\rangle = (k-1)\dim\mathbb{S}^c$$

根据以上内容可知, 公共约束旋量系的阶数即为**公共约束因子** λ, 它降低了机构运动旋量系的阶数。公共约束旋量多重集以及冗余公共约束旋量多重集对机构活动度计算的影响体现在活动度系数 b 的变化中, 如式 (10.11) 所示。其对基于环路的活动度扩展准则的影响见 10.8.2 节。

10.4 互补约束旋量系与其多重集

定义 10.14 互补约束旋量多重集为除公共约束旋量多重集以外的约束旋量的集合, 记为 $\langle\mathbb{S}_c^r\rangle$, 可表示为

$$\langle\mathbb{S}_c^r\rangle = \langle\mathbb{S}^r\rangle - \langle\mathbb{S}^c\rangle \tag{10.17}$$

式中, $\langle\mathbb{S}^r\rangle$ 为输出杆件约束旋量多重集, 其旋量系见定义 9.9。

定义 10.15　互补约束旋量系为互补约束旋量多重集中的最大线性无关组，记为 $\mathbb{S}_c^r$。

定义 10.16　冗余约束也称**虚约束**[4]，是在互补约束旋量多重集中同互补约束旋量系线性相关的旋量。互补约束旋量多重集的全部线性相关旋量的集合构成冗余约束旋量多重集，记为 $\langle\mathbb{S}_v^r\rangle\subset\mathbb{S}_c^r$。

引理 10.1　第 i 个子运动链互补约束旋量系 $\mathbb{S}_{ci}^r$ 为从属于第 i 个子运动链约束旋量系且与机构公共约束旋量系构成直和关系的旋量系，即

$$\mathbb{S}_{li}^r=\mathbb{S}^c\cup\mathbb{S}_{ci}^r,\quad \mathbb{S}^c\cap\mathbb{S}_{ci}^r=\varnothing \tag{10.18}$$

式中，$\mathbb{S}_{li}^r$ 表示第 i 个子运动链作用于输出构件上的所有约束，为子运动链运动旋量系的互易旋量系，见定义 9.7。

引理 10.2　子运动链约束旋量系可以分解为两部分：一部分为 $\mathbb{S}^c$，以约束全部机构的运动，并约束输出构件的运动，将其保持在机构运动旋量系 $\mathbb{S}_m$ 中；另一部分为互补约束旋量系 $\mathbb{S}_{ci}^r$，以进一步约束输出构件的运动，使其保持在子运动链运动旋量系 $\mathbb{S}_{li}$ 中，这里 $\mathbb{S}_{li}\subseteq\mathbb{S}_m$，见定义 9.10。当子运动链各个约束旋量线性无关时，在式 (10.18) 中，两部分对应的基元素构成两个不相交的集合。当子运动链各个约束旋量发生线性相关时，见 10.7 节。

10.5　约束旋量系分解定理

10.5.1　输出杆件约束旋量多重集与互补约束旋量多重集

引理 10.3　输出杆件约束旋量多重集是公共约束旋量多重集与互补约束旋量多重集的多重集并，表示为

$$\langle\mathbb{S}^r\rangle=\langle\mathbb{S}^c\rangle\uplus\langle\mathbb{S}_c^r\rangle,\quad \langle\mathbb{S}^c\rangle\cap\langle\mathbb{S}_c^r\rangle=\varnothing \tag{10.19}$$

式中

$$\begin{aligned}\langle\mathbb{S}^r\rangle&=\mathbb{S}_{l1}^r\uplus\mathbb{S}_{l2}^r\uplus\cdots\uplus\mathbb{S}_{lk}^r\\ \langle\mathbb{S}_c^r\rangle&=\mathbb{S}_{c1}^r\uplus\mathbb{S}_{c2}^r\uplus\cdots\uplus\mathbb{S}_{ck}^r\end{aligned} \tag{10.20}$$

式中，用多重集并算子 $\uplus$ 来组合子运动链约束旋量系的基，以构建两个不相交的多重集；$\langle\mathbb{S}^r\rangle$ 是输出杆件约束旋量多重集，表示由所有子运动链作用于输出构件上的

[4] Davies (1981, 1983) 在题为“含冗余约束的活动度公式”的两篇文章中将其称为冗余约束；张启先在 1984 年的《空间机构的分析与综合》中将这种约束称为重复约束或消极约束。

所有约束的集合; $\langle\mathbb{S}^c\rangle$ 是公共约束旋量多重集, 表示作用于输出构件上的一部分约束, 以限制输出构件运动在机构运动旋量多重集 $\langle\mathbb{S}_m\rangle$ 的范围中, 公共约束多重集具有 $k-1$ 次冗余; $\langle\mathbb{S}_c^r\rangle$ 是互补约束旋量多重集, 进一步限制输出构件的运动到输出构件运动旋量多重集 $\langle\mathbb{S}_f\rangle$ 范围内, 这里 $\langle\mathbb{S}_f\rangle\subseteq\langle\mathbb{S}_m\rangle$, 见定理 9.3。

由于多重集并的基数等于各个多重集基数的和, 式 (10.19) 的基数关系可表示为

$$\mathrm{card}\langle\mathbb{S}^r\rangle=\mathrm{card}\langle\mathbb{S}^c\rangle+\mathrm{card}\langle\mathbb{S}_c^r\rangle=k\dim\mathbb{S}^c+\mathrm{card}\langle\mathbb{S}_c^r\rangle \tag{10.21}$$

由定义 9.9 和式 (10.20) 可得

$$\mathrm{card}\langle\mathbb{S}^r\rangle=\sum_{i=1}^{k}\mathrm{card}\langle\mathbb{S}_{li}^r\rangle=\mathrm{card}\langle\mathbb{S}^c\rangle+\mathrm{card}\langle\mathbb{S}_c^r\rangle \tag{10.22}$$

式中, k 为子运动链的数目。另外, 由于一般情况下公共约束旋量多重集与互补约束旋量多重集不相交, 如式 (10.19), 因此它们的基也不相交, 表示为

$$\dim\mathbb{S}^r=\dim\mathbb{S}^c+\dim\mathbb{S}_c^r \tag{10.23}$$

当公共约束旋量系与互补约束旋量系相交时, 见 10.7 节。一般情况下, 互补约束旋量多重集 $\langle\mathbb{S}_c^r\rangle$ 中包含有需要识别的冗余约束, 其分解可以由下一节的引理 10.4 给定。

10.5.2 冗余约束旋量多重集

引理 10.4 互补约束旋量多重集可分解为

$$\langle\mathbb{S}_c^r\rangle=\mathbb{S}_c^r\uplus\langle\mathbb{S}_v^r\rangle \tag{10.24}$$

式中, 互补约束旋量系 $\mathbb{S}_c^r$ 是互补约束旋量多重集 $\langle\mathbb{S}_c^r\rangle$ 中的最大线性无关旋量组, 其余旋量组成冗余约束旋量多重集 $\langle\mathbb{S}_v^r\rangle$。显而易见, 该分解并不唯一。

定义 10.17 冗余约束旋量多重集为互补约束旋量多重集与互补约束旋量系的差, 即

$$\langle\mathbb{S}_v^r\rangle=\langle\mathbb{S}_c^r\rangle-\mathbb{S}_c^r \tag{10.25}$$

10.5.3 分解定理与分解过程

根据 10.3 节、10.5.1 节与 10.5.2 节对公共约束旋量多重集和冗余约束旋量多重集等概念的阐述以及引理 10.1 ~ 引理 10.4, 给出下述定理。

定理 10.2 约束旋量系分解定理: 在旋量系理论中, 对输出杆件约束旋量多重集 $\langle\mathbb{S}^r\rangle$ 进行下述分解, 可准确识别公共约束旋量多重集、互补约束旋量系以及冗余约束旋量多重集, 即

$$\langle\mathbb{S}^r\rangle = \langle\mathbb{S}^c\rangle \uplus \langle\mathbb{S}^r_c\rangle = \langle\mathbb{S}^c\rangle \uplus \mathbb{S}^r_c \uplus \langle\mathbb{S}^r_v\rangle \tag{10.26}$$

由此, 输出杆件约束旋量系与公共约束旋量系及互补约束旋量系有下述关系:

$$\mathbb{S}^r = \mathbb{S}^c \oplus \mathbb{S}^r_c \tag{10.27}$$

该分解与方法构成约束旋量系分解定理。

约束旋量系的分解的具体过程为:

(1) 将输出杆件约束旋量多重集分解为公共约束旋量多重集 $\langle\mathbb{S}^c\rangle$ 与互补约束旋量多重集 $\langle\mathbb{S}^r_c\rangle$ (见引理 10.3)。这两个多重集产生两个约束旋量系, 即公共约束旋量系 $\mathbb{S}^c$ 与互补约束旋量系 $\mathbb{S}^r_c$。

(2) 对输出杆件互补旋量多重集 $\langle\mathbb{S}^r_c\rangle$ 进行分解, 产生互补约束旋量系 $\mathbb{S}^r_c$ 以及与其关联的冗余约束旋量多重集 $\langle\mathbb{S}^r_v\rangle$, 即引理 10.4 中的式 (10.24)。

注释 10.8

(1) 该定理可获取过约束并联机构的**公共约束与冗余约束**, 是 10.8 节解决机构活动度问题的基础。

(2) 该定理从旋量系的物理意义出发, 揭示了机构的运动机理, 即公共约束旋量系 $\mathbb{S}^c$ 施加约束至机构, 输出杆件的运动首先被限制到机构运动旋量系 $\mathbb{S}_m$, 由此公共约束旋量系也称机构约束旋量系。互补约束旋量系 $\mathbb{S}^r_c$ 进一步将输出杆件的运动由机构运动旋量系 $\mathbb{S}_m$ 约束至输出杆件运动旋量系 $\mathbb{S}_f$。在这一过程中, 冗余约束旋量多重集 $\langle\mathbb{S}^r_v\rangle$ 对机构和输出杆件的运动无约束作用。

(3) 约束旋量系分解定理与第七章的旋量系关联关系定理, 第八章的旋量系零空间构造定理以及第九章的旋量系对偶定理堪称旋量系理论的四大定理。

10.6 约束、运动旋量系间以及与多重集的关联关系

10.6.1 互补约束旋量系与冗余约束旋量多重集的关联关系

互补约束旋量多重集基数及其旋量系阶数与冗余旋量多重集基数的关系为

$$\operatorname{card}\langle\mathbb{S}^r_c\rangle = \dim\mathbb{S}^r_c + \operatorname{card}\langle\mathbb{S}^r_v\rangle$$

将上式代入式 (10.21), 可得式 (10.26) 的**基数关系**, 为

$$\operatorname{card}\langle\mathbb{S}^r\rangle = k\dim\mathbb{S}^c + \dim\mathbb{S}^r_c + \operatorname{card}\langle\mathbb{S}^r_v\rangle \tag{10.28}$$

如上所述，互补约束旋量多重集 $\langle \mathbb{S}_c^r \rangle$ 表示的约束进一步将输出构件的运动由机构运动旋量多重集 $\langle \mathbb{S}_m \rangle$ 限制到输出构件运动旋量多重集 $\langle \mathbb{S}_f \rangle$ 中，这两种旋量系的关系可见定理 9.3 的表述。式 (10.24) 中的约束 $\langle \mathbb{S}_v^r \rangle$ 为冗余部分且对将输出构件的运动约束到 $\langle \mathbb{S}_f \rangle$ 没有贡献。此结论可以总结为以下推论。

推论 10.4 *冗余约束旋量多重集* $\langle \mathbb{S}_v^r \rangle$ *从属于互补约束旋量系* $\mathbb{S}_c^r$，*并对输出构件形成冗余约束* (Dai、Huang *和* Lipkin, 2004; 2006)。

注释 10.9 冗余约束旋量多重集不影响输出构件的运动，对机构活动度没有影响，但运用 Grübler-Kutzbach 活动度准则运算时，会被考虑为**有效约束**，以至于活动度出现负值。本书 10.8 节提出的活动度扩展准则将充分考虑其对活动度计算的影响。

10.6.2 约束与运动旋量系以及冗余约束旋量多重集的关联关系

继 10.3 节关于公共约束旋量系即机构约束旋量系的讨论与 10.4 节关于互补约束旋量系的讨论后，10.5 节提出了输出杆件约束旋量系可分解为公共约束旋量系和互补约束旋量系，从而互补约束旋量系与 9.2.2 节提出的四个基本旋量系共同构成了机构的五个旋量系。与互补约束旋量系线性相关的约束旋量构成冗余约束旋量多重集。根据 10.5.3 节定理 10.2 提出的约束旋量系分解理论与第九章提出的旋量系对偶理论，各个旋量系之间以及与多重集之间的互易与从属、包含与相交等关联关系可由图 10.2 所示的维恩图 (Venn diagram) 来表示。

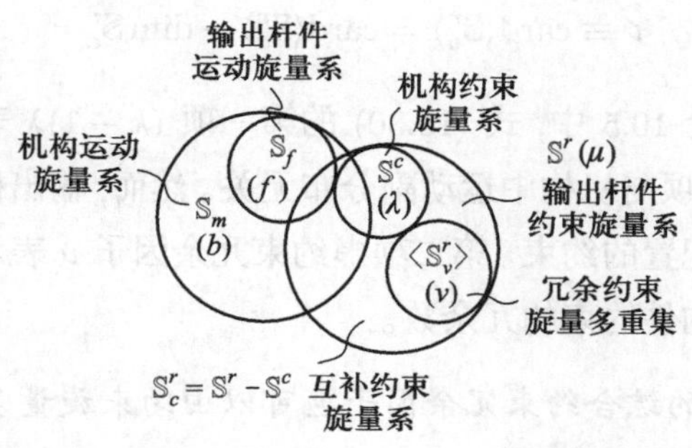

① $\mathbb{S}^r \circ \mathbb{S}_f \quad \langle \mathbb{S}_v^r \rangle \subseteq \mathbb{S}_c^r \subseteq \mathbb{S}^r$；② $\mathbb{S}^c \circ \mathbb{S}_m$；③ $\mathbb{S}^c \subseteq \mathbb{S}^r \quad \mathbb{S}_f \subseteq \mathbb{S}_m$

图 10.2 约束与运动旋量系以及冗余旋量多重集维恩图

图 10.2 中的几个数学关系式为:① 为输出杆件**旋量系与多重集关系式**;② 为机构**旋量系关系式**;③ 为机构旋量系与输出杆件旋量系关系式 (参见 9.2 节与 9.3 节)。在图 10.2 中，机构运动旋量系 $\mathbb{S}_m$ 给出了如式 (10.11) 所示的机构活动度系数 b (Waldron, 1966)，输出杆件的运动旋量系 $\mathbb{S}_f$ 生成了输出杆件相对机架的运动。定理 9.3

表明了这两个旋量系的相互关系。机构运动旋量系的互易旋量系构成了机构约束旋量系 $\mathbb{S}^c$ 即公共约束旋量系, 其维数为 λ。机构约束旋量系 $\mathbb{S}^c$ 为输出杆件约束旋量系 $\mathbb{S}^r$ 的子集。冗余约束旋量多重集 $\langle\mathbb{S}_v^r\rangle$ 与公共约束旋量系 $\mathbb{S}^c$ 分离, 但为输出杆件约束旋量多重集 $\langle\mathbb{S}^r\rangle$ 的子集, 同时也是互补约束旋量多重集 $\langle\mathbb{S}_c^r\rangle$ 的子集。本书 10.7 节将讨论当冗余约束旋量多重集 $\langle\mathbb{S}_v^r\rangle$ 与公共约束旋量系 $\mathbb{S}^c$ 关联时的状态, 此时公共约束旋量系与互补约束旋量系线性相关。

10.6.3 约束冗余因子

根据式 (10.26) 的多重集关系, 相应的基数关系式可以将式 (10.21) 与式 (10.23) 两边分别相减, 重新表示为

$$\begin{aligned}\operatorname{card}\langle\mathbb{S}^r\rangle-\dim\mathbb{S}^r&=(k-1)\dim\mathbb{S}^c+\operatorname{card}\langle\mathbb{S}_c^r\rangle-\dim\mathbb{S}_c^r\\&=(k-1)\dim\mathbb{S}^c+\operatorname{card}\langle\mathbb{S}_v^r\rangle\end{aligned}\tag{10.29}$$

由此引出下述推论。

推论 10.5 包含冗余公共约束旋量数目的机构综合约束冗余因子简称**综合冗余因子** c, 为

$$c=(k-1)\lambda+\nu\tag{10.30}$$

式中, 公共约束因子 λ 及虚约束**冗余因子** ν 分别表示为

$$\begin{aligned}&\lambda\equiv\dim\mathbb{S}^c\\&\nu\equiv\operatorname{card}\langle\mathbb{S}_v^r\rangle=\operatorname{card}\langle\mathbb{S}_c^r\rangle-\dim\mathbb{S}_c^r\end{aligned}\tag{10.31}$$

注释 10.10 推论 10.5 中, 式 (10.30) 的第一项 $(k-1)\lambda$ 表示子运动链组成的冗余公共约束个数, 该项与机构中运动副分布无关。然而, 输出构件进一步受到子运动链中运动副的特殊配置的约束。第二项虚约束冗余因子 ν 表示由机构中运动副的特殊配置造成的输出构件约束的冗余数。

推论 10.6 机构的综合约束冗余因子也可以由约束旋量多重集的基数和约束旋量系的阶数来表示

$$c\equiv\operatorname{card}\langle\mathbb{S}^r\rangle-\dim\mathbb{S}^r\tag{10.32}$$

基于定义 10.13、定义 10.17 和推论 10.5, 该关系还可以进一步表示为

$$c=(k-1)\dim\mathbb{S}^c+\operatorname{card}\langle\mathbb{S}_v^r\rangle=(k-1)\dim\mathbb{S}^c+\nu\tag{10.33}$$

式 (10.30) 中的含冗余公共约束的综合冗余因子 c 表示了输出构件约束旋量多重集中的冗余旋量的总数, 包含了冗余约束旋量多重集 $\langle\mathbb{S}_v^r\rangle$ 的基数和冗余公共约束

旋量多重集 $\langle\mathbb{S}_v^c\rangle$ 的基数, 其中冗余公共约束旋量多重集是 $k-1$ 次重复的公共约束旋量, 见定义 10.13。

当子运动链约束旋量系 $\mathbb{S}_{li}^r$ 确定后, 综合冗余因子 c 可以很容易地由式 (10.32) 获得, 该计算只需用输出杆件约束旋量多重集 $\langle\mathbb{S}^r\rangle$ 的元素数目减去其线性无关旋量的数目。式 (10.30) 和式 (10.31) 将被用于 10.8 节的活动度扩展准则及第十三章中过约束并联机构的分析中。

10.6.4 有限位移旋量系、多重集及整周运动

当 10.4 节、10.5 节与本节内容中的旋量系和多重集均为第四章和第五章中的有限位移旋量时, 以上原理同样适用, 且可以构成群结构以表达机构的整周运动。

10.7 公共约束旋量系与互补约束旋量系的关联关系

一般情况, 公共约束旋量系与互补约束旋量系是线性无关的。当线性相关时, 虽然互补约束旋量系阶数不变, 但公共约束旋量系附属于互补约束旋量系, 导致输出杆件的冗余约束旋量数增加。此时, 公共约束旋量系仍为机构约束旋量系, 但冗余约束旋量多重集的基数增加, 即 10.6.3 节中的虚约束冗余因子 ν 增加。其增加数为公共约束旋量系与互补约束旋量系的线性相关数, 或称公共约束与互补约束**交叉冗余度**。这可由下面的分析与逻辑关系图表示。

10.7.1 公共约束、互补约束与输出杆件约束旋量系的关联关系

若公共约束旋量系 $\mathbb{S}^c$ 与互补约束旋量系 $\mathbb{S}_c^r$ 线性无关, 则输出杆件约束旋量系为这两个旋量系直和, 表示为式 (10.27), 其逻辑关系见图 10.3。

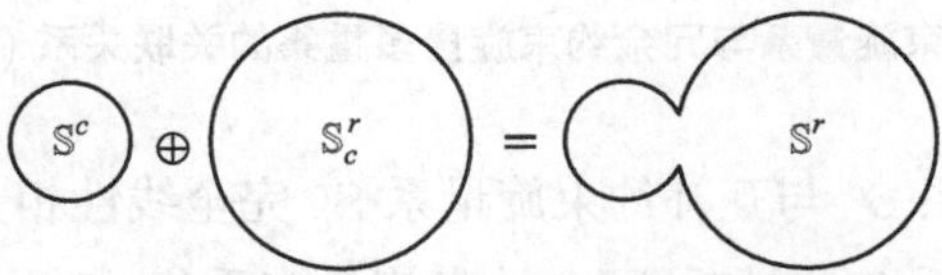

图 10.3 公共约束、互补约束与输出杆件约束旋量系的关联关系 ($\mathbb{S}^c\cap\mathbb{S}_c^r=\varnothing$)

若公共约束旋量系 $\mathbb{S}^c$ 与互补约束旋量系 $\mathbb{S}_c^r$ 线性相关, 以机构旋量系中较为常见的全相关为例, 则公共约束旋量系从属于互补约束旋量系 $\mathbb{S}_c^r$。因此输出杆件约束旋量系表示为

$$\mathbb{S}^c\cup\mathbb{S}_c^r=\mathbb{S}^r$$

相应的旋量系的关联关系见图 10.4。

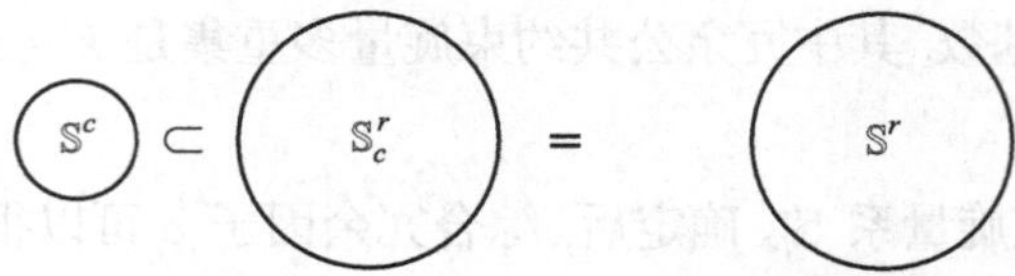

图 10.4　公共约束、互补约束与输出杆件约束旋量系的关联关系 ($\mathbb{S}^c \cap \mathbb{S}_c^r = \mathbb{S}^c$)

若公共约束旋量系 $\mathbb{S}^c$ 与互补约束旋量系 $\mathbb{S}_c^r$ 部分线性相关, 则公共约束旋量系与互补约束旋量系 $\mathbb{S}_c^r$ 产生交集。因此输出杆件约束旋量系表示为

$$\mathbb{S}_c^r \oplus (\mathbb{S}^c - \mathbb{S}^c \cap \mathbb{S}_c^r) = \mathbb{S}^r$$

其旋量系的关联关系见图 10.5。

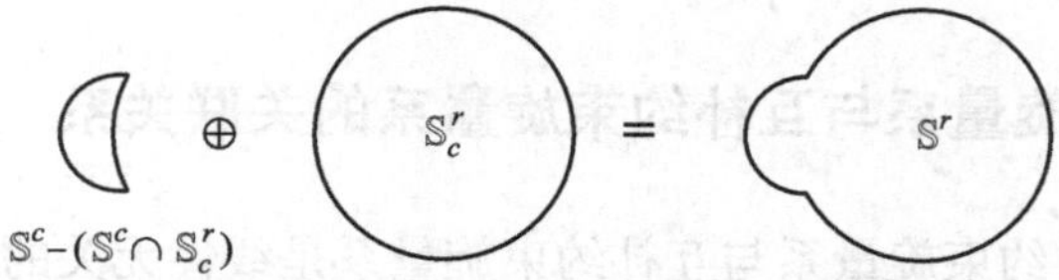

图 10.5　公共约束、互补约束与输出杆件约束旋量系的关联关系 ($\mathbb{S}^c \cap \mathbb{S}_c^r \neq \varnothing$)

10.7.2　约束旋量系与冗余约束旋量多重集的关联关系

若公共约束旋量系 $\mathbb{S}^c$ 与互补约束旋量系 $\mathbb{S}_c^r$ 线性无关, 则冗余约束旋量多重集 $\langle \mathbb{S}_v^r \rangle$ 不变。约束旋量系与冗余约束旋量多重集关联关系见图 10.6。

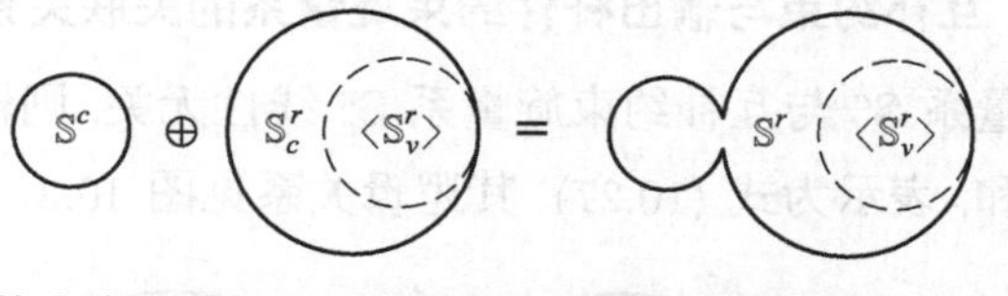

图 10.6　约束旋量系与冗余约束旋量多重集的关联关系 ($\mathbb{S}^c \cap \mathbb{S}_c^r = \varnothing$)

若公共约束旋量系 $\mathbb{S}^c$ 与互补约束旋量系 $\mathbb{S}_c^r$ 完全线性相关, 即 $\mathbb{S}_c \subseteq \mathbb{S}_c^r$, 则相关部分的公共约束旋量系 $\mathbb{S}^c$ 增加了冗余约束旋量多重集 $\langle \mathbb{S}_v^r \rangle$。此时冗余约束旋量多重集 $\langle \mathbb{S}_v^r \rangle$ 的基数增加, 由此虚约束冗余因子 ν 增加, 其增加部分是公共约束旋量系的阶数。约束旋量系与冗余约束旋量多重集关联关系见图 10.7。

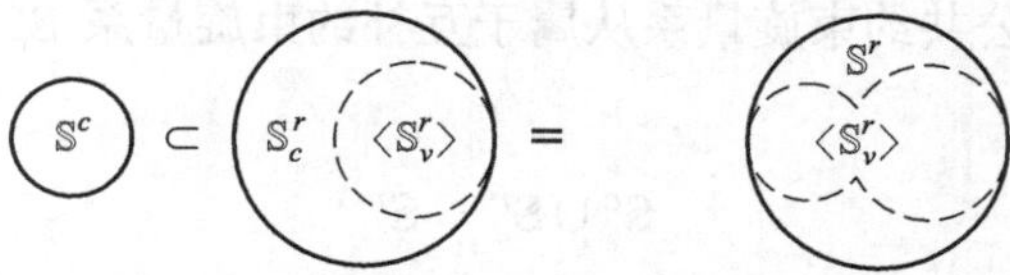

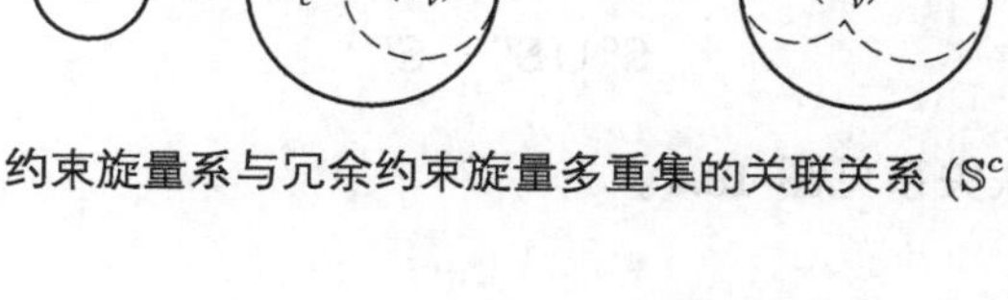

图 10.7　约束旋量系与冗余约束旋量多重集的关联关系 ($\mathbb{S}^c \cap \mathbb{S}_c^r = \mathbb{S}^c$)

若公共约束旋量系 $\mathbb{S}^c$ 与互补约束旋量系 $\mathbb{S}_c^r$ 部分线性相关, 则公共约束旋量系与互补约束旋量系 $\mathbb{S}_c^r$ 产生交集。此时冗余约束旋量多重集 $\langle\mathbb{S}_v^r\rangle$ 的基数增加, 其增加部分是公共约束旋量系与互补约束旋量系相交的阶数。由此虚约束冗余因子 ν 相应增加。约束旋量系与冗余约束旋量多重集部分相交关系见图 10.8。

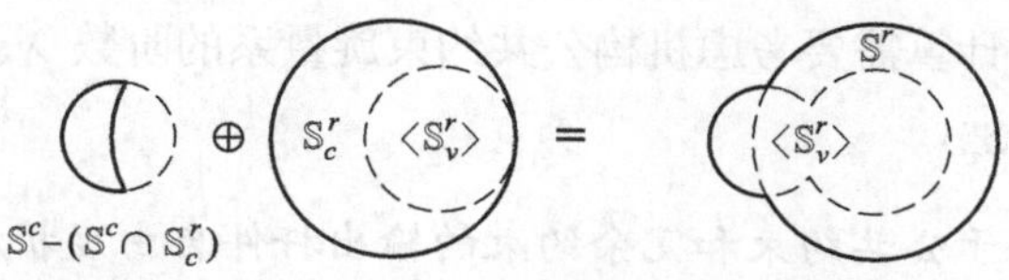

图 10.8　约束旋量系与冗余约束旋量多重集的关联关系 ($\mathbb{S}^c\cap\mathbb{S}_c^r\neq\varnothing$)

10.8　活动度扩展准则

10.8.1　基于公共约束与冗余约束的活动度扩展准则

以上关于约束旋量系及其分解的阐述可以用来修正活动度准则, 其关键是运动副间几何配置造成的影响活动度的公共约束与冗余约束。典型的例子可见 Hunt (1967) 使用线性线丛确认空间机构的瞬时旋量轴线并由此解释了许多过约束连杆机构的存在原理。

本章将公共约束外的约束力旋量构造为互补约束旋量系以及冗余约束旋量多重集。任何一个与互补约束旋量系相关的约束旋量均为冗余约束 (张启先, 1984), 它的消除不影响机构的运动。约束旋量系的分解可见 10.5 节的阐述。

由此, 活动度准则, 即式 (10.8) 和式 (10.9) 受两部分影响。首先, 由引理 10.3 以及定义 10.13, 该准则于无意间重复计入了 $k-1$ 次公共约束, 以至于少计算了应有的活动度。其次, 由引理 10.4 与推论 10.4 可知, 受式 (10.24) 所示的含互补约束旋量系 $\mathbb{S}_c^r$ 与冗余约束旋量多重集 $\langle\mathbb{S}_v^r\rangle$ 的互补约束旋量多重集 $\langle\mathbb{S}_c^r\rangle$ 的影响, 该准则又无意间将这些冗余约束作为有效约束而导致再次少算了活动度。对于这些影响, 前者可以通过引入活动度影响系数来考虑公共约束的影响; 后者可以通过增加 ν 个冗余约束旋量来加以补偿。这两部分的补偿引出下述定理。

定理 10.3　*基于公共约束和冗余约束的活动度扩展准则为*

$$m=b(n-g-1)+\sum_{i=1}^{g}f_i+\nu \tag{10.34a}$$

根据式 (10.31), 该活动度准则的基数与阶数表示形式为

$$m=b(n-g-1)+\sum_{i=1}^{g}f_i+\operatorname{card}\langle\mathbb{S}_c^r\rangle-\dim\mathbb{S}_c^r \tag{10.34b}$$

式中, 活动度系数 $b=6-\lambda$, 如式 (9.17); 公共约束因子 λ 和虚约束冗余因子 ν 分别为公共约束旋量系的阶数和冗余约束旋量多重集的基数, 如式 (10.31)。

注释 10.11 定理 10.3 给出的活动度扩展准则的关键点是引入了式 (10.31) 中的因子 λ 与 ν。根据该准则, 一个由 g 个自由度分别为 f_i 的运动副组成的 n 个刚体机构的活动度 m 的计算需要考虑机构公共约束旋量系的阶数 λ、冗余约束旋量多重集的基数 $\nu=\mathrm{card}\langle\mathbb{S}_v^r\rangle$。

推论 10.7 *基于公共约束和冗余约束的输出杆件自由度扩展准则为*

$$m=b(n-g-1)+\sum_{i=1}^{g}f_i+\nu-m_r$$

其中, m_r 为冗余活动度, 即定义 10.10 的运动冗余度加之局部自由度, 为

$$m_r=\sum_{i=1}^{k}(\mathrm{card}\langle\mathbb{S}_{li}\rangle-\dim\mathbb{S}_{li})$$

同理, 根据式 (10.31), 该自由度扩展准则的基数与阶数表示形式为

$$m=b(n-g-1)+\sum_{i=1}^{g}f_i+\mathrm{card}\langle\mathbb{S}_c^r\rangle-\dim\mathbb{S}_c^r-\sum_{i=1}^{k}(\mathrm{card}\langle\mathbb{S}_{li}\rangle-\dim\mathbb{S}_{li})$$

如果公共约束旋量系与互补约束旋量系相关, 则冗余约束旋量多重集基数增加这一相关数, 如 10.7 节。此时公式中虚约束冗余因子 ν 为含公共约束旋量系与互补约束旋量系相关维数的新的冗余约束旋量多重集的基数。

10.8.2 基于机构环路的活动度扩展准则

为了计算出基于环路的机构活动度, 考虑如式 (10.30) 的综合冗余因子 c, 可以得出如下推论。

推论 10.8 *基于机构环路的活动度扩展准则可以写为*

$$m=\sum_{i=1}^{g}f_i-6l+c \tag{10.35a}$$

根据式 (10.32), 该活动度准则的基数与阶数表示形式为

$$m=\sum_{i=1}^{g}f_i-6l+\mathrm{card}\langle\mathbb{S}^r\rangle-\dim\mathbb{S}^r \tag{10.35b}$$

改进的基于环路的活动度扩展准则使用了约束旋量多重集 $\langle\mathbb{S}^r\rangle$ 包括冗余公共约束的综合冗余因子 c, 如式 (10.30), 包含如定义 10.13 的冗余公共约束旋量多重集 $\langle\mathbb{S}_v^c\rangle$。

同 10.7.2 节, 如果公共约束旋量系与互补约束旋量系相关, 则冗余约束旋量多重集基数增加这一相关数。由此 ν 为含公共约束旋量系与互补约束旋量系相关的维数的新的冗余约束旋量多重集的基数, 式 (10.30) 中的综合冗余因子 c 则增加。

在基于集合论的旋量系分析中, 通过引入旋量系对偶定理 9.1 ~ 定理 9.4, 可以产生多种不同形式但等价于式 (10.34) 和式 (10.35) 的活动度修订公式。这些公式其实是在 Grübler-Kutzbach 准则的基础上考虑了影响活动度计算的公共约束的旋量系阶数以及冗余约束的数目。因此, 通过引入冗余公共约束以及互补约束旋量多重集 $\langle \mathbb{S}_c^r \rangle$ 中的非独立约束旋量数即虚约束冗余因子 ν, 所有的冗余约束都已被考虑进来。从计算的角度来说, 冗余约束旋量数 ν 可以很容易地由式 (10.31) 得出, 一个等价于式 (10.35) 的活动度公式可参见 Davies (1983) 的文章。

1971 年, Davies 和 Primose 将电路中关于电流和电压的 Kirchhoff 电路定律运用到运动旋量子空间的交和并运算, 以计算机构活动度, 但没有采用互易约束旋量子空间。Davies (1981, 1983) 将机械体等效于电路, 从而将机构作为电路网络, 提出了类比 **Kirchhoff 定律**来分析该网络的方法, 首次提出了具有冗余度的机构活动度公式。在这种类比中, 活动度和约束冗余度采用运动旋量或其约束旋量及互易旋量的旋量矩阵的行阶梯形递减变换来确定。

以集合论与旋量理论为基础, 以约束旋量系分解定理为核心的旋量系分析理论有效地解决了过约束机构的活动度计算问题。该理论自完整创立以来 (Dai 和 Rees Jones, 2000, 2001, 2002, 2003; Li 和 Huang, 2004; Dai、Huang 和 Lipkin, 2004, 2006), 就被国内外学者广泛引用, 在机构活动度计算以及机构综合领域至今已有许多成功应用的案例。本章 10.9 节与 10.10 节将给出五个运用该理论解决并联机构约束分析与活动度计算问题的典型实例。

10.8.3　活动度扩展准则与旋量系阶数及旋量多重集基数的关联关系

以上两小节分别给出了一般形式的活动度扩展准则和基于环路的活动度扩展准则。这两个活动度扩展准则通过旋量系理论以及约束旋量系分解定理充分考虑了公共约束与虚约束的几何含义与物理含义以及它们对机构活动度造成的影响。此外, 上述活动度扩展准则也同时考虑了特殊几何条件下公共约束旋量系与互补约束旋量系线性相关从而产生交叉冗余的情况。由此, 旋量系阶数与旋量多重集基数的关联关系揭示了机构出现约束冗余情况的本质和内涵。

由 10.8.1 节可以清楚地看出, 一般形式的活动度扩展准则采用互补约束旋量多重集基数与互补约束旋量系阶数之差来计算虚约束冗余因子, 同时采用活动度系数 b 修正冗余公共约束对活动度的影响。而由 10.8.2 节可以看出, 基于环路的活动度扩展准则通过输出杆件约束旋量多重集基数与输出杆件约束旋量系阶数之差来计算综合冗余因子, 进而补偿冗余公共约束与虚约束对活动度造成的影响。见引理 10.3 和定理 10.2。

10.8.4 基于独立参数的活动度计算公式

在活动度分析的另一个研究中, Moroskine (1954) 认为, 活动度是确定运动链或**机构构型**所需的独立坐标的数目, 表示为

$$m=\sum_{i=1}^{p} f_i - r \tag{10.36}$$

式中, p 为铰链的个数; f_i 为第 i 个铰链的自由度; r 为机构闭环中非独立铰链参数的数目。Gogu (2008) 给出了该公式的关键参数 r 的表达式为

$$r=\sum_{i=l}^{k} S_{Gi} - S_F + r_l \tag{10.37}$$

与

$$S_F = \dim R_F = \dim\left(R_{G1}\cap R_{G2}\cap\cdots\cap R_{Gk}\right) \tag{10.38}$$

$$r_l=\sum_{i=l}^{k} r_l^{Gi}, \quad P=\sum_{i=l}^{k} P_{Gi} \tag{10.39}$$

将上式代入式 (10.36), 得

$$m=\sum_{i=1}^{P} f_i - \sum_{i=l}^{k} S_{Gi} + \dim\left(R_{G1}\cap R_{G2}\cap\cdots\cap R_{Gk}\right) - \sum_{i=l}^{k} r_l^{Gi} \tag{10.40}$$

由此, 得出了可以涵盖所有并联机构活动度计算的 Gogu 公式。

10.9 冗余约束对机构活动度的影响

定义 10.18 具有公共约束或由运动副特殊几何配置引起的冗余约束的机构为**过约束机构**。

注释 10.12 过约束机构不满足 Grübler-Kutzbach 准则, 但满足定理 10.3 及推论 10.7、推论 10.8 给出的活动度扩展准则。

10.9.1 含公共约束与冗余约束的经典过约束机构

活动度准则即式 (10.8) 和式 (10.9) 受冗余约束旋量多重集 $\langle\mathbb{S}_v^r\rangle$ 的影响, 因此, 需要将 ν 个在活动度计算中多减去的冗余约束旋量多重集的基数添上以作补偿。引

进式 (9.16) 和式 (9.17) 以及式 (10.10)、式 (10.11)、式 (10.30) ~ 式 (10.32), 可以产生许多活动度修正公式的等价形式, 其中最简单的形式可以用活动度扩展准则即式 (10.34) 和式 (10.35) 表示。这些公式同时考虑了并联机构中的冗余活动度 m_r。

这一扩展准则通过引入虚约束冗余因子 ν 修正了传统的 Grübler-Kutzbach 活动度准则。这样, 输出构件约束旋量多重集 $\langle \mathbb{S}^r \rangle$ 中非独立旋量的数目就得以考虑。

如 9.5.1 节中的 Sarrus 扩展机构, 其运动平台约束旋量多重集公式 (9.36) 可以按照约束旋量系分解定理即式 (10.26) 分解为

$$\begin{aligned}
\langle \mathbb{S}^r \rangle &= \mathbb{S}_{l1}^r \uplus \mathbb{S}_{l2}^r \uplus \mathbb{S}_{l3}^r \uplus \mathbb{S}_{l4}^r \\
&= \{\boldsymbol{S}_{11}^r, \boldsymbol{S}_{12}^r, \boldsymbol{S}_{13}^r\} \uplus \{\boldsymbol{S}_{21}^r, \boldsymbol{S}_{22}^r, \boldsymbol{S}_{23}^r\} \uplus \{\boldsymbol{S}_{31}^r, \boldsymbol{S}_{32}^r, \boldsymbol{S}_{33}^r\} \uplus \{\boldsymbol{S}_{41}^r, \boldsymbol{S}_{42}^r, \boldsymbol{S}_{43}^r\} \\
&= \underbrace{\langle \boldsymbol{S}_{11}^r, \boldsymbol{S}_{21}^r, \boldsymbol{S}_{31}^r, \boldsymbol{S}_{41}^r \rangle}_{\langle \mathbb{S}^c \rangle} \uplus \underbrace{\{\boldsymbol{S}_{12}^r, \boldsymbol{S}_{13}^r, \boldsymbol{S}_{22}^r, \boldsymbol{S}_{23}^r\}}_{\mathbb{S}_c^r} \uplus \underbrace{\langle \boldsymbol{S}_{32}^r, \boldsymbol{S}_{33}^r, \boldsymbol{S}_{42}^r, \boldsymbol{S}_{43}^r \rangle}_{\langle \mathbb{S}_v^r \rangle}
\end{aligned} \tag{10.41}$$

首先根据式 (10.34) 中的活动度扩展准则, 该旋量系中有 $\nu = \operatorname{card}\langle \mathbb{S}_v^r \rangle = 4$ 个冗余约束旋量。该机构的构件数 $n = 10$, 运动副个数 $g = 12$, 由式 (10.34) 可得其活动度 $m = 5 \times (10 - 12 - 1) + 12 + 4 = 1$。

另外, 根据式 (10.35) 中的基于环路的活动度扩展准则, 输出构件约束旋量多重集有 $\operatorname{card}\langle \mathbb{S}^r \rangle = 12$ 个旋量, 由式 (10.23), 其基 $\mathbb{S}^r$ 有 $\dim \mathbb{S}^r = 5$ 个旋量, 因此根据式 (10.32) 可得综合冗余因子 $c = 12 - 5 = 7$, 又因该机构有 $l = 3$ 个支链环, 由式 (10.35) 可得活动度 $m = 12 - 6 \times 3 + 7 = 1$, 这与基于式 (10.34) 的扩展活动度计算结果相同。

10.9.2 典型的过约束并联机构

图 10.9 给出的 3-RRRH 型并联机构既包含公共约束又包含冗余约束, 是典型的过约束机构。在该机构中, 各支链中的运动副都是相互平行的。

根据图 10.9 所示, 支链 1 中的运动副轴线均平行于 x 轴, 其运动旋量系可表示为

$$\mathbb{S}_{l1} = \left\{ \begin{aligned} \boldsymbol{S}_{11} &= (1, 0, 0, 0, 0, r_{11})^{\mathrm{T}} \\ \boldsymbol{S}_{12} &= (1, 0, 0, 0, q_{12}, r_{12})^{\mathrm{T}} \\ \boldsymbol{S}_{13} &= (1, 0, 0, 0, q_{13}, r_{13})^{\mathrm{T}} \\ \boldsymbol{S}_{14} &= (1, 0, 0, p_{14}, q_{14}, r_{14})^{\mathrm{T}} \end{aligned} \right\} \tag{10.42}$$

式中, 参数 p_{ij}、q_{ij}、r_{ij} 是由运动副轴线的位置确定的参数。

求取以上旋量系的互易旋量系可得支链 1 的约束旋量系, 为

$$\mathbb{S}_{l1}^r = \left\{ \begin{aligned} \boldsymbol{S}_{11}^r &= (0, 0, 0, 0, 0, 1)^{\mathrm{T}} \\ \boldsymbol{S}_{12}^r &= (0, 0, 0, 0, 1, 0)^{\mathrm{T}} \end{aligned} \right\} \tag{10.43}$$

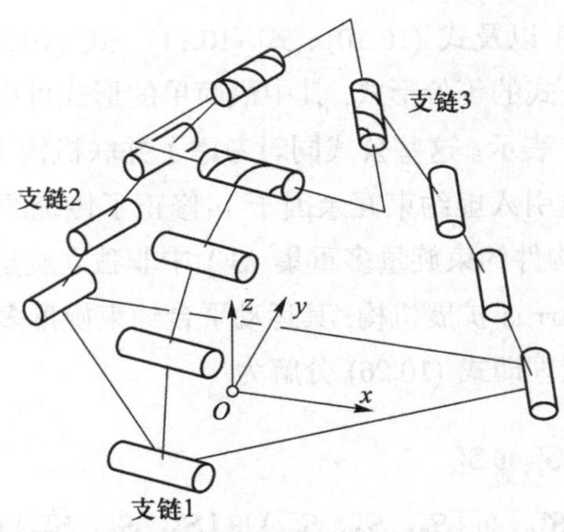

图 10.9 3-RRRH 型并联机构

该约束旋量系为两个垂直于支链 1 轴线的力偶。由于三条支链是对称布置的, 类似地, 其余两条支链的约束旋量也为垂直于各自运动副轴线的力偶。由此其余两条支链的约束旋量可以通过将约束旋量 $\boldsymbol{S}_{11}^r$ 和 $\boldsymbol{S}_{12}^r$ 绕 z 轴旋转角 $\alpha=\dfrac{2\pi}{3},\dfrac{4\pi}{3}$ 而获得, 其变换矩阵的表达式为

$$\boldsymbol{T}(\alpha)\boldsymbol{S}_{11}^r=\begin{bmatrix}\boldsymbol{R}(\alpha) & \boldsymbol{0}\\ \boldsymbol{0} & \boldsymbol{R}(\alpha)\end{bmatrix}\boldsymbol{S}_{11}^r,\quad \boldsymbol{R}(\alpha)=\begin{bmatrix}\cos\alpha & -\sin\alpha & 0\\ \sin\alpha & \cos\alpha & 0\\ 0 & 0 & 1\end{bmatrix} \tag{10.44}$$

因此, 支链 2 和支链 3 的约束旋量系为

$$\mathbb{S}_{l2}^r=\left\{\begin{array}{l}\boldsymbol{S}_{21}^r=(0,0,0,0,0,1)^{\mathrm{T}}\\ \boldsymbol{S}_{22}^r=(0,0,0,c_1,s_1,0)^{\mathrm{T}}\end{array}\right\} \tag{10.45}$$

$$\mathbb{S}_{l3}^r=\left\{\begin{array}{l}\boldsymbol{S}_{31}^r=(0,0,0,0,0,1)^{\mathrm{T}}\\ \boldsymbol{S}_{32}^r=(0,0,0,c_2,s_2,0)^{\mathrm{T}}\end{array}\right\} \tag{10.46}$$

以上约束旋量为 10.6.4 节所述的有限位移旋量且构成了运动平台的约束旋量多重集 $\langle\mathbb{S}^r\rangle$, 根据约束旋量系分解定理 10.2, 可以分解为

$$\begin{aligned}\langle\mathbb{S}^r\rangle&=\mathbb{S}_{l1}^r\uplus\mathbb{S}_{l2}^r\uplus\mathbb{S}_{l3}^r\\ &=\{\boldsymbol{S}_{11}^r,\boldsymbol{S}_{12}^r\}\uplus\{\boldsymbol{S}_{21}^r,\boldsymbol{S}_{22}^r\}\uplus\{\boldsymbol{S}_{31}^r,\boldsymbol{S}_{32}^r\}\\ &=\underbrace{\langle\boldsymbol{S}_{11}^r,\boldsymbol{S}_{21}^r,\boldsymbol{S}_{31}^r\rangle}_{\langle\mathbb{S}^c\rangle}\uplus\underbrace{\{\boldsymbol{S}_{12}^r,\boldsymbol{S}_{22}^r\}}_{\mathbb{S}_c^r}\uplus\underbrace{\langle\boldsymbol{S}_{32}^r\rangle}_{\langle\mathbb{S}_v^r\rangle}\end{aligned} \tag{10.47}$$

可见, 公共约束旋量多重集 $\langle\mathbb{S}^c\rangle$ 的三个旋量都是沿 z 轴方向的力偶, 因此其中两个为冗余约束且构成了式 (10.16) 中的冗余公共约束旋量多重集。此外, 平面 $x-y$ 中的三个力偶产生一个冗余力偶 $\langle\mathbb{S}_v^r\rangle$。

由于 $\dim \mathbb{S}^c = 1$, 故 $b = 6 - 1 = 5$, 约束旋量多重集中有 $\nu = \mathrm{card}\langle \mathbb{S}_v^r \rangle = 1$ 个冗余约束旋量, 而机构有 $n = 11$ 个构件和 $g = 12$ 个单自由度运动副, 其活动度可由式 (10.34) 计算得 $m = 5 \times (11 - 12 - 1) + 12 + 1 = 3$。

根据基于环路的活动度扩展准则, 运动平台约束旋量多重集有 $\mathrm{card}\langle \mathbb{S}^r \rangle = 6$ 个旋量, 由式 (10.23), 其基包含 $\dim \mathbb{S}^r = 3$ 个独立旋量, 则根据式 (10.32), 综合冗余因子为 $c = 6 - 3 = 3$。因此, 机构有 2 个独立环路, 根据式 (10.35) 可得机构的活动度为 $m = 12 - 6 \times 2 + 3 = 3$, 与前述分析结果相同。

求约束旋量系 $\mathbb{S}^r$ 的互易旋量系可得平台的运动旋量系, 其基可表示为

$$\mathbb{S}_f = \left\{ \begin{array}{l} \boldsymbol{S}_{f1} = (0,0,0,1,0,0)^{\mathrm{T}} \\ \boldsymbol{S}_{f2} = (0,0,0,0,1,0)^{\mathrm{T}} \\ \boldsymbol{S}_{f3} = (0,0,0,0,0,1)^{\mathrm{T}} \end{array} \right\} \tag{10.48}$$

因此, 该机构具有三个移动活动度。

10.9.3 无公共约束的过约束机构

本节对一个无公共约束的过约束机构的活动度计算过程进行阐述。在该实例研究中, 求出支链的运动旋量系进而确定支链约束旋量系, 并根据对输出构件约束旋量多重集的分解来确定冗余约束旋量多重集, 从而可以利用活动度扩展准则式 (10.34) 和基于环路的活动度扩展准则式 (10.35) 来说明机构活动度的修正过程。该过程分别借助了式 (10.31) 的不包含冗余公共约束的虚约束冗余因子 ν 和式 (10.30) 的包含冗余公共约束旋量的综合冗余因子 c。最后, 可以通过运动平台的运动旋量系来具体描述平台的活动度。

图 10.10 所示的机构为 4-UPU 型并联机构。该机构中, 四条支链的端点均匀分布于基座半径为 b 和平台半径为 a 的内接圆上。每条支链由两个虎克铰及连接两虎克铰的移动副组成, 且每个虎克铰的两个轴线分别沿水平方向和竖直方向。在运动过程中, 每个竖直方向的轴线保持竖直, 每个水平方向的轴线也保持水平, 因此该机构的平台始终平行于基座, 且每条支链的一对虎克铰的两竖直轴线和两水平轴线分别具有相同的旋转角。

在基座上的支链 1 的虎克铰运动副中心建立一个局部坐标系 $\{^1O -^1 x^1y^1z\}$, 则该支链的运动旋量系可表示为

$$^1\mathbb{S}_{b1} = \left\{ \begin{array}{l} ^1\boldsymbol{S}_{11} = (0,0,1,0,0,0)^{\mathrm{T}} \\ ^1\boldsymbol{S}_{12} = (\cos\theta, \sin\theta, 0,0,0,0)^{\mathrm{T}} \\ ^1\boldsymbol{S}_{13} = (0,0,0,-\cos\varphi\sin\theta, \cos\varphi\cos\theta, \sin\varphi)^{\mathrm{T}} \\ ^1\boldsymbol{S}_{14} = (\cos\theta, \sin\theta, 0, -l\sin\varphi\sin\theta, l\sin\varphi\cos\theta, -l\cos\varphi)^{\mathrm{T}} \\ ^1\boldsymbol{S}_{15} = (0,0,1, l\cos\varphi\cos\theta, l\cos\varphi\sin\theta, 0)^{\mathrm{T}} \end{array} \right\} \tag{10.49}$$

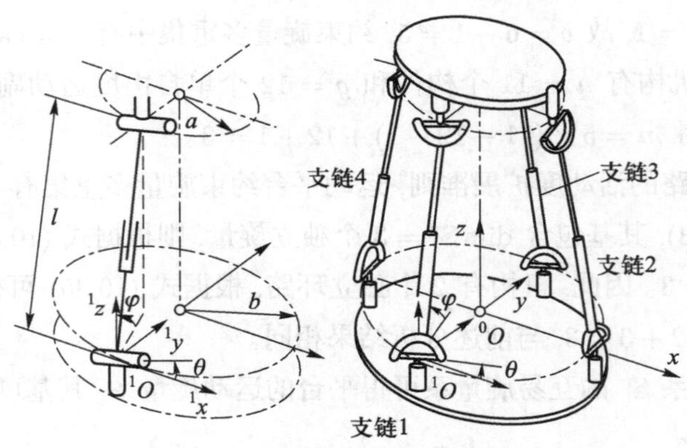

图 10.10　4-UPU 型并联机构

式中, 前两个旋量表示基座上的虎克铰; 第三个表示移动副; 后两个表示平台上的虎克铰; 前置上角标 1 表示局部坐标系 $\{{}^1x{}^1y{}^1z\}$。

由此可得其支链约束旋量系, 为

$$ {}^1\mathbb{S}_{b1}^r = \{{}^1\boldsymbol{S}_{11}^r = (0,0,0,\sin\theta,-\cos\theta,0)^{\mathrm{T}}\} \tag{10.50} $$

该约束旋量为一个垂直于虎克铰运动副两条轴线所在的公共平面的约束力偶。

该支链约束旋量可以通过沿 y 轴移动距离 b 将其转换到建立在基座中心且与该局部坐标系平行的全局坐标系中, 即

$$ \boldsymbol{S}_{11}^r = ({}_1^0\boldsymbol{T})^1\boldsymbol{S}_{11}^r \tag{10.51} $$

式中

$$ {}_1^0\boldsymbol{T} = \begin{bmatrix} \boldsymbol{I} & \boldsymbol{0} \\ \boldsymbol{A} & \boldsymbol{I} \end{bmatrix}, \quad \boldsymbol{A} = \begin{bmatrix} 0 & 0 & -b \\ 0 & 0 & 0 \\ b & 0 & 0 \end{bmatrix} \tag{10.52} $$

进一步, 该机构中四个支链在全局坐标系象限内是对称分布的, 其他三条支链的约束旋量可以通过式 (10.44) 将旋量 $\boldsymbol{S}_{11}^r$ 绕 z 轴分别旋转角 $\alpha = \pi/2$、π 和 $3\pi/2$ 而获得。

因此, 平台约束旋量多重集可表示为

$$ \langle\mathbb{S}^r\rangle = \left\langle \begin{aligned} \boldsymbol{S}_{11}^r &= (0,0,0,\sin\theta,-\cos\theta,0)^{\mathrm{T}} \\ \boldsymbol{S}_{21}^r &= (0,0,0,-\cos\theta,-\sin\theta,0)^{\mathrm{T}} \\ \boldsymbol{S}_{31}^r &= (0,0,0,-\sin\theta,\cos\theta,0)^{\mathrm{T}} \\ \boldsymbol{S}_{41}^r &= (0,0,0,\cos\theta,\sin\theta,0)^{\mathrm{T}} \end{aligned} \right\rangle \tag{10.53} $$

由此给出了二阶平台约束旋量系。如 10.5 节的定理 10.2 所述, 根据式 (10.26), 上述有限位移旋量多重集可以分解为

$$ \langle\mathbb{S}^r\rangle = \underbrace{\varnothing}_{\langle\mathbb{S}^c\rangle} \uplus \underbrace{\{\boldsymbol{S}_{11}^r, \boldsymbol{S}_{21}^r\}}_{\mathbb{S}_c^r} \uplus \underbrace{\langle\boldsymbol{S}_{31}^r, \boldsymbol{S}_{41}^r\rangle}_{\langle\mathbb{S}_v^r\rangle} \tag{10.54} $$

由上式可知, $\langle\mathbb{S}^c\rangle$ 为空集, 因此 $b = 6 - \dim\mathbb{S}^c = 6$。冗余旋量多重集中有 $\nu = \mathrm{card}\langle\mathbb{S}_v^r\rangle = 2$ 个冗余约束旋量。该机构有 $n = 10$ 个构件和 $g = 12$ 个总和为 20 个活动度的运动副, 因此由式 (10.34) 得出机构的活动度为 $m = 6\times(10-12-1)+20+2 = 4$。

根据式 (10.35) 中的基于环路的活动度扩展准则, 平台约束旋量多重集有 $\mathrm{card}\langle\mathbb{S}^r\rangle = 4$ 个旋量, 由式 (10.23), 其基包含 $\dim\mathbb{S}^r = 2$ 个旋量, 因此综合冗余因子 $c = 4 - 2 = 2$。由该机构有 $l = 3$ 个独立的支链环路以及式 (10.35) 可得, 机构的活动度为 $m = 20 - 6\times 3 + 2 = 4$, 该计算结果与前述分析结果相同。

四阶平台运动旋量系 $\mathbb{S}_f$ 与 $\mathbb{S}^r$ 是互易的, 因此, 容易计算出平台运动旋量系 $\mathbb{S}_f$ 的基具有四个旋量, 为

$$\mathbb{S}_f = \begin{Bmatrix} \boldsymbol{S}_{f1} = (0,0,1,0,0,0)^{\mathrm{T}} \\ \boldsymbol{S}_{f2} = (0,0,0,1,0,0)^{\mathrm{T}} \\ \boldsymbol{S}_{f3} = (0,0,0,0,1,0)^{\mathrm{T}} \\ \boldsymbol{S}_{f4} = (0,0,0,0,0,1)^{\mathrm{T}} \end{Bmatrix} \tag{10.55}$$

可见, 该机构具有三个平移活动度和一个绕 z 轴的转动活动度。

10.9.4 非过约束并联机构

本节介绍一个没有公共约束与冗余约束的并联机构实例。图 10.11 所示为对称的 3-RPS 型并联机构, 其全局坐标系建立在平台中心。

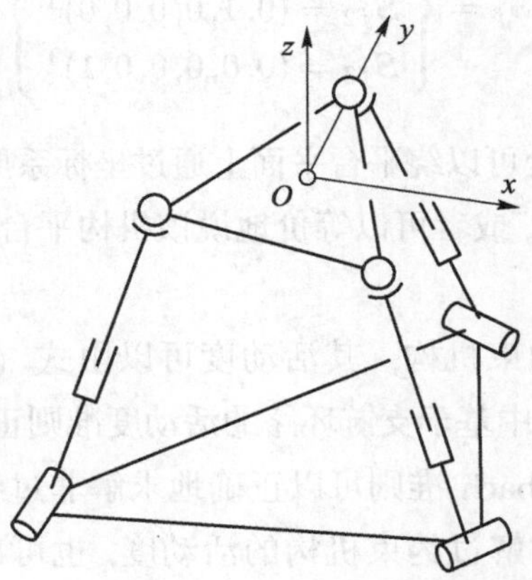

图 10.11 3-RPS 型并联机构

该机构的每条支链有五个活动度, 因此每条支链具有一个支链约束旋量, 根据不同类型铰链运动旋量系的互易旋量系的几何特征可以判断出该约束旋量为一个通过所属支链球副中心且平行于转动副的约束力。综合三条支链可得如式 (9.13) 的平

台约束旋量多重集，为

$$\langle \mathbb{S}^r \rangle = \left\langle \begin{array}{l} \boldsymbol{S}_{11}^r = (l_{11}^r, m_{11}^r, 0, 0, 0, r_{11}^r)^{\mathrm{T}} \\ \boldsymbol{S}_{21}^r = (l_{21}^r, m_{21}^r, 0, 0, 0, r_{21}^r)^{\mathrm{T}} \\ \boldsymbol{S}_{31}^r = (l_{31}^r, m_{31}^r, 0, 0, 0, r_{31}^r)^{\mathrm{T}} \end{array} \right\rangle \tag{10.56}$$

根据式 (10.26), 该有限位移旋量多重集可以分解为

$$\langle \mathbb{S}^r \rangle = \underbrace{\varnothing}_{\langle \mathbb{S}^c \rangle} \uplus \underbrace{\{\boldsymbol{S}_{11}^r, \boldsymbol{S}_{21}^r, \boldsymbol{S}_{31}^r\}}_{\mathbb{S}_c^r} \uplus \underbrace{\varnothing}_{\langle \mathbb{S}_v^r \rangle} \tag{10.57}$$

由此可见, $\langle \mathbb{S}^c \rangle$ 为空集, 则 $b = 6 - \dim \mathbb{S}^c = 6$, 同时冗余约束旋量多重集为空集, 即 $\nu = \mathrm{card}\langle \mathbb{S}_v^r \rangle = 0$。该机构具有 $n = 8$ 个构件和 $g = 9$ 个总和为 15 个活动度的运动副, 其活动度由式 (10.34) 知 $m = 6 \times (8 - 9 - 1) + 15 + 0 = 3$。由于是非过约束机构, Grübler-Kutzbach 准则适用。由此, 据式 (10.8) 得出活动度同样为 3。

根据式 (10.35) 中的基于支链环路的活动度扩展准则, 平台约束旋量多重集有 $\mathrm{card}\langle \mathbb{S}^r \rangle = 3$ 个旋量, 由式 (10.23) 其基包含 $\dim \mathbb{S}^r = 3$ 个旋量, 则由式 (10.32) 得综合冗余因子 $c = 3 - 3 = 0$。因此, 支链环路数为 $l = 2$, 由式 (10.35) 计算机构的活动度得 $m = 15 - 6 \times 2 + 0 = 3$, 与前述分析结果相同。同理, 基于环路的 Grübler-Kutzbach 准则仍适用。式 (10.9) 可给出同样的活动度。

由式 (10.56), 与平台约束旋量系 $\mathbb{S}^r$ 互易的平台运动旋量系的基可表示为

$$\mathbb{S}_f = \left\{ \begin{array}{l} \boldsymbol{S}_{f1} = (1, 0, 0, 0, 0, 0)^{\mathrm{T}} \\ \boldsymbol{S}_{f2} = (0, 1, 0, 0, 0, 0)^{\mathrm{T}} \\ \boldsymbol{S}_{f3} = (0, 0, 0, 0, 0, 1)^{\mathrm{T}} \end{array} \right\} \tag{10.58}$$

由此, 该机构运动平台可以绕平台平面上通过坐标系原点的任一条直线旋转, 同时还可以沿 z 轴方向移动, 或者可以等价地说该机构平台可以绕平台平面上的任一条直线旋转。

该例子为一个非过约束机构, 其活动度可以由式 (10.8) 中传统的 Grübler-Kutzbach 准则及式 (10.9) 中基于支链环路的活动度准则正确地求解。由此可见, 10.2 节中传统的 Grübler-Kutzbach 准则可以正确地求解非过约束机构, 而 10.8 节中的活动度扩展准则既可以求解过约束机构的活动度, 也可以求解非过约束机构的活动度。

10.10 闭环运动链的约束与运动旋量系

约束旋量系分析理论可以扩展应用到如下一些运动链的分析中。

10.10.1 含球面六杆闭环运动链的支链约束旋量系

图 10.12 给出了**球面六杆运动链**的结构特征, 该机构为图 10.13 所示的并联机构的一个闭环支链。输出构件 l_{14} 相对于球面运动链中的机架构件 l_{11} 具有三个转动活动度。

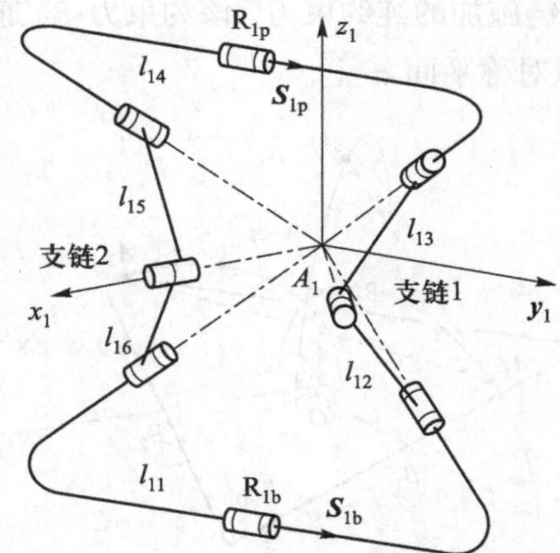

图 10.12　球面六杆运动链

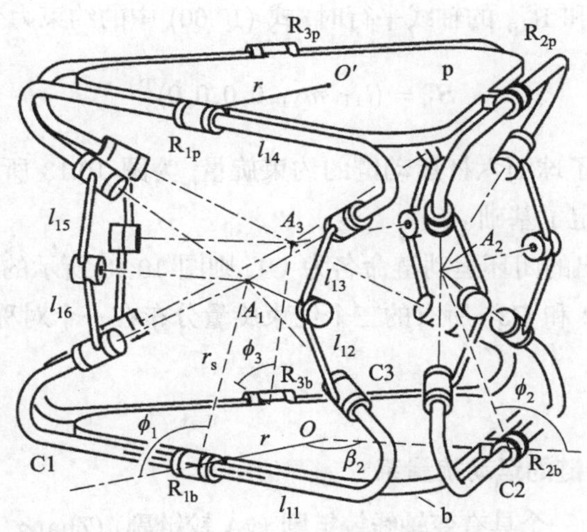

图 10.13　由三球面运动支链构成的并联机构

在坐标系 $\{x_1y_1z_1\}$ 中, 转动副 $\mathrm{R_{1b}}$ 和 $\mathrm{R_{1p}}$ 的旋量可表示为

$$\begin{cases} \boldsymbol{S}_{1\mathrm{b}} = (l_{11}, m_{11}, n_{11}, n_{11}r_{12} - m_{11}r_{13}, l_{11}r_{13} - n_{11}r_{11}, m_{11}r_{11} - l_{11}r_{12})^{\mathrm{T}} \\ \boldsymbol{S}_{1\mathrm{p}} = (l_{11}, m_{11}, -n_{11}, m_{11}r_{13} - n_{11}r_{12}, n_{11}r_{11} - l_{11}r_{13}, m_{11}r_{11} - l_{11}r_{12})^{\mathrm{T}} \end{cases} \tag{10.59}$$

式中, 坐标 $(r_{11}, r_{12}, r_{13})^{\mathrm{T}}$ 和 $(r_{11}, r_{12}, -r_{13})^{\mathrm{T}}$ 分别为转动副 $\mathrm{R_{1b}}$ 和 $\mathrm{R_{1p}}$ 中心点的坐标; 旋量的第一个下标表示如图 10.13 所示的并联机构的支链编号, 第二个下标 b 和 p 分别表示该并联机构的基座和平台。

球面六杆运动链的运动旋量系的基可构成一个五阶旋量系 $\mathbb{S}_1$。与运动旋量系 $\mathbb{S}_1$ 互易的支链约束旋量系 $\mathbb{S}_1^r$ 为

$$\mathbb{S}_1^r = \{\boldsymbol{S}_1^r = (n_{11}r_{11} - l_{11}r_{13}, n_{11}r_{12} - m_{11}r_{13}, 0, 0, 0, 0)^{\mathrm{T}}\} \tag{10.60}$$

式中, 约束旋量表示由支链施加的纯约束力。该约束力 $\mathbb{S}_1^r$ 通过虚拟中心 A_1 点并位于如图 10.14 所示的虚拟对称平面 π 上。

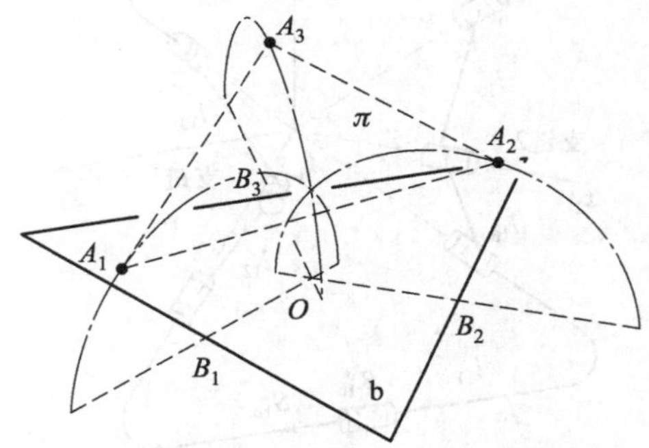

图 10.14　由 A_1、A_2 和 A_3 三点形成的虚拟对称平面 π

当转动副 $\mathrm{R_{1b}}$ 和 $\mathrm{R_{1p}}$ 的轴线平行时, 式 (10.60) 中的约束力变为

$$\boldsymbol{S}_1^r = (l_{11}, m_{11}, 0, 0, 0, 0)^{\mathrm{T}} \tag{10.61}$$

上述过程分析了球面六杆运动链的约束旋量, 为图 10.13 所示的机构的结构特征与约束力分析奠定了基础。

将图 10.12 给出的闭环运动链命名为 C1, 则图 10.13 所示的并联机构的另外两条支链可命名为 C2 和 C3。所有的三个约束旋量分布在一个对称平面上, 该对称平面也称为**约束平面**。

10.10.2　变胞运动链的运动旋量系

图 10.15 给出为一个具有**变轴线铰链副** (vA 铰链副) (Zhang、Dai 和 Fang, 2010) 的闭环运动链。该闭环运动链是图 11.6 所示的变胞并联机构中的两条支链。因此, 本节研究该闭环运动链所采用的运动副和支链等旋量系以及坐标系的建立方法均与 11.2.1 节的内容保持一致。

在局部坐标系 $\{x'y'z'\}$ 中, 转动副轴线交点 Q_1 和 Q_2 的坐标分别为 $(x, 0, -l_1)^{\mathrm{T}}$ 和 $(x, 0, l_1)^{\mathrm{T}}$, 旋量 $\boldsymbol{S}_{11}$ 和 $\boldsymbol{S}_{12}$ 的轴线可表示为

$$\boldsymbol{s}_{11} = (-\mathrm{c}\theta, -1, -\mathrm{s}\theta)^{\mathrm{T}} \tag{10.62}$$

$$\boldsymbol{s}_{12} = (x - r_0, r_0, 0)^{\mathrm{T}} \tag{10.63}$$

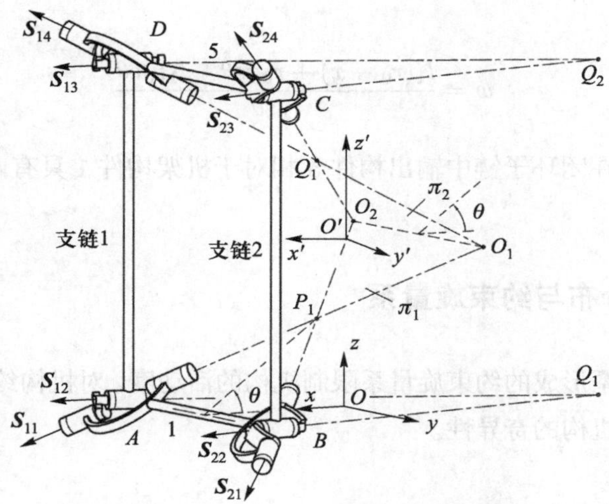

图 10.15 对称构型中支链 C1 的闭环子链

式中, r_0 为全局坐标系 $\{xyz\}$ 坐标原点 O 到直线 AB 的垂直距离; $\mathrm{c}\theta$ 和 $\mathrm{s}\theta$ 分别是 $\cos\theta$ 和 $\sin\theta$ 的缩写; 角 θ 为 $x-y$ 坐标平面到平面 π_1 的夹角。

旋量 $\boldsymbol{S}_{11}$ 和 $\boldsymbol{S}_{12}$ 的轴线之间的夹角为 α_2, α_2 的值可由下式给定:

$$\frac{\boldsymbol{s}_{11}\cdot\boldsymbol{s}_{12}}{\|\boldsymbol{s}_{11}\|\|\boldsymbol{s}_{12}\|}=\mathrm{c}\alpha_2 \tag{10.64}$$

将式 (10.62) 和式 (10.63) 中的向量 $\boldsymbol{s}_{11}$ 和 $\boldsymbol{s}_{12}$ 代入上式中, 可以解得

$$x=\frac{\pm2\sqrt{(a\mathrm{c}\theta)^2}-a[2\mathrm{c}\theta+\mathrm{c}(2\theta)-1]}{2(\mathrm{s}\theta)^2} \tag{10.65}$$

对于图 10.15 所示的闭环子链中的支链 1 和支链 2, 运动旋量系 $\mathbb{S}_{11}$ 和 $\mathbb{S}_{12}$ 可表示为

$$\mathbb{S}_{11}=\left\{\begin{array}{l}\boldsymbol{S}_{11}=(\mathrm{c}\theta,-1,-\mathrm{s}\theta,r_0\mathrm{s}\theta-l_1,r_0\mathrm{s}\theta-l_1\mathrm{c}\theta,r_0(\mathrm{c}\theta-1))^{\mathrm{T}}\\ \boldsymbol{S}_{12}=(r_0-x,-r_0,0,-r_0l_1,l_1(x-r_0),-r_0x)^{\mathrm{T}}\\ \boldsymbol{S}_{13}=(r_0-x,-r_0,0,r_0l_1,l_1(r_0-x),-r_0x)^{\mathrm{T}}\\ \boldsymbol{S}_{14}=(\mathrm{c}\theta,-1,\mathrm{s}\theta,l_1-r_0\mathrm{s}\theta,l_1\mathrm{c}\theta-r_0\mathrm{s}\theta,r_0(\mathrm{c}\theta-1))^{\mathrm{T}}\end{array}\right\} \tag{10.66}$$

$$\mathbb{S}_{12}=\left\{\begin{array}{l}\boldsymbol{S}_{21}=(\mathrm{c}\theta,1,-\mathrm{s}\theta,l_1-r_0\mathrm{s}\theta,r_0\mathrm{s}\theta-l_1\mathrm{c}\theta,r_0(1-\mathrm{c}\theta))^{\mathrm{T}}\\ \boldsymbol{S}_{22}=(r_0-x,r_0,0,-r_0l_1,l_1(x-r_0),r_0x)^{\mathrm{T}}\\ \boldsymbol{S}_{23}=(r_0-x,r_0,0,-r_0l_1,l_1(r_0-x),r_0x)^{\mathrm{T}}\\ \boldsymbol{S}_{24}=(\mathrm{c}\theta,1,\mathrm{s}\theta,r_0\mathrm{s}\theta-l_1,l_1\mathrm{c}\theta-r_0\mathrm{s}\theta,r_0(1-\mathrm{c}\theta))^{\mathrm{T}}\end{array}\right\} \tag{10.67}$$

式中, l_1 为构件 BC 和 AD 的长度。

基于运动旋量系, 输出构件运动旋量系的基可表示为

$$\mathbb{S}_1=\left\{\begin{array}{l}\boldsymbol{S}_1=(0,0,1,0,-w,0)^{\mathrm{T}}\\ \boldsymbol{S}_2=(0,1,0,0,0,r_0)^{\mathrm{T}}\end{array}\right\} \tag{10.68}$$

式中

$$w = \frac{l_1(r_0 - x) + r_0 x s\theta - l_1 r_0 c\theta}{r_0 s\theta} \tag{10.69}$$

式 (10.68) 表明, 在闭环子链中输出构件 5 相对于机架构件 1 具有两个转动活动度。

10.11 约束分布与约束旋量系

由互易旋量系形成的约束旋量系限制机构的活动度。对机构约束旋量系分布的研究有助于检验机构的奇异性。

10.11.1 三球面运动支链并联机构

以图 10.12 所示的球面六杆运动链为支链, 连接平台与基座可构成一个新型球三球面运动支链并联机构 (Zhang 等, 2010), 如图 10.13 所示。

图 10.13 所示的三支链并联机构中的运动副全部为转动副, 其基座和平台分别标记为 b 和 p, 基座与平台的形状均为等边三角形。三个转动副 $\mathrm{R_{1b}}$、$\mathrm{R_{2b}}$ 和 $\mathrm{R_{3b}}$ 分布在以原点 O 为中心, 以 r 为半径的基座的内切圆上。三个转动副 $\mathrm{R_{1p}}$、$\mathrm{R_{2p}}$ 和 $\mathrm{R_{3p}}$ 分布在以 O' 为中心, 以 r 为半径的平台的内切圆上。并联机构的支链分别记为 C1、C2 和 C3, 支链通过铰链 $\mathrm{R}_{i\mathrm{b}}$ 和 $\mathrm{R}_{i\mathrm{p}}(i=1,2,3)$ 连接基座和平台。每个支链包含一个典型的球面六杆运动链, 如图 10.12 所示。三个球支链的中心分别记为 A_1、A_2 和 A_3。

10.11.2 虚拟对称平面

图 10.13 中的球面中心 A_1 是球面运动支链 C1 的所有转动副轴线相交的点。类似地, 支链 2 有虚拟中心 A_2, 支链 3 有虚拟中心 A_3。由于球面运动链和定平台用转动副连接, 因此每一虚拟中心 A_i 的轨迹是以转动副中心 B_i 为圆心的半圆弧, 如图 10.14 所示。连接这三个虚拟中心 A_1、A_2 和 A_3 则形成一个**虚拟对称平面** π。

考虑到并联机构的对称结构, 虚拟平面 π 是平台 p 与基座 b 的对称平面。如图 10.16 所示, 在基座上建立全局坐标系 $\{xyz\}$, 坐标原点为基座的几何中心 O, x 轴与转动副 $\mathrm{R_{1b}}$ 的轴线垂直, y 轴与转动副 $\mathrm{R_{1b}}$ 的轴线平行, z 轴遵循右手坐标系规则, 为基座的法线。建立局部坐标系 $\{x_1y_1z_1\}$, 坐标原点位于转动副 $\mathrm{R_{1b}}$ 处, x_1 轴位于基座上并与 x 轴重合, y_1 轴与转动副 $\mathrm{R_{1b}}$ 的轴线共线, z_1 轴平行于 z 轴。ϕ_1 为从 x_1 轴到 B_1A_1 线的角度。用同样的方法, 在 B_2 点建立局部坐标系 $\{x_2y_2z_2\}$, 在 B_3 点建立局部坐标系 $\{x_3y_3z_3\}$。

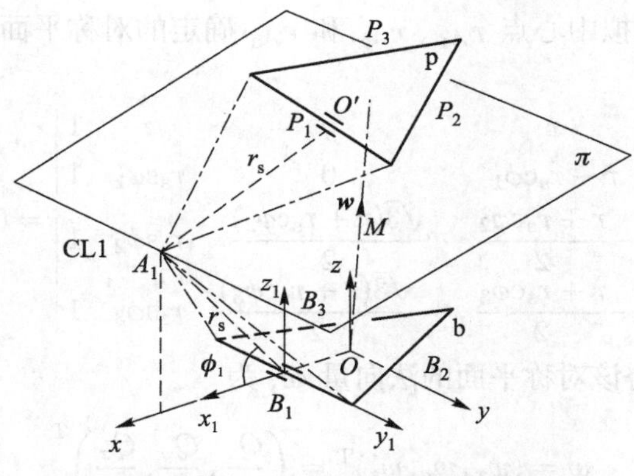

图 10.16 并联机构的几何参数

在支链的局部坐标系中, 球面运动链的虚拟中心点 A_i 的齐次坐标可表示为

$$r'_{A_i} = \begin{pmatrix} r_{\mathrm{s}}\mathrm{c}\phi_i \\ 0 \\ r_{\mathrm{s}}\mathrm{s}\phi_i \\ 1 \end{pmatrix}$$

A_i 点在全局坐标系 $\{xyz\}$ 中可表示为

$$r_{A_i} = \boldsymbol{H} r'_{A_i} \tag{10.70}$$

式中, 由式 (4.7) 可得变换矩阵 $\boldsymbol{H}$, 为

$$\boldsymbol{H} = \begin{bmatrix} \mathrm{c}\beta_i & -\mathrm{s}\beta_i & 0 & b_{xi} \\ \mathrm{s}\beta_i & \mathrm{c}\beta_i & 0 & b_{yi} \\ 0 & 0 & 1 & b_{zi} \\ 0 & 0 & 0 & 1 \end{bmatrix}$$

式中, β_i 为局部坐标系相对于全局坐标系 $\{xyz\}$ 的角度配置, 其值分别为 $\beta_1 = 0, \beta_2 = 2\pi/3, \beta_3 = 4\pi/3$。$(b_{xi}, b_{yi}, b_{xi})^{\mathrm{T}}$ 为局部坐标系原点 O_i 在全局坐标系中的位置。

将虚拟中心点的坐标 $\boldsymbol{r}_{A_i}$ 代入式 (10.70), 整理得

$$\boldsymbol{r}_{A_1} = (b_{x1} + r_{\mathrm{s}}\mathrm{c}\phi_1, b_{y1}, r_{\mathrm{s}}\mathrm{s}\phi_1, 1)^{\mathrm{T}} \tag{10.71}$$

$$\boldsymbol{r}_{A_2} = \left(b_{x2} - \frac{1}{2}r_{\mathrm{s}}\mathrm{c}\phi_2, b_{y2} + \frac{\sqrt{3}}{2}r_{\mathrm{s}}\mathrm{c}\phi_2, r_{\mathrm{s}}\mathrm{s}\phi_2, 1\right)^{\mathrm{T}} \tag{10.72}$$

$$\boldsymbol{r}_{A_3} = \left(b_{x3} - \frac{1}{2}r_{\mathrm{s}}\mathrm{c}\phi_3, b_{y3} - \frac{\sqrt{3}}{2}r_{\mathrm{s}}\mathrm{c}\phi_3, r_{\mathrm{s}}\mathrm{s}\phi_3, 1\right) \tag{10.73}$$

因此, 由三个虚拟中心点 $\boldsymbol{r}_{A_1}$、$\boldsymbol{r}_{A_2}$ 和 $\boldsymbol{r}_{A_3}$ 确定的对称平面 π 在全局坐标系中可表示为

$$\begin{vmatrix} x & y & z & 1 \\ r+r_{\mathrm{s}}\mathrm{c}\phi_1 & 0 & r_{\mathrm{s}}\mathrm{s}\phi_1 & 1 \\ -\dfrac{r+r_{\mathrm{s}}\mathrm{c}\phi_2}{2} & \dfrac{\sqrt{3}(r+r_{\mathrm{s}}\mathrm{c}\phi_2)}{2} & r_{\mathrm{s}}\mathrm{s}\phi_2 & 1 \\ -\dfrac{r+r_{\mathrm{s}}\mathrm{c}\phi_3}{2} & -\dfrac{\sqrt{3}(r+r_{\mathrm{s}}\mathrm{c}\phi_3)}{2} & r_{\mathrm{s}}\mathrm{s}\phi_3 & 1 \end{vmatrix} = 0 \tag{10.74}$$

从上述方程可以求得该对称平面的法向量 $\boldsymbol{w}$, 为

$$\boldsymbol{w} = (w_x, w_y, w_z)^{\mathrm{T}} = \left(\frac{Q_x}{\rho_w}, \frac{Q_y}{\rho_w}, \frac{Q_z}{\rho_w}\right)^{\mathrm{T}} \tag{10.75}$$

式中, 因子 ρ_w 为

$$\rho_w = \pm\sqrt{Q_x^2 + Q_y^2 + Q_z^2}$$

式中

$$\begin{aligned} Q_x &= \frac{\sqrt{3}r_{\mathrm{s}}}{2}(-(2r+r_{\mathrm{s}}(\mathrm{c}\phi_2+\mathrm{c}\phi_3))\mathrm{s}\phi_1 + r(\mathrm{s}\phi_2+\mathrm{s}\phi_3) + r_{\mathrm{s}}\mathrm{s}(\phi_2+\phi_3)) \\ Q_y &= \frac{r_{\mathrm{s}}}{2}(r_{\mathrm{s}}\mathrm{c}\phi_2(\mathrm{s}\phi_3-\mathrm{s}\phi_1) + r_{\mathrm{s}}\mathrm{c}\phi_3(\mathrm{s}\phi_1-\mathrm{s}\phi_2) - (3r+2r_{\mathrm{s}}\mathrm{c}\phi_1)(\mathrm{s}\phi_2-\mathrm{s}\phi_3)) \\ Q_z &= \frac{\sqrt{3}}{2}(r_{\mathrm{s}}\mathrm{c}\phi_2(2r+r_{\mathrm{s}}\mathrm{c}\phi_3) + r(3r+2r_{\mathrm{s}}\mathrm{c}\phi_1) + r_{\mathrm{s}}\mathrm{c}\phi_1(2r+r_{\mathrm{s}}(\mathrm{c}\phi_2+\mathrm{c}\phi_3))) \end{aligned}$$

10.11.3 约束力在对称平面中的分布

并联机构的运动平台在约束平面中受 10.10.1 节所述的三个约束力的作用。在一般构型下, 三个虚拟中心点 A_1、A_2 和 A_3 是不重合的, 对称约束平面是唯一确定的。因此, 所有三个约束力构成一个 3 阶旋量系。

考虑并联机构的对称性, 式 (10.59) 中的旋量 $\boldsymbol{S}_{1\mathrm{b}}$ 和 $\boldsymbol{S}_{1\mathrm{p}}$ 相交于对称平面 π 上的公共点 D_1。约束旋量 $\boldsymbol{S}_1^r$ 分别与运动旋量 $\boldsymbol{S}_{1\mathrm{b}}$ 和 $\boldsymbol{S}_{1\mathrm{p}}$ 共面, 且与 5 阶运动旋量系中的其他旋量相交。由于约束旋量 $\boldsymbol{S}_1^r$ 的旋距为零, 基于第七章中旋量系的关联关系理论, 可以得到该约束旋量轴线即为互易旋量所形成的两平面的交线, 且该交线通过公共点 D_1。类似于支链 C1, 对应于支链 C2 的约束旋量 $\boldsymbol{S}_2^r$ 与运动旋量 $\boldsymbol{S}_{2\mathrm{b}}$ 共面, 对应于支链 C3 的约束旋量 $\boldsymbol{S}_3^r$ 与运动旋量 $\boldsymbol{S}_{3\mathrm{b}}$ 共面。两个支链中, 运动旋量与其互易约束旋量分别相交于点 D_2 和 D_3。因此, 并联机构支链约束分布可用图 10.17 描述所示。当支链中旋量 $\boldsymbol{S}_{i\mathrm{b}}$ 和 $\boldsymbol{S}_{i\mathrm{p}}$ 相互平行时, 约束旋量 $\boldsymbol{S}_i^r$ 将与两个运动旋量 $\boldsymbol{S}_{i\mathrm{b}}$ 和 $\boldsymbol{S}_{i\mathrm{p}}$ 的轴线平行。

当机构动平台平行于定平台时, 三个支链中的旋量分别平行, 即 $\boldsymbol{S}_{1\mathrm{b}}//\boldsymbol{S}_{1\mathrm{p}}$, $\boldsymbol{S}_{2\mathrm{b}}//\boldsymbol{S}_{2\mathrm{p}}$, $\boldsymbol{S}_{3\mathrm{b}}//\boldsymbol{S}_{3\mathrm{p}}$。此时, 三个约束力 $\boldsymbol{S}_1^r$、$\boldsymbol{S}_2^r$ 和 $\boldsymbol{S}_3^r$ 都与机构的上、下平台平行。

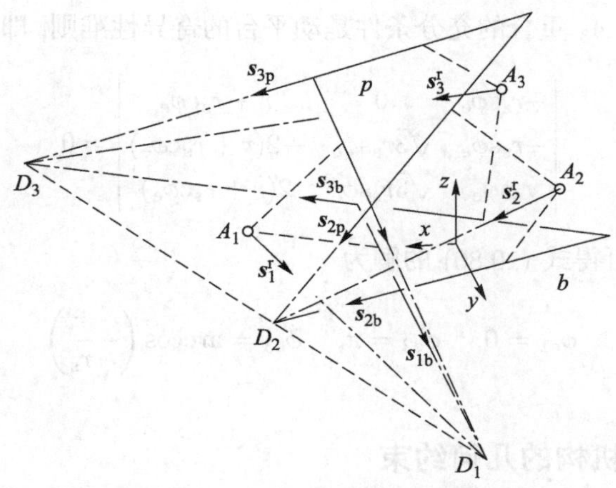

图 10.17　一般构型下的约束分布

当机构处于一般位形时，三个约束力的几何关系如图 10.17 所示，对应的三个虚拟中心 A_1、A_2 和 A_3 不重合。如果三个约束力的轴线相交于一点，则每个支链中由旋量 $\boldsymbol{S}_{i\mathrm{b}}$ 与其互易旋量 $\boldsymbol{S}_i^r$ 所形成的三个平面将存在公共交点。由于旋量 $\boldsymbol{S}_{i\mathrm{b}}$ 轴线与基座三角形的边重合，因此，上述三个平面的可能交点为虚拟中心 A_1、A_2 和 A_3 重合时的公共点。然而，这一结果与如图 10.17 所示一般位形时三个虚拟中心 A_1、A_2 和 A_3 不重合的前提条件不符。因此，三个支链提供的三个约束力只有当虚拟中心 A_1、A_2 和 A_3 重合时才相交于同一公共点。

三个虚拟中心 A_1、A_2 和 A_3 重合的必要条件是图 10.13 中的三个输入角 ϕ_i 相等，即 $\phi_1=\phi_2=\phi_3=\phi$。此时，每个支链中的约束旋量分别与 $\boldsymbol{S}_{i\mathrm{b}}$ 平行，约束旋量 $\boldsymbol{S}_i^r$ 轴线方向向量在全局坐标系 $\{xyz\}$ 中可表示为

$$\boldsymbol{s}_1^r=(0,1,0)^{\mathrm{T}} \tag{10.76}$$

$$\boldsymbol{s}_2^r=(\sqrt{3},1,0)^{\mathrm{T}} \tag{10.77}$$

$$\boldsymbol{s}_3^r=(\sqrt{3},-1,0)^{\mathrm{T}} \tag{10.78}$$

联立式 (10.71)、式 (10.72) 及式 (10.73)，可求出虚拟中心 A_1、A_2 和 A_3 的坐标，平台的约束旋量系在全局坐标系中可表示为

$$\mathbb{S}^r=\left\{\begin{array}{l}\boldsymbol{S}_1^r=(0,1,0,-r_{\mathrm{s}}\mathrm{s}\phi_{\mathrm{e}},0,r+r_{\mathrm{s}}\mathrm{c}\phi_{\mathrm{e}})^{\mathrm{T}}\\ \boldsymbol{S}_2^r=(\sqrt{3},1,0,-r_{\mathrm{s}}\mathrm{s}\phi_{\mathrm{e}},\sqrt{3}r_{\mathrm{s}}\mathrm{s}\phi_{\mathrm{e}},-2(r+r_{\mathrm{s}}\mathrm{c}\phi_{\mathrm{e}})^{\mathrm{T}}\\ \boldsymbol{S}_3^r=(\sqrt{3},-1,0,r_{\mathrm{s}}\mathrm{s}\phi_{\mathrm{e}},\sqrt{3}r_{\mathrm{s}}\mathrm{s}\phi_{\mathrm{e}},2(r+r_{\mathrm{s}}\mathrm{c}\phi_{\mathrm{e}})^{\mathrm{T}}\end{array}\right\} \tag{10.79}$$

当分布在对称平面 π 上的三个约束力线性相关时，动平台发生约束奇异。只有当三个约束旋量相交于一公共点时，动平台的约束旋量系才产生退化。因此，三个虚

拟中心 A_1、A_2 和 A_3 重合的充分条件是动平台的奇异性准则, 即

$$\begin{vmatrix} -r_\mathrm{s}\mathrm{s}\phi_\mathrm{e} & 0 & r+r_\mathrm{s}\mathrm{c}\phi_\mathrm{e} \\ -r_\mathrm{s}\mathrm{s}\phi_\mathrm{e} & \sqrt{3}r_\mathrm{s}\mathrm{s}\phi_\mathrm{e} & -2(r+r_\mathrm{s}\mathrm{c}\phi_\mathrm{e}) \\ r_\mathrm{s}\mathrm{s}\phi_\mathrm{e} & \sqrt{3}r_\mathrm{s}\mathrm{s}\phi_\mathrm{e} & 2(r+r_\mathrm{s}\mathrm{c}\phi_\mathrm{e}) \end{vmatrix} = 0 \tag{10.80}$$

由于 $0 \leqslant \phi_i \leqslant \pi$, 可得式 (10.80) 的解为

$$\phi_\mathrm{e1} = 0, \quad \phi_\mathrm{e2} = \pi, \quad \phi_\mathrm{e3} = \arccos\left(-\frac{r}{r_\mathrm{s}}\right) \tag{10.81}$$

10.12 过约束机构的几何约束

10.12.1 过约束机构

在前面章节中, 以抓持、闭环运动链及并联机构为例阐述并表达了约束与活动度的关系, 探讨了约束旋量系的分解与分析, 得出了活动度扩展准则以及基于环路的活动度扩展准则。本节将专门阐述过约束机构的约束与活动度。两个世纪以来, 过约束机构所具有的运动对称性及几何学问题一直令数学家着迷。

过约束机构具有有限活动度但不满足 Grübler-Kutzbach 活动度准则。在前面的分析中, 过约束机构拥有冗余约束。而冗余约束特性是机构活动度与原有活动度准则矛盾的主要根源。过约束机构的运动由运动副轴线的特殊几何配置产生。

过约束机构的发展有长达两个世纪的历史。Sarrus (1853) 首先提出了如图 9.3 所示的空间过约束连杆机构。该机构由两组铰链运动副组成, 每组运动副由三个平行的转动副组成, 且两组互成一定角度。Bennett (1903) 提出了空间 4R 连杆机构, 该机构的每一铰链运动副轴线垂直于两个相邻的构件。其运动的特定条件由 Bennett (1905) 提出。这引出了以 Bennett (1914) 命名的 6R 连杆机构, 该机构由两个球体 4R 连杆机构组合而成。对过约束机构的兴趣使 Bricard (1927) 发明了六种可动的 6R 过约束连杆机构, 分别具有线对称环、平面对称环、正交链、平面对称八面体链、双重可折叠八面体链以及平面球面混合链。

对数学的热情也促使许多更令人赞叹的发明产生。Schatz 于 1929 年发明了**可逆转立方体**机构, 其具有基于**柏拉图立体**研究的难以置信的几何内涵。该机构被 Schatz (1975) 用于工业混料机。Waldron (1968) 提出, 任何两个具有单活动度的单环连杆机构可以在空间配置使它们共享一个公共轴。由此, 他提出了采用两个 Bennett 连杆机构, 并将一个 Bennett 连杆机构的一个轴线与另一个 Bennett 连杆机构的一个轴线共线, 从而生成一个新的 6R 过约束机构。Lee 和 Yan (1993) 提出了三个 6R 过约束机构, 每个都有三个平行轴。Baker (2002) 将**双虎克铰运动副连杆机构**扩展为**双球铰连杆机构**, 并发展了双虎克铰运动副连杆机构的位移闭合方程, 这

产生了 28 个过约束连杆机构。Cui 和 Dai (2011) 提出了一种新的分析方法，发明了一种新的过约束机构，该机构分类为新的**双中心 6R 过约束机构**。

10.12.2 几何约束

在一般的 6R 过约束机构中，如图 10.18 所示，可采用 Denavit-Hartenberg 的常规方法 (1955) 进行分析。z_i 轴与第 i 个转动副的轴线一致，x_i 轴沿着第 i 个和第 $i+1$ 个铰链轴之间的公法线，连杆和轴线参数包含相邻两轴线公垂线距离参数 a_i、旋转轴线参数 d_i 以及轴线交角 δ_i。运动参数是 θ_i。轴线参数与运动参数的表示如图 10.17 所示。这些参数可由如下定义给出。

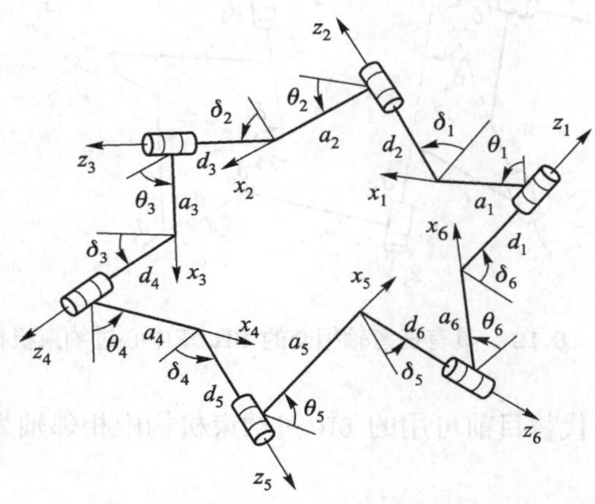

图 10.18　一般 6R 机构

定义 10.19　Denavit-Hartenberg 参数给出了空间运动链或机器人的连杆与参考系的描述方法，其前两个参数为单连杆两端轴线参数:

(1) 两端轴线的公垂线长度为**连杆长度** a;

(2) 两端轴线的空间夹角为**连杆扭角** δ。

后两个参数为两连杆连接的共用轴线参数:

(1) 两公垂线在共用轴线上的偏移距离为连杆**偏移量** d;

(2) 两连杆在共用轴线上的转角为**关节转角** θ。

对于图 10.18 所示的一般 6R 连杆机构，应用齐次变换可得闭环方程，为

$$\boldsymbol{H}_1\boldsymbol{H}_2\boldsymbol{H}_3\boldsymbol{H}_4\boldsymbol{H}_5\boldsymbol{H}_6 = \boldsymbol{I} \tag{10.82}$$

该方程可重写为

$$\boldsymbol{H}_1\boldsymbol{H}_2\boldsymbol{H}_3 = \boldsymbol{H}_6^{-1}\boldsymbol{H}_5^{-1}\boldsymbol{H}_4^{-1} \tag{10.83}$$

由于研究的关键是 6R 双中心连杆机构, 可以假设轴 z_2、z_3 和 z_4 在一点相交形成一个中心, 轴 z_5、z_6 和 z_1 在另一点相交形成另一个中心。这种配置使得轴垂直构件参数 a_1、a_3、a_4、a_6、轴构件参数 d_1 和 d_4 为零, 即

$$a_6 = d_1 = a_1 = 0, \quad a_3 = d_4 = a_4 = 0 \tag{10.84}$$

这就形成了 6R 双中心过约束机构, 如图 10.19 所示, 该机构具有两个剩余的轴垂直构件参数 a_2 和 a_5, 四个轴构件参数 d_2、d_3、d_5 和 d_6, 以及轴交角 $\delta_1 \sim \delta_6$。

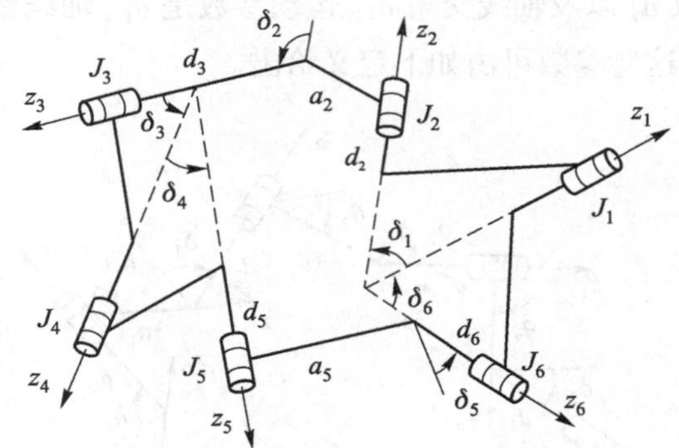

图 10.19　具有任意轴相交的 6R 双中心过约束机构

在这种配置中, 代替目前可用的 6R 过约束机构中相邻轴为正交的情形, 相交角 δ_i 可以是任意值。

将式 (10.84) 中的双中心机构的参数代入式 (10.83), 得

$$\begin{bmatrix} e_{11} & e_{12} & e_{13} & e_{14} \\ e_{21} & e_{22} & e_{23} & e_{24} \\ e_{31} & e_{32} & e_{33} & e_{34} \\ 0 & 0 & 0 & 1 \end{bmatrix} = \begin{bmatrix} e'_{11} & e'_{12} & e'_{13} & e'_{14} \\ e'_{21} & e'_{22} & e'_{23} & e'_{24} \\ e'_{31} & e'_{32} & e'_{33} & e'_{34} \\ 0 & 0 & 0 & 1 \end{bmatrix} \tag{10.85}$$

令上式左边的每一分量等于右边的每一分量, 则可生成 12 个方程。

上述方程中的 3×3 子矩阵由转动矩阵相乘得到, 为正交矩阵。由此子矩阵得到的九个方程中仅有三个方程是独立的。另外三个独立方程可以由上述矩阵的最后一列得到。由此可以得到六个独立方程。

在六个独立方程中, 方程 $e_{14} = e'_{14}$、$e_{24} = e'_{24}$ 和 $e_{34} = e'_{34}$ 包含构件参数以及轴参数 a_i、d_i 和 δ_i, 也包括运动参数 θ_i。这三个方程支配铰链轴的几何约束。来自 3×3 子矩阵的另外三个方程仅包含轴交角 δ_i 和运动参数 θ_i。它们形成空间机构的球面特征曲线的运动方程 (Duffy 和 Crane, 1980), 并给出了运动参数 θ_i 之间的关系。

在最后一列, 式 (10.85) 两边对应的分量 e_{14} 和 e'_{14} 给出关系式 $e_{14} = e'_{14}$。代

入 Cui 和 Dai (2011) 提出的参数展开, 得

$$(d_3 s\theta_2 s\delta_2 + a_2 c\theta_2)c\theta_1 - (a_2 c\delta_1 s\theta_2 - d_3 c\delta_1 s\delta_2 c\theta_2 - d_3 s\delta_1 c\delta_2 - d_2 s\delta_1)s\theta_1 \\ = -a_5 c\theta_6 - d_5 s\theta_6 s\delta_5 \tag{10.86}$$

由式 (10.85) 两边对应的分量 e_{24} 和 e'_{24} 得关系式 $e_{24} = e'_{24}$。代入参数展开, 得

$$(d_3 s\theta_2 s\delta_2 + a_2 c\theta_2)s\theta_1 + (a_2 c\delta_1 s\theta_2 - d_3 c\delta_1 s\delta_2 c\theta_2 - d_3 s\delta_1 c\delta_2 - d_2 s\delta_1)c\theta_1 \\ = a_5 c\delta_6 s\theta_6 - d_5 s\delta_5 c\delta_6 c\theta_6 - d_5 c\delta_5 s\delta_6 - d_6 s\delta_6 \tag{10.87}$$

类似地, 由式 (10.85), 得 $e_{34} = e'_{34}$, 代入参数展开, 得

$$-d_3 s\delta_1 s\delta_2 c\theta_2 + a_2 s\delta_1 s\theta_2 + d_2 c\delta_1 + d_3 c\delta_1 c\delta_2 \\ = d_5 s\delta_5 s\delta_6 c\theta_6 - a_5 s\delta_6 s\theta_6 - d_5 c\delta_5 c\delta_6 - d_6 c\delta_6 \tag{10.88}$$

上述三个方程产生了 6R 双中心过约束机构的几何约束。它们也被用于推导运动参数的铰链空间的解的一部分。

在式 (10.85) 所示的 3 × 3 正交子矩阵中, 可识别出方程 $e_{13} = e'_{13}$、$e_{33} = e'_{33}$ 和 $e_{22} = e'_{22}$。它们产生下面三个方程, 其参数见 (Cui 和 Dai, 2011)。

$$(-s\delta_1 s\delta_2 s\delta_3 s\theta_1 + c\delta_2 s\delta_3 c\theta_1 s\theta_2 + c\delta_1 c\delta_2 s\delta_3 s\theta_1 c\theta_2)c\theta_3 \\ +(-c\delta_1 s\delta_3 s\theta_1 s\theta_2 + s\delta_3 c\theta_1 c\theta_2)s\theta_3 + s\delta_2 c\delta_3 c\theta_1 s\theta_2 + c\delta_1 s\delta_2 c\delta_3 s\theta_1 c\theta_2 \\ = s\delta_4 c\delta_5 s\theta_6 c\theta_5 + s\delta_4 c\theta_6 s\theta_5 + c\delta_4 s\delta_5 s\theta_6 \tag{10.89}$$

$$(-s\delta_1 c\delta_2 s\delta_3 c\theta_2 - c\delta_1 s\delta_2 s\delta_3)c\theta_3 + s\delta_1 s\delta_3 s\theta_2 s\theta_3 + c\delta_1 c\delta_2 c\delta_3 - s\delta_1 s\delta_2 c\delta_3 c\theta_2 \\ = s\delta_4 s\delta_6 s\theta_6 s\theta_5 - c\delta_4 s\delta_5 s\delta_6 c\theta_6 + c\delta_4 c\delta_5 c\delta_6 - (s\delta_4 c\delta_5 s\delta_6 c\theta_6 + s\delta_4 s\delta_5 c\delta_6)c\theta_5 \tag{10.90}$$

$$-c\delta_3 s\theta_1 c\theta_2 s\theta_3 - c\delta_1 c\delta_3 c\theta_1 s\theta_2 s\theta_3 - c\delta_2 c\delta_3 s\theta_1 s\theta_2 c\theta_3 + c\delta_1 c\delta_2 c\delta_3 c\theta_1 c\theta_2 c\theta_3 \\ -s\delta_1 s\delta_2 c\delta_3 c\theta_1 c\theta_3 + s\delta_2 s\delta_3 c\theta_1 s\theta_2 - c\delta_1 s\delta_2 s\delta_3 c\theta_1 c\theta_2 - s\delta_1 c\delta_2 s\delta_3 c\theta_1 \\ = -c\delta_6 s\delta_4 c\theta_5 s\theta_6 - c\delta_5 c\delta_6 s\theta_4 s\theta_5 c\theta_6 + s\delta_5 s\delta_6 s\theta_4 s\theta_5 - c\delta_4 c\delta_6 c\theta_4 s\theta_5 s\theta_6 \\ +c\delta_4 c\delta_5 c\delta_6 s\theta_4 c\theta_5 c\theta_6 - c\delta_4 s\delta_5 s\delta_6 s\theta_4 c\theta_5 - s\delta_4 s\delta_5 c\delta_6 s\theta_4 c\theta_6 - s\delta_4 c\delta_5 s\delta_6 c\theta_4 \tag{10.91}$$

上述三个方程将被用于推导其余的运动参数的铰链空间的解。于是六个独立方程定义了 6R 双球面过约束机构。该过约束机构有一个活动度, 六个独立方程必须由有限范围内给定的输入角来满足。

10.12.3 轴线约束方程

通过因式分解上述独立方程并使用 Sylvester 的析配消元法 (Whittaker, 1921) 消去输入变量, 可以揭示出几何约束。

整理独立方程式 (10.89) 和式 (10.90), 得

$$\begin{aligned}A\mathrm{c}\theta_1 - B\mathrm{s}\theta_1 &= X\\ A\mathrm{s}\theta_1 + B\mathrm{c}\theta_1 &= -Y\end{aligned} \tag{10.92}$$

式中

$$\begin{aligned}A &= d_3\mathrm{s}\theta_2\mathrm{s}\delta_2 + a_2\mathrm{c}\theta_2\\ B &= a_2\mathrm{c}\delta_1\mathrm{s}\theta_2 - d_3\mathrm{c}\delta_1\mathrm{s}\delta_2\mathrm{c}\theta_2 - d_3\mathrm{s}\delta_1\mathrm{c}\delta_2 - d_2\mathrm{s}\delta_1\\ X &= -a_5\mathrm{c}\theta_6 - d_5\mathrm{s}\theta_6\mathrm{s}\delta_5\\ Y &= -(a_5\mathrm{c}\delta_6\mathrm{s}\theta_6 - d_5\mathrm{s}\delta_5\mathrm{c}\delta_6\mathrm{c}\theta_6 - d_5\mathrm{c}\delta_5\mathrm{s}\delta_6 - d_6\mathrm{s}\delta_6)\end{aligned}$$

引入三角恒等式方程, 有

$$\begin{aligned}\mathrm{s}\theta_1 - x_1\mathrm{c}\theta_1 &= x_1\\ x_1\mathrm{s}\theta_1 + \mathrm{c}\theta_1 &= 1\end{aligned} \tag{10.93}$$

式中, $x_1 = \tan\theta_1$。

将 $x_1 = \tan\theta_1$ 代入式 (10.92), 得

$$\begin{aligned}(A+X)x_1 + (B+Y) &= 0\\ (B-Y)x_1 - (A-X) &= 0\end{aligned} \tag{10.94}$$

取 $x_2 = \tan(\theta_2/2)$ 和 $x_6 = \tan(\theta_6/2)$, 于是

$$\mathrm{s}\theta_2 = \frac{2x_2}{1+x_2^2},\quad \mathrm{c}\theta_2 = \frac{1-x_2^2}{1+x_2^2},\quad \mathrm{s}\theta_6 = \frac{2x_6}{1+x_6^2},\quad \mathrm{c}\theta_6 = \frac{1-x_6^2}{1+x_6^2} \tag{10.95}$$

将上式代入式 (10.93), 产生两个基本方程, 即

$$(D_1x_2^2 + E_1x_2 + F_1)x_1 + (G_1x_2^2 + H_1x_2 + I_1) = 0 \tag{10.96}$$

与

$$(D_2x_2^2 + E_2x_2 + F_2)x_1 + (G_2x_2^2 + H_2x_2 + I_2) = 0 \tag{10.97}$$

从 θ_1 中提取 x_1, 从 θ_2 中提取 x_2, 则 θ_6 中的变量 x_6 可以用系数 D_i、E_i、F_i、G_i、H_i 和 I_i 表示。

将式 (10.95) 代入式 (10.88), 得

$$Lx_2^2 + Mx_2 + N = 0 \tag{10.98}$$

式中, 系数 L、M、N 是半角的正切值 $x_6 = \tan(\theta_6/2)$ 的二次方程, 见 (Cui 和 Dai, 2011)。

对于上面三个方程, 可以应用 Sylvester 的析配消元法对变量 x_1 和 x_2 进行因式分解。这可以通过下面步骤完成: 用 x_2 乘以式 (10.96) 和式 (10.97), 产生两个方程, 再分别用 $x_1x_2^2$、x_1x_2 和 x_1 乘以式 (10.98) 产生另外三个方程, 将这五个方程同式 (10.96) ~ 式 (10.98) 联立, 用矩阵形式表示为

$$\boldsymbol{G}\boldsymbol{X} = \boldsymbol{0} \tag{10.99}$$

式中, 约束矩阵 $\boldsymbol{G}$ 包含该构件和轴的参数以及角 θ_6 的输出铰链的变量 x_6。

这提出了具有约束矩阵的**几何约束方程**, 为

$$\boldsymbol{G} = \begin{bmatrix} 0 & D_1 & E_1 & F_1 & 0 & G_1 & H_1 & I_1 \\ D_1 & E_1 & F_1 & 0 & G_1 & H_1 & I_1 & 0 \\ 0 & D_2 & E_2 & F_2 & 0 & G_2 & H_2 & I_2 \\ D_2 & E_2 & F_2 & 0 & G_2 & H_2 & I_2 & 0 \\ 0 & 0 & 0 & 0 & 0 & L & M & N \\ 0 & 0 & 0 & 0 & L & M & N & 0 \\ 0 & L & M & N & 0 & 0 & 0 & 0 \\ L & M & N & 0 & 0 & 0 & 0 & 0 \end{bmatrix} \tag{10.100}$$

向量 $\boldsymbol{X}$ 包含角度 θ_1 的变量 x_1 和角度 θ_2 的变量 x_2, 表示为

$$\boldsymbol{X} = (x_1x_2^3, x_1x_2^2, x_1x_2, x_1, x_2^3, x_2^2, x_2, 1)^{\mathrm{T}} \tag{10.101}$$

在线性代数中, 若约束方程 (10.99) 有非零解, 约束矩阵 $\boldsymbol{G}$ 应是奇异的。在物理意义上, 若机构存在, 向量 $\boldsymbol{X}$ 应有非零解, 需要约束矩阵 $\boldsymbol{G}$ 是奇异的。这要求式 (10.99) 中的约束矩阵 $\boldsymbol{G}$ 的行列式为零。

计算并展开该行列式, 可得一个 16 阶的多项式。这与串联的 6R 机构的输入输出方程的阶是一致的。应用三角恒等式及因式分解法, 约束矩阵 $\boldsymbol{G}$ 的行列式可简化为

$$\begin{aligned} &-16(x_6^2+1)^8 \mathrm{s}^4\delta_1(a_2^2 + d_3^2\mathrm{s}^2\delta_2)\cdot \\ &(a_5^2 + d_5^2 + 2d_5d_6\mathrm{c}\delta_5 + d_6^2 - a_2^2 - d_2^2 - 2d_2d_3\mathrm{c}\delta_2 - d_3^2)^2 = 0 \end{aligned} \tag{10.102}$$

为了满足上述方程, 一定的轴垂直构件参数、轴构件参数以及轴交角需要满足方程的三个解的几何约束。因此, 上述方程揭示了铰链轴的几何约束, 也称为**轴线约束方程**。

参考文献

Agrawal, S. K. (1990) *A Study of In-parallel Manipulator Systems*, PhD Dissertation, Stanford University, Stanford, California.

Agrawal, S. K. (1991) Study of an in-parallel mechanism using reciprocal screws, *Proc. of the 8th World Congress on TMM*, Prague, August, 405-408.

Agrawal, S. K., Kumar, S., Yim, M. and Suh, J. W. (2001) Polyhedral single degree-of-freedom expanding structures, *Proc. IEEE Int. Conf. Rob. Automation*, **4**: 3338-3343.

Al-Fahed, A. M., Stavroulakis, G. E. and Panagiotopoulos, P. D. (1992) A linear complementarity approach to frictionless gripper problem, *Int. J. Robot. Res.*, **11** (2): 112-122.

Angeles, J. (2007) *Fundamentals of Robotic Mechanical Systems, Theory, Methods and Algorithms*, 3rd ed, Springer, New York.

Baker, J. E. (1978)On the investigation of extreme in linkage analysis, using screw system algebra, *Mech. Mach. Theory*, **13** (3): 333-343.

Baker, J. E. (2002) Displacement-closure equations of the unspecialised double-Hooke's-joint linkage, *Mech. Mach. Theory*, **37** (10): 1127-1144.

Ball, R. S. (1900) *A Treatise on the Theory of Screws*, Cambridge University Press, Cambridge.

Bennett, G. T. (1903) A new mechanism, *Engineering*, **76**: 777-778.

Bennett, G. T. (1905) The parallel motion of sarrus and some allied mechanisms, *Philosophy Magazine*, **6** (9): 803-810.

Bennett, G. T. (1914) The skew isogram mechanism, *Proceeding of London Mathematics Society*, **23** (1): 151-173.

Bricard, R. (1927) Lecons de cinématique, **2**: 7-12.

Cui, L. and Dai, J. S. (2011) Axis constraint analysis and its resultant 6R double-centered overconstrained mechanisms, *ASME J. Mech. Rob.*, **3** (3): 031004.

Dai, J. S. (1993) *Screw Image Space and Its Application to Robotic Grasping*, PhD Dissertation (uk.bl.ethos.386419), University of Salford, Manchester.

Dai, J. S. (2012) Finite displacement screw operators with embedded Chasles' motion, *ASME J. Mech. Rob.*, **4** (4): 041002.

Dai, J. S. (2019) *Screw Algebra and Kinematic Approaches for Mechanisms and Robotics*, Springer, London.

Dai, J. S. and Kerr, D. R. (1992) Analysis and synthesis of grasping in an image space, *Proc. 22nd ASME Mechanisms Conference*, Scottsdale, USA.

Dai, J. S. and Kerr, D. R. (1995) Synthesis of frictionless grasps in image space using affine augmentation, the *Ninth World Congress on The theory of machines and mechanisms*, August-September, Milano, Italy.

Dai, J. S. and Kerr, D. R. (1996) Analysis of force distribution in grasps using augmentation, *J. Mech. Eng. Sci.*, **210** (1): 1522.

Dai, J. S. and Kerr, D. R. (2002) A computation environment for restraint analysis and synthesis in robotic grasping, *International Journal of Engineering Simulation*, **3** (2): 16-25.

Dai, J. S. and Rees Jones, J. (1999) Mobility in metamorphic mechanisms of foldable/erectable kinds, *ASME J. Mech. Des.*, **121** (3): 375-382.

Dai, J. S. and Rees Jones, J. (2001) Interrelationship between screw systems and corresponding reciprocal systems and applications, *Mech. Mach. Theory*, **36** (5): 633-651.

Dai, J. S. and Zhang, Q. X. (2000) Metamorphic mechanisms and their configuration models, *Chinese Journal of Mechanical Engineering*, **13** (3): 212-218.

Dai, J. S., Huang, Z. and Lipkin, H. (2004) Screw system analysis of parallel mechanisms and applications to constraint and mobility study, *Proc of the 28th Biennial Mechanisms and Robotics Conference*, Sept. 28-Oct. 2, Salt Lake City, USA.

Dai, J. S., Huang, Z. and Lipkin, H. (2006) Mobility of overconstrained parallel mechanisms, *ASME J. Mech. Des.*, **128** (1): 220-229.

Dai, J. S., Kerr, D. R. and Sanger, D. J. (1995) Chapter 4: Intelligent grasping systems, in *Advanced Robotics and Intelligent Machines*, Gray, J. O. and Caldwell, D. G. (Eds), IEE Control Engineering Series 51, Pentland Press Ltd., Peter Peregrinus, 61-69.

Dai, J. S., Li, D., Zhang, Q. X. and Jin, G. G. (2004) Mobility analysis of a complex structured ball based on mechanism decomposition and equivalent screw system analysis, *Mech. Mach. Theory*, **39** (4): 445-458.

Davies, T. H. (1981) Kirchhoff's circulation law applied to multi-loop kinematic chains, *Mech. Mach. Theory*, **16** (3): 171-183.

Davies, T. H. (1983) Mechanical networks-I, II, and III, *Mech. Mach. Theory*, **18**: 95-101, 103-106, 107-112.

Davies, T. H. and Primrose, E. J. F. (1971) An algebra for the screw systems of pairs of bodies in a kinematic chain, *Proc. of the 3rd World Congress for the Theory of Machines and Mechanisms*, September 13-20, Kupari, Yugoslavia.

Denavit, J. and Hartenberg, R. S. (1955) A kinematic notation for lower-pair mechanisms based on matrices, *ASME J. Appl. Mech.*, **22**: 215-221.

Dimentberg, F. M. (1965) *The Screw Calculus and Its Applications in Mechanics*, Foreign Technology Division, Wright-Paterson Air Force Base, Ohio, USA.

Duffy, J. and Crane, J. (1980) A displacement analysis of the general spatial 7-Link, 7r mechanism, *Mech. Mach. Theory*, **15** (3): 153-169.

Gan, D. M., Dai, J. S. and Liao, Q. Z. (2009) Mobility change in two types of metamorphic parallel mechanisms, *ASME J. Mech. Rob.*, **1** (4): 041007.

Gan, D. M., Dai, J. S. and Liao, Q. Z. (2010) Constraint analysis on mobility change of a novel metamorphic parallel mechanism, *Mech. Mach. Theory*, **45** (12): 1864-1876.

Gan, D. M., Liao, Q. Z., Dai, J. S., Wei, S. M. and Qiao, S. G. (2008) Dual quaternion based inverse kinematics of the general spatial 7R mechanism, *J. Mech. Eng. Sci.*, **222** (8): 1593-1598.

Ghafoor, A., Dai, J. S. and Duffy, J. (2000) Fine motion control based on constraint criteria under pre-loading configurations, *J. Robot. Syst.*, **17** (4): 171-185.

Ghafoor, A., Dai, J. S. and Duffy, J. (2004) Stiffness modeling of the soft-finger contact in robotic grasping, *ASME J. Mech. Des.*, **126** (4): 646-656.

Ghafoor, A. and Kerr, D. R. (1992) In-grasp robotic fine motion with frictionless elastic point contacts, *J. Mech. Engg. Sci.*, **206** (1): 41-47.

Grübler M. (1883) Allgemeine eigenschaften der zwanglaufigen ebenen kinematischen ketten, Part I, *Zivilingenieur*, **29** (1): 167-200.

Grübler, M. (1917) *Getriebelehre: Eine Theorie des Zwanglaufes und der ebenen Mechanismen*, Springer.

Hartenberg, R. S. and Denavit, J. (1964) *Kinematic Synthesis of Linkages*, Clarendon Press, Oxford.

Huang, Z. and Li, Q.C. (2003) Type synthesis of symmetrical lower-mobility parallel mechanisms using the constraint-synthesis method, *Int. J. Robot. Res.*, **22** (1): 59-79.

Hunt, K. H. (1986) Special configurations of robot-arms via screw theory, part 1: The Jacobian and its matrix of cofactors, *Robotica*, **4**: 171-179.

Hunt, K. H. (1959) *Mechanisms and Motion*, The English Universities Press Ltd, London.

Hunt, K. H. (1967) Screw axes and mobility in spatial mechanisms via the linear complex, *J. Mechanisms*, **2** (3): 307-327.

Hunt, K. H. (1978) *Kinematic Geometry of Mechanisms*, Oxford University Press, London.

Kutzbach, K. (1929) Mechanische leitungsverzweigung maschinenbau, *Der Betrieb*, **8**: 710-716.

Lakshminarayana, K. (1978) Mechanics of form closure. *ASME Paper 78-DET-32*. New York.

Lee, C. C. and Dai, J. S. (2003) Configuration analysis of the Schatz linkage, *J. Mech. Eng. Sci.*, **217** (7): 779-786.

Lee, C. C. and Yan, H. S. (1993) Movable spatial 6R mechanisms with three adjacent parallel axes, *ASME J. Mech. Des.*, **115** (3): 522-529.

Li, Q. C. and Huang, Z. (2004) Mobility analysis of a novel 3-5R parallel mechanism family, *ASME J. Mech. Des.*, **126** (1): 79-82.

Li, Z. and Saetry, S. S. (1988) Task-oriented optimal grasping by multifingered robot hands, *IEEE J. Rob. and Aut.*, **4** (1): 32-44.

McCarthy, J. M. (2000) *Geometric Design of Linkages*, Springer-Verlag, New York.

Melchiorri, C. (2000) Slip detection and control using tactile and force sensors, *IEEE Trans. On Mechatronics*, **5** (3): 235-243.

Mohamed, M. G. (1983) *Instantaneous Kinematics and Joint Displacement Analysis of Fully-parallel Robotic Devices*, PhD Dissertation, University of Florida, Gainesville, FL.

Mohamed, M. G. and Duffy, J. (1985) A direct determination of the instantaneous kinematics of fully parallel robot manipulators, *ASME J. Mech. Transmission*, **107** (2): 226-229.

Mohamed, M. G., Sanger, J. and Duffy, J. (1983) Instantaneous kinematics of fully parallel devices, *Sixth IFToMM Congress on Theory of Machines and Mechanisms*, New Delhi, India.

Moroshkin, I. F. (1958) On the geometry of compound kinematic chains, *Soviet Physics Doklady*, **3** (2): 269-272.

Moroskine, Y. F. (1954) General analysis of the theory of mechanisms(in Russian), *Akad. Nauk. SSSR, Trudy Sem. Teorii Masin i Mekhanizmov*, **14**: 25-50.

Nguyen, V. D. (1988) Construction force-closure grasps, *Int. J. Robot. Res.*, **7** (3): 3-16.

Reuleaux, F. (1875) *Theoetische Kinematik, Gundzüge einer Theorie des Maschinenwesens*, Title given in a collected works in *Berliner Verhandlungen*.

Rockafellar, R. T. (1970) *Convex Analysis*, Princeton, New Jersey.

Rooney, J. (2009) Aspects of Clifford algebra for screw theory, *Computational Kinematics: Proc. 5th Int. Workshop on Computational Kinematics*, Kecskeméthy, A. and Müller, A. (eds), Springer-Verlag, Berlin, 191-200.

Sandor, G. N. and Erdman, A. G. (1984) *Advanced Mechanism Design: Analysis and Synthesis*, vol. 2, Englewood Cliffs, New Jersey.

Sarrus, P. T. (1853) Note sur la transformation des mouvements rectilignes alternatifs, en mouvements circulaires, et reciproquement, *Académie des Sciences*, **36**: 1036-1038.

Schatz, P. (1975) *Rhytthmusforschung and Technik*, Freies Geistesleken, Struttgart, Germany.

Shoham, M. and Roth, B. (1997) Connectivity in open and closed loop robotic mehccanisms, *Mech. Mach. Theory*, **32** (3): 279-293.

Suh, C. H. and Radcliffe, C. W. (1978) *Kinematics and Mechanisms Design*, John Wiley & Sons, New York.

Trinkle, J. C. (1992) On the stability and instantaneous velocity of grasped frictionless objects, *IEEE J. Rob. and Aut.*, **8** (5): 560-572.

Tsai, L. W. (1999) *Robot Analysis: The Mechanics of Serial and Parallel Manipulators*, John Wiley & Sons, New York.

Waldron, K. J. (1967) A family of overconstrained linkages, *J. Mechanisms*, **2** (2): 201-211.

Waldron, K. J. (1966) The constraint analysis of mechanisms, *J. Mechanisms*, **1** (2): 101-114.

Waldron, K. J. (1968) Hybrid overconstrained linkages, *J. Mechanisms*, **3** (2): 73-78.

Waldron, K. J. (1969) Symmetric overconstrained linkages, *Trans. ASME J. Eng. Industry*, **91** (1), 158-164.

Wei, G. and Dai, J. S. (2014) A spatial eight-bar linkage and its association with the deployable platonic mechanisms, *ASME J. Mech. Rob.*, **6** (4).

Wei, G. and Dai, J. S. (2014) Origami-inspired integrated planar-spherical overconstrained mechanisms, *ASME J. Mech. Des.*, **136** (5): 051003.

Wei, G., Chen, Y. and Dai, J. S. (2014) Synthesis, mobility and multifurcation of deployable polyhedral mechanisms with radially reciprocating motion, *ASME J. Mech. Des.*, **136** (10).

Wei, G., Ding, X. and Dai, J. S. (2010) Mobility and geometric analysis of the Hoberman switch-pitch ball and its variant, *ASME J. Mech. Rob.*, **2** (3): 031010.

Wei, G., Ding, X. and Dai, J. S. (2011) Geometric constraint of an evolved deployable ball mechanism, *JSME Journal of Advanced Mechanical Design, Systems, and Manufacturing*, **5** (4): 302-314.

Whittaker, E. T. (1921) On Sylvester dialytic method of elmination, *Proc Edinburgh Mathematical Society*, vol. **40**: 62-63.

Wohlhart, K. (1993) Heureka octahedron and Brussels folding cube as special cases of the turingtower, *Proc. 6th IFToMM Int. Symposium on Lingkages and Computer Aided Design Methods*, Bucharest, Romania, **2**, 303-311.

Xiong, C., Ding, H. and Xiong, Y. L. (2007) *Fundamentals of Robotic Grasping and Fixturing*, World Scientific Publishing Co. Pte. Ltd., Singapore.

Xiong, Y. L., Sanger, D. J. and Kerr, D. R. (1993) Geometric modeling of bounded and frictional grasps, *Robotica*, **11**: 185-192.

Zhang, K., Dai, J. S. and Fang, Y. (2010) Topology and constraint analysis of phase change in the metamorphic chain and its evolved mechanism, *ASME J. Mech. Des.*, **132** (2): 121001-121011.

Zhang, K., Fang, Y., Fang, H. and Dai, J. S. (2010) Geometry and constraint analysis of the 3-spherical kinematic chain based parallel mechanism, *ASME J. Mech. Rob.*, 2(3): 031014.

Zhang, K. and Dai, J. S. (2014) A kirigami-inspired 8R linkage and its evolved overconstrained 6R linkages with the rotational symmetry of order two, *ASME J. Mech. Rob.*, **6** (2).

Zlatanov, D., Agrawal, S. and Gosselin, C. M. (2006) Convex cones in screw spaces, *Mech. Mach. Theory*, **40** (6): 710727.

白师贤 (1988) 高等机构学, 上海科技出版社, 上海.

曹惟庆 (2002) 连杆机构的分析与综合, 2 版, 科学出版社, 北京.

丁汉, 朱利民 (2011) 复杂曲面数字化制造的几何学理论和方法, 科学出版社, 北京.

黄真, 刘婧芳, 李艳文 (2011) 论机构自由度: 寻找了 150 年的自由度通用公式, 科学出版社, 北京.

黄真, 赵永生, 赵铁石 (2006) 高等空间机构学, 高等教育出版社, 北京.

熊有伦, 尹周平, 熊蔡华 (2002) 机器人操作, 湖北科学技术出版社, 武汉.

杨廷力, 刘安心, 罗玉峰, 沈惠平, 杭鲁滨, 金琼 (2012) 机器人机构拓扑结构设计, 科学出版社, 北京.

杨廷力, 沈惠平, 刘安心 (2013) 机构自由度公式的统一形式及其物理内涵, 常州大学学报: 自然科学版, **25** (4): 1-8.

杨廷力 (2004) 机器人机构拓扑结构学, 机械工业出版社, 北京.

张启先 (1962) 用解析法作空间机构的分析和设计 (俄文), 学位论文, 苏联列宁格勒多科性工学院.

张启先 (1984) 空间机构的分析与综合, 机械工业出版社, 北京.

第三篇

旋量代数与几何基础的机构学与机器人学应用

第十一章 约束旋量系与机构构型

约束旋量系可通过对机构的力作用来约束机构的自由运动, 从而决定机构的构型, 具有明确的几何与物理含义。在一般情况下, 约束旋量系的变化会导致约束旋量系阶数的变化和机构构型的变化。过去十多年, 约束旋量系理论的发展提出了可变阶数的约束旋量系, 由此产生了可变构型的机构, 促进了变胞机构的发展并延伸到**可重构机构**。这些机构是一类新型的连杆机构, 即具有**变拓扑结构**和**变活动度**特性的机构。具有变活动度特性的机构在 20 世纪 90 年代中期开始引起学者们的研究兴趣。Wohlhart (1996) 研究位形引起活动度变化的运动转向机构 (kinematotropic mechanisms) (戴建生等, 2005)。Dai 和 Rees Jones (1998, 1999a) 提出了 metamorphic mechanisms 的概念, 并在 1999 年由戴建生与张启先院士 (Dai 和 Zhang, 2000) 将其翻译为 **"变胞机构"**。**"变胞"** (metamorphosis) 是一个生命科学名词, 意为态变、型变与形变。

人类的进化就是经历了这种漫长的态变、型变与形变。Dai 于 20 世纪 90 年代中期研究了**生物进化**与变胞的关联, 并受到缤纷灿烂、花样别具的手工缀饰折纸的启示, 从而提出了能够通过改变自身结构和活动度以实现不同功能的变胞机构。变胞机构的**可重构拓扑结构**与**可变活动度**特性使具有多样性、多功能性、适应性以及低成本的机器装置与机器人的实现成为可能, 为在多变环境与复杂工况下设计机器人提供了良好的解决方案 (Dai, 1996a、b; Liu 和 Dai, 2002; Dubey 和 Dai, 2006, 2007; Dai, Medland, Mullineux, 2009)。变胞机构是对传统的具有固定拓扑与固定活动度的机构和机器人拓扑结构的挑战, 在开创新机构方面具有很大的潜力。

Parise、Howell 和 Magleby (2000) 开发了正交平面变胞机构, 此机构能在两个正交平面上改变拓扑结构 (Lusk 和 Howell, 2006), 后来发展为**微机构**。Dai 和 Rees Jones (1999b, 2005) 以及 Dai 和 Zhang (2000) 创造出**变维数矩阵**, 提出了变维数矩阵运算方法, 描述了变胞机构**构态演变**过程。Liu 和 Yang (2004) 研究了变胞机构的本质和特征, 提出三种改变机构拓扑结构的变胞方式。Carroll 等 (2005) 将变胞过程的概念引入空间机构的制造中, 为空间机构制造的发展提供了新的思路。王德伦和戴建生 (2007) 在多年研究的基础上给出了变胞机构明确的中文定义, 讨论了变胞机构的内涵和范畴。Zhang 和 Dai (2009) 研究了基于**生物模型**和**基因进化**的变胞机构综合和构型设计方法。变胞构型设计一般是指通过开发各种类型的子机构综合出可变拓扑结构的机构 (Gan, Dai 和 Caldwell, 2011), 从而实现用一个机构执行多种任务的过程 (Zhang、Wang 和 Dai, 2008)。Li 和 Dai (2010, 2012) 将基因进化理论推广到扩展 Assur 杆组。Zhang、Ding 和 Dai (2011) 提出了变胞机构的**形态学综合**。

为实现机构拓扑构态的变化, 学者们在 21 世纪初的十年对变拓扑运动副作了大量研究。Yan 和 Kuo (2006) 提出了变运动铰链副, 并研究了基于图论的拓扑表达法 (Kuo 和 Yan, 2007)。同时, Gan、Dai 和 Liao (2009) 在变胞机构研究中发展演化出**可重构虎克铰链**运动副, 即 **rT 铰链副**, Zhang、Dai 和 Fang (2010) 发展出**变轴线铰链**运动副, 即 **vA 铰链副**, 从而发明出变胞并联机构 (Gan、Dai 和 Liao, 2010; Zhang、Dai 和 Fang, 2010, 2013), 其中运动平台自由度的变化成为改变构型的主要方式。与此同时, Galletti 和 Fanghella (2001) 提出了生成**运动转向机构**的方法。

本章首先阐述过约束机构中约束旋量系运动循环, 举例说明机构中构型变化, 继而阐述约束旋量系的阶数变化, 从而揭示变胞机构以及可重构机构本质特征。

11.1 Schatz 连杆机构的约束和运动

约束的变化导致运动的循环。在这种情况下, 尽管机构的活动度没有改变, 空间运动却经历了周期性的变化。

11.1.1 可逆转的立方体和 Schatz 连杆机构

Schatz 在 1929 年从**柏拉图正多面体**中发现可逆转的立方体时发明了**Schatz 连杆机构**。柏拉图正多面体是规则的**凸多面体**, 正多面体的面由正多边形构成, 且所有的面是全等的, 所有的顶角都与同样数量的正多边形面相交。由此总共有五个柏拉图正多面体, 包括**四面体**、**六面体**、**八面体**、**十二面体**与**二十面体**。柏拉图正多面体的对称性与美感使其成为几何学家数千年来最喜欢的研究科目。

Schatz 的**可逆转立方体**具有神奇的翻转性质。由此发明的 Schatz 机构提供了完美的离心力和向心力动平衡。此机构于 1971 年获得专利 (Schatz, 1975; Phllips, 1990), 命名为 **Turbula**, 是工业中唯一获得广泛应用的**过约束机构**, 主要用于空间搅拌机。此机构也可以从关于平面对称的八面体, 或者如图 11.1a 所示的**特殊三**

面 Bricard 连杆机构获得。该特殊三面 Bricard 连杆机构是 Bricard 在 1927 年发现的六个**可动 6R 过约束连杆机构**之一。如前一章所述, 作为典型的过约束机构, Schatz 机构的活动度不满足 Grübler-Kutzbach 活动度准则, 但满足定理 10.3 的活动度扩展准则。Schatz 机构的运动学和动力学吸引了一些学者的注意。Brát (1969) 应用矩阵方法研究了 Schatz 连杆机构的运动学, 揭示了图 11.1 中中心连杆 3−4 杆重心的运动和轨迹。Yu (1980) 研究了此机构的几何特征, Baker、Duclong 和 Khoo (1982) 对该机构进行了运动学分析, 研究了所有运动连杆的线速度和线加速度分量以及角速度和角加速度分量, 找出了机构动力学平衡中铰链运动副的关节力以及驱动力矩。Lee (1997, 2000) 采用 Denavit-Hartenberg 参数建立了 Schatz 连杆机构的闭式位移解, 并进行了机构综合。Lee 和 Dai (2003) 使用 8.3 节的代数余子式法进一步揭示了约束力矩的性质及其对机构运动的影响。Cui、Dai 和 Lee (2015) 基于**微分几何学**, 得到了以该机构中心连杆为母线的直纹面的几何特征及代数关系。

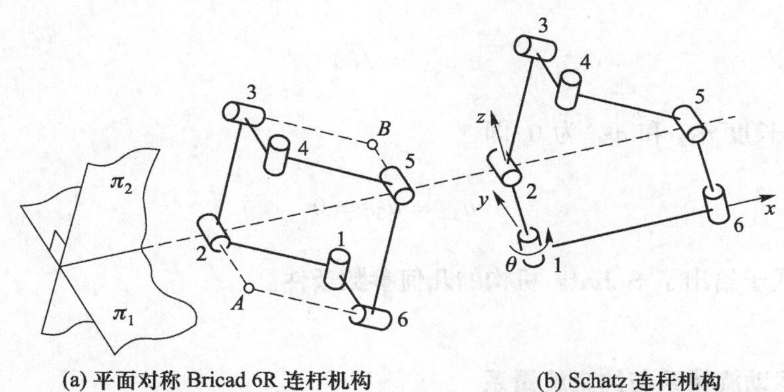

图 11.1　从平面对称 **Bricard 6R** 连杆机构中获得的 **Schatz** 连杆机构

当图 11.1a 所示的 Bricard 6R 连杆机构在其起始点位姿时, 其六个轴分别通过立方体的六个顶点。其中轴 1、2 与 6 以及点 A 构成立方体的一个底面, 轴 3、4 与 5 以及点 B 构成立方体顶面。Bricard 6R 连杆机构的起始位姿存在对称平面 π_1, 该平面通过轴线 2 和 5 切割由该六个顶点形成的立方体于对角线上。调整铰链运动副轴 1 和 6 的位姿如图 11.1b 所示, 使它们位于与平面 π_1 垂直的平面 π_2 上, 可得 Schatz 机构。由此可以建立 Bricard 6R 连杆机构和 Schatz 连杆机构之间的关联关系。遵循 Bricard 条件, 即所有相邻轴线之间的夹角是 $\pi/2$, 但如图 11.1b 所示, 将轴 1 和轴 6 之间的角度变为 0°, 可获得下述条件:

$$\alpha_{12} = \alpha_{23} = \alpha_{34} = \alpha_{45} = \alpha_{56} = \pi/2, \quad \alpha_{61} = 0 \tag{11.1}$$

为获得 Schatz 连杆机构, 除上述条件, 还需要满足轴线条件与连杆长度条件。轴线条件是关于相邻轴线的公垂线偏移量。因轴 5 与轴 6 垂直相交, 公垂线偏移

量 R_5为 0, 且轴 6 与轴 1 公垂线偏移量 R_6 为 $-R$; 又轴 2 与轴 1 垂直相交, 即公垂线偏移量 R_2 为 0, 且轴 1 与轴 6 公垂线偏移量 R_1 为 R。除此之外, 其余相邻轴线的公垂线偏移量 R_3 和 R_4 为 0。由此

$$R_2 = R_3 = R_4 = R_5 = 0, \quad R_1 = -R_6 = R \tag{11.2}$$

因为原始的 Bricard 6R 连杆机构的所有连杆长度都是 a, 所以由其派生的 Schatz 连杆机构在 Bricard 6R 连杆机构的保留部分也具有相同的连杆长度, 即

$$a_{23} = a_{34} = a_{45} = a \tag{11.3}$$

在由 Bricard 6R 连杆机构起始位姿构成的立方体中, 所有边长都是 a, 这样立方体底面左后方顶点 2 和立方体顶面右前方顶点 5 之间的对角线的长度是 $\sqrt{3}a$, 由此, 与对角线平行且有相同长度的新连杆 16 的长度为

$$a_{61} = \sqrt{3}a \tag{11.4}$$

显然, 连杆长度 a_{12} 和 a_{56} 为 0, 即

$$a_{12} = a_{56} = 0 \tag{11.5}$$

以上五个式子给出了 **Schatz 机构的几何参数条件**。

11.1.2 运动旋量系与约束旋量系

如图 11.1 所示, 将全局坐标系建立在轴 1 上, 以连杆 16 所在的直线作为 x 轴, 以连杆 12 所在的直线作为 z 轴, y 轴由右手定则确定。令输入角 θ 为轴 2 相对于 x 轴的旋转角度, 轴 2 与 y 轴平行时为机构的初始位姿, 此时轴 5 平行于轴 2, 规定输入角 θ 为 0。由此坐标可得六个轴线的旋量 (Lee 和 Dai, 2003), 表示为

$$\mathbb{S}_m = \left\{ \begin{array}{l} \boldsymbol{S}_1 = (0, 0, 1, 0, 0, 0)^{\mathrm{T}} \\ \boldsymbol{S}_2 = (\mathrm{s}\theta, -\mathrm{c}\theta, 0, R\mathrm{c}\theta, R\mathrm{s}\theta, 0)^{\mathrm{T}} \\ \boldsymbol{S}_3 = \left(\dfrac{1}{2}\kappa\mathrm{c}\theta, \dfrac{1}{2}\kappa\mathrm{s}\theta, \dfrac{\sqrt{3}}{2}\mathrm{c}\theta, -\dfrac{1}{2}R\kappa\mathrm{s}\theta - a\mathrm{s}\theta, \dfrac{1}{2}R\kappa\mathrm{c}\theta - a\mathrm{c}\theta, 0\right)^{\mathrm{T}} \\ \boldsymbol{S}_4 = \left(\dfrac{2}{\kappa^2}\mathrm{s}\theta, \dfrac{1}{\kappa^2}\mathrm{c}\theta, -\dfrac{\sqrt{3}}{\kappa}\mathrm{s}\theta, -\dfrac{1}{\kappa^2}R\mathrm{c}\theta - \dfrac{1}{\kappa}a\mathrm{c}\theta, \dfrac{2}{\kappa^2}R\mathrm{s}\theta - \dfrac{1}{\kappa}a\mathrm{s}\theta, -\dfrac{\sqrt{3}}{\kappa^2}a\mathrm{c}\theta\right)^{\mathrm{T}} \\ \boldsymbol{S}_5 = \left(\dfrac{1}{\kappa}\mathrm{c}\theta, -\dfrac{2}{\kappa}\mathrm{s}\theta, 0, \dfrac{2}{\kappa}R\mathrm{s}\theta, \dfrac{1}{\kappa}R\mathrm{c}\theta, \dfrac{2\sqrt{3}}{\kappa}a\mathrm{s}\theta\right)^{\mathrm{T}} \\ \boldsymbol{S}_6 = (0, 0, 1, 0, -\sqrt{3}a, 0)^{\mathrm{T}} \end{array} \right\} \tag{11.6}$$

式中, $\kappa=\sqrt{(3\mathrm{s}^2\theta+1)}$。

上述六旋量形成了一个五阶旋量系, 为机构运动旋量系 $\mathbb{S}_m$。从几何特征容易看出, 任意五个旋量都是线性无关的。为了简化运算, 选择 $\boldsymbol{S}_1$、$\boldsymbol{S}_2$、$\boldsymbol{S}_3$、$\boldsymbol{S}_5$ 和 $\boldsymbol{S}_6$ 作为五个独立的旋量。

基于 9.3 节, 互易旋量 $\boldsymbol{S}^r$ 可从式 (11.6) 获得, 为

$$\mathbb{S}^c=\left\{\boldsymbol{S}^r=\left(1,0\frac{3\mathrm{s}^2\theta-1}{\sqrt{3}\kappa},\frac{2a\mathrm{s}\theta\mathrm{c}\theta}{\kappa},R+\frac{2a\mathrm{s}^2\theta}{\kappa},0\right)^{\mathrm{T}}\right\} \tag{11.7}$$

该式给出了机构约束旋量系 $\mathbb{S}^c$, 其旋距为

$$h=\frac{6a\kappa\mathrm{s}\theta\mathrm{c}\theta}{9\mathrm{s}^4\theta-6\mathrm{s}^2\theta+3\kappa^2+1} \tag{11.8}$$

当 θ 等于 0、π/2、π、3/2π 时, 零旋距旋量 $\boldsymbol{S}^r$ 可表示为

$$\boldsymbol{S}^r=\left(1,0,\frac{-1}{\sqrt{3}},0,R,0\right)^{\mathrm{T}} \tag{11.9}$$

取中心连杆为输出构件, 图 11.2 所示的 Schatz 机构可视为由子运动链 $A_1A_2A_3$ 和子运动链 $B_1B_2B_3$ 通过中心连杆连接构成的并联机构。

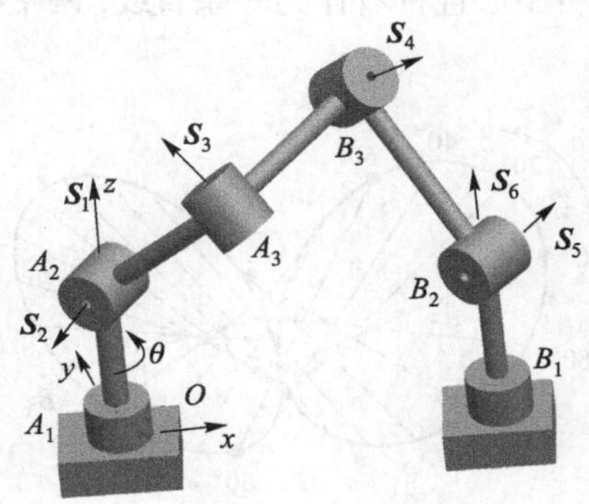

图 11.2　**Schatz** 机构的全局坐标系

由此, 子运动链 1 由运动旋量轴线 $\boldsymbol{S}_1$、$\boldsymbol{S}_2$ 和 $\boldsymbol{S}_3$ 构成, 其中旋量 $\boldsymbol{S}_1$ 和 $\boldsymbol{S}_2$, $\boldsymbol{S}_1$ 和 $\boldsymbol{S}_3$ 分别相交。如将旋量 $\boldsymbol{S}_2$ 沿旋量 $\boldsymbol{S}_1$ 的轴线方向平行移动到轴线 $\boldsymbol{S}_1$ 和 $\boldsymbol{S}_3$ 的交点处, 则产生新的旋量 $\boldsymbol{S}_2'=\lambda\boldsymbol{S}_2$。由此, 旋量 $\boldsymbol{S}_1$、$\boldsymbol{S}_2'$ 和 $\boldsymbol{S}_3$ 形成子运动链旋量系 $\mathbb{S}_{\mathrm{c1}}$ 的一个**协互易基**, $\mathbb{S}_{\mathrm{c1}}$ 与由旋量 $\boldsymbol{S}_1$、$\boldsymbol{S}_2$ 和 $\boldsymbol{S}_3$ 形成的旋量系相同。根据推论 7.2, 它们的互易旋量系 $\mathbb{S}_{\mathrm{c1}}^r$ 与该旋量系完全相交, 两个旋量系是线性相关的。由此, 两个旋量系的并集形成一个三阶旋量系。

同理, 旋量 $\boldsymbol{S}_4$、$\boldsymbol{S}_5$ 和 $\boldsymbol{S}_6$ 形成一个子运动链旋量系 $\mathbb{S}_{\mathrm{c2}}$, 它与子运动链约束旋量系完全相交。

11.1.3 中心连杆的运动循环

如上所述, 此机构可以认为是由中心连杆 A_3B_3 连接两个用于支撑的子运动链 $A_1A_2A_3$ 和 $B_1B_2B_3$ 构成的。子运动链 $A_1A_2A_3$ 的末端点 A_3 在一个球面上运动, 球心是 A_2。同理, 子运动链 $B_1B_2B_3$ 的末端点 B_3 在第二个球面上运动, 球心是 B_2。末端点 A_3 的轨迹是球面上的一个轮廓圆, B_3 的轨迹是另一个球面上的一个轮廓圆, 如图 11.3 所示。中心连杆 A_3B_3 在两个球面上的两个圆环之间运动, 而中心连杆 A_3B_3 的长度是对这两圆的一个明显的几何约束。

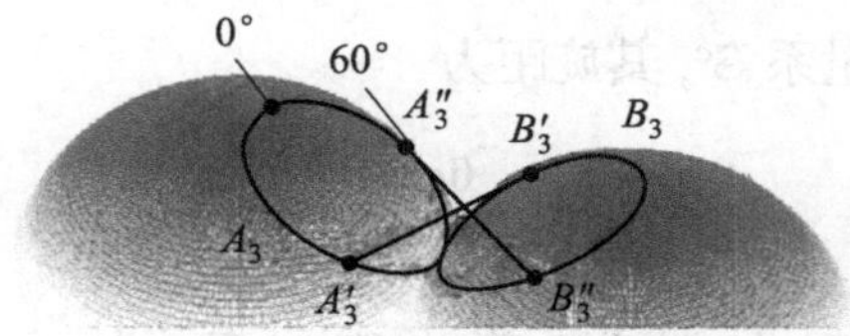

图 11.3 连接球面上两个轮廓圆的中心连杆

因此, 中心连杆的运动特征由子运动链 1 和 2 的球面运动特征决定。当输入角 θ 在 0 到 2π 之间变化时, 式 (11.7) 中的约束旋量系 $\mathbb{S}^c$ 经历了两个循环, 即在 0 与 π 间完成第一循环, 在 π 和 2π 之间重复这一循环。所以中心连杆经历了如图 11.3 的两个轮廓圆的变化。如果将中心连杆看作为一条直线, 两个循环段与如图 11.4 所示的直纹面完全相同。

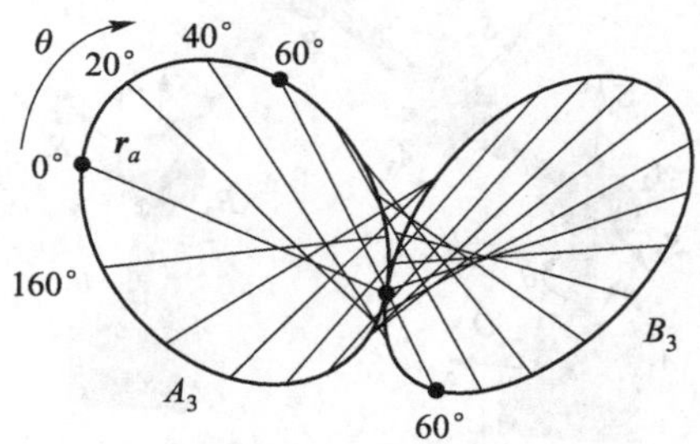

图 11.4 中心连杆的运动直纹面

基线 $\boldsymbol{r}_a$ 作为由点 A_3 追踪的**直纹面准线**, 为图 11.4 所示的一闭式曲线, 表示为

$$\boldsymbol{r}_a=\begin{pmatrix}\dfrac{\sqrt{3}}{2}a\sin^2\theta\\-\dfrac{\sqrt{3}}{2}a\sin\theta\cos\theta\\\dfrac{a}{2}\sqrt{4-3\cos^2\theta}+d\end{pmatrix}\tag{11.10}$$

在该直纹面上, 沿着中心连杆的线段 A_3B_3 为**直纹面母线**。当输入角 θ 为 0 时, A_3 位于图 11.4 中左边的 0 位置。

当输入角 θ 从 0 变化到 π 时, 形成了此闭式曲线。如图 11.4 所示, 左边轮廓圆曲线上的一点与右边轮廓圆的一点由中心连杆长度形成关联。当输入角 θ 从 $0\sim\pi$ 变化时, 曲线达到全周。此时, 连杆两端点 A_3 和 B_3 完成了一个运动循环。直纹面母线 $\boldsymbol{e}_1$ 作为输入角 θ 的函数以及沿连杆 A_3B_3 的单位向量, 表示为

$$\boldsymbol{e}_1=\begin{pmatrix} -\dfrac{\sqrt{3}}{2}\dfrac{1+3\sin^4\theta}{4-3\cos^2\theta} \\ \dfrac{\sqrt{3}}{2}\cos\theta\sin\theta\dfrac{3+3\sin^2\theta}{4-3\cos^2\theta} \\ \dfrac{1-3\sin^2\theta}{2\sqrt{4-3\cos^2\theta}} \end{pmatrix} \tag{11.11}$$

沿连杆 A_3B_3 的直纹面母线 $\boldsymbol{e}_1$ 可扫出一个直纹面, 则直纹面的参数方程可定义为

$$\boldsymbol{S}(\theta,t)=\boldsymbol{r}_a(\theta_1)+t\boldsymbol{e}_1(\theta) \tag{11.12}$$

由此, 当输入角从 $0\sim 2\pi$ 变化时, 直纹面母线 $\boldsymbol{e}_1$ 可追踪到如图 11.4 所示的运动直纹面。

如果将中心连杆看作一个刚体, 并且将一个空间坐标系加在上面, 那么当中心连杆作滚动运动时, 两个循环的相位是不同的, 见图 11.5。

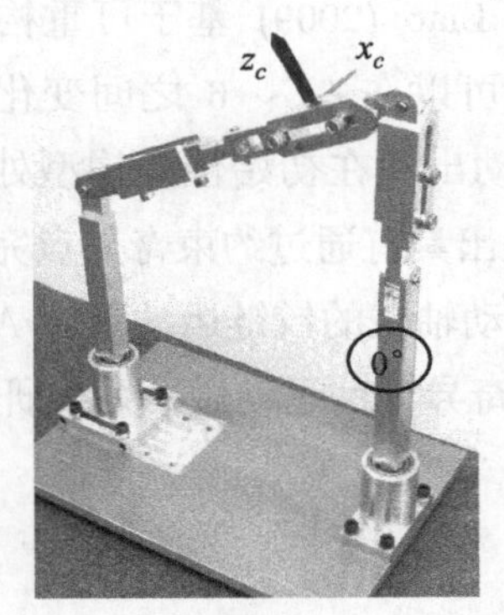

(a) 当θ在 0 位置时的中心连杆位姿

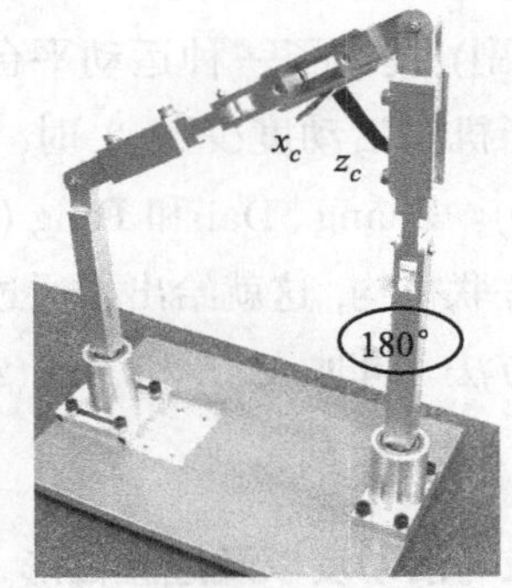

(b) 当θ在 π 位置时的中心连杆位姿

图 11.5 **Schatz** 连杆机构的循环运动

当输入角 θ 到达 π 时, 沿连杆 A_3B_3 的直纹面母线 $\boldsymbol{e}_1$ 返回到它的起始的位置和姿态。这就完成了第一个运动循环阶段。此阶段从图 11.5a 所示的输入角 θ 为 0 时开始, 到图 11.5b 所示的输入角为 π 时结束。此时, 局部坐标系的坐标轴 z_c 指向下方。第二个运动循环开始于图 11.5b 所示的输入角为 π 时, 到图 11.5a 所示的输入角为 2π 时结束, 运动循环返回到初始位姿。此时, 固接于连杆的局部坐标系的坐标轴 z_c 指向上方。由此可以看出, 如不考虑坐标系并把中心连杆看成一条直线时, 两

个运动循环如图 11.4 所示, 是完全相同的。当考虑局部坐标系所指示的连杆的真实状态时, 第二个运动循环的运动正好与第一个运动循环的运动相反。

11.2 机构分岔运动中的约束阶数变化

约束允许刚体具有一定的自由度, 也能引起机构运动的分岔特性。机构的**分岔运动**导致机构具有不同活动度和运动分支。这一特性表现为当机构通过约束奇异点后运动形式的变化。这类约束奇异点指的是出现在闭环运动链中的奇异性, 最初指的是并联机构的奇异 (Zlatanov 等, 2002)。奇异的出现导致机构约束变化, 从而使机构的活动度发生变化。基于几何约束分析可以发现, 具有闭环运动链的机构的瞬时活动度在约束奇异点发生了变化。分岔运动的早期的研究起源于对 Wohlhart (1996) 提出的运动转向机构的研究, 该类机构在通过机构奇异位置后活动度发生了变化。此后, Galletti 和 Fanghella (2001, 2002) 研究了一种位移群方法, 通过对机构中运动副轴线的特殊配置来综合一些单环和多环运动转向机构, 他们还将这种方法应用到构造具有分岔运动特性的并联机构中 (Fanghella、Galletti 和 Giannotti, 2006)。Kong、Gosselin 和 Richard (2007) 提出了一种具有**多操作模式并联机构**, 这些并联机构运动平台具有三自由度纯平动或三自由度纯转动。Li 和 Hervé (2009) 研究了一种分岔为 Schoënflies 运动的并联机构。 Gan、Dai 和 Liao (2009) 基于可重构虎克铰运动副 (rT 铰链副) 提出了一种运动平台自由度可以在 0 ~ 6 之间变化的**变胞并联机构**, 而且当机构活动度少于 3 时, 分岔运动出现在初始位姿构型处 (Gan、Dai 和 Liao, 2010)。Zhang、Dai 和 Fang (2010) 提出具有通过约束奇异点完成姿态变换能力的变胞并联机构, 这就给出了通过可变运动轴线的铰链运动副 (vA 铰链副) 来改变约束的方法。同时, Gan 和 Dai (2013) 对奇异分岔运动做了系统研究。

11.2.1 约束与活动度以及过渡位形

并联机构中的子运动链可以认为是支链, 对它们连接的运动平台提供约束。因此, 当运动平台由一组以子运动链形式的支链支撑时, 运动平台的约束与前一章的被抓持刚体的约束类似。同时, 如第九章所述, 该约束旋量系与分支运动旋量系的交集互易。下面以图 11.6 所示的变胞并联机构为例来分析说明。

在图 11.6 所示的构型中, 支链 C1 和 C2 关于 $y-z$ 平面是对称的。因此, 支链 C2 对运动平台约束的数学模型可以通过支链 C1 对运动平台约束的数学模型获得。

当机构位于初始位形时, 支链 C1 和 C2 对运动平台施加的约束形成一个五阶

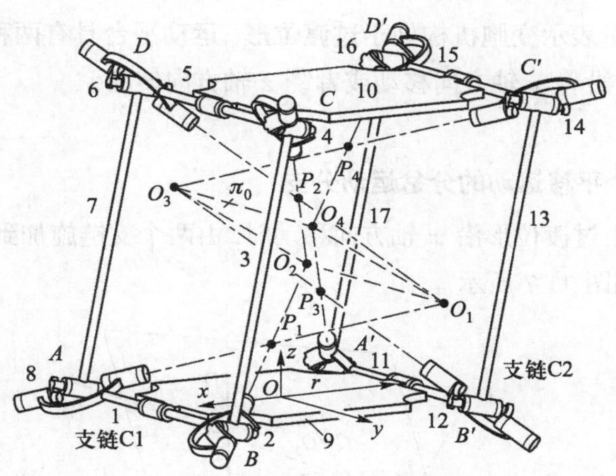

图 11.6　具有两个相同子运动链的变胞并联机构

旋量系, 在全局坐标系中可以表示为

$$\mathbb{S}^r = \left\{ \begin{array}{l} \boldsymbol{S}_{11}^r = (0,0,1,0,-r_0,0)^{\mathrm{T}} \\ \boldsymbol{S}_{12}^r = (0,1,0,-l_1,0,w)^{\mathrm{T}} \\ \boldsymbol{S}_{13}^r = (0,0,0,1,0,0)^{\mathrm{T}} \\ \boldsymbol{S}_{21}^r = (0,0,1,0,r_0,0)^{\mathrm{T}} \\ \boldsymbol{S}_{22}^r = (0,1,0,-l_1,0,-w)^{\mathrm{T}} \end{array} \right\} \tag{11.13}$$

式中, l_1 是连杆 1 的长度, 连杆 3、7、13 和 17 的长度为 $2l_1$; r_0 为基座和运动平台的内切圆半径; w 为 10.10.2 节中的运动旋量的分量。

平台的运动旋量系 $\mathbb{S}$ 与约束旋量系 $\mathbb{S}^r$ 互易, 表示为

$$\mathbb{S} = \{\boldsymbol{S}_{p1} = (0,0,0,1,0,0)^{\mathrm{T}}\} \tag{11.14}$$

式中, 下角标 “p” 表示运动平台。由运动旋量可知, 图 11.6 所示的构型中, 运动平台具有一个平移运动。

由于参数 r_0 为常数, 约束旋量系只有在式 (10.68) 中的 $w=0$ 时发生退化, 即若 $w=0$, 将式 (10.65) 代入式 (10.69) 中, 可得

$$\frac{r_0(1+\sqrt{(\mathrm{c}\theta)^2}-\mathrm{c}(2\theta))-2\mathrm{c}\theta}{2\mathrm{s}\theta}+\frac{2l_1(\mathrm{c}\theta)^3-l_1\sqrt{(\mathrm{c}\theta)^2}}{2(\mathrm{s}\theta)^2}=0 \tag{11.15}$$

由于 $0 \leqslant \theta \leqslant \pi$, 上述方程的解为

$$\theta = \operatorname{arccot}\frac{r_0}{r_1} \tag{11.16}$$

在这种条件下, 平台约束旋量系降阶, 运动平台出现了附加运动旋量, 平台的运动旋量系 $\mathbb{S}$ 变为

$$\mathbb{S} = \left\{ \begin{array}{l} \boldsymbol{S}_{\mathrm{p}1} = (0,0,1,0,0,0)^{\mathrm{T}} \\ \boldsymbol{S}_{\mathrm{p}2} = (0,0,0,1,0,0)^{\mathrm{T}} \end{array} \right\} \tag{11.17}$$

上式中的运动旋量表示变胞机构处于**过渡位形**，运动平台具有两种运动倾向，即两个瞬时运动，或者沿着 x 轴方向移动或者绕 z 轴方向转动。

11.2.2 具有一个平移运动的分岔运动分支

当运动平台由过渡位形沿 x 轴方向移动时，由两个支链施加到运动平台的约束分布是变化的，如图 11.7 所示。

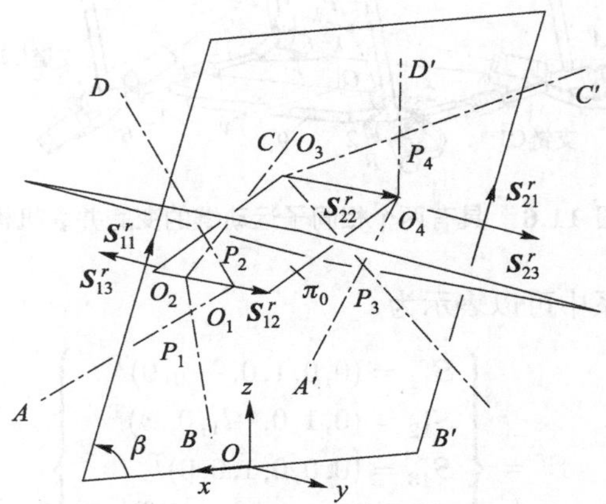

图 11.7 分岔运动分支中约束的分布

在如图 11.7 所示约束分布中，约束力 $\boldsymbol{S}_{11}^r$ 和 $\boldsymbol{S}_{21}^r$ 相互平行，$\boldsymbol{S}_{12}^r$ 与直线 O_1O_2 共线，其中 O_1 是支链 1 中两个 vA 铰链副的可变轴线的交点，O_2 是支链 2 中两个 vA 铰链副的可变轴线的交点。$\boldsymbol{S}_{22}^r$ 与直线 O_3O_4 共线，其中 O_3 是支链 3 中两个 vA 铰链副的可变轴线的交点，O_4 是支链 4 中两个 vA 铰链副的可变轴线的交点。两个约束力偶 $\boldsymbol{S}_{13}^r$ 和 $\boldsymbol{S}_{23}^r$ 相互平行且垂直于平面 π。

设 (x_1, y_1, z_1) 和 (x_4, y_4, z_4) 分别为点 O_1 和 O_4 在全局坐标系 $\{xyz\}$ 中的坐标，则当运动平台由过渡位形向 x 轴方向移动后，约束旋量系在全局坐标系中可表示为

$$\mathbb{S}^r = \left\{\begin{array}{l} \boldsymbol{S}_{11}^r = (-\mathrm{c}\beta, 0, \mathrm{s}\beta, 0, -r_0\mathrm{s}\beta, 0)^{\mathrm{T}} \\ \boldsymbol{S}_{12}^r = (0, 1, 0, -z_1, 0, x_1)^{\mathrm{T}} \\ \boldsymbol{S}_{13}^r = (0, 0, 0, \mathrm{s}\beta, 0, \mathrm{c}\beta)^{\mathrm{T}} \\ \boldsymbol{S}_{21}^r = (-\mathrm{c}\beta, 0, \mathrm{s}\beta, 0, r_0\mathrm{s}\beta, 0)^{\mathrm{T}} \\ \boldsymbol{S}_{22}^r = (0, 1, 0, -z_4, 0, x_4)^{\mathrm{T}} \end{array}\right\} \tag{11.18}$$

式中，$(-\mathrm{c}\beta, 0, \mathrm{s}\beta)$ 为旋量 $\boldsymbol{S}_{11}^r$ 和 $\boldsymbol{S}_{21}^r$ 轴线方向的单位向量。此时，平台的运动旋量系与约束旋量系互易，可得

$$\mathbb{S} = \{\boldsymbol{S}_{\mathrm{p}1} = (0, 0, 0, \mathrm{s}\beta, 0, \mathrm{c}\beta)^{\mathrm{T}}\} \tag{11.19}$$

该运动旋量表明，运动平台具有一个平移运动。

11.2.3 具有螺旋运动的分岔运动分支

当运动平台由其过渡位形开始绕 z 轴转动后，机构过渡到了第二个运动分支。根据等效旋量系理论，连接运动平台与基座的每个支链都可看成是首尾均为球铰运动副的两个相同的支链。由此，用于约束分析的等效的变胞机构模型如图 11.8 所示。

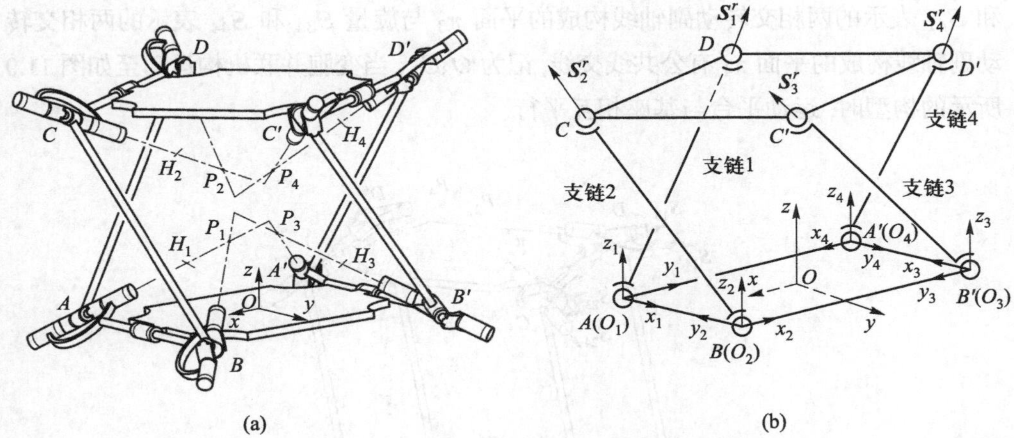

图 11.8 并联机构的运动学结构与双面约束力

由于运动平台绕垂直于基座的 z 轴转动，四个支链在四个卦限中对称布置，则四个支链施加的约束旋量在全局坐标系中可以表示为

$$\mathbb{S}^r = \begin{Bmatrix} \boldsymbol{S}_1^r = (l, m, n, -rn, -rn, r(l+m))^{\mathrm{T}} \\ \boldsymbol{S}_2^r = (m, -l, n, -rn, rn, r(l+m))^{\mathrm{T}} \\ \boldsymbol{S}_3^r = (-l, -m, n, rn, rn, r(l+m))^{\mathrm{T}} \\ \boldsymbol{S}_4^r = (-m, l, n, rn, -rn, r(l+m))^{\mathrm{T}} \end{Bmatrix} \tag{11.20}$$

式中，(l,m,n)、$(m,-l,n)$、$(-l,-m,n)$ 和 $(-m,-l,n)$ 分别是与旋量 $\boldsymbol{S}_1^r \sim \boldsymbol{S}_4^r$ 的轴线方向一致的单位向量。式 (11.20) 中的约束旋量形成了一个三阶旋量系。由此平台的运动旋量系 $\mathbb{S}$ 可以计算为

$$\mathbb{S} = \begin{Bmatrix} \boldsymbol{S}_1 = \left(1, 0, 0, \dfrac{rn(l+m)}{l^2+m^2}, \dfrac{rn(m-l)}{l^2+m^2}, 0\right)^{\mathrm{T}} \\ \boldsymbol{S}_2 = \left(0, 1, 0, -\dfrac{rn(l-m)}{l^2+m^2}, \dfrac{rn(l+m)}{l^2+m^2}, 0\right)^{\mathrm{T}} \\ \boldsymbol{S}_3 = \left(0, 0, 1, 0, 0, -\dfrac{r(l+m)}{n}\right)^{\mathrm{T}} \end{Bmatrix} \tag{11.21}$$

在运动旋量系中，运动旋量 $\boldsymbol{S}_1$、$\boldsymbol{S}_2$ 和 $\boldsymbol{S}_3$ 的旋距分别为

$$h_1 = h_2 = \frac{rn(l+m)}{l^2+m^2}, \quad h_3 = \frac{-r(l+m)}{n} \tag{11.22}$$

这给出了 Hunt 的第一个特殊三阶旋量系，其中所有的**二次线列**都分布在绕 z 轴旋转的双曲面上 (Hunt, 1978)，其中旋量系中有两个旋量具有相同的旋距。

11.2.4 具有两个平移运动的分岔运动分支

在前述的 11.2.1 ~ 11.2.3 节中研究了机构构型, 闭环运动支链 C1 中旋量 $\boldsymbol{S}_{11}$ 和 $\boldsymbol{S}_{21}$ 表示的两相交转动副轴线构成的平面 π_1 与旋量 $\boldsymbol{S}_{14}$ 和 $\boldsymbol{S}_{24}$ 表示的两相交转动副轴线构成的平面 π_2 有公共交线, 记为 O_1O_2。闭环运动支链 C2 中旋量 $\boldsymbol{S}_{31}$ 和 $\boldsymbol{S}_{41}$ 表示的两相交转动副轴线构成的平面 π_3 与旋量 $\boldsymbol{S}_{34}$ 和 $\boldsymbol{S}_{44}$ 表示的两相交转动副轴线构成的平面 π_4 有公共线交线, 记为 O_3O_4。当变胞并联机构运动至如图 11.9 所示的构型时, 运动平台与基座相互平行。

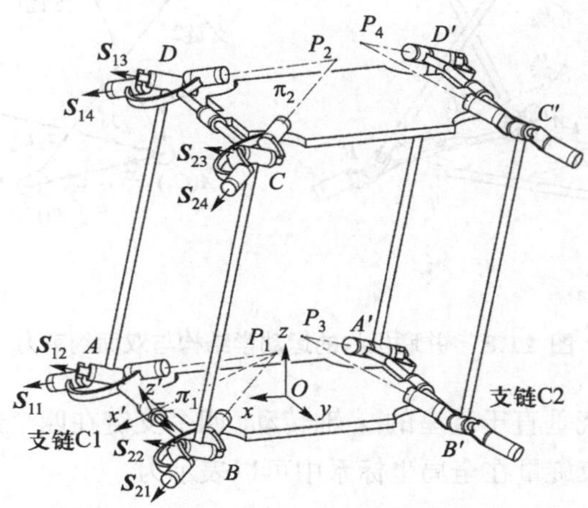

图 11.9 具有两个移动运动的机构运动分支

在这种构型中, 建立以 AB 中点为坐标原点的局部坐标系 $\{x'y'z'\}$, x' 轴垂直于轴线 AB 且通过轴线交点 P_1, y' 轴与轴线 AB 重合, z' 轴垂直于平面 π_1。在局部坐标系 $\{x'y'z'\}$ 中, 支链 C1 和 C2 的运动旋量系 $\mathbb{S}_{11}$ 和 $\mathbb{S}_{12}$ 分别表示为

$$\mathbb{S}_{11}=\left\{\begin{array}{l}\boldsymbol{S}_{11}=(1,-1,0,0,0,r_0)^{\mathrm{T}}\\ \boldsymbol{S}_{12}=(l_1,m_1,n_1,-r_0n_1,0,-r_0l_1)^{\mathrm{T}}\\ \boldsymbol{S}_{13}=(l_1,m_1,n_1,n_1b_1-cm_1,cl_1-an_1,am_1-l_1b_1)^{\mathrm{T}}\\ \boldsymbol{S}_{14}=(1,-1,0,c,c,r_0-a-b)^{\mathrm{T}}\end{array}\right\} \tag{11.23}$$

$$\mathbb{S}_{12}=\left\{\begin{array}{l}\boldsymbol{S}_{21}=(1,1,0,0,0,-r_0)^{\mathrm{T}}\\ \boldsymbol{S}_{22}=(l_2,m_2,n_2,r_0n_2,0,-r_0l_2)^{\mathrm{T}}\\ \boldsymbol{S}_{23}=(l_2,m_2,n_2,bn_2-cm_2,cl_2-an_2,am_2-bl_2)^{\mathrm{T}}\\ \boldsymbol{S}_{24}=(1,1,0,-c,c,a-b)^{\mathrm{T}}\end{array}\right\} \tag{11.24}$$

式中, $(l_1,m_1,n_1)^{\mathrm{T}}$ 和 $(l_2,m_2,n_2)^{\mathrm{T}}$ 分别为旋量 $\boldsymbol{S}_{12}$ 和 $\boldsymbol{S}_{22}$ 所在轴线方向的向量; $(a,b,c)^{\mathrm{T}}$ 和 $(a,b_1,c)^{\mathrm{T}}$ 分别为 C 点和 D 点在局部坐标系中的坐标, 且 $b_1=b-2r_0$。

因此, 输出杆件运动旋量系的基可表示为

$$\mathbb{S}=\left\{\begin{array}{l}\boldsymbol{S}_1=(0,0,0,-c,0,a)^{\mathrm{T}}\\ \boldsymbol{S}_2=(0,0,0,r_0-b,1,0)^{\mathrm{T}}\end{array}\right\} \tag{11.25}$$

在支链 C1 中, 连接平台与基座的两个转动副在局部坐标系 $\{x'y'z'\}$ 中可以表示为

$$\boldsymbol{S}_b=(0,1,0,0,0,0)^{\mathrm{T}} \tag{11.26}$$

$$\boldsymbol{S}_p=(0,1,0,-c,0,a)^{\mathrm{T}} \tag{11.27}$$

加上式 (11.25) 中的两个旋量, 可以计算得出支链 C1 对平台的约束为

$$\mathbb{S}_{\mathrm{c1}}^r=\left\{\begin{array}{l}\boldsymbol{S}_{11}^r=(a,b-r_0,c,0,0,0)^{\mathrm{T}}\\ \boldsymbol{S}_{12}^r=(0,0,0,1,0,0)^{\mathrm{T}}\\ \boldsymbol{S}_{13}^r=(0,0,0,0,0,1)^{\mathrm{T}}\end{array}\right\} \tag{11.28}$$

同理, 可以得到支链 C2 在局部坐标系中对平台的约束。由此, 两个相同的支链对平台的约束在全局坐标系 $\{xyz\}$ 中可以表示为

$$\mathbb{S}^r=\left\{\begin{array}{l}\boldsymbol{S}_{11}^r=(l,m,n,0,-r_0n,r_0m)^{\mathrm{T}}\\ \boldsymbol{S}_{12}^r=(0,0,0,\mathrm{c}\theta_1,0,\mathrm{s}\theta_1)^{\mathrm{T}}\\ \boldsymbol{S}_{13}^r=(0,0,0,-\mathrm{s}\theta_1,0,\mathrm{c}\theta_1)^{\mathrm{T}}\\ \boldsymbol{S}_{21}^r=(l,m,n,0,r_0n,-r_0m)^{\mathrm{T}}\\ \boldsymbol{S}_{22}^r=(0,0,0,\mathrm{c}\theta_2,0,\mathrm{s}\theta_2)^{\mathrm{T}}\\ \boldsymbol{S}_{23}^r=(0,0,0,-\mathrm{s}\theta_2,0,\mathrm{c}\theta_2)^{\mathrm{T}}\end{array}\right\} \tag{11.29}$$

式中

$$l=a\mathrm{c}\theta_1+c\mathrm{s}\theta_1-r_0,\quad m=b-r_0,\quad n=c\mathrm{c}\theta_1-a\mathrm{s}\theta_1$$

θ_1 和 θ_2 分别为 $x-y$ 坐标平面到 π_1 和 π_3 平面所测量的角度。

平台运动旋量系 $\mathbb{S}$ 与式 (11.29) 中的平台约束旋量系 $\mathbb{S}^r$ 是互易的, 因此可以求解式 (11.29) 的互易旋量, 得到平台运动旋量系为

$$\mathbb{S}=\left\{\begin{array}{l}\boldsymbol{S}_{\mathrm{p}1}=(0,0,0,-n,0,l)^{\mathrm{T}}\\ \boldsymbol{S}_{\mathrm{p}2}=(0,0,0,-m,l,0)^{\mathrm{T}}\end{array}\right\} \tag{11.30}$$

该式表明, 平台具有两个移动。

11.3 旋量系与可重构能力

旋量系的变化导致机构约束的变化, 从而引起机构的重构和活动度变化。本节展示约束变化引起机构从一种构态到另一种具有不同活动度的构态的重构。

11.3.1 3(rT)C(rT) 变胞并联机构

基于变胞原理, Gan、Dai 和 Liao (2009) 发明了可重构虎克铰链副 (rT 铰链副), 其示意图见图 11.10a, 其符号表示见图 11.10b。

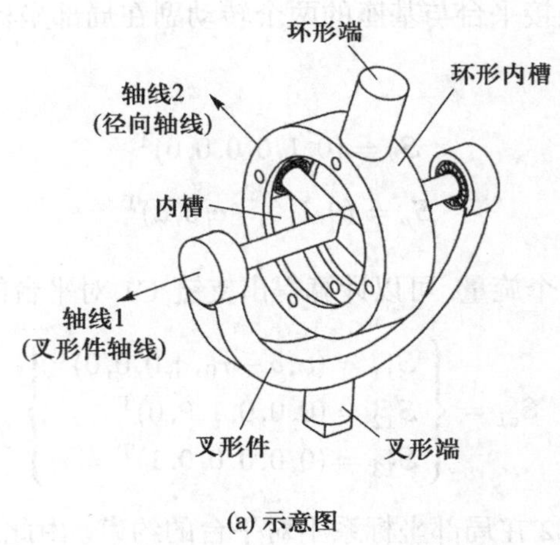

(a) 示意图

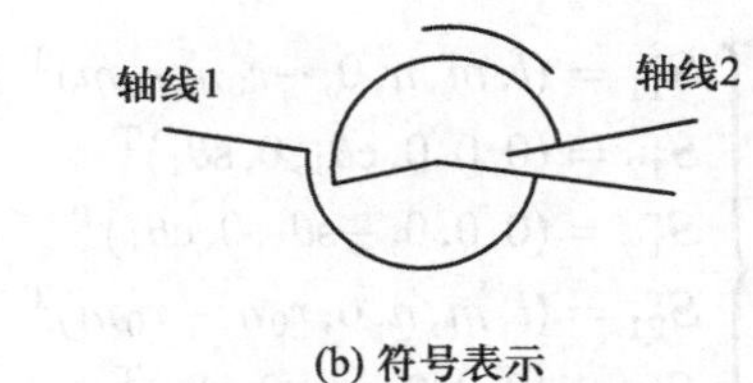

(b) 符号表示

图 11.10　可重构虎克铰链副 (rT 铰链副)

采用这一 rT 铰链副, 并联机构的每条支链都可以装配该铰链运动副以改变支链轴线间的相对姿态, 由此获得一族具有可变活动度的并联机构。如图 11.11 所示, rT 铰链副由叉形端 (b) 与环形端 (g) 组成。在环形端内开有环槽。该槽可以用来旋转 rT 铰链副的叉轴姿态。

在安装时, 叉轴的一轴总是垂直于连接构件与支链。当另一旋转轴也垂直于连接构件与支链时, rT 铰链副为 b1 初始构型。通过环形件的内槽, 调节另一旋转轴与支腿共线, 这就消除了一个活动度, 增加了一个约束, 由此产生 b2 重构构型。

在支链的两端安装 rT 铰链副, 并在支链的中间添加一个圆柱副 C, 将支链底部的 rT 铰链副的叉形端 (b) 固定在基座上, 支链上部的 rT 铰链副的叉形端 (b) 固定在平台上, 两个 rT 铰链副的环形端 (g) 分别与支链相连。这样, 就构成了一个如图 11.12 所示的 (rT)C(rT) 支链。为方便分析, 安装在基座上的 rT 铰链副称为基座 rT 铰链副, 安装在平台上的铰链称为平台 rT 铰链副。

如图 11.12 所示, 在基座 rT 铰链副中, 带槽的环形件的轴线与支链垂直, 构成

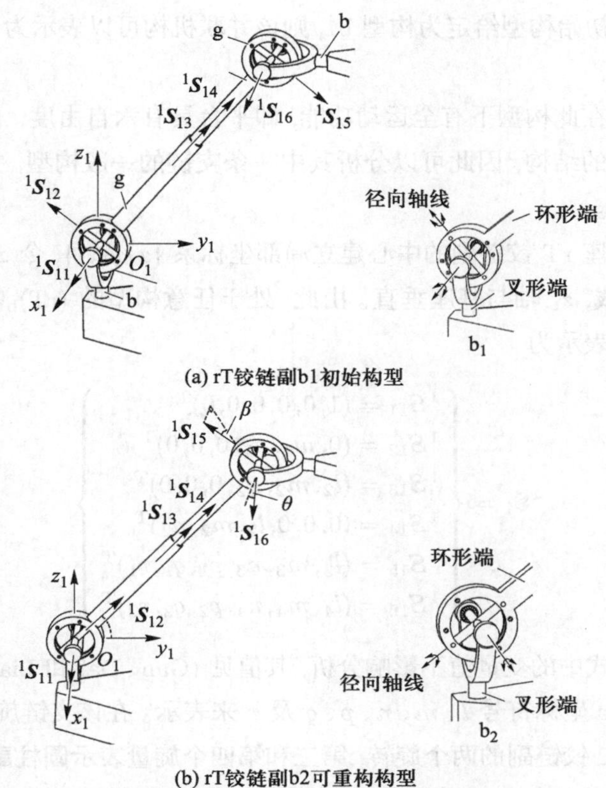

(a) rT铰链副b1初始构型

(b) rT铰链副b2可重构构型

图 11.11 可重构虎克铰链副初始构型与可重构构型

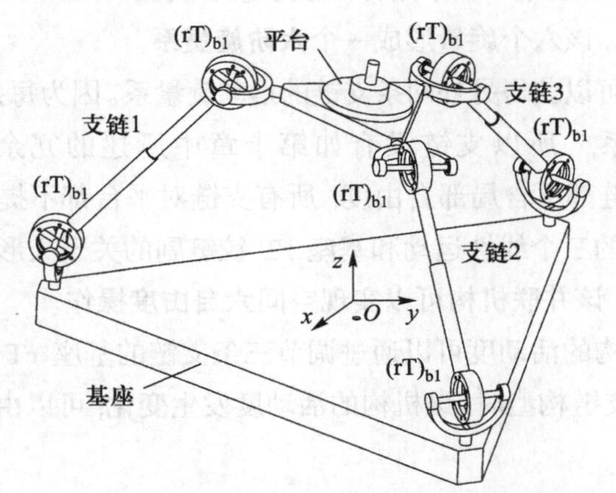

图 11.12 $3(rT)_{b1}C(rT)_{b1}$ 变胞并联机构初始构型

了基座连接的初始构型。该构型对支链约束没有任何贡献。在平台 rT 铰链副中, 带槽的环形件的径向轴线也垂直于支链而构成与基座 rT 铰链副同样的构型。同样, 该构型也不提供任何约束。通过三条这样的支链连接基座和平台就构成了 3(rT)C(rT) 并联机构, 如图 11.12 所示。三条支链对称分布于基座和平台间。正如前面所讨论的, rT 铰链副的初始构型给定为构型 b1, 则该并联机构可以表示为 $3(\mathrm{rT})_{\mathrm{b1}}\mathrm{C}(\mathrm{rT})_{\mathrm{b1}}$, 如图 11.12 所示。

该并联机构在此构型下有全运动功能, 即平台具有六自由度。由于该机构的三条支链具有相同的结构, 因此可以分析其中一条支链的一般构型, 并将结果应用于其他两条支链中。

在支链 1 基座 rT 铰链副的中心建立局部坐标系 $\{x_1y_1z_1\}$, 令 x_1 轴与叉形件轴线旋量 ${}^1\boldsymbol{S}_{11}$ 共线, z_1 轴与基座垂直。由此, 处于任意构型的 $(\mathrm{rT})_{\mathrm{b1}}\mathrm{C}(\mathrm{rT})_{\mathrm{b1}}$ 支链的运动旋量系可以表示为

$$
{}^1\mathbb{S}_1=\left\{\begin{array}{l}
{}^1\boldsymbol{S}_{11}=(1,0,0,0,0,0)^{\mathrm{T}}\\
{}^1\boldsymbol{S}_{12}=(0,m_1,n_1,0,0,0)^{\mathrm{T}}\\
{}^1\boldsymbol{S}_{13}=(l_2,m_2,n_2,0,0,0)^{\mathrm{T}}\\
{}^1\boldsymbol{S}_{14}=(0,0,0,l_2,m_2,n_2)^{\mathrm{T}}\\
{}^1\boldsymbol{S}_{15}=(l_3,m_3,n_3,p_1,q_1,r_1)^{\mathrm{T}}\\
{}^1\boldsymbol{S}_{16}=(l_4,m_4,n_4,p_2,q_2,r_2)^{\mathrm{T}}
\end{array}\right\}
\tag{11.31}
$$

由于以上公式中的变量值不影响分析, 其值见 (Gan、Dai 和 Liao, 2010), 这里使用旋量的 Plücker 坐标符号 l、m、n、p、q 及 r 来表示。在该支链旋量系中, 前两个旋量表示基座 rT 铰链副的两个旋转, 第三和第四个旋量表示**圆柱副**的旋转和平移, 最后两个旋量表示平台 rT 铰链副的两个旋转。在旋量符号 ${}^1\boldsymbol{S}_{ij}$ 中, 前置上角标 1 表示局部坐标系 1, 后置第一个下角标 i 表示第 i 支链, 第二个下角标 j 表示支链 i 中的第 j 个铰链副。该六个旋量形成一个**六阶旋量系**。

用同样的方法可以获得另外两条支链的运动旋量系。因为每条 $(\mathrm{rT})_{\mathrm{b1}}\mathrm{C}(\mathrm{rT})_{\mathrm{b1}}$ 支链均为六阶旋量系, 所以支链没有如第十章中所述的冗余旋量, 同时每条 $(\mathrm{rT})_{\mathrm{b1}}\ \mathrm{C}(\mathrm{rT})_{\mathrm{b1}}$ 支链都不含局部自由度, 所有支链对平台都不提供约束。当选择三条支链中的圆柱副的三个线性运动和基座 rT 铰链副的关于叉形件的轴的三个转动运动作为驱动件时, 该并联机构可以实现空间**六自由度操作**。

该变胞并联机构的活动度可以通过调节三条支链的基座 rT 铰链副的构型而改变。当逐个地改变支链构型时, 该机构的活动度发生变化, 可以由 6 变为 5、4 和 3。

11.3.2 约束旋量系的演变和机构活动度的变化

改变支链 1 中的基座 rT 铰链副, 使其从初始构型 b1 到达重构构型 b2, 此时, 其中的一个转动轴线与支链共线, 这就产生了如图 11.13 所示的新的支链结构。基于此, 带槽的环形件的径向轴线上的旋量 $\boldsymbol{S}_{12}$ 与支链共线, 于是支链的构型发生了变化, 减少了一个活动度, 增加了一个约束旋量。当保持该并联机构的其他两条支链结构不变时, 产生出一个如图 11.13 所示的新的 $2(\mathrm{rT})_{\mathrm{b1}}\mathrm{C}(\mathrm{rT})_{\mathrm{b1}}\text{-}1(\mathrm{rT})_{\mathrm{b2}}\mathrm{C}(\mathrm{rT})_{\mathrm{b1}}$ 并联

机构的构型。

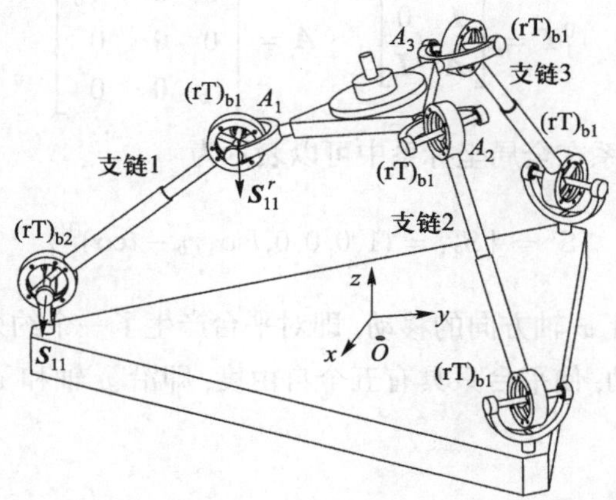

图 11.13　**2(rT)$_{b1}$C(rT)$_{b1}$-1(rT)$_{b2}$C(rT)$_{b1}$** 型并联机构构型

如上节讨论, 由于支链 2 和支链 3 保持图 11.12 所示的结构, 其旋量系保持式 (11.31) 的形式, 因而不提供任何约束。新并联机构的约束分析将依赖于新的重构支链 (rT)$_{b2}$C(rT)$_{b1}$, 由此, 该支链的运动旋量系可以表示为

$$
{}^1\mathbb{S}_1=\left\{\begin{array}{l}
{}^1\boldsymbol{S}_{11}=(1,0,0,0,0,0)^{\mathrm{T}}\\
{}^1\boldsymbol{S}_{12}=(0,\mathrm{c}\alpha,\mathrm{s}\alpha,0,0,0)^{\mathrm{T}}\\
{}^1\boldsymbol{S}_{13}=(0,\mathrm{c}\alpha,\mathrm{s}\alpha,0,0,0)^{\mathrm{T}}\\
{}^1\boldsymbol{S}_{14}=(0,0,0,0,\mathrm{c}\alpha,\mathrm{s}\alpha)^{\mathrm{T}}\\
{}^1\boldsymbol{S}_{15}=(\mathrm{c}\beta,\mathrm{s}\beta\mathrm{s}\alpha,-\mathrm{s}\beta\mathrm{c}\alpha,-l\mathrm{s}\beta,l\mathrm{c}\beta\mathrm{s}\alpha,-l\mathrm{c}\beta\mathrm{c}\alpha)^{\mathrm{T}}\\
{}^1\boldsymbol{S}_{16}=(-\mathrm{s}\theta\mathrm{s}\beta,\mathrm{c}\theta\mathrm{c}\alpha+\mathrm{s}\theta\mathrm{c}\beta\mathrm{s}\alpha,\mathrm{c}\theta\mathrm{s}\alpha-\mathrm{s}\theta\mathrm{c}\beta\mathrm{c}\alpha,-l\mathrm{s}\theta\mathrm{c}\beta,-l\mathrm{s}\theta\mathrm{s}\beta\mathrm{s}\alpha,-l\mathrm{s}\theta\mathrm{s}\beta\mathrm{c}\alpha)^{\mathrm{T}}
\end{array}\right\}
\tag{11.32}
$$

式中, α 为旋量 ${}^1\boldsymbol{S}_{12}$ 和 y_1 轴之间的夹角; β 为旋量 ${}^1\boldsymbol{S}_{15}$ 与其在 y_1-z_1 平面上投影的夹角; θ 为旋量 ${}^1\boldsymbol{S}_{16}$ 和 ${}^1\boldsymbol{S}_{14}$ 之间的夹角; sα 和 cα 分别表示 $\sin\alpha$ 和 $\cos\alpha$。

显然, 旋量 ${}^1\boldsymbol{S}_{12}$ 和 ${}^1\boldsymbol{S}_{13}$ 相同, 则该六个旋量形成支链 1 的五阶运动旋量系, 该支链的约束旋量可以通过求解互易旋量得到

$$
{}^1\mathbb{S}_1^r=\{{}^1\boldsymbol{S}_{11}^r=(1,0,0,0,l\mathrm{s}\alpha,-l\mathrm{c}\alpha)^{\mathrm{T}}\}
\tag{11.33}
$$

该约束为一个通过支链 1 的平台 rT 铰链副中心且平行于旋量 ${}^1\boldsymbol{S}_{11}$ 的约束力。

该支链约束旋量可以通过沿 y 轴平移距离 r_a 而转换到固定在基座中心的全局坐标系 (Dai、Huang 和 Lipkin, 2006), 即

$$
\boldsymbol{S}_{11}^r=({}_1^0\boldsymbol{T})({}^1\boldsymbol{S}_{11}^r)^{\mathrm{T}}
\tag{11.34}
$$

式中,

$$
{}^0_1\boldsymbol{T} = \begin{bmatrix} \boldsymbol{I} & 0 \\ \boldsymbol{A} & \boldsymbol{I} \end{bmatrix}, \quad \boldsymbol{A} = \begin{bmatrix} 0 & 0 & -r_b \\ 0 & 0 & 0 \\ r_b & 0 & 0 \end{bmatrix}
$$

由此, 平台约束旋量系在全局坐标系中可以表示为

$$
\mathbb{S}^r = \{\boldsymbol{S}_{11}^r = (1, 0, 0, 0, ls\alpha, r_b - lc\alpha)^{\mathrm{T}}\} \tag{11.35}
$$

此约束旋量约束了沿 x 轴方向的移动, 即对平台产生了一个约束。此一阶约束旋量系约束了平台的运动, 使平台只具有五个自由度, 即沿 y 轴和 z 轴的两个移动和三个转动。

11.3.3 由可重构引起的约束变化和活动度演化

如图 11.13 所示, 保持支链 1 的可重构构型, 即 rT 铰链副的一个转动轴线与支链共线, 也保持支链 3 的初始构型, 而将支链 2 的基座 rT 铰链副由初始构型 b1 调节到重构构型 b2, 同支链 1 一样使支链 2 基座 rT 铰链副的一个转动轴线与支链共线, 这样就获得了一个新的并联机构构型, 即如图 11.14 所示的 $1(\mathrm{rT})_{\mathrm{b1}}\mathrm{C}(\mathrm{rT})_{\mathrm{b1}}$-$2(\mathrm{rT})_{\mathrm{b2}}\mathrm{C}(\mathrm{rT})_{\mathrm{b1}}$ 构型。

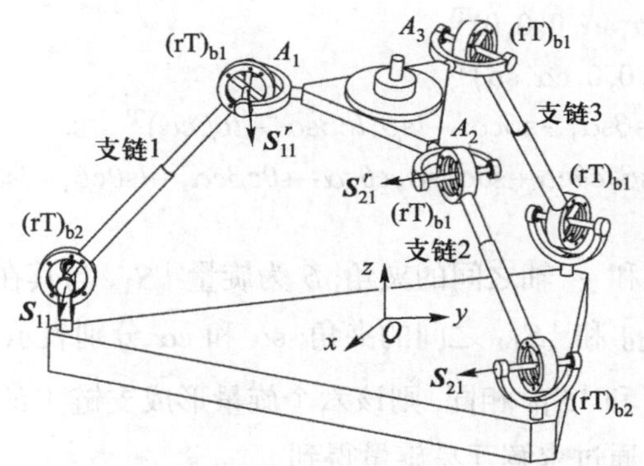

图 11.14　$1(\mathrm{rT})_{\mathrm{b1}}\mathrm{C}(\mathrm{rT})_{\mathrm{b1}}$-$2(\mathrm{rT})_{\mathrm{b2}}\mathrm{C}(\mathrm{rT})_{\mathrm{b1}}$ 型并联机构构型

在此构型中, 支链 1 提供式 (11.35) 所示的约束, 支链 2 具有式 (11.32) 所描述的运动旋量和式 (11.35) 所描述的约束旋量, 但支链 3 保持式 (11.31) 所示的六阶运动旋量系。

由此, 支链 1 和支链 2 各提供一个约束力而支链 3 不提供任何约束。上面已经分析了支链 1 提供的约束力的几何分布及其在全局坐标系中的表达式 $\boldsymbol{S}_{11}^r$ [式 (11.35)]。类似地, 支链 2 提供的约束力 $\boldsymbol{S}_{21}^r$ 作用于其平台 rT 铰链副的中心且平行于其基座 rT

铰链副的叉形件的轴线 $\boldsymbol{s}_{21}, \boldsymbol{S}_{21}^{r}$ 在全局坐标系中可以表示为

$$\boldsymbol{S}_{21}^{r}=\begin{pmatrix}\boldsymbol{s}_{21}\\ \boldsymbol{a}_{2}\times\boldsymbol{s}_{21}\end{pmatrix}=(-\mathrm{s}(\pi/6),\mathrm{c}(\pi/6),0,u_{1},v_{1},w_{1})^{\mathrm{T}} \tag{11.36}$$

式中

$$u_{1}=-\frac{\sqrt{3}}{2}p_{z}-\frac{3}{4}r_{31}r_{b}-\frac{\sqrt{3}}{4}r_{32}r_{b}$$

$$v_{1}=-\frac{1}{2}p_{z}-\frac{\sqrt{3}}{4}r_{31}r_{b}-\frac{1}{4}r_{32}r_{b}$$

$$w_{1}=\frac{\sqrt{3}}{2}p_{x}+\frac{1}{2}p_{y}+\frac{3}{4}r_{11}r_{b}+\frac{\sqrt{3}}{4}r_{12}r_{b}+\frac{\sqrt{3}}{4}r_{21}r_{b}+\frac{1}{4}r_{22}r_{b}$$

同时, p_x、p_y、p_z 为平台坐标系相对于全局坐标系的位置向量的三个分量; $\boldsymbol{a}_2$ 为平台 rT 铰链副中心 A_2 在全局坐标系中的位置向量。

由于这些值并不影响分析, 在下面的旋量分析中使用上述符号而非具体数值来表示。从上面的分析可知, 两个约束旋量 $\boldsymbol{S}_{11}^{r}$ 和 $\boldsymbol{S}_{21}^{r}$ 构成一个二阶旋量系, 表示为

$$\mathbb{S}^{r}=\{\boldsymbol{S}_{11}^{r},\boldsymbol{S}_{21}^{r}\} \tag{11.37}$$

求解其互易旋量系, 可得四阶平台运动旋量系 $\boldsymbol{S}_f$, 其基可以表示为

$$\mathbb{S}_{f}=\begin{Bmatrix}(1,0,0,0,v_{2},0)^{\mathrm{T}}\\(0,1,0,u_{2},v_{3},0)^{\mathrm{T}}\\(0,0,1,u_{3},v_{4},0)^{\mathrm{T}}\\(0,0,0,0,0,1)^{\mathrm{T}}\end{Bmatrix} \tag{11.38}$$

式中

$$u_{2}=-p_{z}+r_{32}r_{b}$$

$$u_{3}=p_{y}-r_{22}r_{b}$$

$$v_{2}=p_{z}+\frac{\sqrt{3}}{2}r_{31}r_{b}+\frac{1}{2}r_{32}r_{b}$$

$$v_{3}=\frac{\sqrt{3}}{2}r_{32}r_{b}+\frac{1}{2}r_{31}r_{b}$$

$$v_{4}=-p_{x}-\frac{\sqrt{3}}{2}r_{11}r_{b}-\frac{1}{2}r_{12}r_{b}-\frac{1}{2}r_{21}r_{b}-\frac{\sqrt{3}}{2}r_{22}r_{b}$$

式 (11.38) 表示 $1(\mathrm{rT})_{\mathrm{b1}}\mathrm{C}(\mathrm{rT})_{\mathrm{b1}}$-$2(\mathrm{rT})_{\mathrm{b2}}\mathrm{C}(\mathrm{rT})_{\mathrm{b1}}$ 型并联机构平台具有四个自由度, 即三个转动和一个沿 z 轴方向的移动。由于式 (11.37) 给出了两个约束旋量, 平台则由前一构型的 5 自由度降为 4 自由度。

类似于以上的操作, 将支链 3 的基座 rT 铰链副由其初始构型 b1 调整到重构构型 b2, 基于以上的两个约束旋量, 可以产生第三个约束旋量, 由此将机构的活动度数

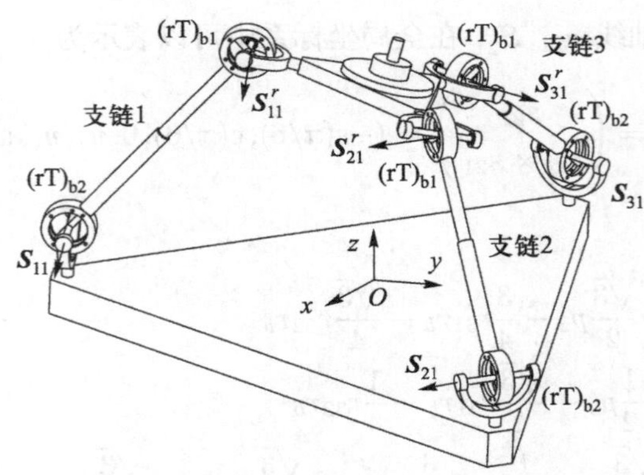

图 11.15　$3(\mathrm{rT})_{\mathrm{b}2}\mathrm{C}(\mathrm{rT})_{\mathrm{b}1}$ 型并联机构构型

由 6 降为 3。因此, 并联机构被重构为新的构型, 即如图 11.15 所示的 $3(\mathrm{rT})_{\mathrm{b}2}\mathrm{C}(\mathrm{rT})_{\mathrm{b}1}$ 构型。

在此机构构型中, 除了支链 1 和支链 2 提供了如式 (11.37) 所示的约束力以外, 支链 3 也提供了一个通过其平台 rT 铰链副中心且平行于其基座 rT 铰链副叉形件轴线 $\boldsymbol{s}_{31}$ 的约束旋量, 即

$$\boldsymbol{S}_{31}^r = \begin{pmatrix} \boldsymbol{s}_{31} \\ \boldsymbol{a}_3 \times \boldsymbol{s}_{31} \end{pmatrix} = (-\mathrm{s}(\pi/6), -\mathrm{c}(\pi/6), 0, u_4, v_5, w_2)^{\mathrm{T}} \tag{11.39}$$

式中, $\boldsymbol{a}_3$ 为支链 3 中平台 rT 铰链副中心 A_3 在全局坐标系中的位置向量。

当支链 1 和支链 2 的约束力保持为以上分析的 $\boldsymbol{S}_{11}^r$ 和 $\boldsymbol{S}_{21}^r$ 时, 三个约束旋量形成了一个三阶约束旋量系, 表示为

$$\mathbb{S}^r = \{\boldsymbol{S}_{11}^r, \boldsymbol{S}_{21}^r, \boldsymbol{S}_{31}^r\} \tag{11.40}$$

求解约束旋量系 $\mathbb{S}^r$ 的互易旋量系, 可得平台运动旋量系 $\mathbb{S}_f$ 为

$$\mathbb{S}_f = \begin{Bmatrix} (d_1, 0, f_1, u_5, v_6, w_3)^{\mathrm{T}} \\ (d_2, e_1, 0, u_6, v_7, w_4)^{\mathrm{T}} \\ (0, 0, 0, 0, 0, 1)^{\mathrm{T}} \end{Bmatrix} \tag{11.41}$$

式中, $d_{i1}(i_1 = 1, 2)$、e_1、f_1、$u_{i2}(i_2 = 5, 6)$、$v_j(j = 6, 7)$ 和 $w_k(k = 3, 4)$ 是变量。

因此, 具有 $3(\mathrm{rT})_{\mathrm{b}2}\mathrm{C}(\mathrm{rT})_{\mathrm{b}1}$ 构型的并联机构平台具有三个自由度, 即两个转动和一个沿 z 轴方向的移动。

综合以上分析, 通过改变并联机构中的一个、两个或者三个基座 rT 铰链副, 即由初始构型 b1 到重构构型 b2, 同时保持平台 rT 铰链副于初始构型 b1, 则并联机构品态的自由度就可以由 6 变为 5 或 4。同样地, 分别将一个、两个或三个平台 rT 铰链副由初始构型 b1 改变为重构构型 b2, 同时保持所有基座 rT 铰链副为初始构型 b1,

则可以完成机构平台的自由度由 6 变为 5 或 4。进一步, 机构的可变活动度的构型还可以通过同时改变基座 rT 铰链副和平台 rT 铰链副的相位来实现, 以进一步实现自由度到 3、2 和 1 的演变。该平台的多种变化与进一步分岔运动分析见 (Gan、Dai 和 Liao, 2010)。

参考文献

Baker, J. E., Duclong, T. and Khoo, P. S. H. (1982) On attempting to reduce undesirable inertial characteristics of the Schatz mechanism, *ASME, J. Mech. Des.*, **104** (1): 192-205.

Brát, V. (1969) A six-link spatial mechanism, *J. Mechanisms*, **4** (2): 325-336.

Carroll, D. W., Magleby, S. P., Howell, L. H., et al. (2005) Simplified manufacturing through a metamorhic process for compliant ortho-planar mechanisms, *2005 ASME International Mechanical Engineering Congress and Exposition*, November, Orlando, Florida, USA.

Cui, L., Dai, J. S. and Lee, C. C. (2015) Characteristics of the double-cycled motion-ruled surface of the Schatz linkage based on differential geometry, *Journal of Mechanical Engineering Science*, **229** (5): 957-964.

Dai, J. S. (1996a) Survey and business case study of the dexterous reconfigurable assembly and packaging system, *Science and Technology Report*, PS 960321, Unilever Research, UK.

Dai, J. S. (1996b) Conceptual study of the dexterous reconfigurable assembly and packaging system, *Science and Technology Report*, No. PS 960326, Unilever Research, UK.

Dai, J. S. (2012) Finite displacement screw operators with embedded Chasles' motion, *ASME J. Mech. Rob.*, **4** (4): 041002.

Dai, J. S. (2019) *Screw Algebra and Kinematic Approaches for Mechanisms and Robotics*, Springer, London.

Dai, J. S. and Rees Jones, J. (1998) Mobility in metamorphic mechanisms of foldable/erectable kinds, *25th ASME Biennial Mechanisms and Robotics Conference*, September, Atlanta, USA.

Dai, J. S. and Rees Jones, J. (1999a) Mobility in metamorphic mechanisms of foldable/erectable kinds, *ASME J. Mech. Des.*, **121** (3): 375-382.

Dai, J. S. and Rees Jones, J. (1999b) Configuration transformations in metamorphic mechanisms of foldable/erectable kinds. *Proceedings of 10th World Congress on the Theory of Machine and Mechanisms*, June 20-24, Oulu, Finland.

Dai, J. S. and Rees Jones, J. (2005) Matrix representation of topological configuration transformation of metamorphic mechanisms. *ASME, J. Mech. Des.*, **127** (4): 837-840.

Dai, J. S. and Zhang, Q. X. (2000) Metamorphic mechanisms and their configuration models, *Journal of Mechanical Engineering*, **13** (3): 212-218.

Dai, J. S., Medland, A. and Mullineux, G. (2009) Carton erection using reconfigurable folder mechanisms, *Packaging Technology and Science*, **22** (7): 385-395.

Dai, J. S., Taylor, P. M., Liu, H. and Lin, H (2004) Folding algorithms and mechanisms synthesis for robotic ironing, *Internationl Journal of Clothing Science and Technology*, **16** (1/2): 204-214.

Dai, J. S., Zoppi, M. and Kong, X. W. (2009) Reconfigurable mechanisms and robots, *Proceeding of the First ASME/IFToMM International Conference on Reconfigurable Mechanisms and Robots (ReMAR 2009)* , KC Edizioni, Germany.

Dai, J. S., Zoppi, M. and Kong, X. W. (2012) Advances in reconfigurable mechanisms and robots Ⅰ, *Proceeding of the Second ASME/IFToMM International Conference on Reconfigurable Mechanisms and Robots (ReMAR 2012)* , Springer, London.

Dubey, V. N. and Dai, J. S. (2007) Complex carton packaging with dexterous robot hands, *Industrial Robotics: Programming, Simulation and Application*, 583-594.

Dubey, V. N. and Dai, J. S. (2006) A packaging robot for complex cartons, *Industrial Robot: An International Journal*, **33** (2): 82-87.

Fanghella, P., Galletti, C. and Giannotti, E. (2006) Parallel robots that change their group of motion, *Advances in Robot Kinematics*, Springer Netherlands.

Galletti, C. and Fanghella, P. (2001) Single-loop kinematotropic mechanisms, *Mech. Mach. Theory*, **36** (6): 743-761.

Galletti, C. and Giannotti, E. (2002) Multiloop kinematotropic mechanisms, *Proceedings of ASME Design Engineering Technical Conference*, Montreal, Canada.

Gan, D. M., Dai, J. S. and Caldwell, D. G. (2011) Constraint-based limb synthesis and mobility-change-aimed mechanism construction, *ASME J. Mech. Des.*, **133** (5): 051001.

Gan, D. M., Dai, J. S., Dias, J. and Seneviratne, L. D. (2013a) Reconfigurability and unified kinematics modeling of a 3rTPS metamorphic parallel mechanism with perpendicular constraint screws, *Robotics and Computer Integrated Manufacturing*, **29** (4): 121-128.

Gan, D. M., Dai, J. S., Dias, J. and Seneviratne, L. D. (2013b) Unified kinematics and singularity analysis of a metamorphic parallel mechanism with bifurcated motion, *ASME J. Mech. Rob.*, **5** (3): 041104.

Gan, D. M., Dai, J. S. (2013) Geometry constraint and branch motion evolution of 3-PUP parallel mechanisms with bifurcated motion, *Mech. Mach. Theory*, **61**: 168-183.

Gan, D. M., Dai, J. S. and Liao, Q. Z. (2009) Mobility change in two types of metamorphic parallel mechanisms, *ASME J. Mech. Rob.*, **1** (4): 041007-041015.

Gan, D. M., Dai, J. S. and Liao, Q. Z. (2010) Constraint analysis on mobility change of a novel metamorphic parallel mechanism, *Mech. Mach. Theory*, **45** (12): 1864-1876.

Hunt, K. H. (1978) *Kinematic Geometry of Mechanisms*, Oxford University Press, London.

Kong, X. W., Gosselin, C. M. and Richard, P. L. (2007) Type synthesis of parallel mechanisms with multiple operation modes, *ASME J. Mech. Des.*, **129** (6): 595-601.

Kuo, C. H. and Dai, J. S. (2013) Task-oriented structure synthesis of a class of parallel manipulators using motion constraint generator, *Mech. Mach. Theory*, **70**: 394-406.

Kuo, C. H. and Yan H. S. (2007) On the mobility and configuration singularity of mechanisms with variable topologies, *ASME, J. Mech. Des.*, **129** (6): 617-624.

Kuo, C. H., Dai, J. S. and Yan, H. S. (2012) Reconfiguration principles and strategies for reconfigurable mechanisms, *Journal of Science and Innovation*, **2** (1): 27-38.

Lee, C. C. (1997) On the reciprocal screw axis of the Schatz sixrevolute linkage, *Proc. Seventh IFToMM International Symposium on Linkages and Computer Aided Design Methods-Theory and Practice of Mechanisms(SY ROM'97)* , Bucharest, Romania.

Lee, C. C. (2000) Analysis and synthesis of Schatz six-revolute mechanism, *JSME Int. J.*, Ser. C, **43** (1): 80-91.

Lee, C. C. and Dai, J. S. (2003) Configuration analysis of the Schatz linkage, *J. Mech. Eng. Sci.*, **17** (7): 779-786.

Li, Q. and Hervé, J. M. (2009) Parallel mechanisms with bifurcation of Schoenflies motion, *IEEE T. on Robotics*, **25** (1): 158-164.

Li, R. and Dai, J. S. (2012) Workspace atlas and stroke analysis of seven-bar mechanisms with the translation-output, *Mech. Mach. Theory*, **47** (1): 117-134.

Li, S. and Dai, J. S. (2010) Structure of metamorphic mechanisms based on augmented Assur groups, *Chinese Journal of Mechanical Engineering*, **46** (13): 22-30.

Li, S. and Dai, J. S. (2012) Structure synthesis of single-driven metamorphic mechanisms based on augmented Assur group, *ASME J. Mech. Rob.*, **4** (3): 031004-031011.

Liu, C. and Yang, T. (2004) Essence and characteristics of metamorphic mechanisms and their metamorphic ways, *Proceedings 11th World Congress in Mechanism and Machine Science*, April, Tianjin, China.

Liu, H. and Dai, J. S. (2002) Carton manipulation analysis using configuration transformation, *J. Mech Eng. Sci.*, **216** (5): 543-555.

Luo, Z. and Dai, J. S. (2007) Patterned bootstrap: A new method that gives efficiency for some precision position synthesis problems, *ASME J. Mech. Des.*, **129** (2): 173-183.

Lusk, C. P. and Howell, L. L. (2006) Design space of single-loop planar folded micro mechanisms with out-of-plane motion, *ASME J. Mech. Des.*, **128** (5): 1092-1100.

Parise, J. J., Howell, L. L. and Magleby, S. P. (2000) Ortho-planar mechanisms, *Proc. 26th Biennial Mechanisms and Robotics Conference*, Baltimore, USA.

Park, F. C and Kim, J. W. (1999) singularity analysis of closed kinematic chains, *ASME J. Mech. Des.*, **121** (1): 32-38.

Payandeh, S. and Goldenberg, A. A. (1987) Formulation of the kinematic model of a general (6 DOF) robot manipulator using a screw operator, *J. Rob. Syst.*,**4** (6): 771-797.

Phillips, J. (1990) *Freedom in Machinery, II: Screw Theory Exemplified*, Cambridge University Press, Cambridge, UK.

Pieper, D. and Roth, B. (1969) The kinematics of manipulators under computer control, *Proc. 2nd World Congress on the Theory of Machines and Mechanisms*, Zakopane, Poland, **2**, 159-169.

Schatz, P. (1975) *Rhythmusforschung Und Technik*, Verlag Freies Geistesleben, Germany.

Song, S. and Waldron, K. J. (1987) Geometric design of a walking machine for optimal mobility, *ASME J. Mech. Trans. Auto. Des.*,**109** (2): 21-28.

Sugimoto, K., Duffy, J. and Hunt, K. H. (1982) Special configurations of spatial mechanisms and robot arms, *Mech. Mach. Theory*, **17** (2): 119-132

Uicker, J. J., Denavit, J. and Hartenberg, R. S. (1964) An iterative method for the displacement analysis of spatial mechanisms, *ASME J. Appl. Mech.*, **31** (2): 309-314.

Wohlhart, K. (1996) Kinematotropic linkages, In: Lenarcic J. Parenti-Castelli V., *Advances in Robot Kinematics*, Kluwer, Dordrecht, Netherlands.

Yan, H. S. and Kuo, C. H. (2006) Topological representations and characteristics of variable kinematic joints, *ASME J. Mech. Des.*, **128** (2): 384-391.

Yao, W., Cannella, F. and Dai, J. S. (2011) Automatic folding of cartons using a reconfigurable robotic system, *Robotics and Computer-Integrated Manufacturing*, **27** (3): 604-613.

Yu, H. C. (1980) Geometrical investigation of general octahedral linkages and the Turbula, *Mech. Mach. Theory*, **15** (6): 463-478.

Zhang, K. and Dai, J. S. (2014) A kirigami-inspired 8R linkage and its evolved overconstrained 6R linkages with the rotational symmetry of order two, *ASME J. Mech. Rob.*, **6** (4).

Zhang, K. and Dai, J. S. (2016) Reconfiguration of the plane-symmetric double-spherical 6R linkage with bifurcation and trifurcation, *Journal of Mechanical Engineering Science*, **230** (3): 473-482.

Zhang, K., Dai, J. S. and Fang, Y. (2010) Topology and constraint analysis of phase change in the metamorphic chain and its evolved mechanism, *ASME J. Mech. Des.*, **132** (12): 121001-121011.

Zhang, K., Dai, J. S. and Fang, Y. (2012) Constraint analysis and bifurcated motion of the 3PUP parallel mechanism, *Mech. Mach. Theory*, **49** (3): 256-269.

Zhang, K., Dai, J. S. and Fang, Y. (2013) Geometric constraint and mobility variation of two 3SvPSv metamorphic parallel mechanisms, *ASME J. Mech. Des.*, **135** (1): 011001.

Zhang, L., and Dai, J. S. (2009) Reconfiguration of spatial metamorphic mechanisms, *ASME J. Mech. Rob.*, **1** (1): 011012-011019.

Zhang, L. P., Wang, D. L. and Dai, J. S. (2008) Biological modeling and evolution based synthesis of metamorphic mechanisms, *ASME J. Mech. Des.*, **130** (7): 072303-1-11.

Zhang, W., Ding, X. and Dai, J. S. (2011) Morphological synthesis of metamorphic mechanisms based on constraint variation, *J. Mech. Eng. Sci.*, **225** (12): 2297-2310.

Zhao, T. S., Dai, J. S. and Huang, Z. (2002) Geometric analysis of overconstrained parallel manipulators with three and four degrees of freedom, *JSME International Journal, Series C, Mechanical Systems, Machines Elements and Manufacturing*, **45** (3): 730-740.

Zhao, T. S., Dai, J. S. and Huang, Z. (2002) Geometric synthesis of spatial parallel manipulators with fewer than six degrees of freedom, *J. Mech. Eng. Sci.*, **216** (12): 1175-1185.

Zlatanov, D., Bonev, I. A. and Gosselin, C. M. (2002) Constraint singularities of parallel mechanisms, *Proc. IEEE Int. Conf. Robot. Autom.*, Washington, D. C., USA.

戴建生(2007) 第7章: 变胞原理和变胞机构的发展, 邹慧君, 高峰, 现代机构学进展, 高等教育出版社, 北京, 279-298.

戴建生, 丁希伦, 邹慧君 (2005) 变胞原理和变胞机构类型, 机械工程学报, **41** (6): 7-12.

戴建生 (2004) 变胞机构研究中的几个问题, 机械设计与研究, **20** (增1): 276-278.

李端玲, 张忠海, 戴建生, 张克涛 (2010) 变胞机构的研究综述与展望, 机械工程学报, **46** (13): 14-21.

王德伦, 戴建生 (2007) 变胞机构及其综合的理论基础, 机械工程学报, **43** (8): 32-42.

第十二章 柔度与刚度中的旋量矩阵

在一般空间势能场的刚体运动分析中, Ball (1900) 提出了势能主旋量的概念, 以此表征柔度矩阵的特征旋量。von Mises (1924) 进而揭示了柔度矩阵的不变特性, Dimentberg (1965) 使用刚度矩阵对柔度矩阵的不变性进行了描述, 以研究位移旋量与力旋量之间的关系。因此, 柔度与刚度从一开始就植根于旋量理论的研究中。柔度与刚度是机构学与机器人学中的基本问题, 对机构与机器人的约束与自由运动起着决定性的作用。

本章利用前面章节中所述的矩阵形式的旋量代数和李群的伴随作用分析机构与机器人中的柔度和刚度, 阐明机构与机器人中的运动耦合及其特性。同于第十章, 本章从抓持中刚体约束的基本问题开始分析, 扩展到机构与机器人的研究, 进而揭示抓持机构、机器人及多环机构的集成刚度特性, 提出机构刚度的对偶性。最后, 将该理论扩展应用于柔顺机构与欠驱动机器人的研究中, 以及更广范围的机构与机器人研究中。

12.1 机器人的刚度

12.1.1 机构的刚度

刚度与柔度是机构力学特性的核心问题之一。借助于 **Hooke 定律**, 刚度与柔度可用于建立力与位移之间的关系, 以及理解抓持力学对刚体操作的影响。

Whitney (1982) 通过研究与刚度互逆的柔度特性, 建立了由柔性基座支撑的刚性部件准静态装配方法。Loncaric (1985) 采用李代数描述的刚度矩阵标准形对柔度进行了分析。在这一工作中, 由简单的线性弹簧分布方式可以综合出柔顺装置的远程中心。所有弹簧交于这一中心点, 且合成刚度矩阵在该点退化为奇异形式。远程中心综合的必要条件是刚度矩阵分块后非对角线上子矩阵的**迹**为零。

在柔度与刚度研究中, Patterson 和 Lipkin (1993a, b) 基于特征值与特征旋量的分析揭示了机器人的柔顺结构和柔度矩阵的性质。Huang 和 Schimmels (2000) 评价了具有六根沿特征旋量方向螺旋弹簧的等效并联机构, 构造了具有六根沿特征旋量方向的螺旋铰链副的等效串联机构, 阐明了上述两种等效机构特征旋量的对偶性 (Huang 和 Schimmels, 2002)。Selig 和 Ding (2002a, b) 进一步探讨了刚度矩阵的性质并将其成功应用于梁与盘簧的研究中。类比于并联机构, Selig 和 Dai (2005) 研究了工业用柔顺平台的动力学特征, Dai 和 Ding (2006, 2008) 将柔度与刚度分析应用到了柔顺机构中, 结合特征柔度和特征运动旋量的分解建立了柔顺平台的特征方程。Dai、Zhao 和 Nester (2004) 将机构学与医学相结合, 采用刚度分析研究了脚踝康复特性, 基于机构综合提出了一系列**脚踝康复并联机器人**构型, 并作了系统的分析。

12.1.2 抓持中的刚度

接触刚度是研究刚体抓持以及被抓持刚体微动的基本问题之一, 而建立具有预载弹簧的接触模型是其中的关键。

在刚体抓持研究中, Kerr 和 Sanger (1986) 建立了无摩擦抓持和有摩擦抓持两种状态下的**弹性约束模型**。Xiong、Sanger 和 Kerr (1993) 运用凸集理论建立了无摩擦的无界模型以及有摩擦的约束条件。在此基础上, Ghafoor 和 Kerr (1992) 利用一组预载弹簧研究了在不同的抓持接触力分布下被抓持刚体的微动问题。为了实现**灵巧操作**, Kao 和 Cutkosky (1992) 研究了机械手的接触刚度的性质。在抓持中, Dai 和 Kerr (1992, 1996) 提出表达接触力静态映射的抓持像空间, 进而实现接触弹性与几何兼容性分析的公式化, 并可用于求解抓持的静不定系统。对于**抓持刚度**, Kao 和 Ngo (1999) 提出了依赖于抓取构型的刚度矩阵, Ghafoor、Dai 和 Duffy (2000) 通过一组抓持加载弹簧探索了抓持微动的刚度效应。随着刚度研究的不断发展, 出现了柔性手指接触和柔性手指抓持的刚度建模研究。

12.1.3 柔性接触

有效的抓持可表示为一类有限面积的面接触。这类接触是由机器人的柔性手指抓持刚性物体形成的。当机器人手指指端按压刚体表面时, 若刚体上接触轮廓是平的, 则该类接触为**面接触**; 若接触处呈弧状, 则该类接触以曲面形式呈现; 若考虑**点接触**, 则该类接触以曲线形式呈现。通过布置一系列直线弹簧并将弹簧刚度转换至接触点的中心以获得其弹性特性, 可对这类接触进行建模。由于这种方法是线性运算且在建模中应用了旋量理论, 故相对于有限差分法和有限元法具有优势。

Ghafoor、Dai 和 Duffy (2004) 提出了使用**线性弹簧**表示机械手柔性手指接触的方法，线性弹簧分别沿弹性手指接触点的法向和切向方向布置。通过**全等变换**建立此类接触的**六维模型**，并获得柔性接触的**抓持刚度矩阵**。采用并联布置的刚度值已知的线性弹簧建立的**柔性接触模型**，可用于表征**接触性质**、**平移刚度**和**旋转刚度**。这些刚度构成整体刚度矩阵，且通过综合过程给出了**柔性接触模型**的**六维表示形式**。上述研究成果突出呈现了表征机器人手指柔性行为的抓持刚度矩阵的特性。

12.1.4 串联机器人与并联机器人的刚度

在抓持刚度研究的同时，Pigosky、Griffis 和 Duffy (1992) 以及 Griffis 和 Duffy (1993) 提出了负载三线性弹簧系统，建立了由被动线性弹簧组成的 Stewart 平台型的一般空间刚度模型。 Ciblak 和 Lipkin (1994) 展示了用负载线性弹簧的一般空间连接的闭式表达式，并用线矢量分解进行柔顺装置的远程中心刚度设计 (Ciblak 和 Lipkin, 1998)。

Howard、Zefran 和 Kumar (1998) 使用微分几何和李群特性阐明了承受非零外载荷的保守系统的 6×6 刚度矩阵，并进行了刚度综合。Huang 和 Schimmels (1998, 2000) 在 Cholesky 分解中使用旋量代数讨论了 Loncaric 实现定理。Dai 和 Ding (2006) 通过进一步研究构建了并联机构的柔度矩阵，并采用伴随变换将柔度矩阵分解为中心柔度矩阵。

正如第九章阐述的对偶性，在刚度研究中，并联布置的抓持与串联机构是对偶的。Ghafoor 和 Dai (2004) 揭示了这种对偶性以及涵盖了抓持刚度和串联机器人刚度的集成刚度的实质。

12.2 抓持的弹性与几何兼容性

12.2.1 抓持公式

若考虑抓持中的弹性，点接触可以模拟为线性系统，如图 12.1 所示。该系统由位于接触点法线方向的一个弹性元件和位于接触点的两个相互垂直的切线方向的两个弹性元件组成。对于平面抓持，切线方向只存在一个弹性元件。在这样的线性模型中，各接触点的法向力与切向力的分量均为外载荷与预载荷的**线性叠加**。单独作用的外载荷可能引起负值接触法向力，即拉伸力，造成抓持失效。故需在一个或多个接触点上施加预载荷以提供足够的正向力保证各接触点均不发生滑动。

在抓持中，三个旋距为零的旋量即第二章所述的线矢量表示空间抓持接触点的三个约束力方向。

一个刚体的抓持通常可由一系列在刚体上的点接触来模拟。通过这些点接触，

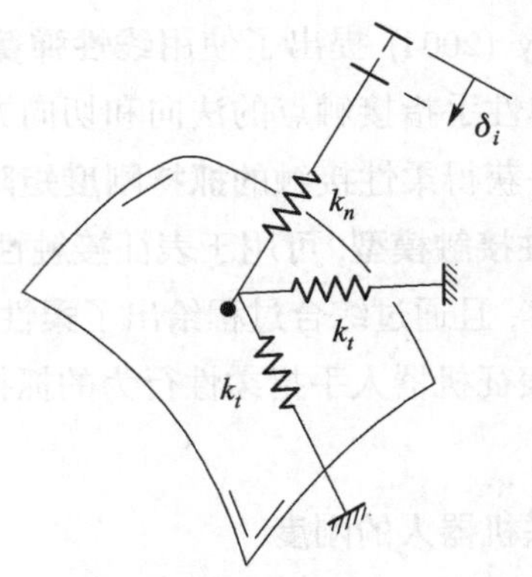

图 12.1 弹性接触模型

作用力与反作用力得以传递。有效的无摩擦点抓持的充分必要条件如下所述。

定理 12.1 在刚体抓持的 $n+1$ 个**接触法向旋量**中, 任意 n 个旋量线性无关, 且第 $n+1$ 个接触法向旋量是这 n 个接触法向旋量的负数线性组合。

这等效于众所周知的**形封闭条件** (Reuleaux, 1875; Lakshminarayana, 1978)。

当接触点存在摩擦时, 有效抓持通过较少的接触点即可实现 (Kerr 和 Sanger, 1983)。对于每个有效的**摩擦抓持**, 空间问题至少需要三个接触点, 平面问题至少需要两个接触点。所施加的全部接触旋量组成 n 维线性无关组。一个摩擦状态下的抓持通常由 v 个接触点组成, 每个接触点上有 p 个接触力。这些接触力以旋量的形式沿法线指向刚体方向或沿切线方向。对于平面问题 $p=2$, 而对于空间问题 $p=3$。由此, 共有 vp 个接触旋量。式 (12.1) 给出了以约束旋量为列向量的 $m \times vp$ 矩阵 $\boldsymbol{J}$, 其中, 对于空间问题, $m=6$, 而对于平面问题, $m=3$。

基于旋量形式的力平衡方程式可表示为

$$\boldsymbol{J}\boldsymbol{f} = \boldsymbol{W}_e \tag{12.1}$$

式中, $\boldsymbol{f} \in \mathbb{P}^{vp}$ 是接触力旋量的幅值; $\boldsymbol{W}_e$ 是以射线坐标表示的外力旋量。

推论 12.1 对刚体全约束的必要条件是矩阵 $\boldsymbol{J}$ 的秩等于 n 且 $n < vp$。

为了确保正值表示指向刚体的法向力, 且服从摩擦约束, 需要在一个或多个接触法向上施加预载荷 δ。如上所述, 无论有摩擦或无摩擦状态, 上述力平衡方程式本质上是静不定问题, 故力的分布问题必须依靠系统的弹性特征才能解决。曾有学者尝试使用广义逆来求解这一问题, 从中获得该问题的最小范数解。如 10.1.1 节所述, 这种方法意味着接触点的法向与切向刚度均相同。然而实际上, 抓持操作中各接触点明显具有不同的刚度 (Cutkosky, 1985)。正如接触点弹性对力的分布起着决定性作用, 抓持操作中力的分布必须依靠系统的弹性特征来解决。特殊地, 该弹性特征包括接触指端的弹性元素。一般而言, 该弹性特征包含接触手指与机器人的刚度。如图 12.1 所示, 考虑预载荷的施加与接触点弹性作用的模型是, 将一个或多个沿接触法向的弹性元素的外端沿第 i 个元素方向推进大小为 δ_i 的位移。

假设接触点的相应弹性位移 u_i 组成向量 $\boldsymbol{u}$, 并以向量 $\boldsymbol{f}$ 表示接触力, 则接触力与上述位移的关系为

$$\boldsymbol{f} = \boldsymbol{K}(\boldsymbol{\delta} - \boldsymbol{u}) \tag{12.2}$$

式中, $\boldsymbol{K}$ 是 vp 阶**对角刚度矩阵**, 其元素为接触点的法向刚度和切向刚度。预载荷位移向量 $\boldsymbol{\delta}$ 含有 vp 个元素, 表示接触点法向弹性元素外端点的预载荷位移量 δ_i。因预载荷仅施加在几个接触点法向上, 故该向量通常包含多个零元素。

只要刚体位移足够小以致矩阵 $\boldsymbol{J}$ 描述的几何结构不变, 则具有微动的刚体点接触的弹性位移的**几何兼容性**可表述为

$$\boldsymbol{u} = \boldsymbol{J}^{\mathrm{T}}\Delta\boldsymbol{D} \tag{12.3}$$

式中, $\boldsymbol{D} \in \mathbb{P}^n$ 是以射线坐标表示的刚体位移旋量; Δ 是式 (2.55) 中的对偶算子, 其作用是交换旋量 $\boldsymbol{D}$ 的主部与其副部。

因此, 对于抓持中力分布的分析需要知道力平衡条件、接触手指的弹性和接触点位移的几何兼容性。

12.2.2 弹性几何兼容性

上述三个方程式为**静不定抓持**奠定了基础。将**弹性方程**式 (12.2) 代入力平衡方程式 (12.1), 得

$$\boldsymbol{JK}(\boldsymbol{\delta} - \boldsymbol{u}) = \boldsymbol{W}_e \tag{12.4}$$

式 (12.4) 给出了含有 vp 个未知数的 n 个弹性约束方程。为求解力平衡方程式 (12.1) 的未知幅值 $\boldsymbol{f}$, 结合接触点的弹性性质和几何兼容性可建立 $vp - n$ 个弹性几何兼容方程。联立几何兼容方程式 (12.3) 和弹性方程式 (12.2), 得

$$\boldsymbol{f} = \boldsymbol{K}(\boldsymbol{\delta} - \boldsymbol{J}^{\mathrm{T}}\Delta\boldsymbol{D}) \tag{12.5}$$

整理上式并左乘矩阵 $\boldsymbol{J}$, 得

$$\boldsymbol{JKJ}^{\mathrm{T}}\Delta\boldsymbol{D} = \boldsymbol{JK\delta} - \boldsymbol{Jf} \tag{12.6}$$

若矩阵 $\boldsymbol{J}$ 的秩等于它的行数, 即空间情形时秩为 6, 平面情形时秩为 3, 则矩阵 $\boldsymbol{JKJ}^{\mathrm{T}}$ 在一般情况下存在逆矩阵, 这意味着存在六个 (平面情形时为三个) 线性无关的旋距为零的旋量, 这些旋量沿着刚体受约束的法向或切向。用矩阵 $\boldsymbol{JK}$ 右乘

矩阵 $\boldsymbol{JKJ}^{\mathrm{T}}$ 的逆可得**刚度加权广义逆矩阵** (Kerr 等, 1992; Dai 和 Kerr, 1996)。因此, 位移旋量 $\boldsymbol{D}$ 可根据预载荷位移 $\boldsymbol{\delta}$ 和接触力旋量 $\boldsymbol{f}$ 表示为

$$\Delta\boldsymbol{D} = [\boldsymbol{JKJ}^{\mathrm{T}}]^{-1}\boldsymbol{JK\delta} - [\boldsymbol{JKJ}^{\mathrm{T}}]^{-1}\boldsymbol{Jf} \tag{12.7}$$

式 (12.7) 也可通过将式 (12.5) 代入式 (12.1), 然后分离 $\boldsymbol{f}$ 与 $\boldsymbol{\delta}$ 得到。将式 (12.7) 中的 $\Delta\boldsymbol{D}$ 代入式 (12.5), 得

$$(\boldsymbol{KJ}^{\mathrm{T}}[\boldsymbol{JKJ}^{\mathrm{T}}]^{-1}\boldsymbol{J} - \boldsymbol{I}_{vp})\boldsymbol{f} = (\boldsymbol{KJ}^{\mathrm{T}}[\boldsymbol{JKJ}^{\mathrm{T}}]^{-1}\boldsymbol{J} - \boldsymbol{I}_{vp})\boldsymbol{K\delta} \tag{12.8}$$

将其写成简洁的形式, 得

$$\boldsymbol{J}'_{ec}\boldsymbol{f} = \boldsymbol{J}'_{ec}\boldsymbol{K\delta} \tag{12.9}$$

式中

$$\boldsymbol{J}'_{ec} = \boldsymbol{KJ}^{\mathrm{T}}[\boldsymbol{JKJ}^{\mathrm{T}}]^{-1}\boldsymbol{J} - \boldsymbol{I}_{vp} \tag{12.10}$$

其中, $\boldsymbol{I}_{vp}$ 为 vp 阶单位矩阵; $\boldsymbol{J}'_{ec}$ 为 vp 阶矩阵, 可称为弹性几何兼容矩阵。值得注意的是, 一般情况下矩阵 $\boldsymbol{J}'_{ec}$ 不满秩, 故式 (12.9) 并不意味着 $\boldsymbol{f} = \boldsymbol{K\delta}$。力分布幅值向量 $\boldsymbol{f}$ 在解空间的维数由矩阵的零空间维数给出 (Strang, 1980)。应该注意的是, 矩阵 $\boldsymbol{J}'_{ec}$ 具有以下性质 (Dai 和 Kerr, 1996):

$$\mathrm{nullity}\boldsymbol{J}'_{ec} = \mathrm{nullity}(\boldsymbol{KJ}^{\mathrm{T}}[\boldsymbol{JKJ}^{\mathrm{T}}]^{-1}\boldsymbol{J} - \boldsymbol{I}_{vp}) = n \tag{12.11}$$

与

$$\mathrm{rank}\boldsymbol{J}'_{ec} = \mathrm{rank}(\boldsymbol{KJ}^{\mathrm{T}}[\boldsymbol{JKJ}^{\mathrm{T}}]^{-1}\boldsymbol{J} - \boldsymbol{I}_{vp}) = vp - n \tag{12.12}$$

因此, 式 (12.8) 提供了力分布幅值向量 $\boldsymbol{f}$ 的 n 维解空间。其求解还需要由式 (12.1) 给出的 n 个约束方程。将式 (12.5) 分解为如下形式即可获得:

$$\boldsymbol{f}' = \boldsymbol{K}'\boldsymbol{\delta} - \boldsymbol{B}_u\Delta\boldsymbol{D} \tag{12.13}$$

与

$$\boldsymbol{f}'' = \boldsymbol{K}''\boldsymbol{\delta} - \boldsymbol{B}_l\Delta\boldsymbol{D} \tag{12.14}$$

其中, 力幅值向量 $\boldsymbol{f}$ 可分解为 $\boldsymbol{f}' \in \mathbb{R}^n$ 和 $\boldsymbol{f}'' \in \mathbb{R}^{vp-n}$ 两部分。$vp \times n$ 矩阵 $\boldsymbol{K}'$ 和 $(vp-n) \times n$ 矩阵 $\boldsymbol{K}''$ 分别表示对角刚度矩阵 $\boldsymbol{K}$ 的上、下分块矩阵。矩阵 $\boldsymbol{B}_u$ 和 $\boldsymbol{B}_l$ 表示式 (12.5) 中矩阵 $\boldsymbol{KJ}^{\mathrm{T}}$ 对应的上、下分块矩阵。n 阶矩阵 $\boldsymbol{B}_u$ 由 n 个线性无关的接触旋量组成。这 n 个接触旋量与接触刚度有关, 可从表示接触点法向和切向的全部 vp 个线性相关的接触旋量中提取。$(vp-n) \times n$ 矩阵 $\boldsymbol{B}_l$ 由 vp 个接触旋量中除去表述 $\boldsymbol{B}_u$ 的旋量之外的其余旋量组成, 这些旋量与它们的接触刚度有关。

上述两式的运算表明, 式 (12.13) 可通过 $\Delta \boldsymbol{D}$ 与式 (12.14) 建立联系, 而式 (12.8) 具有 $vp-n$ 个独立方程 (Dai, 1995)。为了从式 (12.8) 中获得这组独立方程, 需引入一个 $(vp-n)\times vp$ 矩阵 $\boldsymbol{B}^r$, 即

$$\boldsymbol{B}^r = [\boldsymbol{0}_{(vp-n)\times n}|\boldsymbol{I}_{vp-n}] \tag{12.15}$$

式 (12.9) 左乘矩阵 $\boldsymbol{B}^r$, 得

$$\boldsymbol{B}^r \boldsymbol{J}'_{ec} \boldsymbol{f} = \boldsymbol{B}^r \boldsymbol{J}'_{ec} \boldsymbol{K} \boldsymbol{\delta} \tag{12.16}$$

或

$$\boldsymbol{J}_{ec} \boldsymbol{f} = \boldsymbol{J}_{ec} \boldsymbol{K} \boldsymbol{\delta} \tag{12.17}$$

式中, 矩阵 $\boldsymbol{J}_{ec}$ 表示修正的弹性兼容矩阵。

因此, 上式是由 $vp-n$ 个标量方程组成的弹性兼容方程。上式也可以通过式 (12.13) 和式 (12.14) 的分块运算推导得到。由式 (12.13) 求解 $\boldsymbol{D}$, 得

$$\Delta \boldsymbol{D} = \boldsymbol{B}_u^{-1} \boldsymbol{K}' \boldsymbol{\delta} - \boldsymbol{B}_u^{-1} \boldsymbol{f}' \tag{12.18}$$

将其代入式 (12.14), 得

$$\boldsymbol{f}'' = \boldsymbol{K}'' \boldsymbol{\delta} - \boldsymbol{B}_l \boldsymbol{B}_u^{-1} \boldsymbol{K}' \boldsymbol{\delta} + \boldsymbol{B}_l \boldsymbol{B}_u^{-1} \boldsymbol{f}' \tag{12.19}$$

整理上式, 得

$$[\boldsymbol{B}_l \boldsymbol{B}_u^{-1}, -\boldsymbol{I}_{vp-n}] \begin{bmatrix} \boldsymbol{f}' \\ \boldsymbol{f}'' \end{bmatrix} = [\boldsymbol{B}_l \boldsymbol{B}_u^{-1} \boldsymbol{K}', -\boldsymbol{K}''] \boldsymbol{\delta} \tag{12.20}$$

这是式 (12.16) 的另一种形式。

12.3 集成抓持刚度矩阵

结合抓持模型和以串联操作臂形式展示的抓持支撑机构, 即将抓持研究与实施抓持操作的机器人或机械手的研究关联起来, 则抓持刚度与操作臂的柔度可以集成生成**集成抓持刚度矩阵**和集成 Jacobian 矩阵。

12.3.1 抓持操作与操作臂的关系

考虑刚体被夹持器抓持时, 通过调节沿法向和切向分布的一组线性弹簧所代表的手指接触弹性, 可使被抓持刚体在抓持中实现微动。通过式 (12.1) ~ 式 (12.3) 中的弹性几何兼容性的推导, 可得无预载荷下外加力旋量 $\boldsymbol{W}_o$ 与刚体的微移动旋量 $\boldsymbol{D}$ 之间的关系, 为

$$\boldsymbol{W}_o = \boldsymbol{J}\boldsymbol{K}\boldsymbol{J}^{\mathrm{T}} \Delta \boldsymbol{D} \tag{12.21}$$

将该夹持器安装在**串联操作臂**末端，则夹持中被抓持刚体的微动将影响操作臂的各铰链运动副。在末端执行器坐标系下的操作臂运动旋量 $\boldsymbol{T}_e$ 可引起如式 (9.8) 所示的操作臂铰链副的微小角位移，即有以下关系：

$$\boldsymbol{T}_e = \boldsymbol{J}_e \delta \boldsymbol{\vartheta} = \boldsymbol{J}_e \boldsymbol{C}_e \boldsymbol{\tau} \tag{12.22}$$

式中，$\boldsymbol{J}_e$ 表示在末端执行器坐标系下的串联操作臂的 Jacobian 矩阵；$\boldsymbol{C}_e$ 为柔度矩阵，其对角线元素为操作臂铰链副柔度。同时，施加于末端执行器的外力旋量 $\boldsymbol{W}_e$ 与关节力矩的关系如式 (9.10) 所示，即

$$\boldsymbol{\tau} = \boldsymbol{J}_e^{\mathrm{T}} \Delta \boldsymbol{W}_e \tag{12.23}$$

考虑到铰链副为串联操作臂弹性系统的一部分，上式两端左乘矩阵 $\boldsymbol{J}_e \boldsymbol{C}_e$，得

$$\boldsymbol{J}_e \boldsymbol{C}_e \boldsymbol{\tau} = \boldsymbol{J}_e \boldsymbol{C}_e \boldsymbol{J}_e^{\mathrm{T}} \Delta \boldsymbol{W}_e \tag{12.24}$$

因此，将式 (12.24) 代入式 (12.22)，则操作臂运动旋量可表示为

$$\boldsymbol{T}_e = \boldsymbol{J}_e \boldsymbol{C}_e \boldsymbol{J}_e^{\mathrm{T}} \Delta \boldsymbol{W}_e \tag{12.25}$$

式中，$\boldsymbol{J}_e \boldsymbol{C}_e \boldsymbol{J}_e^{\mathrm{T}}$ 表示串联操作臂柔度矩阵在**末端执行器**坐标系下的全等变换 (Ayres, 1974)。

抓持内的微动不会使操作臂产生额外的运动，因此操作臂铰链副的运动仅受抓持运动的影响。末端执行器的运动旋量与刚体的运动旋量之间有下列关系：

$$\boldsymbol{T}_e = \boldsymbol{N} \boldsymbol{D} \tag{12.26}$$

式中，$\boldsymbol{N}$ 是式 (5.5) 所示的变换矩阵。将作用于刚体上的外载荷转换为作用于操作臂末端执行器上的外载荷，可给出如下关系：

$$\boldsymbol{W}_e = \boldsymbol{N} \boldsymbol{W}_o \tag{12.27}$$

将式 (12.2) 代入式 (12.1)，然后从上述分析中获取变换的外力旋量与接触点位移之间的关系，并将结果代入式 (12.22)，则操作臂末端执行器的运动旋量与手指接触点位移有如下关系：

$$\boldsymbol{T}_e = \boldsymbol{J}_e \boldsymbol{C}_e \boldsymbol{J}_e^{\mathrm{T}} \Delta \boldsymbol{N} \boldsymbol{J} \boldsymbol{K} \boldsymbol{u} \tag{12.28}$$

式 (12.28) 给出了末端执行器运动旋量 $\boldsymbol{T}_e$ 与抓持接触微小位移 $\boldsymbol{u}$ 之间的关系。

12.3.2 集成刚度矩阵

将式 (12.28) 左乘矩阵 $\boldsymbol{K}\boldsymbol{J}^{\mathrm{T}}\boldsymbol{N}^{\mathrm{T}}\Delta$, 得

$$\boldsymbol{K}\boldsymbol{J}^{\mathrm{T}}\boldsymbol{N}^{\mathrm{T}}\Delta\boldsymbol{T}_e = \boldsymbol{K}\boldsymbol{J}^{\mathrm{T}}\boldsymbol{N}^{\mathrm{T}}\Delta\boldsymbol{J}_e\boldsymbol{C}_e\boldsymbol{J}_e^{\mathrm{T}}\Delta\boldsymbol{N}\boldsymbol{J}\boldsymbol{K}\boldsymbol{u} \tag{12.29}$$

上式左端表示结合末端执行器微小运动的抓持接触力 $\boldsymbol{f}$

$$\boldsymbol{f} = \boldsymbol{K}\boldsymbol{J}^{\mathrm{T}}\boldsymbol{N}^{\mathrm{T}}\Delta\boldsymbol{T}_e \tag{12.30}$$

上述分析可通过将式 (12.24) 代入式 (12.21) 得到充分解释, 这在某种程度上等效于将式 (12.2) 代入式 (12.1) 建立的抓持模型。因此, 也等效于式 (12.2) 所示抓持中抓持接触力与**弹性手指**微小位移之间的关系。式 (12.29) 建立了抓持刚度矩阵与**操作臂柔度**集成的刚度矩阵, 为

$$\boldsymbol{K}_{\mathrm{int}} = \boldsymbol{K}\boldsymbol{J}^{\mathrm{T}}\boldsymbol{N}^{\mathrm{T}}\Delta\boldsymbol{J}_e\boldsymbol{C}_e\boldsymbol{J}_e^{\mathrm{T}}\Delta\boldsymbol{N}\boldsymbol{J}\boldsymbol{K} \tag{12.31}$$

新的抓持刚度矩阵结合了对角刚度矩阵 $\boldsymbol{K}$ 与经过全等变换的操作臂柔度 $\boldsymbol{C}_e$, 通过抓持刚度和关节柔度建立了集成抓持幅值 $\boldsymbol{f}$ 与接触点微小位移 $\boldsymbol{u}$ 之间的关系

$$\boldsymbol{f} = \boldsymbol{K}_{\mathrm{int}}\boldsymbol{u} \tag{12.32}$$

通过集成抓持刚度矩阵可知, 抓持力幅值方程与抓持刚度及操作臂柔度有关, 这反映了实施抓持的机器人或机械手柔度的影响。本章后续内容将操作臂柔度称为**抓持基座柔度**。

12.3.3 集成 Jacobian 矩阵和集成刚度矩阵的影响

考虑到串联操作臂的弹性铰链系统, 铰链副的微小角位移与关节力矩有关, 如式 (9.11) 所示, 为

$$\delta\boldsymbol{\vartheta} = \boldsymbol{C}_e\boldsymbol{\tau} \tag{12.33}$$

将式 (12.23) 代入上式, 得

$$\delta\boldsymbol{\vartheta} = \boldsymbol{C}_e\boldsymbol{J}_e^{\mathrm{T}}\Delta\boldsymbol{W}_e \tag{12.34}$$

考虑到式 (12.27) 所述的末端执行器中心与被抓持物体质心的坐标变换, 将**集成抓持力分布**代入上式, 得

$$\delta\boldsymbol{\vartheta} = \boldsymbol{C}_e\boldsymbol{J}_e^{\mathrm{T}}\Delta\boldsymbol{N}\boldsymbol{J}\boldsymbol{f} \tag{12.35}$$

将该式写成简洁的形式, 得

$$\delta\boldsymbol{\vartheta} = \boldsymbol{C}_e\boldsymbol{J}_{\mathrm{int}}^{\mathrm{T}}\boldsymbol{f} \tag{12.36}$$

式中, 集成 Jacobian 矩阵为

$$\boldsymbol{J}_{\text{int}} = \boldsymbol{J}^{\text{T}}\boldsymbol{N}^{\text{T}}\Delta\boldsymbol{J}_e \tag{12.37}$$

式 (12.37) 结合了抓持 Jacobian 矩阵和串联操作臂的 Jacobian 矩阵。从串联操作臂的弹性作用可以看出集成 Jacobian 矩阵的作用。将串联操作臂末端执行器的运动方程即式 (12.22) 代入集成抓持接触力方程即式 (12.30) 中, 得

$$\boldsymbol{f} = \boldsymbol{K}_f\boldsymbol{J}_f^{\text{T}}\boldsymbol{N}^{\text{T}}\Delta\boldsymbol{J}_e\boldsymbol{C}_e\boldsymbol{\tau} \tag{12.38}$$

利用式 (12.37) 所述的集成 Jacobian 矩阵, 上述接触力可转化为

$$\boldsymbol{f} = \boldsymbol{K}_f\boldsymbol{J}_{\text{int}}\boldsymbol{C}_e\boldsymbol{\tau} \tag{12.39}$$

由此, 基于集成 Jacobian 矩阵, 关节力矩需要通过操作臂柔度和抓持刚度支持抓持力。集成 Jacobian 矩阵由此可用来确定关节力矩对抓持接触点位移的影响, 为

$$\boldsymbol{u} = \boldsymbol{J}^{\text{T}}\boldsymbol{N}^{\text{T}}\Delta\boldsymbol{J}_e\boldsymbol{C}_e\boldsymbol{\tau} = \boldsymbol{J}_{\text{int}}\boldsymbol{C}_e\boldsymbol{\tau} \tag{12.40}$$

在不考虑预载荷的前提下, 上式可以由比较式 (12.38) 与式 (12.2) 得到。

集成 Jacobian 矩阵可进一步用于确定铰链副微小位移与抓持接触点位移之间的关系, 为

$$\delta\boldsymbol{\vartheta} = \boldsymbol{C}_e\boldsymbol{J}_{\text{int}}^{\text{T}}\boldsymbol{K}_{\text{int}}\boldsymbol{u} \tag{12.41}$$

该式可通过将集成抓持力的力分布方程即式 (12.32) 代入式 (12.36) 得到。

12.4 并联机构的刚度

12.4.1 刚度映射

同 12.3 节所述的抓持力平衡, 并联机构力平衡给出了一种正向静力分析条件, 其形式如式 (9.2) 所示, 为

$$\boldsymbol{J}\boldsymbol{f} = \boldsymbol{W} \tag{12.42}$$

施加于运动平台的外力旋量 $\boldsymbol{W}$ 由组成 Jacobian 矩阵列向量的一系列旋量所平衡, 这些内力旋量的幅值由向量 $\boldsymbol{f}$ 表示。

类似于抓持分析, 力旋量的幅值可通过刚度与运动平台各接触点的位移建立如下关系:

$$\boldsymbol{f} = \boldsymbol{K}\boldsymbol{u} \tag{12.43}$$

式中, $\boldsymbol{K}$ 表示所有支链中全部**接触弹簧**集合的刚度矩阵。因此, 瞬时运动的解如式 (9.5) 所示, 为

$$\boldsymbol{u} = \boldsymbol{J}^{\text{T}}\Delta\boldsymbol{T} \tag{12.44}$$

式中, $\boldsymbol{T}$ 表示并联操作臂平台的运动旋量。式 (12.42)~ 式 (12.44) 为并联操作臂分析的基本方程。

因此, 平台的刚度给出了运动旋量与力旋量之间的关系, 表示为

$$\boldsymbol{JKJ}^{\mathrm{T}}\Delta\boldsymbol{T}=\boldsymbol{W} \tag{12.45}$$

考虑到各支链弹簧的当前长度与自由长度的不同, 得到下式:

$$\boldsymbol{f}=\boldsymbol{K}(\boldsymbol{u}-\boldsymbol{u}_0) \tag{12.46}$$

假设已知自由长度 $\boldsymbol{u}_0$ 与刚度矩阵 $\boldsymbol{K}$, 由式 (12.46) 可得平台连接点的位移与通过支链的子运动链施加于平台上的力旋量幅值之间的关系。

考虑到外载荷的微小变化 $\delta\boldsymbol{W}$ 引起的平台无穷小位移 $\delta\boldsymbol{D}$, 将式 (12.46) 代入式 (12.42), 得

$$\delta\boldsymbol{W}=\boldsymbol{JK}\delta\boldsymbol{u}+\frac{\mathrm{d}\boldsymbol{J}}{\mathrm{d}q}K(1-\rho)\frac{\mathrm{d}\boldsymbol{J}^{\mathrm{T}}}{\mathrm{d}l}\delta\boldsymbol{D} \tag{12.47}$$

式中

$$\delta\boldsymbol{u}=\boldsymbol{J}^{\mathrm{T}}\delta\boldsymbol{D} \tag{12.48}$$

同时, $\mathrm{d}\boldsymbol{J}/\mathrm{d}q$ 表示通过并联操作臂基座上的固定铰链副且与矩阵 $\boldsymbol{J}$ 正交的直线簇的坐标, 用矩阵 $\boldsymbol{B}$ 表示; $\mathrm{d}\boldsymbol{J}/\mathrm{d}l$ 表示通过连接平台的支运动链末端点且与矩阵 $\boldsymbol{J}$ 正交的直线簇的坐标, 用矩阵 $\boldsymbol{C}$ 表示。因而, 式 (12.47) 可写为

$$\delta\boldsymbol{W}=(\boldsymbol{JKJ}^{\mathrm{T}}+\boldsymbol{BK}(1-\rho)\boldsymbol{C}^{\mathrm{T}})\delta\boldsymbol{D} \tag{12.49}$$

式中, $(1-\boldsymbol{\rho})$ 表示由 $(1-\rho_i)$ 组成的向量, 其中 $\rho_i=u_0/u_i$。

12.4.2 运动静力学分析

刚度分析可进一步通过基于 **Stewart 平台的力传感器**来表示 (Dai、Sodhi 和 Kerr, 1994; Dai 和 Kerr, 2000)。该装置由基座、六条支链和平台组成, 平台为半球形的顶端, 外载荷施加于平台上。测量总载荷时, 为使各应变仪片达到最大的灵敏度, 一般需要在各支链上施加沿支链方向的轴向力, 并避免弯曲和扭转。

如图 12.2, 可以采用拉伸钢丝作为支链达到上述目的。每条钢丝的一端与平台相连, 另一端与载有应变片的悬臂的自由端相连。相邻两个悬臂呈 V 形固接于基座上, 这些悬臂与表示 Stewart 平台几何性质的支链线垂直相交。根据 Stewart 平台的几何特征 (Kerr, 1989), 每对 V 形悬臂支链处于同一平面。

该传感器装置的操作性能取决于载应变片的悬臂支链的弹性性能。因此任何用于提供钢丝预拉力的装置都必须有限定的刚度, 使支链合成变形减少到应变片分辨率之下。因而中心支柱的刚度影响应包括在总的弹性分析中。

图 12.2　基于 Stewart 平台的力传感器

在数学上, 支链可用沿支链轴线方向的旋量表示, 该旋量确定支链的位置与姿态。式 (2.6) 给出了沿第 i 个支链的具有零旋距的旋量, 即线矢量形式。其中, l、m、n 构成了沿支链方向的单位向量, 为主部; p、q、r 构成了该单位向量对原点矩的分量, 为副部。

定义半球的中心为原点, 由此如第二章所述, 可以给出沿支链轴线方向旋距为零的旋量, 即线矢量 $\boldsymbol{S}_i(i=1,2,\cdots,6)$。因此, 施加于支链上的力由力的大小与沿支链方向的旋量共同表示。在外力旋量 $\boldsymbol{W}_e$、六条支链传递的拉力以及中心支柱反作用力的共同作用下,**半球形平台**的平衡方程可表示为

$$\boldsymbol{J}\boldsymbol{f}+f_o\boldsymbol{S}_o=\boldsymbol{W}_e \tag{12.50}$$

式中, 矩阵 $\boldsymbol{J}$ 的列向量为六个沿支链方向的旋距为零的旋量 $\boldsymbol{S}_i(i=1,2,\cdots,6)$; $\boldsymbol{S}_o$ 表示沿中心支柱方向的旋距为零的旋量; $\boldsymbol{W}_e$ 表示施加于平台上的外力旋量; $\boldsymbol{f}$ 是包含标量 $f_i(i=1,2,\cdots,6)$ 的六维向量, 标量 f_i 为沿支链方向线传递的力的大小; f_o 表示沿中心支柱方向线的作用力的大小。

在平台、基座和支链组成的传感器构型中, 六个沿支链方向的线矢量 (旋量) $\boldsymbol{S}_i$ 是线性无关的, 因此, 沿中心支柱方向的旋量 $\boldsymbol{S}_o$ 与支链旋量 $\boldsymbol{S}_i$ 必然线性相关。建立力与支链轴向弹性延伸长度向量 $\boldsymbol{u}$ 以及中心支柱的**轴向弹性**延伸长度 u_o 的关系, 得

$$\boldsymbol{f}=-\boldsymbol{K}\boldsymbol{u} \tag{12.51}$$

与

$$f_o=-k_ou_o \tag{12.52}$$

式中, 对角矩阵 $\boldsymbol{K}$ 表示支链的 6×6 刚度矩阵; k_o 表示中心支柱的刚度; $\boldsymbol{u}$ 表示平台与六条支链连接点上的沿支链轴向的延伸量, 为六维向量; u_o 表示中心支柱的轴向延伸量。当各支链刚度相同时, $\boldsymbol{K}$ 为单位矩阵, 支链轴线刚度标量 k_l 为其幅值。

沿六条支链的轴向弹性延伸量与平台的**微小位移旋量** $\boldsymbol{T}$ 有关, 表示为

$$\boldsymbol{u} = \boldsymbol{J}^{\mathrm{T}}\Delta\boldsymbol{T} \tag{12.53}$$

同时沿中心支柱的轴向弹性延伸量为

$$u_o = \boldsymbol{S}_o^{\mathrm{T}}\Delta\boldsymbol{T} \tag{12.54}$$

因此, 通过消去式 (12.53) 与式 (12.54) 中的微小位移旋量 $\boldsymbol{T}$, 可得中心支柱的与各支链的轴线延伸量之间的关系, 为

$$u_o = \boldsymbol{S}_o^{\mathrm{T}}\boldsymbol{J}^{-\mathrm{T}}\boldsymbol{u} \tag{12.55}$$

类似地, 整理式 (12.51) 与式 (12.53), 可得中心支柱上的力与各支链上的力之间的关系, 表示为

$$\boldsymbol{f} = -\boldsymbol{K}\boldsymbol{u} = -\boldsymbol{K}\boldsymbol{J}^{\mathrm{T}}\Delta\boldsymbol{T} \tag{12.56}$$

整理上式并将其代入式 (12.54), 得

$$u_o = -\boldsymbol{S}_o^{\mathrm{T}}(\boldsymbol{K}\boldsymbol{J}^{\mathrm{T}})^{-1}\boldsymbol{f} \tag{12.57}$$

由式 (12.52), 同时假设各支链刚度均为 k_l, 可得

$$f_o = -k_o u_o = k_o\boldsymbol{S}_o^{\mathrm{T}}(\boldsymbol{K}\boldsymbol{J}^{\mathrm{T}})^{-1}\boldsymbol{f} = \frac{k_o}{k_l}\boldsymbol{S}_o^{\mathrm{T}}\boldsymbol{J}^{-\mathrm{T}}\boldsymbol{f} \tag{12.58}$$

该式给出施加于中心支柱的力与产生于六条支链上的力的关系。联立式 (12.58) 与式 (12.50) 得**扩展平衡方程**为

$$\boldsymbol{W}_e = -\left(\boldsymbol{J} + \frac{k_o}{k_l}\boldsymbol{S}_o\boldsymbol{S}_o^{\mathrm{T}}\boldsymbol{J}^{-1}\right)\boldsymbol{f} = \boldsymbol{J}_{\mathrm{A}}\boldsymbol{f} \tag{12.59}$$

矩阵 $\boldsymbol{J}_A$ 是通过中心支柱作用的力平衡进行扩展的矩阵, 该矩阵给出了待测外力旋量与六条支链中的作用反力的直接关系而不涉及中心支柱的力元素。正如所希望的, 矩阵中包含中心支柱刚度与支链刚度的比值以及与装置几何结构特征有关的信息。

12.4.3 全局刚度矩阵的组成以及力旋量与瞬时旋量之间的关系

力旋量与瞬时旋量之间的关系提供了 6×6 整体刚度矩阵。将式 (12.56) 代入扩展平衡方程式 (12.59) 中, 得到

$$\boldsymbol{W}_e = (\boldsymbol{J}\boldsymbol{K}\boldsymbol{J}^{\mathrm{T}} + k_o\boldsymbol{S}_o\boldsymbol{S}_o^{\mathrm{T}})\Delta\boldsymbol{T} = \boldsymbol{K}_a\Delta\boldsymbol{T} \tag{12.60}$$

由此, 获得了整体刚度矩阵的扩展形式。式 (12.60) 中第一项表示变换后的支链刚度的和, 反映从局部坐标系到全局坐标系的坐标变换, 具体形式为

$$
\boldsymbol{JKJ}^{\mathrm{T}}=\frac{k_1}{a^2+b^2-ab+h^2}\begin{bmatrix} c_1 & 0 & 0 & 0 & c_2 & 0 \\ 0 & c_1 & 0 & -c_2 & 0 & 0 \\ 0 & 0 & 6h^2 & 0 & 0 & 0 \\ 0 & -c_2 & 0 & 3b^2h^2 & 0 & 0 \\ c_2 & 0 & 0 & 0 & 3b^2h^2 & 0 \\ 0 & 0 & 0 & 0 & 0 & \dfrac{9a^2b^2}{2} \end{bmatrix} \tag{12.61}
$$

式中, $c_1=3(a^2-ab+b^2)$; $c_2=3bh(a-2b)/2$; a 表示平台的**外接圆**半径; b 表示基座的外接圆半径; h 表示平台相对于基座的高度。

式 (12.60) 中的第二项反映了**中心支柱**刚度的作用, 表示为

$$
k_o\boldsymbol{S}_o\boldsymbol{S}_o^{\mathrm{T}}=\begin{bmatrix} 0 & 0 & 0 & 0 & 0 & 0 \\ 0 & 0 & 0 & 0 & 0 & 0 \\ 0 & 0 & k_o & 0 & 0 & 0 \\ 0 & 0 & 0 & 0 & 0 & 0 \\ 0 & 0 & 0 & 0 & 0 & 0 \\ 0 & 0 & 0 & 0 & 0 & 0 \end{bmatrix} \tag{12.62}
$$

扩展刚度矩阵 $\boldsymbol{K}_a$ 可分块为 4 个 3×3 子矩阵。对角线上第一个子矩阵给出直接刚度或平移刚度, 对角线上第二个子矩阵给出扭转刚度。另外两个非对角线上子矩阵分别表示力与力偶、转动与移动之间的交叉关系项。因此, 力旋量与微小位移旋量之间的关系不仅受到力与移动以及力偶与转动之间的直接关系的控制, 还受到它们之间的交叉关系的控制。

被测应变与平台的弹性微小位移旋量 $\boldsymbol{\zeta}$ 直接相关, 扩展刚度矩阵 $\boldsymbol{K}_a$ 则建立了微小位移旋量与外部载荷的关系。显然, 该传感装置要求对任意方向的任意载荷具有尽可能相同的敏感度。由于平移刚度与扭转刚度是不同的物理量, 矩阵 $\boldsymbol{K}_a$ 中的非对角线上线元素将影响该传感装置各个方向的敏感度, 同时非对角线元素与对角线元素间的巨大差异也影响到**各向同性**。

因此, 设计这类传感装置时应尽量使矩阵 $\boldsymbol{K}_a$ 不含非对角线元素。这样既能简化分析, 又可在 $b=2a$ 的设定下使式 (12.61) 中的 c_2 项消失。

由此, 外力旋量 $\boldsymbol{W}_e$ 与平台相关的弹性微小位移旋量 $\boldsymbol{\zeta}$ 可通过对角化后的刚度矩阵建立关系。

式 (12.60) ~ 式 (12.62) 表明, 目前设计中的参数具有很大的选择空间。

12.4.4 各向同性的扭转刚度与平移刚度

整体刚度矩阵分析为支链和中心支柱的刚度设计奠定了基础。同时两刚度之间的线性关系在整个传感装置的设计中起着关键性的作用。在刚度设计中, 扭转刚度与平移刚度的各向同性是值得关注的问题。

通过如下平台的几何关系, 各向同性的扭转刚度可以由以上章节的刚度矩阵得到, 为

$$h = \sqrt{\frac{3}{2}}a \tag{12.63}$$

本节讨论中, 式 (12.61) 所示的刚度矩阵的最后三个对角元素相等。该结果与 Kerr (1989) 在不考虑中心支柱时获得的结果相近。在本章讨论的特殊构型中, Stewart 平台中添加中心支柱并不影响扭转刚度。这可以从式 (12.60) 与式 (12.62) 的扩展刚度矩阵中得出。

然而, 增加中心支柱使得各向同性的平移刚度成为可能。为获得各向同性的平移刚度, 令第一个对角线子矩阵中第三项对角线刚度元素等于其前两项对角线元素, 并如前所述令 $b = 2a$, 得

$$\frac{6h^2k_1}{3a^2+h^2} + k_o = \frac{9a^2k_1}{3a^2+h^2} \tag{12.64}$$

整理上式, 得

$$\frac{k_o}{k_l} = \frac{9-6(h/a)^2}{3+(h/a)^2} \tag{12.65}$$

因此, 平移刚度的各向同性可由上述关系表示。由式 (12.65) 可知, 在刚度矩阵的第一项中, 当平台的几何参数比值为 $h/a = \sqrt{1.5}$ 时, 平移刚度满足各向同性。同时, 各向同性扭转刚度要求 $h/a = \sqrt{6}$, 此时的合成刚度比 k_o/k_l 为负值。因此, 要同时达到平移刚度各向同性和扭转刚度各向同性实际上是不可行的, 因而需要两者间的协调与兼容。另外, 各支链刚度 k_l 主要由应变片悬臂的刚度决定。对于一长为 l, 宽为 e, 厚为 t 的有效悬臂, 其刚度为

$$k = \frac{Eet^3}{4l^3} \tag{12.66}$$

靠近悬臂根部的点的正应变 ε 为

$$\varepsilon = \frac{6fl}{Eat^2} \tag{12.67}$$

同时, 连接基座悬臂与平台的钢丝的拉伸刚度一般为悬臂刚度的 1/10。尽管这修正了支链刚度, 但基于建模的目的, 在支链刚度分析中仍需考虑它的影响。

12.5 柔度矩阵及其分解

柔度矩阵及其分解可通过下面的并联机构形式的柔顺装置来研究，其中所有支链都有各自的柔度特性。

12.5.1 板簧支链的柔度

该并联机构柔顺装置包括碗状平台、基座和三条由板簧构成的支链，板簧支链用于支撑平台。这一装置是工业中常用的**碗状振动进料器** (Silversides、Dai 和 Seneviratne, 2005) 的简化模型 (Dai 和 Ding, 2006, 2008; Selig 和 Dai, 2005)。

各板簧支链均承受弯曲、拉伸与扭转作用。板簧支链上某点的微小变形可认为是如 2.7 节所述的轴线坐标形式的**微小变形位移旋量** $\boldsymbol{\zeta}=(\delta_x,\delta_y,\delta_z,\sigma_x,\sigma_y,\sigma_z)^{\mathrm{T}}$，其为李代数中的元素，即 $\boldsymbol{\zeta}\in se(3)$。在这微小变形位移旋量中，主部 $\boldsymbol{\delta}=\{\delta_x,\delta_y,\delta_z\}^{\mathrm{T}}$ 的三个分量表示沿参考坐标系相应坐标轴的线性变形分量，其中，z 轴为板簧支链的中心轴。副部 $\boldsymbol{\sigma}=(\sigma_x,\sigma_y,\sigma_z)^{\mathrm{T}}$ 的三个分量表示关于参考坐标系相应坐标轴的三个旋转变形分量。施加于顶端的外力可以如 2.7 节所述的射线坐标形式，表示为力旋量 $\boldsymbol{W}=(f_x,f_y,f_z,m_x,m_y,m_z)^{\mathrm{T}}$，其中，前三个元素为以力的三个投影形式表示的力旋量的轴线，后三个元素为以三个转矩分量形式表示的轴线的位置。

如图 12.3 所示，假定坐标系位于板簧支链的质心，同时考虑力 f_x、f_y、f_z 与力偶 m_x、m_y、m_z 作用在板簧支链的质心上，则板簧的柔度矩阵 (von Mises, 1924) 以轴线坐标表示为

$$\begin{aligned}\boldsymbol{C}_0&=\operatorname{diag}(c_{x0},c_{y0},c_{z0},c_x,c_y,c_z)\\&=\operatorname{diag}\left(\frac{l^3}{12EI_y},\frac{l^3}{12EI_x},\frac{l}{EA},\frac{l}{EI_x},\frac{l}{EI_y},\frac{l}{GI}\right)\end{aligned}\tag{12.68}$$

式中，c_{x0}、c_{y0} 和 c_{z0} 表示**线性柔度元素**；c_x、c_y 和 c_z 表示扭转柔度元素；E 表示**弹性模量**，A 表示横截面积；$I_x=tb^3/12$ 和 $I_y=bt^3/12$ 表示关于 x 轴和 y 轴的横截面的惯性矩；G 表示切变模量；$I=(I_x+I_y)=\dfrac{tb}{12}(b^2+t^2)$ 表示横截面的极惯性矩。

板簧支链中，弯曲柔度为 $1/(EI)$，泊松比为 ν，横截面厚度为 t，宽度为 e，关于 x 轴的惯性矩为 $I_x=te^3/12$，关于 y 轴的惯性矩为 $I_y=et^3/12$。

为将坐标系移至板簧支链的末端，引入如式 (5.5) 所示的伴随变换，由于没有旋转，则旋转矩阵为单位矩阵，表示为

$$\boldsymbol{T}_1'=\begin{bmatrix}\boldsymbol{I}&\boldsymbol{0}\\\boldsymbol{A}_1'&\boldsymbol{I}\end{bmatrix}\tag{12.69}$$

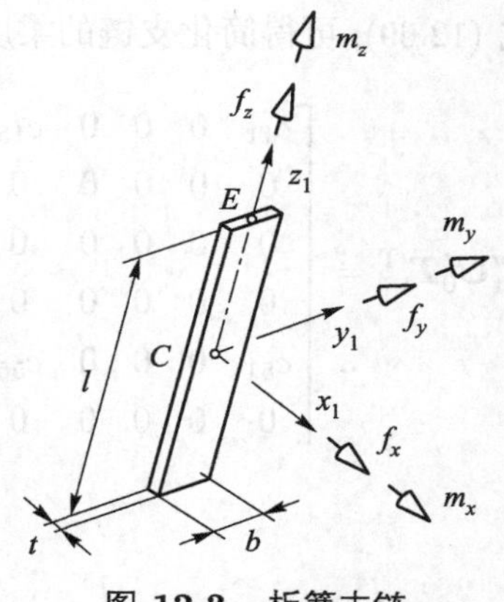

图 **12.3** 板簧支链

式中

$$\boldsymbol{A}_1' = \begin{bmatrix} 0 & -\frac{l}{2} & 0 \\ \frac{l}{2} & 0 & 0 \\ 0 & 0 & 0 \end{bmatrix} \tag{12.70}$$

式 (12.68) 中板簧支链的柔度矩阵是对角矩阵, 故在全等变换下对柔度矩阵实施伴随变换可得支链的柔度矩阵, 结果如下所示:

$$\boldsymbol{C}_1 = \boldsymbol{T}_1'\boldsymbol{C}_{10}(\boldsymbol{T}_1')^{\mathrm{T}} = \begin{bmatrix} \frac{l^3}{12EI_y} & 0 & 0 & 0 & -\frac{l^4}{24EI_y} & 0 \\ 0 & \frac{l^3}{12EI_x} & 0 & \frac{l^4}{24EI_x} & 0 & 0 \\ 0 & 0 & \frac{l}{EA} & 0 & 0 & 0 \\ 0 & \frac{l^4}{24EI_x} & 0 & \frac{l^5}{48EI_x} + \frac{l}{EI_x} & 0 & 0 \\ -\frac{l^4}{24EI_y} & 0 & 0 & 0 & \frac{l^5}{48EI_y} + \frac{l}{EI_y} & 0 \\ 0 & 0 & 0 & 0 & 0 & \frac{l}{GI} \end{bmatrix} \tag{12.71}$$

如图 12.3 所示, 若考虑 e^3 远大于 t^3, 则 $\frac{c_{y0}}{c_{x0}} = \frac{c_x}{c_y} = \frac{I_y}{I_x} = \frac{t^2}{e^2} < 0.02$。此时, 沿 y 轴方向的移动位移和关于 x 轴的扭转位移均可忽略。类似地, 沿轴线方向的拉伸位移也可忽略, 则板簧的**柔度矩阵**可简化为如下形式:

$$\boldsymbol{C}_0' = \mathrm{diag}\left(\frac{l^3}{12EI_y}, 0, 0, 0, \frac{l}{EI_y}, \frac{l}{GI}\right) \tag{12.72}$$

对该式作全等变换并结合式 (12.69), 可得简化支链的柔度矩阵, 为

$$C_1' = T_1' C_0' T_1'^{\mathrm{T}} = \begin{bmatrix} c_{11} & 0 & 0 & 0 & c_{15} & 0 \\ 0 & 0 & 0 & 0 & 0 & 0 \\ 0 & 0 & 0 & 0 & 0 & 0 \\ 0 & 0 & 0 & 0 & 0 & 0 \\ c_{51} & 0 & 0 & 0 & c_{55} & 0 \\ 0 & 0 & 0 & 0 & 0 & c_{66} \end{bmatrix} \tag{12.73}$$

式中

$$c_{11} = \frac{l^3}{12EI_y}, \quad c_{15} = c_{51} = -\frac{l^4}{24EI_y}, \quad c_{55} = \frac{l^5}{48EI_y} + \frac{l}{EI_y}, \quad c_{66} = \frac{l}{GI} \tag{12.74}$$

由于各支链均产生一个微小变形位移旋量 ζ_i 和一个支撑力旋量 $\boldsymbol{W}_i$, 微小变形位移旋量与柔度矩阵之间可建立如下关系:

$$\boldsymbol{C}_i \boldsymbol{W}_i = \zeta_i, \quad i = 1, 2, 3 \tag{12.75}$$

类似地, 作用于平台的外力旋量 $\boldsymbol{W}$ 与其引起的平台微小变形位移旋量 $\boldsymbol{\zeta}$ 之间有下述关系:

$$\boldsymbol{C}\boldsymbol{W} = \boldsymbol{\zeta} \tag{12.76}$$

式中, 矩阵 $\boldsymbol{C}$ 表示平台柔度矩阵。

由平台特性给定的柔度矩阵 $\boldsymbol{C}$ 决定平台在外力旋量作用下的微小变形位移。因此, 引出了下面对柔度矩阵的研究。

12.5.2 伴随变换与板簧支链的 Jacobian 矩阵

如图 12.4 所示, 对于柔顺平台装置的支链 1, 可在支链与平台的固接点处建立局部坐标系 $\{x_1y_1z_1\}$。x_1 轴垂直于板簧, z_1 轴沿板簧支链的轴线方向, y_1 轴满足右手定则。板簧支链安装在半径为 r 的圆周上, 绕 y_1 轴旋转角度 θ, 绕 z_1 轴旋转角度 ϕ, 使其与 z_1 轴倾斜。

沿 x_1 轴方向的力和力偶可以分别采用旋量 $\boldsymbol{S}_{11}'$ 和 $\boldsymbol{S}_{14}'$ 表示, 沿 y_1 轴和 z_1 轴方向的力和力偶可以分别采用旋量 $\boldsymbol{S}_{12}'$、$\boldsymbol{S}_{15}'$ 和 $\boldsymbol{S}_{13}'$、$\boldsymbol{S}_{16}'$ 表示。由此, 支链与平台之间的接触力旋量可用六个**正则旋量**表示。

进一步, 如 4.1 节利用局部坐标系 $\{x_1y_1z_1\}$ 与全局坐标系 $\{xyz\}$ 之间的伴随变换, 可将正则旋量变换到全局坐标系 $\{xyz\}$ 中。此伴随变换表示为

$$\mathrm{Ad}(g) = \begin{bmatrix} \boldsymbol{R}_1 & \boldsymbol{0} \\ \boldsymbol{A}_1\boldsymbol{R}_1 & \boldsymbol{R}_1 \end{bmatrix} \tag{12.77}$$

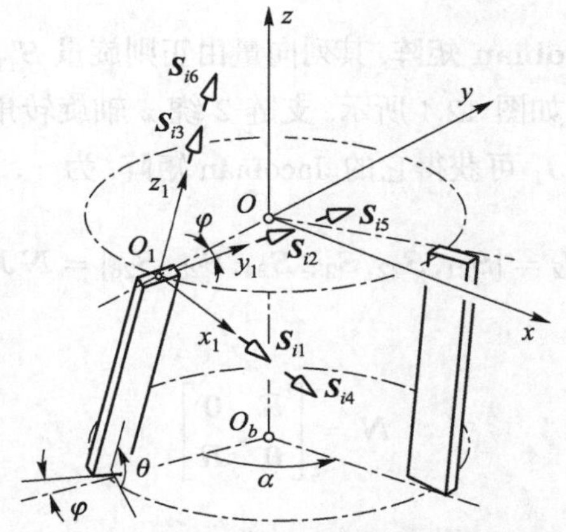

图 12.4　板簧支链在平台中的安装构型

式中

$$\boldsymbol{R}_1=\boldsymbol{R}_{z_1}(\varphi)\boldsymbol{R}_{y_1}(90^\circ-\theta),\quad \boldsymbol{A}=\begin{bmatrix}0&0&-r\\0&0&0\\r&0&0\end{bmatrix}$$

则

$$\begin{aligned}\boldsymbol{R}_1&=\begin{bmatrix}\mathrm{c}\varphi&\mathrm{s}\varphi&0\\-\mathrm{s}\varphi&\mathrm{c}\varphi&0\\0&0&1\end{bmatrix}\begin{bmatrix}\mathrm{c}(-(90^\circ-\theta))&0&\mathrm{s}(-(90^\circ-\theta))\\0&1&0\\-\mathrm{s}(-(90^\circ-\theta))&0&\mathrm{c}(-(90^\circ-\theta))\end{bmatrix}\\&=\begin{bmatrix}\mathrm{c}\varphi\mathrm{s}\theta&\mathrm{s}\varphi&-\mathrm{c}\varphi\mathrm{c}\theta\\-\mathrm{s}\varphi\mathrm{s}\theta&\mathrm{c}\varphi&\mathrm{s}\varphi\mathrm{c}\theta\\\mathrm{c}\theta&0&\mathrm{s}\theta\end{bmatrix}\end{aligned}\tag{12.78}$$

$$\boldsymbol{A}_1\boldsymbol{R}_1=\begin{bmatrix}r\mathrm{c}\theta&0&r\mathrm{s}\theta\\0&0&0\\-r\mathrm{c}\varphi\mathrm{s}\theta&-r\mathrm{s}\varphi&r\mathrm{c}\varphi\mathrm{c}\theta\end{bmatrix}\tag{12.79}$$

采用式 (12.77) 中的矩阵 Ad(g) 进行伴随变换可将此六个旋量变换至全局坐标系下，其中全局坐标系位于平台的中心。由此，组合这些旋量可得支链 1 的 Jacobian 矩阵为

$$\begin{aligned}\boldsymbol{J}_1&=[\boldsymbol{S}_{11},\boldsymbol{S}_{12},\boldsymbol{S}_{13},\boldsymbol{S}_{14},\boldsymbol{S}_{15},\boldsymbol{S}_{16}]=\mathrm{Ad}(g)[\boldsymbol{S}'_{11},\boldsymbol{S}'_{12},\boldsymbol{S}'_{13},\boldsymbol{S}'_{14},\boldsymbol{S}'_{15},\boldsymbol{S}'_{16}]\\&=\mathrm{Ad}(g)\boldsymbol{J}_{\mathrm{cann}}=\mathrm{Ad}(g)\boldsymbol{I}_{6\times6}=\mathrm{Ad}(g)\\&=\begin{bmatrix}\mathrm{c}\varphi\mathrm{s}\theta&\mathrm{s}\varphi&-\mathrm{c}\varphi\mathrm{c}\theta&0&0&0\\-\mathrm{s}\varphi\mathrm{s}\theta&\mathrm{c}\varphi&\mathrm{s}\varphi\mathrm{c}\theta&0&0&0\\\mathrm{c}\theta&0&\mathrm{s}\theta&0&0&0\\-r\mathrm{c}\theta&0&-r\mathrm{s}\theta&\mathrm{c}\varphi\mathrm{s}\theta&\mathrm{s}\varphi&-\mathrm{c}\varphi\mathrm{c}\theta\\0&0&0&-\mathrm{s}\varphi\mathrm{s}\theta&\mathrm{c}\varphi&\mathrm{s}\varphi\mathrm{c}\theta\\r\mathrm{c}\varphi\mathrm{s}\theta&r\mathrm{s}\varphi&-r\mathrm{c}\varphi\mathrm{c}\theta&\mathrm{c}\theta&0&\mathrm{s}\theta\end{bmatrix}\end{aligned}\tag{12.80}$$

式中, $\boldsymbol{J}_{\text{cann}}$ 为**正则 Jacobian 矩阵**, 其列向量由正则旋量 $\boldsymbol{S}'_{11}, \boldsymbol{S}'_{12}, \cdots, \boldsymbol{S}'_{16}$ 组成。由此, $\boldsymbol{J}_{\text{cann}}$ 为单位矩阵。如图 12.4 所示, 支链 2 绕 z 轴旋转角度 α 后与支链 1 具有相同的布置方式, 变换 $\boldsymbol{J}_1$ 可获得它的 Jacobian 矩阵, 为

$$\boldsymbol{J}_2 = [\boldsymbol{S}_{21}, \boldsymbol{S}_{22}, \boldsymbol{S}_{23}, \boldsymbol{S}_{24}, \boldsymbol{S}_{25}, \boldsymbol{S}_{26}] = \boldsymbol{N}\boldsymbol{J}_1 \tag{12.81}$$

式中

$$\boldsymbol{N} = \begin{bmatrix} \boldsymbol{R} & \boldsymbol{0} \\ \boldsymbol{0} & \boldsymbol{R} \end{bmatrix} \tag{12.82}$$

且

$$\boldsymbol{R} = \boldsymbol{R}(z, \alpha)$$

使三条支链间隔 $\alpha = 120°$ 空间均匀分布, 则一组旋量变换后的变换矩阵 $\boldsymbol{N}$ 为

$$\boldsymbol{N} = \begin{bmatrix} -\frac{1}{2} & \frac{\sqrt{3}}{2} & 0 & 0 & 0 & 0 \\ -\frac{\sqrt{3}}{2} & -\frac{1}{2} & 0 & 0 & 0 & 0 \\ 0 & 0 & 1 & 0 & 0 & 0 \\ 0 & 0 & 0 & -\frac{1}{2} & \frac{\sqrt{3}}{2} & 0 \\ 0 & 0 & 0 & -\frac{\sqrt{3}}{2} & -\frac{1}{2} & 0 \\ 0 & 0 & 0 & 0 & 0 & 1 \end{bmatrix} \tag{12.83}$$

类似地, 支链 3 的 Jacobian 矩阵为

$$\boldsymbol{J}_3 = \boldsymbol{N}\boldsymbol{J}_2 = \boldsymbol{N}^2\boldsymbol{J}_1 \tag{12.84}$$

由于平台由三条支链对称布置组成, 可得下列恒等方程:

$$\boldsymbol{N}^3 = \boldsymbol{I}_6, \quad \boldsymbol{N}^2 = \boldsymbol{N}^{-1} = \begin{bmatrix} \boldsymbol{R}^{\text{T}} & \boldsymbol{0} \\ \boldsymbol{0} & \boldsymbol{R}^{\text{T}} \end{bmatrix} \tag{12.85}$$

12.5.3 三支链刚性连接柔顺平台的柔度模型

支撑平台的三条板簧支链是该装置柔度的核心。各支链沿旋量 $\boldsymbol{S}_{i1}, \boldsymbol{S}_{i2}, \cdots, \boldsymbol{S}_{i6}$ 的方向提供六个支撑力旋量, 其中 $i = 1, 2, 3$ 是支链编号。因此, 可建立外力旋量作用的力平衡方程为

$$f_{11}\boldsymbol{S}_{11} + \cdots + f_{16}\boldsymbol{S}_{16} + f_{21}\boldsymbol{S}_{21} + \cdots + f_{31}\boldsymbol{S}_{31} + \cdots + f_{36}\boldsymbol{S}_{36} = \boldsymbol{W} \tag{12.86}$$

将其写成矩阵形式, 为

$$\boldsymbol{J}\boldsymbol{f} = [\boldsymbol{J}_1, \boldsymbol{J}_2, \boldsymbol{J}_3]\begin{bmatrix}\boldsymbol{f}_1\\ \boldsymbol{f}_2\\ \boldsymbol{f}_3\end{bmatrix} = \boldsymbol{W} \tag{12.87}$$

式中, $\boldsymbol{f}_i = (f_{i1}, f_{i2}, f_{i3}, f_{i4}, f_{i5}, f_{i6})^{\mathrm{T}}(i = 1, 2, 3)$ 表示由微小变形位移旋量引起的支撑力旋量幅值的集合。

因此, 可得平台装置的 Jacobian 矩阵, 为

$$\boldsymbol{J} = [\boldsymbol{S}_{11}, \cdots, \boldsymbol{S}_{16}, \boldsymbol{S}_{21}, \cdots, \boldsymbol{S}_{26}, \boldsymbol{S}_{31}, \cdots, \boldsymbol{S}_{36}] = [\boldsymbol{J}_1, \boldsymbol{J}_2, \boldsymbol{J}_3] \tag{12.88}$$

式中, $\boldsymbol{J}_i$ 表示第 i 个板簧支链的旋量组成的 Jacobian 矩阵。

将式 (12.80) ~ 式 (12.81) 及式 (12.84) ~ 式 (12.85) 代入上式, 可得如下形式的平台 Jacobian 矩阵:

$$\boldsymbol{J} = [\boldsymbol{I}, \boldsymbol{N}, \boldsymbol{N}^2]\boldsymbol{J}_1 = [\boldsymbol{I}, \boldsymbol{N}, \boldsymbol{N}^{-1}]\boldsymbol{J}_1 \tag{12.89}$$

各独立支链微小变形位移旋量与平台的微小位移旋量之间具有如下关系:

$$\boldsymbol{\zeta}_i = \boldsymbol{J}_i^{\mathrm{T}}\boldsymbol{\zeta}, \quad i = 1, 2, 3 \tag{12.90}$$

将式 (12.75) 和式 (12.76) 代入式 (12.90), 可得支撑力旋量与外力旋量之间的关系为

$$\boldsymbol{C}_1\boldsymbol{f}_i = \boldsymbol{J}_i^{\mathrm{T}}\boldsymbol{C}\boldsymbol{W} \tag{12.91}$$

由于 $\boldsymbol{C}_1$ 为非奇异矩阵, 式 (12.91) 变为

$$\boldsymbol{f}_i = \boldsymbol{C}_1^{-1}\boldsymbol{J}_i^{\mathrm{T}}\boldsymbol{C}\boldsymbol{W} \tag{12.92}$$

进一步, 由于各支链的虚功和与平台的虚功相等, 故

$$\boldsymbol{f}_1^{\mathrm{T}}\zeta_1 + \boldsymbol{f}_2^{\mathrm{T}}\zeta_2 + \boldsymbol{f}_3^{\mathrm{T}}\zeta_3 = \boldsymbol{W}^{\mathrm{T}}\zeta \tag{12.93}$$

由此, 式 (12.87) 所述力平衡方程可由式 (12.90) 描述的微小变形位移旋量关系代入上式进行验证。将式 (12.75) 和式 (12.76) 中描述的支链微小变形位移旋量与力的关系代入式 (12.93) 可得**柔度平衡方程**如下:

$$\boldsymbol{f}_1^{\mathrm{T}}\boldsymbol{C}_1\boldsymbol{f}_1 + \boldsymbol{f}_2^{\mathrm{T}}\boldsymbol{C}_1\boldsymbol{f}_2 + \boldsymbol{f}_3^{\mathrm{T}}\boldsymbol{C}_1\boldsymbol{f}_3 = \boldsymbol{W}^{\mathrm{T}}\boldsymbol{C}\boldsymbol{W} \tag{12.94}$$

将式 (12.92) 代入式 (12.94), 得

$$\boldsymbol{W}^{\mathrm{T}}\boldsymbol{C}^{\mathrm{T}}\boldsymbol{J}_1\boldsymbol{C}_1^{-\mathrm{T}}\boldsymbol{J}_1^{\mathrm{T}}\boldsymbol{C}\boldsymbol{W} + \boldsymbol{W}^{\mathrm{T}}\boldsymbol{C}^{\mathrm{T}}\boldsymbol{J}_2\boldsymbol{C}_1^{-\mathrm{T}}\boldsymbol{J}_2^{\mathrm{T}}\boldsymbol{C}\boldsymbol{W} + \boldsymbol{W}^{\mathrm{T}}\boldsymbol{C}^{\mathrm{T}}\boldsymbol{J}_3\boldsymbol{C}_1^{-\mathrm{T}}\boldsymbol{J}_3^{\mathrm{T}}\boldsymbol{C}\boldsymbol{W} = \boldsymbol{W}^{\mathrm{T}}\boldsymbol{C}\boldsymbol{W} \tag{12.95}$$

整理该式, 有

$$C^{-1} = J_1 C_1^{-1} J_1^{\mathrm{T}} + J_2 C_1^{-1} J_2^{\mathrm{T}} + J_3 C_1^{-1} J_3^{\mathrm{T}} \tag{12.96}$$

式 (12.96) 给出了各条支链刚度的三个组成部分, 该表述形式采用了全等变换。进一步, 将式 (12.81) 与式 (12.84) 代入式 (12.96), 得

$$K = K_1' + N K_1' N^{\mathrm{T}} + N^2 K_1' N^{2\mathrm{T}} \tag{12.97}$$

式中

$$K_1' = \mathrm{Ad}(g) K_1 \mathrm{Ad}(g)^{\mathrm{T}}, \quad K_1 = C_1^{-1}$$

考虑式 (12.85), 式 (12.97) 可演化为

$$K = K_1' + N K_1' N^{\mathrm{T}} + N^{-1} K_1' N^{-\mathrm{T}} = K_1' + K_2' + K_3' \tag{12.98}$$

上述刚度矩阵由基于全等变换的三条支链的刚度矩阵组成。

进一步, 基于式 (12.97), 每条支链的接触力可由外力旋量表示为

$$f_i = a_i J_i^{-1} W, \quad i = 1, 2, 3 \tag{12.99}$$

式中, a_1、a_2、a_3 满足 $a_1 + a_2 + a_3 = 1$。将式 (12.99) 代入式 (12.94), 得

$$a_1^2 W^{\mathrm{T}} J_1^{-\mathrm{T}} C_1 J_1^{-1} W + a_2^2 W^{\mathrm{T}} J_2^{-\mathrm{T}} C_1 J_2^{-1} W + a_3^2 W^{\mathrm{T}} J_3^{-\mathrm{T}} C_1 J_3^{-1} W = W^{\mathrm{T}} C W \tag{12.100}$$

由此, 可得如下柔度矩阵:

$$C = a_1^2 J_1^{-\mathrm{T}} C_1 J_1^{-1} + a_2^2 J_2^{-\mathrm{T}} C_1 J_2^{-1} + a_3^2 J_3^{-\mathrm{T}} C_1 J_3^{-1} \tag{12.101}$$

将式 (12.81) 和式 (12.84) 代入式 (12.101), 得

$$C = J_1^{-\mathrm{T}} (a_1^2 C_1 + a_2^2 N^{-\mathrm{T}} C_1 N^{-1} + a_3^2 N^{-2\mathrm{T}} C_1 N^{-2}) J_1^{-1} \tag{12.102}$$

该式给出了平台柔度与各支链柔度的关系。

12.6 各向同性柔度与柔度映射

在一个并联机构中, 机构柔度可以调整为各向同性, 使得机构对来自各方向的外力旋量具有等同的抵抗能力。

12.6.1 柔度矩阵分解

假定平台刚度是各向同性的, 则有 $J_1 f_1 = J_2 f_2 = J_3 f_3$。以碗状振动进料器为例, 上式表明 $a_1 = a_2 = a_3 = 1/3$。因此, 式 (12.102) 所示的平台柔度矩阵变为

$$C = \frac{1}{9} J_1^{-\mathrm{T}} (C_1' + N^{-\mathrm{T}} C_1' N^{-1} + N^{-2\mathrm{T}} C_1' N^{-2}) J_1^{-1} = J_1^{-\mathrm{T}} C' J_1^{-1} \tag{12.103}$$

式中, 三条支链的默认安装参数 θ 与 ϕ 分别为 90° 和 0° 时, $\boldsymbol{C}'$ 为中心柔度矩阵, 它仅包含板簧支链的参数。考虑恒等式 (12.85), 中心柔度矩阵 $\boldsymbol{C}'$ 可写为如下形式:

$$\boldsymbol{C}' = \frac{1}{9}(\boldsymbol{C}_1' + \boldsymbol{N}^{-\mathrm{T}}\boldsymbol{C}_1'\boldsymbol{N}^{-1} + \boldsymbol{N}^{-2\mathrm{T}}\boldsymbol{C}_1'\boldsymbol{N}^{-2}) = \frac{1}{9}(\boldsymbol{C}_1' + \boldsymbol{N}^{-\mathrm{T}}\boldsymbol{C}_1'\boldsymbol{N}^{-1} + \boldsymbol{N}^{\mathrm{T}}\boldsymbol{C}_1'\boldsymbol{N}) \tag{12.104}$$

将各参数代入该式, 可得中心柔度矩阵为

$$\boldsymbol{C}' = \frac{1}{9}\begin{bmatrix} \frac{7}{4}c_{11} - \frac{\sqrt{3}}{2}c_{15} + \frac{15}{4}c_{55} & \frac{3}{2}c_{15} + \frac{3\sqrt{3}}{4}c_{55} & 0 & -\frac{9}{4}c_{55} & \frac{3}{2}c_{15} - \frac{\sqrt{3}}{4}c_{55} & 0 \\ \frac{3}{2}c_{15} + \frac{3\sqrt{3}}{4}c_{55} & \frac{3}{2}c_{11} + \frac{\sqrt{3}}{2}c_{15} + \frac{5}{4}c_{55} & 0 & -\frac{3}{2}c_{15} - \frac{\sqrt{3}}{4}c_{55} & -\frac{3}{4}c_{55} & 0 \\ 0 & 0 & 5c_{66} & 0 & 0 & 3c_{66} \\ -\frac{9}{4}c_{55} & -\frac{3}{2}c_{15} - \frac{\sqrt{3}}{4}c_{55} & 0 & \frac{3}{2}c_{55} & 0 & 0 \\ \frac{3}{2}c_{15} - \frac{\sqrt{3}}{4}c_{55} & -\frac{3}{4}c_{55} & 0 & 0 & \frac{3}{2}c_{55} & 0 \\ 0 & 0 & 3c_{66} & 0 & 0 & 3c_{66} \end{bmatrix} \tag{12.105}$$

将式 (12.74) 中 c_{11}、c_{15}、c_{51}、c_{55} 和 c_{66} 值代入上式, 得

$$\boldsymbol{C}' = \frac{l}{144EI_y}\begin{bmatrix} \frac{5}{4}l^4 + \frac{\sqrt{3}}{3}l^3 + \frac{7}{3}l^2 + 60 & \frac{\sqrt{3}}{4}l^4 - l^3 + 12\sqrt{3} & 0 & -\frac{3}{4}l^4 - 36 & -\frac{\sqrt{3}}{12}l^4 - l^3 - 4\sqrt{3} & 0 \\ \frac{\sqrt{3}}{4}l^4 - l^3 + 12\sqrt{3} & \frac{5}{12}l^4 - \frac{\sqrt{3}}{3}l^3 + 2l^2 + 20 & 0 & -\frac{\sqrt{3}}{12}l^4 + l^3 - 4\sqrt{3} & -\frac{1}{4}l^4 - 12 & 0 \\ 0 & 0 & \frac{80EI_y}{GI} & 0 & 0 & \frac{48EI_y}{GI} \\ -\frac{3}{4}l^4 - 36 & -\frac{\sqrt{3}}{12}l^4 + l^3 - 4\sqrt{3} & 0 & \frac{1}{2}l^4 + 24 & 0 & 0 \\ -\frac{\sqrt{3}}{12}l^4 - l^3 - 4\sqrt{3} & -\frac{1}{4}l^4 - 12 & 0 & 0 & \frac{1}{2}l^4 + 24 & 0 \\ 0 & 0 & \frac{48EI_y}{GI} & 0 & 0 & \frac{48EI_y}{GI} \end{bmatrix} \tag{12.106}$$

应用伴随变换, 中心柔度矩阵可变换为平台柔度矩阵, 表示为

$$\boldsymbol{C}=\boldsymbol{J}_{\text{cann}}^{-\mathrm{T}}\operatorname{Ad}(g)^{-\mathrm{T}}\boldsymbol{C}'\operatorname{Ad}(g)^{-1}\boldsymbol{J}_{\text{cann}}^{-1} \tag{12.107}$$

由于矩阵 $\boldsymbol{J}_{\text{cann}}$ 为正则单位矩阵, 式 (12.107) 可写成

$$\boldsymbol{C}=\operatorname{Ad}(g)^{-\mathrm{T}}\boldsymbol{C}'\operatorname{Ad}(g)^{-1} \tag{12.108}$$

12.6.2 特征柔度与微小变形位移特征旋量的分解

对于**势能场主旋量** (Ball, 1900), 微小位移旋量为介入旋量而力旋量为冲量旋量, 它们有相同的作用线并有相同的旋距。因此, 在式 (12.76) 所示的平衡方程中, 用 $k\Delta\boldsymbol{\zeta}$ 代替力旋量 $\boldsymbol{W}$, 可得

$$\boldsymbol{C}\Delta\boldsymbol{\zeta}=\frac{1}{k}\boldsymbol{\zeta}=\lambda\boldsymbol{\zeta} \tag{12.109}$$

整理该式, 得

$$(\boldsymbol{C}\Delta-\lambda\boldsymbol{I})\boldsymbol{\zeta}=\boldsymbol{0} \tag{12.110}$$

因此, 微小变形位移旋量 $\boldsymbol{\zeta}$ 存在的充分必要条件是

$$|\boldsymbol{C}\Delta-\lambda\boldsymbol{I}|=0 \tag{12.111}$$

式 (12.111) 给出了力平衡的特征方程, 并提供了**特征柔度**及柔度矩阵 $\boldsymbol{C}$ 的微小变形位移**特征旋量**, 其中微小变形位移特征旋量由特征柔度代入式 (12.108) 得出。

基于空间柔度与刚度的对偶性 (Huang 和 Schimmels, 2002), 上述特征柔度与微小变形位移特征旋量可以转化为具有合理的弹簧常数的旋量弹簧物理描述形式, 通过沿六个微小变形位移特征旋量方向上具有六个旋量弹簧的并联机构实现。各旋量弹簧均由弹簧常数 k、几何连接参数 n 和 r 定义, 其中 n 为表示弹簧轴线方向的单位向量, r 表示弹簧作用线的方向和距离。

12.7 艺术折纸 (origami) 衍生机构的刚度

根据纸的折痕创造新机构的方法可追溯至 Cundy 和 Rollett(1951)。Dai 和 Rees Jones (1998, 1999) 利用这种方法将折叠中没有变形的纸面等效为连杆, 将折痕等效为转动副, 由花样缤纷的艺术折纸触发灵感从而发明了一系列机构, 也称折纸衍生机构, 即折纸工程领域的折叠机构。Dai 和 Cannella (2006, 2008) 深入研究了缀饰纸盒折叠中的刚度问题, 并建立了其等效机构的总体刚度。Qiu、Vahid 和 Dai (2013) 则将等效机构刚度法扩展到不同类型的缀饰纸盒, 并通过实验对比验证了等效机构刚度法的准确性。Yao 和 Dai (2008) 研究了一种缀饰纸盒的等效机构, 建立了折叠该

纸盒的灵巧操作与机器人灵巧手指位形空间的映射关系。Wei 和 Dai (2014) 基于闭环旋量和球面几何开发了一种碰撞锁定缀饰纸盒的等效过约束机构, 并衍生出一系列机构。

Jacobsen 等 (2010) 拓展了这一理念, 在折纸衍生机构中引入了等效移动副与球铰链副。这类机构由具有可重构性的复杂多环路组成, 其机构刚度特性对机构重构具有重要的影响。通过等效机构研究折纸工程有助于发明新型机构, Rodriguez-Leal 和 Dai (2007) 通过研究艺术折纸工程发明了一类 3-RPRP 并联机构。Dai 和 Caldwell (2010) 进而探索了艺术折纸工程在食品工业中应用的挑战和未来发展的方向。

12.7.1 导向连杆系的集成刚度

考察缀饰折叠盒的可折叠底面与其**等效机构**发现, 机构有四个顶点, 每个顶点相当于球形四杆机构, 并可充当如图 12.5 所示的导向连杆系。该导向连杆系构成组合式球铰链副, 其刚度是机构第一顶点处铰链副 $\boldsymbol{s}_1$ 与 $\boldsymbol{s}_{12}$、$\boldsymbol{s}_{24}$ 及 $\boldsymbol{s}_{14}$ 的组合。

在连杆机构中, 铰链副 $\boldsymbol{s}_1$ 与 $\boldsymbol{s}_{14}$ 固定到机架, 铰链副 $\boldsymbol{s}_{12}$ 绕铰链副 $\boldsymbol{s}_1$ 轴线方向转动并在 $y-z$ 平面内移动, 铰链副 $\boldsymbol{s}_{24}$ 绕铰链副 $\boldsymbol{s}_{14}$ 轴线方向转动。因此, 组合铰链副 $\boldsymbol{s}_1$ 的刚度可由导向连杆系的结构得出, 导向连杆系对折叠盒的张开与折叠起导向作用。

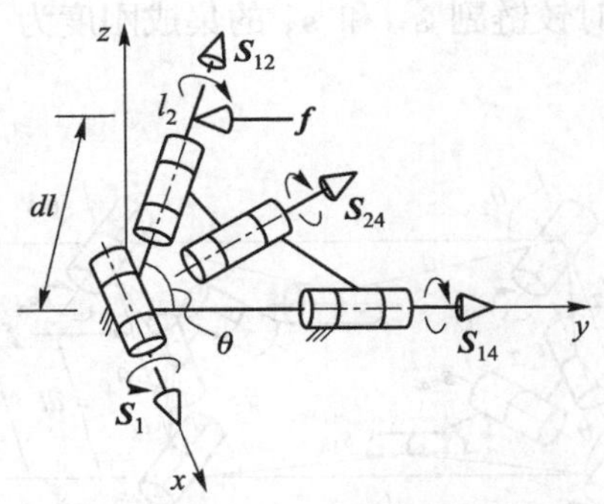

图 12.5 缀饰纸盒一角的等效导向连杆系

在这导向连杆系中, 每一铰链副由可变伸展刚度 k_{cu} 组成 (Dai 和 Cannella, 2008)。如图 12.5 所示, 对杆件 l_2 施加平行于杆件 l_1 方向的外力 $\boldsymbol{f}$, 上述四个铰链副产生的转矩可形成如下平衡方程:

$$k_{cu}\theta\boldsymbol{s}_{12}-2k_{cu}\theta\boldsymbol{s}_{24}-k_{cu}\theta\boldsymbol{s}_{14}-k_{cu}\theta\boldsymbol{s}_1+fdl\sin\theta\boldsymbol{s}_1=\mathbf{0} \tag{12.112}$$

式中, d 表示 0 和 1 之间的变量; $fdl\sin\theta$ 表示施加在 $\boldsymbol{s}_1$ 处的转矩; θ 表示折叠角。

令 $fdl\sin\theta$ 为输入转矩 τ, 整理上式, 得

$$
\begin{aligned}
\tau \boldsymbol{s}_1 &= -k_{cu}\theta \boldsymbol{s}_{12} + 2k_{cu}\theta \boldsymbol{s}_{24} + k_{cu}\theta \boldsymbol{s}_{14} + k_{cu}\theta \boldsymbol{s}_1 \\
&= k_{cu}\theta(-\boldsymbol{s}_{12} + 2\boldsymbol{s}_{24} + \boldsymbol{s}_{14} + \boldsymbol{s}_1)
\end{aligned}
\tag{12.113}
$$

由于 $\boldsymbol{s}_1 = (1,0,0)^{\mathrm{T}}$, 外力产生仅 x 轴方向的转动。由于 $\boldsymbol{s}_1$ 和 $\boldsymbol{s}_{14}$ 与机架固结, $\boldsymbol{s}_{12}$ 绕 $\boldsymbol{s}_1$ 转动并在 $y-z$ 平面内转动, $\boldsymbol{s}_{24}$ 绕 $\boldsymbol{s}_{14}$ 转动且 $\boldsymbol{s}_{24}$ 与 x 轴的夹角为 $\pi-\theta$。式 (12.113) 可简化为关于外力 $\boldsymbol{f}$ 作用下铰链副刚度的标量方程, 表示为

$$
\tau = k_{cu}(2\cos\theta + 1)\theta = k_{cg}\theta \tag{12.114}
$$

式中, k_{cg} 表示导向连杆系的集成刚度, 为

$$
k_{cg} = k_{cu}(2\cos\theta + 1) \tag{12.115}
$$

12.7.2 碰撞锁定机构的组合刚度

位于折纸衍生机构一顶点处组合铰链副 $\boldsymbol{s}_1$ 的导向连杆系刚度分析可以拓展到该导向连杆系的对应的组合铰链副 $\boldsymbol{s}_3$ 刚度分析。如图 12.6 所示, 这两个导向连杆系组采用碰撞方式以锁定纸盒。由此该碰撞锁定纸盒的组合刚度可通过集成两个导向连杆系刚度 k_{cg} 求得。在图 12.6 中, 施加平行于机架杆 l_1 的外力 $\boldsymbol{f}$, 导向连杆系 $\boldsymbol{s}_1$ 和 $\boldsymbol{s}_3$ 将产生阻力矩, 此时铰链副 $\boldsymbol{s}_1$ 和 $\boldsymbol{s}_3$ 的集成刚度为 k_{cg}, $\boldsymbol{s}_2$ 和 $\boldsymbol{s}_4$ 的分别刚度为 k_c。

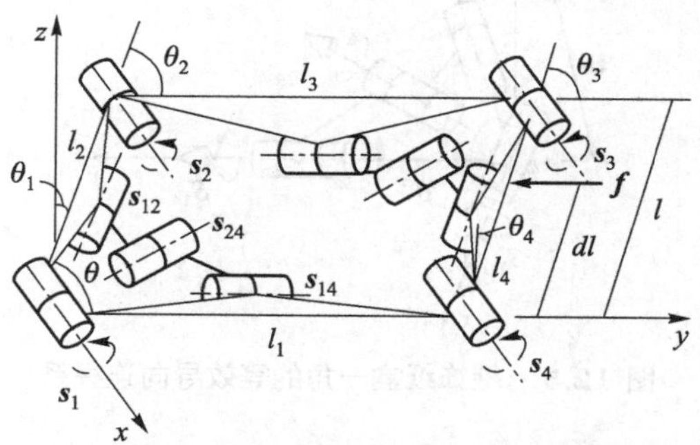

图 12.6 导向连杆系位于两对角顶点的等效机构

由此, 可得下列平衡方程:

$$
-k_{cg}\theta_1 \boldsymbol{s}_1 + k_c\theta_2 \boldsymbol{s}_2 - k_{cg}\theta_3 \boldsymbol{s}_3 + k_c\theta_4 \boldsymbol{s}_4 = fdl\sin\theta_1 \boldsymbol{s}_1 \tag{12.116}
$$

式中, $\boldsymbol{s}_1 = \boldsymbol{s}_2 = \boldsymbol{s}_3 = \boldsymbol{s}_4 = (1,0,0)^{\mathrm{T}}$。由于缀饰纸盒体为平行四边形结构, 故 $\theta_1 = \theta_3 = 90^\circ - \theta, \theta_2 = \theta_4 = \theta$。又因外加转矩 $\tau = fdl\sin\theta_1$ 仅作用于 x 轴, 根据 θ_1 至 θ_4

各角度的定义, 上式可写成如下形式:

$$\tau = 2k_c\theta - 2k_{cg}\left(\frac{\pi}{2} - \theta\right) = 2(k_c + k_{cg})\theta - \pi k_{cg} = k_{ct}\theta - \tau_0 \tag{12.117}$$

式中, $\tau_0 = \pi k_{cg}$ 表示启动转矩; k_{ct} 表示碰撞锁定纸盒的组合刚度。转矩 τ 在折叠过程中分成两个阶段, 即

$$\tau = \begin{cases} k_{ct}\theta - \tau_0, & \theta = 0 \sim \dfrac{\pi}{3} \\ (1+\mu)(k_{ct}\theta - \tau_0), & \theta = \dfrac{\pi}{3} \sim \dfrac{\pi}{2} \end{cases} \tag{12.118}$$

由式 (12.117) 可看出, 碰撞锁定机构的组合刚度可表示为

$$k_{ct} = 2(k_{cg} + k_c) \tag{12.119}$$

将式 (12.116) 写成矩阵形式为

$$\boldsymbol{JK\theta} = \boldsymbol{\tau} \tag{12.120}$$

式中, $\boldsymbol{J} = [\boldsymbol{S}_1, \boldsymbol{S}_2, \boldsymbol{S}_3, \boldsymbol{S}_4]^{\mathrm{T}}$, 其中, $\boldsymbol{S}_i$ 表示第 i 个转动副轴线的旋量, 其具体形式为

$$\boldsymbol{S}_1 = (\boldsymbol{s}_1^{\mathrm{T}}, \boldsymbol{s}_{01}^{\mathrm{T}})^{\mathrm{T}} = (1,0,0,0,0,0)^{\mathrm{T}} \tag{12.121}$$

$$\boldsymbol{S}_2 = (\boldsymbol{s}_2^{\mathrm{T}}, \boldsymbol{s}_{02}^{\mathrm{T}})^{\mathrm{T}} = (1,0,0,0,l_2\mathrm{s}\theta_1, -l_2\mathrm{c}\theta_1)^{\mathrm{T}} \tag{12.122}$$

$$\boldsymbol{S}_3 = (\boldsymbol{s}_3^{\mathrm{T}}, \boldsymbol{s}_{03}^{\mathrm{T}})^{\mathrm{T}} = (1,0,0,0,l_2\mathrm{s}\theta_1, -l_2\mathrm{c}\theta_1 - l_3)^{\mathrm{T}} \tag{12.123}$$

$$\boldsymbol{S}_4 = (\boldsymbol{s}_4^{\mathrm{T}}, \boldsymbol{s}_{04}^{\mathrm{T}})^{\mathrm{T}} = (1,0,0,0,0,-l_1)^{\mathrm{T}} \tag{12.124}$$

因而, 刚度为

$$\boldsymbol{K} = \begin{bmatrix} k_{cg} & 0 & 0 & 0 \\ 0 & k_c & 0 & 0 \\ 0 & 0 & k_{cg} & 0 \\ 0 & 0 & 0 & k_c \end{bmatrix}, \quad \boldsymbol{\theta} = (\theta_1, \theta_2, \theta_3, \theta_4)^{\mathrm{T}}$$

式中, $\boldsymbol{\tau} = fdl\sin\theta_1 \boldsymbol{S}_1$。

由于外加转矩仅作用于 x 轴, 将式 (12.120) 展开可得式 (12.117) 描述的标量方程。从而可推导出式 (12.119) 所述的缀饰纸盒的组合刚度矩阵。

从而刚度与关节力矩之间的关系可以给定为

$$\boldsymbol{K\theta} = \boldsymbol{\tau} = \boldsymbol{J}^{\mathrm{T}}\Delta \boldsymbol{w}_e \tag{12.125}$$

12.8 欠驱动机器人的刚度耦合

12.8.1 刚度与控制

目前, 机器人控制领域较为常用且有效的控制策略是**导纳控制**、**阻抗控制**和**刚度控制**。第一种方法是采用位置控制接口进行控制, 后两种方法需要关节力矩和关

节阻抗接口。阻抗控制 (Hogan, 1985) 通过质量 – 阻尼 – 弹簧系统内的相互关系控制笛卡儿坐标系下的位置和力, 以实现控制机器人与其环境的动态相互作用。阻抗控制和刚度控制方法均与机器人的刚度有关。机构刚度受铰链副、连杆和末端执行器所作用的物体的几何与物理特性等的影响。刚度性能在欠驱动机器人中尤为重要。

定义 12.1　欠驱动机构是一种机构, 其驱动数小于主动铰链运动副的数目。简言之, 机构的活动度大于驱动数。同理, 欠驱动机器人的驱动数小于其自由度。此时, 状态空间的维数超过控制空间的维数, 以至于一部分运动无法采用输入来控制。

与每个主动铰链运动副包含一个驱动器的传统机器人不同, 欠驱动机器人有无驱动的主动铰链运动副。这种无驱动铰链副的使用在工业中有着广泛的优势。例如在需要较少的控制轴、轻量化及低能耗的工业应用场合, 尤其在轻量化机器人中有着显著的优势。在其他场合, 当全驱动机器人的某些铰链驱动器失效时, 欠驱动机器人可以容许这些失效。一个特别的应用是利用欠驱动机器人去适应环境的需求。例如通过主动铰链副与无驱动铰链副之间的耦合**重构多指机械手**, 以适应被操作物体的几何形状。

由于施加在机器人上的驱动力/力矩数目少于其自由度数, 机器人的运动具有不确定性。一种方法是在欠驱动铰链副处添加止动闸, 以便采用开与关的 “砰 – 砰” 控制模式。已有学者对这种机构的操作空间与轨迹规划问题进行了研究, 在垂直面内考虑重力等问题已得到解决。Bergerman 和 Xu (1994) 提出了欠驱动机器人的驱动性能指数, 该指数与 Park 和 Kim (1998) 提出的传统机器人的操作性指标相对应。

在控制机器人时, 无驱动铰链副的刚度是一个重要的问题, 可采用弹簧特性建立无驱动铰链副的模型。通过被抓持物体的几何形状可使无驱动铰链副与驱动铰链副产生关联, 故几何元素被列入考虑范围 (Laliberte 和 Gosselin, 1998)。在建立**局部微分同胚映射**的基础上, Liu、Xu 和 Bergerman (1999) 提出了采用驱动铰链副周期运动的运动约束, 使 2 自由度欠驱动水平机器人的无驱动铰链副稳定于某一角度。其中, 局部微分同胚映射是**同构**的逆函数, 它将驱动铰链副**运动轨迹**定义的**微分流形**映射到无驱动铰链副运动轨迹定义的子空间。由此, 驱动铰链副速度与被抓持刚体速度有关。为产生铰链副映射矩阵, Arai、Tanie 和 Tachi (1993) 采用了驱动与无驱动铰链副的**运动学分解**, Mills (1992) 通过约束运动研究了机构稳定性。

Dai 和 Zhao (2002) 提出了主动铰链副与无驱动铰链副的刚度耦合, 并研究了其对工作空间轨迹的影响。基于驱动铰链副和无驱动铰链副的刚度比, 这一空间轨迹由运动学方程与约束力的合成得到。研究显示, 这一刚度比影响空间轨迹形状及其所包容的面积, 并影响铰链副角度间的运动耦合以及无驱动铰链副的合成转矩。

12.8.2 运动静力学分析与运动耦合

无直接输入时欠驱动铰链副仍可运动。无驱动铰链副的运动通过力场内的刚度与其邻接的具有直接输入的铰链副以及杆件关联。因此, 位置分析需要考虑到力和转矩的约束。除了用来获得机器人位移的运动约束外, 考虑到机构输入铰链副具有恒定速度且平稳运动, 还需要分析力约束。具有**弹性铰链副**的二连杆欠驱动机器人模型如图 12.7 所示。该机器人的机座端铰链副为驱动铰链副, 两连杆连接铰链副为欠驱动铰链副。

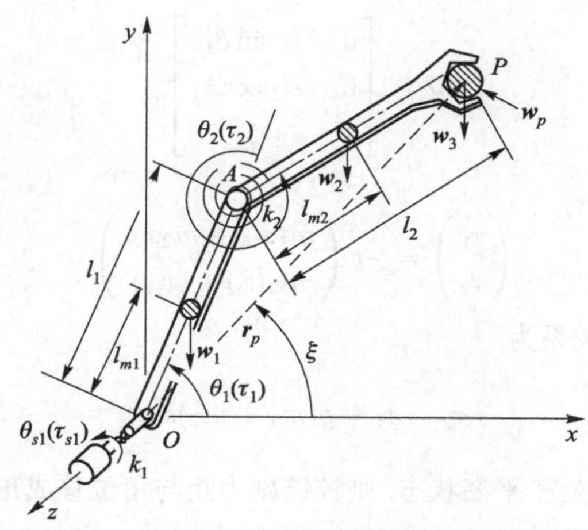

图 12.7　具有弹性铰链副的二连杆欠驱动机器人

驱动铰链副角的弹性输入位移为 θ_{s1}, 刚度为 k_1, 欠驱动铰链副刚度为 k_2。假定第一连杆的输出角位移为 θ_1, 此弹性铰链副机器人的约束方程则可表示为

$$-m_1gl_{m1}c_1 - m_2g(l_1c_1 + l_{m2}c_{1+2}) - m_3g(l_1c_1 + l_2c_{1+2}) + k_1(\theta_{s1} - \theta_1) = 0 \quad (12.126)$$

与

$$-m_2gl_{m2}c_{1+2} - m_3gl_2c_{1+2} + k_2(\theta_{s2} - \theta_2) = 0 \quad (12.127)$$

由式 (12.127) 可知, 驱动铰链副与无驱动铰链副的刚度均承受铰链副力矩和铰链位移。将 $\tau_1 = -k_1(\theta_1 - \theta_{s1})$ 和 $\tau_2 = -k_2(\theta_2 - \theta_{s2})$ 代入式 (12.126) 和式 (12.127) 中, 得

$$\tau_2 = \tau_1 - (m_1l_{m1} + m_2l_1 + m_3l_1)g\cos\theta_1 \quad (12.128)$$

当机器人在平衡状态下平稳运转时, 输入杆件具有恒定速度, 动态影响可忽略, 施加在杆件 1 上的转矩 τ_1 等于电动机的驱动转矩 τ_{s1}。驱动转矩 τ_1 与无驱动转矩 τ_2 耦合, 而转角 θ_1 通过联立式 (12.126) 与式 (12.127) 获得。驱动铰链副与无驱动铰链副间的运动耦合可以由式 (12.128) 求得, 为

$$\theta_2 = \frac{k_1}{k_2}(\theta_1 - \theta_{s1}) + \frac{1}{k_2}(m_1l_{m1} + m_2l_1 + m_3l_1)g\cos\theta_1 + \theta_{s2}$$

12.8.3 驱动铰链副与无驱动铰链副的刚度耦合

对于欠驱动机器人, 驱动铰链副与无驱动铰链副视为刚度分别为 k_1 和 k_2 的弹性铰链副。当外部载荷 $\boldsymbol{w}_3$ 以及外部作用力 $\boldsymbol{w}_p$ 为零时, 其铰链副力矩表示如下:

$$\boldsymbol{\tau} = -\boldsymbol{J}^{\mathrm{T}}\begin{pmatrix} 0 \\ (m_1+m_2)g \\ m_1 g x_A + m_2 g x_P \end{pmatrix} \tag{12.129}$$

将矩阵

$$\boldsymbol{J} = \begin{bmatrix} 0 & l_1\sin\theta_1 \\ 0 & -l_1\cos\theta_1 \\ 1 & 1 \end{bmatrix}$$

代入式 (12.119), 得

$$\begin{pmatrix} \tau_1 \\ \tau_2 \end{pmatrix} = -g\begin{pmatrix} m_1 x_A + m_2 x_P \\ m_2(x_P - x_A) \end{pmatrix} \tag{12.130}$$

因而, 铰链副力矩的关系为

$$\tau_2 = \tau_1 + g(m_1+m_2)x_A \tag{12.131}$$

假设机器人运转处于平衡状态, 则铰链副力矩与角位移成正比, 将

$$\tau_1 = k_1(\theta_1 - \theta_{10}), \quad \tau_2 = k_2(\theta_2 - \theta_{20}) \tag{12.132}$$

代入式 (12.131), 得

$$\theta_2 = \frac{k_1}{k_2}\theta_1 - \frac{(m_1+m_2)gl_1}{k_2}\cos\theta_1 - \frac{k_1}{k_2}\theta_{10} + \theta_{20} \tag{12.133}$$

由此可得驱动铰链副与无驱动铰链副角位移的关系。假设驱动转矩施加在铰链副 1 处, 铰链副 2 为无驱动铰链副, 式 (12.132) 可写成如下形式:

$$\tau_1 = k_1(\theta_1 - \theta_{10}) + \tau_{1a}, \quad \tau_2 = k_2(\theta_2 - \theta_{20}) \tag{12.134}$$

整理式 (12.133), 得

$$\theta_2 = \frac{k_1}{k_2}\theta_1 - \frac{(m_1+m_2)gl_1}{k_2}\cos\theta_1 - \frac{k_1}{k_2}\theta_{10} + \theta_{20} + \tau_{1a} \tag{12.135}$$

重组该式, 得

$$\cos\theta_1 = \frac{1}{(m_1+m_2)gl_1}(k_1(\theta_1-\theta_{10}) - k_2(\theta_2-\theta_{20})) \tag{12.136}$$

因而

$$-(m_1+m_2)gl_1 \leqslant k_1(\theta_1-\theta_{10}) - k_2(\theta_2-\theta_{20}) \leqslant (m_1+m_2)gl_1 \tag{12.137}$$

式 (12.137) 进一步表明

$$d_{\min} \leqslant k_1\theta_1 - k_2\theta_2 \leqslant d_{\max} \tag{12.138}$$

式中

$$d_{\min} = k_1\theta_{10} - k_2\theta_{20} - (m_1+m_2)gl_1, \quad d_{\max} = k_1\theta_{10} - k_2\theta_{20} + (m_1+m_2)gl_1$$

式 (12.138) 可进一步写为

$$\theta_2 - \frac{k_1}{k_2}\theta_1 + \frac{d_{\max}}{k_2} \geqslant 0, \quad \theta_2 - \frac{k_1}{k_2}\theta_1 + \frac{d_{\min}}{k_2} \leqslant 0$$

因此, 可求出与其他参数相关的 θ_2 在转角 θ_1 中的合适范围。

12.8.4 刚度和惯性效应

上述研究可拓展到具有多铰链副的欠驱动串联机器人研究中。

1. 刚度加权惯性矩阵

考虑由于铰链副增量向量 $\delta\boldsymbol{\theta}$ 引起的机构末端执行器微小位移旋量 $\delta\boldsymbol{D}$, 给出下面类似式 (9.8) 的方程, 为

$$\delta\boldsymbol{D} = \boldsymbol{J}\delta\boldsymbol{\theta} \tag{12.139}$$

扭力弹簧变化引起的铰链副力矩可表示为

$$\boldsymbol{K}\delta\boldsymbol{\theta} = \boldsymbol{\tau} \tag{12.140}$$

由此, 合力矩与位移增量之间有下述关系:

$$\delta\boldsymbol{D} = \boldsymbol{J}\boldsymbol{K}^{-1}\boldsymbol{\tau} \tag{12.141}$$

铰链副力矩 $\boldsymbol{\tau}$ 分为两个部分, 包括输入力矩 $\boldsymbol{\tau}_{\text{inp}}$

$$\boldsymbol{\tau} = \boldsymbol{K}\delta\boldsymbol{\theta} + \boldsymbol{I}\tau_{\text{inp}} \tag{12.142}$$

由此

$$\delta\boldsymbol{D} = \boldsymbol{J}\boldsymbol{K}^{-1}\boldsymbol{\tau} - \boldsymbol{J}\boldsymbol{K}^{-1}\boldsymbol{\tau}_{\text{inp}} \tag{12.143}$$

当笛卡儿空间的**虚功**与铰链副空间的虚功等效时, 通过将笛卡儿空间外力映射至等效的铰链副力矩, 可获得铰链副力矩与外力旋量之间的关系。因此, 可建立动力学方程, 表示如下:

$$\boldsymbol{M}\ddot{\boldsymbol{\theta}} + \boldsymbol{B}\dot{\boldsymbol{\theta}}^2 + \boldsymbol{C}\dot{\boldsymbol{\theta}}_i\dot{\boldsymbol{\theta}}_j + \boldsymbol{D}\boldsymbol{G} = \boldsymbol{\tau} + \boldsymbol{J}^{\mathrm{T}}\boldsymbol{W} \tag{12.144}$$

式中, $\boldsymbol{M}$ 为惯量矩阵; $\boldsymbol{B}$ 为**向心力系数矩阵**; $\boldsymbol{C}$ 为 **Coriolis 力系数矩阵**。将上式代入式 (12.143) 所示的铰链副角位移与力矩的关系式中, 得

$$\delta\boldsymbol{D}=\boldsymbol{J}\boldsymbol{K}^{-1}\boldsymbol{M}\ddot{\boldsymbol{\theta}}+\boldsymbol{J}\boldsymbol{K}^{-1}\boldsymbol{B}\dot{\boldsymbol{\theta}}^{2}+\boldsymbol{J}\boldsymbol{K}^{-1}\boldsymbol{C}\dot{\boldsymbol{\theta}}_{i}\dot{\boldsymbol{\theta}}_{j}+\boldsymbol{J}\boldsymbol{K}^{-1}\boldsymbol{D}\boldsymbol{G}-\boldsymbol{J}\boldsymbol{K}^{-1}\boldsymbol{\tau}_{\text{inp}}-\boldsymbol{J}\boldsymbol{K}^{-1}\boldsymbol{J}^{\mathrm{T}}\boldsymbol{W} \tag{12.145}$$

因而, 系统的刚度加权广义有效惯性矩阵可以获得, 为上式第一项 $\boldsymbol{J}\boldsymbol{K}^{-1}\boldsymbol{M}$。刚度加权有效离心系数矩阵为上式第二项, 即 $\boldsymbol{J}\boldsymbol{K}^{-1}\boldsymbol{B}$。刚度加权有效 Coriolis 系数矩阵为上式第三项, 即 $\boldsymbol{J}\boldsymbol{K}^{-1}\boldsymbol{C}$。系统刚度即为上述三项之和, 即 $\boldsymbol{J}\boldsymbol{K}^{-1}(\boldsymbol{M}+\boldsymbol{B}+\boldsymbol{C})$。

2. 广义有效刚度

当机器人有 n_a 个驱动铰链副时, 铰链副力矩为

$$\boldsymbol{\tau}_{n\times1}=\boldsymbol{K}_{n\times n}\delta\boldsymbol{\theta}_{n\times1}+\boldsymbol{U}_{n\times n_a}\boldsymbol{\tau}_{\text{inp}n_a\times1} \tag{12.146}$$

式中, $\boldsymbol{U}$ 为 $n\times n_a$ 矩阵, 结构如下:

$$\boldsymbol{U}=\begin{bmatrix}\boldsymbol{I}_{n_a\times n_a}\\ \boldsymbol{0}_{(n-n_a)\times n_a}\end{bmatrix}$$

因此, 系统的位移函数为

$$\begin{aligned}\delta\boldsymbol{D}&=\boldsymbol{J}\boldsymbol{K}^{-1}\boldsymbol{\tau}-\boldsymbol{J}\boldsymbol{K}^{-1}\boldsymbol{U}\boldsymbol{\tau}_{\text{inp}n_a\times1}\\&=\boldsymbol{J}\boldsymbol{K}^{-1}\boldsymbol{M}\ddot{\boldsymbol{\theta}}+\boldsymbol{J}\boldsymbol{K}^{-1}\boldsymbol{B}\dot{\boldsymbol{\theta}}^{2}+\boldsymbol{J}\boldsymbol{K}^{-1}\boldsymbol{C}\dot{\boldsymbol{\theta}}_{i}\dot{\boldsymbol{\theta}}_{j}+\boldsymbol{J}\boldsymbol{K}^{-1}\boldsymbol{D}\boldsymbol{G}-\\&\quad\boldsymbol{J}\boldsymbol{K}^{-1}\boldsymbol{U}\boldsymbol{\tau}_{\text{inp}n_a\times1}-\boldsymbol{J}\boldsymbol{K}^{-1}\boldsymbol{J}^{\mathrm{T}}\boldsymbol{w}\end{aligned} \tag{12.147}$$

上式表明, 广义有效柔度矩阵由三部分组成。其中, 第一部分 $\boldsymbol{J}\boldsymbol{K}^{-1}\boldsymbol{D}$ 由重力产生, 另外两部分分别为 $\boldsymbol{J}\boldsymbol{K}^{-1}\boldsymbol{U}\boldsymbol{J}^{\mathrm{T}}$ 和 $\boldsymbol{J}\boldsymbol{K}^{-1}\boldsymbol{J}^{\mathrm{T}}$。当重力可忽略时, 柔度由后两部分决定。

3. 动力学耦合

结合式 (12.144) 所示的动力学方程和式 (12.146) 所示的力矩方程, 得

$$\boldsymbol{M}\ddot{\boldsymbol{\theta}}+\boldsymbol{B}\dot{\boldsymbol{\theta}}^{2}+\boldsymbol{C}\dot{\boldsymbol{\theta}}_{i}\dot{\boldsymbol{\theta}}_{j}+\boldsymbol{D}\boldsymbol{G}=\boldsymbol{K}\delta\boldsymbol{\theta}+\boldsymbol{U}\boldsymbol{\tau}+\boldsymbol{J}^{\mathrm{T}}\boldsymbol{W} \tag{12.148}$$

分离驱动铰链副与无驱动铰链副, 得

$$\begin{aligned}&\begin{bmatrix}\boldsymbol{M}_{11}&\boldsymbol{M}_{12}\\\boldsymbol{M}_{21}&\boldsymbol{M}_{22}\end{bmatrix}\begin{pmatrix}\ddot{\boldsymbol{\theta}}_{n_a}\\\ddot{\boldsymbol{\theta}}_{n_p}\end{pmatrix}+\begin{bmatrix}\boldsymbol{B}_{11}&\boldsymbol{B}_{12}\\\boldsymbol{B}_{21}&\boldsymbol{B}_{22}\end{bmatrix}\begin{pmatrix}\dot{\boldsymbol{\theta}}_{n_a}^{2}\\\dot{\boldsymbol{\theta}}_{n_p}^{2}\end{pmatrix}+\\&\begin{bmatrix}\boldsymbol{C}_{11}&\boldsymbol{C}_{12}\\\boldsymbol{C}_{21}&\boldsymbol{C}_{22}\end{bmatrix}\begin{pmatrix}(\dot{\boldsymbol{\theta}}_{i}\dot{\boldsymbol{\theta}}_{j})_{n_a}\\(\dot{\boldsymbol{\theta}}_{i}\dot{\boldsymbol{\theta}}_{j})_{n_p}\end{pmatrix}+\begin{bmatrix}\boldsymbol{D}_{11}&\boldsymbol{D}_{12}\\\boldsymbol{D}_{21}&\boldsymbol{D}_{22}\end{bmatrix}\boldsymbol{G}\\=&\begin{bmatrix}\boldsymbol{K}_{11}&\boldsymbol{K}_{12}\\\boldsymbol{K}_{21}&\boldsymbol{K}_{22}\end{bmatrix}\begin{pmatrix}\delta\boldsymbol{\theta}_{n_a}\\\delta\boldsymbol{\theta}_{n_p}\end{pmatrix}+\begin{bmatrix}\boldsymbol{\tau}\\\boldsymbol{0}\end{bmatrix}+\begin{bmatrix}\boldsymbol{J}_{1}^{\mathrm{T}}\\\boldsymbol{J}_{2}^{\mathrm{T}}\end{bmatrix}\boldsymbol{W}\end{aligned} \tag{12.149}$$

由此, 可得

$$\begin{aligned}&\boldsymbol{M}_{21}\ddot{\boldsymbol{\theta}}_{n_a}+\boldsymbol{M}_{22}\ddot{\boldsymbol{\theta}}_{n_p}+\boldsymbol{B}_{21}\dot{\boldsymbol{\theta}}_{n_a}^2+\boldsymbol{B}_{22}\dot{\boldsymbol{\theta}}_{n_p}^2\\&+\boldsymbol{C}_{21}(\dot{\boldsymbol{\theta}}_i\dot{\boldsymbol{\theta}}_j)_{n_a}+\boldsymbol{C}_{22}(\dot{\boldsymbol{\theta}}_i\dot{\boldsymbol{\theta}}_j)_{n_p}+\boldsymbol{D}_{21}\boldsymbol{G}_{n_a}+\boldsymbol{D}_{22}\boldsymbol{G}_{n_p}\\&=\boldsymbol{K}_{21}\delta\boldsymbol{\theta}_{n_a}+\boldsymbol{K}_{22}\delta\boldsymbol{\theta}_{n_p}+\boldsymbol{J}_2^{\mathrm{T}}\boldsymbol{W}\end{aligned}\tag{12.150}$$

从而, 驱动铰链副与无驱动铰链副的关系为

$$\begin{aligned}&\boldsymbol{M}_{21}\ddot{\boldsymbol{\theta}}_{n_a}+\boldsymbol{B}_{21}\dot{\boldsymbol{\theta}}_{n_a}^2+\boldsymbol{C}_{21}(\dot{\boldsymbol{\theta}}_i\dot{\boldsymbol{\theta}}_j)_{n_a}+\boldsymbol{D}_{21}\boldsymbol{G}_{n_a}-\boldsymbol{K}_{21}\delta\boldsymbol{\theta}_{n_a}\\&=-\boldsymbol{M}_{22}\ddot{\boldsymbol{\theta}}_{n_p}-\boldsymbol{B}_{22}\dot{\boldsymbol{\theta}}_{n_p}^2-\boldsymbol{C}_{22}(\dot{\boldsymbol{\theta}}_i\dot{\boldsymbol{\theta}}_j)_{n_p}-\boldsymbol{D}_{22}\boldsymbol{G}_{n_p}+\boldsymbol{K}_{22}\delta\boldsymbol{\theta}_{n_p}+\boldsymbol{J}_2^{\mathrm{T}}\boldsymbol{W}\end{aligned}\tag{12.151}$$

当机器人低速运动且误差非常小时, 向心力与科氏力如重力一样均可忽略。从而上式可写为

$$\boldsymbol{M}_{21}\ddot{\boldsymbol{\theta}}_{n_a}-\boldsymbol{K}_{21}\delta\boldsymbol{\theta}_{n_a}=-\boldsymbol{M}_{22}\ddot{\boldsymbol{\theta}}_{n_p}+\boldsymbol{K}_{22}\delta\boldsymbol{\theta}_{n_p}+\boldsymbol{J}_2^{\mathrm{T}}\boldsymbol{W}\tag{12.152}$$

由此,**加速度耦合方程**可表示为

$$\boldsymbol{J}_2^{\mathrm{T}}\boldsymbol{W}=\boldsymbol{M}_{21}\ddot{\boldsymbol{\theta}}_{n_a}+\boldsymbol{M}_{22}\ddot{\boldsymbol{\theta}}_{n_p}-(\boldsymbol{K}_{21}\delta\boldsymbol{\theta}_{n_a}+\boldsymbol{K}_{22}\delta\boldsymbol{\theta}_{n_p})\tag{12.153}$$

参考文献

Arai, H., Tanie, K. and Tachi, S. (1993) Dynamic control of a manipulator with passive joints in operational space, *IEEE Trans. Robot Automat.*, **9** (1): 85-93.

Ball, R. S. (1900) *A Treatise on the Theory of Screws*, Cambridge University Press, Cambridge.

Bergerman, M. and Xu, Y. (1994) Robust control of underactuated manipulators: Analysis and implementation, *IEEE International Conference on Systems, Man, and Cybernetics*, October.

Cannella, F. and Dai, J. S. (2006) Crease stiffness and panel compliance of carton folds and their integration in modelling, *J. Mech. Eng. Sci.*, **220** (6): 847-855.

Ciblak, N. and Lipkin, H. (1994) Asymmetric Cartesian stiffness for the modeling of compliant robotic systems, *Proc. ASME 23rd Biennial Mech. Conf., Des. Eng.*, New York, USA.

Ciblak, N. and Lipkin, H. (1998) Synthesis of stiffness by springs, *1998 ASME Design Technical Conference*, Sept. 13-16, Atlanta, GA, USA.

Cundy, H. M. and Rollett, A. P. (1951) *Mathematical Models*, Tarquin Publications, 1981.

Cutkosky, M. R. (1985) *Robotic Grasping and Fine Manipulation*, Kluwer Acade. Publishers, Boston.

Dai, J. S. (1993) *Screw Image Space and Its Application to Robotic Grasping*, PhD Dissertation (uk.bl.ethos.386419), University of Salford, Manchester.

Dai, J. S. (2012) Chapter 17: Robotics and automation for packaging in the confectionery industry, in *Robotics and Automation in the Food Industry: Current and Future Technologies*, Caldwell, D.G. (Ed), Woodhead Publishing Ltd, 401-419.

Dai, J. S. (2012) Chapter 3: Task analysis and motion generation for service robots: With reference to region segregation and path generation for robotic ironing, in *Service Robots and Robotics: Design and Application*, Ceccarelli, M. (Ed), IGI Global, 30-50.

Dai, J. S. (2012) Finite displacement screw operators with embedded Chasles' motion, *ASME J. Mech. Rob.*, **4** (4): 041002.

Dai, J. S. (2019) *Screw Algebra and Kinematic Approaches for Mechanisms and Robotics*, Springer, London.

Dai, J. S. and Caldwell, D. G. (2010) Origami-based robotic paper-and-board packaging for food industry, Invited to submit to special issue of advances in food processing and packaging automation, *Trends in Food Science and Technology*, **21** (3): 153-157.

Dai, J. S. and Cannella, F. (2008) Stiffness characteristics of carton folds for packaging, *ASME J. Mech. Des.*, **130** (2): 022305-022311.

Dai, J. S. and Ding, X. L. (2006) Compliance analysis of a three-legged rigidly-connected platform device, *ASME J. Mech. Des.*, **128** (4): 755-764.

Dai, J. S. and Kerr, D. R. (1992) Analysis and synthesis of grasping in an image space, *Proc, 22nd ASME Mechanisms Conference*, Scottsdale, Arizona, USA.

Dai, J. S. and Kerr, D. R. (1995) Synthesis of grasps in image space using affine augmentation, *Proceedings of the Ninth World Congress on the Theory of Machines and Mechanisms*, Vol. 3, pp. 2219-2223, August, 1995, Milano, Italy.

Dai, J. S. and Kerr, D. R. (1996) Analysis of force distribution in grasps using augmentation, *J. Mech. Eng. Sci.*, **210** (C1): 15-22.

Dai, J. S. and Kerr, D. R. (2000) A six-component contact force measurement device based on Stewart platform, *J. Mech. Eng. Sci.*, **214** (5): 687-697.

Dai, J. S. and Rees Jones, J. (1998) Mobility in metamorphic mechanisms of foldable/erectable kinds, *25th ASME Biennial Mechanisms and Robotics Conference*, September, Atlanta, USA.

Dai, J. S. and Rees Jones, J. (1999) Mobility in metamorphic mechanisms of foldable/erectable kinds, *ASME J. Mech. Des.*, **121** (3): 375-382.

Dai, J. S. and Zhao, T. (2002) Stiffness characteristics and kinematics analysis of two-link elastic underactuated manipulators, *J. Robot. Syst.*, **19** (4): 169-176.

Dai, J. S., Medland, A. and Mullineux, G. (2009) Carton erection using reconfigurable folder mechanisms, *Packaging Technology and Science*, **22** (7): 385-395.

Dai, J. S., Sodhi, C. and Kerr, D. R. (1994) Design and analysis of a new six-component force transducer based on the Stewart platform for robotic grasping, *Proceedings of the Second Biennial European Joint Conference on Engineering Systems Design and Analysis*, ASME PD, London, **64** (8-3): 809-817.

Dai, J. S., Zhao, T. and Nester, C. (2004) Sprained ankle physiotherapy based mechanism synthesis and stiffness analysis of rehabilitation robotic devices, Special Issue on Rehabilitation Robotics, *Autonomous Robots*, **16** (2): 207-218.

Dimentberg, F. M. (1965) *The Screw Calculus and Its Application to Mechanics* (in Russian), Izdat. Nauka, Moscow.

Ding, X. and Dai, J. S. (2008) Characteristic equation-based dynamics analysis of vibratory bowl feeders with three spatial compliant legs, *IEEE T. Autom. Sci. Eng.*, **5** (1): 164-175.

Ding, X., Yang, Y. and Dai, J. S. (2013) Design and kinematic analysis of a novel prism deployable mechanism, *Mech. Mach. Theory*, **63**:35-49.

Dubey, V. N. and Dai, J. S. (2007) Chapter 29: Complex carton packaging with dexterous robot hands, in *Industrial Robotics: Programming, Simulation and Applications*, Huat, L. K. (Ed), Mammendorf, Germany: Pro Literatur verlag Robert Mayer-Scholz/Advanced Robotics Systems International, 583-594.

Gan, D. M., Tsagarakis, N. G., Dai, J. S., Caldwell, D. G, Seneviratne, L. D. (2013) Stiffness design for a spatial 3-DOF compliant manipulator based on impact configuration decomposition, *ASME J. Mech. Rob.*, **5** (1): 011002.

Ghafoor, A., Dai, J. S. and Duffy, J. (2000) Fine motion control based on constraint criteria under pre-loading configurations, *J. Robotic Syst.*, **17** (4): 171-185.

Ghafoor, A., Dai, J. S. and Duffy, J. (2004) Stiffness modeling of the soft-finger contact in robotic grasping, *ASME J. Mech. Des.*, **126** (4): 646-656.

Ghafoor, A. and Kerr, D. R. (1992) In-grasp robotic fine motion with frictionless elastic point contacts, *J. Mech. Eng. Sci.*, **206** (1): 41-47.

Griffis, M. and Duffy, J. (1993) Global stiffness modelling of a class of simple compliant coupling, *Mech. Mach. Theory*, **28** (2): 207-224.

Hogan, N. (1985) Impedance control: An approach to manipulation, part I: Theory, *ASME J. Dyn. Syst.*, **107** (1): 1-7.

Howard, S., Zefran, M. and Kumar, V. (1998) On the 6 × 6 stiffness matrix for three dimensional motion, *Mech. Mach. Theory*, **33** (4): 389-408.

Howell, L. L. (2001) *Compliant Mechanisms: Design of Flexure Hinges*, CRC Press, Boca Raton, FL.

Huang, S. and Schimmels, J. M. (1998) The bounds and realization of spatial stiffnesses achieved with simple springs connected in parallel, *IEEE T. Robotic. Autom.*, **14** (3): 466-475.

Huang, S. and Schimmels, J. M. (2000) The bounds and realization of spatial compliances achieved with simple serial elastic mechanisms, *IEEE T. Robotic. Autom.*, **16** (1): 99-103.

Huang, S. and Schimmels, J. M. (2002) The duality in spatial stiffness and compliance as realized in parallel and serial elastic mechanisms, *ASME J. Dyn. Syst.*, **124** (1): 76-84.

Huang, Z. (1985) Modelling formulation of 6-dof multi-loop parallel manipulators, part 1 — Kinematic influence matrix, *Proc. 4th IFToMM conference on mechanisms and CAD*, Romania.

Jacobsen, J. O., Winder, B. G., Howell, L. L. and Magleby, S. P. (2010) Lamina emergent mechanisms and their basic elements, *ASME J. Mech. Robot.*, **2** (1): 011003.

Kang, R., Guo, Y., Chen, L., Branson, D. and Dai, J. S. (2017) Design of a pneumatic muscle based continuum robot with embedded tendons. *IEEE/ASME Transactions on Mechatronics*, **22** (2): 751-761.

Kao, I. and Cutkosky, M. R. (1992) Dextrous manipulation with compliance and sliding, *Int. J. Robot. Res.*, **11** (1): 20-40.

Kao, I. and Ngo, C. (1999) Properties of the grasp stiffness matrix and conservative control strategies, *Int. J. Robot. Res.*, **18** (2): 159-167.

Kerr, D. R. (1989) Analysis, properties, and design of a Stewart-platform transducer, *ASME J. Mech. Transm.*, **111** (1): 25-28.

Kerr, D. R. and Sanger, D. J. (1983) The analysis of kinematic restraint, *Proc. of Sixth World Congress on The theory of Machines and Mechanisms, IFToMM*, December, New Delhi, India.

Kerr, D. R. and Sanger, D. J. (1986) Restraint analysis of a rigid body using frictional elastic contacts, *ASME J. Mech. Transm.*, **109** (4): 450-454.

Kerr, D. R., Griffis, M., Sanger, D. J., and Duffy, J. (1992) Redundant grasps, redundant manipulators, and their dual relationships, *J. Robot. Syst.*, **9** (7): 973-1000.

Khan, U., Jan, I., Iqbal, N. and Dai, J. S. (2011) Uncalibrated eye-in-hand visual servoing: An LMI approach, *Industrial Robot: An International Journal*, **38** (2): 130-138.

Kuo, C. H., Dai, J. S. and Pasgupta, P. (2012) Kinematic design considerations for minimally invasive surgical robots: An overview, *International Journal of Medical Robotics and Computer Assisted Surgery*, **8** (2): 127-145.

Lakshminarayana, K. (1978) Mechanics of form closure. *ASME Paper 78-DET-32*. New York.

Laliberte, T. and Gosselin, C. M. (1998) Simulation and design of underactuated mechanical hands, *Mech. Mach. Theory*, **33** (1/2): 39-57.

Lenarčič, J. (2000) On the execution of the secondary task of redundant manipulators, *Robotics and Autonomous Systems*, **30**: 231-236.

Li, M., Branson, D., Dai, J. S., Kang, R. (2018) Model-free control for continuum robots based on an adaptive Kalman filter, *IEEE/ASME Transactions on Mechatronics*, **23** (1): 286-297.

Liu, H. and Dai, J. S. (2003) An approach to carton-folding trajectory planning using dual robotic fingers, *Robotics and Autonomous Systems*, **42** (1): 47-63.

Liu, Y., Xu, Y. and Bergerman, M. (1999) Cooperation control of multiple manipulators with passive joints, *IEEE T. Robot Automat.*, **15** (2): 258-267.

Loncaric, J. (1985) *Geometrical Analysis of Compliant Mechanisms in Robotics*, PhD Dissertation, Harvard University.

McCarthy, J. M. (2000) *Geometric Design of Linkages*, Springer-Verlag, New York.

Mentrasti, L., Cannella, F., Pupilli, M. and Dai, J. S. (2013) Large bending behaviour of creased paperboard II: Structural analysis, *International Journal of Solids and Structures*, **50** (20): 3097-3105.

Mentrasti, L., Cannella, F., Pupilli, M. and Dai, J. S. (2013) Large bending behaviour of creased paperboard I: Experimental investigations, *International Journal of Solids and Structures*, **50** (20): 3089-3096.

Mills, J. K. (1992) Stability and control of elastic-joint robotic manipulators during constrained-motion tasks, *IEEE T. Robot Automat.*, **8** (1): 119-125.

Niazi, A, Dai, J. S., Balabani, S. and Seneviratne, L. (2006) Product cost estimation: Technique classification and methodology review, *ASME J. Manuf. Sci. Eng.*, **128** (2): 563-575.

Park, F. C. and Kim, J. W. (1998) Manipulability of closed kinematic chain, *ASME J. Mech. Des.*, **120** (4): 542-548.

Patterson, T. and Lipkin, H. (1993) A classification of robot compliance, *ASME J. Mech. Des.*, **115** (3): 581-584.

Patterson, T. and Lipkin, H. (1993) Structure of robot compliance, *ASME J. Mech. Des.*, **115** (3): 576-580.

Pigosky, T., Griffis, M. and Duffy, J. (1992) Stiffness mapping employing different frames of reference, *1992 ASME Design Technical Conference*, Scottsdale, USA.

Qi, P., Qiu, C., Liu, H., Dai, J. S., Seneviratne, L. D. and Althoefer, K. (2016) A novel continuum manipulator design using serially connected double-layer planar springs, *IEEE/ASME Transactions on Mechatronics*, **21** (3): 1281-1292.

Qiu, C., Qi, P., Liu, H., Althoefer, K. and Dai, J. S. (2016) Six-dimensional compliance analysis and validation of ortho-planar springs, *Journal of Mechanical Design*, **138** (4): 042301.

Qiu, C., Vahid, A. and Dai, J.S. (2013) Kinematic analysis and stiffness validation of origami cartons. *ASME J. Mech. Des.*, **135** (11): 111004.

Qiu, C., Zhang, K. and Dai, J. S. (2016) Repelling-screw based force analysis of origami mechanisms, *Journal of Mechanisms and Robotics*, **8** (3): 031001.

Reuleaux, F. (1875) *Theoetische Kinematik, Gundzüge einer Theorie des Maschinenwesens*, F. Vieweg und Sohn.

Rodriguez-Leal, E. and Dai, J. S. (2007) From origami to a new class of centralized 3-DOF parallel mechanisms, DETC2007-35516, *31st ASME Mechanisms and Robotics Conference, Proceedings of the ASME 2007 International Design Engineering Technical Conferences & Computers and Information in Engineering Conference*, September 4-7, Las Vegas, Nevada, USA.

Selig, J. and Dai, J. S. (2005) Dynamics of vibratory bowl feeders, *Proc. of the 2005 IEEE International Conference on Robotics and Automation*, April, Barcelona, Spain.

Selig, J. M. and Ding, X. (2002) Diagonal spatial stiffness matrices, *Int. J. Robot. Autom.*, **17** (2): 100-106.

Selig, J. M. and Ding, X. (2002) Structure of the spatial stiffness matrix, *Int. J. Robot. Autom.*, **17** (1): 1-16.

Silversides, R., Dai, J. S., and Seneviratne, L. (2005) Force analysis of a vibratory bowl feeder for automatic assembly, *ASME T. J. Mech. Des.*, **207** (4): 637-645.

Strang, G. (1980) *Linear Algebra and its Applications*, 2nd ed, Academic Press, New York.

von Mises, R. (1924) Motorrechnung: ein neues hilfsmittel in der mechanik, *zeitschrift für angewandte mathematik und mechanik*, **4** (2): 155-181. Trans: Baker, E. J., and Wolhart,

K., *Motor Calculus: A New Theoretical Device for Mechanics*, (Graz, Austria: Institute for Mechanics, University of Technology, 1996).

Vyas, L., Aquino, D., Kuo, C. H., Dai, J. S. and Dasgupta, P. (2011) Flexible robotics, *BJU International*, **107** (2): 187-189.

Wei, G. and Dai, J. S. (2014) Origami-inspired integrated planar-spherical overconstrained mechanisms. *ASME J. Mech. Des.*, **136** (5): 051003.

Whitney, D. E. (1982) Quasistatic assembly of compliantly supported rigid parts, *ASME J. Dyn. Syst. Meas., Contr.*, **104** (1): 65-77.

Wohlhart, K. (1996) *Kinematotropic Linkages, Recent Advances in Robot Kinematics*, Kluwer, Dordrecht, 359-368.

Xiong, Y. L., Sanger, D. J. and Kerr, D. R. (1993) Geometric modeling of bounded and frictional grasps, *Robotica*, **11**: 185-192.

Yao, W., Dai, J. S., Medland, T. and Mullineux, G. (2010) A reconfigurable robotic folding system for confectionery industry, *Industrial Robot: An International Journal*, **37** (6): 542-551.

Yao, W. and Dai, J. S. (2008) Dexterous manipulation of origami cartons with robotic fingers based on the interactive configuration space, *ASME, J. Mech. Des.*, **130** (2): 022303-022310.

Zhang, K. and Dai, J. S. (2014) A kirigami-inspired 8R linkage and its evolved overconstrained 6R linkages with the rotational symmetry of order two, *ASME J. Mech. Rob.*, **6** (4).

Zhang, K., Qiu, C. and Dai, J. S. (2016) An extensible continuum robot with integrated origami parallel modules, *Journal of Mechanisms and Robotics*, **8** (3): 031010.

Zhang, Q. X. and Chen, N. X. (1985) On the minimum number of counterweights for multi-loop spatial linkages, *ASME J. Mech. Des.*, **107** (4): 526-528.

Zhao, T. S., and Dai, J. S. (2003) Dynamics and coupling actuation of elastic underactuated manipulators, *J. Robot. Syst.*, **20** (3): 135-146.

闻邦椿 (2007) 工程非线性振动, 科学出版社, 北京.

第十三章 并联机构旋量系变异与活动度变化

并联机构为旋量理论的两大基石约束和运动提供了最佳的演示平台。并联机构运动平台的约束和运动与具有确定运动刚体的约束与运动具有一致性, 运动刚体的约束与运动也是旋量理论提出者 Ball 研究的起始点。并联机构运动平台的所有约束均由串联运动链施加, 该运动链被 Ball 定义为旋量运动链。这些运动链作为并联机构的支链对平台施加约束, 以便通过与平台的连接点传递运动, 使平台产生一定的运动。并联机构的研究可以追溯到 Bricard (1897) 对球体运动轨迹的研究、Gough (1956) 对机构姿态和位置的探索以及 Dimentberg (1965) 对具有三个和六个弹性悬架平台的研究。其后, Gough 的轮胎测试机 (Gough 和 Whitehall, 1961) 和 Stewart 的运动模拟器 (Stewart, 1965) 开启了并联机构最早期的工业应用, 为并联机构研究的里程碑。

从运动和约束的角度来考虑, 并联机构具有复杂的结构特性。因此, 并联机构最自然地适于几何学研究, 本质上适宜用旋量代数来描述。并联机构的运动学和设计引起了机构学家的极大兴趣, 尤其是 Hunt (1983), Mohamed 和 Duffy (1985), Fichter (1986), Merlet (1987), Gosselin 和 Angeles (1987), Waldron、Raghavan 和 Roth (1989) 以及 Kerr (1989)。20 世纪 90 年代, 并联机构的扩展性研究涉及刚度 (Gosselin, 1990; Dai、Sodhi 和 Kerr, 1994; Dai 和 Kerr, 2000)、工作空间 (Kumar, 1992) 以及动力学研究 (黄真、孔令富和方跃法, 1997)。

Mohammed、Sanger 和 Duffy (1983) 使用速度旋量闭环方程首次提出了并联机构互易旋量法, 用于求解约束力旋量。基于此,Mohamed 和 Duffy (1985) 建立 Jacobian 矩阵对互易旋量方法进行了阐述。Joshi 和 Tsai (2002) 进一步应用该方法求解 3UPU 型并联机构的约束旋量, Bonev、Zlatanov 和 Gosselin (2003) 应用该方法识别机构的奇异构型。Notash (1998) 将互易旋量与支链中驱动主铰链副相关联以研究不确定构型下的铰链副驱动, Ebert-Uphoff、Lee 和 Lipkin (2002) 应用互易旋量定义了一个特征四面体来识别机构的奇异性。

由于以直线为轴线的线矢量是旋距为零的旋量, 直线几何为研究并联机构的结构提供了完美的研究工具与方法。Merlet (1989) 基于 Grassmann 几何学对并联机构的几何结构和奇异性进行了详尽的研究。Lee、Duffy 和 Keler (1999) 使用直线几何建立了平面并联机构的 Jacobian 矩阵。Dai 和 Kerr (2000) 采用直线几何直接建立了具有中心支撑的 Stewart 平台机构模型, 并提出了基于此平台的传感器设计方法以及完整的可解偶刚度矩阵。Huang 和 Li (2002, 2003) 应用直线几何提出了少活动度并联机构的约束综合方法。Kong 和 Gosselin (2004) 使用直线几何综合了球形并联机构以及少活动度并联机构。Gogu (2004) 使用直线几何通过线性变换研究了各向同性的平动型并联机构。

Hervé (1978) 首次将李群方法用于并联机构的综合, 并拓展到采用 $SE(3)$ 来描述运动副旋量。基于此研究, Liu、Lou 和 Li (2003) 建立了支链 Jacobian 矩阵, Li、Huang 和 Hervé (2004) 提出了五活动度并联机构的型综合方法, 并扩展到对并联机构 Schoenflies 运动的研究。基于此研究, Lee 和 Hervé (2009) 开发了 Schoënflies 运动生成器, Li 和 Hervé (2009) 研究了 Schoenflies 运动的分岔。

采用旋量方法, Dai、Sohdi 和 Kerr (1994) 建立了具有中心支撑的并联机构的刚度矩阵以及优化设计方法。Li 和 Huang (2004) 将互易旋量的使用推广到一种并联机构的活动度研究中, 并使用互易旋量检验了具有一般结构的 3-5R 型并联机构的活动度。Dai、Huang 和 Lipkin (2004, 2006) 建立了并联机构旋量系理论, 提出了并联机构的四个基本旋量系, 揭示了并联机构活动度分析中的三类约束及其旋量系与旋量多重集, 包含公共约束、冗余约束和互补约束。这一研究奠定了并联机构旋量系理论的基础, 演变出活动度扩展准则。

一个并联机构具有多种类型的旋量系及集合运算。这体现在支链旋量系、平台旋量系和机构旋量系及其运动与约束特性上, 反映为运动旋量系、约束旋量系以及各旋量系间的运算。这些旋量系间的关联关系与机构的运动和活动度密切有关, Dai、Huang 和 Lipkin (2004, 2006) 的探索揭示了并联机构中各类旋量系及其对运动和约束的影响。

本章全面地分析了并联机构中全部运动与约束旋量系, 开发了较简单的拓扑结构模型以预测过约束并联机构的活动度。该方法得益于运动旋量系和约束旋量系的对偶理论, 是较为简洁和直观的旋量分析与活动度计算方法。由此, 本章基于第九章旋量系对偶定理, 提出并联机构四个基本旋量系概念并研究其内在关联。基于此, 平台约束旋量系可以分解为约束整个机构的机构约束旋量系, 即公共约束旋量系和约束平台互补约束旋量系。后者可扩展为互补约束多重集，包括与互补约束旋量系相关的冗余约束。其中冗余约束的基数已在 10.8 节并联机构的活动度扩展准则中加以说明。由此本章应与第九章和第十章进行关联阅读。

本章分析旋量系特征与内在关联及其对应的物理特性，由此重新强调第十章基于运动和约束旋量系分解的活动度扩展准则。活动度扩展准则补偿了因公共约束与冗余约束引出的活动度计算不一致性，准确地预测机构活动度和平台自由度。

13.1 并联机构四个基本旋量系

13.1.1 并联机构支链旋量系

旋量系决定着机构的运动。尤其并联机构的四个基本旋量系决定了机构的约束、连接度与活动度。在某种程度上类似于 9.2 节，本节将探索这四个基本旋量系，揭示基本旋量系与支链旋量系之间的关系。从结构上来讲，并联机构由运动平台 (输出构件)、基座 (机架) 和一些子运动链组成，这些子运动链即为连接运动平台与基座的支链。支链由一些构件和旋量描述的运动副有序串联连接而成。为简单起见，一般假定每条支链的运动副对应的旋量是线性无关的，这就排除了支链中的冗余约束和奇异构型。

定义 13.1　支链运动旋量系是由子运动链中所有运动副对应的运动旋量构成的旋量系，记为 $\mathbb{S}_{li}$，该运动旋量系生成支链的运动平台连接点相对于基座的运动。

定义 13.2　支链约束旋量系是由与子运动链中所有运动旋量都互易的旋量构成的旋量系，记为 $\mathbb{S}_{li}^r$，该约束旋量系生成该支链对于运动平台的约束，与支链运动旋量系互易。

13.1.2 平台旋量系和机构旋量系

如 9.2 节所述，支链旋量系的并和交运算产生四个基本旋量系。其中的两个平台旋量系基于支链旋量系给出了运动平台相对于基座的运动和约束。运动平台相对于基座的运动必须被所有支链所允许。据此，可定义运动平台运动旋量系与平台约束旋量系。

定义 13.3　平台运动旋量系是所有 k 个支链运动旋量系的交集，为

$$\mathbb{S}_f = \mathbb{S}_{l1} \cap \mathbb{S}_{l2} \cap \cdots \cap \mathbb{S}_{lk}, \quad f \equiv \dim \mathbb{S}_f \tag{13.1}$$

该基本旋量系的阶数即为该并联机构运动平台的自由度 f。

一般来说，大部分并联机构为非冗余机构，由此机构活动度 m 等同于运动平台的自由度 f。对于冗余并联机构，可参照定义 10.9 与下述定义。

定义 13.4　冗余并联机构的机构活动度大于运动平台的自由度，此时，也称运动冗余机构。

对偶于平台运动旋量系，任一支链约束旋量系都可以对平台施加约束。由此产生如下定义。

定义 13.5　平台约束旋量系是所有 k 个支链约束旋量系的并集，为

$$\mathbb{S}^r = \mathbb{S}^r_{l1} \cup \mathbb{S}^r_{l2} \cup \cdots \cup \mathbb{S}^r_{lk}, \quad \mu \equiv \dim \mathbb{S}_m \tag{13.2}$$

该旋量系的阶数表示了平台所受独立约束的个数。

平台约束旋量系与平台运动旋量系互易。采用类似的方式可以描述机构的运动和约束。机构旋量系与平台旋量系对偶。机构运动旋量系与机构约束旋量系可见定义 9.10 与定义 9.11。机构运动旋量系 $\mathbb{S}_m$ 涵盖了机构所有支链间所允许的相对运动，并给出了机构运动子空间。对偶于平台运动旋量系，机构约束旋量系 $\mathbb{S}^c$ 是机构中所有支链共享的公共约束子空间，其阶数为公共约束的数目。机构约束旋量系与机构运动旋量系互易。

以上四个基本旋量系形成了 9.3 节所述的两对对偶旋量系，其分析依据为根据 De Morgan 定律导出的旋量系转换定理，如式 (6.49) 和式 (6.50)，以及旋量系阶数定律，如式 (6.51)。在 9.3 节的理论中，将“输出杆件”用“运动平台”取代，全套理论即可适用于并联机构旋量系。

13.2　约束旋量多重集和活动度扩展准则

13.2.1　冗余约束旋量多重集

由上述四个基本旋量系及第十章的约束旋量系分解定理 (见定理 10.2)，可以定义并联机构的平台约束旋量多重集与冗余约束旋量多重集。这两个概念是并联机构活动度扩展准则的基础，如下所述。

定义 13.6　平台约束旋量多重集由两个约束多重集组成。第一个约束多重集为公共约束旋量多重集 $\langle\mathbb{S}^c\rangle$，第二个约束多重集为互补约束旋量多重集 $\langle\mathbb{S}^r_c\rangle$，表示为

$$\langle\mathbb{S}^r\rangle = \langle\mathbb{S}^c\rangle \uplus \langle\mathbb{S}^r_c\rangle \tag{13.3}$$

该式可参照 10.5 节。如式 (10.31)，公共约束旋量系给出公共约束因子。

定义 13.7 冗余约束旋量多重集为与互补旋量系相关的全部约束旋量的集合，记为 $\langle\mathbb{S}_v^r\rangle$。由此互补约束旋量多重集可分解为

$$\langle\mathbb{S}_c^r\rangle = \mathbb{S}_c^r \uplus \langle\mathbb{S}_v^r\rangle$$

等式右边第一项为互补约束旋量系，它约束运动平台从机构运动旋量系空间到平台运动旋量系空间；第二项为冗余约束旋量多重集，见 10.5.2 节。这一多重集被传统的活动度准则忽略，从而导致活动度计算的错误。

由此，式 (13.2) 中的平台约束旋量系 $\mathbb{S}^r$ 可以分解为

$$\mathbb{S}^r = \mathbb{S}^c \uplus \mathbb{S}_c^r \uplus \langle\mathbb{S}_v^r\rangle \tag{13.4}$$

式中，$\mathbb{S}_c^r$ 为定义 10.15 中的互补约束旋量系；$\langle\mathbb{S}_v^r\rangle$ 为冗余约束旋量多重集，见定义 10.17。

如式 (10.31)，冗余约束旋量多重集 $\langle\mathbb{S}_v^r\rangle$ 的基数给出了冗余约束因子 ν。基于公共约束因子与冗余约束因子，10.8.1 节给出了可以求解过约束和非过约束并联机构的活动度扩展准则

$$m = b(n-g-1) + \sum_{i=1}^{g} f_i + \nu \tag{13.5}$$

式中，n 为构件数；g 为运动副数；f_i 为第 i 个运动副的自由度；b 为活动度系数，即机构运动旋量系的阶数，由式 (9.17) 可得 $b = 6 - \lambda$。活动度扩展准则可见式 (10.34a)与式 (10.35a)，以及基于互补约束旋量系阶数与互补约束旋量多重集基数的活动度扩展准则式 (10.34b) 与式 (10.35b)。

活动度扩展准则采用旋量系阶数与多重集基数表示源于第二篇的旋量系理论。该活动度扩展准则可用于并联机构运动平台的自由度分析，见推论 10.7。如果公共约束旋量系与互补约束旋量系相关，根据 10.7 节，冗余约束旋量多重集基数增加，此时公式中虚约束冗余因子 ν 增加，增加数为公共约束旋量系与互补约束旋量系相关的维数。

13.2.2 公共约束旋量多重集

公共约束旋量系 $\mathbb{S}^c$ 为 10.3 节所阐述的由所有支链约束旋量系交集构成的机构约束旋量系，即各个支链相同的约束，其阶数 λ 决定了机构运动旋量系的阶数 b，见式 (9.17)。

由于公共约束旋量系包含于每个支链约束旋量系中，因此在公共约束旋量多重集中，该约束旋量系有 $k-1$ 次重复，见式 (10.16)。式 (10.16) 给出了冗余公共约束旋量多重集 $\langle\mathbb{S}_v^r\rangle$，其基数可以由定义 10.13 得知，为 $(k-1)\lambda$。因此，总冗余因子 c 可

以由式 (10.30) 和式 (10.32) 来计算, 该因子涵盖了 $k-1$ 次重复的公共约束因子 λ 和冗余约束因子 ν。由此, 可以得出 10.8.2 节中基于机构支链环的机构活动度扩展准则

$$m=\sum_{i=1}^{g} f_i-bl+\nu \tag{13.6}$$

13.3 平台约束旋量系中的公共约束和冗余约束

13.3.1 支链的运动旋量系

9.3 节的定理 9.1 ~ 定理 9.4 描述了平台旋量系和机构旋量系的内在关联, 并且由 9.4 节中的 Sarrus 连杆机构及 9.5.1 节中的扩展 Sarrus 连杆机构给出示例。本节将给出另一个例子, 即如图 13.1 所示的 3-PUP 型并联机构 (Rodriguez、Dai 和 Pennock, 2008; Gan 和 Dai, 2013)。该机构由三条相同的 PUP 支链组成, 其中虎克铰含有垂直相交于运动副中心的两个转动副。

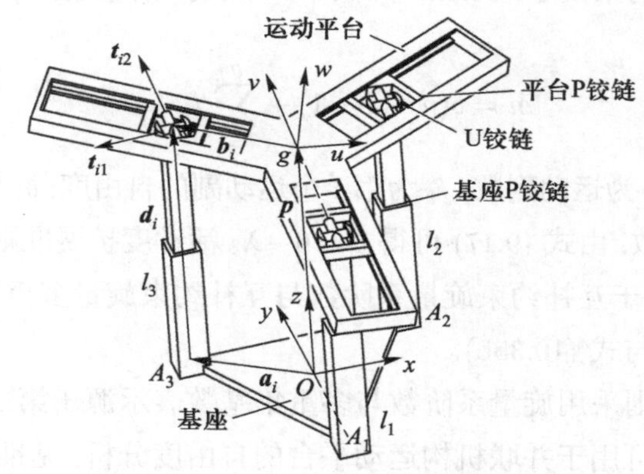

图 13.1 3-PUP 型并联机构

当三个虎克铰的轴线彼此对应平行时, 移动副对称布置于平台和基座上。如图 13.1 所示, 三条支链分别用 $l_i(i=1,2,3)$ 表示。在支链 l_1 中, U 副的一个轴线与基座上的 P 副相连并垂直, 另一轴线与平台上的 P 副相连并共线。其余 U 副的轴线分别与支链 l_1 中的 U 副轴线平行。当三条支链等长时, 平台与基座平行, 此构型被定义为初始位姿构型。由于平台可以保持平行于基座并沿 z 轴上下移动, 其初始位姿不固定, 为 z 轴上任一位姿。以下分析可知, 机构的约束奇异性可以出现在任一初始位姿构型中。基于该机构几何约束, 从全局坐标系的中心 O 到支链及运动平台中心 g 的闭环方程在全局坐标系中可以表示为

$$\boldsymbol{a}_i+\boldsymbol{d}_i=\boldsymbol{p}+\boldsymbol{R}\boldsymbol{b}_i,\quad i=1,2,3 \tag{13.7}$$

在该闭环方程中, 虎克铰中心向量 $\boldsymbol{b}_i$ 表示于平台坐标系中, 其余向量均表示于全局坐标系中。该机构的运动特性可以通过平台中心向量 $\boldsymbol{p}$ 和姿态矩阵 $\boldsymbol{R}$ 从闭环方程中得到。

图 13.2 描述了该机构三条支链的运动旋量的分布。第 i 条支链运动旋量系在全局坐标系 $\{xyz\}$ 中可以表示为

$$\mathbb{S}_i=\left\{\begin{array}{l}\boldsymbol{S}_{i1}=(\boldsymbol{0},\boldsymbol{Z})^{\mathrm{T}}\\ \boldsymbol{S}_{i2}=(\boldsymbol{t}_{i1},(\boldsymbol{a}_i+\boldsymbol{d}_i)\times\boldsymbol{t}_{i1})^{\mathrm{T}}\\ \boldsymbol{S}_{i3}=(\boldsymbol{R}\boldsymbol{t}_{i2},(\boldsymbol{a}_i+\boldsymbol{d}_i)\times(\boldsymbol{R}\boldsymbol{t}_{i2}))^{\mathrm{T}}\\ \boldsymbol{S}_{i4}=(\boldsymbol{0},\boldsymbol{R}\boldsymbol{b}_i)^{\mathrm{T}}\end{array}\right\},\quad i=1,2,3 \tag{13.8}$$

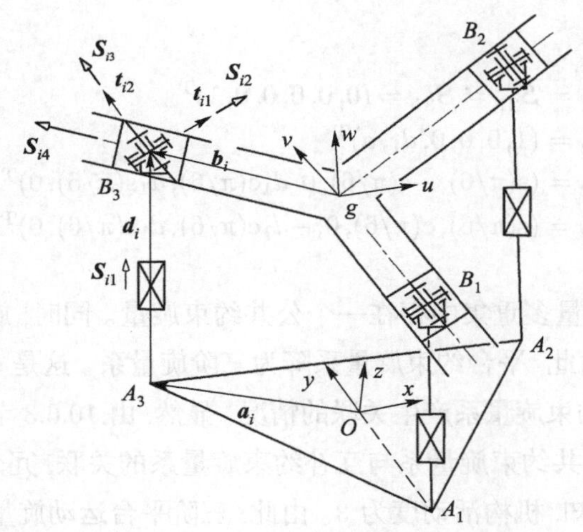

图 13.2　3-PUP 型并联机构的第 i 条支链的运动旋量

13.3.2　平台约束旋量多重集和公共约束

3-PUP 型并联机构的三条支链对平台约束的旋量系与其互易支链运动旋量系互易, 可从式 (13.8) 中获得。代入并联机构 3-PUP 的几何参数, 支链的互易旋量系的并集可以形成平台的约束旋量系, 一般情况下, 该平台的约束旋量系的有限位移旋量如 10.6.4 节所述, 可以表示为

$$\mathbb{S}^r=\left\{\begin{array}{l}\boldsymbol{S}^r_{11}=\boldsymbol{S}^r_{21}=\boldsymbol{S}^r_{31}=(0,0,0,0,-v_z,v_y)^{\mathrm{T}}\\ \boldsymbol{S}^r_{12}=(v_y,-v_x,0,v_xd_1,d_1v_y,av_y)^{\mathrm{T}}\\ \boldsymbol{S}^r_{22}=(v_y^2\mathrm{s}(\pi/6),-u_xv_y\mathrm{c}(\pi/6),0,d_2u_xv_y\mathrm{c}(\pi/6),-F_1,0)^{\mathrm{T}}\\ \boldsymbol{S}^r_{32}=(v_y^2\mathrm{s}(\pi/6),u_xv_y\mathrm{c}(\pi/6),0,-d_3u_xv_y\mathrm{c}(\pi/6),-F_2,0)^{\mathrm{T}}\end{array}\right\} \tag{13.9}$$

式中, s 与 c 分别为 sin 和 cos 的简写形式 (本章后续内容也采用此简写形式), 并且有

$$
\begin{aligned}
F_1 &= au_x v_z \mathrm{c}^2(\pi/6) - d_2 v_y^2 \mathrm{s}(\pi/6) + av_y v_z \mathrm{s}^2(\pi/6) \\
F_2 &= au_x v_z \mathrm{c}^2(\pi/6) - d_3 v_y^2 \mathrm{s}(\pi/6) + av_y v_z \mathrm{s}^2(\pi/6)
\end{aligned} \tag{13.10}
$$

在该约束旋量多重集中, $\boldsymbol{S}_{11}^r = \boldsymbol{S}_{21}^r = \boldsymbol{S}_{31}^r$ 形成了 10.3 节中的公共约束旋量多重集, 其余三个旋量线性无关。该系统不包含冗余约束旋量, 即 $\nu = 0$, 但公共约束因子 $\lambda = 1$, 因而机构的运动旋量系为五阶旋量系。根据 10.8.1 节和 13.2 节内容, 该机构活动度可以直接由式 (10.34) 或式 (13.5) 得出, 结果为 3。

该机构具有**分岔性**。当机构向任意一轴倾斜, 式 (13.9) 的机构约束旋量系就改变为

$$
\mathbb{S}^r = \left\{ \begin{array}{l}
\boldsymbol{S}_{11}^r = \boldsymbol{S}_{21}^r = \boldsymbol{S}_{31}^r = (0,0,0,0,0,1)^{\mathrm{T}} \\
\boldsymbol{S}_{12}^r = (1,0,0,0,d_1,a)^{\mathrm{T}} \\
\boldsymbol{S}_{22}^r = (\mathrm{s}(\pi/6), -\mathrm{c}(\pi/6), 0, d_1\mathrm{c}(\pi/6), d_1\mathrm{s}(\pi/6), 0)^{\mathrm{T}} \\
\boldsymbol{S}_{32}^r = (\mathrm{s}(\pi/6), \mathrm{c}(\pi/6), 0, -d_1\mathrm{c}(\pi/6), d_1\mathrm{s}(\pi/6), 0)^{\mathrm{T}}
\end{array} \right\} \tag{13.11}
$$

同理, 该约束旋量多重集中存在一个公共约束旋量。同时, 旋量 $\boldsymbol{S}_{11}^r$、$\boldsymbol{S}_{12}^r$、$\boldsymbol{S}_{22}^r$ 和 $\boldsymbol{S}_{32}^r$ 线性相关。由此, 平台约束旋量系降为三阶旋量系。这是 10.7 节阐述的公共约束旋量系与互补约束旋量系产生关联的情况。显然, 由 10.6.3 节可知, 公共约束因子 λ 为 1, 且由于公共约束旋量系与互补约束旋量系的关联, 冗余约束因子 ν 也增为 1, 由式 (13.5) 可知, 机构活动度为 3。由此, 三阶平台运动旋量系可表示为

$$
\mathbb{S}_f = \left\{ \begin{array}{l}
\boldsymbol{S}_{f1} = (0,0,0,0,0,1)^{\mathrm{T}} \\
\boldsymbol{S}_{f2} = (0,1,0,-d_1,0,0)^{\mathrm{T}} \\
\boldsymbol{S}_{f3} = (1,0,0,0,d_1,0)^{\mathrm{T}}
\end{array} \right\} \tag{13.12}
$$

平台运动旋量系提供了沿 z 轴的移动和分别绕平行于 x 轴与 y 轴的轴线的转动, 且两轴线均通过运动平台坐标系中心 g。在该初始位姿, 两个瞬时转动发生在约束奇异点。虽然该机构在初始位姿有三个活动度, 但由于约束奇异, 其中的两个旋转运动只是瞬时运动, 该平台只能沿 z 轴移动, 一旦平台绕两个轴线之一旋转任意一个角度, 则机构将转入下面分析的两个运动分岔中的一个分支进行运动。

经过后面章节中对于两个运动分支的约束研究可以发现, 对于两个运动分支 1 和 2, 当它们到达初始位姿构型时, 平台获得了一个额外的转动自由度。因此, 平台在该初始位姿发生**约束奇异** (Zlatanov、Bonev 和 Gosselin, 2002a, b)。

13.4 约束旋量多重集和分岔运动中的活动度变化

式 (13.11) 中的平台约束旋量系 $\mathbb{S}^r$ 及式 (13.12) 中的平台运动旋量系 $\mathbb{S}_f$ 决定了这一特定的并联机构的平台的运动并引出了分岔运动。

13.4.1 分岔运动 1 中的约束旋量多重集

当 $d_2 = d_3$, 但 $d_1 \neq d_2(d_3)$ 时, 平台的约束旋量系变为

$$\mathbb{S}^r = \left\{ \begin{array}{l} \boldsymbol{S}_{11}^r = \boldsymbol{S}_{21}^r = \boldsymbol{S}_{31}^r = (0,0,0,0,-v_z,v_y)^{\mathrm{T}} \\ \boldsymbol{S}_{12}^r = (1,0,0,0,d_1,a)^{\mathrm{T}} \\ \boldsymbol{S}_{22}^r = (v_y^2\mathrm{s}(\pi/6), -v_y\mathrm{c}(\pi/6), 0, d_2v_y\mathrm{c}(\pi/6), -F_1, 0)^{\mathrm{T}} \\ \boldsymbol{S}_{32}^r = (v_y^2\mathrm{s}(\pi/6), v_y\mathrm{c}(\pi/6), 0, -d_2v_y\mathrm{c}(\pi/6), -F_2, 0)^{\mathrm{T}} \end{array} \right\} \tag{13.13}$$

式中

$$\begin{aligned} F_1 &= av_z\mathrm{c}^2(\pi/6) - d_2v_y^2\mathrm{s}(\pi/6) + av_yv_z\mathrm{s}^2(\pi/6) \\ F_2 &= av_z\mathrm{c}^2(\pi/6) - d_3v_y^2\mathrm{s}(\pi/6) + av_yv_z\mathrm{s}^2(\pi/6) \end{aligned} \tag{13.14}$$

类似地, 平台包含一个公共约束但不包含冗余约束旋量, 由此可得新的平台运动旋量系为

$$\mathbb{S}^f = \left\{ \begin{array}{l} \boldsymbol{S}_{f_1} = (0,0,0,0,0,1)^{\mathrm{T}} \\ \boldsymbol{S}_{f_2} = (1,0,0,0,d_2,0)^{\mathrm{T}} \end{array} \right\} \tag{13.15}$$

由此, 平台绕 x 轴转动后进入第一个分岔运动。式 (13.15) 中 $\boldsymbol{S}_{f_1}$ 描述了沿 z 轴的移动, $\boldsymbol{S}_{f_2}$ 描述了绕与平台固连的 U 副轴线的转动。因此, 3-PUP 型并联机构在分岔运动 1 中有两个活动度, 即一个平移一个转动。式 (13.15) 也表明沿 z 轴的移动与转动是非耦合的。

13.4.2 分岔运动 2 中的约束旋量多重集

当 $d_2 \neq d_3$, 但 $d_1 = (d_2 + d_3)/2$ 时, 式 (13.11) 的平台约束旋量系 $\mathbb{S}^r$ 演变为

$$\mathbb{S}^r = \left\{ \begin{array}{l} \boldsymbol{S}_{11}^r = \boldsymbol{S}_{21}^r = \boldsymbol{S}_{31}^r = (0,0,0,0,0,1)^{\mathrm{T}} \\ \boldsymbol{S}_{12}^r = (1,0,0,0,d_1,a)^{\mathrm{T}} \\ \boldsymbol{S}_{22}^r = (\mathrm{s}(\pi/6), -u_x\mathrm{c}(\pi/6), 0, d_2u_x\mathrm{c}(\pi/6), d_2\mathrm{s}(\pi/6), 0)^{\mathrm{T}} \\ \boldsymbol{S}_{32}^r = (\mathrm{s}(\pi/6), u_x\mathrm{c}(\pi/6), 0, -d_3u_x\mathrm{c}(\pi/6), d_3\mathrm{s}(\pi/6), 0)^{\mathrm{T}} \end{array} \right\} \tag{13.16}$$

类似地, 平台包含一个公共约束但不包含冗余约束旋量, 由此可得新的平台运动旋量系, 为

$$\mathbb{S}_f = \left\{ \begin{array}{l} \boldsymbol{S}_{f1} = (0,0,0,0,0,1)^{\mathrm{T}} \\ \boldsymbol{S}_{f2} = (0,1,0,-d_1, au_z\mathrm{s}(\pi/6)/u_x^2, 0)^{\mathrm{T}} \\ \qquad = (\boldsymbol{v}^{\mathrm{T}}, ((0,0,d_1)^{\mathrm{T}} \times \boldsymbol{v} + (au_z/u_x^2)\boldsymbol{v})^{\mathrm{T}})^{\mathrm{T}} \end{array} \right\} \tag{13.17}$$

由此, 平台通过一个绕 $\boldsymbol{v}=(0,1,0)^{\mathrm{T}}$ 轴的旋量运动进入第二个分岔运动。式 (13.17) 中, $\boldsymbol{S}_{f1}$ 描述了沿 z 轴的移动, $\boldsymbol{S}_{f2}$ 表示一个绕轴 $\boldsymbol{v}$ 且旋距为 $au_z\mathrm{s}(\pi/6)/u_x^2$ 的螺旋运动。因此, 该机构在分岔运动 2 中有两个活动度, 即一个平移运动和一个螺旋运动, 且两者解耦。

13.4.3 两分岔运动共有运动的平台运动旋量系

由以上旋量系分析可知, 分岔运动 1 [(式 (13.15)] 和分岔运动 2 [(式 13.17)] 中均有一个沿 z 轴平移的运动, 该共有运动可表示为

$$\boldsymbol{S}_{f_1}=(0,0,0,0,0,1)^{\mathrm{T}} \tag{13.18}$$

该运动也存在于式 (13.12) 所示的机构的初始位置的奇异构型中。由定理 7.2 可知, $\boldsymbol{S}_{f1}$ 为平台运动旋量系和平台约束旋量系的交集, 而这两旋量系并集的阶数减为五阶。该结论与机构运动旋量系为五阶的结论是一致的。

13.5 机构旋量系与平台旋量系的关联

机构旋量系与平台旋量系的内在关联可以用 3-RR(RRR) 型并联机构 (Li 和 Huang, 2004) 来说明, 如图 13.3 所示。该机构由三条相同的支链构成, 每条支链上有五个转动副。对于每条支链, 从基座向平台数起, 转动副 1 和 2 垂直于基座, 转动副 3 平行于基座平面, 转动副 4、5 与 3 相交于一点。其他两条支链具有同样的运动副关系。因此, 三条支链上共有九个转动副相交于一个公共点, 该点可以在平行于基座的平面上平移。为了进一步简化问题, 三条支链为对称分布, 因此它们的支链坐标系可以通过绕 z 轴逐次旋转 120° 来相互转换。

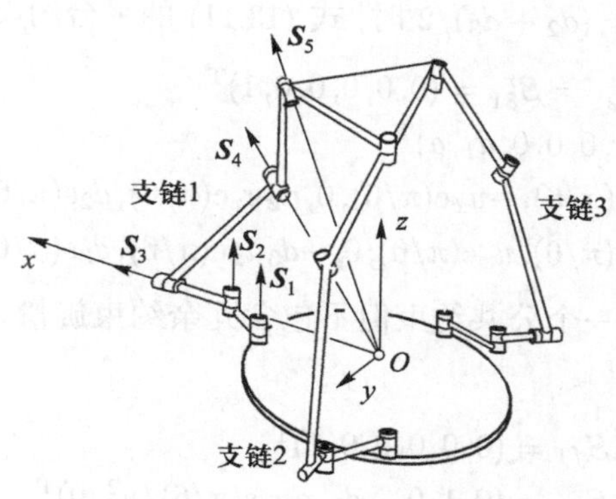

图 13.3 3-RR(RRR) 型并联机构

在该公共交点处建立坐标系, 其 z 轴垂直于基座, x 轴与支链 1 的第三个转动副的轴线共线。由此, 支链 1 的运动旋量系可以表示为

$$\mathbb{S}_{l1} = \left\{ \begin{array}{l} \boldsymbol{S}_{11} = (0,0,1,p_{11},q_{11},0)^{\mathrm{T}} \\ \boldsymbol{S}_{12} = (0,0,1,p_{12},q_{12},0)^{\mathrm{T}} \\ \boldsymbol{S}_{13} = (1,0,0,0,0,0)^{\mathrm{T}} \\ \boldsymbol{S}_{14} = (l_{14},m_{14},n_{14},0,0,0)^{\mathrm{T}} \\ \boldsymbol{S}_{15} = (l_{15},m_{15},n_{15},0,0,0)^{\mathrm{T}} \end{array} \right\} \tag{13.19}$$

其对应的支链约束旋量系 $\mathbb{S}_{l1}^r$ 的基为

$$\mathbb{S}_{l1}^r = \{\boldsymbol{S}_{11}^r = (0,0,1,0,0,0)^{\mathrm{T}}\} \tag{13.20}$$

该约束为一个作用于平台上的沿 z 轴方向的约束力。另两条支链具有与支链 1 相同的运动学结构, 且三条支链对称分布于基座上直径为 b 的圆上。因此, 支链 2 和支链 3 的约束旋量系的基可以通过将支链 1 的约束旋量系绕 z 轴的坐标变换而得到, 表示为

$$\begin{aligned} \mathbb{S}_{l2}^r &= \{\boldsymbol{S}_{21}^r = (0,0,1,0,0,0)^{\mathrm{T}}\} \\ \mathbb{S}_{l3}^r &= \{\boldsymbol{S}_{31}^r = (0,0,1,0,0,0)^{\mathrm{T}}\} \end{aligned} \tag{13.21}$$

该式也可以直接从问题的对称性中得到。

以上三个支链的约束旋量构成了平台约束旋量多重集, 表示为

$$\langle \mathbb{S}^r \rangle = \langle \boldsymbol{S}_{11}^r, \boldsymbol{S}_{21}^r, \boldsymbol{S}_{31}^r \rangle \tag{13.22}$$

该集合也是机构的约束旋量多重集 $\langle \mathbb{S}^c \rangle$, 即 10.3 节中的公共约束旋量多重集相等。可以看出, 该机构中平台的约束旋量系与式 (9.15) 所示的机构约束旋量系全等, 即 $\mathbb{S}^r = \mathbb{S}^c$, 且都是一阶旋量系。因此, 如式 (10.12) 所示, 公共约束因子 $\lambda = 1$ 且机构运动旋量系的阶数减少到 5。进一步, 该系中没有冗余约束, 根据活动度扩展准则, 即式 (10.34), 该机构的活动度为 5。根据定理 9.3, 机构运动旋量系和平台运动旋量系全等, 即 $\mathbb{S}_f = \mathbb{S}_m$, 且为五阶, 其运动旋量系的一组基可以表示为

$$\mathbb{S}_f = \left\{ \begin{array}{l} \boldsymbol{S}_{f1} = (1,0,0,0,0,0)^{\mathrm{T}} \\ \boldsymbol{S}_{f2} = (0,1,0,0,0,0)^{\mathrm{T}} \\ \boldsymbol{S}_{f3} = (0,0,1,0,0,0)^{\mathrm{T}} \\ \boldsymbol{S}_{f4} = (0,0,0,1,0,0)^{\mathrm{T}} \\ \boldsymbol{S}_{f5} = (0,0,0,0,1,0)^{\mathrm{T}} \end{array} \right\} \tag{13.23}$$

该系统有三个旋转活动度和两个平移活动度。

13.6 非对称并联机构中的旋量系和活动度

非对称并联机构是具有非对称分布支链或不同类型支链的并联机构。如图 13.4 所示的非对称并联机构 (Qin 和 Dai, 2012) 由基座、三条不相同的支链和运动平台组成。其中一条支链由一个虎克铰、一个移动副和一个球副组成, 另两条支链分别由一个虎克铰和一个球副组成。

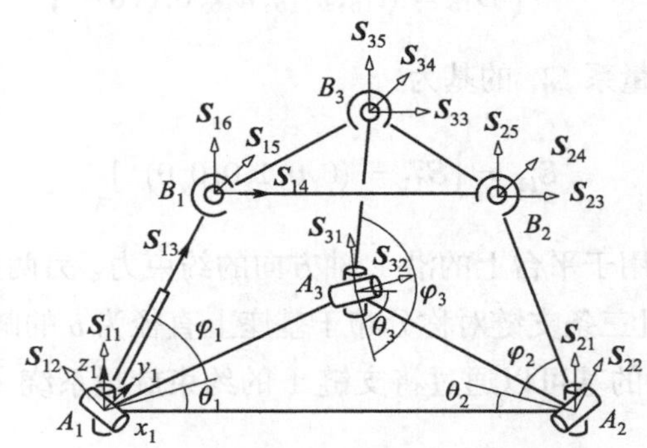

图 13.4 非对称并联机构中的旋量

带有移动副的支链与基座和运动平台分别交于点 A_1 和 B_1, 另两条没有移动副的支链分别与基座和运动平台交于点 A_i 和 B_i。机构中的虎克铰实质上是两个相交转动副的组合。为了表达旋量系, 如图 13.4 所示, 在点 A_1 处建立坐标系 $\{A_1 - x_1y_1z_1\}$, 其 x_1 轴沿直线 A_1A_2。 z_1 轴垂直于基座平面 $A_1A_2A_3$ 且由基座指向平台, 运动 y_1 轴由右手法则决定。

在各条支链中, 虎克铰的一个旋转轴的方向平行于 z_1 轴且垂直于基座, 另一个旋转轴的方向在 $x_1 - y_1$ 平面内且与基座的外接圆相切。在以下分析中, φ_i 和 θ_i 分别表示第 i 个虎克铰的两个轴线的角位移, d 表示虎克铰的中心和球副中心之间的距离, g 表示基座的质心到虎克铰中心的距离, 即基座的外接圆半径, h 表示运动平台的质心到球副中心的距离即运动平台的外接圆半径。

定义角 φ_1 和 θ_1 分别为支链 1 中虎克铰的俯仰角和偏转角, 则支链 1 的运动旋量系可以表示为

$$\mathbb{S}_{l1} = \left\{ \begin{array}{l} \boldsymbol{S}_{11} = (0,0,1,0,0,0)^{\mathrm{T}} \\ \boldsymbol{S}_{12} = (-\mathrm{s}\theta_1, \mathrm{c}\theta_1, 0,0,0,0)^{\mathrm{T}} \\ \boldsymbol{S}_{13} = (0,0,0,\mathrm{c}\varphi_1\mathrm{c}\theta_1, \mathrm{c}\varphi_1\mathrm{s}\theta_1, \mathrm{s}\varphi_1)^{\mathrm{T}} \\ \boldsymbol{S}_{14} = (1,0,0,0,l_1\mathrm{s}\varphi_1, -l_1\mathrm{c}\varphi_1\mathrm{s}\theta_1)^{\mathrm{T}} \\ \boldsymbol{S}_{15} = (0,1,0,-l_1\mathrm{s}\varphi_1, 0, l_1\mathrm{c}\varphi_1\mathrm{c}\theta_1)^{\mathrm{T}} \\ \boldsymbol{S}_{16} = (0,0,1,l_1\mathrm{c}\varphi_1\mathrm{s}\theta_1, -l_1\mathrm{c}\varphi_1\mathrm{c}\theta_1, 0)^{\mathrm{T}} \end{array} \right\} \tag{13.24}$$

类似地, 支链 2 和支链 3 的运动旋量系可以表示为

$$\mathbb{S}_{l2}=\left\{\begin{array}{l}\boldsymbol{S}_{21}=(0,0,1,0,-\sqrt{3}g,0)^{\mathrm{T}}\\ \boldsymbol{S}_{22}=(\mathrm{s}\theta_2,\mathrm{c}\theta_2,0,0,0,\sqrt{3}g\mathrm{c}\theta_2)^{\mathrm{T}}\\ \boldsymbol{S}_{23}=(1,0,0,0,l_2\mathrm{s}\varphi_2,-l_2\mathrm{c}\varphi_2\mathrm{s}\theta_2)^{\mathrm{T}}\\ \boldsymbol{S}_{24}=(0,1,0,-l_2\mathrm{s}\varphi_2,0,\sqrt{3}g-l_2\mathrm{c}\varphi_2\mathrm{c}\theta_2)^{\mathrm{T}}\\ \boldsymbol{S}_{25}=(0,0,1,l_2\mathrm{c}\varphi_2\mathrm{s}\theta_2,l_2\mathrm{c}\varphi_2\mathrm{c}\theta_2-\sqrt{3}g,0)^{\mathrm{T}}\end{array}\right\} \tag{13.25}$$

$$\mathbb{S}_{l3}=\left\{\begin{array}{l}\boldsymbol{S}_{32}=\left(\mathrm{s}\theta_3,\mathrm{c}\theta_3,0,0,0,\dfrac{\sqrt{3}g}{2},\mathrm{c}\theta_3-\dfrac{3g}{2}\mathrm{s}\theta_3\right)^{\mathrm{T}}\\ \boldsymbol{S}_{33}=\left(1,0,0,0,l_3\mathrm{s}\varphi_3,l_3\mathrm{c}\varphi_3\mathrm{s}\theta_3-\dfrac{3g}{2}\right)^{\mathrm{T}}\\ \boldsymbol{S}_{34}=\left(0,1,0,-l_3\mathrm{s}\varphi_3,0,\dfrac{\sqrt{3}g}{2}+l_3\mathrm{c}\varphi_3\mathrm{c}\theta_3\right)^{\mathrm{T}}\\ \boldsymbol{S}_{35}=\left(0,0,1,\dfrac{3g}{2}-l_3\mathrm{c}\varphi_3\mathrm{s}\theta_3,-l_3\mathrm{c}\varphi_3\mathrm{c}\theta_3-\dfrac{\sqrt{3}g}{2},0\right)^{\mathrm{T}}\end{array}\right\} \tag{13.26}$$

根据定义 9.10, 以上支链运动旋量系的并集形成机构的运动旋量系。根据定义 13.5, 支链约束旋量系并集形成平台约束旋量系。检验每一个支链旋量系, 可以发现, 支链 1 运动旋量系是六阶旋量系, 由此支链 1 没有施加约束给平台。支链 2 约束旋量系可以表示为

$$\mathbb{S}_{l2}^r=\left\{\boldsymbol{S}_{l2}^r=\left(-\frac{\mathrm{c}\theta_2}{\mathrm{s}\theta_2},1,\frac{\mathrm{s}\varphi_2}{\mathrm{c}\varphi_2\mathrm{s}\theta_2},0,\frac{-\sqrt{3}g\mathrm{s}\varphi_2}{\mathrm{c}\varphi_2\mathrm{s}\theta_2},\sqrt{3}g\right)^{\mathrm{T}}\right\} \tag{13.27}$$

在支链 2 的约束旋量中, 旋距 $h_{l2}^r=0$。由此, 支链 2 沿支链方向对平台施加一个约束力。类似地, 可以得到支链 3 的约束旋量系为

$$\mathbb{S}_{l3}^r=\left\{\boldsymbol{S}_{l3}^r=\left(-\frac{\mathrm{c}\theta_3}{\mathrm{s}\theta_3},1,-\frac{\mathrm{s}\varphi_3}{\mathrm{c}\varphi_3\mathrm{s}\theta_3},-\frac{3g\mathrm{s}\varphi_3}{2\mathrm{s}\theta_3\mathrm{c}\varphi_3},\frac{\sqrt{3}g\mathrm{s}\varphi_3}{2\mathrm{s}\theta_3\mathrm{c}\varphi_3},\frac{g(3\mathrm{c}\theta_3+\sqrt{3}\mathrm{s}\theta_3)}{2\mathrm{s}\theta_3}\right)^{\mathrm{T}}\right\} \tag{13.28}$$

在支链 3 约束旋量系中, 约束旋量的旋距 $h_{l3}^r=0$。由此可知, 支链 2 和支链 3 施加于平台的约束是纯力。因此, 具有有限位移旋量 (10.6.4 节) 的平台约束旋量系可以表示为

$$\langle\mathbb{S}^r\rangle=\mathbb{S}_{l2}^r\uplus\mathbb{S}_{l3}^c \tag{13.29}$$

此为一个二阶平台约束旋量系。由于该旋量系既不含有公共约束也不含有冗余约束, 该机构为非过约束机构。因此, 10.8 节中的活动度扩展准则和 10.2 节中的 Grübler-Kutzbach 公式均可以用来计算机构的活动度, 其结果为 4。

求平台约束旋量系的互易旋量系, 可得平台运动旋量系, 表示为

$$\mathbb{S}_f = \left\{ \begin{array}{l} \boldsymbol{S}_{f1} = \left(\dfrac{2(p+q)}{3g\mathrm{s}\varphi_2\mathrm{s}\varphi_3}, 0, 0, 0, 1, -\dfrac{\mathrm{c}\varphi_2\mathrm{s}\theta_2}{\mathrm{s}\varphi_2} \right)^{\mathrm{T}} \\ \boldsymbol{S}_{f2} = \left(-\dfrac{\sqrt{3}}{3}, 1, 0, 0, 0, \sqrt{3}g \right)^{\mathrm{T}} \\ \boldsymbol{S}_{f3} = \left(\dfrac{2\sqrt{3}p + 3k + \sqrt{3}q}{3\mathrm{s}\varphi_2\mathrm{s}\varphi_3}, 0, 1, 0, 0, -\dfrac{\sqrt{3}g\mathrm{c}\varphi_2\mathrm{s}\theta_2}{\mathrm{s}\varphi_2} \right)^{\mathrm{T}} \\ \boldsymbol{S}_{f4} = \left(-\dfrac{2(\mathrm{s}\varphi_3\mathrm{c}\theta_2\mathrm{c}\varphi_2 + k)}{3g\mathrm{s}\varphi_2\mathrm{s}\varphi_3}, 0, 0, 1, 0, \dfrac{\mathrm{c}\varphi_2\mathrm{c}\theta_2}{\mathrm{s}\varphi_2} \right)^{\mathrm{T}} \end{array} \right\} \tag{13.30}$$

式中

$$p = \mathrm{s}\varphi_3\mathrm{c}\varphi_2\mathrm{s}\theta_2, \quad q = \mathrm{c}\varphi_3\mathrm{s}\theta_3\mathrm{s}\varphi_2, \quad k = \mathrm{c}\varphi_3\mathrm{c}\theta_3\mathrm{s}\varphi_2$$

式 (13.30) 所描述的平台运动旋量系包含四个线性无关的旋量。更精确地说, 平台运动旋量系构成的子空间的维数为 4。因此, 可以得出结论, 该机构具有四个活动度, 即三个转动活动度和一个平移活动度, 其中平移方向垂直于两个约束力方向。

13.7 支链旋量系改变引起的平台运动旋量系变化

在并联机构一条支链的两端安装可变轴线的 vA 铰链副 (Zhang、Dai 和 Fang, 2010), 则该支链的旋量系取决于 vA 铰链副的活动度构型。vA 铰链副可通过改变铰链的轴线来改变运动副的性质, 即可由球铰副变为虎克铰, 再变为转动副。

13.7.1 变胞并联机构支链旋量系

当改变支链 vA 铰链副活动度构型时, 支链结构随之变化, 从而引起支链约束旋量系和运动旋量系的变化。在下面三种类型的支链中, vA 铰链副装配于支链的两端, 连接于基座端的称为基座 vA 铰链副, 连接于运动平台端的称为平台 vA 铰链副, 在两个 vA 铰链副之间安装移动副。

1. SPS 支链

当支链两端的 vA 铰链副为球副时, 则构成了图 13.5 所示的 SPS 支链, 该支链存在七个相应的运动旋量。在该支链中, 移动副 P 分别连接基座 vA 铰链副的输出轴 $\boldsymbol{S}_3$ 与平台 vA 铰链副的输出轴 $\boldsymbol{S}_5$, 且其移动轴线 $\boldsymbol{S}_4$ 通过两运动单元各自轴线的公共交点 A 和 A', 并垂直于互相平行的转动轴线 $\boldsymbol{S}_3$ 和 $\boldsymbol{S}_5$。

在基底 vA 铰链副的公共点 A 处建立局部坐标系 $\{xyz\}$, 其 y 轴与旋转轴线 $\boldsymbol{S}_1$ 共线, x 轴在 $\boldsymbol{S}_1$ 轴和 $\boldsymbol{S}_2$ 轴构成的平面内且垂直于 $\boldsymbol{S}_1$, z 轴由右手法则确定。

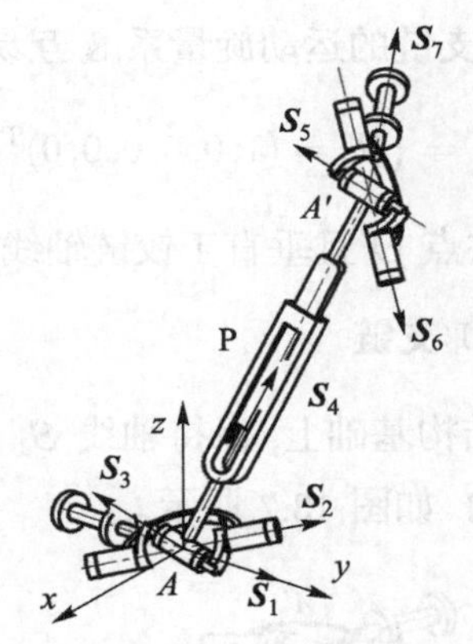

图 13.5　变胞支链的源构态

2. 具有约束力的 UPU 支链

当支链两端的 vA 铰链副为虎克铰构态时, 则构成如图 13.6 所示的 UPU 支链。该支链中轴 1 与轴 2 共面。转动副 $\boldsymbol{S}_2$ 和 $\boldsymbol{S}_6$ 分别固定于基底和平台上, 调整旋量 $\boldsymbol{S}_1$ 和 $\boldsymbol{S}_7$ 使其相交于公共点 O。支链结构如图 13.6 所示。

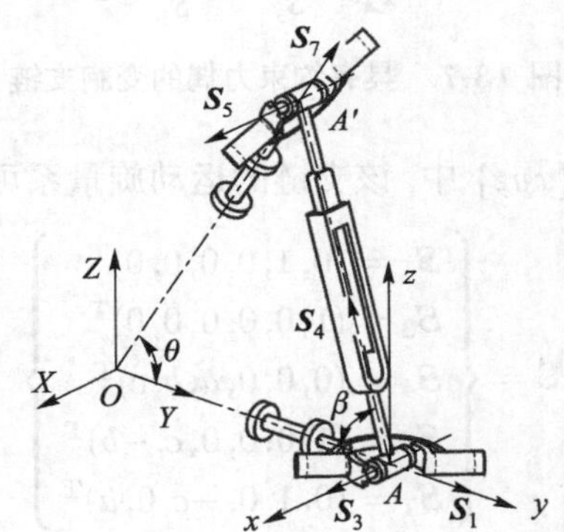

图 13.6　具有相交轴线的 UPU 支链

移动五个旋量的坐标使其从局部坐标系 $\{xyz\}$ 变换到全局坐标系 $\{XYZ\}$, 该支链运动旋量系可以表示为

$$\mathbb{S}=\left\{\begin{array}{l}\boldsymbol{S}_1=(0,1,0,0,0,0)^{\mathrm{T}}\\\boldsymbol{S}_3=(1,0,0,0,0,-r)^{\mathrm{T}}\\\boldsymbol{S}_4=(0,0,0,0,\cos\beta,\sin\beta)^{\mathrm{T}}\\\boldsymbol{S}_5=(1,0,0,0,l\sin\beta,-r+l\cos\beta)^{\mathrm{T}}\\\boldsymbol{S}_7=(0,\cos\theta,\sin\theta,0,0,0)^{\mathrm{T}}\end{array}\right\}\tag{13.31}$$

式中, l 为从点 A 到 A' 的支链长度; r 为坐标系原点 O 到公共点 A 的距离; 角 β 和 θ 分别表示从铰链轴 $\boldsymbol{S}_4$ 和 $\boldsymbol{S}_7$ 到 y 轴的角度。

支链的约束旋量系 $\mathbb{S}^r$ 与支链的运动旋量系 $\mathbb{S}$ 互易, 可得

$$\mathbb{S}^r = \{\boldsymbol{S}^r = (1,0,0,0,0,0)^{\mathrm{T}}\} \tag{13.32}$$

该约束旋量表示一个通过公共点 O 且垂直于铰链轴线 $\boldsymbol{S}_1$ 和 $\boldsymbol{S}_7$ 的约束力。

3. 具有约束力偶的 UPU 支链

在图 13.6 所示的 UPU 结构基础上, 保持轴线 $\boldsymbol{S}_1$ 与 $\boldsymbol{S}_7$ 平行, 则产生一个提供约束力偶的新的**变胞支链结构**, 如图 13.7 所示。

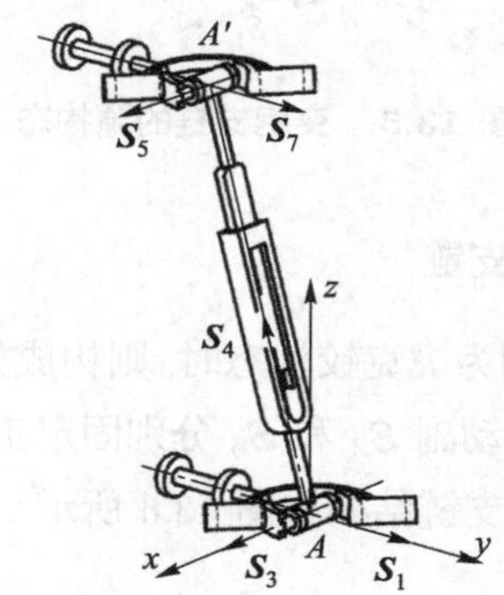

图 13.7 具有约束力偶的变胞支链

因此, 在局部坐标系 $\{xyz\}$ 中, 该支链的运动旋量系可以表示为

$$\mathbb{S} = \left\{\begin{array}{l} \boldsymbol{S}_1 = (0,1,0,0,0,0)^{\mathrm{T}} \\ \boldsymbol{S}_3 = (1,0,0,0,0,0)^{\mathrm{T}} \\ \boldsymbol{S}_4 = (0,0,0,a,b,c)^{\mathrm{T}} \\ \boldsymbol{S}_5 = (1,0,0,0,c,-b)^{\mathrm{T}} \\ \boldsymbol{S}_7 = (0,1,0,-c,0,a)^{\mathrm{T}} \end{array}\right\} \tag{13.33}$$

相对应的约束旋量系为

$$\mathbb{S}^r = \{\boldsymbol{S}^r = (0,0,0,0,0,1)^{\mathrm{T}}\} \tag{13.34}$$

该约束旋量表示一个垂直于铰链轴线 $\boldsymbol{S}_1$ 和 $\boldsymbol{S}_3$ 的力偶。

13.7.2 变胞并联机构平台旋量系的变化

1. 纯转动变胞并联机构

采用图 13.6 所示的 UPU 支链子构态可以构造图 13.8 所示的**变胞并联机构**。

考虑由 UPU 支链所施加的约束, 支链 1 提供给平台的约束力在坐标系 $\{XYZ\}$ 中可以表示为

$$\boldsymbol{S}_{11}^r = [\cos\alpha, 0, \sin\alpha, 0, 0, 0]^{\mathrm{T}} \tag{13.35}$$

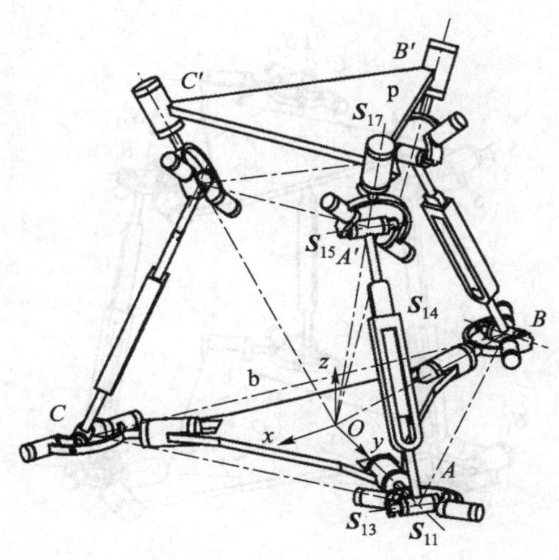

图 13.8 球体运动构态中的变胞并联机构

由于该机构中三条支链对称分布, 其他两条支链的约束旋量可以通过将 S_{11}^r 绕 z 轴旋转 $\phi=\pm 2\pi/3$ 而获得。由此, 可得平台约束旋量系为

$$\mathbb{S}^r=\left\{\begin{array}{l} S_{11}^r=(\cos\alpha,0,\sin\alpha,0,0,0)^{\mathrm{T}} \\ S_{21}^r=(-\cos\alpha,\sqrt{3}\cos\alpha,2\sin\alpha,0,0,0)^{\mathrm{T}} \\ S_{31}^r=(-\cos\alpha,-\sqrt{3}\cos\alpha,2\sin\alpha,0,0,0)^{\mathrm{T}} \end{array}\right\} \tag{13.36}$$

以上公式表示了一个如 10.6.4 节中的有限位移旋量系。此约束旋量系既不含公共约束也不包含冗余约束, 因而其代表的机构构型为一个非过约束机构构型, 活动度可以由 10.2 节中 Grübler-Kutzbach 公式计算, 也可以由 10.8 节中的活动度扩展准则来计算。如图 13.8 所示, 该机构构型中有三个约束力交于公共点 O。由此, 该构型中的平台具有纯转动的球体运动。

2. 纯移动变胞并联机构

调整图 13.6 中的纯转动 UPU 支链到图 13.7 所示的纯移动 UPU 支链构态, 六活动度变胞并联机构就可转换到图 13.9 所示的三活动度纯移动变胞并联机构。

施加于平台上的约束力是三个垂直于 U 副相交轴线确定的平面的力偶约束。考虑由 UPU 支链施加的约束旋量, 由支链 AA' 作用于平台的力偶可在坐标系 $\{xyz\}$ 表示为

$$S_{11}^r=(0,0,0,-\sin\alpha,0,\cos\alpha)^{\mathrm{T}} \tag{13.37}$$

式中, α 为从力偶轴线 S_{11}^r 与 z 轴的夹角。

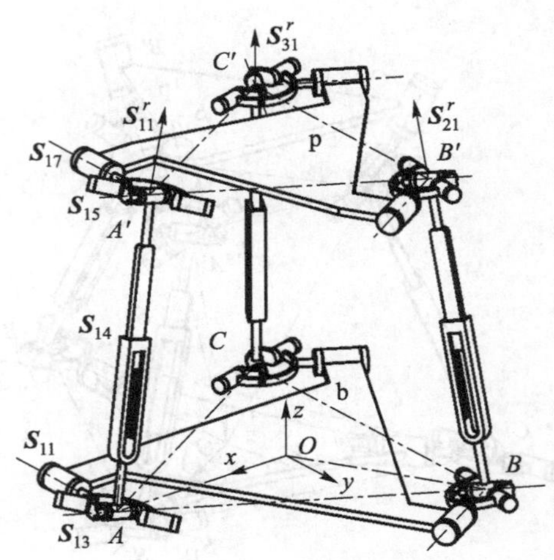

图 13.9　具有平动构态的变胞并联机构

由于该机构中三条支链对称布置, 另两条支链的约束旋量可以通过将 S_{11}^r 绕 z 轴旋转 $\varphi = \pm 2\pi/3$ 而获得, 由此具有有限位移旋量的平台约束旋量系为

$$\mathbb{S}^r = \left\{ \begin{array}{l} S_{11}^r = (0,0,0,-\sin\alpha,0,\cos\alpha)^{\mathrm{T}} \\ S_{21}^r = (0,0,0,\sin\alpha,\sqrt{3}\sin\alpha,2\cos\alpha)^{\mathrm{T}} \\ S_{31}^r = (0,0,0,\sin\alpha,-\sqrt{3}\sin\alpha,2\cos\alpha)^{\mathrm{T}} \end{array} \right\} \tag{13.38}$$

类似地, 该构型不含有公共约束和冗余约束, 是非过约束并联机构。根据 10.8 节分析, 其活动度为 3。平台的运动旋量系通过求解以上约束旋量系的互易旋量, 可得

$$\mathbb{S}_f = \left\{ \begin{array}{l} S_1 = (0,0,0,1,0,0)^{\mathrm{T}} \\ S_2 = (0,0,0,0,1,0)^{\mathrm{T}} \\ S_3 = (0,0,0,0,0,1)^{\mathrm{T}} \end{array} \right\} \tag{13.39}$$

以上运动旋量系表示该机构具有三个方向上的纯平移运动, 且机构活动度为 3。

13.8　冗余驱动并联机构

与冗余并联机构的运动冗余特性不同, 冗余驱动并联机构有以下定义。

定义 13.8　冗余驱动并联机构是指使用比机构活动度数多的驱动数来驱动与控制并联机构。

这方面的研究吸引了许多学者。 1992 年, Kurtz 和 Hayward (1992) 通过在三支链并联机构基础上增加一条支链来研究并联机构的冗余驱动问题。随后, Sukhan 和 Sungbok (1994) 将冗余驱动分类为以下三种: 附加驱动铰链副、驱动铰链副代替从动铰链副、附加支链法。 Leguay-Durand 和 Reboulet (1997) 采用四共线驱动器

控制一个三活动度球体并联机构, 以便对冗余驱动机构进行设计, 该研究随后扩展到机构灵巧度的研究。在同一时间, Lee (1997) 尝试采用冗余驱动以容许在高性能应用环境中出现的误差, 例如太空机器人与核电站机器人。在这方面研究中, Cheng 等 (2003) 开发了冗余驱动并联机构控制算法。这一研究的里程碑发展是 Cheng、Yiu 和 Li (2003) 使用 Lagrange-D'Alembert 公式求解逆动力学以完成基本的控制算法, 包括基于铰链关节空间的 PD 控制算法、广义坐标系中的 PD 控制算法、增广 PD 控制算法与计算机转矩控制等。研究证明, 冗余驱动可以有效地消除机构工作空间内的奇异点, 改善机器人的灵巧度和性能, 从而使机器人更好地完成所要求的工作任务。随后, Wang 和 Gosselin (2004) 也研究了冗余并联机构在消除奇异点上的优越性。Saglia、Dai 和 Caldwell (2008) 研究了冗余驱动的并联机器人对奇异性和灵活性的影响, 研究了冗余驱动在避免奇异性中的应用。基于此, Saglia 等 (2009a, b) 进一步提出了基于冗余驱动并联机器人控制的逆运动学问题并应用到其设计与发展的脚踝康复机器人中 (Dai, Zhao 和 Nester, 2004)。

13.8.1 平台构型方程

本节将以一个带有中心支柱的并联机构来讲述冗余驱动的分析和应用。如图 13.10 所示, 该并联机构由运动平台、基座, 三条相同的支链和中心支柱组成。该中心支柱用虎克铰连接运动平台, 另一端固定于基座上。每条支链由移动副组成, 其中一端用虎克铰与基座相连, 另一端用球副与运动平台相连。

该并联平台具有绕中心支柱的虎克铰轴线转动的两个活动度, 通过三个驱动器来驱动两活动度的并联平台就构成了冗余驱动。为了更好地分析该并联机构, 本节首先研究其对应的非冗余驱动并联机构, 即它的中心支柱通过球副与运动平台连接。

如图 13.10 所示, 基底与运动平台上的铰链副分别标记为 A_i 和 B_i, 三个移动副通过气动驱动器来完成。

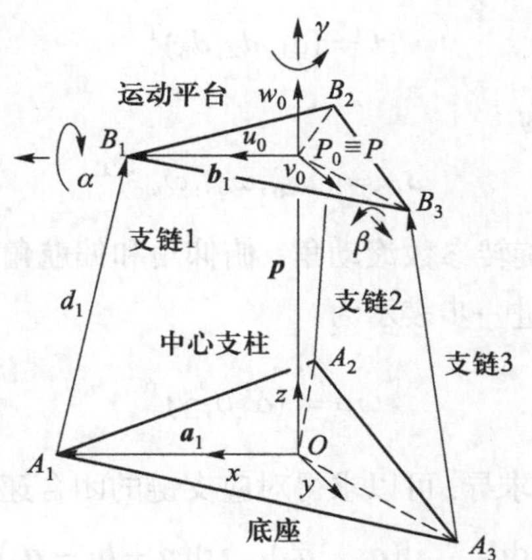

图 13.10 一种冗余驱动并联机构的几何构型

在基座和平台上分别建立固定坐标系 $\{xyz\}$ 和平台坐标系 $\{uvw\}$, 另一个具有固定姿态的局部坐标系 $\{u_0v_0w_0\}$ 建立在中心支柱的顶端。由此, 虎克铰中心 A_i 位于 $x-y$ 平面上, 球副中心 B_i 位于 $u-v$ 平面上, 且固定坐标系的原点 O 位于基座 $\triangle A_1A_2A_3$ 的质心, x 轴通过虎克铰中心 A_1。类似地, 平台坐标系的原点 P 和固定姿态坐标系的原点 P_0 均位于平台三角形 $\triangle B_1B_2B_3$ 的中心且 u 轴通过球副中心 B_1。基座三角形 $\triangle A_1A_2A_3$ 和平台三角形 $\triangle B_1B_2B_3$ 均为等边三角形, 即 $OA_1=OA_2=OA_3=r_a, PB_1=PB_2=PB_3=r_b$。

设 $(\boldsymbol{i},\boldsymbol{j},\boldsymbol{k})^{\mathrm{T}}$、$(\boldsymbol{u},\boldsymbol{v},\boldsymbol{w})^{\mathrm{T}}$ 和 $(\boldsymbol{u}_0,\boldsymbol{v}_0,\boldsymbol{w}_0)^{\mathrm{T}}$ 分别为三个坐标系 O、P 和 P_0 的坐标轴方向的单位向量, 定义旋转角 α、β 和 γ 分别表示绕轴线 $\boldsymbol{u}_0$、$\boldsymbol{v}_0$ 和 $\boldsymbol{w}_0$ 的滚动角、俯仰角和偏航角, l 表示固定坐标系的原点 O 到平台坐标系的原点 $P(P$ 与 P_0 重合$)$ 之间的距离, 则活动平台相对于基座的位置和姿态可用一个移动向量和一个旋转矩阵表示, 分别为

$$\boldsymbol{p}=(0,0,h)^{\mathrm{T}} \tag{13.40}$$

与

$$\boldsymbol{R}=\boldsymbol{R}_{w_0}\boldsymbol{R}_{v_0}\boldsymbol{R}_{u_0} \tag{13.41}$$

该旋转矩阵元素包含旋转角 α、β 和 γ 的正弦和余弦函数。由图 13.10, 建立支链 i 的封闭向量方程, 为

$$A_iB_i=\boldsymbol{d}_i=\boldsymbol{p}+\boldsymbol{b}_i-\boldsymbol{a}_i=\boldsymbol{p}+\boldsymbol{R}_{po}\boldsymbol{b}_{pi}-\boldsymbol{a}_i \tag{13.42}$$

式中, $\boldsymbol{d}_i$ 表示沿支链 i 的向量; $\boldsymbol{a}_i$ 和 $\boldsymbol{b}_i$ 分别为运动副中心 A_i 和 B_i 在固定坐标系中的向量; $\boldsymbol{b}_{pi}$ 表示球副中心 B_i 在平台坐标系 P 中的向量。

通过求解 Jacobian 矩阵可以将支链移动副的驱动速度转换到运动平台的输出角速度, 从而得到平台的速度与支链的速度之间的关系。驱动运动副的位置向量可以表示为

$$\boldsymbol{t}=(d_1,d_2,d_3)^{\mathrm{T}}$$

运动平台的角速度定义为

$$\boldsymbol{\omega}_P=(\omega_{u_0},\omega_{v_0},\omega_{w_0})^{\mathrm{T}}$$

该旋转角速度表示平台旋转参数滚动角、俯仰角和偏航角 (α、β 和 γ) 对时间的导数, 由此, 平台角速度可进一步表示为

$$\boldsymbol{\omega}_P=(\dot{\alpha},\dot{\beta},\dot{\gamma})^{\mathrm{T}} \tag{13.43}$$

通过将式 (13.42) 对时间求导, 可以求得对应支链的闭合速度向量方程

$$\frac{\mathrm{d}\boldsymbol{d}_i}{\mathrm{d}t}=\frac{\mathrm{d}(\boldsymbol{q}_i-\boldsymbol{a}_i)}{\mathrm{d}t}=\frac{\mathrm{d}(\boldsymbol{p}+\boldsymbol{b}_i-\boldsymbol{a}_i)}{\mathrm{d}t} \tag{13.44}$$

由于 $\dfrac{\mathrm{d}\boldsymbol{a}_i}{\mathrm{d}t}=0, \dfrac{\mathrm{d}\boldsymbol{p}}{\mathrm{d}t}=0$, 可得

$$d_i\boldsymbol{\omega}_i\times\boldsymbol{s}_i+\dot{d}_i\boldsymbol{s}_i=\boldsymbol{\omega}_P\times\boldsymbol{b}_i \tag{13.45}$$

式中, $\boldsymbol{\omega}_i$ 和 $\boldsymbol{s}_i$ 分别为支链 i 的角速度和沿支链 A_iB_i 方向的单位向量, 两者均表示在固定坐标系内。用 $\boldsymbol{s}_i$ 点乘上式两端, 得

$$\boldsymbol{b}_i\times\boldsymbol{s}_i\cdot\boldsymbol{\omega}_P=\dot{d}_i,\quad i=1,2,3 \tag{13.46}$$

上述方程间的关系可用矩阵形式表示, 并给出构型方程以表示驱动运动副速度和平台输出速度之间的关系

$$\boldsymbol{J}_\omega\boldsymbol{\omega}_P=\dot{\boldsymbol{t}}_i \tag{13.47}$$

式中, $\boldsymbol{J}_\omega$ 的形式为

$$\boldsymbol{J}_\omega=\begin{bmatrix}(\boldsymbol{b}_1\times\boldsymbol{s}_1)^{\mathrm{T}}\\(\boldsymbol{b}_2\times\boldsymbol{s}_2)^{\mathrm{T}}\\(\boldsymbol{b}_3\times\boldsymbol{s}_3)^{\mathrm{T}}\end{bmatrix} \tag{13.48}$$

此即该并联机构的 Jacobian 矩阵, $\dot{\boldsymbol{t}}=(\dot{d}_1,\dot{d}_2,\dot{d}_3)^{\mathrm{T}}$ 为驱动运动副输入速度向量。由 Jacobian 矩阵, 活动平台姿态可由三个角度 α、β 和 γ 确定。这给出了非冗余驱动的并联机构构型方程。

当把图 13.10 所示机构的中心支柱顶端的球副变为虎克铰后, 平台失去绕 z 轴的旋转自由度, 相应地旋转角 γ 变为等于 0 的常量。由此, 该机构变为用三个移动副驱动的具有两旋转活动度的冗余驱动并联机构, 其 Jacobian 矩阵退化为两列矩阵。

非冗余驱动并联机构的 Jacobian 矩阵 $\boldsymbol{J}_\omega$ 变为冗余驱动并联机构的 $\boldsymbol{J}'_\omega$, 平台角速度向量 $\boldsymbol{\omega}_P$ 变为仅含有两个角速度的向量的 $\boldsymbol{\omega}'_P$, 新的速度转换表达式为

$$\boldsymbol{J}'_\omega\boldsymbol{\omega}'_P=\begin{bmatrix}j_{\omega11}&j_{\omega12}\\j_{\omega21}&j_{\omega22}\\j_{\omega31}&j_{\omega32}\end{bmatrix}\begin{pmatrix}\dot{\alpha}\\\dot{\beta}\end{pmatrix}=\begin{pmatrix}\dot{d}_1\\\dot{d}_2\\\dot{d}_3\end{pmatrix} \tag{13.49}$$

式中, 系数 $j_{\omega ij}$ 由式 (13.48) 的叉积决定, 表示为

$$(\boldsymbol{b}_i\times\boldsymbol{s}_i)^{\mathrm{T}}=(j_{\omega i1},j_{\omega i2},j_{\omega i3})^{\mathrm{T}} \tag{13.50}$$

13.8.2 奇异规避

Jacobian 矩阵 $\boldsymbol{J}_\omega$ 奇异对应于机构运动学正解奇异。对于中心支柱连接虎克铰而非球副的冗余驱动并联机构, 该奇异性出现在式 (13.48) 中三个向量线性相关的情形下。奇异可以由下式衡量:

$$\delta=\det\boldsymbol{J}_\omega \tag{13.51}$$

该式说明, 运动学正解奇异性发生在 Jacobian 矩阵 $\boldsymbol{J}_\omega$ 为非满秩的情况下。

将式 (13.48) 中的叉积展开, 可以获得运动学正解 Jacobian 的解析表达式。式 (13.51) 行列式可以用来求解并联机构在工作空间内奇异点的轨迹。设几何参数为 $h=1, r_a=ah, r_b=bh$, 其中, 在灵巧度指标研究期间, 对于**脚踝康复机构**, 为了获得较高且平均分布的灵巧度曲面, 选择参数 $a=b=0.4$, 这些变异将在下节讨论。

为了分析该非冗余驱动并联机构工作空间中的奇异点, 平台绕 w_0 轴的旋转角假设为 0。完整的奇异性轨迹分析需考虑运动平台绕其法线的旋转。基于以上分析, 该并联机构的奇异发生在角 α 和 γ 均等于 0 的情况下。此时, 对于任意角 β, 向量 $\boldsymbol{s}_i$ 和 $\boldsymbol{b}_i$ 构成的三个平面相交于一条直线。这说明由叉积 $\boldsymbol{b}_i \times \boldsymbol{s}_i$ 所得的三个向量是共面的, 因此线性相关。由此,Jacobian 矩阵的秩将降低, 而机构运动平台在三个驱动副都锁死的情况下仍然可以绕该三个平面的公共交线作微小的转动。另外, 奇异点还发生在当叉积 $\boldsymbol{b}_i \times \boldsymbol{s}_i$ 为零, 即向量 $\boldsymbol{b}_i$ 和 $\boldsymbol{s}_i$ 共线时。

运动学正解奇异点表示机构获得额外的一个或多个自由度。或者说, 机构丧失了传递力或力矩的能力。

冗余驱动提供了一个克服奇异点的方法, 且可以提高机构的刚度, 并具有容错操作。由此, 引入了本节所述的冗余驱动并联机构。在该机构中, 虎克铰代替了球副安装在运动平台与中心支柱之间, 其奇异点可以通过式 (13.44) 中 $m \times n$ 的 Jacobian 矩阵 $\boldsymbol{J}'_\omega$ 的降秩来分析

$$\operatorname{rank} \boldsymbol{J}'_\omega < n \tag{13.52}$$

式中, m 为运动平台独立坐标数目; n 为驱动运动副数目。该关系还可以表示为

$$\det \boldsymbol{U} = 0, \quad \forall \boldsymbol{U}\{\operatorname{sub}(\boldsymbol{J}'_\omega)\} \tag{13.53}$$

该关系式可保证并联机构始终处于非奇异构型。类似于非冗余驱动的情况, Jacobian 矩阵 $\boldsymbol{J}'_\omega$ 的秩可以通过姿态角 α 和 β 组合的数值计算来求得, 数值上等于平台活动度。

因此, 可以表明, 由于式 (13.52) 与式 (13.53) 关系不存在, 则该冗余驱动并联机构在其工作空间范围内不存在任何奇异点。由此, 本节论证了冗余驱动在消除奇异性方面的优势。

13.8.3 局部灵巧度的改进

根据式 (13.47) 所示的运动学输入输出关系的 Jacobian 矩阵, 其条件数可以表示为

$$c = \frac{\sigma_{\max}(\boldsymbol{J}_\omega)}{\sigma_{\min}(\boldsymbol{J}_\omega)} \tag{13.54}$$

式中, $\sigma_{\max}(\boldsymbol{J}\omega)$ 和 $\sigma_{\min}(\boldsymbol{J}\omega)$ 分别为 Jacobian 矩阵 $\boldsymbol{J}_\omega$ 的最大与最小奇异值。

由式 (13.54) 表达的条件数的逆可以表示并联机构的局部灵巧度, 该并联机构既可以是式 (13.48) 表示的非冗余驱动机构也可以是式 (13.49) 表示的冗余驱动的并联机构。由于采用逆条件数作分析, 灵巧度指标值可以在 $[0,1]$ 的范围内变动, 其中 0 表示奇异点, 1 表示各向同性点。因此, 该指标值越大则表示机构灵巧度越高。

需注意的是, 在冗余驱动情形的分析中, 姿态角 γ 被赋予零, 条件数根据不同的姿态角 α 和 β 的组合计算而得, 其值与其逆表示了机构距离奇异构型的远近。同样的分析思路可以用以观察非冗余驱动机构的灵巧度。行列式的分析结果表明, 非冗余驱动的并联机构在其工作空间内存在奇异点。

在非冗余驱动的并联机构中, 当机构处于其初始位姿, 即平台的两姿态角均等于零时, 灵巧度指标接近于 1, 即各向同性 (Merlet, 2006)。而当平台的构型接近工作空间的边界时, 其灵巧度指标值下降, 机构的灵巧度降低。

然而, 随着冗余驱动的引入, 并联机构局部灵巧度得以提高。因为机构在工作空间内规避了奇异点, 提高了该机构的性能。可以看出, 冗余驱动机构的灵巧度指标值的范围为 $[0.1,1]$ 时, 非冗余驱动情形的灵巧度指标值仅为 $[0,0.1]$。因此可以说, 冗余驱动的引入极大地提高了并联机构的灵巧度。

由此, 附加支链冗余驱动的引入使得并联机构平台获得工作范围内均匀与足够高的灵巧度, 并且消除了机构工作空间内的奇异点。另外, 还可以降低驱动电机所需的输出力矩, 并增加机构的刚度。

以上分析可以指导具有较高全局灵巧度以及均匀局部灵巧度机构的设计。

非冗余驱动并联机构与相应的冗余驱动并联机构的灵巧度随姿态角 α 和 β 变化的分布情况可见图 13.11。

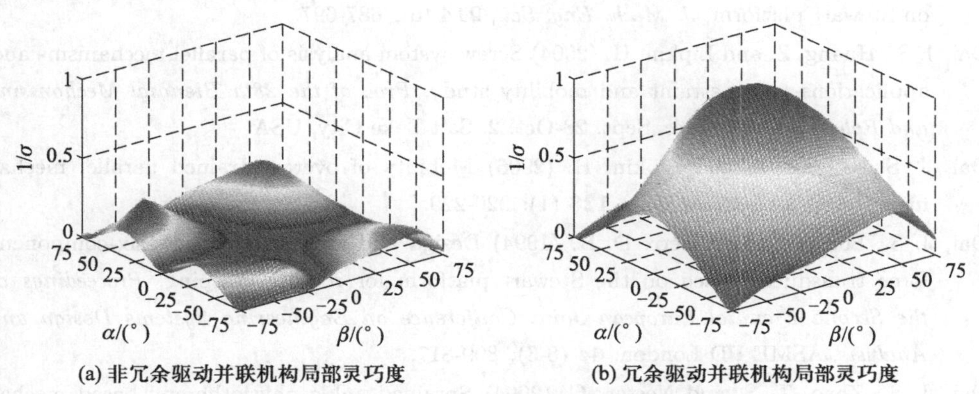

(a) 非冗余驱动并联机构局部灵巧度　　(b) 冗余驱动并联机构局部灵巧度

图 13.11　三支链并联机构的灵巧度分析

参考文献

Agrawal, S. K. (1990) *A Study of In-parallel Manipulator Systems*, PhD Dissertation, Stanford University, Stanford, California.

Agrawal, S. K. (1991) Study of an in-parallel mechanism using reciprocal screws, *Proc. of the 8th World Congress on TMM*, Prague, August, 405-408.

Aimedee, F., Gogu, G., Dai, J. S. Bouzgarrou, C. and Bouton, N. (2016) Redundant singularities versus constraint singularities in parallel mechanisms, *Journal of Mechanical Engineering Science*, **230** (3): 445-453.

Aminzadeh, V., Wurdemann, H. A., Dai, J. S., Reed, J. and Purnell, G. (2010) A New algorithm for pick and place operation, *Industrial Robot: An International Journal*, **37** (6): 527-531.

Bonev, I. A., Zlatanov, D. and Gosselin, C. M. (2003) Singularity analysis of 3-DOF planar parallel mechanisms via screw theory, *ASME J. Mech. Des.*, **125** (3): 573-581.

Bonev, I. A. and Gosselin, C. M. (2006) Analytical determination of the workspace of symmetrical spherical parallel mechanisms, *IEEE Trans on Robotics*, **22** (5), 1011-1017.

Bricard, M. R. (1897) Memoire sur la theorie de l'octaedre articule, *J. Matematiques Pures et Appliquees*, **LXII**: 113-148.

Cheng, H., Yiu, Y. K. and Li Z. (2003) Dynamics and control of redundantly actuated parallel manipulators, *IEEE/ASME T. Mechatronics*, **8** (4): 483-491.

Dai, J. S. (2010) Editorial: Surgical robotics and its development and progress, special issue on surgical robotics, system development, application study and performance analysis, *Robotica*, **28** (2): 161.

Dai, J. S. (2012) Finite displacement screw operators with embedded Chasles' motion, *ASME J. Mech. Rob.*, **4** (4): 041002.

Dai, J. S. (2019) *Screw Algebra and Kinematic Approaches for Mechanisms and Robotics*, Springer, London.

Dai, J. S. and Kerr, D. R. (2000) A six-component contact force measurement device based on Stewart platform, *J. Mech. Eng. Sci.*, **214** (5): 687-697.

Dai, J. S., Huang, Z. and Lipkin, H. (2004) Screw system analysis of parallel mechanisms and applications to constraint and mobility study, *Proc of the 28th Biennial Mechanisms and Robotics Conference*, Sept. 28-Oct. 2, Salt Lake City, USA.

Dai, J. S., Huang, Z. and Lipkin, H. (2006) Mobility of overconstrained parallel mechanisms. *ASME J. Mech. Des.*, **128** (1): 220-229.

Dai, J. S., Sodhi, C. and Kerr, D. R. (1994) Design and analysis of a new six-component force transducer based on the Stewart platform for robotic grasping, *Proceedings of the Second Biennial European Joint Conference on Engineering Systems Design and Analysis*, ASME PD London, **64** (8-3): 809-817.

Dai, J. S., Zhao, T. S. and Nester, C. (2004) Sprained ankle physiotherapy based mechanism synthesis and stiffness analysis of rehabilitation robotic devices, *Special Issue on Rehabilitation Robotics, Autonomous Robots*, **16**(2): 207-218.

Davies, T. H. (1981) Kirchhoff's circulation law applied to multi-loop kinematic chains, *Mech. Mach. Theory*, **16** (3): 171-183.

Davies, T. H. (1983a) Mechanical networks-I: Passivity and redundancy, *Mech. Mach. Theory*, **18** (2): 95-101.

Davies, T. H. (1983b) Mechanical networks-II:Formulae for the degrees of mobility and redundancy, *Mech. Mach. Theory*, **18** (2): 103-106.

Davies, T. H. (1983c) Mechanical networks-III:Wrenches on circuit screws, *Mech. Mach. Theory*, **18** (2): 107-112.

Davies, T. H. and Primrose, E. J. F. (1971) An algebra for the screw systems of pairs of bodies in a kinematic chain, *Proc. of the 3rd World Congress for the Theory of Machines and Mechanisms*, September 13-20, Kupari, Yugoslavia.

Di Gregorio, R. and Parenti-Castelli, V. (2002) Mobility analysis of the 3-UPU parallel mechanism assembled for a pure translational motion, *ASME J. Mech. Des.*, **124** (2): 259-264.

Dimentberg, F. M. (1965) *The Screw Calculus and Its Applications in Mechanics*, Foreign Technology Division, Wright-Paterson Air Force Base, Ohio, USA.

Ebert-Uphoff, I., Lee, J. K. and Lipkin, H. (2002) Characteristic tetrahedron of wrench singularities for parallel manipulators with three legs, *J. Mech. Eng.*, **216** (1): 81-93.

Fichter, E. F. (1986) A Stewart platform based manipulators: General theory and practical construction, *Int. J. Robot. Res.*, **5** (2): 157-182.

Gan, D. and Dai, J. S. (2013) Geometry constraint and branch motion evolution of 3-PUP parallel mechanisms with bifurcated motion, *Mech. Mach. Theory*, **61**: 168-183.

Gan, D., Dai, J. S., Dias, J. and Seneviratne, L. (2013) Reconfigurability and unified kinematics modeling of a 3rTPS metamorphic parallel mechanism with perpendicular constraint screws, *Robotics and Computer-Integrated Manufacturing*, **29** (4): 121-128.

Gan, D., Dai, J. S., Dias, J. and Seneviratne, L. (2013) Unified kinematics and singularity analysis of a metamorphic parallel mechanism with bifurcated motion, *ASME J. Mech. Rob.*, **5** (3): 031004.

Gan, D., Dai, J. S., Dias, J. and Seneviratne, L. (2016) Variable motion/force transmissibility of a metamorphic parallel mechanism with reconfigurable 3T and 3R motion, *Journal of Mechanisms and Robotics*, **8** (5): 051001.

Gan, D., Dai, J. S. and Caldwell, D. G. (2011) Constraint-based limb synthesis and mobility-change aimed mechanism construction, *ASME J. Mech. Des.*, **133** (5): 051001-051009.

Gan, D. M., Dai, J. S. and Liao, Q. Z. (2009) Mobility analysis of two types of metamorphic parallel mechanisms, *ASME J. Mech. Rob.*, **1** (3): 041007.

Gan, D. M., Dai, J. S. and Liao, Q. Z. (2010) Constraint analysis on mobility change in the metamorphic parallel mechanism, *Mech. Mach. Theory*, **45** (12): 1864-1876.

Gan, D. M., Liao, Q. Z., Dai, J. S., Wei, S. M. and Seneviratne, L. D. (2009) Forward displacement analysis of a new 1CCC-5SPS parallel mechanism using Grobner theory, *J. Mech. Eng. Sci.*, **223** (C5): 1233-1241.

Gan, D. M., Liao, Q. Z., Dai, J. S., Wei, S. M. and Seneviratne, L. D. (2009) Forward displacement analysis of the general 6-6 Stewart mechanism using Grobner bases, *Mech. Mach. Theory*, **44** (9): 1640-1647.

Gan, D. M., Liao, Q. Z., Dai, J. S. and Wei, S. M. (2010) Design and kinematics analysis of a new 3CCC parallel mechanism, *Robotica*, **28** (7): 1065-1072.

Gogu, G. (2004) Structural synthesis of fully-isotropic translational parallel robots via theory of linear transformations, *European Journal of Mechanics A/Solids*, **23**, 1021-1039.

Gogu, G. (2008) Constraint singularities and the structural parameters of parallel robots, *Advances in Robot Kinematics: Analysis and Design*, Springer Netherlands: 21-28.

Gosselin, C. and Angeles, J. (1990) Singularity analysis of closed-loop kinematic chains, *IEEE T. Robot. Autom.*, **6** (3): 281-290.

Gosselin, C. and Angeles, J. (1987) The optimum kinematic design of a spherical three-degree-of-freedom parallel manipulator, *Proc. 13th ASME Design Automation Conference*, Sept., Boston, USA.

Gosselin, C. M. (1990) Determination of the workspace of 6-dof parallel manipulators, *ASME, J. Mech. Des.*, **112** (3): 331-336.

Gough, V. E. (1956). Contribution to discussion of papers on research in automobile stability, control and tyre performance, *J. Auto Div.*, **171**: 392-394.

Gough, V. E. and Whitehall, S. G. (1961) Universal tire test machine, *Proc. Int. Technical Congress FISITA*, May, Institution of Mechanical Engineers, UK.

Hartenberg, R. S. and Denavit, J. (1964) *Kinematic Synthesis of Linkages*, Clarendon Press, Oxford.

Hervé, J. M. (1978) Analyze structurelle des mécanismes par groupe des déplacements, *Mech. Mach. Theory*, **13** (4): 437-450.

Huang, Z. and Li, Q. C. (2002) General methodology for type synthesis of lower-mobility symmetrical parallel manipulators and several novel manipulators, *Int J. Robot. Res*, **21** (2): 131-145.

Huang, Z. and Li, Q. C. (2003) Type synthesis of symmetrical lower-mobility parallel mechanisms using constraint-synthesis method, *Int. J. Robot. Res.*, **22** (1): 59-79.

Hunt, K. H. (1986) Special configurations of robot-arms via screw theory, part 1: The Jacobian and its matrix of cofactors, *Robotica*,**4**: 171-179.

Hunt, K. H. (1983) Structural kinematics of in-parallel-actuated robot-arms, *ASME J. Mech., Transm.*, **105** (4): 705-712.

Husty, M. L. (1996) An algorithm for solving the direct kinematics of general Stewart-Gough platforms, *Mech. Mach. Theory*, **31** (4): 365-379.

Husty, M. L. and Zsombor-Murray, P. (1994) A special type of singular Stewart Gough platform, Lenarčič, J. and Ravani, B. (eds.), *Advances in Robot Kinematics and Computational Geometry*, Kluwer, 439-449.

Innocenti, C. and Parenti-Castelli, V. (1991) Direct kinematics of the 6-4 fully parallel manipulator with position and orientation uncoupled, *European Robotics and Intelligent Systems Conference*, June 23-28, Corfu.

Karger, A. (2003) Architecture singular planar parallel manipulators, *Mech. Mach. Theory*, **38** (11): 1149-1164.

Karger, A. (2008) New self-motions of parallel manipulators, *Advances in Robotic Kinematics*, Lenarčič, J. and Wenger, P. (eds.), Springer, Dordrecht, 275-282.

Karger, A. (2009) Parallel manipulators with simple geometrical structure, Ceccarelli, M. (eds.), *Proc EUCOMES 08*, Springer, Dordrecht, 463-470.

Karger, A. and Husty, M. (1998) Classification of all self-motions of the original Stewart-Gough platform, *Computer-Aided Design*, **30** (3): 205-215.

Kerr, D. R. (1989) Analysis, properties, and design of a Stewart-platform transducer, *J. Mech. Transm.*, **111** (1): 25-28.

Kong X. and Gosselin, C. M. (2004) Type synthesis of 3-DOF spherical parallel manipulators based on screw theory, *ASME J. Mech. Des.*, **126** (1): 101-108.

Kong, X. (2009) Forward displacement analysis of a 3-RPR planar parallel manipulator revisited, Computational Kinematics, Kecskeméthy, A. and Müller, A. (eds.), Proc 5th Int. Workshop on Computational Kinematics, Springer-Verlag, Berlin, 69-76.

Kumar, V. (1992) Instantaneous kinematics of parallel-chain robotic mechanisms, *ASME J. Mech. Des.*, **114** (3): 349-358.

Kumar, V. (1992) Characterization of workspaces of parallel manipulators, *ASME J. Mech. Des.*, **114** (3): 368-375.

Kuo, C. H. and Dai, J. S. (2012) Kinematics of a fully-decoupled remote center-of-motion parallel manipulator for minimally invasive surgery, *ASME J. Med. Dev.*, **6** (2): 021008.

Kuo, C. H. and Dai, J. S. (2013) Task-oriented structure synthesis of a class of parallel manipulators using motion constraint generator, *Mech. Mach. Theory*, **70**: 394-406.

Kurtz, R. and Hayward, V. (1992) Multiple-goal kinematic optimization of a parallel spherical mechanism with actuator redundancy, *IEEE T. Robot. Autom.*, **8** (5): 644-651.

Lai, Z.C. and Yang, D.C.H.(1986) A new method for the singularity analysis of simple six-link manipulators, *Int. J. Robot. Res.*, **5** (2): 66-74.

Lee, C. C. (1997) On the reciprocal screw axis of the Schatz sixrevolute linkage, *Proc. Seventh IFToMM International Symposium on Linkages and Computer Aided Design Methods-Theory and Practice of Mechanisms(SY ROM'97)* , Bucharest, Romania.

Lee, C. C. and Hervé, J. M. (2009) Type synthesis of primitive Schoenflies-motion generators, *Mech. Mach. Theory*, **44** (10): 1980-1997.

Lee, C. C. and Hervé, J. M. (2009) Uncoupled 6-dof tripods via group theory, *Computational Kinematics*, Springer-Verlag, Berlin Heidelberg.

Lee, C. C. and Hervé, J. M. (2006) Translational parallel manipulators with doubly planar limbs, *Mech. Mach. Theory*, **41** (4): 433-455.

Lee, C. C. and Hervé, J. M. (2007) Cartesian parallel manipulators with pseudo-planar limbs, *ASME J. Mech. Des.*, **129**: 1256-1264.

Lee, J., Duffy, J. and Keler, M. (1999) The optimum quality index for the stability of in-parallel planar platform devices, *ASME J. Mech. Des.*, **121** (1): 15-20.

Leguay-Durand, S. and Reboulet, C. (1997) Optimal design of a redundant spherical parallel manipulator, *Robotica*, **15** (4): 399-405.

Lenarčič, J., Bajd, T., and Stanišić, M. M. (2013) Redundant mechanisms, *Robot Mechanisms, Intelligent Systems, Control and Automation: Science and Engineering*, **60**: 207-237.

Li, Q. and Hervé, J. M. (2009) Parallel mechanisms with bifurcation of Schoenflies motion, *IEEE T. Robotics*, **25** (1): 158-164.

Li, Q. C., Huang, Z. and Hervé J. M. (2004) Type synthesis of 3R2T 5-DOF parallel mechanisms using the Lie group of displacements, *IEEE T. Robot. Autom.*, **20** (2): 173-180.

Li, Q. C. and Huang, Z. (2004) Mobility analysis of a novel 3-5R parallel mechanism family, *ASME J. Mech. Des.* **126** (1): 79-82.

Liu, G., Lou, Y. and Li, Z. (2003) Singularities of parallel manipulators: A geometric treatment, *IEEE T. Robotic. Autom.*, **19** (4): 579-594.

Lopez-Custodio, P. C., Dai, J. S. and Rico, J. M. (2018) Branch reconfiguration of Bricard loops based on toroids intersections: Line-symmetric case, *Journal of Mechanisms and Robotics*, **10** (2): doi: 10.1115/1.4038981.

Merlet, J. P. (1987) Parallel manipulators: Kinematics, singular configurations and compliance, *Proc. 3rd Int. Conf. on Advanced Robotics*, Octobre 13-15, Versailles, France.

Merlet, J. P. (1989) Singular configurations of parallel manipulators and Gracsmann geometry, *Int. J. Robot. Res.*, **8** (5): 45-56.

Merlet, J. P. (1995) Determination of the orientation workspace of parallel manipulators, *J. Int. Rob. Syst.*, **13** (2), 143-160.

Merlet, J. P. (2000) *Parallel Robot*, Kluwer Academic Publishers.

Merlet, J. P. (2004) Solving the forward kinematics of a Gough-type parallel manipulator with interval analysis. *Int. J. Robot. Res.*, **23** (3): 221-236.

Merlet, J. P. (2006) Jacobian, manipulability, condition number and accuracy of parallel robots, *ASME J. Mech. Des.*, **128** (1): 199-206.

Merlet, J. P. and Gosselin, C. M. (2008) *Parallel Mechanisms and Robots, Handbook of Robotics*, Springer-Verlag, 269-285.

Mohamed, M. G. (1983) *Instantaneous Kinematics and Joint Displacement Analysis of Fully-Parallel Robotic Devices*, PhD Dissertation, University of Florida, Gainesville, FL.

Mohamed, M. G., Sanger, J., and Duffy, J. (1983) Instantaneous kinematics of fully parallel devices, *Sixth IFToMM Congress on Theory of Machines and Mechanisms*, New Delhi, India.

Mohamed, M. G. and Duffy, J. (1985) A direct determination of the instantaneous kinematics of fully parallel robot manipulators, *ASME J. Mech. Transm.*, **107** (2): 226-229

Moroshkin, I. F. (1958) On the geometry of compound kinematic chains, *Soviet Physics Doklady*, **3** (2): 269-272.

Notash, L. (1998) Uncertainty configurations of parallel manipulators, *Mech. Mach. Theory*, **33** (1/2): 123-138.

Ottaviano, E., Husty, M. and Ceccarelli, M. (2006) Identification of the workspace boundary of a general 3R manipulator, *ASME J. Mech. Des.*, **128** (1): 236-242.

Qin, Y., Zhang, K., Li, J. and Dai, J. S. (2013) Modelling and analysis of a rigid-compliant parallel mechanism, *Robotics and Computer-Integrated Manufacturing*, **29** (4): 33-40.

Qin, Y. and Dai, J. S. (2012) Configuration and actuation analysis of a 2US+UPS asymmetrical parallel mechanism, *J. Mech. Eng. Sci.*, **226** (9): 2296-2308.

Rodriguez-Leal, E. and Dai, J. S. (2010) *Evolutionary Design of Parallel Mechanisms: Kinematics of a Family of Parallel Mechanisms with Centralized Motion*, Lambert Academic Publishing, Saarbruecken, Germany.

Rodriguez-Leal, E., Dai, J. S. and Pennock, G. R. (2013) Screw-system-based mobility analysis of a family of fully translational parallel manipulators, *Mathematical Problems in Engineering*, 262801.

Rodriguez-Leal, E., Dai, J. S., and Pennock, G. R. (2011) Kinematic analysis of a 5-RSP parallel mechanism with centralized motion, *Meccanica*, **46**: 221-237.

Rodriguez-Leal, E., Dai, J. S. and Pennock, G. R. (2008) Kinematic analysis of a new family of centralized parallel mechanisms, *Proc. 2nd Int. Workshops on Funamental Issues and Future Reasearch Directions for Parallel Mechanisms and Manipulators*, September, Montpellier, France.

Saglia, J. A., Dai, J. S. and Caldwell, D. G. (2008) Geometry and kinematic analysis of a redundantly actuated parallel mechanism that eliminates singularity and improves dexterity, *ASME J. Mech. Des.*, **130** (12): 124501-124505.

Saglia, J. A., Tsagarakis, N. G., Dai, J. S. and Caldwell, D. G(2009) Inverse-kinematics-based control of a redundantly actuated platform for rehabilitation, *J. Syst. Contr. Eng.*, **223** (1): 53-70.

Saglia, J. A., Tsagarakis, N. G., Dai, J. S. and Caldwell, D. G. (2013) Control strategies for patient-assisted training using the ankle rehabilitation robot (ARBOT), *IEEE/ASME Transactions on Mechatronics*, **18** (6): 1799-1808.

Saglia, J. A., Tsagarakis, N. G., Dai, J. S. and Caldwell, D. G. (2009) A high performance redundantly actuated parallel mechanism for ankle rehabilitation, *Int. J. Robot. Res.*, **28** (9): 1216-1227.

Sandor, G. N. and Erdman, A. G. (1984) *Advanced Mechanisms Design: Analysis and Synthesis*, vol. 2, Englewood Cliffs, New Jersey.

Shi, X. and Fenton, R. G. (1992) Structural instabilities in platform-type parallel manipulators due to singular configurations, *ASME Conf. on Robotics, Spatial Mechanisms and Mechanical Systems*, **45**: 347-352.

Stewart, D. (1965) A platform with six degrees of freedom, *J. of Systems and Control Engineering*, **180** (15): 371-378.

Sugimoto, K., Duffy, J. and Hunt, K. H.(1982) Special configurations of spatial mechanisms and robot arms, *Mech. Mach. Theory*, **17** (2): 119-132.

Sukhan, L. and Sungbok, K. (1994) Kinematic feature analysis of parallel manipulator systems, *Proceedings of the IEEE/RSJ/GI International Conference on Intelligent Robots and Systems*, **2**: 1421-1428.

Tsai, L. W. and Joshi, S. A. (2002) Kinematic analysis of 3 DOF position mechanisms for use in hybrid kinematic machines, *ASME J. Mech. Des.*, **124** (2): 245-253.

Waldron, K. J., Raghavan, M. and Roth, B. (1989) Kinematics of a hybrid series-parallel manipulation system, *ASME J. Dyn. Syst.*, **111** (2): 211-221.

Waldron, K. J., Wang, S. L. and Bolin, S. J. (1985) A study of the Jacobian matrix of serial manipulators, *ASME J. Mech. Trans. Autom. Des.*, **107** (2): 230-237.

Wang, J., and Gosselin, C. M. (2004) Singularity loci of a special class of spherical 3-DOF parallel mechanisms with prismatic actuators, *ASME J. Mech. Des.*, **126** (2): 319-326.

Wang, S. L. and Waldron, K.J. (1987) A study of the singular configurations of serial manipulators, *ASME J. Mech. Trans. Autom. Des.*, **109** (1): 14-20.

Wohlhart, K. (1994) Displacement analysis of the general spherical Stewart platform, *Mech. Mach. Theory*, **29** (4): 581-589.

Zein, M., Wenger, P. and Chablat, D. (2006) An exhaustive study of the workspace topologies of all 3R orthogonal manipulators with geometric simplifications, *Mech. Mach. Theory*, **41** (8): 971-986.

Zhang, K., Dai, J. S. and Fang, Y. (2010) Topology and constraint analysis of phase change in the metamorphic chain and its evolved mechanism, *ASME J. Mech. Des.*, **132** (12): 121001-121011.

Zhang, K., Dai, J. S. and Fang, Y. (2012) Constraint analysis and bifurcated motion of the 3PUP parallel mechanism, *Mech. Mach. Theory*, **49** (3): 256-269.

Zhang, K., Dai, J. S. and Fang, Y. (2013) Geometric constraint and mobility variation of two 3SvPSv metamorphic parallel mechanisms, *ASME J. Mech. Des.*, **135** (1): 011001

Zhang, X. S., Lopez-Custodio, P. C. and Dai, J. S. (2018) Compositional submanifolds of PUP and skewed PRP kinematic chains and their derived parallel mechanisms, *Journal of Mechanisms and Robotics*, **10** (2): doi: 10.1115/1.4038218.

Zhao, J. S., Liu, X., Feng, Z. J. and Dai, J. S. (2013) Design of an Ackermann-type steering mechanism, *J. Mech. Eng. Sci.*, **227** (11): 2549-2562.

Zhao, T. S., Dai, J. S. and Huang, Z. (2002) Geometric analysis of overconstrained parallel manipulators with three and four degrees of freedom, *JSME International Journal, Series C, Mechanical Systems, Machines Elements and Manufacturing*, **45** (3): 730-740.

Zhao, T. S., Dai, J. S. and Huang, Z. (2002) Geometric synthesis of spatial parallel manipulators with fewer than six degrees of freedom, *J. Mech. Eng. Sci.*, **216** (12): 1175-1185.

Zlatanov, D., Bonev, I. A. and Gosselin, C. M. (2002) Constraint singularities of parallel mechanisms, *in Proc. IEEE Int. Conf. Robot. Autom.*, Washington, D. C., USA

Zlatanov, D., Bonev, I. and Gosselin, C. M. (2002) Constraint singularities as configuration space singularities, *ParalleMIC-the Parallel Mechanisms Information Center*, http://www.parallemic. org/Reviews/Review008. html.

Zlatanov, D., Fenton, R. G. and Benhabib, B. (1994) Singularity analysis of mechanisms and robots via a velocity-equation model of the instantaneous kinematics, *IEEE Int. Conf on Rob. and Autom.*, **2**: 986-991.

Zlatanov, D. (1998) Generalized singularity analysis of mechanisms, PhD Dissertation, University of Toronto.

黄真, 孔令富, 方跃法 (1997) 并联机器人机构学理论及控制, 机械工业出版社, 北京.

杨廷力, 刘安心, 罗玉峰, 沈慧平, 杭鲁滨, 金琼 (2012) 机器人机构拓扑结构设计, 机械工业出版社, 北京.

邹慧君, 高峰 (2007) 现代机构学进展: 第 1 卷, 高等教育出版社, 北京.

第十四章　多指灵巧手的几何学与旋量矩阵

互易性是旋量理论的基础, 体现了约束与运动、柔度与刚度的对偶关系。3.7 节与 6.1 节分别给出了互易性的几何解释与物理含义, 由此可知, 旋量互易性提供了在机构学和机器人学中应用旋量代数与旋量系理论的重要理论基础与途径。其中较为典型的应用是并联机构的分析与综合。最早使用互易性进行机构分析的研究可以追溯到由多环空间机构的速度旋量闭环方程求取互易约束旋量 (Mohamed、Sanger 和 Duffy, 1983)。此后, 旋量互易性逐步发展为并联机构分析与综合的基本方法。

在**多指灵巧手**的分析中, 如果假定指端与物体之间的接触为球副, 灵巧手连同被抓持物体则可以等效为并联机构 (Cui 和 Dai, 2012a)。由此, 旋量互易性可以用来获取灵巧手操作中的抓持力旋量。这种方法适用于大多数灵巧手。

多指灵巧手的分析可以追溯到 Salisbury (1982) 的研究工作, Salisbury 全面研究了多指灵巧手抓持的力学、运动学与控制问题, 这是最早和最重要的工作。Kerr 和 Roth (1986) 研究了多指灵巧手的抓持优化与工作空间等问题。Murray、Li 和 Sastry (1994) 进行了多指灵巧手抓持约束、动力学及控制等方面的研究。在多指灵巧手抓持研究中, 接触点的**滚动和滑动** (Cui 和 Dai, 2010)、**物体与指端接触点的构型**(Trinkle、Abel 和 Paul, 1988)、物体形状以及每个手指的运动结构 (Luo 和 Dai, 2006; Wei 和 Dai, 2010) 等因素是必须考虑的。

在多指手的姿态和灵巧性研究中, Pons、Ceres 和 Pfeiffer (1999) 研究了多指灵巧手的操作度, Bicchi (2000) 研究了可以用于智能系统的操作灵巧度、抓持鲁棒性和操作适应性。Dai 和 Shah (2002, 2003) 以及 Shah 和 Dai (2002) 基于工作空间分解研究了平面串联机器人的灵巧度, 提出了串联机构**虚铰链副**的概念, 从而运用闭合环路探讨串联机构灵巧度的分布与表示。

与传统的不可变的固定手掌对比, Dai (2004a, b) 首次在多指灵巧手中引入了闭环铰链式手掌。这个手掌由闭合运动链组成, 且具有改变活动度的能力, 这就产生了**变胞多指灵巧手**。变胞多指灵巧手的提出提高了多指手的灵巧度与适应性, 对多指灵巧手运动学分析和性能控制提出了挑战。变胞多指灵巧手的研究为多指灵巧手的研究提供了新的方法, 它首次采用几何方法研究手指操作平面与手掌机构的互动关系 (Dai 和 Wang, 2007), 使用**微分几何**分析多指手的工作空间 (Dai、Wang 和 Cui, 2009)。在此基础上, 类似于第十三章支链旋量系的方法, 多指灵巧手旋量系也得以建立与分析, 并基于第七章旋量系关系建立了变胞多指灵巧手的基于 Jacobian 矩阵的数学模型 (Cui 和 Dai, 2011b), 用以研究多指灵巧手的姿态、**操作度**及操作**适应性** (Cui 和 Dai, 2012a)。

本章介绍多指灵巧手旋量系分析, 特别是变胞多指灵巧手的分析。采用几何方法研究手指操作平面及其交集, 采用微分几何研究多指手的姿态和操作度。在此基础上, 本章提出一个完整的灵巧手综合数学模型, 尤其是当手掌为**可重构**情况下的模型, 并引入**奇异值分解法**以获得多指灵巧手的操作度指标与评价。

14.1 变胞活动手掌运动的几何分析

14.1.1 手指操作平面

变胞多指灵巧手由**变胞手掌**与机械手指组成 (Dai, 2004a, b; Dai 和 Wang, 2007; Cui 和 Dai, 2011b)。它可改变手掌的构型, 从而改变手掌的活动度, 使多指灵巧手获得更大范围的抓持姿态种类。

这种新颖的可折叠与可重构手掌可以安装多个手指以构成新型多指灵巧手。变胞手掌是如图 14.1 所示的球面五连杆机构, 含连杆 $l_1 \sim l_5$。连杆 l_1 固定于腕部, 为固定连杆, 其上安装手指 f_1。相邻连杆 l_2 上安装手指 f_2, 连杆 l_3 上安装手指 f_3。剩下两个连杆是可重构连杆 l_4 和曲柄连杆 l_5。固定连杆有两个驱动关节 m_1 和 m_2, 分别位于连杆两侧, 用来调节球面变胞手掌的位置和姿态。驱动关节 m_2 通过转动曲柄连杆使其在变胞状态改变为球面四连杆机构, 以达到改变变胞手掌的构态与结构的目的。

可重构连杆 l_4 和曲柄连杆 l_5 的运动引起手掌拓扑结构变化。当锁定驱动关节 m_2 的角度值时, 变胞手掌演变为一个单自由度的球面四连杆机构, 这产生一个变胞构态。当曲柄连杆 l_5 与固定连杆 l_1 重叠时, 两个连杆被锁定, 如图 14.1 所示, 变胞手掌演变成一个单自由度的球面四杆机构。虽然机构可以实现变胞构态, 在最初的设计时, 仍需要考虑**内在变胞构态**。

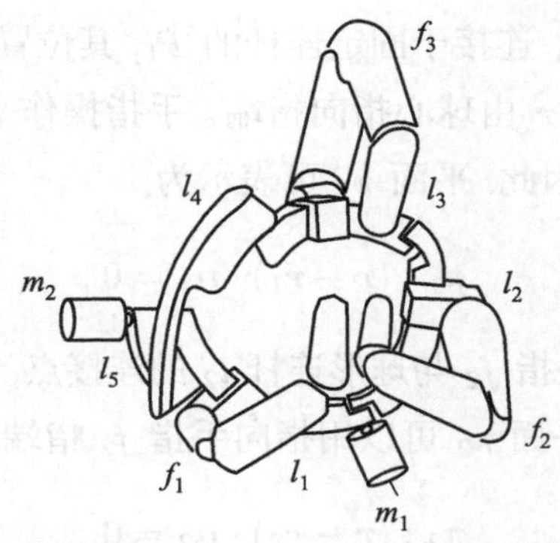

图 14.1 变胞灵巧手手掌的球面四杆内在变胞构态

在变胞多指灵巧手中，手掌的活动度及构型的变化改变了与其相连的手指的姿态和位置。因此不同于固定手掌中类似于串联机械臂的手指，变胞灵巧手的手指是基于一闭环连杆系的机械手指，能够不断改变其基座的姿态与位置。因此，需要引进与手掌运动和手指运动相关的平面，即**手指操作平面**，来表示手指的姿态与位置变化。**手指操作平面**位于手指中轴线上，并垂直于固定手指的连杆。这一平面虽然为手指的操作空间，但也可随变胞手掌上相应杆的连杆变动而变动。为了叙述方便，本章不考虑手指的偏航角。但若考虑，手指操作平面也可随偏航角变动。

当与手指连接的球面连杆停止运动时，手指操作平面是静止的，手指在二维空间内操作。当连接的球面连杆运动时，手指操作平面在三维空间作通过原点的移动。由此手指操作平面可以描述变胞手掌的运动并确定手指的运动范围，而手指操作平面的法向量运动轨迹代表了手指操作平面的运动。

手指分别安装在球形连杆上。手指 f_1 安装在固定连杆 l_1 上，手指 f_2 和 f_3 分别安装在相邻连杆 l_2 和连杆 l_3 上。三个手指操作平面如图 14.2 所示。

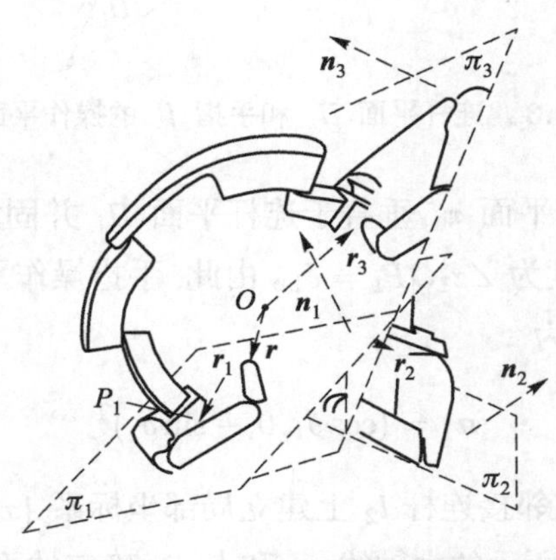

图 14.2 三个手指操作平面

手指 f_1 与固定连杆 l_1 连接于固定连杆的 P_1, 其位置由向量 $\boldsymbol{r}_1$ 给定。$\boldsymbol{r}_1$ 由球心指向点 P_1, 而位置向量 $\boldsymbol{r}$ 由球心指向指端。手指操作平面 π_1 由向量 $\boldsymbol{r}_1$ 和 $\boldsymbol{r}$ 确定, 其法向量定义为 $\boldsymbol{n}_1$。因此, 平面 π_1 可表示为

$$\pi_1 : (\boldsymbol{r} - \boldsymbol{r}_1) \cdot \boldsymbol{n}_1 = 0 \tag{14.1}$$

用位置向量 $\boldsymbol{r}_2$ 表示手指 f_2 与球形连杆 l_2 的连接点, 并令 $\boldsymbol{n}_2$ 代表手指 f_2 操作平面的法向量, 手指操作平面 π_2 可以用指向手指 f_2 指端的可变位置向量 $\boldsymbol{r}$ 表示为

$$\pi_2 : (\boldsymbol{r} - \boldsymbol{r}_2) \cdot \boldsymbol{n}_2 = 0 \tag{14.2}$$

同理, 手指 f_3 操作平面 π_3 可表示为

$$\pi_3 : (\boldsymbol{r} - \boldsymbol{r}_3) \cdot \boldsymbol{n}_3 = 0 \tag{14.3}$$

14.1.2 手指操作平面的几何学以及与手掌运动的关联

建立全局坐标系 $\{x_1y_1z_1\}$, z_1 轴沿着如图 14.3 所示的固定连杆 l_1 与相邻连杆 l_2 间的转动副轴线方向, x_1 轴位于由 z_1 轴和手指安装点 P_1 决定的**连杆平面** $\varPi_1$ 上。y_1 轴按右手定则确定。

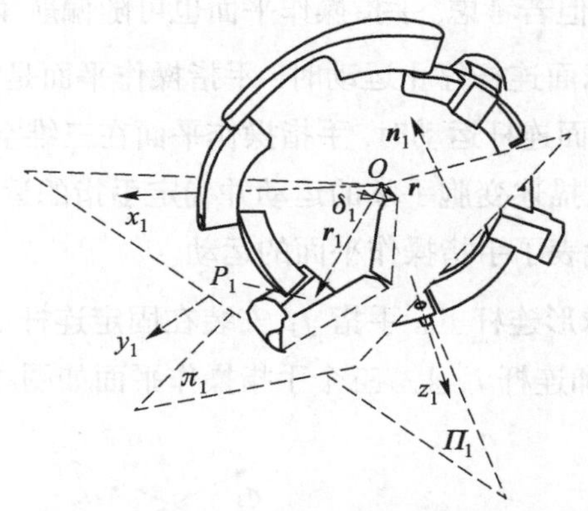

图 14.3 连杆平面 $\varPi_1$ 和手指 f_1 的操作平面 π_1

如图 14.3, 手指操作平面 π_1 垂直于连杆平面 $\varPi_1$ 并固定于 P_1 点, 同时记全局坐标系上的手指安装角度为 $\angle z_1OP_1 = \delta_1$。由此, 手指操作平面法向量 $\boldsymbol{n}_1$ 在固定坐标系 $\{x_1y_1z_1\}$ 中可表示为

$$\boldsymbol{n}_1 = (\cos\delta_1, 0, -\sin\delta_1)^{\mathrm{T}} \tag{14.4}$$

为了分析手指 f_2, 在邻接连杆 l_2 上建立局部坐标系 $\{x_2y_2z_2\}$, 轴 z_2 与轴 z_1 共线, 轴 x_2 位于如图 14.4 所示的由轴线 z_2 和点 P_2 确定的平面上。轴 x_2 和 z_2 给出手指 f_2 的连杆平面 $\varPi_2$。

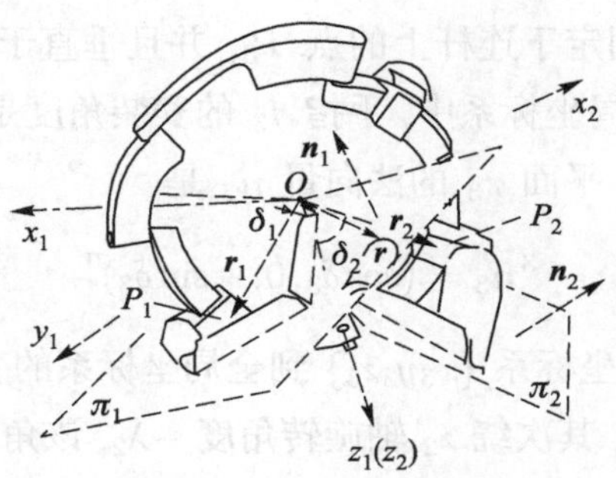

图 **14.4** 手指操作平面 π_1 和 π_2

手指操作平面 π_2 垂直于连杆平面 Π_2 并固定于点 P_2。在全局坐标系手指的安装位置是 $\angle z_2OP_2=\delta_2$。手指操作平面 π_2 的法向量 $\boldsymbol{n}_2$ 表示为

$$^2\boldsymbol{n}_2=(\cos\delta_2,0,-\sin\delta_2)^{\mathrm{T}} \tag{14.5}$$

前置上角标 “2” 表示向量是基于局部坐标系 $\{x_2y_2z_2\}$。为了从局部坐标系转换到全局坐标系, 局部坐标系 $\{x_2y_2z_2\}$ 需绕轴线 z_1 旋转角度 φ_1, 即为平面 π_1 和 π_2 间的夹角, 也就是驱动关节 m_1 的输入角。手指操作平面的法向量 $\boldsymbol{n}_2$ 和手掌运动之间的关系是

$$\boldsymbol{n}_2=\mathbf{R}(z_1,-\varphi_1)^2\boldsymbol{n}_2=\begin{bmatrix}\mathrm{c}\varphi_1 & -\mathrm{s}\varphi_1 & 0\\ \mathrm{s}\varphi_1 & \mathrm{c}\varphi_1 & 0\\ 0 & 0 & 1\end{bmatrix}\begin{pmatrix}\mathrm{c}\delta_2\\ 0\\ -\mathrm{s}\delta_2\end{pmatrix}=\begin{pmatrix}\mathrm{c}\delta_2\mathrm{c}\varphi_1\\ -\mathrm{c}\delta_2\mathrm{s}\varphi_1\\ -\mathrm{s}\delta_2\end{pmatrix} \tag{14.6}$$

第三个手指安装在与邻接连杆 l_2 相邻的连杆 l_3 上。建立局部坐标系 $\{x_3y_3z_3\}$, 轴 z_3 沿连杆 l_2 和连杆 l_3 间转动副的轴线方向, x_3 位于图 14.5 所示由 z_3 和连杆上的点 P_3 确定的平面上。

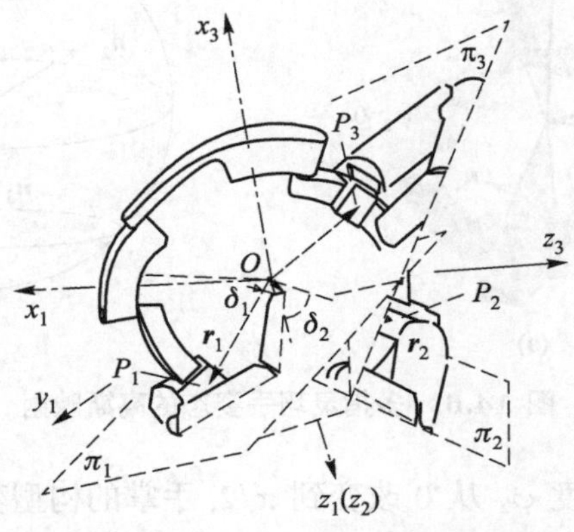

图 **14.5** 三个手指操作平面的交点

手指操作平面 π_3 固定于连杆上的点 P_3, 并且垂直于由 x_3 与 z_3 轴形成的手指 f_3 的连杆平面。在全局坐标系中, 手指 f_3 的安装角度是 $\angle z_3OP_3=\delta_3$。因此, 在局部坐标系 $\{x_3y_3z_3\}$ 中, 平面 π_3 的法向量 $\boldsymbol{n}_3$ 是

$$ {}^3\boldsymbol{n}_3=(\cos\delta_3,0,-\sin\delta_3)^{\mathrm{T}} \tag{14.7}$$

同样, 可实现从局部坐标系 $\{x_3y_3z_3\}$ 到全局坐标系的变换。首先绕连杆 l_2 和 l_3 间 z_3 轴旋转角度 $\varphi_2+\pi$, 其次绕 z_2 轴旋转角度 $-\lambda_2$, 该角度是球形连杆 l_2 的弧长。最后绕 z_1 轴旋转角度 φ_1, 由此得到变换矩阵 $\boldsymbol{R}_3$, 为

$$\begin{aligned}\boldsymbol{R}_3&=\boldsymbol{R}(\boldsymbol{z}_1,-\varphi_1)\boldsymbol{R}(\boldsymbol{y}_2,\lambda_2)\boldsymbol{R}(z_2,-\varphi_2-\pi)\\&=\begin{bmatrix}-\mathrm{c}\varphi_1\mathrm{c}\lambda_2\mathrm{c}\varphi_2+\mathrm{s}\varphi_1\mathrm{s}\varphi_2 & -\mathrm{c}\varphi_1\mathrm{c}\lambda_2\mathrm{s}\varphi_2-\mathrm{s}\varphi_1\mathrm{c}\varphi_2 & \mathrm{c}\varphi_1\mathrm{s}\lambda_2\\ \mathrm{s}\varphi_1\mathrm{c}\lambda_2\mathrm{c}\varphi_2+\mathrm{c}\varphi_1\mathrm{s}\varphi_2 & \mathrm{s}\varphi_1\mathrm{c}\lambda_2\mathrm{s}\varphi_2-\mathrm{c}\varphi_1\mathrm{c}\varphi_2 & -\mathrm{s}\varphi_1\mathrm{s}\lambda_2\\ \mathrm{s}\lambda_2\mathrm{c}\varphi_2 & \mathrm{s}\lambda_2\mathrm{s}\varphi_2 & \mathrm{c}\lambda_2\end{bmatrix}\end{aligned} \tag{14.8}$$

手指 f_3 操作平面的法向量 $\boldsymbol{n}_3$ 和手掌运动的关系如下:

$$\boldsymbol{n}_3=\boldsymbol{R}_{30}\boldsymbol{n}_{31}=\boldsymbol{R}_{30}\begin{pmatrix}\mathrm{c}\delta_3\\0\\-\mathrm{s}\delta_3\end{pmatrix} \tag{14.9}$$

14.2 高斯映射与姿态直纹面

给定变胞手掌的输入角 φ_1 和 φ_2, 可以获得三个手指操作平面的法向量 $\boldsymbol{n}_1$、$\boldsymbol{n}_2$ 和 $\boldsymbol{n}_3$。将三个法向量映射到一个单位球面 (Carmo, 1976) 可建立如图 14.6 的高斯球面, 进一步研究可以得到三个手指操作平面间的侧向关联关系, 从而完整地描述了变胞多指灵巧手的姿态。多指手在 $\varphi_1=0$ 和 $\varphi_2=0$ 时的起始姿态如图 14.6 所示。

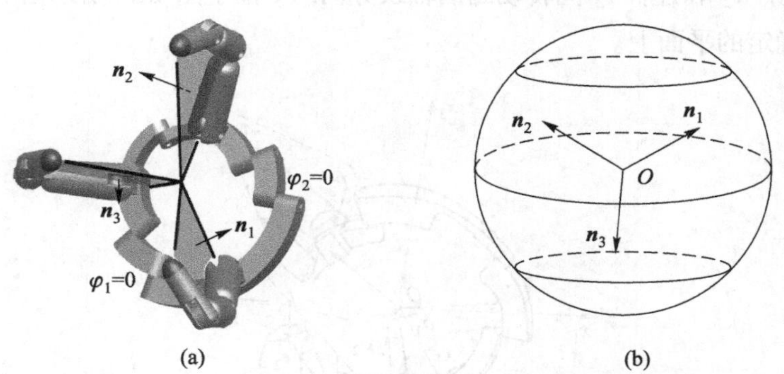

图 14.6 多指灵巧手姿态的高斯映射

将变胞手掌输入角度 φ_2 从 0 改变到 π/2, 手掌的构型变化如图 14.7a 所示, 这给出了手指操作平面与多指手姿态变化的关联关系。这一新的多指手姿态可以由操

作平面法向量的高斯映射表示，如图 14.7b 所示。叠加图 14.6b 和图 14.7b 的高斯映射，并用距离表示 φ_2 从 0 到 $\pi/2$ 的变化，这一基于距离扩展的高斯映射可以在四维空间表示，如图 14.7c 所示。

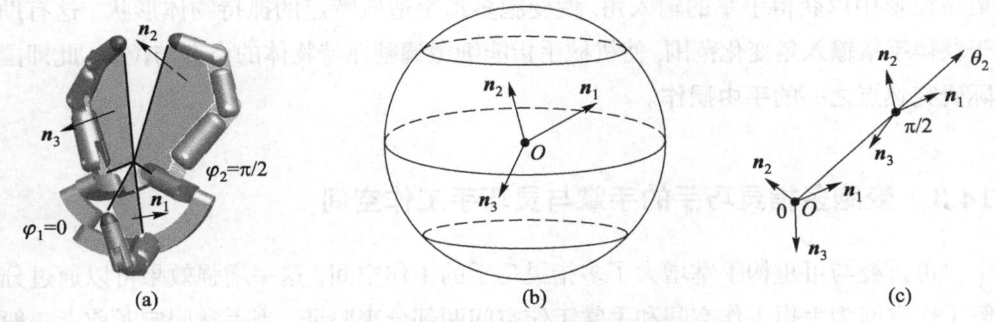

图 14.7　多指灵巧手姿态的扩展高斯映射

随着变胞手掌输入角 φ_2 从 0 到 2π 的连续变化，手指操作平面法向量 $\boldsymbol{n}_1$、$\boldsymbol{n}_2$ 和 $\boldsymbol{n}_3$ 由扩展高斯映射生成了三个直纹曲面，如图 14.8 所示。图中中心轴代表手掌输入角 φ_2 的变化。这就给出了**四维空间**内的姿态直纹面。

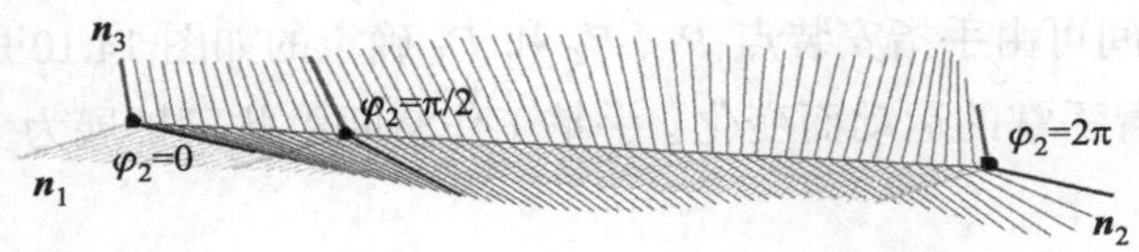

图 14.8　$\varphi_1=0$ 时，φ_2 在 $0\sim 2\pi$ 间变化的姿态直纹面

在图 14.8 中，通过将不同手掌构型中的相同姿态 $\boldsymbol{n}_1$ 映射到 φ_2 轴，法线 $\boldsymbol{n}_1$ 生成出一个平面。同理，法线 $\boldsymbol{n}_2$ 和 $\boldsymbol{n}_3$ 随着 φ_2 的变化分别生成两个直纹面。图 14.6b 和图 14.7b 中的**高斯映射**在图 14.8 中分别用粗线标出。

当手掌的另一输入 φ_1 同时变化时，一组姿态直纹面生成如图 14.9 所示的姿态流形。为了使图示更加清晰，这里仅仅画出四组姿态直纹面。这些姿态直纹面是当 φ_1 分别为 0、$\pi/2$、π 和 $3\pi/2$ 时，φ_2 从 0 到 2π 变化的**姿态流形**。

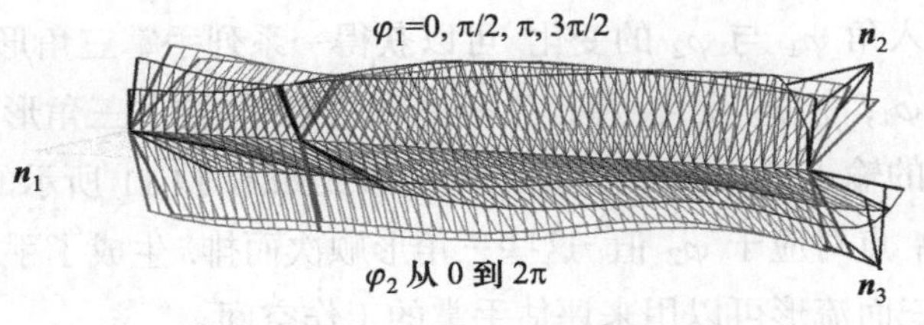

图 14.9　姿态流形

至此，可以从该姿态流形中获得手指操作平面和**抓持姿态**变化间的相对运动关系。此流形随着手掌输入角度的变化而变化。对于手掌变量特定值的微动，可以由在

姿态流形中获得相应的手指操作平面法向量进行规划。此流形也可用于识别手指运动范围。

进一步, 物体的特定形状产生抓持的最优布置, 而该最优布置可以插入到前述的姿态流形中以获得手掌的输入角, 使变胞多指手适应特定的抓持物体形状。这有助于获得**手掌输入角**变化范围, 使机械手指能**细微调整**抓持物体的姿态与位置, 此即国际研究热点之一的**手中操作**。

14.3 变胞多指灵巧手的手掌与灵巧手工作空间

可折叠与可重构手掌增大了多指灵巧手的工作空间。这一增强效果可以通过分解工作空间为手指工作空间和手掌工作空间两部分来验证。当手掌固定时前者一般为平面工作空间, 后者则以手掌变化曲线为准线, 平扫前者工作空间来形成一**扩展工作空间**。

14.3.1 变胞手掌工作空间

手掌工作空间可由手指安装点 P_1、P_2 和 P_3 确定的如图 14.10 所示的三角形描述, 此三角形随着手掌的运动而变化。手掌工作空间由此可扩展为多指灵巧手的工作空间。

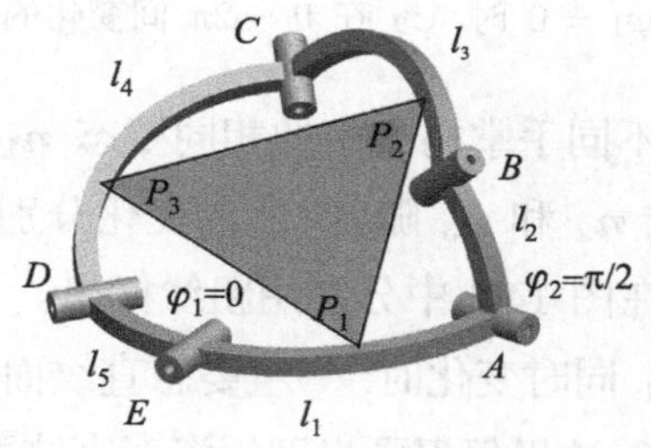

图 14.10 当 $\varphi_1 = 0$、$\varphi_2 = \pi/2$ 时的手掌三角平面

随着手掌输入角 φ_1 与 φ_2 的变化, 可以获得一系列手掌三角形。类似姿态直纹面的映射。固定 φ_1, 令 φ_2 变化, 将产生一系列三角形, 这些三角形可以映射到对应于 $0 \sim \pi/2$ 区间的输入轴 φ_2 的空间轴线上, 形成如图 14.11 所示的空间三面流形。在图 14.11 中, P_1 点对应于 φ_2 值, 这些三角形顺次而排, 生成了手掌运动**四维螺旋空间**。这一空间三面流形可以用来评估手掌的工作空间。

当另一手掌输入角 φ_1 同时变化时, 手掌有两个活动度来改变工作空间。此时, 图 14.11 演化为图 14.12, 该图显示出当 φ_1 分别为 0、π 和 3π/2, 变量 φ_2 从 0 到 2π 时的三组空间三面流形。

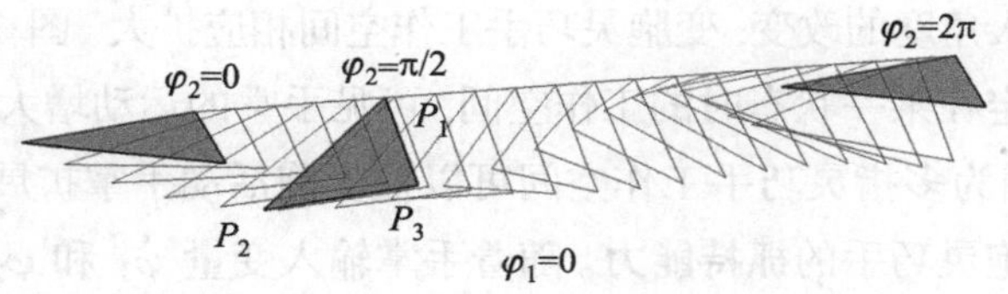

图 **14.11** 手掌运动螺旋空间

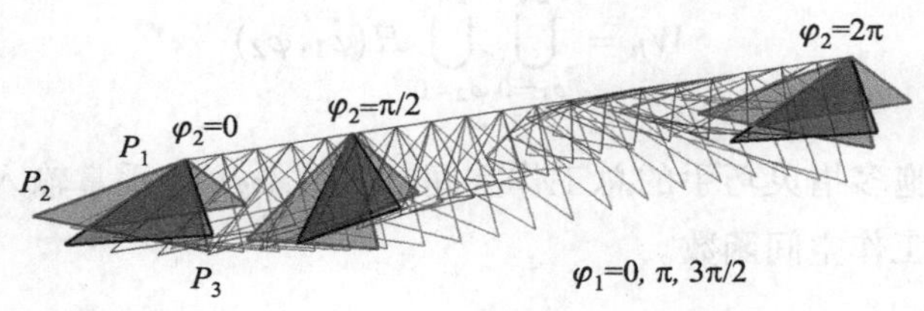

图 **14.12** 手掌工作空间流形

由此, 给定手掌输入角 φ_1 和 φ_2, 三角形 $\triangle P_1P_2P_3$ 的面积可以用来评价手掌的工作空间。如图 14.6a 所示, 当变胞手完全展开时该指标的数值最大, 当变胞手完全折叠时数值最小, 如图 14.7a 所示。由于手指安装在如图 14.10 所示的三角形的顶点, 三角形越大, 手掌张开的程度就越大, 以至于可抓取的物体尺寸越大。由此, 三角形 $\triangle P_1P_2P_3$ 的面积可作为手掌工作空间的一个度量, 为

$$s=\frac{1}{2}|(\boldsymbol{p}_3-\boldsymbol{p}_1)\times(\boldsymbol{p}_2-\boldsymbol{p}_1)|=\frac{1}{2}|\boldsymbol{p}_3\times\boldsymbol{p}_2+\boldsymbol{p}_1\times(\boldsymbol{p}_3-\boldsymbol{p}_2)| \tag{14.10}$$

14.3.2 变胞多指灵巧手工作空间

当手掌输入角为 $\varphi_1=\varphi_2=0$ 时, 可以获得如图 14.13a 所示的变胞灵巧手的工作空间。当保持手掌输入角 φ_1 不变, 改变手掌输入角 φ_2 为 π/2, 产生如图 14.13b 所示的变胞灵巧手工作空间。若将输入角 φ_2 改变为 π, 可产生如图 14.13c 所示的工作空间。三个工作空间的并集给出了多指灵巧手在手掌输入角 $\varphi_1=0$ 与 φ_2 为 0、π/2 和 π 时的工作空间。

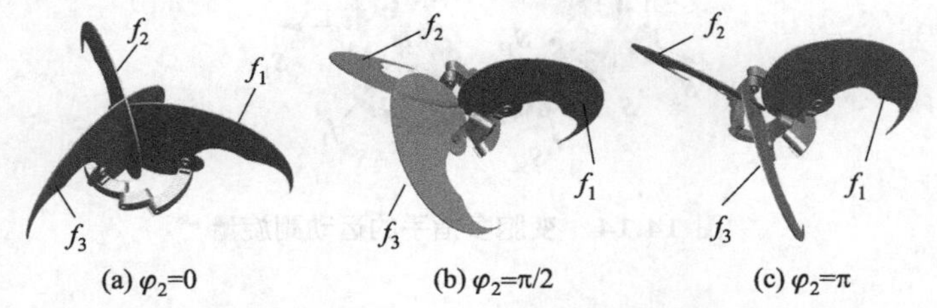

图 **14.13** 当 $\varphi_1=0$ 且 φ_2 为 0、π/2、π 时变胞多指灵巧手的工作空间

随着手掌输入角度的改变, 变胞灵巧手工作空间相应扩大。图 14.13 中的每个子图给出了手掌固定在某一状态时的工作空间, 可见手掌的运动增大了多指灵巧手的工作空间, 这是因为多指灵巧手工作空间可以被变胞活动手掌扩展。**手掌构型**的变化由此增强了变胞灵巧手的**抓持能力**。随着手掌输入变量 φ_1 和 φ_2 连续变化, 变胞多指灵巧手工作空间可以写为

$$W_h = \bigcup_{\varphi_1=0}^{2\pi} \bigcup_{\varphi_2=0}^{2\pi} H(\varphi_1, \varphi_2) \tag{14.11}$$

式中, W_h 是变胞多指灵巧手的总工作空间; $H(\varphi_1, \varphi_2)$ 是手掌输入角度分别为 φ_1 和 φ_2 时手指的工作空间函数。

14.4 变胞多指灵巧手的运动特征方程

本节假设指端与抓持对象间没有相对运动, 且三个指端的接触点处于多指灵巧手工作空间内部。指端与抓持对象的点接触常常假定为球副 (Kerr 和 Roth, 1986; Romdhane 和 Duffy, 1990), 以此描述抓持对象与指端的相对运动。

变胞多指灵巧手的每个手指包括三个转动副, 并且在一个垂直于手掌球形连杆的平面上运动。每个手指的三个指节的长度分别为 $a_1 \sim a_3$。图 14.14 中旋量 $\boldsymbol{S}_1 \sim \boldsymbol{S}_5$ 分别表示变胞手掌铰链副 A 到 E 的轴线, 旋量 $\boldsymbol{S}_{i1} \sim \boldsymbol{S}_{i3}$ 代表第 i 个手指旋转副轴线。旋量 $\boldsymbol{S}_1 \sim \boldsymbol{S}_5$ 的旋转角度分别为 $\varphi_1 \sim \varphi_5$, 其中 φ_1 与 φ_2 为输入角度。第 i 个手指 $\boldsymbol{S}_{i1} \sim \boldsymbol{S}_{i3}$ 的旋转角度为 $\theta_{i1} \sim \theta_{i3}$。

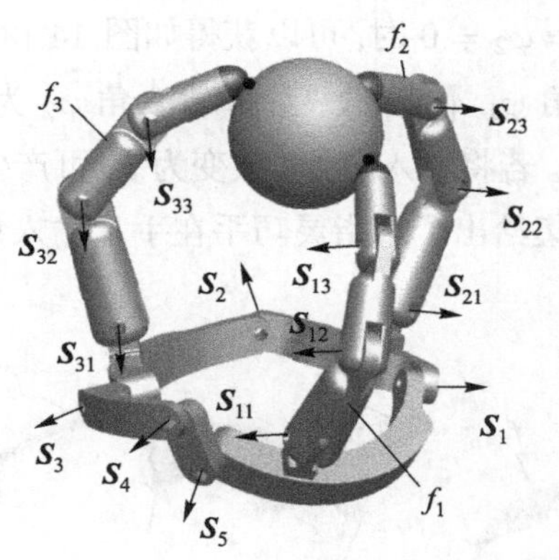

图 14.14 变胞多指手的运动副旋量

多指手的机构结构表明, 手指 f_1 与 f_2、f_3 对称。用运动旋量 $\boldsymbol{S}_o$ 代表物体的瞬时运动。该旋量可以表示为 n 个运动副旋量与手指的三个接触旋量的线性组合。

对于手指 f_1, 物体的接触运动旋量表示为

$$\boldsymbol{S}_o = \dot{\varphi}_1\boldsymbol{S}_1 + \dot{\theta}_{11}\boldsymbol{S}_{11} + \dot{\theta}_{12}\boldsymbol{S}_{12} + \dot{\theta}_{13}\boldsymbol{S}_{13} + (\dot{\theta}_{14}\boldsymbol{S}_{14} + \dot{\theta}_{15}\boldsymbol{S}_{15} + \dot{\theta}_{16}\boldsymbol{S}_{16}) \tag{14.12}$$

式中, 旋量 $\boldsymbol{S}_{14} \sim \boldsymbol{S}_{16}$, 代表物体与手指 f_1 指端接触点的**虚拟球副**的运动旋量, 如图 14.15; 变量 $\dot{\theta}_{14} \sim \dot{\theta}_{16}$ 是虚拟球副的角速度。

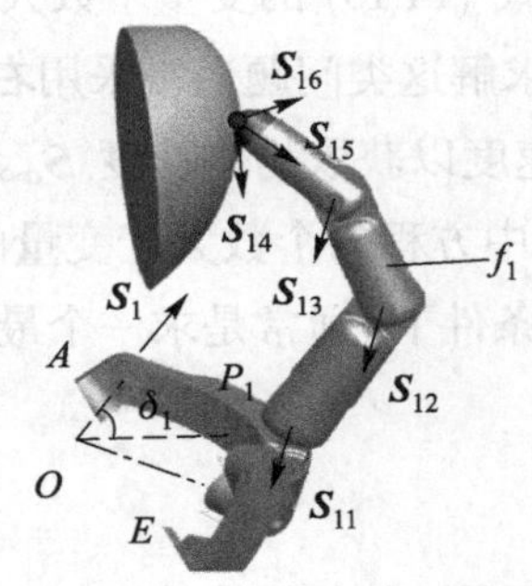

图 14.15 手指 f_1 的旋量系

类似地, 手指 f_2 的旋量系为

$$\boldsymbol{S}_o = \dot{\varphi}_2\boldsymbol{S}_2 + \dot{\theta}_{21}\boldsymbol{S}_{21} + \dot{\theta}_{22}\boldsymbol{S}_{22} + \dot{\theta}_{23}\boldsymbol{S}_{23} + (\dot{\theta}_{24}\boldsymbol{S}_{24} + \dot{\theta}_{25}\boldsymbol{S}_{25} + \dot{\theta}_{26}\boldsymbol{S}_{26}) \tag{14.13}$$

手指 f_3 的旋量系为

$$\boldsymbol{S}_o = \dot{\varphi}_2\boldsymbol{S}_2 + \dot{\theta}_{31}\boldsymbol{S}_{31} + \dot{\theta}_{32}\boldsymbol{S}_{32} + \dot{\theta}_{33}\boldsymbol{S}_{33} + (\dot{\theta}_{34}\boldsymbol{S}_{34} + \dot{\theta}_{35}\boldsymbol{S}_{35} + \dot{\theta}_{36}\boldsymbol{S}_{36}) \tag{14.14}$$

式中, $\boldsymbol{S}_{i4} \sim \boldsymbol{S}_{i6}$ 代表第 i 个手指的虚拟球副的运动旋量; 变量 $\dot{\theta}_{i4} \sim \dot{\theta}_{i6}$ 代表球副角速度。

用旋量 $\boldsymbol{S}_{i1}^r \sim \boldsymbol{S}_{i3}^r$ 表示第 i 个手指虚拟球副旋量 $\boldsymbol{S}_{i4} \sim \boldsymbol{S}_{i6}$ 的互易旋量。将式 (14.12) 两边分别与互易旋量 $\boldsymbol{S}_{11}^r$、$\boldsymbol{S}_{23}^r$ 和 $\boldsymbol{S}_{13}^r$ 作互易积, 可得到三个方程。同样, 可将式 (14.13) 与互易旋量 $\boldsymbol{S}_{21}^r$、$\boldsymbol{S}_{22}^r$ 和 $\boldsymbol{S}_{23}^r$ 作互易积, 将式 (14.14) 与互易旋量 $\boldsymbol{S}_{31}^r$、$\boldsymbol{S}_{32}^r$ 和 $\boldsymbol{S}_{33}^r$ 作互易积。由此得到九个方程, 其矩阵形式为

$$\boldsymbol{J}_x^{\mathrm{T}}\Delta\boldsymbol{S}_o = \boldsymbol{J}_q\theta \tag{14.15}$$

式中

$$\boldsymbol{J}_x^{\mathrm{T}} = \begin{bmatrix} \boldsymbol{S}_{11}^{r\mathrm{T}} \\ \boldsymbol{S}_{12}^{r\mathrm{T}} \\ \vdots \\ \boldsymbol{S}_{33}^{r\mathrm{T}} \end{bmatrix}, \quad \boldsymbol{J}_q = \begin{bmatrix} \boldsymbol{J}_q^1 & 0 & 0 \\ 0 & \boldsymbol{J}_q^2 & 0 \\ 0 & 0 & \boldsymbol{J}_q^3 \end{bmatrix}, \quad \theta = \begin{pmatrix} \dot{\varphi}_1 \\ \dot{\varphi}_2 \\ \dot{\theta}_{11} \\ \vdots \\ \dot{\theta}_{33} \end{pmatrix} \tag{14.16}$$

这就给出变胞灵巧手的运动学特征方程,并描述了多指手的**瞬时运动学**模型。变胞灵巧手的 Jacobian 矩阵建立在旋量互易性的基础上。矩阵 $\boldsymbol{J}_x^{\mathrm{T}}$ 给出了**正向 Jacobian 矩阵**, $\boldsymbol{J}_q$ 给出了多指手的基于互易性的**逆向 Jacobian 矩阵**。在式 (14.15) 的左侧, $\boldsymbol{J}_x^{\mathrm{T}}$ 是一个 9×6 矩阵, 右侧 $\boldsymbol{J}_q$ 是一个 9×12 矩阵。

运动学逆解的任务是由给定的抓持物体运动旋量 $\boldsymbol{S}_o$ 求出多指灵巧手所有主动运动副速度。在这种情况下, 式 (14.15) 的变量个数大于方程个数, 为**静不定**线性方程组, 因此存在着无穷多解。求解这类问题通常采用**右伪逆**, 见定义 10.5。运动学正解则是给出各个主动运动副速度以获取物体速度 $\boldsymbol{S}_o$。在这种情况下, 式 (14.15) 成为一个**超静定**线性方程组, 其中方程的个数大于变量的个数。求解超静定线性方程组时, 在无法满足给定的所有条件下, 通常是求一个最接近的解, 常用的方法是**最小二乘法**, 以获得**最小化余数**。

14.5 Jacobian 矩阵和手指运动副速度

本节从变胞多指手手掌的几何约束与运动特征以及多指手的运动特征方程出发,研究手指的约束和运动副速度。

14.5.1 基于互易性的 Jacobian 矩阵与多指灵巧手手指约束方程

基于前面章节的互易性分析, 多指灵巧手的 Jacobian 矩阵 $\boldsymbol{J}_q$ 由式 (14.15) 给出, 每个手指的子矩阵可以由下述方法获得。三个手指的基于互易性的 Jacobian 矩阵的逆可分别从式 (14.15) 中的多指灵巧手的 Jacobian 矩阵 $\boldsymbol{J}_q$ 获得, 表示为

$$
\begin{aligned}
\boldsymbol{J}_q^1 &= \begin{bmatrix} \boldsymbol{S}_{11}^{r\mathrm{T}} \\ \boldsymbol{S}_{12}^{r\mathrm{T}} \\ \boldsymbol{S}_{13}^{r\mathrm{T}} \end{bmatrix} \Delta[\boldsymbol{S}_1, \boldsymbol{S}_{11}, \boldsymbol{S}_{12}, \boldsymbol{S}_{13}] \\
\boldsymbol{J}_q^2 &= \begin{bmatrix} \boldsymbol{S}_{21}^{r\mathrm{T}} \\ \boldsymbol{S}_{22}^{r\mathrm{T}} \\ \boldsymbol{S}_{23}^{r\mathrm{T}} \end{bmatrix} \Delta[\boldsymbol{S}_{11}, \boldsymbol{S}_{12}, \boldsymbol{S}_{13}] \\
\boldsymbol{J}_q^3 &= \begin{bmatrix} \boldsymbol{S}_{31}^{r\mathrm{T}} \\ \boldsymbol{S}_{32}^{r\mathrm{T}} \\ \boldsymbol{S}_{33}^{r\mathrm{T}} \end{bmatrix} \Delta[\boldsymbol{S}_2, \boldsymbol{S}_{31}, \boldsymbol{S}_{32}, \boldsymbol{S}_{33}]
\end{aligned} \tag{14.17}
$$

由此可以看出, 手指的逆运动学是相互独立的。手指 f_1 的逆运动学类似于手指 f_3 的逆运动学。手指 f_1 的运动学逆解可以应用于手指 f_3 的运动学逆解。本节着重研究手指 f_1 的运动学以说明上述提出的方法。

众所周知, 选择合理的参考坐标系可以简化旋量系的推导以及速度域中逆运动学的推导。建立局部坐标系 $\{x_1y_1z_1\}$, 其中 x_1 轴沿 OP_1 方向, y_1 轴垂直于连杆 l_1 所在的 AOE 平面。同时 OP_1 与 OA 之间的夹角如图 14.16 所示, 为 δ_1。

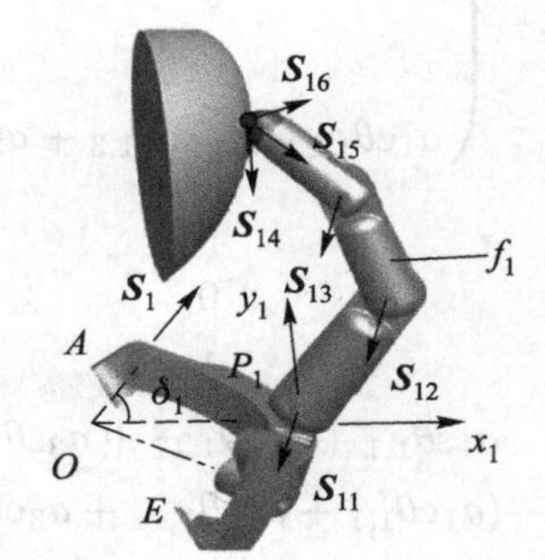

图 14.16 手指 f_1 的局部坐标系

在手指 f_1 的运动方程式 (14.17) 中, 可以获得旋量 $\boldsymbol{S}_1$ 和 $\boldsymbol{S}_{11} \sim \boldsymbol{S}_{13}$, 在 $\{x_1y_1z_1\}$ 坐标系中表示为

$$\boldsymbol{S}_1 = \begin{pmatrix} \mathrm{c}\delta_1 \\ 0 \\ -\mathrm{s}\delta_1 \\ 0 \\ -r\mathrm{s}\delta_1 \\ 0 \end{pmatrix}, \quad \boldsymbol{S}_{11} = \begin{pmatrix} 0 \\ 0 \\ 1 \\ 0 \\ 0 \\ 0 \end{pmatrix},$$

$$\boldsymbol{S}_{12} = \begin{pmatrix} 0 \\ 0 \\ 1 \\ a_1\mathrm{s}\theta_{1,12} \\ -a_1\mathrm{c}\theta_{1,12} \\ 0 \end{pmatrix}, \quad \boldsymbol{S}_{13} = \begin{pmatrix} 0 \\ 0 \\ 1 \\ a_1\mathrm{s}\theta_{1,1} + a_2\mathrm{s}\theta_{1,12} \\ -a_1\mathrm{c}\theta_{1,1} - a_2\mathrm{c}\theta_{1,12} \\ 0 \end{pmatrix} \tag{14.18}$$

式中, $\theta_{1,12} = \theta_{11} + \theta_{12}$。

虚拟球副可以认为是由三个共点转动副组成, 其转动轴线交于物体与指端接触点。同时这三个运动旋量自互易, 其旋量系属于第七章中所描述的三阶旋量系的第四种情况。一个虚拟球副的互易旋量可以取任意通过接触点的旋量。这里接触旋量系的互易旋量可表示为

$$\boldsymbol{S}_{11}^{r} = \begin{pmatrix} \mathrm{c}\theta_{1,123} \\ \mathrm{s}\theta_{1,123} \\ 0 \\ 0 \\ 0 \\ a_1\mathrm{s}\theta_{1,23} + a_2\mathrm{s}\theta_{1,3} \end{pmatrix}$$

$$
\boldsymbol{S}_{12}^{r}=\begin{pmatrix} -\mathrm{s}\theta_{1,123} \\ \mathrm{c}\theta_{1,123} \\ 0 \\ 0 \\ 0 \\ a_1\mathrm{c}\theta_{1,23}+a_2\mathrm{c}\theta_{1,3}+a_3 \end{pmatrix}
$$

$$
\boldsymbol{S}_{13}^{r}=\begin{pmatrix} 0 \\ 0 \\ 1 \\ a_1\mathrm{s}\theta_{1,1}+a_2\mathrm{s}\theta_{1,12}+a_3\mathrm{s}\theta_{1,123} \\ -(a_1\mathrm{c}\theta_{1,1}+a_2\mathrm{c}\theta_{1,12}+a_3\mathrm{c}\theta_{1,123}) \\ 0 \end{pmatrix} \tag{14.19}
$$

式中, $\boldsymbol{S}_{11}^{r}$ 通过接触点并沿着手指 f_1 的第三个关节运动副的方向。同时, $\boldsymbol{S}_{11}^{r}$、$\boldsymbol{S}_{12}^{r}$ 与 $\boldsymbol{S}_{13}^{r}$ 互相垂直。对式 (14.12) 两边分别取上述三旋量的互易积, 多指灵巧手手指的约束方程可以给出, 为

$$
\begin{bmatrix} m_{11} & 0 & 0 & 0 \\ m_{21} & m_{22} & m_{23} & 0 \\ m_{31} & m_{32} & m_{33} & m_{34} \end{bmatrix} \begin{pmatrix} \dot{\varphi}_1 \\ \dot{\theta}_{1,1} \\ \dot{\theta}_{1,2} \\ \dot{\theta}_{1,3} \end{pmatrix} = \begin{pmatrix} g_{11} \\ g_{12} \\ g_{13} \end{pmatrix} \tag{14.20}
$$

式中

$$
\begin{aligned}
m_{11} &= \mathrm{c}\delta_1(a_1\mathrm{s}\theta_{1,1}+a_2\mathrm{s}\theta_{1,12}+a_3\mathrm{s}\theta_{1,123}) \\
m_{21} &= -\mathrm{s}\delta_1(a_1\mathrm{s}\theta_{1,23}+a_2\mathrm{s}\theta_{1,3}+r\mathrm{s}\theta_{1,123}) \\
m_{22} &= a_1\mathrm{s}\theta_{1,23}+a_2\mathrm{s}\theta_{1,3} \\
m_{23} &= a_2\mathrm{s}\theta_{1,3} \\
m_{31} &= -\mathrm{s}\delta_1(a_1\mathrm{c}\theta_{1,23}+a_2\mathrm{c}\theta_{1,3}+r\mathrm{c}\theta_{1,123}) \\
m_{32} &= a_1\mathrm{c}\theta_{1,23}+a_2\mathrm{c}\theta_{1,3}+a_3 \\
m_{33} &= a_2\mathrm{c}\theta_{1,3}+a_3 \\
m_{34} &= a_3
\end{aligned} \tag{14.21}
$$

式 (14.20) 右边的元素 g_{1i} 等于 $\boldsymbol{S}_{1j}^{r}$ 与在坐标系 $\{x_1y_1z_1\}$ 中的物体运动旋量的互易积。

14.5.2 基于互易性的奇异值分解与手指关节速度

互易性的分析给出了手指约束方程式如式 (14.20), 该式可以分块为如下子矩阵:

$$\begin{bmatrix} \boldsymbol{J}_{11} & \boldsymbol{0} \\ \boldsymbol{J}_{21} & \boldsymbol{J}_{22} \end{bmatrix} = \begin{bmatrix} m_{11} & 0 & 0 & 0 \\ m_{21} & m_{22} & m_{23} & 0 \\ m_{31} & m_{32} & m_{33} & m_{34} \end{bmatrix} \tag{14.22}$$

式中

$$\boldsymbol{J}_{11} = \begin{bmatrix} m_{11} & 0 & 0 \\ m_{21} & m_{21} & m_{21} \end{bmatrix}, \quad \boldsymbol{J}_{21} = [m_{31} \quad m_{32} \quad m_{33}], \quad \boldsymbol{J}_{22} = [m_{34}] \tag{14.23}$$

子矩阵 $\boldsymbol{J}_{11}$ 可以进一步分块为

$$\boldsymbol{J}_{11} = \begin{bmatrix} \boldsymbol{K}_{11} & \boldsymbol{0} \\ \boldsymbol{K}_{21} & \boldsymbol{K}_{22} \end{bmatrix}$$
$$\boldsymbol{K}_{11} = [m_{11}], \quad \boldsymbol{K}_{21} = [m_{21}], \quad \boldsymbol{K}_{22} = [m_{22} \quad m_{23}] \tag{14.24}$$

因此, 式 (14.20) 可以写为如下三个等式:

$$\begin{aligned} &\boldsymbol{K}_{11}\dot{\theta}_1 = g_{21} \\ &\boldsymbol{K}_{22}\begin{pmatrix} \dot{\theta}_{1,1} \\ \dot{\theta}_{1,2} \end{pmatrix} = g_{22} - \boldsymbol{K}_{21}\dot{\theta}_1 \\ &\boldsymbol{J}_{22}\dot{\theta}_{2,3} = g_{23} - \boldsymbol{J}_{21}\begin{pmatrix} \dot{\varphi}_1 \\ \dot{\theta}_{1,1} \\ \dot{\theta}_{1,2} \end{pmatrix} \end{aligned} \tag{14.25}$$

由此, 奇异值的解析解可以从其子矩阵中获得。这里, 手指 f_1 的 Jacobian 矩阵的奇异值可以从式 (14.24) 中的子矩阵 $\boldsymbol{K}_{11}$、$\boldsymbol{K}_{22}$ 和 $\boldsymbol{J}_{22}$ 得到, 为

$$\begin{aligned} &\sigma_{11} = m_{11} = \mathrm{c}\delta_1(a_1\mathrm{s}\theta_{1,1} + a_2\mathrm{s}\theta_{1,12} + a_3\mathrm{s}\theta_{1,123}) \\ &\sigma_{12} = \sqrt{m_{22}^2 + m_{23}^2} = \sqrt{(a_1\mathrm{s}\theta_{1,23} + a_2\mathrm{s}\theta_{1,3})^2 + (a_2\mathrm{s}\theta_{1,3})^2} \\ &\sigma_{13} = m_{34} = a_3 \end{aligned} \tag{14.26}$$

手指 f_1 的运动副速度可以从上述 Jacobian 矩阵的奇异值得到, 为

$$\begin{aligned} &\dot{\theta}_1 = \frac{g_{11}}{\sigma_{11}} = \frac{g_{11}}{\mathrm{c}\delta_1(a_1\mathrm{s}\theta_{1,1} + a_2\mathrm{s}\theta_{1,12} + a_3\mathrm{s}\theta_{1,123})} \\ &\dot{\theta}_{1,1} = \frac{g_{22} - m_{21}\dot{\theta}_1}{\sigma_{12}} = \frac{g_{22} + \dot{\varphi}_1\mathrm{s}\delta_1(a_1\mathrm{s}\theta_{1,23} + a_2\mathrm{s}\theta_{1,3} + r\mathrm{s}\theta_{1,123})}{\sqrt{(a_1\mathrm{s}\theta_{1,23} + a_2\mathrm{s}\theta_{1,3})^2 + (a_2\mathrm{s}\theta_{1,3})^2}} \\ &\dot{\theta}_{1,3} = \frac{1}{a_3}\left(g_{23} - (m_{31}, m_{32}, m_{33})\begin{pmatrix} \dot{\varphi}_1 \\ \dot{\theta}_{1,1} \\ \dot{\theta}_{1,2} \end{pmatrix}\right) \end{aligned} \tag{14.27}$$

这样就完成了 f_1 的逆运动学求解。手指 f_2 和手指 f_3 的逆运动学解可以用类似的方法得到。

14.6 基于奇异值的手指角位移分析

式 (14.27) 给出基于奇异值的手指角位移和角速度。注意到这些奇异值是 θ_{11}、θ_{12} 和 θ_{13} 的函数, 它们只能在以下范围内运动:

$$\theta_{11} \in [\pi/4, 3\pi/4], \quad \theta_{12} \in [-\pi/4, 3\pi/4], \quad \theta_{13} \in [-\pi/4, 3\pi/4]$$

奇异值 σ_{13} 是一个常数, 而 σ_{12} 只有在 $\theta_{12}=0$ 和 $\theta_{13}=0$ 的情况下为 0。因此, 冗余的角度变量 θ_{12} 可以设置为非零, 以避免这种奇异点。进一步, 奇异值 σ_{11} 的梯度为

$$\nabla\sigma_{11} = \begin{pmatrix} \mathrm{c}\delta_1(a_1\mathrm{c}\theta_{1,1} + a_2\mathrm{c}\theta_{1,12} + a_3\mathrm{c}\theta_{1,123}) \\ \mathrm{c}\delta_1 a_3 \mathrm{c}\theta_{1,123} \end{pmatrix} \tag{14.28}$$

σ_{11} 的 Hessian 矩阵为

$$H(\sigma_{11}) = \begin{bmatrix} -\sigma_{11} & -a_3\mathrm{c}\delta_1\mathrm{s}\theta_{1,123} \\ -a_3\mathrm{c}\delta_1\mathrm{s}\theta_{1,123} & -a_3\mathrm{c}\delta_1\mathrm{s}\theta_{1,123} \end{bmatrix} \tag{14.29}$$

令手指指节长度为 $a_1=a_2=a_3$, 由奇异值梯度和 Hessian 矩阵可以得到 θ_{12} 的运动范围, 以使奇异值 σ_{13} 不为 0。令式 (14.28) 表示的梯度为 0, 则有两种情况

$$\theta_{1,123} = \frac{\pi}{2} \quad \text{或} \quad \frac{3\pi}{2}, \quad \theta_{1,1} = \frac{\pi}{2} - \frac{\theta_{1,2}}{2} \tag{14.30}$$

在上述两种情况下,Hessian 矩阵的行列式为负值, 表示奇异值 σ_{11} 是 θ_{11} 和 θ_{13} 的凹函数。调整 θ_{12} 的值可以使 σ_{11} 大于 0, 并避免了奇异点。

14.7 变胞仿人灵巧手的捻转运动

变胞仿人灵巧手的一大特点是具有**捻转运动**, 并拥有由可重构手掌支持的手指侧向和径向运动。图 14.17 展示了变胞仿人手的典型抓持, 图 14.18 展示了典型的捻转运动。这一捻转运动由手掌输入转角 φ_1 与 φ_2 完成。特定的手掌转角输入可使大拇指从相交点向下顺时针运动, 使食指和中指从相交点沿着球体的切线方向顺时针转动, 从而产生了球体的捻转运动。捻转运动也可以用变胞仿人灵巧手的**特征矩阵**方程加以解释。

在**变胞仿人灵巧手**的分析 (Wei 等, 2011) 中, 用旋量 $\boldsymbol{S}_1 \sim \boldsymbol{S}_5$ 表示手掌的运动副轴线 $A \sim E$, $\boldsymbol{S}_{i1} \sim \boldsymbol{S}_{i3}$ 表示第 i 个手指的运动副轴线, $\boldsymbol{S}_{10}$ 描述滑轮 3 的运动副

图 14.17 变胞仿人手的抓持

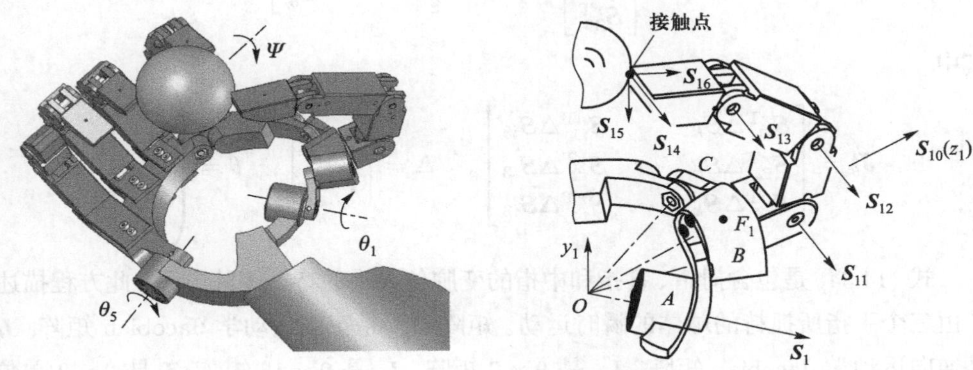

图 14.18 变胞仿人手的捻转运动

轴线, 角度 $\varphi_1 \sim \varphi_5$ 与旋量 $\boldsymbol{S}_1 \sim \boldsymbol{S}_5$ 相关联, 角度 $\theta_{i1} \sim \theta_{i3}$ 与旋量 $\boldsymbol{S}_{i1} \sim \boldsymbol{S}_{i3}$ 相关联, θ_{10} 与旋量 $\boldsymbol{S}_{10}$ 相关联。

设旋量 $\boldsymbol{S}_o$ 表示球体的瞬时运动旋量。该旋量可以表示为 N 个运动旋量和球副旋量的线性组合, 其中包括大拇指、食指和中指的所有运动副。

以拇指为例, 旋量 $\boldsymbol{S}_o$ 可以由式 (14.12) ~ 式 (14.14) 演变为

$$\boldsymbol{S}_o = \varphi_1 \boldsymbol{S}_1 + \varphi_2 \boldsymbol{S}_2 + \dot{\theta}_{10} \boldsymbol{S}_{10} + \dot{\theta}_{11} \boldsymbol{S}_{11} + \dot{\theta}_{12} \boldsymbol{S}_{12} + \dot{\theta}_{13} \boldsymbol{S}_{13} + (\dot{\theta}_{14} \boldsymbol{S}_{14} + \dot{\theta}_{15} \boldsymbol{S}_{15} + \dot{\theta}_{16} \boldsymbol{S}_{16}) \tag{14.31}$$

式中, 旋量 $\boldsymbol{S}_{14} \sim \boldsymbol{S}_{16}$ 表示拇指与食指接触点处的虚拟球副旋量; $\dot{\theta}_{14} \sim \dot{\theta}_{16}$ 表示如图 14.18 所示的虚拟球副的速度。

类似地, 旋量 $\boldsymbol{S}_o$ 相对于食指和中指可以写为

$$\boldsymbol{S}_o = \dot{\varphi}_5 \boldsymbol{S}_5 + \varphi_4 \boldsymbol{S}_4 + \dot{\theta}_{21} \boldsymbol{S}_{21} + \dot{\theta}_{22} \boldsymbol{S}_{22} + \dot{\theta}_{23} \boldsymbol{S}_{23} + (\dot{\theta}_{24} \boldsymbol{S}_{24} + \dot{\theta}_{25} \boldsymbol{S}_{25} + \dot{\theta}_{26} \boldsymbol{S}_{26}) \tag{14.32}$$

$$\boldsymbol{S}_o = \dot{\varphi}_5 \boldsymbol{S}_5 + \dot{\theta}_{31} \boldsymbol{S}_{31} + \dot{\theta}_{32} \boldsymbol{S}_{32} + \dot{\theta}_{33} \boldsymbol{S}_{33} + (\dot{\theta}_{34} \boldsymbol{S}_{34} + \dot{\theta}_{35} \boldsymbol{S}_{35} + \dot{\theta}_{36} \boldsymbol{S}_{36}) \tag{14.33}$$

式中, $\boldsymbol{S}_{i4} \sim \boldsymbol{S}_{i6}$ 分别表示食指、中指与抓持球体的接触点处虚拟球副运动旋量; $\dot{\theta}_{i4} \sim \dot{\theta}_{i6}$ 表示虚拟球副的速度。

如第七章所述, 旋量 $\boldsymbol{S}_{i1}^{r} \sim \boldsymbol{S}_{i3}^{r}$ 为第 i 个手指旋量 $\boldsymbol{S}_{i4} \sim \boldsymbol{S}_{i6}$ 的三阶互易旋量系, 对式 (14.31) ~ 式 (14.33) 两边分别取旋量 $\boldsymbol{S}_{i1}^{r} \sim \boldsymbol{S}_{i3}^{r}$ 的互易积, 可以得到九个线性方程, 其矩阵形式为

$$\boldsymbol{J}_q^{\mathrm{T}} \Delta \boldsymbol{S} = \boldsymbol{J}_\theta \dot{\theta} \tag{14.34}$$

式中

$$\boldsymbol{J}_q^{\mathrm{T}} = \begin{bmatrix} \boldsymbol{S}_{11}^{r\mathrm{T}} \\ \boldsymbol{S}_{12}^{r\mathrm{T}} \\ \vdots \\ \boldsymbol{S}_{33}^{r\mathrm{T}} \end{bmatrix}, \quad \boldsymbol{J}_\theta = \begin{bmatrix} \boldsymbol{J}_\theta^1 & & \\ & \boldsymbol{J}_\theta^2 & \\ & & \boldsymbol{J}_\theta^3 \end{bmatrix}$$

其中

$$\boldsymbol{J}_\theta^i = \begin{bmatrix} \boldsymbol{S}_{i1}^{r\mathrm{T}} \Delta \boldsymbol{S}_k & \cdots & \boldsymbol{S}_{i1}^{r\mathrm{T}} \Delta \boldsymbol{S}_{i3} \\ \boldsymbol{S}_{i2}^{r\mathrm{T}} \Delta \boldsymbol{S}_k & \cdots & \boldsymbol{S}_{i2}^{r\mathrm{T}} \Delta \boldsymbol{S}_{i3} \\ \boldsymbol{S}_{i3}^{r\mathrm{T}} \Delta \boldsymbol{S}_k & \cdots & \boldsymbol{S}_{i3}^{r\mathrm{T}} \Delta \boldsymbol{S}_{i3} \end{bmatrix}, \quad \Delta = \begin{bmatrix} \boldsymbol{0} & \boldsymbol{I} \\ \boldsymbol{I} & \boldsymbol{0} \end{bmatrix}, \quad \dot{\theta} = \begin{pmatrix} \dot{\varphi}_1 \\ \dot{\varphi}_2 \\ \vdots \\ \dot{\theta}_{33} \end{pmatrix}$$

式 (14.34) 是包含拇指、食指和中指的变胞仿人手的特征矩阵方程。此方程描述了由三个手指所抓持的球体的瞬时运动。矩阵 $\boldsymbol{J}_q^{\mathrm{T}}$ 是正向运动学 Jacobian 矩阵, $\boldsymbol{J}_\theta$ 是逆向运动学 Jacobian 矩阵, $\boldsymbol{J}_q^{\mathrm{T}}$ 是 9×6 矩阵, $\boldsymbol{J}_\theta$ 是 9×15 矩阵, $\boldsymbol{I}$ 是 3×3 单位矩阵, $\dot{\theta}$ 是 15×1 向量, $\boldsymbol{S}$ 是 6×1 向量。

因此, 由式 (14.34) 以及给出的手掌和手指的运动副速度, 可以获得表示球体捻转运动的运动旋量 $\boldsymbol{S}_o$。注意在这种情况下, 式 (14.34) 成为一个超静定线性方程组, 其方程数大于变量数。如前所述, 解此方程组通常采用最小二乘法。

参考文献

Bicchi, A. (2000) Hands for dexterous manipulation and robust grasping: A difficult road toward simplicity, *IEEE T. Robot. Autom.*, **16** (6): 652-662.

Carmo, M. P. (1976) *Differential Geometry of Curves and Surfaces*, Prentice-Hall, Englewood Cliffs.

Ceccarelli, M. (2004) *Fundamentals of Mechanics of Robotic Manipulation*, Kluwer Academic Publishers, Dordrecht.

Cui, L., Cupcic, U. and Dai, J. S. (2014) An optimization approach to teleoperation of the thumb of a humanoid robot hand: Kinematic mapping and calibration, *Journal of Mechanical Design, Trans. ASME*, **136** (9): 091005.

Cui, L. and Dai, J. S. (2010) A darboux-frame-based formulation of spin-rolling motion of rigid objects with point contact, *IEEE T. Robotics*, **26** (3): 383-388.

Cui, L. and Dai, J. S. (2011a) Axis constraint analysis and its resultant 6R double-centered overconstrained mechanisms, *ASME J. Mech. Rob.*, **3** (3): 031004.

Cui, L. and Dai, J. S. (2011b) Posture, workspace, and manipulability of the metamorphic multifingered hand with an articulated palm, *ASME J. Mech. Rob.*, **3** (2): 021001_1-7.

Cui, L. and Dai, J. S. (2012a) Reciprocity-based singular value decomposition for inverse kinematic analysis of the metamorphic multifingered hand, *ASME J. Mech. Rob.*, **4** (3): 034502.

Cui, L. and Dai, J. S. (2012b) A polynomial formulation of inverse rolling-contact kinematics, *Proc. ASME 2012 International Design Engineering Technical Conferences & Computers and Information in Engineering Conference (IDETC/CIE)*, Chicago, IL, USA.

Cui, L. and Dai, J. S. (2015) A polynominal formulation of inverse kinematics of rolling contact, *Journal of Mechanisms and Robotics*, **7** (4): 041003.

Cui, L. and Dai, J. S. (2015) From sliding-rolling loci to instantaneous kinematics: An adjoint approach, *Mechanism and Machine Theory*, **85**: 161-171.

Cui, L., Sun, J. and Dai, J. S. (2017) In-hand forward and inverse kinematics with rolling contact, *Robotica*, **35**(12): 2381-2399.

Dai, J. S. (2004a) Robotic hand with palm section comprising several parts able to move relative to each other, Patent *WO/2005/105391*, Priority Date: November 10, 2005, International Patent: *PCT/GB2005/001665*, UK Patent: *GB04 095 48. 5*, 2004, Europe Patent: *EP05740527. 6*, US Patent: *US 11/587, 766*, China Patent: *CN200580018189. 6*.

Dai, J. S. (2004b) Characteristics of metamorphic mechanisms, *Mach. Des. Res.*, **20** (12): 276-278.

Dai, J. S. (2012) Finite displacement screw operators with embedded Chasles' motion, *ASME J. Mech. Rob.*, **4** (4): 041002.

Dai, J. S. (2019) *Screw Algebra and Kinematic Approaches for Mechanisms and Robotics*, Springer, London.

Dai, J. S. and Shah, P. (2002) Orientation capability of planar serial manipulators using rotatability analysis based on workspace decomposition, *J. Mech. Eng. Sci.*, **216** (3): 275-288.

Dai, J. S. and Shah, P. (2003) Orientation capability of planar manipulators using virtual joint angle analysis. *Mech. Mach. Theory*, **38** (3): 241-252.

Dai, J. S. and Wang, D. (2007) Geometric analysis and synthesis of the metamorphic robotic hand, *ASME J. Mech. Eng.*, **129** (11): 1191-1197.

Dai, J. S. and Zhao, T. (2002) Stiffness characteristics and kinematics analysis of two-link elastic underactuated manipulators, *J. Robot. Syst.*, **19** (4): 169-176.

Dai, J. S., Holland, N. and Kerr, D. R. (1996) Task-oriented direct synthesis of serial manipulators using moment invariants, *Proc the 24th ASME Biennial Mechanisms Conference*, August 19-22, Irvine, California.

Dai, J. S., Medland, A. and Mullineux, G. (2009) Carton erection using reconfigurable folder mechanisms, *Packaging Technology and Science*, **22** (7): 385-395.

Dai, J. S., Wang, D. and Cui, L. (2009) Orientation and workspace analysis of the multifingered metamorphic hand — metahand, *IEEE T. Robotics*, **25** (4): 942-947.

Dubey, V. N. and Dai, J. S. (2006) A packaging robot for complex cartons, *Industrial Robot: An International Journal*, **33** (2): 82-87.

Emmanouil, E., Wei, G. and Dai, J. S. (2016) Spherical trigonometry constrained kinematics for a dexterous robotic hand with an articulated palm, *Robotica*, **34** (12): 2788-2805.

Guan, Y. S. and Zhang, H. (2003) Workspace of 2d multifingered manipulation, *IEEE/RSJ International Conference on Intelligent Robots and Systems*, Nevada, USA.

Kerr, J. and Roth, B. (1986) Analysis of multifingered hands, *Int. J. Robot. Res.*, **4** (4): 3-17.

Liu, H. and Dai, J. S. (2003) An approach to carton-folding trajectory planning using dual robotic fingers, *Robotics and Autonomous Systems*, **42** (1): 47-63.

Liu, H., and Dai, J. S. (2002) Carton manipulation analysis using configuration transformation, *J. Mech. Eng. Sci.*, **216** (5): 543-555.

Liu, H., Dai, J. S. and Seneviratne, L. D. (2008) A model-based approach to cooperative operation of multirobot systems, *Industrial Robot: An International Journal*, **35** (1): 37-45.

Liu, H., Dai, J. S., Xu, H. Y. and Li, H. (2005) Virtual-mechanism-based analysis of cooperative manipulation, *J. Mech. Eng. Sci.*, **219** (3): 315-323.

Luo, Z., and Dai, J. S. (2006) Geometric analysis and characteristics of a three-fixed-pivoted multi-phalanx robotic finger, Special Issue of Kinematics, Kinematic Geometry, and Their Applications, *J. Mech. Eng. Sci.*, **220** (7): 1075-1082.

Michelman, P. (1998) Precision object manipulation with a multifingered robot hand, *IEEE T. Automt. Contr.*, **14** (1): 105-114.

Mohamed, M. G., Sanger, J., and Duffy, J. (1983) Instantaneous kinematics of fully parallel devices, *Sixth IFToMM Congress on Theory of Machines and Mechanisms*, New Delhi, India.

Murray, R. M., Li, Z. and Sastry, S. S. (1994) *A Mathematical Introduction to Robotic Manipulation*, CRC Press, New York.

Pons, J. L., Ceres, R. and Pfeiffer, F. (1999) Multifingered dexterous robotics hand design and control: A review, *Robotica*, **17** (6): 661-674.

Romdhane, L. and Duffy, J. (1990) Kinestatic analysis of multifingered hands, *Int. J. Robot. Res.*, **9** (6): 3-18.

Salerno, M., Zhang, K., Menciassi, A. and Dai, J. S. (2016) A novel 4-DOF origami grasper with an SMA-actuation system for minimally invasive surgery, *IEEE Transactions on Robotics*, **32** (3): 484-498.

Salisbury, J. K. (1982) *Kinematic and Force Analysis of Articulated Hands*, PhD Thesis, Standford University.

Salisbury, J. K. and Craig, J. J. (1982) Articulated hands: Force control and kinematic issues, *Int. J. Robot. Res.*, **1** (1): 4-17.

Shah, P. and Dai, J. S. (2002) Orientation capability representation and application to manipulator analysis and synthesis, *Robotica*, **20** (5): 529-535.

Trinkle, J. C., Abel, J. M. and Paul, R. P. (1988) An investigation of frictionless enveloping grasping in the plane, *Int. J. Robot. Res.*, **7** (3): 33-51.

Wei, G., and Dai, J. S. (2012) Geometric and kinematic analysis of a seven-bar three-fixed-pivoted compound-joint mechanism, *Mech. Mach. Theory*, **45** (2): 170-184.

Wei, G., Dai, J. S., Wang, S. and Luo, H. (2011) Kinematic analysis and prototype of a metamorphic anthropomorphic hand with a reconfigurable palm, *Int. J. Human. Rob.*, **8** (3): 459-479.

Wei, G., Stephan, F., Aminzadeh, V., Würdemann, H., Walker, R., Dai, J. S. and Gogu, G. (2014) DEXDEB: Application of DEXtrous robotic hands for DEBoning operation, Rohrbein F., et al. (eds.), *Gearing Up and Accelerating Cross-Fertilization between Academic and Industrial* Robotics Research in Europe, Springer International Publishing, 217-235.

Yao, W. and Dai, J. S. (2008) Dexterous manipulation of Origami cartons with robotic fingers based on the interactive configuration space, *ASME J. Mech. Des.*, **130** (2): 022303_1-8.

Zhao, T. S. and Dai, J. S. (2003) Dynamics and coupling actuation of elastic underactuated manipulators, *J. Robot. Syst.*, **20** (3): 135-146.

Zsombor-Murray, P. and Gfrerrer, A. (2009) 3R wrist positioning: A classical problem and its geometric background, Kecskeméthy, A. and Müller, A. (eds.), *Computational Kinematics: Proc. 5th Int. Workshop on Computational Kinematics*, Springer-Verlag, Berlin, 175-182.

熊有伦, 丁汉, 刘恩仓 (1993) 机器人学, 机械工业出版社, 北京.

熊有伦 (2011) 机器人技术基础, 华中科技大学出版社, 武汉.

附　录

A. 反对称矩阵的交换子特性

定理 A.1　反对称矩阵的交换子存在如下式所示的性质:

$$\boldsymbol{VS}-\boldsymbol{SV}=\boldsymbol{VS}-(\boldsymbol{VS})^{\mathrm{T}}=[[\boldsymbol{v}\times\boldsymbol{s}]\times] \tag{A1}$$

证明　给定向量 $\boldsymbol{v}$ 和 $\boldsymbol{s}$, 其反对称矩阵可写为

$$\boldsymbol{V}=\begin{bmatrix}0 & -v_z & v_y\\ v_z & 0 & -v_x\\ -v_y & v_x & 0\end{bmatrix},\quad \boldsymbol{S}=\begin{bmatrix}0 & -s_z & s_y\\ s_z & 0 & -s_x\\ -s_y & s_x & 0\end{bmatrix} \tag{A2}$$

将式 (A2) 代入式 (A1) 左侧, 可得

$$\begin{aligned}&\begin{bmatrix}0 & -v_z & v_y\\ v_z & 0 & -v_x\\ -v_y & v_x & 0\end{bmatrix}\begin{bmatrix}0 & -s_z & s_y\\ s_z & 0 & -s_x\\ -s_y & s_x & 0\end{bmatrix}\\ &-\begin{bmatrix}0 & -s_z & s_y\\ s_z & 0 & -s_x\\ -s_y & s_x & 0\end{bmatrix}\begin{bmatrix}0 & -v_z & v_y\\ v_z & 0 & -v_x\\ -v_y & v_x & 0\end{bmatrix}\\ &=\begin{bmatrix}-v_zs_z-v_ys_y & v_ys_x & v_zs_x\\ v_xs_y & -v_zs_z-v_xs_x & v_zs_y\\ v_xs_z & v_ys_z & -v_ys_y-v_xs_x\end{bmatrix}\end{aligned}$$

$$
-\begin{bmatrix} -v_zs_z-v_ys_y & v_xs_y & v_xs_z \\ v_ys_x & -v_zs_z-v_xs_x & v_ys_z \\ v_zs_x & v_zs_y & -v_ys_y-v_xs_x \end{bmatrix}
$$

$$
=\begin{bmatrix} 0 & v_ys_x-v_xs_y & v_zs_x-v_xs_z \\ v_xs_y-v_ys_x & 0 & v_zs_y-v_ys_z \\ v_xs_z-v_zs_x & v_ys_z-v_zs_y & 0 \end{bmatrix}=[[\boldsymbol{v}\times\boldsymbol{s}]\times] \tag{A3}
$$

证毕.

B. 反对称矩阵的三重积特性

定理 A.2 反对称矩阵的三重积具有如下式所示的性质:

$$
\boldsymbol{A}_s\boldsymbol{A}_s\boldsymbol{A}_s=-\boldsymbol{A}_s \tag{A4}
$$

证明 给定一个反对称矩阵, 即

$$
\begin{bmatrix} 0 & -s_z & s_y \\ s_z & 0 & -s_x \\ -s_y & s_x & 0 \end{bmatrix} \tag{A5}
$$

其三重积为

$$
\begin{bmatrix} 0 & -s_z & s_y \\ s_z & 0 & -s_x \\ -s_y & s_x & 0 \end{bmatrix}\begin{bmatrix} 0 & -s_z & s_y \\ s_z & 0 & -s_x \\ -s_y & s_x & 0 \end{bmatrix}\begin{bmatrix} 0 & -s_z & s_y \\ s_z & 0 & -s_x \\ -s_y & s_x & 0 \end{bmatrix}
$$

$$
=\begin{bmatrix} 0 & -s_z & s_y \\ s_z & 0 & -s_x \\ -s_y & s_x & 0 \end{bmatrix}\begin{bmatrix} -s_y^2-s_z^2 & s_xs_y & s_xs_z \\ s_xs_y & -s_x^2-s_z^2 & s_ys_z \\ s_xs_z & s_ys_z & -s_x^2-s_y^2 \end{bmatrix}
$$

$$
=\begin{bmatrix} 0 & (s_x^2+s_y^2)s_z+s_z^3 & -(s_x^2+s_z^2)s_y-s_y^3 \\ -(s_x^2+s_y^2)s_z-s_z^3 & 0 & (s_z^2+s_y^2)s_x+s_x^3 \\ (s_x^2+s_z^2)s_y+s_y^3 & -(s_z^2+s_y^2)s_x-s_x^3 & 0 \end{bmatrix} \tag{A6}
$$

考虑到向量 $\boldsymbol{s}=(s_x,s_y,s_z)^{\mathrm{T}}$ 为单位向量, 上述结果可简化为

$$
\begin{bmatrix} 0 & s_z & -s_y \\ -s_z & 0 & s_x \\ s_y & -s_x & 0 \end{bmatrix} \tag{A7}
$$

证毕.

C. 反对称矩阵的乘积迹及其对应向量的标量积

定理 A.3 两向量的标量积与其对应的反对称矩阵乘法的迹有以下关系:

$$\boldsymbol{v}\cdot\boldsymbol{s}=\frac{-2(v_xs_x+v_ys_y+v_zs_z)}{-2}=\frac{\mathrm{tr}(\boldsymbol{VS})}{-2} \tag{A8}$$

证明 给定向量$\boldsymbol{v}$和$\boldsymbol{s}$, 其反对称矩阵为

$$\boldsymbol{V}=\begin{bmatrix}0 & -v_z & v_y\\ v_z & 0 & -v_x\\ -v_y & v_x & 0\end{bmatrix},\quad \boldsymbol{S}=\begin{bmatrix}0 & -s_z & s_y\\ s_z & 0 & -s_x\\ -s_y & s_x & 0\end{bmatrix} \tag{A9}$$

上述反对称矩阵乘积的迹为

$$\begin{aligned}\mathrm{tr}(\boldsymbol{VS})&=\mathrm{tr}\begin{bmatrix}-v_ys_y-v_zs_z & * & *\\ * & -v_xs_x-v_zs_z & *\\ * & * & -v_xs_x-v_ys_y\end{bmatrix}\\ &=-2(v_xs_x+v_ys_y+v_zs_z)=-2\boldsymbol{vs}\end{aligned} \tag{A10}$$

由此, 式 (A8) 成立. 证毕.

D. 旋转轴线与正交矩阵

D1. 螺旋运动轴线的反对称矩阵与旋量矩阵

轴向平移计算公式可简化为

$$\begin{aligned}\boldsymbol{A}_s\boldsymbol{R}-(\boldsymbol{A}_s\boldsymbol{R})^{\mathrm{T}}&=\boldsymbol{A}_s+\sin\theta\boldsymbol{A}_s\boldsymbol{A}_s+(1-\cos\theta)\boldsymbol{A}_s\boldsymbol{A}_s\boldsymbol{A}_s\\ &\quad+\boldsymbol{A}_s-\sin\theta\boldsymbol{A}_s\boldsymbol{A}_s+(1-\cos\theta)\boldsymbol{A}_s\boldsymbol{A}_s\boldsymbol{A}_s\\ &=2\boldsymbol{A}_s-2(1-\cos\theta)\boldsymbol{A}_s\boldsymbol{A}_s\boldsymbol{A}_s=2\cos\theta\boldsymbol{A}_s\end{aligned} \tag{A11}$$

D2. 特征旋量与旋转矩阵

另一种方法可由轴向平移运算给出, 为

$$\begin{aligned}(\boldsymbol{R}-\boldsymbol{R}^{\mathrm{T}})\boldsymbol{R}-((\boldsymbol{R}-\boldsymbol{R}^{\mathrm{T}})\boldsymbol{R})^{\mathrm{T}}&=\boldsymbol{R}^2-\boldsymbol{R}^{2\mathrm{T}}=(\boldsymbol{R}+\boldsymbol{R}^{\mathrm{T}})(\boldsymbol{R}-\boldsymbol{R}^{\mathrm{T}})\\ &=2\sin\theta(2\boldsymbol{I}+2(1-\cos\theta)\boldsymbol{A}_s\boldsymbol{A}_s)\boldsymbol{A}_s\\ &=4\sin\theta\boldsymbol{A}_s-4(1-\cos\theta)\sin\theta\boldsymbol{A}_s\\ &=4\sin\theta\cos\theta\boldsymbol{A}_s\end{aligned} \tag{A12}$$

索 引

F

G

H

J

Q

R

S

T

W

X

Y

后　记

写这本书的想法最初源于 1996 年夏天。当年在第 24 届 ASME 机构学双年会发表了题为 “Task-oriented direct synthesis of serial manipulators using moment invariants” 的文章[1]，随后收到 CRC 出版社的写作邀请，因为忙，也就搁置了。自 2005 年起，每年都有出版社找来出书，因为太忙，我大都推荐其他学者给出版社。直到 2010 年年底，在 Springer 出版社和高等教育出版社的多次邀请之后，我下定决心写这本书。

这些年，我习惯将自己在研究中的想法写成随笔，并通过邮件同我已毕业和在读的博士生以及学术界的朋友们分享。现在回头看，从 2011 年至今这三年间的邮件在不经意间准确地记录了这次著书的历程。遂选取一部分邮件整理 (略有改动) 如下，以期与读者深入交流。

1. 著书的起源

< 2013.04.19 > Mr. Screws

源于 1967 — 1968 年 “停课” 期间对三角几何与因式分解的训练以及 1978 — 1984 年在上海交通大学期间对空间几何的酷爱和线性代数的迷恋，自 1989 年初夏到 Salford 大学[2]后，就对旋量理论产生了兴趣。从那时起，我深入研读了 Hunt[3]的《机构的运动几何学》，并广泛阅读 20 世纪 20 年代以后的几何与代数书籍。在 John

[1]Dai, J. S., Holland, N. and Kerr, D. R. (1996) Task-oriented direct synthesis of serial manipulators using moment invariants, *Proc the 24th ASME Biennial Mechanisms Conference*, August 19-22, 1996, Irvine, California.

[2]英国 Salford 大学在 20 世纪 90 年代初对旋量理论的研究十分活跃，是英国乃至欧洲研究旋量理论的中心。由 John Sanger 教授和 David Kerr 博士牵头的机构学中心经常性地组织学术研讨会，不断地有国际旋量理论专家造访。

[3]Hunt, K. H. (1978) *Kinematic geometry of mechanisms*, Clarendon Press, Oxford.

Sanger 和 David Kerr 主持的研究组研讨会上，我作了多次关于旋量理论的研究报告。当时我主要研究抓持的旋量空间理论，将刚体几何特性映射到旋量空间，开展抓持有效性与稳定性的探索。在博士论文[4]《旋量映射空间及其机器人抓持应用》中，我阐述了研究中所发现的旋量线性相关理论、旋量系关联关系理论以及旋量特性转换矩阵，提出了 "**旋量理论与旋量系特性的新角度研究**"。由于对旋量理论研究的专注与投入以及对那些难度较高的论著的研读，我常被做访问学者时的导师 John Sanger 和攻读博士时的导师 David Kerr 戏称为 "Mr. Screws"。我当时撰写了许多文章手稿，但没有投稿。从 1995 年年底起，这些手稿连同我的许多推导、批注、心得就已全部打印、装订、整理，并仔细地放入木箱，存放于车库中。在以后的 18 年中，这几箱材料从曼彻斯特搬到达勒姆，从达勒姆搬到伦敦。

自 1990 年起，我持续地作旋量代数与旋量系特性的研究，并于 1991 年发表了三瞬心定理的文章[5]，于 1995 年发表了有限位移旋量的文章[6]，于 1996 年发表了抓持扩展矩阵的文章[7]，于 2000 年在纪念 Ball 论著 100 周年研讨会上发表了互易旋量系求解的文章[8]，于 2001 年提出旋量系关联关系理论[9]，于 2002 年提出零空间构造理论[10]，于 2003 年提出互易旋量系求解理论[11]，于 2004 年、2006 年提出并联机构以及过约束机构旋量系理论[12,13]，于 2006 年发表理论运动学史 200 年回顾的文章[14]。在过去的 20 多年中，正如多年前对学生所谈到的，我的学术生涯是一直向前冲，没有时间回头看。

[4]Dai, J. S. (1993) *Screw image space and its application to robotic grasping*, PhD Dissertation, University of Salford, Manchester.

[5]Dai, J. S. and Kerr, D. R. (1991) Geometric analysis and optimisation of a symmetrical Watt six-bar mechanism, *J. Mech. Eng. Sci.*, **205** (4): 275-280.

[6]Dai, J. S., Holland, N. and Kerr, D. R. (1995) Finite twist mapping and its application to planar serial manipulators with revolute Joints, *J. Mech. Eng. Sci.*, **209** (C3): 263-272.

[7]Dai, J. S. and Kerr, D. R. (1996) Analysis of force distribution in grasps using augmentation, *J. Mech. Eng. Sci.*, **210** (C1): 15-22.

[8]Dai, J. S. and Rees Jones, J. (2000) Vectors of cofactors of a screw matrix and their relationship with reciprocal screws, *International Symposium Commemorating the Legacy, Works, and Life of Sir Robert Stawell Ball Upon the 100th Anniversary of "A Treatise on the Theory of Screws"*, July 9-11, Cambridge, UK.

[9]Dai, J. S. and Rees Jones, J. (2001) Interrelationship between screw systems and corresponding reciprocal systems and applications, *Mech.Mach.Theory*, **36** (5): 633-651.

[10]Dai,J.S. and Rees Jones, J. (2002) Null space construction using cofactors from a screw algebra context, *Proc Royal Society London A: Mathematical, Physical and Engineering Sciences*,**458** (2024): 1845-1866.

[11]Dai, J.S. and Rees Jones, J. (2003) A linear algebraic procedure in obtaining reciprocal screw systems, Special Issue in Commemoration of Prof. J. Duffy, *J. Robot. Syst.*, **20** (7): 401-412.

[12]Dai, J.S., Huang, Z. and Lipkin, H. (2004) Screw system analysis of parallel mechanisms and applications to constraint and mobility study, *Proc of the 28th Biennial Mechanisms and Robotics Conference*, Sept. 28-Oct.2, Salt Lake City, USA.

[13]Dai, J.S., Huang, Z.and Lipkin, H. (2006) Mobility of overconstrained parallel mechanisms, *ASME J. Mech. Des.*, **128** (1): 220-229.

[14]Dai, J. S. (2006) A historical review of the theoretical development of rigid body displacements from Rodrigues parameters to the finite twist, *Mech. Mach. Theory*, **41** (1): 41-52.

自己修改 30 多遍的文章见期刊了, 却没时间品赏, 便又开始新的攻关。许多时候是与学生和其他学者一道全力做新的研究, 写新的文章。直到 2010 年年底打开车库的木箱, 翻看这些打印装订得整整齐齐的手稿时, 我才感到一阵阵的心痛。竟然完成了这么多的推导与理论, 但这些研究却始终不见天日。至今, 我的许多研究仍沉睡在车库的木箱里。这引出了张新生 (我的博士生, 下同) 最近有趣的称呼, 即 "木箱里的理论"。

从那一刻起, 我想应该尽早将这些研究总结并撰写出来。2011 年 1 月我到热那亚的意大利理工学院做合作研究, 夜晚在旅馆里一气呵成写出了当时的 12 章目录。这些理论与文章一直萦绕在我的脑海中, 逻辑明朗, 脉络清晰, 因此我于 2011 年年底就基本完成了全书的写作, 以至于国际著名理论运动学与机构学专家 Bernard Roth 浏览我的初稿后为之惊讶, 他在 2012 年 3 月 10 日写到,"你竟然只用 15 个月就完成了这个宏伟的工程, 衷心祝贺你取得的这一成果。" 不过, 此后的又一个 "15 个月" 则是更艰苦的著述与修改时期。

事情实在太多, 很多事情又是急如火燎, 如不及时处理, 就会出大问题, 因此常常要拼命几周将事情都处理完才能有一段稳定的时间来写书。于是, 写书的时间经常是支离破碎的, 艰苦异常。旅馆、饭店、火车、机舱, 无论何时何地, 我总是在推导、修改与著述。

2. 有限位移旋量的研究

<2013.02.08, 2013 年蛇年除夕夜> 起源与发展

关于有限位移旋量的讨论非常有意义, 这是旋量理论的一个关键点。大多数人认为旋量是瞬时量, 只有那些于 20 世纪 90 年代研究 *finite twists*, 包括早期研究 *finite displacement screws* 的学者才认为旋量也包括位移, 即包括非瞬时量。

Ball 理论的基本点是 *small displacement*, 此为瞬时量。Ball 在论著中指出, *In the case of a twisting motion about a screw* α *the rate at which the amplitude of the twist changes may be called the twist velocity and be denoted by* $\alpha(\cdot)$[15]。虽然 Ball 理论出发点是 *"the theory of screws is founded upon two celebrated theorems. One relates to the displacement*[16] *of a rigid body. The other relates to the forces*[17] *which act on a rigid*

[15]Ball, R. S. (1876) *Theory of screws: A study in the dynamics of a rigid body*, Hodges, Foster, and Co., Grafton-Street, Dublin.

[16]Chasles, M. (1830) Note sur le propriétés générales du systéme de deux corps semblables entr'eux et places d'une maniére quelconque dans l'espace; et sur le déplacement fini ou infiniment petis d'un corps solide libre, *Bull. Sci. Mach, Férussac*, **14**: 321-326.

[17]Poinsot, L. (1806) Sur la composition des moments et la composition des aires, *Paris Journal de l'Ecole Polytechnique*, **6** (13): 182-205.

body", 并提出了 *screw displacement* 的概念, 但是其基本理论是基于 *dynamics* 的。

最早提出 *displacement screws* 的学者是 Dimentberg[18,19,20], Yang 与 Freudenstein[21]进而在 1964 年进行了发展。Tsai 和 Roth[22]演变出 *screw axis geometry for finitely separated positions*, 提出了 *screw cylindroid* 和 *instantaneous screw cylindroid*, 并发展了 Ball 理论。前者演变为 *screw triangle*, 由两位移旋量求取合成位移旋量, 即旋量三角形法则。这一 *(finite) screw displacement* 在 Bottema 与 Roth[23]的书中写得很详细。

采用 *displacement screw* 这个名词的应该是 Dimentberg[20] 和 Yang 与 Freudenstein[21]; 采用 *finite twists* 和 *finite displacement screws* 的是 Parkin[24]、Hunt[25] (通过 Study 八维坐标与对偶四元数关联)、Huang 和 Roth[26]以及 Dai、Holland 和 Kerr[6,27]。

Finite displacement screws (有限位移旋量, 也称 *finite twists*) 的提出是旋量理论由瞬时量到非瞬时量的飞跃, 进而可与李群及对偶四元数相联系。缺少这一步, 旋量与李群及对偶四元数就无法贯通, 但这也是旋量理论发展的必然结果。由此, 我们常说的具有瞬时性的 *screws* 与具有非瞬时性的 *finite displacement screws* 就分别对应于李代数与李群。

20 世纪 90 年代, 一些学者对 *finite twists* 与 *finite displacement screws* 做了定义。

(1) Parkin[24] (1992): 从一个坐标系到另一坐标系的变换 (原作者未给出具体定义, 但从内容上可以看出);

(2) Huang 和 Roth[26] (1994): 空间刚体的位移 (原作者未给出具体定义, 但从内

---

[18]Dimentberg, F. M. (1950) *The determination of the positions of spatial mechanisms*, Izdat, Akad, Moscow, USSR.

[19]Dimentberg, F. M. and Kislitsyn, S. G. (1960) Application of screw calculus to the analysis of three-dimensional mechanisms, *Trudy II Vsesoyuznogo soveshchaniya po problemam dinamiki mashin*.

[20]Dimentberg, F. M. (1965) *The screw calculus and its application to mechanics* (in Russian) Izdat. Nauka, Moscow, English Translation, Foreign Technology Division, U. S. Department of Commerce, (N.T.I.S), No. AD 680993, WP-APB, Ohio, 1969.

[21]Yang, A. T. and Freudenstein, F. (1964) Application of dual-number quaternion algebra to the analysis of spatial mechanisms, *ASME, J. Appl. Mech.*,**86** (2):300-309.

[22]Tsai, L. W. and Roth, B. (1973) Incompletely specified displacements: Geometry and spatial linkage synthesis, *ASME, J. Eng. Ind.*, **95** (B): 603-611.

[23]Bottema, O. and Roth, B. (1979) *Theoretical Kinematics*, North-Holland Series in Applied Mathematics and Mechanics, North-Holland, Amsterdam.

[24]Parkin, I. A. (1992) A third conformation with the screw systems: Finite twist displacements of a directed line and point, *Mech. Mach. Theory*, **27** (2): 177-188.

[25]Hunt, K. H. and Parkin, I. A. (1995) Finite displacements of points, planes, and lines via screw theory, *Mech. Mach. Theory*, **30** (2): 177-192.

[26]Huang, C. and Roth, B. (1994) Analytic expressions for the finite screw systems, *Mech. Mach. Theory*, **29** (2): 207-222.

[27]Holland, N., Dai, J. S. and Kerr, D. R. (1995) Application of the finite twist in serial manipulator workspace investigations, *Proceedings of the Ninth World Congress on the Theory of Machines and Mechanisms*, August, Milano, Italy, 1757-1761.

容上可以看出);

(3) Dai、Holland 和 Kerr[6,27] (1995): *specify a screw displacement by describing the position and orientation of an object from one location to another location* (采用刚体两个状态的位姿定义螺旋式位移);

(4) Davidson 和 Hunt[28] (2004): *specify a screw displacement, to establish the relative location of two Cartesian frames* (定义了建立两坐标系相对位姿的螺旋式位移)。

从以上观点来看, 并没有规定 *finite displacement screws* 或 *finite twists* 是微小量, 正如李群不需要是微小量, 只要是光滑流形就行。由此认为, 我之前的建议 (见下面邮件内容) 是可行的。2005 年起, 我在国内提出微小位移旋量的概念, 着重点在微小量上, 但其本质是有限位移旋量。

< 2013.02.05 > 有限位移旋量

我在这几个月有同感。因为这同于 "有限群", 源于 *finite groups*, 中文应翻译为 "有限位移旋量"。但在书里第一次出现时, 我将说明也有采用 "微小位移旋量" 的情况, 该说法主要是考虑该类型旋量的运动范围非常小。为了区别于微分旋量, 且考虑到微小位移旋量为有限位移旋量的子集, 所以本书采用 "有限位移旋量"。

这种类型的旋量不一定是非常小, 任何描述位移的旋量都可以。我想这可以从我之前的分析中得出, 也可从它与李群的对应性得出。这样就改变了目前认为旋量只解决瞬时问题的观点。

2012 年 6 月我与 Bernie Roth 在因斯布鲁克的第 13 届 ARK 研讨会期间以及 2012 年 7 月与 Ken Waldron 在天津的第二届 ASME/IFToMM 可重构机构与机器人大会[29]期间都谈到上述观点, 并进行了讨论。他们在 *finite screws*与 *finite displacement screws*的选择中, 建议采用后者。希望上面的讨论对你们 (指我的学生) 有所帮助。我很高兴新生的详尽分析, 东明 (哈利法大学助理教授) 的寻经问典, 也很高兴崔磊 (科廷大学助理教授)、克涛 (伦敦大学国王学院助理研究员) 与国武 (伦敦大学国王学院助理研究员) 的思考与多方论证。我希望你们都能成为理论家, 我们需要理论家! 祝大家春节愉快, 万事如意! 在新的一年有进一步的发展!

3. 旋量系理论的研究

< 2013.04.17 > 旋量系研究的起因

第二篇 "旋量系理论及机构约束与自由运动" 的研究应该追溯到我 1991 — 1993

[28]Davidson, J. and Hunt, K. H. (2004) *Robots and screw theory, applications of kinematics and statics to robotics*, Oxford University Press, New York.

[29]Dai, J. S., Zoppi, M. and Kong, X. W. (2012) *Advances in Reconfigurable Mechanisms and Robots I*, Proceeding of the second ASME/IFToMM International Conference on Reconfigurable Mechanisms and Robots (ReMAR 2012), Springer, London.

年期间的研究。我常说的 2001 年的 MMT 文章[9] 花了十年时间就是从那时算起的。在 1992 年和 1993 年的研究组研讨会上给大家讲这篇文章中的概念[30]，总不被理解。1994 年反复修改成稿后，于 1995 年在米兰的第九届 IFToMM 世界大会上送给 Stewart 并联机构分析的国际权威专家 Gene Ficther[31]教授看，得到肯定。1996 年访问 SCARA 机器人的发明人、山梨大学牧野洋[32]教授时，在旅馆里基于集合论又全部改写了一遍。1998 年在亚特兰大参加第 25 届 ASME 机构学双年会后，应邀到国际旋量权威专家、佛罗里达大学 Joe Duffy[33]教授家住了一晚，我当时请他看了这篇手稿。Duffy 说这个创新就在于将集合论引入到旋量系研究中。这就是我于 2001 年发表的关于旋量系关联关系理论文章[9] 的十年写作过程与道路。

我的旋量系理论研究是基于 1993 年博士论文[4] 中提出的旋量理论与旋量系特性的新角度进行的。上述的历经十年完成并于 2001 年发表的关于旋量系关联关系理论的 MMT 文章[9]，以及其后持续研究并于 2002 年发表的关于零空间理论的皇家学报文章[10]、2003 年关于互易旋量系解空间的机器人系统学报文章[11]，直至 2004 年[12] 和 2006 年[13] 发表的并联机构以及过约束机构旋量系理论文章，逐步形成了**旋量系理论**。对于该理论，东明与克涛用得好，经常在分析并联机构的各种旋量系[34,35,36]时用到，并成功地分析了多种机构的活动度，尤其对活动度[37]理解得好。我 2004 年和 2006 年的文章也常作为与并联机构相关的旋量系理论来引用。另外，我的旋量系理论也被其他著作所采用。

根据新生的提议，将书中的旋量系关联关系定理、旋量系零空间构造定理以及约束旋量系分解定理列为旋量系理论的三大定理，我再加上旋量系对偶定理，就形成了**旋量系四大理论**，为目前书稿的第二篇。

< 2013.05.27 > 理论研究

很多方面需要系统的理论，而这里面有很深的理论还没有被挖掘。回想我于 1991 年钻研的 Gibson 和 Hunt 的两篇旋量系文章以及 1992 年钻研的 Rico 和 Duffy 的

[30] Dai, J. S. (1993) Relationship Between Screw Systems. Seminar Note, University of Salford, Manchester.

[31] Fichter, E. F. (1986) A Stewart platform-based manipulator: General theory and practical construction, *Int. J. Robot. Res.*, **5**: 157-182.

[32] 牧野洋 (1980) 自动机械机构学, 科学出版社.

[33] Duffy, J. (1996) *Statics and kinematics with applications to robotics*, Cambridge University Press, New York.

[34] Gan, D. M., Dai, J. S. and Caldwell, D. G. (2011) Constraint-based limb synthesis and mobility-change-aimed mechanism construction, *ASME J. Mech. Des.*, **133** (5): 051001.

[35] Zhang, K., Dai, J. S. and Fang, Y. (2010) Topology and constraint analysis of phase change in the metamorphic chain and its evolved mechanism, *ASME J. Mech. Des.*, **132** (12): 121001-121011.

[36] Zhang K., Dai, J. S., and Fang, Y. (2013) Geometric constraint and mobility variation of two 3SvPSv metamorphic parallel mechanisms, *ASME J. Mech. Des.*, **135** (1): 11001.

[37] Gan, D. M., Dai, J. S. and Liao, Q. Z. (2010) Constraint analysis on mobility change in the metamorphic parallel mechanism, *Mech. Mach. Theory*, **45** (12): 1864-1876.

三篇旋量系文章, 他们都是一个系一个系地检查其相关关系的。我当时想这里面一定有规律, 进而研究出了雏形。我在 Salford 的研讨会上谈了, 但都觉得玄。Fichter 教授给予了肯定, 到日本做高级访问学者时进行了再创作, 后来得到 Duffy 教授的首肯, 这一理论得以缓慢发展。因此, 任何事物都有规律, 我的 2004/2006 年并联机构旋量系文章已经很接近综合, 该文章的后续就是综合, 当时也同 Lipkin 谈到过这一点。

在学术道路上, 路向何方? 我想关注理论问题就是方向。任何时候都不能被现象所迷惑, 而要看到实质。

< 2013.10.26 > 例题 8.9

我一早起来, 看了康熙 (我的博士生, 下同) 的邮件。在空间画了图, 对这个空间机器人认真地想了一下。首先这第四旋转臂的 z 分量是对的。因为 $\boldsymbol{S}_4$ 的 $\sin\theta$ 投影只投影到了一个倾斜平面, 投影线也是与 z 轴倾斜的, 必须继续投影, 所以这一分量是对的。由于是倾斜线, 也同时产生了 x 与 y 的分量。所以 x 与 y 分量的第二部分就由此产生。

另外, 在第一次作 $\boldsymbol{S}_4$ 的 $\sin\theta$ 投影时, 又有 $\boldsymbol{S}_4$ 的 $\cos\theta$ 产生了与 z 轴垂直的分量。该分量分解产生了 x 与 y 分量的第一部分。所以 $\boldsymbol{S}_4$ 主部是正确的。如此看来, 你的副部也是正确的。

作为一名出色的机构学家, 还需要有非常好的三角几何、空间几何与解析几何知识。请不要完全迷信矩阵运算与计算机运算结果, 自己要用最保险的方法进行验证。这种三角几何法是一种验证办法。任何事情都不能偏听偏信, 要自己验证, 由此可以产生你们自己的想法、自己的文章。康熙做得很好。另外用三角几何法发的文章也很有特色。

< 2013.10.28 > 由例题 8.9 引申到搞研究、写文章、审稿及授课

我想这里有个哲理问题, 我们大家都可以从中得到启示。首先请大家认真读一下我上面的周六 (10 月 26 日) 早晨的邮件。由这一例题, 我们可以引申出许多要义。

一是如何开展研究, 找到研究方向。这就需要对这样一类问题进行探讨。

二是写文章。文章中需要写出问题与数学公式的物理含义, 而不是简单地列举一堆数学公式, 没有任何解释。否则就是学生做作业, 而不是写文章。文章中需要写出这些解释, 类似我周六早晨所写的。要写出这些, 就必须理解, 才能够写到位。这就是一篇文章如何写就与如何写完整的要点所在。

三是正如我对康熙所说: 一种方法做出的, 一定要用另一种方法进行验证。三角几何法更直观, 更不容易出错, 所以常常用作验证的手段。审稿人常常采取这种方法验证论文。如果你的简单推算被审稿人验证后认为是正确的, 那么审稿人就默认你的复杂推算是正确的。例如, 我验证出康熙对旋量 $\boldsymbol{S}_4$ 主部的运算是正确的, 经过简单推理，我就可以默认副部也是正确的。这种情况出现在我的一位博士生 Paresh Shah 在 2002 年的毕业答辩中。他研究灵巧度定理，做了许多工作。巴斯大学的著名教授 Tony Medland 来答辩前先用几何方法进行了验证，认为是正确的，这才让他通过答辩。审稿人也常常是这样验证作者所做工作的。

四是能否用语言将一串数学公式讲清楚。这取决于你对问题理解的程度，也需要有较强的表达能力。当一名好教师，一定要注意将问题的物理意义表达清楚。这既是写好一篇文章所应具有的本领，也是及早训练讲授能力的绝佳方法。

我觉得这四点对你们的现在与将来都很重要，所以写出来，期望能对你们有点启示。请注意，哲理与关联存在于每件小事中。

4. 旋量代数与李群、李代数的研究

< 2012.01.04 > 李群、李代数内容

我在元旦前后，又做了一些工作，主要是提炼这本书中关于李群、李代数的内容。我的第二章 (现在为第三章) 内容事实上是李代数，第三章 (现在为第四章)、第四章 (现在为第五章) 内容是李群。因此，我把这些概念又强化了一下。同时，我研读了 18 世纪、19 世纪欧洲的数学史，再次研究了旋量及李群、李代数的发展史，以及 1913 年起步的 *spinor* 和自 1830 年起步的旋量研究历史，并于昨天下午和晚上草拟了数学版书稿的前言。由于扫描仪有问题，新生不得不在深夜 11 点钟将手稿拿去，同康熙一起打字，直至今天凌晨 1 点钟我才收到打印稿。

< 2012.01.22 > 有限位移旋量与李群以及旋量与李代数的关联

请见我对本书后五章的著述与修改。对于这五章，我是一气呵成的，似乎这五章早已形成了很好的结构。在过去的几周，我抓住一切空隙，彻底地整理了我前七章书稿的思路，并写出了额外的一章作为绪论。这段时间的突破是彻底贯通了有限位移旋量与李群以及旋量与李代数。这一突破已天衣无缝地吻合在前几章节的论述中。

当完成这一理论突破后，我将重新回到前七章 (现在的前八章)，仔细地作文字与内容的修改。争取在二月初完成现在的前八章，而后对剩下的六章内容再作修改。

< 2012.02.18 > 四大理论的历史发展与理论关联

在过去的两个月时间里，我将全书又改了一遍，并有重大理论突破。这两个多月，夜以继日，周末和假日几乎没有休息，我比较满意这一突破，关键是将历来分散的理论综合起来，抓住了其内在的联系，建立了关联关系。我将旋量、有限位移旋量、李群与李代数四方面理论从历史发展的角度及理论关联的角度进行了审视，并建立了它们之间的联系，从而在这一版书稿中，贯通了旋量代数和李群、李代数理论，将这些理论有机地结合起来。这使得本书成为国内外首本将旋量理论、旋量代数与李群、李代数相结合的专著。

在李群和李代数方面, 本书也不失为一本入门著作。本书对李群与李代数表示论作了系统深入的归纳、总结及概括。尤其注重由浅入深地阐述: 从大家最熟悉的线性代数、空间几何入手, 讲到直线几何、旋量代数、李群、李代数、四元数、对偶四元数, 直至 Clifford 代数, 从而将这些现代数学有机结合起来, 做到融会贯通。

英文版专著的写作已经基本完成。下面将根据这两个月的突破与改写情况, 对去年 12 月份前的中文版专著进行再次改写。

< 2013.04.17 > 数学的三大支柱

第一篇 "几何基础、旋量代数与李群、李代数" 始于我 1990 年 5 月撰写并于 1991 年发表在 IMechE 期刊上的三瞬心定理的向量研究[38], 涉及我 1993 年春完成的博士论文 [4]、1994 年在英国科学与工程研究基金会 SERC (现在的工程与应用科学基金会 EPSRC) 关于刚体姿态与灵巧度的报告[39]、1995 年的有限旋量期刊论文[6]、2006 年的两百年理论运动学历史回顾[14]、2012 年的有限位移旋量算子[40]。李群和李代数内容涉及我在 1993 — 1995 年期间的研究以及其后于 1995 年发表的文章[6]、2011 年年底至 2013 年 4 月所研究的与旋量相关的理论以及 2012 年发表的有限位移旋量的文章[40]。

本书的第一篇与第二篇也将在 "现代数学基础"[41]丛书中出版。该数学版著作[42]在 2011 年年底已经通过数位国内著名数学教授的审读与论证。我看到中国数学会与美国数学会会员、大连理工大学数学科学学院数学研究所应用数学系副主任侯中华教授的评论时, 为之震动。侯教授的评论高屋建瓴, 从数学的三大支柱谈到代数的内在本质及其后续理论, 令人印象深刻。请见他在读完我 2011 年年底的数学版著作后于当年 12 月 12 日发表的评论。

> 代数、几何、分析是数学的三大支柱。数学之所以能够发展到今天, 是因为有了现实世界的迫切需要。然而, 由于数学学科自身的特点, 其发展过程可以超前于现实世界的需要。随之带来的问题就是数学学科所发展出来的理论和所取得的研究成果越来越不为其他学科的学者所熟知, 更遑论加以有效地运用了。远的不说, 就拿向量代数理论来说吧。学过线性代数和解析几何的人都知道, 向量的引入对于空间图形的定量表示起到了决定

---

[38]Dai, J. S. and Kerr, D. R. (1991) Geometric analysis and optimisation of a symmetrical Watt six-bar mechanism, *J. Mech. Eng. Sci.*, **205** (4): 275-280.

[39]Dai, J. S., Malik, A. and Kerr, D. R. (1994) Orientation and dexterity of mechanisms and manipulators, *Report on EPSRC Funded Project*, University of Salford, Manchester.

[40]Dai, J. S. (2012) Finite displacement screw operators with embedded Chasles' motion, *ASME J. Mech. Rob.*, **4** (4): 041002.

[41]请见 http://book.douban.com/series/1915.

[42]戴建生 (2014) 旋量代数与李群、李代数, 高等教育出版社, 北京。

性的作用。向量的运算对于研究线性图形之间的关系起到了关键的作用。此外,向量代数在其他学科中也得到了有效的运用。然而,人们对这一理论的运用却大多局限于借助其表现形式,而忽略了它的实质内涵。这使得它被误认为线性代数的一部分而险被"收编"。究其原因,至少有以下两条:一是因为大家只看到了它的代数表象,没有看到它的内在本质;二是因为当前的数学教学已很少讲授它的后续理论 —— 旋量代数 (screw algebra) 和直线几何学 (line geometry)。国内有关直线几何学的介绍大概只在苏步青的《微分几何学》(新一版) 中有所体现。

这部专著从向量代数理论出发,循序渐进,由浅入深,详细而系统地阐述了旋量理论的数学基础。使人们看到了向量代数理论的进一步演化和应用。填补了国内此类专著的空白。同时,从直线几何学的角度阐述了射影几何学中的对偶原理以及泛复数理论中的对偶数理论的直观意义。对这些抽象的数学理论的学习大有裨益。与此同时,由于本书的内容只涉及向量代数和线性代数的基本理论,因此适合大学二年级以上的理工科学生阅读和参考,这使得阅读人群非常广泛。此外,本书对于旋量理论在机构学、静力学和运动学中的应用作了系统而细致的介绍。与此同时,还对所涉及的数学处理过程给出了详细的推导,并在方法上有所创新。对相关学科的学生和学者来说,这无疑是一本难得的参考文献。

5. 旋量理论的机构学应用

< 2013.02.27 > 90 年代初对抓持的研究及后续的多方位研究

第十章的工作可以追溯到 1990 年我对抓持的研究[43]。第一节就是关于扩展抓持定理的研究,这里依据的是我于 1992 — 1996 年发表的几篇重要文章[44,45,46]。第十一章依据第二篇阐述的旋量系理论讲述可变阶数的约束旋量系,进而研究旋量系对这些变拓扑结构和变活动度机构的影响,引出变胞机构与可重构机构,展示多种变胞机构的研究。

[43]Dai, J. S. and Kerr, D. R. (1992) Analysis and synthesis of grasping in an image space, *Proc, 22nd ASME Mechanisms Conference*, Scottsdale, Arizona, USA.

[44]Dai, J. S. and Kerr, D. R. (1995) Synthesis of frictionless grasps in image space using affine augmentation, *9th World Congress on The Theory of Machines and Mechanisms*, August-September, Milano, Italy.

[45]Dai, J. S., Kerr, D. R. and Sanger, D. J. (1995) Intelligent grasping systems, in *Advanced Robotics and Intelligent Machines*, Gray, J. O. and Caldwell, D. G. (eds.), Pentland Press Ltd., Peter Peregrinus, 61-69.

[46]Dai, J. S. and Kerr, D. R. (1996) Analysis of force distribution in grasps using augmentation, *IMechE J. Mech. Eng. Sci.*, **210** (1): 15-22.

最后定稿的第十二章主要是 1990 — 2006 年期间采用旋量研究刚度[47,48]、柔度[49]等问题的工作, 涵盖了抓持、并联机构、多环机构、空间机构、欠驱动机构[50,51]、传感器、变胞灵巧手[52,53]等内容。

6. 全书写作的节点与阶段

< 2013.04.12 > 著述的阶段性与专家推荐

在去往伦敦的飞机上, 我全面拜读了 Karger 和 Novak[54]的 *Space Kinematics and Lie Groups*一书, 进一步对本书中的李群和李代数作了思考, 这两天又对第二章至第五章中关于李群和李代数部分作了更深层次的归纳与修改。这些修改体现在我的目录中, 故寄去参看。这本专著的写作可以分为四个阶段。

(1) 英文版初稿: 英文版于 2011 年 11 月完成初稿。在当年 10 月, Springer 邀请国际著名旋量理论与机构学专家对该英文专著进行了评审并论证通过; 11 月, 国内数位机构学专家对中文版进行了论证并获得通过; 12 月至 2012 年 1 月, 数位数学领域专家对英文版前九章作了论证, 建议将这九章放入 "现代数学基础" 丛书[41]并以《旋量代数与李群、李代数》为书名出版。

(2) 旋量与李群、李代数的关联: 2011 年 11 月至 2012 年 4 月, 我将旋量理论与李群、李代数作了关联。至此, 英文版暂告段落。

(3) 中文版初稿与全书的统一修改: 从 2011 年 8 月开始, 新生对第二章至第五章, 晓菲 (天津理工大学讲师) 对第六章至第八章, 东明、克涛、崔磊、孙涛和国武对第十一章至第十四章进行了研读与校对, 各章初稿于 2012 年年中基本完成。中北大学李瑞琴教授在 2012 年 12 月至 2013 年 2 月对初稿作了细心的阅读并提出了修改

---

[47]Dai, J. S., Sodhi, C. and Kerr, D. R. (1994) Design and analysis of a new six-component force transducer for robotic grasping, *Proceedings of the Second Biennial European Joint Conference on Engineering Systems Design and Analysis*, ASME PD, Lonon, UK, **64** (8-3): 809-817.

[48]Dai, J. S. and Kerr, D. R. (2000) A six-component contact force measurement device based on Stewart platform, *IMechE J. Mech. Eng. Sci.*, **214** (5): 687-697.

[49]Dai, J. S. and Ding, X. L. (2006) Compliance analysis of a three-legged rigidly-connected platform device, *ASME J. Mech. Des.*, **128** (4): 755-764.

[50]Dai, J. S. and Zhao, T. (2002) Stiffness characteristics and kinematics analysis of two-link elastic underactuated manipulators, *J. Robot. Syst.*, **19** (4): 169-176.

[51]Zhao, T. S. and Dai, J. S. (2003) Dynamics and coupling actuation of elastic underactuated manipulators, *J. Robot. Syst.*, **20** (3): 135-146.

[52]Dai, J. S., Wang, D. and Cui, L. (2009) Orientation and workspace analysis of the multifingered metamorphic hand: Metahand, *IEEE T. Robotics*, **25** (4): 942-947.

[53]Cui, L. and Dai, J. S. (2011) Posture, workspace, and manipulability of the metamorphic multifingered hand with an articulated palm, *Transactions of the ASME: Journal of Mechanisms and Robotics*, **3** (2): 021001, doi:10.1115/1.4003414.

[54]Karger, A. and Novak, J. (1985) *Space Kinematics and Lie Groups*, Translated by M. Basch, Gordon and Breach, New York.

建议。

(4) 全书的升华: 我于今年 2 月至 4 月用全部力量进行改稿, 包括对语言准确性的审核, 并加入了一系列定义, 提炼出一系列引理、定理与推论, 给出了许多注释。3 月, 考虑新生的修改建议, 我对打印出来的全书作了两次彻底修改, 包括语言的可读性与通畅性, 并进一步修改了李群和李代数章节及其解释问题。4 月回伦敦后, 又一次对旋量、有限位移旋量与李群、李代数的关联作了修改。5 月准备对全书再作一次全面修改。6—7 月回天津, 准备在编辑审读后再作修改。

这本书有几个精华之处: 一是详尽讲解了旋量代数及其运算与应用, 可作为旋量理论的入门书; 二是提出并完善了有限位移旋量理论; 三是提出并完善了旋量系理论; 四是将旋量理论与李群、李代数有机地结合起来; 五是首次将李群和李代数的相关知识按照其与旋量及机构学的关联进行了有机归纳与整理, 使得本书成为一本很好的李群和李代数的入门著作; 六是揭示旋量代数以及李群、李代数的几何内涵, 建立了理论运动学与机构学研究的几何理论基础。希望我的学生们都能好好读一读。

2011 年秋, Springer 出版社曾经邀请国际著名机构学专家对本书英文版初稿作了详细的论证。今天仔细阅读该论证意见时, 才无意中发现这是一篇不同寻常的论证报告, 是一篇充满高度赞誉的论证报告。我将这一报告翻译如下:

> 这是第一本如此具有渐进性、全面性、彻底性, 且深邃而广博地阐述旋量理论及其应用的专著。最打动人的部分是这本著作采用了一个新的且容易读懂的角度来阐述旋量理论, 并以代数的思路来教授旋量理论。这本书是第一本基于几何与代数来全面阐述旋量理论的专著, 第一本全面阐述旋量理论在力学、运动学、活动度、刚度以及各种机构和机器人装置中应用的专著。这十二章 (当时没有第一章的绪论以及第九章的旋量系对偶原理) 逻辑性极强, 渐进地、顺其自然地将读者带到了旋量理论的广博的知识王国。论证者本人确实被这本书深深吸引。
>
> 该专著作者是国际著名机构学专家, 在国际机构学界享有盛誉。作者长期研究与应用旋量理论的广博知识定能使这部书受到极大的关注。本书具有从基本概念到各种机器人应用的广度和深度, 一定会受到研究机构、高校以及工业界的广大研究人员的欢迎。该著作对于工程、计算机科学以及数学等多个领域的研究生和科研人员是一本极好的参考书, 一本不可多得的专著。该书在旋量代数、旋量系理论、李群、李代数及其在机构学与机器人学中的应用方面提供了丰富的内容。据此种种理由, 应该认真考虑将本专著作为研究生教科书使用。总之, 我相信这部著作非常适用于研究运动学、机构学与机器人学的研究生和研究人员。

该论证报告的原文如下:

This is the first such progressive, comprehensive and thorough book with great depth and wide scope in screw theory and its uses. The most impressive part of this book is to take a new angle and easily accessed way from which to learn screw theory and to start teaching screw theory from an algebraic point of view. The book is the first to comprehensively present the screw theory from geometry and algebra and is the first to systematically present the use of screw theory in various mechanisms, devices and robots in a wide range of topics including mechanics, kinematics, mobility and stiffness. The book concentrates on screw algebra, screw system relations, matrix theory and its application in various mechanisms and robot devices. The twelve chapters are rationally presented with excellent logic and progressive steps to introduce readers into the wealth of knowledge of screw theory. I am really impressed by the book.

The author is very well established, internationally renowned and highly regarded in the community. He also has a long experience in the use of screw theory. His book will definitely attract a great deal of attention.

In conclusion, I believe the book is highly suitable for postgraduate students and researchers in kinematics, robotics and mechanism research and I would have no hesitation in recommending it to many universities in their teaching. I fully believe it will be welcomed by researchers in academic institutions, universities and industrial research centers evolving in robotics due to its breadth and depth by covering basic concepts and to various robotic applications. This book is a good reference for postgraduate students and researchers in many disciplines including engineering, computer sciences, and mathematics. The book provides a rich content in screw algebra, screw system theory, Lie groups and Lie algebras and their relations and applications in mechanisms and robots, and should be seriously considered to be as a postgraduate textbook, a monograph and a reference book.

中国科学院数学与系统科学研究院副院长高小山教授、中国科学院数学机械化重点实验室主任李洪波[55]教授在审读 2011 年年底初稿后于当年 12 月 28 日给出以

[55]Li, H., Hestenes D. and Rockwood, A. (2001), Generalized homogeneous coordinates for computational geometry, in *Geometric Computing with Clifford Algebra*, Sommer, G. (ed.), Springer-Verlag, 25-58.

下评论:

旋量理论被广泛应用于机构学、机器人学、力学以及计算几何等领域。在 Google 上搜索 “screw theory”, 有四千多万条相关信息。但是, 除了 1900 年 Ball 和 1978 年 Hunt 的关于旋量理论的英文书外, 几乎没有一部完整地叙述旋量理论方法的著作。旋量理论的大部分内容散见于研究论文以及关于机构学的专著中。这对于旋量理论的发展与应用十分不利。

作者基于自己二十余年的研究成果, 以及近十多年在国内一些大学授课和讲座的教案与经验, 整理出旋量代数以及旋量系的理论著作, 详细而系统地阐述了旋量理论的数学基础, 介绍了作者自己的一些研究成果, 并深入地讲解了旋量代数在运动学和力学中的应用。这对于旋量代数在我国的发展与应用具有重要的意义。

南开大学数学科学学院邓少强教授在审读 2011 年年底初稿后于 2012 年 1 月 4 日给出以下评论:

我的感觉是, 这本专著确实是难得的宝贵知识财富。目前国内外出版的著作中, 除了 1900 年 Ball 和 1978 年 Hunt 的关于旋量理论的英文书外, 几乎没有一部完整的讲述旋量理论的著作。本书的出版将填补这一空白。本书的特点是循序渐进, 深入浅出, 从最基本的线性代数和矢量空间出发, 通过系统地推理和论述, 将复杂而高深的旋量理论展现于读者面前。与其他介绍一些旋量理论的著作不同, 这本专著通过推导过程使读者容易掌握旋量理论的本质。此外, 该专著既展现了数学的严谨, 又充分显示了几何直观性和旋量理论的广泛应用, 是难得的一部研究生教学用书和科研工作者的参考书。该专著的出版必将极大地推动旋量理论的研究及其在相关领域的应用。

< 2013.11.05 > 第一批读者与不间断修订

谢谢你们 (指张新生、高志广、康熙和马学思) 的勤奋和努力。你们是我的第一批读者, 提出了不少看法与建议。你们从不同的层面和不同的方位提出了很好的意见, 虽然没有全部被我采纳, 但对我的思考起到很大的帮助, 由此使我对本书的推理、逻辑、撰写深度等做了很好的修订。例如康熙的问题, 虽然我没将原来的 10.5.4 节与 10.5.6 节和原来的 10.6 节合并, 但是他的问题促使我做了思考, 尤其考虑了逻辑贯通性的问题。这样, 我在保留原来的 10.6 节的基础上, 又派生出一大节。见我寄去修改后的第十章。

我觉得你们四人都很有才华, 经过这么一段时间的反复, 对我的书稿理解得已经比较好了, 这也显示出你们的理论才能。我对你们的发展很满意, 但是希望你们不要自满, 要继续潜心钻研理论, 从而取得更好、更快的发展。这就需要大家互相帮助, 互相鼓励。目前我对学生的研究没有任何限制, 大家如果对本书里的问题感兴趣, 都可以去研究。有问题可以共同讨论, 讨论后可以分别研究, 而后我再作论证。希望你们能充分利用这一契机, 写一些读书报告, 发展与提升自己。同时, 要注意结合实例, 你们现在接触的实例太少, 经验太少, 虽然有些理论, 但更需要理论联系实际。希望你们能经常看各种文章, 观察我们实验室的各种机构与机器人, 观察其他实验室的机构与机器人, 思考如何运用本书的理论去研究、设计、开发新的机构, 并充分利用我们实验室的优势, 好好发展。我觉得有两条很重要: 一是任何时候都不要自满; 二是任何时候都不要泄气。博士学习是学术发展与训练的关键阶段, 对以后终生都有益处!

你们说我喜欢写邮件, 但实际情况是太忙, 很多时候没有时间写! 但是只要想到将我的体会告诉大家, 对你们会有帮助, 我就会去写。事实上这样一写, 又使我对文稿的修改推迟了一步, 许多其他的事情压下了, 又要熬夜了! 因此, 希望你们珍惜我每次写的邮件。我是觉得一些问题是共性的, 大家都应该知道。

< 2014.01.16 > 图 9.8 及一点感想

这一类型的图都是我在 2003 年对着实物用 AutoCAD 一笔一笔地画出来的。这些图都是人工绘制的立体图, 可以看出画该类图时的空间想象力与绘图技巧, 书中其他类似的图也是如此。最近, 与几位助理和学生写文章和修改稿件时, 我就要求插图都要达到绘制标准, 一笔一划都要认真对待。

我的邮件是想告诉你们 (我的学生), 希望大家做全才, 而不是跛脚鸭, 要在理论、数学、制图、实验、写作 (英文与中文)、交流、待人处事、组织管理, 以致教书育人等方面都在行, 都能拿得起。因此希望大家从小事做起, 都要进行自我训练, 自我培养!

< 2014.01.03 > 数学版专著已定稿

这本书的数学版在初稿完成后又经历了长达一年半的反复修改与论证, 我很高兴地告诉大家, 今天下午数学版已在高等教育出版社全部修改完毕, 准备于下周发稿。这数学版的九章内容确实不好写, 也是本书 (机械版) 的核心。回想这整整三年的写作历程, 深有感慨。数学版写作的这三年可分为三个阶段, 并且是部分重合的。第一阶段从 2011 年 1 月至 2012 年 5 月, 我完成了书稿的英文写作。第二阶段从 2011 年秋至 2012 年 10 月, 我的在读与已毕业的博士生共同完成了对中文初稿的研读并提出了建议。第三阶段从 2012 年 8 月至今天, 一直处于修改之中。在这第三阶段的一年半时间里, 前半年是对中文初稿的修订、更正与校对。从 2013 年 2 月起的两个月间, 是提炼引理、定理与推论的过程, 也是改变一些叙述手法的过程。接下的两个月则是理论的提升与升华。自 5 月中旬交稿以来又做了如下工作: 6 月一审后做出许多修改,7 月在天津从新生、志广与康熙的问题中提炼著作, 9 月在天津再从志广、学思与康熙的问题中提炼著作。10 月至 11 月又对书稿进行了全面修改。12 月在二审、三审的建议下又多次反复修改, 并由刘占伟编辑不厌其烦地将我多次的修改誊抄到出版稿上。

在数学版书稿中许多定理公式都经历过反复的验证, 其中部分是由孙杰 (博士生) 做的验证。书稿中的定义、名词等都经历了我的反复查证与修订。对这些定义, 可以说是博览百家, 取其精华, 撇其糟粕。对于数学版书稿, 我确实是付出了无数的心血。有些地方原来是想略写的, 但越写越认真, 最后是较真儿, 这可能也是秉性所致。今天凌晨两点半, 发现有几章内容修改后没有发出去, 又将文档发送给刘编辑, 以便他在编辑部做最后的誊写与修改。我常常对国外的朋友说, 我遇见了一位脾气非常好的编辑, 任何时候都可以让我修改, 任何时候都将我的修订放进出版稿中。在我的硬盘中, 就存有不断修改所产生的许多文件包, 例如 11 月 11 日修订的文件包、11 月 22 日修订的文件包、11 月 29 日修订的文件包、12 月 13 日修订的文件包、数学稿二审修订的文件包、数学稿三审修订的文件包, 这些修改都由编辑全部及时接收。同时, 很多图都是由国武修改的, 有的图甚至修改了十来次。

可以说这是一个浩大的工程, 涉及多种数学分支和理论以及不同的机构领域。也只有靠我的这些硕士/博士生的共同帮助, 才能完成这一工程。因此, 谨以上面的回顾向各位表示感谢! 附上定稿的数学版前言, 目录以供一阅。

< 2014.01.10 >“‘狼’ 真的来了”

从去年 5 月 16 日向出版社交稿到今天凌晨二点半去邮件要求更换图 9.18, 我已经不止一次地对你们说 “截稿”、“完稿”、“终稿”、“最后” 及 “最最后” 了, 弄得我已经没有再好的字眼去描述了。这一次又一次的 “‘狼’ 来了”, 我想也弄得你们对这类邮件应接不暇, 无言以对。同早期参与本书研读与校对的新生、克涛、国武、东明及崔磊交流时, 尤其是同国武、克涛、东明、崔磊讨论一些问题时, 例如如何定书名等, 这个 “‘狼’ 来了” 更是从 2012 年初就开始了。

这两部专著[42,56] 确实是一项浩大的工程, 它涵盖了多种数学基础与理论、多种机构基础与理论, 并涵盖了几何学史、代数学史, 旋量史与机构史等, 弄得我疲惫不堪。由于越写越觉得要讲清楚, 于是我在去年春节前后引出了许多定义和定理, 以便将内涵提出、理论凸显。同时, 还做了许多研究与工作, 从而让全书理论关联、体系完善、章节贯通、前后呼应。

这一巨大工程的完成要感谢大家的协助, 我在数学版及本书前言中详细地对每个人的具体贡献都做了致谢。数学版终于在今天发稿了, 现在我可以说这个 “‘狼’ 真的来了”! 排版公司将按出版社的要求重新描图和录入, 而后出作者样。

从下周四起, 我会将自 11 月 29 日后机械版的全部修改送出版社, 由刘编辑和

[56]戴建生 (2014) 机构学与机器人学的几何基础与旋量代数, 高等教育出版社, 北京。

康熙做详细的誊写与检查。这对刘编辑来说是一个巨大的挑战。因为自 11 月 29 日以来, 改动实在是太多了, 这是特例, 实在对不起了。

< 2014.01.11 > 理论完善的四个段落

我觉得新生的简要回顾讲得很到位。这两部专著[42,56] 在理论的完善上有四个段落。

第一段落: 我的英文原稿写得很快, 2011 年的一年间就完成了。这也是拿出了我当年读博两年多后用三个月的时间连续作战撰写论文的干劲, 硬逼着自己进行这样的写作。记得同 Bernie Roth 在来往邮件中谈到我的书稿已基本完稿时, Bernie 还说想不到会这么快就完稿了。后来我请克涛打印、装订, 并寄送给 Bernie Roth、Mike McCarthy 和 Clément Gosselin。

第二段落: 2011 年 12 月初 Andres Müller 看了我的书稿, 提到书中的理论与 Clifford 几何很接近, 就差明着点穿了。于是乎在接下来的那几个月我为捅破这一层薄纸进行了一系列工作, 并在 2012 年元旦前后的两个月中对书中的李群、李代数做了提炼与归纳。2012 年元月下旬我回伦敦给我的一个学生答辩, 之后到意大利的热那亚开会。在热那亚的一家餐馆里, 我在餐巾纸上用李群公理的四个部分推出了有限位移旋量矩阵从属于李群 $SE(3)$ 的证明, 当时曾给诸位发送邮件谈及此事。记得崔磊还回复了邮件表祝贺取得这一成果。此后, 我又请康熙扫描了纸巾上的推导过程发送给大家。此后的几个月直至 2012 年 5 月, 我对专著中的李群、李代数作了添加与扩展。这一工作自 2011 年年底持续了一年半, 一直到 2013 年 4 月在飞往伦敦的飞机上拜读了 Karger 和 Novak 的著作, 萌发了更多启示并在当月对这部分工作做了更深层次的归纳、修订与完善。

第三段落: 旋量系理论的融合贯通与完善。在这期间, 新生从我的书中慢慢悟到一些机理, 他和志广的问题与提示对我著述的完善有很大的帮助。

第四段落: 将书中的直线几何拓展到射影几何、仿射几何乃至仿射群。

在著述的过程中, 我的第一批读者是新生、志广、康熙与学思。与读者的密切交流使我意识到书稿中的不足, 提示我做了无数次的补充与拓展, 以至于对这两本书进行了不断的拓宽、强化与升华。我比许多作者更为幸运和有利的是, 在著述过程中已经将著作再版了, 而不是在发行多年后进行再版。因此, 我要特别感谢我的这几位博士生对书稿的研读、精读与建议。没有他们的研读、精读与建议, 我的两本著作也不会达到今天的精、广、全。

非常荣幸, 我的数学版专著[42] 进入了高等教育出版社的 "现代数学基础" 丛书[41], 成为该系列的第 42 本专著。该丛书的作者均为著名数学家, 如科学院院士万哲先, 著名数学家曹锡华、许以超、时俭益等。

目前, 机械版专著[56] 共 14 章正在做最后的修订, 将于春节前发稿! 两部书的作者样都在 2 月中旬出来, 3 月份将正式出版上市。

< 2014.03.11 > 数学专著二校进展以及三年零三个月著述历程的回顾

今天早上，格林威治时间 6—7 点钟, 我与康熙 (正在北京高等教育出版社协助编辑整理校样) 关于数学专著二校样进行了邮件沟通, 这也是最后一次对二校样进行修改。至此, 数学专著就要送印厂印刷出版。下周准备开始对机械版专著的一校样进行检查与修订。

三年零三个月的著述过程, 是在我二十余年的研究积累、过去十几年间的一些理论文章以及这三年学术交流的基础上完成的。尤其, 2011 年 5 月我在上海 2014 IEEE ICRA 上主办了机器人未来发展论坛, 同时, 主办了手术机器人机构研讨会; 2011 年底与 Andreas Müller 进行了讨论; 2012 年主办了第二届国际可重构机构与机器人大会; 2012 年作为大会主席在芝加哥主持了具有 60 年历史的第 36 届 ASME 机构学与机器人学大会; 2012 年在第 13 届国际先进机器人运动学研讨会 (ARK) 上做了报告, 这些都对我著述视野的开拓与提升很有帮助。另外, 2012 年与 Bernie Roth (在 Insbruck)、Ken Waldron (在天津)、Mike McCarthy (在中国和美国)、Greg Chirikjian (在天津) 以及一位李群、李代数方面的澳大利亚数学教授的讨论与交流 (在 Insbruck 和澳大利亚)，也都对我这两本专著的著述很有帮助。我边著述边论证, 尽量使每个论述都为国际前沿、国际标准, 能为专业人士和数学人士所接受。

特别是 2013 年下半年至今, 我的四位硕士/博士研究生, 康熙、张新生、马学思和高志广在研读书稿的过程中对两本专著提出许多问题与建议, 这对我的著述有极大的帮助。张新生从 2011 年起就对第二章至第五章进行研读, 同时我对他的校对建议稿做了多遍修改, 引导他真正入了门, 继此我又对第六章至第九章原稿做了无数遍的修改。其他三位硕士/博士研究生是从 2013 年上半年开始研读的, 并逐渐加深对我两部专著的理解, 同时在专著的引导下又博览其他专著与数学书, 尤其是原版经典专著, 包括 Ball, Brand, Hunt, Bottema 和 Roth, McCarthy, Duffy, Murray, Li 和 Sastry, Selig 等的经典论著。这样, 我的四位研究生从 2013 年 5 月起至今组成了我著述这两部专著的强有力的团队, 他们最接地气, 经常提出许多问题, 使我得以对这两部专著不断地修改与扩充, 使其完善, 求其完美。

加之最近一个月对一校样与二校样的修改, 可以说对专著已做了彻底查证, 揪出了几乎所有的错误, 连同标点符号、下标、字母、排版等, 都一一做了核对。全书可以说是比较完善和完美。书中的数学术语、机构学术语、机器人学术语、符号、变量, 连同其英文翻译都进行了多方考证 (在国际经典论著中考证, 或与该领域国际著名专家交流)，符合国际标准用法。

在这三年零三个月中, 我还于 2011 年将第五章内容抽出和扩展, 发表了下述文章:

Dai, J. S. (2012) Finite displacement screw operators with embedded Chasles' motion, *Journal of Mechanisms and Robotics*, *Trans. ASME*, **4** (4): 041002.

这篇文章的写作对我这两本专著的著述也有很大的帮助。

<2014.03.12> 一份入境入情的评价

数学版专著二校样已经完成, 本月底出书。机械版的一校样也在我的手中, 目前正在通读, 估计月底可以完成一校样的审读, 下月再做二校样的审读。这样, 机械版专著可以在五月底出来。

马年春节前收到国家自然科学基金委王国彪处长的一封邮件, 国彪处长的话使我深有感触, 我觉得他对这两本专著的理解很全面, 很深入。他的评语和见解确实给出一个高度, 展现一种境界, 为我们提出一种期求, 现抄录如下:

> 在农历马年来临之际, 很高兴地听到戴建生教授的两本著作将要正式发稿。这其中, 凝聚了戴教授二十多年来的科研成果以及精益求精的科学精神, 值得同行敬佩与学习。相信, 著作的正式出版, 会对中国机构学及机器人学, 乃至现代数学产生积极的影响, 并将流芳于世。
>
> 我时常讲到这样一个问题, 那就是一个学者的作用不仅仅是教书育人, 更应该传承和拓展新知识。这其中, 教材和专著起到重要的媒介作用。国内相关领域的教材/专著内容仍停留在对先前知识原始级加工的水平, 极大制约了后来学者的创新思维。而戴教授能与同行和学生深度交流, 对书稿进行持续、不断地修改, 以及完善与提升, 必将对本领域专家著书立说起到榜样的作用。

< 2014.04.02 > 李群、李代数专家的评语以及感触

在完成数学专著二校样修订后, 我于 3 月中旬将二校样打印装订, 送给若干位著名学者。特别送给了南开大学数学科学院李群、李代数专家邓少强教授, 请他细看。经过十来天的阅读后, 他说一直想写些东西, 但被讲课耽误了。昨天, 他终于抽出时间, 写了一些看法。我一开始也不知道写的是什么, 直到拿到他写的信。我与邓教授过去没有交往, 是我的博士后张克涛博士在网上查到邓教授是国内历经几十年专攻李群、李代数的专家。我一直紧张地等待着他的评议, 最终很高兴地看到邓教授对本书中李群、李代数内容的肯定。现将他的看法抄写如下:

> 我怀着浓厚的兴趣读完了戴建生教授的著作《旋量代数与李群、李代数》, 在轻松中感觉到了一种知识与艺术的氛围。作者对于旋量代数的叙述方式, 即使像我一样对于理论运动学和机械学完全是门外汉的读者, 也非常容易接受。而作者在李群、李代数方面的造诣, 即使像我这样作为一名从事李群、李代数研究几十年的研究人员, 也会感到吃惊。这部著作是

将数学与其他自然科学分支完美结合的一个典范，是理论与实践相结合的完美体现。任何一名读者都将被著作中展现出的科学性与艺术性深深打动。感谢戴建生教授为我们提供了这样一部不可多得的科学作品。

我一直在品味邓老师所说的知识与艺术的感受，还有艺术性。看样子还要慢慢品味，尤其待拿到散着墨香的书后，再细细品尝。每次都是没有时间去品尝，正如我常说的，繁忙中“没有时间回头望”，现在又开始紧张地处理机械专著的校样。

我的刻苦与努力有着前因后果。我年轻时上山下乡，到工厂开吊车，只有在农村的煤油灯下才能看书，在工厂的吊车下才可以读书，早晨 6 点半就到“机械队”边擦车边背数学、物理公式。因此，在 24 岁上大学后，非常珍惜读书的机会，珍惜学习的机会。去过农村，下过工厂，好不容易上了大学，古人云“位卑未敢忘忧国”，我是“疏浅未敢忘勤奋”。这也使我从大学起就十分钻研刻苦，希望什么东西都能够学懂学通。在专研中可以将这么多年来的科学研究思路和方法归纳为“工学的严谨，文学的开放，艺术的浪漫，法学的逻辑以及哲理的统一”。

7. 文学、爱好及其他

< 2013.05.03 >

在 1989 — 1998 年的 10 年间，我彻底地放弃了中文，专攻英文，但是 1998 年参加教育部的“春晖计划”后我每年都回国，又逐步捡起。尤其这两三年，我的中文水平基本上恢复到较好的程度。出版社与杂志社的编辑们常常认可我对编辑后的作品的修改。我从小爱好写作，喜欢文学。当全班的高中毕业作文都是 70 分左右的时候，华东师大 1967 年毕业曾受诲于中国现代文学声誉卓著的“北王南钱”钱谷融先生的文学老师曹阳给了我 99 分。在 1972 年的高中毕业晚会上，我编写了五幕话剧，并自编自演了相声，当时不敢称为“相声”，而称为“对口剧”。1973 — 1974 年当“知青”时，我在武汉市拥有 20 万人的公司的小报上发表了一整版的诗歌。1977 年高考时父亲极力劝说我报考理科，而我这一选择令全校的老师感到吃惊。

在上海交通大学期间，我曾在校报上刊登了一篇《偌大一个校园放不下一张平静的书桌》的短文以批评所有教学楼的噪声以及一篇对我本科毕业时同学的访问报道。但后来，我还是选择了与文学绝别的道路，开始沉醉于数学与逻辑的理性世界，放弃了梦幻与狂野的文学世界。然而，父亲力劝我考理科时所说仍然对我有很深的影响：理科需要发表研究论文，而文学正好可以在这方面得到充分发挥。中文写作理念和逻辑的贯通使我这二十多年的英文写作受益匪浅。在我看来，中文写不好，英文也不会太好。当然，这不是充分条件。各种缘由可以说明，语言与文字素养是经过长时间的培养与锤炼而成的。当然，世界上任何事物都不是绝对的，而是相对的。这也引出了一个道理: 在科学研究中, 哲理是统帅一切的。需要超脱, 也需要 down to earth, 即脚踏实地。

从我高考案头的 “莫等闲, 白了少年头, 空悲切” 的警句到上海交大的 “学习, 学习, 再学习” 的广播声, 从 Salford 的长时间埋头研究以致回家路上自喻为 “行尸走肉” 到伦敦校园繁忙中的 “没时间回头看”, 这么多年就这样一直忙过来。由于较真儿, 我便更加繁忙。从父亲不断传教给我的 “世界上怕就怕认真二字” 的警句到陆元章先生[57]下午一点一刻来寝室探讨小数点后第四位, 从 David Kerr 对新名词的反复论证到 John Rees Jones 抱来牛津大辞典查阅, 我一直较真儿惯了。

20 世纪 90 年代我放弃了中文, 全面沉湎于英文的世界, 爱看英文报刊中的小短文以及一些富有哲理且带趣味性的评论员的文章。语言的美妙使我的爱好转到英文的写作。Darwin Caldwell[58]与人谈到我的英文写作时称 “盖住名字, 看起来与英国本土人写的好文章没两样”。同时, 我在语法上可以纠正英美本土人的错误; 在辩论中可以据理力争, 获取优势, 赢得尊重。我 2006 年的并联机构旋量系理论的文章被 McGill 大学的老学究 Paul Zsombor 称颂, 认为其 “雅致优美, 朗朗上口, 在茶余饭后阅读是一种享受”。我的一些重点文章十分考究和注重文字的使用, 力求精确优美, 流畅贯通。我觉得好的文字给人一种美感, 一种境界。我的 2011 年的英文书稿拿给 Greg Chirikjian[59]看时, 他的第一句评语是 “英文写得这么好!”; 给 Brian Davies[60]看时, 他的评语是 “前言与绪论是诗歌般 (poetic) 的篇章”; 给 Maria Fox[61]看时, 她说 “喜欢这种写法, 贴切、近距离, 吸引读者”。新生在 2011 年开始研读书稿时说过, 戴老师的英文书写生动, 许多词用得确切、深奥, 尤其是词汇量大, 变化多端, 丰富多彩, 是许多英文著作都没有达到的。可以说, 只有十年的 “放弃中文”, 才有今天英文的美感; 只有过去 “中文的风采”, 才有今天英文的丰满。

今年初我同新生、志广、学思与康熙一同在天津连续待了四个月。新生从我对写书与理论问题的投入感受到这是我的真正爱好, 说希望以后也像我一样, 做自己爱好的研究。新生是对的! 正如我 2011 年英文版书稿[62]的前言所说, 我是沉湎于研

[57]陆元章 (1921—2017)系上海交通大学著名教授, 是作者的本科和研究生阶段的指导老师。1946 年 2 月其在美国密歇根大学获得机械工程硕士学位, 1956 年至 1976 年在机械科学研究总院 (英文简称 CAM) 工作, 1977 年起任上海交通大学教授, 1987 年至 1998 年任中国机械工程学会流体传动与控制分会第一届委员会主任委员。

[58]Darwin Caldwell 是欧洲机器人尤其是人形机器人的领军人物, 1989 年至 2004 年在 Salford 大学任教, 2005 年至今为意大利理工大学先进机器人中心主任。

[59]Greg Chirikjian 为著名国际期刊 *Robotica* 的总编, 约翰 · 霍普金斯大学数学科学、计算机科学与机构学教授。

[60]Brian Davies 为伦敦帝国理工大学教授, 英国皇家工程院院士, 于 1988 年发明世界上第一台临床手术机器人。

[61]Maria Fox 为国王学院自然科学与数学学院信息系教授。

[62]Dai, J. S. (2019) *Screw algebra and kinematic approaches for mechanisms and robotics*, Springer, London.

究的乐趣, 陶醉于知识的海洋。回到我写书的案板, 是我最幸福的时刻。但是这种时候不长久, 常常要干自己不喜欢的事。这就是生活, 这就是工作。不过, 我现在已经将研究、工作与日常生活糅合到一块, 融为一体。当然, 我更喜欢没有任何打搅, 潜心于研究与写作。归结起来说, 我是爱研究、爱写作的。

从 2011 年著述时起, 我就对书稿中各种名词术语严格地进行了核对。从去年起, 为了校对中文名词术语, 我翻阅了无数的中文书、英文书以及数学书, 查看了许多文献与网站。我的习惯是, 不寻常规, 不随便苟同。前些年我就给我的学生们推荐唐代文学家与哲学家韩愈的《进学解》中的名句: "行成于思毁于随"。要达到这一点, 就需要具有 "业精于勤荒于嬉" 的境界。我将顺序倒了一下, 但这就给出了一种逻辑关联关系。这也需要学习与思考的结合, 正如孔子在《论语 · 为政》中所说, "学而不思则罔, 思而不学则殆"。这种结合就使人达到了一个高度。记得自 2003 年起, 我就对学生们提出 "三个 P" 的要求, 即 proficient (精通)、professional (专业)、perfect (完美)。记得 2003 年与一位访问学者在伦敦国王学院共同撰写他在 *IMechE* 期刊上的第一篇关于传动系统数学模型的论文时, 我提出不能参照存在问题的常规, 要重新建立坐标系, 要规范化, 与国际接轨。因此, 这本书的许多名词术语都经过了严格的审阅和反复的论证。尤其这十几年, 我十分注重同国内的专家学者交流, 对这些中文名词术语的理解就更深入了一些。在最近的几个月中, 除了我的广泛查询, 我已毕业的学生们也经常在网上进行讨论, 提出了一些很好的建议, 尤其是大家常常引经据典, 多方考证, 将一个问题探讨到底。同时, 我也与廖启征教授、邓少强教授、赵景山教授等通过邮件与电话对书中一些具体表述进行了讨论与论证。

就在前几天我将全书稿件送予南开大学专攻李群与微分几何的邓少强教授, 他说 "我又浏览了一遍, 觉得您的著作已经很完美了, 提不出什么大的修改建议了。再次祝贺您的著作即将出版!"。廖启征老师说 "这本书的信息量非常大, 几乎涵盖了各个方面"。

今天在外面有事, 等了两个小时, 顺便写了这一随笔, 与大家共享。

8. 小记

2010 年经邹慧君教授推荐, 高等教育出版社与我取得了联系, 于是产生了撰写本书的念头。我的英文专著写作是从 2011 年 1 月开始的, 到 2012 年年初基本完稿, 而中文专著数学版[42] 与本书的写作是基于英文专著在 2011 年下半年至 2012 年下半年进行的。本书的全面修订、扩充与升华始于 2012 年下半年, 至 2013 年 7 月基本完成, 9 — 10 月又进行了一轮修改与验证, 11 — 12 月做了最后一轮的修改与校正。2014 年元月至 4 月对一校样作了反复更正与修改。这一扩充与升华将用来帮助英文版著作的全面修改。这一实践使我认识到，两种语言的相互写作可以在很大程度上加深对问题的认识和理解，使得对著作的阐述更为明晰。常常在一种语言中不容易发现的问题，在另一种语言中可以充分彰显出来。这样就可以对该问题作充分且详细的阐述，使得作品更为系统、详尽与完整。这种写作的反复与两种语言的相互论证推迟了我的英文版著作的出版时间，在完成本书并出版后，准备对英文版做全面的修改，希望在 2019 年面世[62]。

戴建生

2014 年春终稿于北洋园

Lie bracket in the 6×6 representation

① $\begin{bmatrix}\Omega_1 & 0\\ V_1 & \Omega_1\end{bmatrix}\begin{bmatrix}\Omega_2 & 0\\ V_2 & \Omega_2\end{bmatrix}-\begin{bmatrix}\Omega_2 & 0\\ V_2 & \Omega_2\end{bmatrix}\begin{bmatrix}\Omega_1 & 0\\ V_1 & \Omega_1\end{bmatrix}$

$=\begin{bmatrix}\Omega_1\Omega_2 & 0\\ V_1\Omega_2+\Omega_1V_2 & \Omega_1\Omega_2\end{bmatrix}-\begin{bmatrix}\Omega_2\Omega_1 & 0\\ V_2\Omega_1+\Omega_2V_1 & \Omega_2\Omega_1\end{bmatrix}$

$=\begin{bmatrix}\Omega_1\Omega_2-\Omega_2\Omega_1 & 0\\ V_1\Omega_2-\Omega_2V_1+\Omega_1V_2-V_2\Omega_1 & \Omega_1\Omega_2-\Omega_2\Omega_1\end{bmatrix}$

$=\begin{bmatrix}[[\omega_1\times\omega_2]\times] & 0\\ [[\omega_{10}\times\omega_2]\times]+[[\omega_1\times\omega_{20}]\times] & [[\omega_1\times\omega_2]\times]\end{bmatrix}$

still cross product

chapter 3, old 2 ②

k

② adjoint representation of Lie bracket as follows

$ad(S_1)S_2=\begin{pmatrix}\Omega_1 & 0\\ V_1 & \Omega_1\end{pmatrix}\begin{pmatrix}S_2\\ S_{20}\end{pmatrix}=\begin{pmatrix}\Omega_1S_2\\ V_1S_2+\Omega_1S_{20}\end{pmatrix}=\begin{pmatrix}S_1\times S_2\\ S_{10}\times S_2+S_1\times S_{20}\end{pmatrix}$

③ Both are equivalent.

图 1

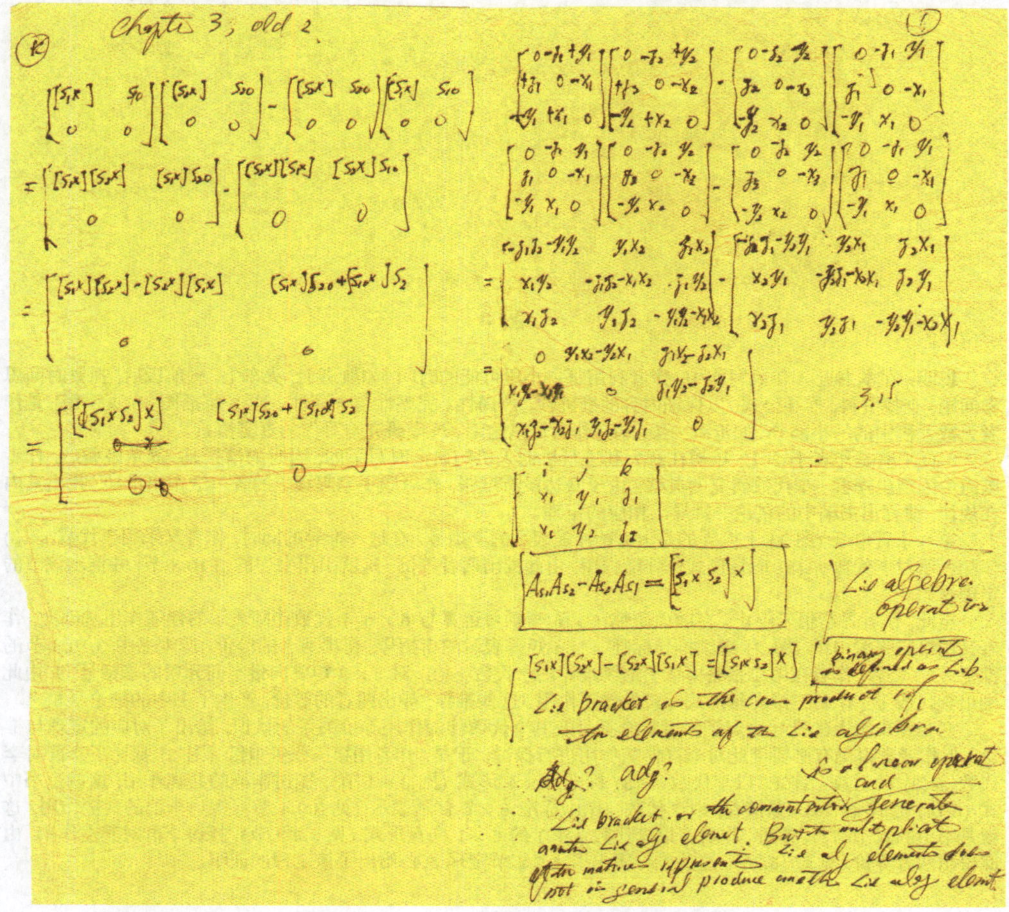

图 2

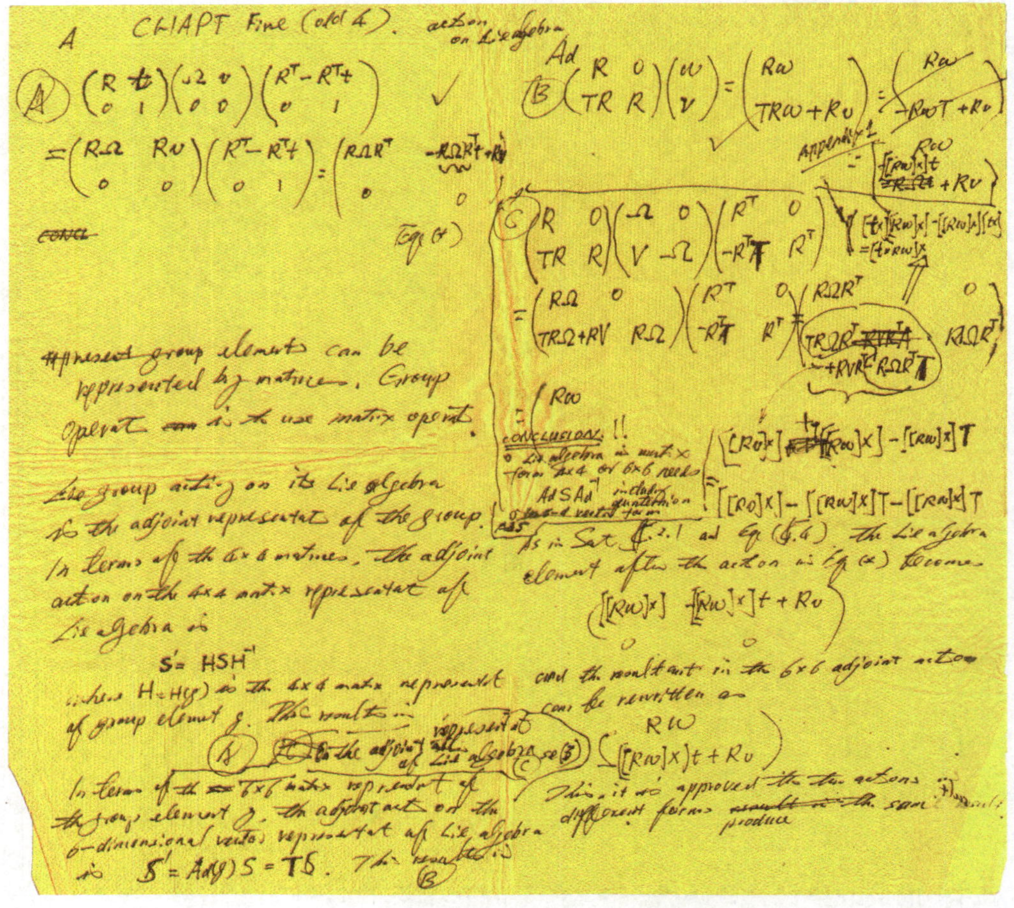

图 3

说明: 在本书近 4 年的写作中, 作者利用每一小段可能的时间, 如航班上, 火车上, 餐前饭后, 抓紧时间思考问题, 查找资料, 推导公式, 以保证内容的准确性、严谨性、完整性与全面性。这 3 幅插图 (3 页手稿) 是作者无数手稿中的一小部分, 如沧海一粟, 却是作者忙里偷闲、严谨研究与写作的真实情景。

3 页手稿是作者于 2012 年初在意大利进行机器人机构研究时写下的, 当时的情景是, 简单晚餐后, 作者脑海中闪现出李群、李代数研究的灵感。由于身边没有纸张, 作者顺手拿起桌上的餐巾纸作出推导, 找出其内在规律, 演算出书稿中的结论并推导出相应的定理。

第一张餐巾纸 (图 1) 上推导的是 6×6 伴随表示的李括号。在这一推导的同时, 作者又采用李代数 $se(3)$ 伴随表示对李代数 $se(3)$ 向量形式作伴随作用, 由此推出两者等价。这就引出书中的 3.10.3 节, 并推出该节的定理 3.7。

至此, 作者思绪仍未停止。在前面研究 6×6 李括号运算与 6×6 李代数伴随表示的伴随作用基础上, 作者又用第二张餐巾纸 (图 2) 继续推导标准 4×4 矩阵表示的李括号, 得出两者的等价, 产生书中 3.10.3 节的推论 3.4。之后, 作者在第二张餐巾纸上继续推导出李代数 $se(3)$ 对 3×3 矩阵向量空间元素的李括号, 并由此推出李代数 $se(3)$ 对三维向量形式元素的伴随作用。这些推导, 导出两者的等价, 产生了书中的推论 3.5。

两张餐巾纸上的推导奠定了作者对李括号及其李代数伴随作用等价关系的认识, 给出了对应的定理与推论。但作者觉得仍有必要借此对李群伴随作用进行探讨。于是, 作者用第三张餐巾纸 (图 3) 探讨了李群对李代数 $se(3)$ 的运算。首先, 以李代数 $se(3)$ 标准 4×4 形式 (见 3.9.4 节), 探讨李群的共轭作用, 这就是书中式 (5.74) 与式 (5.75)。紧接着, 以李代数 $se(3)$ 标准 6×6 伴随表示 (见 3.9.4 节), 探讨李群的共轭作用, 这就是书中的式 (5.77)。继此, 作者又以李代数 $se(3)$ 的 6×1 向量形式 (见 3.9.3 节), 探讨李群对其左作用, 由此得出两者等价, 见式 (5.80)。这些推导得出了 5.7.2 节定理 5.4, 给出了该定理的证明。

图 4

说明：图 4 所示为作者于 2011 年购买的手提电脑的键盘照片。在 2011—2014 年的写作过程中，书稿经历了几十遍的修正与改动，由于高频率、高集中度地使用键盘，致使部分键严重磨损，B、C、D、E、F 和 N 等几个常用字母键已经无法辨认，空格键和右侧 “上档转换键” 同样磨损严重！所幸作者可以十指盲打，写作过程中没有遇到太多的麻烦与困扰。

在短短几年的著述过程中，由于对书稿内容反复斟酌，反复修改，使得这个原来崭新的键盘被击打得“斑斑驳驳”、“满目疮痍”！

记得 2014 年元月 31 日，大年初一，作者仍在修改书稿 ……，结果在 2 月底，由于常年伏案工作和长时间地敲击键盘，双手肘长期弯曲，压迫到尺神经，对其造成伤害，最终致使左手小指失去控制，无力且无法伸直。这严重影响对 “A” 键和左侧 “上档转换键” 的敲击。为保证书稿的出版进程，作者只能特地将左手向 “A” 键偏移一下，并换右手小指击打“上档转换键” ……，直至当年 5 月书稿交付后，作者才去做了左手尺神经与肘隧道分离手术，并且重新安排一些韧带和筋膜的位置。之后，又用了几年的时间，左手小指才得以逐渐康复，又可以十指盲打了！

在本书即将第二次印刷之际，回首往事，历历在目。作者将其分享于此，不只是对当初努力的回忆，更寄希望于读者不畏艰险，勇攀科技高峰，并真诚地希望有更多的作者能够加入这套丛书的写作！

郑重声明

图书在版编目（CIP）数据

机构学与机器人学的几何基础与旋量代数 / 戴建生著. -- 北京：高等教育出版社，2014. 7（2026. 1重印）
ISBN 978-7-04-033483-8

Ⅰ. ①机… Ⅱ. ①戴… Ⅲ. ①机构学 - 几何基础②机构学 - 旋量③机器人学 - 几何基础④机器人学 - 旋量 Ⅳ. ① TH112 ② TP24

中国版本图书馆 CIP 数据核字（2014）第 039972 号

策划编辑 刘占伟　　责任编辑 刘占伟　　封面设计 杨立新　　版式设计 王艳红
插图绘制 尹 莉　　责任校对 殷 然　　责任印制 刁 毅

出版发行 高等教育出版社
社　　址 北京市西城区德外大街4号
邮政编码 100120
印　　刷 涿州市京南印刷厂
开　　本 787mm × 1092mm 1/16
印　　张 31
字　　数 580 千字
购书热线 010-58581118
咨询电话 400-810-0598
网　　址 http://www.hep.edu.cn
http://www.hep.com.cn
网上订购 http://www.landraco.com
http://www.landraco.com.cn
版　　次 2014 年 7 月第 1 版
印　　次 2026 年 1 月第 4 次印刷
定　　价 89.00 元

本书如有缺页、倒页、脱页等质量问题，请到所购图书销售部门联系调换

物 料 号 33483-00

机器人科学与技术丛书

已出书目

■ 机构学与机器人学的几何基础与旋量代数
戴建生　著

□ 柔顺机构设计理论与实例
Larry L. Howell　等编著
陈贵敏　于靖军　马洪波　邱丽芳　译

□ 月球车移动系统设计
邓宗全　高海波　丁亮　著

即将出版

□ 并联机器人机构学基础
刘辛军　著

□ 数学基础及其在机器人中的应用
Harald Löwe　雷保珍　著